版权声明

刑法総論［第 3 版］
松原芳博　著
Copyright© Matsubara Yoshihiro 2022
本书日文原版由株式会社日本评论社出版

版权登记号：图字 01-2025-2613 号

刑法总论
（第3版）

[日] 松原芳博 著

王昭武 译

中国政法大学出版社

2025·北京

声　　明　　1. 版权所有，侵权必究。

2. 如有缺页、倒装问题，由出版社负责退换。

图书在版编目（CIP）数据

刑法总论 /（日）松原芳博著；王昭武译. -- 北京：中国政法大学出版社，2025. 6. -- ISBN 978-7-5764-2192-7

Ⅰ. D931.34

中国国家版本馆 CIP 数据核字第 20257MZ785 号

出 版 者	中国政法大学出版社
地　　址	北京市海淀区西土城路 25 号
邮寄地址	北京 100088 信箱 8034 分箱　邮编 100088
网　　址	http://www.cuplpress.com（网络实名：中国政法大学出版社）
电　　话	010-58908586（编辑部）58908334（邮购部）
编辑邮箱	zhengfadch@126.com
承　　印	固安华明印业有限公司
开　　本	720mm×960mm　1/16
印　　张	38.75
字　　数	700 千字
版　　次	2025 年 6 月第 1 版
印　　次	2025 年 6 月第 1 次印刷
定　　价	149.00 元

总序一[*]

经西北政法大学贾宇校长的提议与努力,《当代日本刑事法译丛》开始得以出版发行。值此之际,承蒙贾宇校长力邀,我亦有幸得享主编之誉,想必这是对我近25年来为中日刑事法学术交流所作微薄贡献的肯定。

早在1988年,由我提议发起召开了首届"中日刑事法学术研讨会",此后隔年一次定期举行,迄今已历经27载,共计召开了14届。并且,第15届与第16届研讨会的会议日程与承办学校也已经确定。在此期间,尽管中日之间的关系令人遗憾地出现了一些负面情况,迄今仍未得到完全修复,但是这丝毫未影响到两国之间的刑事法学术交流。这足以说明,至少在刑事法学术交流的领域,中日关系已经坚如磐石;刑事法学界的两国同仁也不只于单纯的学术交流,而是已经超越国界,达至心心相连的境界。于我而言,没有比这更值得欣慰的事情了。

在这里,我又情不自禁地想起了马克昌先生。虽然马先生已于2011年仙逝,但我们两人之间的深厚友情,正象征着承担中日两国刑事法学术交流的同仁之间的牢固纽带。1998年,正在东京创价大学访问的先生第一次拜访了我。自此之后,我就与先生成为肝胆相照的学术知己!2002年,在武汉大学召开的第7次"中日刑事法学术研讨会"上,日方与会者均惊叹于"马家军"的威势,此后,中国刑法学界的"马家军"作为一种传说流传至今。包括那次会议在内,我曾十数次访问武汉,对先生的敬仰之

---

[*] 本序文由付玉明移译校对。

情弥深。在先生患病住院期间，曾两度去医院探望的外国人，想必除我之外别无他人。可以说，我与先生之间惺惺相惜已然不分国界。

先生早年曾在河南省周口市就学，亦曾深受日本军国主义之毒害，但作为一名刑法学者，却仍能对日本刑法学中的可取之处毫不犹豫地给予积极评价，一想到这一点，我便不由得在与先生交往之初即向其由衷地表达敬意。这样说来，从先生的角度来看，想必早已完完全全看透了我内心对那些不堪回首之往事的强烈纠结，并理解了我此后的所言所行。我想，我与先生之间的友情正是因为相互跨越了过去，才能得以超越国界。

在贾宇校长邀请我一同担当主编之际，我之所以能欣然接受未曾有丝毫犹豫，其理由正是在于，这次的《当代日本刑事法译丛》有"纪念马克昌先生"之意，而且，从该丛书的中方编委名单中，也能看到"马家军"的成长壮大。这次的出版计划赋予了中日刑事法学术交流以新的形式，在这一点上，我以为意义重大。以贾宇校长为首的相关人员为实现本出版计划付出了相当努力，在此，谨表达我衷心的敬意与谢意，同时，也深切祝愿本丛书进展顺利。

是为序。

早稻田大学名誉教授、原校长
中日刑事法研究会名誉会长
西原春夫
2015 年 2 月 8 日于日本东京

总序二

法律是人类的微缩历史。法律既是人类文明的成果积淀,也是多元文化的综合汇聚;不同的国家虽然可能采用不同类型的法律制度,但是都大致共享着同样的法治伦理。因此,不同国家的法律思想和法律制度需要并且可以相互进行交流与借鉴,甚或移植。

众所周知,中华法系起于先秦,盛于唐宋,解于清末,曾经一度是世界领先的法制文明,覆盖了泛东亚儒家文化圈。日本在公元8世纪初开始学习和接受唐朝的律令,成为律令制国家,之后直至明清时期,日本的律令制度一直深受中华法系的影响。但是明治以后,日本开始维新政治,转向西学,取法欧陆,勘行法治,成为亚洲最早转型成功的近代国家。清末时期,修律大臣沈家本邀请日本东京帝国大学的冈田朝太郎博士担任顾问,日本法学的思想理念开始回馈襄助中华。自此之后,中日两国的法律交流,出现了"师襄彼此,各有优长"的局面。

在当代,中日两国刑事法的交流与合作,主要是由日本早稻田大学前任校长西原春夫先生与中方的马克昌先生、高铭暄先生联合确立并推动的。西原先生是日本杰出的刑法学家、教育家以及社会活动家,曾经入选福田政府的顾问团,是立场鲜明的"和平主义者",也是我们眼中的"知华派"。马克昌先生是新中国第一代刑法学家,是武汉大学刑法学的领军人物,与高铭暄先生并称中国刑法学界的"南马北高",马先生能够广纳天下英才而育之,门下弟子众多,被学人戏称为刑法学界的"马家军"。

马先生虽未出国留学，但是精通日语，能够通畅交流。因此于1998年与西原先生在东京相逢之后，两人一见如故，彼此引为知已。两位先生志趣相合，心意相连，高山流水遇知音，肝胆相照两学人。因为马先生的关系，西原先生曾经十余次访问武汉，并亲自出席马先生八十华诞学术研讨会，尤其是在马先生生病住院期间，西原先生更是曾经两度越洋探访，这在两国学界都十分鲜见。两位先生的学术友情，实不让于管鲍之交、钟伯之谊，业已成为中日学术史上的传奇美谈。

马克昌先生是我的授业恩师，不仅引领我踏入法学研究的学术殿堂，而且对我更有人生际遇上的知遇之恩。先生高风雅量，宽厚待人，爱才惜才，醉心学术，在古稀之年，仍然用手工书写的方式完成了80余万字的鸿篇巨制——《比较刑法原理：外国刑法学总论》一书，震动学界。先生看重学问，常怀克己之心、追贤之念，秉学人高格、务法律之实，对我等弟子亦各有期许。

2011年6月22日，先生因病不治，驾鹤仙游。学门弟子，悲痛心情，无以言表。我曾以诗纪念先生："先生累矣，溘然长眠；学门兴盛，师心所牵。吾侪弟子，克勤克勉；事业有继，慰师安然。师恩难忘，一世情缘；恩师音容，永驻心间。"为了告慰先师，身为弟子，理应承继先生志业，竭尽绵力于一二。

中日刑事法的交流圈子，是先生亲自将我领入的。早在2002年的中日刑事法学术研讨会上，马先生就将我郑重介绍给西原先生，并嘱我日后要多多参与、支持中日刑事法的学术交流活动。因此，2007年，我专门邀请西原先生赴西安讲学，并为西原先生举办了八十华诞学术研讨会。此后，常常在各种不同的学术会议场合与西原先生遇见，相知益深，被先生引为忘年之交，不胜荣幸。

2011年10月1日至5日，我受日本中央大学的邀请访学东京，其间专门择时拜访了西原先生，先生在东京日比谷公园著名的松本楼接待了我。松本楼是中国民主革命先行者孙中山先生的挚友梅屋庄吉的故居，是孙中山先生与宋庆龄女士的结发场所和旅居之地；在当代，则一向是日方对华友好人士接待中国来宾的重要场所，具有很强的文化意象。其时，恰遇中日关系出现了些许波折，又逢我的恩师马克昌先生新近离世，西原先生设宴松本楼，深具厚意与情怀。席间念及马先生，西原先生不禁肃穆满怀，把酒遥祭，深情追忆了与马先生相识相交的详细过程，言之谆谆，意之切切，令我深为感动。因此，我当场向西原先生提出合作主持出版一套《当代日本刑事法译丛》的意向，一来以此纪念马克昌先生，二来为中日刑事法学的继续深入交流做些实事。西原先生毫不犹豫，欣然应允，答应联署译丛主编并愿意承担一些组织工作。

  本套译丛的编委会委员，邀请了部分日方著名的刑法学家，特别是译著的作者；中方编委会成员主要是马克昌先生的部分学生，也邀请了中国刑法学界热心此项工作的部分专家学者。副主编则由黎宏教授与本乡三好先生担任：黎宏教授是马先生的高徒，早年留学日本，如今已成长为中国刑法学界的青年领军人物；本乡三好先生长期担任久负盛名的成文堂出版社的编辑部长，协助西原先生为中日刑事法学的交流发展做出过大量工作，对中国学界有巨大贡献。我的学生付玉明担任本套译丛的执行主编。玉明聪明好学，治学刻苦，曾受马克昌先生与西原先生的惠助，留学日本。他为这套丛书的联络、组织、翻译、出版付出了巨大努力。译丛编辑部主要由留日归来的青年刑法学者组成，他们精研刑法，兼通日文，是中国刑法学界的后起之秀，其中大多也是本套译丛的译者。

  北京京都律师事务所的田文昌先生、北京德恒律师事务所的李贵方先生、西北政法大学校友汪功新先生，以及西北政法大学刑事辩护高级研究院，为本译丛慷慨解囊提供出版经费，在此致谢！感谢他们心系学界，关爱学问。

  中国政法大学出版社的前社长李传敢先生及现任社长尹树东先生为本译丛提供出版支持，编辑部主任刘海光先生、丁春晖先生具体负责方案落实，辛苦备至，他们勤勉认真的工作态度令我们敬佩有加！

法律的故事就是人类的故事，法治的历史实际上就是法律人奋斗的历史。坚硬的法律背后，更多的是温情的人间故事。让我们记住这段当下史，记住这些名字。

　　是为序。

西北政法大学教授、校长

中国刑法学研究会副会长

贾　宇

2015年2月8日于古城长安

中文版序言

　　自 20 世纪 80 年代以研讨会的形式开展中日刑事法交流，中日两国之间的刑法学互动日益频繁。尤其是总论部分，由于理论性更强，且具有一定普适性，不少地方可以借鉴对方国家的现有研究成果。本书的翻译若能有助于这种学术交流，幸莫大焉。

　　本书有幸纳入西北政法大学组织翻译出版的"当代日本刑事法译丛"，谨对西北政法大学贾宇校长、付玉明博士表示诚挚谢意！对于准确译介本书的王昭武副教授，亦表示衷心感谢！众所周知，王昭武副教授曾用日文在日本发表学术论文，是国际派的优秀研究人员。在以往的中日刑事法研讨会上，王昭武副教授曾两次为我承担翻译之劳，正是因为这种缘分，本书才得由王昭武副教授译成中文。

　　衷心祝愿中日之间的学术交流更加繁荣！

　　是为序。

松原芳博
2013 年 9 月 16 日

第三版序言

本书第二版出版之后,立法、判例与学说又出现了新的动向,例如,有关性犯罪的法律修正;有关对不法侵害的预期与正当防卫、诈骗的实行的着手以及诈骗的承继的共犯的重要判例等。因此,本书对因果关系(第四章)、先行情况与正当防卫(相互对立状况下的特殊问题)(第八章之六)与承继的共犯(第十八章之六)等部分做了大幅的修订。而且,还收录了包括修订之前的时期在内的判例。

在本次修订中,与拙著《刑法各论》(日本评论社2021年第二版)一样,也在最后整理、收录了"案例集"。除了有关所谓论点(存在观点对立的问题)的案例之外,案例集还包括了属于论点之前提的案例、需要研究判例与学说之射程的案例。对于那些已经大致学习了刑法总论的读者而言,先查阅案例集并给出自己的结论,然后再浏览本书,可能是一件很有趣的事情。当然,也可以在读完本书之后,通过浏览案例集,作为复习的替代。如果本案例集能被运用于大学的讲课之中,更是荣幸之至。

不少人对本书的修订提供了宝贵意见,尤其是荻野贵史(名城大学副教授)更是特意做了一份有关第二版需要修订之处的详细的列表。而且,有关需要修订的地方的整理、相关资料的收集、索引与案例集的制作以及全书的校对等,得到了伊藤嘉亮(广岛修道大学副教授)、永井绍裕(宇都宫共和大学专任讲师)、大塚雄祐(拓殖大学助教)、菊地一树(明治大学专任讲师)、小池直希(岛根大学专任讲师)、藤井智也(群马大学非常勤讲师)与大关龙一(早稻田大学讲师〔附任期〕)等人的大力支持。这次的修订也一如既往地得到了日本评论社的上村真胜的特别关照。在此谨对上述诸位表达诚挚的谢意。

日本的歌舞伎等传统艺术重视"型"、追求"样式"美。刑法学也建立在以犯罪论体系这种"型"为核心的、一定的思维"样式"之上。遵循这种思维"样式",就能发现既往之未见,关注此前之未留意。大凡认识,只有认识主体的头脑中存在一定的概念始有可能,特别是在刑法学中,属于认识前提的概念不是单词级别的个别概念,而是由数个概念有机地结合在一起而形成的一种思维过程。通过领悟并共享这种过程,就有可能认识到刑法上的各种问题,有关这些问题的判断与交流也才成为可能。当然,有时候,脱离这种思维"样式",也许也能看到一些独特的东西。但是,能够破"型"的,仅仅是那些领会、掌握了"型"的人。以上这些既是对研习刑法者的建议,也想将其作为我们刑法学者的自勉。

松原芳博

2022 年 1 月 30 日

第一版序言

本书基本内容原以"刑法总论思考"为题，连载于《法学演习》（法学セミナー），本书正是在此基础上修订而成。连载时，我的基本想法是，着力详解刑法总论中的重要论点，同时考虑读者需求而从基本问题谈起。为此，本书在继续保持解说重要论点之特征的同时，由于具备了一定的全面性与体系性，也能起到教科书的作用。

本书的写作，尽力做到以下四点：其一，就解释论上的论点，明确真正的对立之所在及其背景，并在刑法理论体系中找到其准确定位。这是因为，我深感当下的"论点主义"的弊害在于，对于各个论点的研究，往往脱离其思想背景与刑法理论体系，而流于机械性检索与死记硬背。其二，有意识地关注与对立观点之间的"对话"。这是因为，单纯还原学说之间的对立，即便能在体例的完整性上得到自我满足，但也会丧失建设性交流的可能，无法实现更恰当的刑法解释这一目标。其三，尽可能地将我的思考过程予以"可视化"，并最大限度地呈现给读者。这是因为，我认为要获得真正的"认同"，对思考过程的追踪体验不可或缺。现在，法科研究生院的学生有这样一种倾向，即轻易放弃"认同"，转向"记忆"，但法律的终极目标在于取得当事人的"认同"、一般国民的"认同"。自己放弃"认同"者，很难为此目标作出贡献。其四，解说刑法理论时，大量运用了包括判例在内的案例，并注重案例之间的排列。这是因为，对以解决

| 第一版序言 |

具体案件为使命的法律学而言，有必要缩小理论与实践之间的距离，密切保持对理论的一贯性与具体运用的妥当性的相互验证。当然，上述想法最终是否得以实现，颇为忐忑，尚有待读者诸贤对本书的评判。

在《法学演习》长达 30 期的连载过程中，专田泰孝教授（冈山大学）、渡边卓也副教授（帝京大学）、内田幸隆副教授（明治大学）、杉本一敏副教授（早稻田大学）以及三上正隆专职讲师（爱知学院大学）对每次的文稿均提出了宝贵的意见，我的助手铃木一永（早稻田大学）还代为校对了文稿，并核对了判例与相关文献。在正式出版之际，北川佳世子教授（早稻田大学）就本书整体结构也提出了有益的建议，荻野贵史助教（独协大学）、重富贤人（早稻田大学研究生院硕士研究生）以及早稻田大学研究生院博士研究生野村健太郎、大庭沙织、安嶋建、永井绍裕等还代为校对文稿并制作了索引。另外，日本评论社《法学演习》编辑部的上村真胜总编热心推荐我进行连载，并为结集出版做出了无私奉献。对以上诸贤，谨致诚挚谢意！

本书的起点源自恩师曾根威彦先生的刑法理论。若本书的出版，能报师恩于万一，当属意外之喜。

最后，想将本书献给我的父亲松原芳久、母亲松原淑子。对我立志从事学术研究，他们是最替我感到高兴者。

松原芳博
2013 年 2 月 4 日

文献略语*

一、参考文献（以后面〔〕内黑体字部分作为所引用论著的简称）

（一）教科书等

青柳文雄『刑法通論Ⅰ』（泉文堂1963年）〔**青柳**〕

浅田和茂『刑法総論』（成文堂2019年第2版）〔**浅田**〕

井田良『講義刑法学・総論』（有斐閣2018年第2版）〔**井田**〕

井田良『刑法総論の理論構造』（成文堂2005年）〔**井田・構造**〕

板倉宏『刑法総論』（勁草書房2004年補訂版）〔**板倉**〕

伊東研祐『刑法講義総論』（日本評論社2010年）〔**伊東**〕

今井猛嘉、小林憲太郎、島田聡一郎、橋爪隆『刑法総論』（有斐閣2012年第2版）〔**今井等**〕

伊藤渉・小林憲太郎・鎮目征樹・成瀬幸典・安田拓人『アクチュアル刑法総論』（弘文堂2007年）〔**伊藤等**〕

植松正『再訂刑法概論Ⅰ総論』（勁草書房1974年）〔**植松**〕

内田文昭『改訂刑法Ⅰ総論』（青林書院1997年補正版）〔**内田（文）**〕

内田文昭『刑法概要（上卷）（中卷）』（青林書院1995年・1999

---

* 鉴于我国文献的引注格式，更考虑到读者的阅读习惯，本书原则上采取完全注释的方式，而不使用"文献略语"。而且，对于书中相关引注，也按照中文注释的习惯，补全了出版社等相关信息。——译者注

年)〔内田(文)・概要〕

内田幸隆・杉本一敏『刑法総論』(有斐閣 2019 年)〔内田(幸)〕

大越義久『刑法総論』(有斐閣 2012 年第 5 版)〔大越〕

大塚仁『刑法概説　総論』(有斐閣 2008 年第 4 版)〔大塚〕

大場茂馬『刑法総論(上)(下)』(中央大学 1913 年第 3 版、1918 年再版)〔大場〕

岡野光雄『刑法要説総論』(成文堂 2009 年第 2 版)〔岡野〕

大谷實『刑法講義総論』(成文堂 2019 年新版第 5 版)〔大谷〕

小野清一郎『新訂刑法講義総論』(有斐閣 1950 年増補版)〔小野〕

香川達夫『刑法講義　総論』(成文堂 1995 年第 3 版)〔香川〕

柏木千秋『刑法各論』(有斐閣 1965 年再版)〔柏木〕

川端博『刑法総論講義』(成文堂 2013 年第 3 版)〔川端〕

木村亀二(阿部純二増補)『刑法総論』(有斐閣 1978 年)〔木村〕

木村亀二『犯罪論の新構造(上)(下)』(有斐閣 1966 年・1968 年)〔木村・新構造〕

草野豹一郎『刑法要論』(千倉書房 1952 年)〔草野〕

江家義男『刑法総論』(青林書院 1952 年)〔江家〕

小林憲太郎『刑法総論』(新世社 2020 年第 2 版)〔小林〕

小林憲太郎『刑法総論の理論と実務』(判例時報社 2018 年)〔小林・理論と実務〕

斎藤信治『刑法総論』(有斐閣 2008 年第 6 版)〔斎藤〕

齊野彦弥『刑法総論』(新世社 2007 年)〔齊野〕

佐伯千仭『刑法講義　総論』(有斐閣 1981 年 4 訂版)〔佐伯(千)〕

佐伯仁志『刑法総論の考え方・楽しみ方』(有斐閣 2013 年)〔佐伯(仁)〕

佐久間修『刑法総論』(成文堂 2009 年)〔佐久間〕

塩見　淳『刑法の道しるべ』（有斐閣2015年）〔塩見〕

荘子邦雄『刑法総論』（青林書院1996年第3版）〔荘子〕

鈴木茂嗣『刑法総論』（成文堂2011年第2版）〔鈴木〕

関　哲夫『講義刑法総論』（成文堂2018年第2版）（関）

曽根威彦『刑法総論』（弘文堂2008年第4版）〔曽根〕

曽根威彦『刑法の重要問題　総論』（成文堂2005年第2版）〔曽根・重要問題〕

曽根威彦『刑法原論』（成文堂2016年）〔曽根・原論〕

高橋則夫『刑法総論』（成文堂2018年第4版）〔高橋〕

瀧川幸辰『犯罪論序説』（有斐閣1947年改訂版）〔瀧川〕

団藤重光『刑法綱要総論』（創文社1990年第3版）〔団藤〕

内藤謙『刑法講義総論（上）（中）（下）Ⅰ・Ⅱ』（有斐閣1983～2002年）〔内藤〕

中義勝『刑法総論』（有斐閣1971年）〔中〕

中義勝『講述刑法総論』（有斐閣1980年）〔中・講述〕

中野次雄『刑法総論概要』（成文堂1997年第3版補正版）〔中野〕

中山研一『刑法総論』（成文堂1982年）〔中山〕

西田典之（橋爪隆補訂）『刑法総論』（弘文堂2019年第3版）〔西田〕

西原春夫『犯罪総論』（上巻・改訂版、下巻・改訂準備版）（成文堂1993年）〔西原（上）（下）〕

野村稔『刑法総論』（成文堂1998年補訂版）〔野村〕

橋爪隆『刑法総論の悩みどころ』（有斐閣2020年）〔橋爪〕

橋本正博『刑法総論』（新世社2015年）〔橋本〕

林幹人『刑法総論』（東京大学出版会2008年第2版）〔林〕

林幹人『判例刑法』（東京大学出版会2011年）〔林・判例刑法〕

日高義博『刑法総論』（成文堂2015年）〔日高〕

平野龍一『刑法総論Ⅰ・Ⅱ』（有斐閣 1972 年・1975 年）〔平野Ⅰ・Ⅱ〕

平野龍一『犯罪論の諸問題（上）総論』（有斐閣 1981 年）〔平野・諸問題〕

平場安治『刑法総論講義』（有信堂 1952 年）〔平場〕

福田平『全訂刑法総論』（有斐閣 2011 年第 5 版）〔福田〕

藤木英雄『刑法講義総論』（弘文堂 1975 年）〔藤木〕

堀内捷三『刑法総論』（有斐閣 2004 年第 2 版）〔堀内〕

前田雅英『刑法総論講義』（東京大学出版会 2019 年第 7 版）〔前田〕

前田雅英『刑法の基礎理論』（有斐閣 1993 年）〔前田・基礎〕

牧野英一『刑法総論（上巻）（下巻）』（有斐閣 1958 年・1959 年全訂版）〔牧野（上）（下）〕

牧野英一『日本刑法（上）』（有斐閣 1937 年重訂版）〔牧野・日本刑法〕

町野朔『犯罪総論』（信山社 2019 年）〔町野〕

松宮孝明『刑法総論講義』（成文堂 2018 年第 5 版補訂版）〔松宮〕

松宮孝明『先端刑法総論』（日本評論社 2019 年）〔松宮・先端刑法〕

宮本英脩『刑法学粋』（弘文堂 1931 年）〔宮本・学粋〕

宮本英脩『刑法大綱』（弘文堂 1935 年）〔宮本・大綱〕

山口厚『刑法総論』（有斐閣 2016 年第 3 版）〔山口〕

山口厚『問題探求　刑法総論』（有斐閣 1998 年）〔山口・探求〕

山口厚『新判例から見た刑法』（有斐閣 2015 年第 3 版）〔山口・新判例〕

山中敬一『刑法総論』（成文堂 2015 年第 3 版）〔山中〕

(二) 注释书、讲座、判例解说、判例研究等

西田典之・山口厚・佐伯仁志編『注釈刑法　第 1 巻　総論』（有斐閣 2010 年）〔『注釈』〕

団藤重光編『注釈刑法　総論（1）～（3）』（有斐閣 1964 年～1969 年）〔『旧注釈』〕

大塚仁・河上和雄・佐藤文雄・古田佑紀編『大コンメンタール刑法』（第 1 巻～第 13 巻）（青林書院 2013 年～2021 年第 3 版）〔『大コンメ』〕

浅田和茂・井田良編『新コンメンタール刑法』（日本評論社 2017 年第 2 版）〔『新基本コンメ』〕

日本刑法学会編『刑法講座』（第 1 巻～第 6 巻）（有斐閣 1963 年～1964 年）〔『刑法講座』〕

中山研一・西原春夫・藤木英雄・宮澤浩一編『現代刑法講座 4 巻・5 巻』（第 1 巻～第 5 巻）（成文堂 1977 年～1982 年）〔『現代刑法講座』〕

阿部純二・板倉宏・内田文昭・香川達夫・川端博・曽根威彦編『刑法基本講座』（第 1 巻～第 4 巻）（法学書院 1992 年～1994 年）〔『基本講座』〕

芝原邦爾・堀内捷三・町野朔・西田典之編『刑法理論の現代的展開　総論Ⅰ・Ⅱ』（日本評論社 1988 年・1990 年）〔『現代的展開Ⅰ・Ⅱ』〕

山口厚編『クローズアップ刑法総論』（成文堂 2003 年）〔『クローズアップ』〕

山口厚編『クローズアップ刑法各論』（成文堂 2007 年）〔『クローズアップ各論』〕

植松正・川端博・曽根威彦・日高義博『現代刑法論争Ⅰ』（勁草書房 1997 年第 2 版）〔『現代論争』〕

山口厚・井田良・佐伯仁志『理論刑法学の最前線Ⅰ』（岩波書店 2001 年）〔『最前線』〕

川端博・浅田和茂・山口厚・井田良編『理論刑法学の探求①〜⑩』（成文堂 2008 年〜2017 年）〔『理論探求』〕

　佐伯仁志・高橋則夫・只木誠・松宮孝明『刑事法の理論と実務①〜』（成文堂 2019 年〜）〔『理論と実務』〕

　高橋則夫・杉本一敏・仲道祐樹『理論刑法学入門』（日本評論社 2014 年）〔『理論入門』〕

　曾根威彦・松原芳博編『重点課題　刑法総論』（成文堂 2008 年）〔『重点課題』〕

　西田典之・山口厚・佐伯仁志編『刑法の争点』（有斐閣 2007 年）（『争点』）

　西田典之・山口厚編『刑法の争点』（有斐閣 2000 年第 3 版）（『旧争点』）

　藤木英雄・板倉宏『刑法の争点』（有斐閣 1987 年新版）（『旧旧争点』）

　『最高裁判所判例解説　刑事編』（各年度、法曹会）〔『※※年度最判解』〕

　芝原邦爾編『刑法の基本判例』（有斐閣 1988 年）〔『基本判例』〕

　『刑法判例百選Ⅰ総論』（有斐閣 1789 年初版、1984 年第 2 版、1991 年第 3 版、1997 年第 4 版、2003 年第 5 版、2008 年第 6 版、2014 年第 7 版、2020 年第 8 版）〔『百選』〕

　『刑法判例百選Ⅱ各論』（有斐閣 1789 年初版、1984 年第 2 版、1992 年第 3 版、1997 年第 4 版、2003 年第 5 版、2008 年第 6 版、2014 年第 7 版、2020 年第 8 版）〔『百選Ⅱ』〕

　ジュリスト臨時増刊『重要判例解説』（各年度、有斐閣）〔『※※年度重判解』〕

　『判例セレクト』（各年度、有斐閣）〔『※※年度セレクト』〕

　松原芳博編『刑法の判例　総論』（成文堂 2011 年）〔『刑法の判

例』〕

（三）祝贺论文集

『木村博士還暦祝賀・刑事法学の基本問題（上）（下）』（有斐閣1958年）〔『木村還暦』〕

『中野次雄判事還暦祝賀・刑事裁判の課題』（有斐閣1972年）〔『中野還暦』〕

『団藤重光博士古稀祝賀論文集（1）〜（3）』（有斐閣1983年〜1984年）〔『団藤古稀』〕

『井上祐司先生退官記念論集・現代における刑事法学の課題』（櫂歌書房1989年）〔『井上退官』〕

『平野龍一先生古稀祝賀論文集（上）（下）』（有斐閣1990年・1991年）〔『平野古稀』〕

『荘子邦雄先生古稀祝賀・刑事法の思想と理論』（第一法規1991年）〔『荘子古稀』〕

『八木国之先生古稀祝賀論文集・刑事法学の現代的課題（上）（下）』（法学書院1992年）〔『八木古稀』〕

『内藤謙先生古稀祝賀・刑事法学の現代的状況』（有斐閣1994年）〔『内藤古稀』〕

『福田平・大塚仁博士古稀祝賀・刑事法学の総合的検討（上）（下）』（有斐閣1993年）〔『福田・大塚古稀』〕

『吉川経夫先生古稀祝賀論文集・刑事法学の歴史と課題』（法律文化社1994年）〔『吉川古稀』〕

『下村康正先生古稀祝賀・刑事法学の新動向（上）（下）』（成文堂1995年）〔『下村古稀』〕

『森下忠古稀祝賀（上）・変動期の刑事法学』『森下忠古稀祝賀（下）・変動期の刑事法政策』（成文堂1995年）〔『森下古稀』〕

『香川達夫博士古稀祝賀・刑事法学の課題と展望』（成文堂1996年）

〔『香川古稀』〕

『中山研一先生古稀祝賀論文集（1）〜（5）』（成文堂 1997 年）〔『中山古稀』〕

『西原春夫先生古稀祝賀論文集（1）〜（5）』（成文堂 1998 年）〔『西原古稀』〕

『松尾浩也先生古稀祝賀論文集（上）（下）』（有斐閣 1998 年）〔『松尾古稀』〕

『井戸田侃先生古稀祝賀論文集・転換期の刑事法学』（現代人文社 1999 年）〔『井戸田古稀』〕

『大野眞義先生古稀祝賀・刑事法学の潮流と展望』（世界思想社 2000 年）〔『大野古稀』〕

『田宮裕博士追悼論集（上）』（信山社 2001 年）〔『田宮追悼』〕

『光騰景皎先生古稀祝賀論文集（上）（下）』（成文堂 2001 年）〔『光騰古稀』〕

『三原憲三先生古稀祝賀論文集』（成文堂 2002 年）〔『三原古稀』〕

『内田文昭先生古稀祝賀論文集』（青林書院 2002 年）〔『内田古稀』〕

『佐々木史朗先生喜寿祝賀・刑事法の理論と実践』（第一法規 2002 年）〔『佐々木喜寿』〕

『中谷瑾子先生傘寿祝賀・21 世紀における刑事規制のゆくえ』（現代法律出版 2003 年）〔『中谷傘寿』〕

『齊藤誠二先生古稀記念・刑事法学の現実と展開』（信山社 2003 年）〔『齊藤古稀』〕

『法学博士井上正治先生追悼論集・刑事実体法と裁判手続』（九大出版会 2003 年）(『井上追悼』)

『能勢弘之先生追悼論集・激動期の刑事法学』（信山社 2003 年）(『能勢追悼』)

『阿部純二先生古稀祝賀論文集・刑事法学の現代的課題』（第一法規 2004 年）〔『阿部古稀』〕

『板倉宏博士古稀祝賀論文集・現代社会型犯罪の諸問題』（勁草書房 2004 年）〔『板倉古稀』〕

『小暮得雄先生古稀祝賀論文集・罪と罰・非情にして人間的なるもの』（信山社 2005 年）〔『小暮古稀』〕

『小林充・佐藤文哉先生古稀祝賀・刑事裁判論集（上）（下）』（判例タイムズ社 2006 年）〔『小林・佐藤古稀』〕

『神山敏雄先生古稀祝賀論文集（1）（2）』（成文堂 2006 年）〔『神山古稀』〕

『渥美東洋先生古稀記念・犯罪の多角的検討』（有斐閣 2006 年）〔『渥美古稀』〕

『岡野光雄先生古稀記念・交通刑事法の現代的課題』（成文堂 2007 年）〔『岡野古稀』〕

『鈴木茂嗣先生古稀祝賀論文集（上）（下）』（成文堂 2007 年）〔『鈴木古稀』〕

『原田國男判事退官記念論文集・新しい時代の刑事裁判』（判例タイムズ 2010 年）〔『原田退官』〕

『立石二六先生古稀祝賀論文集』（成文堂 2010 年）〔『立石古稀』〕

『福田雅章先生古稀祝賀論文集・刑事法における人権の諸相』（成文堂 2010 年）〔『福田古稀』〕

『村井敏邦先生古稀記念論文集・人権の刑事法学』（日本評論社 2011 年）〔『村井古稀』〕

『植村立郎判事退官記念論文集・現代刑事法学の諸問題（1）～（3）』（立花書房 2001 年）〔『植村退官』〕

『大谷實先生喜寿記念論文集』（成文堂 2011 年）〔『大谷喜寿』〕

『岩井宜子先生古稀祝賀論文集・刑法・刑事政策と福祉』（尚学社

2011 年）〔『岩井古稀』〕

『三井誠先生古稀祝賀論文集』（有斐閣 2012 年）〔『三井古稀』〕

『斉藤豊治先生古稀祝賀論文集・刑事法理論の探求と発見』（成文堂 2012 年）〔『立石古稀』〕

『曽根威彦先生・田口守一先生古稀祝賀論文集（上）（下）』（成文堂 2014 年）〔『曽根・田口古稀』〕

『津田重憲先生追悼論文集・刑事法学におけるトポス論の実践』（成文堂 2014 年）〔『津田追悼』〕

『町野朔先生古稀記念・刑事法・医事法の新たな展開（上）（下）』（信山社 2014 年）〔『町野古稀』〕

『足立昌勝先生古稀記念論文集・近代刑法の現代的論点』（社会評論社 2014 年）〔『足立古稀』〕

『川端博先生古稀祝賀論文集（上）（下）』（成文堂 2014 年）〔『川端古稀』〕

『生田勝義先生古稀祝賀論文集・自由と安全の刑事法学』（法律文化社 2014 年）〔『生田古稀』〕

『山口厚先生献呈論文集』（成文堂 2014 年）〔『山口献呈』〕

『野村稔先生古稀祝賀論文集』（成文堂 2015 年）〔『野村古稀』〕

『浅田和茂先生古稀祝賀論文集（上）（下）』（成文堂 2016 年）〔『浅田古稀』〕

『椎橋隆幸先生古稀記念・新時代の刑事法学』（信山社 2016 年）〔『椎橋古稀』〕

『内田博文先生古稀祝賀論文集・刑事法と歴史的価値とその交錯』（法律文化社 2016 年）〔『内田博文古稀』〕

『渡辺咲子先生古稀記念・変動する社会と格闘する判例・法の動き』（信山社 2017 年）〔『渡辺古稀』〕

『山中敬一先生古稀祝賀論文集（上）（下）』（成文堂 2017 年）

〔『山中古稀』〕

　『西田典之先生献呈論文集』（有斐閣 2017 年）〔『西田献呈』〕

　『長井圓先生古稀記念・刑事法学の未来』（信山社 2017 年）〔『長井古稀』〕

　『増田豊先生古稀祝賀論文集・市民的自由のための市民的熟議と刑事法』（勁草書房 2018 年）〔『増田古稀』〕

　『日高義博先生古稀祝賀論文集（上）（下）』（成文堂 2018 年）〔『日高古稀』〕

　『井上正仁先生古稀祝賀論文集』（有斐閣 2019 年）〔『井上正仁古稀』〕

　『新倉修先生古稀祝賀論文集・国境を越える市民社会と刑事人権』（現代人文社 2019 年）〔『新倉古稀』〕

　『池田修先生・前田雅英先生退職記念論文集・これからの刑事司法の在り方』（弘文堂・2020 年）〔『池田・前田退職』〕

　『山田道郎先生古稀祝賀論文集・刑事立法の動向と法解釈』（成文堂 2021 年）〔『山田古稀』〕

　『寺崎嘉博先生古稀祝賀論文集（上）（下）』（成文堂 2021 年）〔『寺崎古稀』〕

　『高橋則夫先生古稀祝賀論文集（上）（下）』（成文堂 2022 年）〔『高橋古稀』〕

　『内田文昭先生米寿祝賀論文集・刑事法学の系譜』（信山社 2022 年）〔『内田米寿』〕

二、判例・判例集・杂志（以前面黑体字部分作为引用的简称）

（一）判例集

刑集　　　　大審院刑事判例集・最高裁判所刑事判例集

裁判例　　　大審院裁判例

| 文献略语 |

刑録	大審院刑事判決録
裁判集刑事	最高裁判所裁判集（刑事）
高刑集	高等裁判所刑事判例集
判特	高等裁判所刑事判決特報
高刑特	高等裁判所刑事裁判特報
高刑速	高等裁判所刑事裁判速報集
下刑集	下級裁判所刑事裁判例集
刑月	刑事裁判月報
家月	家庭裁判月報
一審刑集	第一審刑事裁判例集
家法	家庭の法と裁判
新聞	法律新聞

(二) 定期出版物

刑法	刑法雑誌
警研	警察研究
刑ジャ	刑事法ジャーナル
現刑	現代刑事法
ジュリ	ジュリスト
曹時	法曹時報
法時	法律時報
法協	法学協会雑誌
法教	法学教室
法セ	法学セミナー
判時	判例時報
判タ	判例タイムズ
論ジュリ	論究ジュリスト

判例集的编年对应表

在本书中，为了尊重原文，也为了遵循日本判例出处的惯用表示，更为了便于本书读者顺利查找相关判例，并未将明治、大正、昭和、平成这些日本年号改为公历，但同时考虑到我国读者更习惯于公历，在此特不畏累赘列表表示编年对应。值得注意的是，根据日本年号的实际变更时间，明治45年仅止于明治45年（1912年）7月30日、大正15年仅止于大正15年（1926年）12月25日、昭和64年仅止于昭和64年（1989年）1月7日、平成31年止于2019年4月30日。

大审院判决录（刑录创刊）	大审院判例集（改称刑录）	最高裁判所判例集（改称刑集）	
明治28（1895年）1辑	大正11（1922年）1卷	昭和22（1947年）1卷	昭和50（1975年）29卷
明治29（1896年）2辑	大正12（1923年）2卷	昭和23（1948年）2卷	昭和51（1976年）30卷
明治30（1897年）3辑	大正13（1924年）3卷	昭和24（1949年）3卷	昭和52（1977年）31卷
明治31（1898年）4辑	大正14（1925年）4卷	昭和25（1950年）4卷	昭和53（1978年）32卷
明治32（1899年）5辑	大正15（1926年）5卷	昭和26（1951年）5卷	昭和54（1979年）33卷
明治33（1900年）6辑	昭和1	昭和27（1952年）6卷	昭和55（1980年）34卷
明治34（1901年）7辑	昭和2（1927年）6卷	昭和28（1953年）7卷	昭和56（1981年）35卷
明治35（1902年）8辑	昭和3（1928年）7卷	昭和29（1954年）8卷	昭和57（1982年）36卷
明治36（1903年）9辑	昭和4（1929年）8卷	昭和30（1955年）9卷	昭和58（1983年）37卷
明治37（1904年）10辑	昭和5（1930年）9卷	昭和31（1956年）10卷	昭和59（1984年）38卷
明治38（1905年）11辑	昭和6（1931年）10卷	昭和32（1957年）11卷	昭和60（1985年）39卷
明治39（1906年）12辑	昭和7（1932年）11卷	昭和33（1958年）12卷	昭和61（1986年）40卷
明治40（1907年）13辑	昭和8（1933年）12卷	昭和34（1959年）13卷	昭和62（1987年）41卷
明治41（1908年）14辑		昭和35（1960年）14卷	昭和63（1988年）42卷

续表

大审院判决录 (刑录创刊)	大审院判例集 (改称刑录)	最高裁判所判例集 (改称刑集)	
昭和 42（1909 年）15 辑	昭和 9（1934 年）13 卷	昭和 36（1961 年）15 卷	昭和 64（1989 年）43 卷
昭和 43（1910 年）16 辑	昭和 10（1935 年）14 卷	昭和 37（1962 年）16 卷	平成 1
昭和 44（1911 年）17 辑	昭和 11（1936 年）15 卷	昭和 38（1963 年）17 卷	平成 2（1990 年）44 卷
明治 45（1912 年）18 辑	昭和 12（1937 年）16 卷	昭和 39（1964 年）18 卷	平成 3（1991 年）45 卷
大正 1	昭和 13（1938 年）17 卷	昭和 40（1965 年）19 卷	平成 4（1992 年）46 卷
大正 2（1913 年）19 辑	昭和 14（1939 年）18 卷	昭和 41（1966 年）20 卷	平成 5（1993 年）47 卷
大正 3（1914 年）20 辑	昭和 15（1940 年）19 卷	昭和 42（1967 年）21 卷	平成 6（1994 年）48 卷
大正 4（1915 年）21 辑	昭和 16（1941 年）20 卷	昭和 43（1968 年）22 卷	平成 7（1995 年）49 卷
大正 5（1916 年）22 辑	昭和 17（1942 年）21 卷	昭和 44（1969 年）23 卷	平成 8（1996 年）50 卷
大正 6（1917 年）23 辑	昭和 18（1943 年）22 卷	昭和 45（1970 年）24 卷	平成 9（1997 年）51 卷
大正 7（1918 年）24 辑	昭和 19（1944 年）23 卷	昭和 46（1971 年）25 卷	平成 10（1998 年）52 卷
大正 8（1919 年）25 辑	昭和 20（1945 年）24 卷	昭和 47（1972 年）26 卷	平成 11（1999 年）53 卷
大正 9（1920 年）26 辑	昭和 21（1946 年）25 卷	昭和 48（1973 年）27 卷	平成 12（2000 年）54 卷
大正 10（1921 年）27 辑	昭和 22（1947 年）26 卷	昭和 49（1974 年）28 卷	平成 13（2001 年）55 卷
			平成 14（2002 年）56 卷
			平成 15（2003 年）57 卷
			平成 16（2004 年）58 卷
			平成 17（2005 年）59 卷
			平成 18（2006 年）60 卷
			平成 19（2007 年）61 卷
			平成 20（2008 年）62 卷
			平成 21（2009 年）63 卷
			平成 22（2010 年）64 卷
			平成 23（2011 年）65 卷
			平成 24（2012 年）66 卷
			平成 25（2013 年）67 卷
			平成 26（2014 年）68 卷
			平成 27（2015 年）69 卷
			平成 28（2016 年）70 卷
			平成 29（2017 年）71 卷
			平成 30（2018 年）72 卷
			平成 31（2019 年）73 卷
			令和 1（2019 年）73 卷
			令和 2（2020 年）74 卷
			令和 3（2021 年）75 卷
			令和 4（2022 年）76 卷

目 录

总序一 1
总序二 3
中文版序言 7
第三版序言 8
第一版序言 10
文献略语 12
判例集的编年对应表 24

第一章 刑罚的意义与目的 1
一、犯罪与刑罚 1
二、刑罚的概念 1
三、刑罚的正当化根据 3
四、近年的重刑化倾向与刑罚理论 10

第二章 刑法的基本原则 14
一、法益保护主义 14
二、行为主义 18
三、处罚的早期化与法益概念的稀薄化 ... 20
四、责任主义 22

五、罪刑法定原则 …………………………………………… 24
　　六、刑罚法规的适正［实体的正当程序（due process）］ …… 33

第三章　犯罪论体系 ……………………………………………… 39
　　一、犯罪的定义与犯罪论体系 ……………………………… 39
　　二、行为 ……………………………………………………… 40
　　三、构成要件该当性 ………………………………………… 43
　　四、违法性 …………………………………………………… 56
　　五、责任（有责性） ………………………………………… 57
　　六、违法性与责任的区别 …………………………………… 57
　　七、客观处罚条件、一身性的处罚阻却事由 ……………… 58

第四章　因果关系 ………………………………………………… 59
　　一、刑法中的因果关系 ……………………………………… 59
　　二、条件关系 ………………………………………………… 59
　　三、法律上的因果关系 ……………………………………… 68

第五章　不作为犯 ………………………………………………… 91
　　一、不作为的行为性 ………………………………………… 91
　　二、作为与不作为 …………………………………………… 92
　　三、不真正不作为犯与罪刑法定原则 ……………………… 94
　　四、作为义务（保障人地位） ……………………………… 95
　　五、作为可能性 ……………………………………………… 103
　　六、结果避免可能性 ………………………………………… 104

第六章　违法论概述 ……………………………………………… 106
　　一、违法的实质 ……………………………………………… 106
　　二、"结果"的含义与刑法规范 …………………………… 107
　　三、违法与责任的区别 ……………………………………… 109
　　四、主观违法要素 …………………………………………… 112

五、违法阻却事由 …………………………………………………… 115
　　六、可罚的违法性 …………………………………………………… 119

第七章　法益主体的同意 …………………………………………… 124
　　一、不处罚的根据 …………………………………………………… 124
　　二、同意在犯罪论体系中的地位 …………………………………… 125
　　三、不处罚效果的例外 ……………………………………………… 128
　　四、同意伤害 ………………………………………………………… 129
　　五、有效要件 ………………………………………………………… 134
　　六、基于错误的同意 ………………………………………………… 137
　　七、推定的同意 ……………………………………………………… 146
　　八、危险的接受 ……………………………………………………… 146

第八章　正当防卫 …………………………………………………… 149
　　一、正当化原理 ……………………………………………………… 149
　　二、不法侵害 ………………………………………………………… 153
　　三、紧迫性 …………………………………………………………… 157
　　四、防卫意思 ………………………………………………………… 159
　　五、防卫行为（广义）……………………………………………… 163
　　六、先行情况与正当防卫（相互对立状况下的特殊问题）……… 172
　　七、防卫过当 ………………………………………………………… 180

第九章　紧急避险 …………………………………………………… 187
　　一、概述 ……………………………………………………………… 187
　　二、法律性质（不处罚的根据）…………………………………… 189
　　三、要件 ……………………………………………………………… 194
　　四、避险过当 ………………………………………………………… 201

第十章　其他违法性阻却事由 ……………………………………… 204
　　一、法令行为 ………………………………………………………… 204

二、正当业务行为 ……………………………………………… 208

三、义务冲突 …………………………………………………… 213

四、私力救济 …………………………………………………… 213

五、狭义的超法规的违法性阻却事由 ………………………… 214

六、可罚的违法性阻却事由 …………………………………… 215

第十一章 责任论概述 …………………………………………… 220

一、责任的含义与内容 ………………………………………… 220

二、责任非难的对象 …………………………………………… 223

三、责任要素 …………………………………………………… 223

四、责任能力 …………………………………………………… 224

五、期待可能性 ………………………………………………… 230

第十二章 故意与事实错误 ……………………………………… 233

一、故意 ………………………………………………………… 233

二、具体的事实错误 …………………………………………… 240

三、抽象的事实错误 …………………………………………… 249

四、对相当于违法性阻却事由的事实的假想（特别是
假想防卫）…………………………………………………… 257

五、对相当于责任阻却·减少事由的事实的假想 …………… 266

第十三章 违法性的意识的可能性 ……………………………… 268

一、是否需要违法性的意识 …………………………………… 268

二、"违法性"的意识的内容 ………………………………… 275

三、事实的错误与违法性的错误的区别 ……………………… 277

四、违法性的错误的判断 ……………………………………… 281

第十四章 过失犯 ………………………………………………… 285

一、现代社会与过失犯 ………………………………………… 285

二、处罚过失犯的规定 ………………………………………… 288

三、过失犯的结构 ·· 289
　　四、构成要件该当性 ······································ 291
　　五、违法阻却事由 ·· 298
　　六、责任 ·· 301
　　七、预见可能性 ·· 301
　　八、重大过失与业务过失 ································ 314

第十五章　未遂犯 316
　　一、概述 ·· 316
　　二、未遂犯的成立时点 ··································· 319
　　三、不能犯 ··· 348

第十六章　中止犯 358
　　一、含义与效果 ·· 358
　　二、刑罚减免根据 ·· 358
　　三、中止行为 ·· 365
　　四、任意性 ··· 369
　　五、预备的中止 ·· 374

第十七章　正犯与共犯 377
　　一、现行法上的参与类型 ································ 377
　　二、正犯与共犯 ·· 380
　　三、间接正犯 ·· 387
　　四、共同正犯 ·· 393
　　五、共谋共同正犯 ·· 399

第十八章　共犯的处罚根据 412
　　一、共犯的处罚根据理论概述 ························· 412
　　二、惹起说内部的对立 ··································· 415
　　三、未遂的教唆 ·· 417

四、因果性的内容 …………………………………… 418
　　五、共犯成立的时间界限 …………………………… 426
　　六、承继的共犯 ……………………………………… 426
　　七、共犯关系的解消（共犯关系的脱离）………… 448
　　八、共犯与中止 ……………………………………… 456

第十九章　共犯与身份 ………………………………… 458
　　一、第65条第1款与第2款之间的关系 …………… 458
　　二、第65条第1款中的"共犯"的范围 …………… 466
　　三、第65条中的"身份"的范围 …………………… 467

第二十章　共犯的其他问题 …………………………… 473
　　一、共犯的错误 ……………………………………… 473
　　二、必要的共犯 ……………………………………… 481
　　三、中立行为与从犯 ………………………………… 485
　　四、预备犯的共犯（正犯止于预备之时的共犯的罪责）…… 489
　　五、不作为与共犯 …………………………………… 492
　　六、过失的共同正犯 ………………………………… 500
　　七、结果加重犯的共犯 ……………………………… 508
　　八、共犯与正当防卫、防卫过当 …………………… 509

第二十一章　罪数论与犯罪竞合论 …………………… 512
　　一、罪数论与犯罪竞合论概述 ……………………… 512
　　二、单纯的一罪（包括法条竞合）………………… 512
　　三、包括的一罪 ……………………………………… 513
　　四、想象竞合 ………………………………………… 521
　　五、牵连犯 …………………………………………… 524
　　六、"搭扣"现象 …………………………………… 525
　　七、混合的包括的一罪 ……………………………… 526

八、并合罪 ………………………………………………… 529
第二十二章　刑罚的适用 ……………………………………… 531
　　一、刑罚的种类 …………………………………………… 531
　　二、刑罚的适用 …………………………………………… 535
第二十三章　刑法的适用范围 ………………………………… 539
　　一、空间适用范围 ………………………………………… 539
　　二、时间适用范围 ………………………………………… 542
附　录　案例索引 ……………………………………………… 545

第一章 刑罚的意义与目的

一、犯罪与刑罚

例如，若实施伤害他人的犯罪，犯罪人会被科处 3 年惩役的刑罚。由此可见，犯罪与刑罚作为一种社会现象，是一种作用与反作用的关系，在法律上又属于要件与效果的关系。将犯罪与刑罚作为法律上的要件与效果联系在一起的，就是（广义的）刑法。[1]

二、刑罚的概念

那么，何谓"刑罚"呢？《刑法》*第 9 条对此作了规定：主刑有属于生命刑的死刑，属于自由刑的惩役、禁锢、拘留；属于财产刑的罚金、科料；附加刑有属于财产刑的没收。历史上还曾有流放孤岛这种流刑以及鞭刑这种身体刑，伊斯兰国家现在仍存在身体刑。从上述刑种的共同特征来看，对"刑罚"可作如下定义：是以犯罪这一违法行为为理由，由国家有意识地施加的恶害，其中内含对违法行为的非难。[2]对于刑罚的这种共同属性，可称之为"刑罚的概念"。或者，在不具有这种属性就不能谓之为刑罚这一意义上，又可称之为"刑罚的本质"。

所得税的征收、《传染病预防法》上的隔离，虽属于可强制执行的不利益

---

[1] 广义的刑法，又被称为刑罚法规或者实质意义上的刑法。广义的刑法的核心内容是，除了有关犯罪与刑罚的一般原则之外，主要是规定了杀人罪、盗窃罪这种主要犯罪的、以《刑法》为名称的法律［日本《刑法》明治 40 年（1907 年）制定，明治 41 年（1908 年）施行］。《刑法》被称为狭义的刑法或者形式意义上的刑法。除此之外，《有组织犯罪处罚法》《轻犯罪法》《道路交通法》与《不正当竞争防止法》等其他不少法律也规定了犯罪与刑罚，这些被称为特别刑法。

* 本书中所涉法律如无特别说明，均为日本法律；仅有条文序号，未写明法律名称的，是日本《刑法》的条文。——译者注

[2] 参见高桥直哉『刑法基礎理論の可能性』（成文堂 2018 年）103 頁以下。

处置，但在不以违法行为为前提、不伴有任何非难这一点上，有别于刑罚。另外，基于民法上的不法行为的损害赔偿（《民法》第709条），尽管也以违法行为为前提，但那终究是通过赔偿被害人的损失，以谋求当事人之间负担的公平，并非有意识地施加恶害，也并非必然内含非难。

另外，基于《少年法》的送至少年院、基于《心神丧失者医疗观察法》的入院措施［第十三章之四之（二）］，虽也以违法行为为前提，但此类措施以保护、教育、治疗为内容，而非"恶害"，也并非有意识地对行为人施加非难。不过，送至少年院等是为了社会的安全而强制性地剥夺违法行为人的自由，事实上也多少伴有社会性的非难，从这一点来看，将其作为与刑罚性质完全不同的措施来处理，也是存在问题的。并且，《反垄断法》与《金融商品交易法》中的课征金＊、《道路交通法》上的反则（违章）金、诉讼法与行政法领域的过料等，不仅以违法行为为前提，还属于以此为理由而有意施加某种不利益的"制裁"。在这一点上，可以说，这些"制裁"在制度性质上是接近于刑罚的。对于课征金与过料，尽管可以解释为，在不伴有伦理非难这一点上不同于刑罚，但既然是以违法行为为理由而有意施加的不利益，就不可否认其内含非难，与刑罚的差异无外乎体现在非难的质与量上。[1]＊那么，对于这些部分具有刑罚性质的制裁，就要求与其根本性质相适应，适用罪刑法定原则［第二章之五］、责任主义［第二章之四］等刑法的基本原则，并给予无罪推定原则等刑事程序法上的保障；除此之外，还需要研究，刑罚与其他类似刑罚的制裁之间是否形成了双重处罚。[2]

＊ 这里的课征金，是针对违反《反垄断法》的行为，由公平交易委员会命令交付的一定数额的金钱。也称为"进口课征金"。大致相当于我国的"罚款"。——译者注

[1] 重加算税与惩罚性损害赔偿，也是以违法行为为理由而有意施加的不利益，可以说，其部分带有刑罚的性质。

＊ 加算税，是在违反规定的纳税申报义务等场合，作为一种制裁，在本来的税额之上，另外追加征收的国税。分为过少申报加算税、不申报加算税、不交付加算税、重加算税等四种。其中，重加算税，是指在针对过少申报与不申报等行为而课以加算税之时，发现还存在隐瞒事实、伪装等情形，作为一种制裁而科处的高税率的加算税。——译者注

[2] 有关包括刑罚在内的各种制裁的横向研究，参见佐伯仁志『制裁論』（有斐閣2009年）。

三、刑罚的正当化根据[1]

(一) 社会机能、形式合法性、实质正当性

有意对人施加恶害，这无疑是"犯罪"，原本是不被允许的。尽管如此，作为恶害的"刑罚"何以存在，又是基于什么理由而被正当化的呢？一方面，从社会学的角度来考察，想必可以从满足社会组成成员的心理需求，确认其对社会的归属意思，以及政治权利的确证等方面，来说明刑罚的存在理由。这种有关刑罚的事实性机能的社会学的分析，在探究近年的重刑化的原因这一点上，无疑意义深远。但是，那并不能显示刑罚的"正当性"。另一方面，从民主主义的角度来看，也可以这样解释：只有国民代表经过正当程序而制定刑罚法规，刑罚才得以正当化（正统化）。但是，这种形式合法性，即便是刑罚正当化的必要条件，也非充分条件。这里就必须考问其实质正当性，也就是说，能否比照法的理念合理地解释刑罚的存在理由。

(二) 报应刑论

如前所述，所谓刑罚，在概念上，可谓之为针对犯罪的、内含非难的恶害。在此限度之内，可称之为"报应"，这一点并无异议。不限于此，报应刑论是从实现正义的视角，认为刑罚属于针对犯罪的当然"回报"，这本身就是刑罚的正当化理由。根据刑罚是对犯罪的哪一方面的"回报"，还可将报应刑论细分为以下三种类型：[2]

第一种类型是"被害报应"论。该观点认为，刑罚的正当化根据在于，刑罚是被害人因犯罪而遭受的具体损害的代价。从曾经存在的氏族间的复仇、报仇中，可找到其原型。在这种"被害报应"中，问责主体是被害人以及作为其人格继承者的遗属，国家不过是其代行者。而且，一方面从"被害报应"的视角，重视结果的严重程度，不处罚未遂犯与危险犯，但另一方面，无论是故意加害还是过失加害，不管是由成年人实施的加害还是由未成年人或者心神丧失者所实施的加害，在被害人所遭受的损害这一点上并无不同，因而应予以同等处罚。

这种被害报应论的背景在于，利益的总和意味着"零和关系"（zero-

---

[1] 详见松原芳博「刑法と哲学」『法と哲学』1号（2015年）62页以下。
[2] 详见松原芳博「刑罰の正当化根拠としての応報」『法哲学年報』2015（2016年）63页以下。

sum）以及等价交换。如同经济交易的情形所反映的那样，总量一定的财物涉及数位当事人之时，一方当事人的不利益，就必然意味着另一方当事人的利益。是否是因为这种"零和关系"（zero-sum）的经验已深入我们的潜意识中，从而使得我们抱有加害人的不利益就等于被害人的利益这种印象呢？但实际上，围绕刑罚的利益状况并不是"零和关系"（zero-sum），即便对加害人科以刑罚，被害人的损害也不会由此得到弥补。在这一点上，"被害报应"论将犯罪与刑罚视为等价交换之对象的想法，未能准确反映有关刑罚的利益状况。

第二种类型是"秩序报应"论。该观点认为，刑罚的正当化根据在于：上帝、主权者的权威被犯罪所冒犯，或者法秩序被犯罪所扰乱，刑罚正是对此的反动。这种"秩序报应"的原型，可以从中世纪的教会法以及绝对王政下的刑法中找到。犯罪是对体现人伦的国家法律的否定，刑罚正是通过否定犯罪而恢复法律，黑格尔的这种刑罚论亦属于此类型的报应刑论。[1]在这种立场看来，问责的主体应该是上帝、国家。可以说，被害报应思想是将刑法作为私法来把握，与此相反，秩序报应思想则凸显刑法的公法性质。而且，在犯罪论上，与发生的结果相比，这种立场更重视规范违反意思，那么，虽具有违法性的意识，却仍然实施了侵犯法律的行为，就属于犯罪的基本形式。

无论是上帝与国王，也无论是国家与法秩序，这种秩序报应思想均以绝对权威的存在及其伦理上的优越性为前提。这是因为，若不是在伦理上优越于一般国民的权威，就不能主张，针对反抗自己的行为的反动本身属于"正当的东西"。

5　　第三种类型是"责任报应"论。该观点认为，刑罚的正当化根据在于，基于自己的意思选择了犯罪行为，刑罚就是对这种选择追究责任，并清算此责任。康德以理性的、自律的人的形象为前提，主张对基于行为人的自由意思而实施的犯罪，以刑罚来报应，这是将行为人视为理性的存在来对待。从康德的这种刑罚论中可找到这种"责任报应"的原型。按照这种观点，如果能够设想存在真正理性且自律的人，问责者就是行为人自身的内在超自我或

---

〔1〕近年主张刑罚的存在理由在于"法律的恢复"的观点，参见飯島暢『自由の普遍的保障と哲学的刑法理論』（成文堂2016年）87頁以下；岡上雅美「刑罰正当化論から見た責任概念および意思の自由」『刑法雑誌』46巻2号（2007年）258頁以下。

者行为人本身的良心,那么,刑罚就意味着自发的赎罪。然而,现实的人并非完全自律且理性,不能期待他们会自己积极地接受刑罚,因此,实际上,只能是国家成为行为人本人的超自我,代为进行问责。

的确,责任报应这种思想明确提出,要处罚行为人,行为人本人必须存在责任,这一点有助于责任主义的确立(第二章之四)。责任报应以自由意思的存在为前提,但是,这一点未能得到证明。[1] 即便我们自认为自己是自由的,但在我们所有的选择中,难道没有隐而不显的原因吗?宇宙万物均受法则性的支配,可唯有人的意思是例外,这难道合理吗?另一方面,若认为人的意思是无原因的,那么,对于这种偶然的产物追究责任,又难道不是毫无意义吗?基于这些疑问,至少对这种从责任的清算本身中探求刑罚的积极意义的做法,本书是有所抵触的。

对于上述三种类型的报应刑论,一个共同的疑问在于,如果没有合理的目的,作为国家制度的刑罚又何以能够被正当化呢?报应刑论者究竟是认为,对于所有国家制度,不应从合目的性而应从正义的角度予以正当化;还是主张尽管其他国家制度都是追求现实的目的,但唯有刑罚制度不具有现实的目的呢?若不是将国家视为超越性的存在,而是将其视为实现国民利益的机构、系统,那么,对于作为国家制度之一的刑罚,也应该将其作为实现国民之现实利益的手段,从合目的性的角度来予以正当化。

(三) 一般预防论

基于目的合理的刑法观,一般预防论认为,刑罚正当化的根据在于刑罚的预防效果,亦即,可以防止人们实施犯罪。中世纪残虐的公开刑,正是以执行刑罚所产生的威吓效果为目的。但问题在于,这种"儆戒",是将受处罚的个人作为实现犯罪预防这一社会利益的手段而加以利用,这一点被认为有违人的尊严。

对此,费尔巴哈主张"预告"刑罚的抑制作用("心理强制说"),也就是说,通过事先设想出经济学意义上的合理的人的形象,提出若事先告知刑罚所造成的苦痛要超过由犯罪所得到的快乐,那么,就理应可以避免人们实

---

[1] 近年,在脑科学领域,否定意思的自由的实验结果引人注目。参见增田豊『規範論による責任刑法の再構築』(勁草書房2009年) 397 頁以下;増田豊『法倫理学探求』(勁草書房2017年) 197 頁以下。

施犯罪。如果能够完全实现刑罚预告的心理强制效果，从此就没有人再实施犯罪，这的确不存在为了公益而利用个人的问题。但现实情况是，尽管预告了刑罚，仍然有人实施犯罪。为此，费尔巴哈认为，为了确证刑罚的预告是严肃且真实的，就必须处罚违反者。即便针对该违反者的现实的处罚，具有担保一般预防的效果这一公益目的而利用个人的一面，但由于违反者是在尽管存在刑罚预告的情况下仍然不管不顾地违反了刑法规定，由此产生了对刑罚预告进行事后担保的必要性，因此，违反者就必须甘愿忍受被利用于公益。

对于这种通过比较快乐与不快乐或者进行利害得失的衡量，而试图让人们形成反对动机的"抑制刑论"或"消极的一般预防论"，批判者指出了以下问题：犯罪的抑制效果并未实际得到科学验证，除此之外，由于这种做法是依存于人们对刑罚的恐惧心，这样就会招致无限的重刑化，造成违反（要求刑罚与责任相适应的）责任主义的结果。

这样，各种更加关注价值性层面的作用的观点开始抬头。这些观点被统称为"积极的一般预防论"。论者不同，其具体内容亦随之不同。"积极的一般预防论"主要有以下三种具体观点：

第一种观点主张，刑罚的意义在于，通过维持、唤醒国民的规范意识而达到预防犯罪的效果。消极的一般预防以"为一度抱有犯罪意思的人装上刹车"作为刑罚的目的，但毋宁说，更为理想的做法是使规范意识深入内心，让其自始不产生犯罪意思。而且，规范意识一定程度上已经被内在于日常教育与日常生活之中，因此，刑罚只要在对此予以补充的限度内有助于维持规范意识即可，无需对刑罚寄予过高期望。并且，在切断刑罚与价值的联系这一点上，过重的刑罚反而有碍于人们的规范意识的内在化，因而，基于内在于刑罚目的之中的理由，过重的刑罚被予以排除。由此可见，作为刑罚的应然状态，关注规范意识的维持、觉醒的一般预防论，是值得期待的。但是，一般预防论也存在以下几个问题：其一，首先受到批判的是，国家对国民进行规范意识的训育这种想法是一种权威主义思维。为此，作为规范意识的内容，不是以上下服从关系为前提的"应该遵守国家的决定"这种意识，而应将其理解为，是源于人与人之间的平等或者换位可能性的"法益尊重意识"。对于规范意识的维持、觉醒，也并非基于他律的方法，而应该是基于触发各人的内在超自我、促进其自觉的方法。其二，还存在这样一个疑问：为了唤醒规范意识，为何必须使用刑罚这一"恶害"呢？对此，该观点的回答可能是，刑罚是为了传达规范的重要性以及针对犯罪行为的非难的严肃性。然而，仅以"严肃性的传达"尚不足以说明刑罚是"恶害"。其三，另一问题在于，与快乐和不快乐、利害得失的衡量相比，规范意识要更为复杂，而且，与恶害的抑制效果相比，要作用于人们的规范意识，属于作用对象的人的范围更广，时间跨度也更广，因此，其效果的可视性或者实证可能性更低于消极的一般预防。

第二种观点认为，刑罚的意义在于确保对规范或者法秩序的"信赖"。[1]概言之，消极的一般预防是对已具有犯罪倾向的"潜在的犯罪人"进行威吓，"积极的一般预防论"的上述第一种观点是试图唤醒哪一天说不定就会实施犯罪的"一般国民"的规范意识，而该观点是试图确保来自哪一天说不定会成为被害人的"善良市民"的信赖。的确，对社会的稳定而言，信赖法秩序这一点很重要，倘若善良市民丧失了自己正在受到法律保护这种现实的感觉，其守法意识也许就会降低。然而，如果仅仅是为了确保来自作为"潜在的被害人"的国民的信赖，就难免会通过刑罚手段来追求国民的不安感的解消，进而招致没有意义的重刑化。而且，所谓作为潜在的被害人的国民的"信赖"，指向的是实现国民所期望的处罚，因而所谓信赖的"确保"，难道不正是对国民处罚情感的满足吗？因此，国民"信赖"的确保，是作为由抑制以及规范意识的觉醒所引起的犯罪预防之结果而形成，不应将其视为独立的目的。

第三种观点认为，刑罚的意义在于，对规范的妥当性的"确证"。"积极的一般预防论"的第二种观点是把作为经验事实的、社会心理上的"信赖"当作问题，而本说是把观念的"妥当性"当作问题，认为科处刑罚本身就是对规范妥当性的确证。[2]然而，这种规范确证论不过是通过"刑罚是对以预防犯罪为目的的规范的确证"这种形式，形式上与"预防"联系在一起，而并没有将现实的犯罪预防作为其目标。目的刑论致力于现实效果，而一般预防论是其中的一种类型，因此，本观点事实上并非这种意义上的一般预防论，毋宁说，应将其视为秩序报应思想的另一种表现形式。

---

[1] 参见前田雅英『刑法総論講義』（東京大学出版会 2019 年第 7 版）14~15 頁。
[2] 参见松宮孝明『刑法総論講義』（成文堂 2018 年第 5 版補訂版）9 頁；ギュンター・ヤコブス（飯島暢・川口浩一訳）『法的強制と人格性』（関西大学出版部 2012 年）38 頁以下。

（四）特殊预防论

与上述观点相对应，特殊预防论认为，刑罚的目的在于防止行为人本人的再犯。

首先，特殊预防最为简便的方法是，将犯罪行为人从社会中隔离开来、排除出去。然而，只要认为刑法是承认犯罪行为人也是社会一员的"共生之法"，而非针对局外人的"斗争之法"，就必须否定永久的隔离或者将行为人排除在外这种做法。另一方面，要说明刑罚的正当化，仅凭隔离期内暂时防止了再犯，显然难言充分。

其次，通过现实科处作为苦痛的刑罚，让行为人本人形成此后不再实施犯罪的动机，这种特别抑制也是可以想见的。然而，这是作为消极的一般预防的抑制刑在行为人身上的反映。其问题点参见前文对抑制刑的解说。

不同于这种"消极的特别预防论""改善刑论"或者"积极的特别预防论"的目的在于通过执行刑罚以改善、教育行为人，并使之回归社会。[1]在期待行为人"新生"这一点上，该观点无疑是人道的，也实际促进了监狱内犯罪人待遇的改善。但另一方面，刑罚是恶害，是对对象人的不利益处分，该观点又有忽视这一点之虞。而且，为了达到改善、教育的效果，一贯采取的是不定期刑，但这会使得受刑人的地位过于不稳定。虽然其是实施了犯罪的人，国家仍将其作为国民的一员予以教育、改善，可以说，这种设想原本就是一种权威主义思想。因此，作为刑罚的正当化根据的积极的特别预防的内容应该是，以诉之于自觉这种形式来唤醒行为人的法益尊重意识。至于其他改善、教育上的举措，就属于利用刑罚这种机会的行政措施，应该在征得对象人同意的基础上方可实施。[2]

（五）相对的报应刑论、分配说、整体·个别区分说

如上所述，无论是报应刑论还是目的刑论（一般预防论与特殊预防论），都是既包含真实的一面，但也蕴含着问题，因此，通说采取的是"相对的报应刑论"。也就是说，通说赋予刑罚这样的性质：在针对犯罪的报应刑的范围内追求预防犯罪的目的，或者，将针对犯罪的报应作为手段以达到预防犯罪

---

[1] 参见木村龟二（阿部纯二增补）『刑法総論』（有斐閣1978年）46頁以下；牧野英一『刑法総論（上卷）』（有斐閣1958年全訂版）51頁以下。

[2] 超出规范意识的觉醒这一意义上的教育、改善措施，不仅缺少包含在刑罚概念之内的恶害性，而且，它完全考虑的是科处自由刑的情形，对于科处罚金等财产刑的情形则并不妥当。

的目的。不过，相对的报应刑论中的报应与预防的逻辑关系并不清晰。[1]另外，"分配说"也颇引人关注。该观点认为，立法阶段的指导原则是一般预防，刑事审判中的刑罚的适用与裁量阶段的指导原则是报应，而监狱内的处遇阶段的指导原则则是特别预防。但是，刑罚的正当化根据在各个阶段会发生变化，这一点是很难想象的。还有观点主张"整体·个别区分说"：刑罚制度整体的正当化根据在于一般预防，但处罚特定个人的正当化根据则在于报应。[2]不过，将预防与报应分别与整体和个别相对应，下面这两点可能会遭到无视：刑罚制度整体应受到责任主义要求的制约；就是在针对个别行为人适用、裁量刑罚时，也要考虑预防的必要性。

（六）国家方面的正当化与行为人方面的正当化

前面已经谈到，作为国家制度的刑罚，是从目的合理性的角度，因通过预防犯罪而保护国民利益这一现实的社会利益而被正当化。刑罚是一种非难的表明与恶害的施加（利益的剥夺）一体化的国家处分，因此，由刑罚达到的犯罪预防机制也是一种复合的机制。刑罚通过表明或者传达针对法益侵害行为的非难，在促进一般人去维持或者觉醒法益尊重意识的同时，由于刑罚以恶害作为其内容，因而，一方面，针对潜在的犯罪人，发出"实施犯罪会受损"这种警告，以抑制其犯罪；另一方面，对于一般国民，通过给予"诚实的人不会受损"这种保障，以防止其法益尊重意识的降低。而且，对犯罪人实际施加刑罚，对于那些虽受到可能遭受刑罚处罚这种预告却仍然实施犯罪行为的行为人本身，在促进其法益尊重意识的觉醒的同时，通过让其知道刑罚的预告不是虚假的，而力图预防其再犯。而且，作为其目标的预防的程度，不是"最大的预防"，而是综合考虑了对国民自由的限制以及经济成本等各种因素的"最适度的预防"。

另一方面，处罚的对象人（遭受处罚者），作为实现犯罪预防这一社会目的的手段，而被迫做出特别的牺牲。通常情况下，为了社会利益，个人所做出的某种特别牺牲，会得到相应补偿（《宪法》第29条第3款）。然而，补偿了由刑罚所带来的损失，就无法达到犯罪预防的目的。这样，犯罪行为人为

---

[1] 有关相对的报应刑论中的报应与预防之间的关系，参见瀧川裕英「相対的応報刑論という二元論」『刑事法ジャーナル』54号（2017年）19頁以下。

[2] 参见佐伯仁志『刑法総論の考え方・楽しみ方』（有斐閣2013年）6頁；曽根威彦『刑法原論』（成文堂2016年）29頁。

了社会的利益而不得不甘愿忍受特别牺牲的理由就在于，他是基于自己的责任而实施了犯罪，正是他自己创造了需要采取措施以担保刑罚预防之实效性这种必要性。为此，各个行为人的刑罚忍受义务，就因为其本人的"责任"而被正当化。[1]"刑罚必须与行为人的责任相适应"这一责任主义，是从行为人一方来划定刑罚忍受义务的界限。刑罚不仅要让被害人与一般国民，也要让实际被科处刑罚的行为人信服。可以说，对行为人而言，责任主义保障其对处罚的信服可能性。按照"目的不使手段正当化"* 这一表述的文脉，预防目的就正如文字所表述的那样，承担的是"目的"的正当化，而行为人的责任也能够承担"手段"的正当化。这种刑罚忍受义务的正当化，在以行为人的责任为理由这一点上，与责任报应的思想是相通的，但在并未意图通过这种责任来实现"报应"这一点上，又与报应划清了界限。

这样，作为国家职能的刑罚权的正当化根据在于，通过犯罪预防而实现的法益保护；行为人的刑罚忍受义务的正当化根据则在于，针对行为人自己的犯罪的责任。[2]这种刑罚的二元论或者相互对抗的正当化结构，也许会给人一种不彻底的印象。但是，一方面，国家的职能被限于保护、实现国民的现实利益；另一方面，个人还保有不完全服从于功利主义要求的固有权利。二元的、对抗的正当化构想无外乎直接表达了这样两种不同的视角。

当然，犯罪预防的效果并未得到科学验证，不过是具有某种程度的合理性的推测而已。此外，个人意思的自由也并未得到实证，尽管是甘愿忍受刑罚这一消极层面，但是，以"责任"为理由而将刑罚予以正当化，对此也并非毫无抵触。由不过是人的集合体的国家来处罚其中的某人，对此总是伴有疑虑的，这也正是"刑罚应止于最小限度"这一谦抑原则的真正根据之所在。

四、近年的重刑化倾向与刑罚理论

自 2000 年以后，日本立法与司法实务中的量刑均在向重刑化迈进。继

---

[1] 参见 H. Frister, Schuldprizip（1988），S. 39ff.
 * 也就是，不能以目的为理由而将某种手段正当化。——译者注
[2] 对于有责的行为人应当被科处刑罚这一点，前述"整体·个别区分说"的提倡者 H. L. A. 哈特（*H. L. A. Hart, Punishment and Responsibility*〔1968〕, pp. 9）的解释是，针对个人自由的最大化这种刑罚目的的外在制约，因此，也有将"整体·个别区分说"视为以与国家职能的界限、个人忍受义务的界限之间的对应为背景的余地。

2001年增设危险驾驶致死伤罪之后，2005年又提高了刑法总则中的有期惩役与有期禁锢的最高刑期，同时还提高了性犯罪与暴力犯罪的法定刑，2007年还另外增设了驾车过失致死伤罪（即现行法律的"过失驾驶致死伤罪"）。近期的这种重刑化的背景在于，报应刑论、一般预防论、特别预防论各自的内部重心的转换。

就报应刑论而言，能够看到朴素的被害报应思想的复权与责任报应思想的退潮。增设危险驾驶致死伤罪与驾车过失致死伤罪，就是顺应了交通事故被害人遗属的要求。[1]可以说，2008年引入的被害人参加制度与裁判员制度相辅相成，有助于实现被害人一方的处罚要求。[2]按照这种被害报应思想，就不会重视责任主义。从故意犯与过失犯之间责任程度差别很大这一点来看，对结果并无故意的危险驾驶致死伤罪的刑罚最高达到20年，连属于纯粹的过失犯的驾车过失致死伤罪的刑罚也最高达到7年，这就有逾越"刑罚与责任相适应"原则之嫌。被害人遭受的损失并不会通过处罚加害人而得到恢复。毋宁说，处罚加害人并不能救济被害人，唯有这种认识才是被害人救济的真正的出发点。

就一般预防而言，一方面，对于以露骨的威吓为内容的消极的一般预防的期待在不断提高的同时；另一方面，（前述）以国民对法秩序的信赖与满足为目的的、积极的一般预防的第二种观点也在持续抬头。

2007年提高酒后驾驶罪、醉酒驾驶罪的刑罚，就正是试图通过刑罚的威吓力来抑制违法行为；增设危险驾驶致死伤罪等，以及对杀人罪更多地适用死刑，以此为代表的量刑上的重刑化，也正是以被害报应思想与威吓思想为

---

[1] 最近，与被害人相比，关注焦点更集中于其遗属，媒体更似乎在说，满足遗属情感就是刑罚的目的。但是，根据有无遗属、遗属的特性、与被害人之间的关系等因素，刑罚轻重相去甚远，这难道没有违反生命价值的平等原则吗？

[2] 与此相反，也有意见认为，被害人参加制度的旨趣，不在于实现被害人所希望的刑罚，而在于通过参与审判吐露心声，以期待取得心理的抚慰效果。但是，如果审判未能实现自己的主张，难道不是反而增加了其不满吗？而且，被害人与遗属参与审判，对被告人的愤怒难道不会升级，反而造成更为痛苦的结果吗（我认为，现在的媒体与舆论还存在这样的情况：故意煽动被害人的愤怒情绪，由此反而将被害人逼入苦境）？此外，还有意见认为，被害人参加制度的旨趣在于，回应被害人方面想知晓真相的要求。但是，当庭提出量刑意见等，与知晓真相毫无关系。不仅如此，通过公审前整理程序来锁定争议焦点、短期集中取证等，一系列的司法改革所推进的这些举措，与回应知晓包括行为人的动机在内的"了解真相"这一要求，反而是"逆向而行"。并且，重刑化还会朝着阻碍被告人开口，反而有碍探明真实的方向发挥作用。

背景。但是，在交通事故死亡人数最多的1970年，曾达到16 000余人，而在增设危险驾驶致死伤罪的前一年即2000年，死亡人数却已减少到9000人左右。[1]而且，2020年，刑事犯罪的认定件数（61万多件）与送检人数（18万多人）均创造了"二战"后的最低纪录。[2]包括未遂犯在内，1955年的杀人案件3000余件，[3]此后稳定地持续减少，2020年减少至929件。[4]由此可见，不能认为，现在尤其需要通过重刑化来强化抑制效果。原本就不能简单地认为，犯罪的一般预防效果与刑罚的轻重成正比，如果可以轻易地提高刑罚，这样反而会钝化国民对刑罚的感受，最后只能是不得不再次提高刑罚。实际上，酒后驾驶罪的惩役刑历经数次改正，其最高刑期现在已经提高到了创设当时的12倍。而且，重刑化还会进一步刺激包括"封口"在内的隐灭证据、包括"逃逸"在内的逃跑等行为。事实上，还有一种说法是，增设危险驾驶致死伤罪，反而起到了促使酒后肇事案件的驾车人积极逃逸的效果。[5]而且，一旦逃逸，等酒醒之后再来自首，至多只能处以业务过失致死伤罪（依据2007年增设驾驶过失致死伤罪之前的法律）与违反救护义务罪的并合罪，其刑罚反而轻于危险驾驶致死伤罪，由此就出现了"逃走合算"这种奇特现象。[6]

另一方面，2005年的刑法改正将"体感治安"的恶化也作为立法理由之一，那正是前述积极的一般预防的第二种观点的体现。现代社会中，不确定因素很多，人们往往将漠然的不安集中于对犯罪的不安，并往往试图通过重刑化来象征性地消除这种不安，以求获得精神上的安宁。国家也能通过回应这种诉求以维持威信，进而获得国民的支持与服从。对此，笔者感觉，刑罚正成为国家自导自演、国民自我满足的手段。[7]

---

[1] 参见法务综合研究所『平成24年版犯罪白書』（内閣府2012年）22頁。
[2] 参见法务综合研究所『令和3年版犯罪白書』（内閣府2021年）2頁以下。
[3] 参见法务综合研究所『昭和35年版犯罪白書』（内閣府1961年）404頁。
[4] 参见法务综合研究所『令和3年版犯罪白書』（内閣府2021年）4頁。
[5] 参见法务综合研究所『平成17年版犯罪白書』（内閣府2005年）27頁。
[6] 为了消除或者缓解这种"逃走合算"的问题，2007年增设了驾驶过失致死伤罪，并提高了违反救护义务罪的法定刑。并且，根据2013年制定的《有关处罚因驾驶汽车致人死伤行为等的法律》，增设了"驾驶过失致死伤逃避发现酒精等影响罪"，对于因酒后驾驶而造成死伤事故之后，实施"逃避其驾驶当时的酒精或者药物的影响之有无或者程度被发现"的行为的，规定处以12年以下惩役。由这一系列的立法也可看到，重刑化所引起的连锁反应。
[7] 参见松原芳博「国民の意識が生み出す犯罪と刑罰」『世界』761号（2007年）53頁以下。

就特殊预防而言，以隔离、排除为中心的消极的特别预防得到强化，以教育、改善为内容的积极的特别预防正趋于衰退。近年来，因为重刑化，刑期一般更长，假释也难以被许可。可以说，这种羁押的长期化，正反映了日本国民对隔离保安的期待。对于为不安所纠结、将自己等同于被害人的国民而言，犯人被想象成与自己属于不同性质的"敌人"。为此，国民关心的仅仅是罪犯是否被排除，而不会想到如何让罪犯顺利回归社会。但是，长期的羁押会让受刑人难以回归社会，这反而有碍于防止再犯这一目的的实现。

由此可见，近年来的重刑化，通过将犯罪行为人视为"社会的敌人"，而否定其与"善良市民"之间的换位可能性。其中蕴含着容忍对行为人科处超出作为刑罚忍受程度的行为人之"责任"的刑罚的危险，同时，在实际效果上，也不能谓之为形成了"最适度的预防"。因此，其中就包含着，就连从目的合理性的视角也难以将其予以正当化的东西。

第二章　刑法的基本原则

一、法益保护主义

（一）社会伦理主义与法益保护主义

如前章所述，刑罚以预防犯罪为目的。那么，属于其预防对象的"犯罪"具有什么样的性质呢？刑法通过预防犯罪，又意欲保护什么呢？

20世纪50年代至70年代，欧美曾一度就处罚同性之间的性行为、卖淫、贩卖淫秽物品等所谓"无被害人之犯罪"的是与非引发争议。由于违反了与宗教联系在一起的"伦理"，这些行为在传统上一直被视为犯罪。要求继续处罚此类行为的人们主张，这些行为有损"社会的共同价值观"，听之任之会降低"社会质量"；相反，要求将无被害人之犯罪予以"非犯罪化"的人们则主张，依据"对于成熟的社会成员，能够违反其意思而对其正当地行使实力的唯一目的就在于，防止针对他人的侵害"这一"密尔伤害原理"，只要不侵害他人的利益，无论做什么都是个人的自由，国家没有资格予以禁止。这里可以看到两种相互对立的观点：一是认为刑法的作用在于维持社会伦理的"社会伦理主义"，二是认为刑法的作用在于保护人们的生命、自由、财产等"法益"[1]的"法益保护主义"。

在承认多元价值观共存的现代国家，不可能确定一种所谓绝对正确的伦理，即便能确定，也不应将这种绝对正确的伦理强加于个人。原本来说，作为目的刑论之前提的国家，并非在伦理上对人们处于优越地位的一种权威，而不过是为了实现人们利益的机构、系统。按照这种国家观，通过犯罪预防所要达到的目的，也应该在于保护作为国民之现实利益的法益。

---

[1] 有关法益概念的概括性历史研究，参见伊东研祐『法益概念史研究』（成文堂1984年）；有关法益论的近期研究，参见嘉門優『法益論』（成文堂2019年）；有关法益论的当代意义，参见松原芳博「刑事違法論と法益論の現在」『法律時報』88卷7号（2016年）23頁以下。

"法益"的词源是德语中的"法律性财货"（Rechtsgut）。所谓"财货"，不仅其本身实际存在，同时，因为对人有用而被赋予某种价值。那么，所谓"法益"，就是以具有经验性把握之可能的实体（经验的实在性）、对人的有用性（与人相关的有用性）为理由，而需要法律保护的对象。刑事立法，只有在有助于保护此意义上的"法益"的限度之内，才能被正当化。相反，有判例认为，散发猥亵物品罪（《刑法》第175条）保护的是"健全的性风俗"、[1]赌博罪（《刑法》第185条以下）保护的是"勤劳的美好风俗"，[2]但这些不过是"社会伦理"的另一种说法，并不具有能被称为"法益"的实质。

并且，国家的规制手段必须与所要达到的目的成比例（比例原则），因此，基于法益保护主义，就出现以下要求：刑罚这一手段有助于实现保护法益这一目的（适合性），其他手段无法实现此目的（必要性），保护该法益所获得的利益超出包含制约国民自由在内的禁止以及处罚的成本（相当性）。[3]也有观点认为，散发猥亵物品罪的保护法益在于"社会、文化环境""未成年人的健全培养""不想看此内容的人的情感"，然而，姑且不论这些是否具备能被谓为"法益"的经验的实在性、与人相关的有用性，但要保护这些，只要对散布的场所予以规制、赋予年龄确认义务即已足够。全面禁止散发等行为，在规制对象超出了必要且不可或缺的范围这一点上，也存在违反比例原则之嫌。

刑罚是最严厉的制裁，按照比例原则，只有在其他手段无法达到保护法益的目的之时，才可补充性地发动刑罚。对于刑罚正当性的疑虑尚未完全解消、人在非难他人时往往难以及时"刹车"，由此可见，对刑法的参与者而言，"谦抑原则"（刑法的谦抑性）就是无比珍贵的警句。

（二）父权主义*

"密尔伤害原理"是一种"他害原理"，以防止对他人的侵害作为法规范

---

[1] 参见最判昭和52年12月22日刑集31卷7号1176页。
[2] 参见最大判昭和25年11月22日刑集4卷11号2380页。
[3] 有关刑法中的比例原则的意义，参见井田良『講義刑法学・総論』（有斐閣2018年第2版）26页以下。

* 父权主义（paternalism），也译为"温情主义"，是指处于强势地位者，自认为是为了处于弱势地位的人的利益，而违反其本人意志，介入、干涉其行动。父权主义的词源是拉丁语中的"pater"。社会生活中的各个方面都可见到这种情形，尤其是就国家与个人的关系而言，是指以为了保护个人利益为理由，而将国家干涉个人生活，或者对其自由、权利施加限制的行为予以正当化的原理。——译者注

的目的。然而，在法益保护主义的框架之内，认为刑事规制的目的除了防止侵害他人之外，还包括防止"对自己的侵害"，从而对自损行为以及基于被害人同意的侵害行为也予以处罚，那么，这在何种程度上能得以正当化呢？

这种保护本人利益的"父权主义"（paternalism），[1]原则上超出了国家的任务范畴，尤其难以借此将刑事规制予以正当化。通常情况下，什么东西有利于本人，只有本人才能做出最好的判断。认为与本人相比，国家才是更好的判断者，这就是一种威权主义。即便本人的判断是错误的，自己的事情自己决定，这本身就具有尊重自律的价值；而且，从错误中学习，也具有实现自我的价值。不过，若认为个人是不完全的、是弱势存在，在下述两种情形下，就有例外地承认基于"父权主义"的刑事规制的余地。

第一种情形是，尚不具备自律做出意思决定的前提条件，不能认为是本人完全任意地处分了法益（弱父权主义、意思补全型父权主义）。例如，与未满13岁的少女发生性关系的，即便该少女对此持希望态度，仍成立强奸罪（《刑法》第177条后段）。这正是为了保护对于与性相关的事情并无判断能力的年幼者的性的自由。这种情形下，若直接认定是不符合少女"真实意思"的侵害，根据他害原理或许也能做出解释。此外，各都道府县的青少年保护培育条例所规定的淫行罪处罚的是，包括双方存在合意的情形在内，与未满18周岁者（青少年）发生性关系的行为，这也是为了保护青少年的健康成长。

而且，为了保护那些因经济理由而难以自由进行意思决定者的《出资法》《劳动基准法》等所做的规制，以及为了保护那些因缺少相关知识、信息而无法做出适当判断者的《特定商业形态交易法》所做的规制，也有根据意思补全型父权主义而得以正当化的余地。随着社会的复杂化与高度化，以保护消费者的相关法制为中心，这种父权主义的适用领域也在不断扩大。不过，过多地适用父权主义，也有向人们灌输"自我认识"[2]之虞：自己属于缺少自

---

[1] 从法益保护主义的角度来看，即使是父权主义，所保护的利益本身也必须是能够称之为"法益"的利益。尽管也有观点认为，规制同性之间的性行为、淫秽物品的目的在于，守护本人而使之不致堕落，但试图保护这种本人的伦理状况的伦理父权主义（moral paternalism），与法益保护主义并不相容。

[2] 这种大众消费社会中的国民的自我认识，在有关确保安全的问题上也会增强对国家的依赖感，这一点也正成为近期的重刑化与犯罪化的原因之一。

律性的"弱势消费群体",处于单方面接受服务的地位。

并且,将针对该行为的"特别强烈的诱惑"作为有害于正常的自我决定的原因,也许能将意思补全型父权主义予以正当化。在将各种药物犯罪的保护法益视为使用者的生命以及身体、精神的健康的场合,尤其是考虑到药物依存者本人的情况,在获取、使用药物之际,其本人无法充分作出自律的意思决定,这也成为采取父权主义性质的规制的理由之一。就赌博罪而言,虽然可以认为,这种规制是为了保护意志薄弱者而让其不受赌博的诱惑,将其财产性损失防止于未然,然而不能说,赌博的诱惑与依存性达到了有损意思决定的任意性的程度,因此要以意思补全型父权主义来将该罪正当化,就多少有些勉强。

第二种有可能使父权主义正当化的情形是,避免因本人的意思决定,而以不可恢复的形式丧失诸如生命、身体的中枢部分等构成自我决定之基础的重大法益。在此情形下,即便本人意思并无特别瑕疵,仍允许违反本人意思来保护本人(强父权主义、意思否定型父权主义)。处罚同意杀人、参与自杀的《刑法》第202条,就属于其适例。《刑法》第202条的旨趣在于,生命作为自我决定的根基,与自我决定这一利益相比,属于更高位阶的价值,因此,即便有违本人意思,仍需加以保护。相反,试图以他害原理来说明《刑法》第202条的观点则认为,本条的保护法益在于,因本人的死而蒙受损害的家庭以及周边人在经济上、精神上的利益。[1]但是,周边人的利益这种法益的内容本身过于不确定,也难以将6个月以上7年以下的惩役这种相对较重的法定刑予以正当化。另外,试图以意思补全型父权主义来说明《刑法》第202条的观点则认为,可以推定一般情况下,自绝其命这一意思决定,并非在正常精神状态下作出的决定,因此,即便有本人表面上的同意,仍不能由此否定生命的要保护性。[2]按照此观点,冷静地深思熟虑之后决意自杀的,就不构成《刑法》第202条之罪。但是,显然很难做"只有在赴死的决意不

---

[1] 参见林幹人「自殺関与と罪」『法学セミナー』402号(1988年)108页以下;深町晋也「危険引受け論について」『本郷』9号(2000年)126页。

[2] 参见秋葉悦子「自殺関与罪に関する考察」『上智法学論集』32卷2=3号(1989年)188页。

是出于任意的场合才可适用本条"这样的理解。[1]

在规制、处罚的对象人这一点上,父权主义还可分为两种类型:处罚被保护人本身的"直接的父权主义"和处罚其他参与者的"间接的父权主义"。例如,如果将药物犯罪的保护法益理解为使用者的生命、健康,自己使用罪就是直接的父权主义,制造罪、转让罪就相当于间接的父权主义。

其中,从外形上看,间接的父权主义止于他害原理的框架之内。尤其是意思补全型的间接的父权主义,实质上也与他害原理处于连续关系。相反,直接的父权主义完全是处罚被害人本身,与刑罚的基本形象大相径庭。不仅如此,在意思补全型父权主义之下,是被保护人不具备进行自律的意思决定的前提;在意思否定型父权主义下,是被保护人意欲放弃生命以及大致等同于此的利益,总之,无论是哪种情况,被保护人都处于无法期待刑罚作用的心理状态之下。《青少年保护培育条例》以及《刑法》第202条都是处罚对法益侵害施加原因的第三者,而不是处罚"被保护人"。对药物的规制,是考虑到生命法益的重大性,作为意思否定型父权主义而被正当化,而且,考虑到与药物依存者的关系,以存在难以抵抗的欲求为理由,即便是作为意思补全型父权主义也有可能被正当化,但是,作为规制方法,仍然应该限于处罚转让药物等行为的间接的父权主义,本书对于采取处罚自己使用的直接的父权主义是存有疑问的。[2]

二、行为主义

处罚,必须以对外界发挥作用的现实行为为对象。这种原则被称为行为主义。不得仅以内心的意思、思想、心情为理由就予以处罚(禁止处罚思想·意思[3])。个人的内心是绝对自由的,刑罚的忍受义务只会因自己有责地实施了犯罪行为而产生,由此可以推导出行为主义。

---

[1] 针对试图以意思补全型父权主义来将处罚同意杀人与同意伤害予以正当化的观点的批判,参见菊地一樹「同意殺人・同意傷害とパターナリズム」『早稲田法学』95卷1号(2020年)165頁以下。

[2] 为此,药物的自己使用罪的处罚根据,应该认为是存在因受幻觉作用等的影响而侵害他人的危险。然而,仅以这种抽象的危险,能否将与其法定刑相当的刑罚予以正当化,仍留有疑问。

[3] 有关行为主义的意义、内容,参见松原芳博『行為主義と刑法理論』(成文堂2020年)1頁以下。

行为主义也与法益保护主义密切关联。这是因为，要保护法益，通常情况下，只要禁止实际引起法益侵害或危险的行为即可。不过，以其危险意思为理由，处罚那些抱有犯罪意思的人，这完全无助于法益保护，也不能轻易断言到这种程度。过去的近代学派主张，为了"防卫社会"，应以行为人性格的危险性作为处罚理由。这种"行为人主义"虽与行为主义相互对立，但仍可以说，它并不违反法益保护主义。为此，要消除这种处罚思想、处罚意思的情况，就有必要坚持独立于由刑罚制度的目的所推导出的法益保护主义，另外还持有由保障个人自由所推导出的行为主义观念。鉴于这种行为主义的要求，"侵害原则"［本章一之（一）］就应该被理解为：不止于要求以防止法益侵害作为规制、处罚的目的（法益保护主义），还要求以实际存在侵害法益或者侵害法益之危险的行为作为规制、处罚的对象。〔1〕

　　刑法上的"行为"，正是属于处罚根据的外界变化与属于处罚对象的行为人之间的连接点。为此，一方面，行为主义中的"行为"必须作用于外界。对于在日记中批判天皇者，曾有判例对其处以不敬罪。〔2〕然而，在个人的日记中写下某种思想，虽然也可谓动手实施这一"动作"，但由于其作用尚未及于外界，对此予以处罚就有违行为主义。行为主义并不单纯是为了担保外界的认识可能性或者证明可能性，而是一种实质性原理，即必须从行为对外界的作用中寻求处罚的根据。近代学派的社会防卫论，虽然也以表征其反社会性的行为为必要，但其处罚理由不在于行为的作用，而在于由行为所推知的性格，因而违反了行为主义。信奉迷信者为了咒死某人，将钉子钉入稻草人中（丑时参拜*），若以杀人罪未遂来处罚该行为，也违反了行为主义。另一方面，行为主义中的行为作为为针对行为人的处罚提供根据的事实，还必须伴有行为人的主体性参与。为此，最低限度还必须另外存在依据行为人的意思而有可能避免的动作或者不动作［第三章之二（二）］。为此，睡梦中的动作、条件反射，均不能称之为"行为"。

---

〔1〕 在区分规制、处罚的目的与对象的场合，按照前者的文脉可以称为"危害原则"，按照后者的文脉可以称为"侵害原则"。
〔2〕 参见大判明治44年3月3日刑录17辑4卷258页。
　* 丑时参拜：是一种典型的迷信犯。原意是指，嫉妒心很重的女子为了咒死其所嫉妒的对象，而在丑时（在凌晨2点左右）到神社参拜。头顶五德，点亮蜡烛，手里携带钉、铁锤，胸前挂镜，并将以诅咒对象为原型的仿制娃娃订在神木之上。一般相信，该诅咒对象将在第七天这一满愿日死去。——译者注

三、处罚的早期化与法益概念的稀薄化

在被称为"风险社会"的现在,[1]例如,对持有、保管可能用于犯罪的工具、信息的行为也予以处罚,追求处罚的早期化的立法引人注目。例如,2001年的刑法修正规定,不仅处罚持有伪造的信用卡的行为(《刑法》第163条之三),连提供、取得、保管用于伪造磁卡的信息的行为(《刑法》第163条之四第1款、第2款),以及该提供、取得行为的未遂(《刑法》第163条之五),也应予以处罚。又如,2003年的《有关禁止持有特殊开锁工具等的法律》*将偷偷携带螺丝刀等入室工具的行为也视为犯罪。再如,根据2011年的刑法修正,非法指令电磁记录等(电脑病毒及其源代码)的制作、提供、取得、保管(《刑法》第168条之二、第168条之三)等行为将受到处罚。还有,按照2014年的《儿童色情物品禁止法》的修正,出于满足自己的性的好奇心的目的持有儿童色情物品的,将被认定为犯罪。诚然,以保护法益为目的,处罚那些显现于外部的行为,在这一点上,仍处于法益保护主义与行为主义的框架之内。但是,考虑到一直以来,对犯罪预备的处罚仅限于杀人、抢劫等特别严重的犯罪,以及对持有行为的处罚原则上一直限于枪炮、刀剑之类的工具、依存性药物,作为实现保护财产这一目的的手段,这种刑法的早期介入是否真有必要且真正适当,就仍有探讨的余地。而且,2017年新设的准备实施恐怖活动等罪(《有组织犯罪处罚法》第6条之二)规定,针对一定的犯罪行为,二人以上计划,作为有组织犯罪的集体活动,由组织来实施该行为,参与计划的某人实际实施了为实施该犯罪的准备行为的,将受到处罚。要使得该罪不成为处罚意思的犯罪,在要求计划内容具有具体性、特定性、现实性的同时,还要求将准备行为限于有发展至实行行为的具体危险的行为。

近年的犯罪化(入罪化)动向,也招致了保护法益的稀薄化。例如,

---

[1] 有关风险社会中的刑法,参见金尚均『危险社会と刑法』(成文堂2001年);松原芳博「リスク社会と刑事法」『法哲学年報2009』(2010年)78頁以下;特集「リスク社会と刑法理論」『刑事法ジャーナル』33号(2012年)4頁以下。

* 该法律日文原文为《特殊開錠用具の所持の禁止等に関する法律》,往往简称为"ピッキング(picking)防止法"。——译者注

2000年的《有组织犯罪处罚法》与《纠缠规制法》*，就是以"国民生活的平稳""国民生活的安全与平稳"作为立法理由。与其说这些立法是要保护国民的实际的具体利益，毋宁说，是为了回应国民"体感治安"的降低，试图保护其"安心感"，作为象征性立法的色彩要更浓厚一些。但是，"安心感"这种社会心理，更多是深受媒体以及时代风潮影响的一种不安定的感觉，未必存在合理根据。在国民的不安缺少客观事实佐证的场合，能消解这种不安的，不是刑事立法，而是对客观事实的正确报道。有时候，那些为了回应国民呼声的象征性立法，不但没有消除国民的不安，甚至反而起到了加深这种不安的效果。另外，在国民的不安体现了某种客观事实的场合，就应该认为，作为不安之对象的生命、身体、财产等具体利益本身才是保护法益。如果这些利益得到了保护，其结果就是，会给国民带来安心感。〔1〕〔2〕

另外，1997年的《器官移植法》将买卖器官的行为作为犯罪处理，2001年的《克隆技术规制法》处罚克隆人的胚胎移植行为。这些法律的保护法益，被认为是"人的尊严""公众情感"。然而，"情感"作为一种社会心理，其本身不应该是刑法上的法益；〔3〕要肯定存在"经验的实在性"，可以说"尊严"这种东西又过于抽象。当然不应该直接否定性地评价这些规制，但在尝试保护法益的更加具体化的同时，还应考虑通过行动指南等来进行规制，并同

---

* 该法律日文原文为《ストーカー规制法》。所谓ストーカー（stalker），这里主要指因对特定的人的恋爱情感或其他亲爱情感未得到满足，出于泄愤的目的，而对该特定的人及其家属等实施纠缠、监视、要求见面、要求交往、打无声电话、闯入住宅等行为。——译者注

〔1〕 如同针对奥姆真理教而制定的《无差别杀人团体规制法》（1999年）那样，那些为了消除国民的不安而进行的立法，就容易成为以特定的集团或个人为对象的"瞄准射击式的立法"。而且，正如曾有判例限于对某些特定的人进入公寓公共部位的行为判定成立侵入住宅罪（参见最判平成20年4月11日刑集62卷5号1217页）那样，在法律的实际适用上，"瞄准射击"的倾向也很明显。这种因人而异的选择性处罚，因处罚的早期化，以及法益的抽象化所引起的处罚规定的不明确化，而得到进一步促进与加强。但是，以特定的人为对象的立法与法律适用，在与"行为"的危险性相比更重视"人物"的危险这一点上，存在违反行为主义之嫌。

〔2〕 2000年的《非法链接禁止法》将通过非法输入他人密码而启动其计算机的行为、提供他人密码的行为作为犯罪予以处罚。这如果是以计算机的信息本身作为保护法益，就意味着处罚的早期化；若是以对网络的信赖作为保护法益，则意味着法益内容的稀薄化。

〔3〕 参见高山佳奈子「『感情』法益の問題性」『山口厚先生献呈論文集』（成文堂2014年）3頁以下。另外，有关刑法对于情感的保护，参见内海朋子「感情の刑法保護　序論」『横浜法学』22卷3号（2014年）205頁以下；亀田悠斗「感情侵害原理（Offense Principle）をめぐる議論の展開（一）（二・完）」『阪大法学』70卷5号（2021年）467頁以下、6号（2021年）223頁以下。

时探讨刑事规制的有效性、必要性与相当性。[1]

四、责任主义

要将刑罚予以正当化，仅凭行为人实施了侵害行为这一点还不够，还要求行为人对该行为负有责任。行为人若无责任就不能受处罚，这一原则就是责任主义。具体而言，没有故意或者过失的行为（《刑法》第 38 条第 1 款）、不具有责任能力者的行为（《刑法》第 39 条第 1 款、第 41 条）不受处罚（排除结果责任）；不得以隶属于某一团体为理由，而就他人的行为被追究连带责任（排除团体责任）。追究团体责任，在不以自己的行为作为处罚根据这一意义上，也是有违行为主义的。

责任主义中的"责任"的内容，多被认为是非难可能性（第十一章之一）。但是，作为一种社会心理事实的、来自众人的"非难"，属于实施非难者一方的单方面情感，不能成为处罚的"刹车"。即便知道加害人属于心神丧失者，来自被害人与社会舆论对加害人的"非难"，也并不会因此而停止。相反，属于责任内容的"非难可能性"，毋宁说，是指存在这样的理由：从受非难方的角度来看，可以说，"（既然做了这样的事情）受到非难，那也是没有办法的事情"。这是因为，刑罚，必须是让受刑人本人也信服的刑罚。但是，人们即便能想到自己有一天可能会成为被害人，但往往很难想象自己也会成为加害人。因此，可以说，责任主义追求的是，通过站在行为人的立场，坚持必须存在能让行为人甘愿忍受处罚的理由，以力图实现立场的互换性（换位思考）。

---

[1] 以近年来的"法益概念的危机"为背景，有观点主张，作为法益论的替代，通过合宪性审查标准来进行立法批判［参见上田正基『その行為、本当に処罰しますか——憲法的刑事立法論序説』（弘文堂 2016 年）］。另外，有关刑事立法的研究，参见亀井源太郎『刑事立法と刑事法学』（弘文堂 2010 年）；亀井源太郎「刑事立法学の構想」『東京都立大学法学会雑誌』62 巻 1 号（2021 年）157 頁以下；井田良「近年における刑事立法の活性化とその評価」『立法学のフロンティア 3・立法実践の変革』（ナカニシヤ出版 2014 年）97 頁以下；松原芳博「立法化の時代における刑法学」『立法学のフロンティア 3・立法実践の変革』（ナカニシヤ出版 2014 年）123 頁以下；本庄武「最近の刑事立法は何を実現しようとしているのか」浜井浩一編『刑事司法を考える・第 6 巻・犯罪をどう防ぐか』（岩波書店 2017 年）112 頁以下；高橋直哉『刑法基礎理論の可能性』（成文堂 2018 年）；仲道祐樹「法益論・危害原理・憲法判断——刑事立法の分析枠組に関する比較法的考察——」早稲田大学『比較法学』53 巻 1 号（2019 年）25 頁以下。

一直以来认为,责任主义的根据在于责任报应思想［第一章之三之(二)］。该思想认为,刑罚的意义在于对行为人责任的清算。按照这种观点,凡行为人有责任的,就应受到处罚(积极的责任主义)。但是,应该认为,行为人的责任虽然是处罚的必要条件,但并非充分条件(消极的责任主义)。

另外,主张从预防目的中推导出责任主义的观点正成为有力学说。在改善刑论看来,没有故意或者过失者,由于不具有反社会的性质,并无改善的必要;不具有责任能力者,由于其不能理解刑罚的含义,对其不能期待刑罚的改善效果。在抑制刑论看来,不存在责任者,由于不处于因刑罚的预告而有可能放弃犯罪的心理状态,因而不能成为刑罚的抑制对象。在积极的一般预防论看来,无责任者所实施的犯罪行为,作为不具有因规范而形成反对动机之可能的人的行为,不能被认为是针对规范的敌对行为。因此,即便不处罚该行为,也不会有损国民对法律规范或者法秩序的信赖。的确,行为人的主观心理状态,对于预防的有效性与必要性,也属于重要因素,在责任主义中,也存在能由预防目的来加以说明的一面。但是,不问有无责任一律加以处罚,似乎更能加深人们对刑罚预告的印象,同时,也能堵住那种伪装成无责任能力人而脱罪的可能性,因而也并非没有增大预防效果的一面。为此,仅凭预防效果这一点能否为责任主义提供根据,是存在疑问的。

相反,另有观点试图从保障国民自由的视角为责任主义奠定基础。也就是说,若承认无责任之处罚,人们就会总是处于自己可能会遭受处罚的恐惧之中,人们的行动也会由此受到限制,因此,责任主义就是,通过只处罚基于故意或者过失的行为,以保障人们对自己行为归结的预测可能性。诚然,责任主义与罪刑法定原则(本章之五)一起,通过担保对于可能遭受处罚的预测可能性,发挥着自由保障机能,但是,将行为人的"责任"的意义完全还原至"对于自己可能遭受处罚的预测可能性",本书对此不无抵触。

毋宁说,责任主义的首要意义在于,将行为人的刑罚忍受义务予以正当化［第一章之三(五)］。刑罚制度的目的在于,通过预防犯罪来保护法益。但在接受刑罚者看来,则是为了实现这种目的,而被强制承担了特别的负担。正是因为出于自己的"责任"侵害了法益,犯罪者就必须甘愿忍受这种特别的负担。相反,为了实现某种公益目的,对于并不存在"责任"者,在无正当补偿的情况下,强行要求其承担刑罚这种特别的负担,就不符合尊重人权的理念(《宪法》第13条)。

由此可见，责任主义虽然因预防的有效性、必要性以及保障国民自由等论据而被补强，但其最终根据仍在于，由尊重人权原则所推导出的"对特别牺牲的忍受义务的界限"。〔1〕

五、罪刑法定原则

（一）从人的支配到法的支配

在古代社会，氏族之间的复仇与氏族之内的惩罚就相当于"刑罚"。它们并非受近代意义上的"法"的规制而形成，不过是由习惯与宗教圈定了处罚范围而已。统一的政治权力形成之后，是否处罚完全听任于国王等政治权力者及其官吏的恣意。即便存在相关处罚规定，那也是为了让官吏更好地贯彻权力者的意志，不会向国民公布。在这种"罪刑擅断主义"之下，处罚的目的在于，进行差别性处罚与维持权力。为此，国民自由安定的生活就受到了这种处罚的威胁。出于对这种抑制性、压迫性刑罚的不满，在启蒙时期，要科处刑罚就必须存在事先公布的法律这种认识影响日广，直至1789年的法国《人权宣言》等将此旨趣予以明文化。这样，作为由"人的支配"走向"法的支配"这种观念在刑法上的具体表现，罪刑法定原则得以确立，即"何种行为属于犯罪、被科处什么刑罚，必须由行为之前所公布的法律来决定"。其后，尽管一度出现了那种承认基于"健全的国民情感"的处罚的法西斯德国等少数例外，但作为近代刑法的基本原则，罪刑法定原则为多数国家所接受。日本《宪法》以第31条、第39条、第73条第6项来保障罪刑法定原则，违反罪刑法定原则也属于《刑事诉讼法》第405条第1项所规定的上告*理由。

（二）自由主义与民主主义

罪刑法定原则以自由主义、民主主义或者国民主权为根据。第一，罪刑法定原则以自由主义为根据。这是因为，若允许可以不依据法律进行处罚，出于对处罚的恐惧，国民的活动自由必然受到限制。为此，就要求通过事先制定的法律，让国民对未来的处罚存在预测可能性。处罚的预测可能性，对

---

〔1〕 关于责任主义的根据，参见松原芳博「刑法と哲学」『法と哲学』1号（2015年）76頁以下。

* 在日本刑事诉讼法中，上告，是指针对由高等裁判所所作的一审判决或者二审判决，以违宪、宪法解释错误、判决有违最高裁判所的既往判例等理由，而上诉至最高裁判所，要求改变原判决的诉讼行为。——译者注

实现一般预防目的也很重要。费尔巴哈曾主张,为了通过刑罚预告达到"心理强制"的效果,罪刑法定不可或缺,可以说,那正是力图从刑罚目的论而为罪刑法定原则奠定基础。而且,在罪刑法定原则的自由主义要求之中,除了保障预测可能性之外,还包含这样的内容:从国家对刑罚权的不合理、恣意的行使中,保护国民的自由与权利。通过法律来明确刑罚的发动要件,就能期待将裁判所与侦查机关的活动限制在一定范围之内,以防止其不当地侵犯人权。第二,罪刑法定原则还以民主主义或者国民主权为根据。基于国民主权之理念,剥夺国民权利的刑罚必须是基于国民的意志,属于国民代表之议会所制定的"法律"的专权事项。尤其是在市民革命时期,由议会来掌握与课税权并列的、属于核心国家权力的刑罚权,这就象征着国家主权已由君王移转至国民。

的确,在民主主义的确立过程中,在对抗君主权力这一点上,民主主义的要求与自由主义的要求是重合在一起的。但是,在现代的大众民主主义社会,民主主义又往往与自由主义相冲突。特别是在刑事法领域,多数国民很难想象到自己有朝一日也会处于受处罚者的地位,毋宁说,对多数国民而言,他们想象的是,实施犯罪者是与自己属于不同性质的"敌人",其存在不值得法律保护。[1]在近期的不安社会(风险社会),以力图确定不安对象这种人们的诉求为其背景,这种将社会成员分为敌我两方、将刑法想象成"针对敌人的斗争"的"敌我刑法观",愈发得到强化。[2]对外国人犯罪的社会非难特别强烈,这正是试图排除异质人员这种国民诉求的反映。在这种状况之下,民意不仅会向处罚的扩大化与重刑化倾斜,更难以避免处罚的恣意性与不合理性。在大众民主主义社会,要求顺从国民大众,按照可能是恣意的、流动的"舆论"或者"国民情感"进行处罚,尽管主体已由君主转变为国民大众,但那仍属于"人的支配",而不能谓之为"法的支配"。因此,所谓"来

---

[1] 裁判员制度的适用案件仅限于特别重大的案件,法务省对其理由作了说明,认为其意义在于,重大案件极大地损害了社会正义,因而可以让作为社会主人公的国民来恢复正义。然而,这里的"国民"被期待完全站在声讨犯罪的一方。

[2] 在受"敌我刑法观"支配的社会中,往往容易对"敌人"怀有过度的不信任,而对于属于"己方"的"善良市民",则赋予过度的信赖与共鸣。可以说,近年来,强调"国民情感""被害人情感",就正是对"己方"的全面共鸣的体现。而且,在围绕裁判员制度的各种讨论中,担心的只是,是否会给成为裁判员的市民造成时间上、精神上的负担,而几乎没有表达出对该市民的公正性、独立性的疑虑,可以说,这也是针对属于"己方"的市民的乐观主义的体现。

自国家的自由",不仅仅是指从作为统治机构的政府之下保护国民权利,还必须具有这样的意义:从属于主权者的"作为整体的国民"之下,保护"作为个体的国民"的权利。

(三)法律主义

罪刑法定原则首先要求,处罚必须是依据议会所制定的"法律"。按照这种"法律主义",处罚不得是依据习惯法或者行政机关的命令。

不过,根据《宪法》第 73 条第 6 项,若有法律的授权,政令中也可设立罚则。在此情形下,对于授权内容,不允许概括性授权,而仅允许特定授权。对于属于处罚对象的公务员的"政治性活动",《国家公务员法》第 102 条第 1 款、第 110 条第 1 款授权《人事院规则》确定其具体内容。对此授权,最高裁判所昭和 49 年 11 月 6 日大法庭*判决判定属于宪法所允许的特定授权。[2]不过,判决书也附录了反对意见,主张这种授权没有满足特定授权的要求,属于违宪的授权。

另外,《地方自治法》第 14 条第 3 款规定,除法令另有规定之外,普通地方公共团体*可以在条例中设定科处 2 年以下惩役、禁锢,以及 100 万日元以下罚金、拘留、科料、没收的规定。对于《地方自治法》的这一规定,最高裁判所昭和 37 年(1962 年)5 月 30 日大法庭判决以条例是由公选议员组成的地方议会所进行的自治立法,《地方自治法》的授权内容具有相当程度的具体性、罚则范围有限等为理由,判定合宪。[2]但是,《地方自治法》的授权未就处罚对象作任何限定,不能说这种授权属于内容特定的授权。而且,条例虽然是由居民代表进行的自治立法,可谓满足了民主主义的要求,然而,地方议会属于一院制,且承认议长具有专断处分权,因而并未要求其审议达到法律审议那样的谨慎程度。如果认为,《宪法》第 31 条规定的法律主义,不仅要满足民主主义的要求——根据《宪法》第 41 条以下所规定的国会组织结构以及立法程序而成立的"法律"应该反映民意,而且要满足自由主义的

---

* 大法庭是由日本最高裁判所全体 15 名裁判官所组成的合议庭。对于违宪立法审查以及其他特定场合,由大法庭审理、裁判。与之相对应的是小法庭。小法庭是首先审理最高裁判所所受理的案件的合议庭,一般由 5 名裁判官组成,最少必须是 3 人。日本最高裁判所共有 3 个小法庭。有些案件的审理也会直接移交至大法庭。——译者注

[2] 参见最大判昭和 49 年 11 月 6 日刑集 28 卷 9 号 393 页。

* 大致相当于我国的地方各级政府。——译者注

[2] 参见最大判昭和 37 年 5 月 30 日刑集 16 卷 5 号 577 页。

要求——应排除恣意的、不合理的处罚，那么，由地方条例来规定罚则，对其合宪性就不能说没有质疑的余地。[1][2]

(四) 禁止事后法 (禁止溯及既往)

《宪法》第 39 条规定，行为实施当时合法的，不处罚。事前无告知的"突然袭击"式的处罚，对被告人而言是不公平的，而且，对一般国民而言，会让其丧失对处罚的预测可能性，而限制其行动自由，因此，这种处罚为宪法所禁止。那么，对于在行为实施当时，即便在民事法或行政法上属于违法，但不被科处刑罚的行为，不允许以事后制定的刑罚法规来处罚。而且，《刑法》第 6 条规定，在刑罚发生改变时，适用处罚较轻的刑罚。

这种禁止事后法或者禁止溯及既往的原则，其效力及于有关犯罪的成立范围与刑罚裁定的所有实体法，[3]但是，不及于取证程序等纯粹的程序法规定。问题在于，如何处理处于实体法与程序法之中间位置的公诉时效。对此，最高裁判所昭和 42 年 (1967 年) 5 月 19 日决定认为，"依据犯罪后的法律，刑罚发生改变的，根据依法律的规定应适用于该犯罪事实的罚条的法定刑来决定公诉时效的期限"。[4]而且，2004 年的刑事诉讼法修正对公诉时效的经过期限也作了下述旨趣的规定：在公诉时效的期限本身被延长的场合，对于延长之前的行为，适用刑事诉讼法修正之前的时效期限。之所以认为禁止事后法的原则及于公诉时效，是因为公诉时效的制度旨趣中，不仅存在证据的遗失这种程序法上的理由，还存在一般预防与特殊预防的必要性的降低，以及社会报应情感的缓和这种实体法上的理由。相反，2010 年的刑事诉讼法修正的主要内容是废止、延长部分犯罪的公诉时效，该修正对时效的经过期限

---

[1] 在第二次世界大战后的改革时期，对于地方自治，不仅要求其具有民主主义的机能，而且作为对抗中央政府权力的制度，也许还被期待具有自由主义的机能。但是，地方自治体制定的条例，其制定程序简单，尤其是未经法制审议会等部门的专家审查，从刑法的基本原则来看，有疑问的地方不在少数。而且，如同青少年保护条例、骚扰防止条例等那样，其中很多条例的内容并未体现该地方的特殊性，而是几乎事关所有都道府县，这样就存在一个疑问：是否是为了规避更为慎重严谨的法律制定程序，而采取了制定条例这种做法呢？

[2] 参见江藤隆之「条例による罰则制定の批判的検討」『桃山法学』26 号 (2017 年) 1 頁以下。

[3] 责任能力、处罚条件等，并非行为人的故意的认识对象，通常情况下，不属于行为人在选择行为之际的考虑情况。为此，就会被认为，溯及适用新设的处罚条件、对责任能力的变更，也不会背叛行为人对法律的信赖。但是，不论不可罚的根据是什么，不被行为当时的法律所处罚就意味着，国家保障对其不予处罚，因此，以事后立法剥夺这种保障，是有违公正的观念的。

[4] 参见最决昭和 42 年 5 月 19 日刑集 21 卷 4 号 494 页。

作了下述旨趣的规定：除了已经经过公诉时效的案件之外，承认新法的溯及适用。[1]对此，最高裁判所平成27年（2015年）12月3日判决认为，本修正没有溯及既往地改变行为时点的违法性评价与责任的轻重，而且，对于本修正施行当时时效尚未完成的犯罪，适用新法不会使得可能成为犯罪嫌疑人、被告人者的法律上的地位显著不稳定，因而，有关公诉时效之经过的本规定是合宪的。[2]而且，在2017年性犯罪的非亲告罪化之际，除了那些因撤回告诉，因而得以确定没有被告诉的案件之外，作出了也适用于法律修正之前的行为这一旨趣的有关公诉时效经过的规定，最高裁判所令和2年（2021年）3月10日判决判定此规定合宪。[3]

另外，对于按照行为当时的最高裁判所的判例属于无罪的行为，能否允许通过改变判例来处罚呢？[4]判例、通说认为，禁止事后法的原则不及于判例的不利益改变。[5]可以说，这种观点是将"法律"主义与禁止事后"法"连在一起进行考虑的。也就是说，从法律主义要求"法律"明示处罚范围这一点来看，国民的信赖也理应是指向"法律"，只要该行为满足了法律所规定的要件，即便与行为当时的判例相反，也完成了"事前的告知"。如果有相当充足的理由相信，基于行为当时的判例，自己的行为是合法的，对于此类情况，该观点是通过由于缺少违法性意识的可能性而可阻却责任这种方式，来维护对判例的信赖。然而，通说认为，违法性意识的对象是"一般违法性"，那么，基于这个前提，在行为当时的判例是以不具有"可罚的违法性"或者"刑法的违法性"为理由而判定无罪的场合，对于因信赖判例而实施行为的行为人，就无法通过违法性错误来免责。

有别于此，有力观点认为，最高裁判所的判例具有一定的约束力，无论是法律人士还是一般市民，其行为既应依照法律，同时也要遵循判例，既然

---

[1] 在有关该法律修正的媒体报道中，除了证据的遗失之外，探讨的完全是对遗属情感的抚慰这一点，这是与那种认为刑罚目的在于满足被害人情感、遗属情感的刑罚目的论相对应的。
[2] 参见最判平成27年12月3日刑集69卷8号815页。
[3] 参见最判令和2年3月10日刑集74卷3号303页。
[4] 作为近年不利于被告人的判例改变，参见判定性意图并非强制猥亵罪之必要要件的最大判平成29年11月29日刑集71卷9号467页。
[5] 参见最判平成8年11月18日刑集50卷10号745页。

如此，禁止事后法的原则也应适用于判例。[1]在该观点看来，改变已经确立的最高裁判所判例的，仅限于面向将来宣告变更的旨趣，对当下的被告人仍应宣判无罪。通过改变判例，对被告人适用因受最高裁判所作出的违宪判决而长期处于"死文状态"的刑罚法规，考虑到这种做法的不当性，这种观点具有相当程度的说服力。然而，也留有这样一些疑问：在并无以判例作为法律渊源这一传统的日本，如何划定"已经确立的判例"的范围？作出面向将来的宣言式判决，是否超出了仅解决个案问题这一司法权限？原本不过是"旁论"的宣言式判决，在多大范围上具有（作为判例的）先例拘束力？因此，至少可以说，若不对程序上的相关规定进行整理完善，就难以真正实践"无溯及力的判例变更"。

（五）禁止类推适用[2]

所谓类推适用，是指对不符合法律规定的用语的事实，以该事实与符合此用语的事实之间具有类似性为理由，而适用该规定。刑罚法规的类推适用，在对于法律并无规定的事项由裁判所来创造法律这一点上，有违法律主义；同时，在缺少事前告知这一点上，又有违禁止事后法原则。不仅是在判决书中明示地以类推适用的手法推导出结论的情形，即便是在形式上采取了包摄于法律规定这一形式，超出法律规定用语的"可能的语义"进行扩大解释的情形，仍然有违罪刑法定原则。

自不待言，在解释刑罚法规时，不仅承认文理解释，也承认目的解释。立足于法益保护主义的观点，主要是从法益保护的视角推导出这种目的解释。但是，对目的解释论也存在限制：按照确保国民的预测可能性的要求，不允许超出一般人能够理解的含义范围来解释法条用语；而且，按照防止刑罚权

---

[1] 参见西原春夫「刑事裁判における判例の意義」『中野次雄判事還暦祝賀・刑事裁判の課題』（有斐閣1972年）310頁以下；奥村正雄「判例の不遡及的変更」『現代刑事法』31号（2001年）44頁以下；大谷實『刑法講義総論』（成文堂2019年新版第5版）505頁；佐伯仁志『刑法総論の考え方・楽しみ方』（有斐閣2013年）21頁以下；曽根威彦『刑法原論』（成文堂2016年）41頁；高橋則夫『刑法総論』（成文堂2018年第4版）35頁。另有观点将存在判例变更的场合的处罚作为正当程序的问题来把握，在按照此前的判例，虽不该当于该犯罪，但符合轻罪的场合，主张应该在判例变更的基础上，在轻罪的法定刑的范围内量刑［参见佐伯仁志「判例変更と適正手続」『日本法学』82卷2号（2016年）324頁］。

[2] 参见川口浩一「刑法における類推禁止の原則（上）（下）」『関西大学法学論集』57卷3号（2007年）36頁以下・6号（2008年）74頁以下。

的恣意行使的要求，不允许与其他相关规定在法律文脉上缺少整合性，也不允许违反法律条文的书写规则。在此意义上，存在于一般用语惯例以及法律用语惯例中的"可能的文意"，就对目的解释形成外在制约。相反，也有观点主张，应比较衡量罪刑法定原则的要求与处罚的必要性，结合处罚必要性的大小、与用语的核心含义之间的距离等因素，来推导出解释的界限。[1]但是，如果在处罚的必要性很大的场合，允许超越"可能的文意"进行处罚，这无疑是对罪刑法定原则的自由保障机能的放弃。

有关此问题，有以下存在疑问的判例：①认为电力属于旧刑法中的盗窃罪的"他人的所有物"；[2]②对于把鲤鱼从养鱼池中放出的行为，判定属于损坏器物罪*中的对物"伤害"行为；[2]③认为汽油机车也属于过失交通危险罪的"火车"；[3]④认为出于游乐目的的狩猎，也属于业务过失致死伤罪的"业务"；[4]⑤对于向野鸭放箭，但并未射中的情形，判定属于《鸟兽保护法》中的"捕获鸟兽"行为；[5][6]⑥将存有淫秽图像数据的电脑硬盘认定为"淫秽物品"，判定使其内容处于不特定多数人可以浏览播放状态之下的行为属于"公然陈列"；[7]⑦认为"公文书"也包括公用文书的图片复印件。[8]上述这些判例都是从法益保护的视角进行目的论的扩张解释。其中，①至⑥有超出一般用语惯例、⑦有超出法律用语惯例之嫌。反之，⑧对于认为《国家公务员法》上的"特定的候选人"包含特定的提名候选人的观点，判例判定，这属于类推解释，并不妥当。[9]应该说，该判决是从法律用语惯

---

[1] 参见前田雅英「罪刑法定主義の変化と実質的構成要件解釈」『中山研一先生古稀祝賀論文集（3）』（成文堂 1997 年）68 頁以下。

[2] 参见大判明治 36 年 5 月 21 日刑録 9 輯 874 頁。

* 日本《刑法》第 261 条规定："除前三条规定的以外，损坏或者伤害他人之物的，处 3 年以下惩役或者 30 万日元以下罚金或科料。"——译者注

[2] 参见大判明治 44 年 2 月 27 日刑録 17 輯 197 頁。

[3] 参见大判昭和 15 年 8 月 22 日刑集 19 卷 540 頁。

[4] 参见最判昭和 33 年 4 月 18 日刑集 12 卷 6 号 1090 頁。

[5] 参见最判平成 8 年 2 月 8 日刑集 50 卷 2 号 221 頁。

[6] 按照 2003 年对《鸟兽保护法》的修正，有关"捕获鸟兽"，增设了处罚未遂的规定。因此，按照现在的法律，该案行为属于"捕获鸟兽"的未遂。可以说，该法律修正也体现了，将本案行为包摄于"捕获鸟兽"之中是很勉强的。

[7] 参见最决平成 13 年 7 月 16 日刑集 55 卷 5 号 317 頁。

[8] 参见最判昭和 51 年 4 月 30 日刑集 30 卷 3 号 453 頁。

[9] 参见最判昭和 30 年 3 月 1 日刑集 9 卷 3 号 381 頁。

例的角度严格把握"候选人"的范围。[1]

上述判例①③⑥⑦，是力图通过对既存法律规定的解释，来应对随着科学技术的进步所产生的立法当时所未能预想到的情形。诚然，从民主主义这一方面而言，也许可以认为，对于将来的未知情形，立法者在一定范围内授权裁判所可将法律内容予以具体化（立法者授权裁判所进行持续的法律形成）。但是，若关注自由主义的方面，则不允许以属于立法当时未能预想到的情形为理由，而超出"可能的文意"。一直以来，多以我国很难以立法形式来迅速应对新发事态为理由，将判例所做的这种弹性解释予以正当化，但是，在刑事立法非常活跃，甚至被称为"立法的时代"的当下，似乎不能再搬出这种理由。

（六）禁止类推原则的适用范围

禁止类推适用、禁止超出文意的扩张解释，就不利于行为人的方向而言，其效力不仅及于构成要件要素，其效力还及于包括有关违法阻却事由、责任阻却事由、处罚条件、刑法适用范围等规定在内的实体法上的所有要件。这是因为，若认为法律主义以及禁止事后法原则是针对实体法上的所有要件的要求，那么，由此推导而来的禁止类推，也理应及于同样范围。对于阻却事

---

[1] 作为危险驾驶致死伤罪的实行行为之一，《驾驶汽车致死伤行为处罚法》第2条【危险驾驶致死伤罪】第4项规定，"以妨害人或者车辆的通行为目的，进入行驶中的汽车的近距离前，明显接近其他通行中的人或者车辆，且以可能产生重大交通危险的速度驾驶汽车的行为"。有这样一个案件：2017年6月5日晚9时许，在东名高速公路的某服务区，X因停车方式不当而受到了A的指责，X对此感到愤怒。在高速公路上，X驾车从后面追上A的汽车（下称"A车"），A车由A的妻子B驾驶，一家四口乘坐在内。X以大约时速100公里的车速超车，在A车的正前方突然变道，然后再减速逼近A车，这样这种行为连续实施了三次。另外，为了避免与X的车辆（下称"X车"）相撞，A车被迫变道，X又以大约63公里的车速在A车的正前方突然变道，减速并停在超车道上，A车也被迫停在X车的后方约2.2米的地方。其间，X指责并威胁A。几分钟后，Z驾驶大型卡车与前面的大型卡车保持着至多24米的车距正常行驶。由于前面的大型卡车突然向左变道，Z在离A车至多53.8米的地方才发现A车，虽然踩了急刹车但未能来得及刹住，最后撞上了A车车尾。该撞车事故造成站在A车附近的A与B当场死亡，X与Y以及A车内的A的两个女儿受伤。对此，东京高等裁判所令和元年（2019年）12月6日判决判定，由于"近前停车行为"不满足"以可能产生重大交通危险的速度驾驶汽车的行为"的要件，因而不属于第2条第4项之实行行为。本判决以检察官的"在高速公路上零时速也属于危险速度"这一主张有违法条之文理为由，驳回了检方的主张（参见東京高判令和元年12月6日判時2470号101頁）。应该说，这是对罪刑法定原则的忠实解释。另外，受该案件的影响，2020年，对《驾驶汽车致死伤行为处罚法》进行修正，高速公路上的停车行为等被追加规定为危险驾驶致死伤罪的实行行为（第2条第5、6项）。

由等那些指向否定处罚的方向的规定，明明完全符合法条用语却不予适用，或者超出法条用语可能的含义进行缩小解释，也都是被禁止的。[1]例如，尽管《刑法》第41条规定，"不满14周岁的人的行为，不处罚"，却仍以行为人的精神年龄相当于14周岁以上的人为理由而处罚13周岁的人，这显然违反了罪刑法定原则。[2]诸如有关人工终止妊娠的规定（《母体保护法》第14条）那样，对于那些由刑法典之外的其他法律所规定的违法阻却事由，该要求的效力亦及于此。

反之，有利于行为人的类推适用，由于与罪刑法定原则的自由主义要求不抵触，就应允许进行超出法规用语限制的解释。例如，将妨害执行公务罪（《刑法》第95条第1款）中的"职务"限于合法的职务；由"自由"（《刑法》第37条第1款本文）进行类推，而认可紧急避险的保护法益里包括名誉［参见第九章之三之（一）］；基于有关不知法律的任意性减轻规定（《刑法》第38条第3款但书）的旨趣，对于不具有违法性意识的可能性的情形，也认定阻却责任［参见第十三章之一之（六）］，这些都不违反罪刑法定原则。不过，基于民主主义的要求，无论对行为人有利还是不利，禁止类推原则都同样是妥当的。但是，在刑事诉讼法上，认可检察官具有广泛的暂缓起诉权限，正如这一点所提示的那样，可以做如下推测：在作出不处罚决定这一方向上，立法者在某种程度上允许相关司法机关进行弹性应对。不仅如此，对保护法益而言属于不必要的处罚、违反责任主义的处罚，都有违下述刑罚法规适正（本章之六）的要求，因此，基于刑法基本原则而对处罚范围加以限定，即便有违民主主义的要求，仍然可以予以贯彻。不过，如后所述，那些需要恒常性地限定其处罚范围的刑罚法规，则应该被认定为违宪。

---

［1］ 参见增田豊『語用論の意味理論と法解釈方法論』（勁草書房2008年）190頁以下。
［2］ 例如，被告人是家庭裁判所选定的某未成年人的监护人，也是该未成年人的祖母，被告人从被监护人的账户中提取并侵占了存款。对于该案，最高裁判所平成20年（2008年）2月18日决定以监护事务的公共性质为理由，否定通过适用有关亲属等犯罪的特例（《刑法》第255条、第244条第1款）而免除刑罚（参见最决平成20年2月18日刑集62卷2号37頁）。然而，在该案中，一边承认侵占"发生在直系亲属之间"，一边又不适用有关亲属等犯罪的特例，这就有超出《刑法》第244条第1款的用语含义，违反禁止不利益类推原则之嫌。

六、刑罚法规的适正 [实体的正当程序（due process）][1][2]

（一）明确性原则

什么行为属于处罚对象，这一点并不明确的法律，不能实现"事先告知"。以不明确的法律进行处罚，对行为人而言，属于缺少"事先告知"的"突然袭击"；对一般国民而言，则会被限制行动自由。为此，刑罚法规的规定必须具体、明确，达到一般国民预测可能的程度；反之，若刑罚法规违反了此要求，也就违反了《宪法》第31条。[3]这种明确性原则，不是关注法律的内容，而是以使法律的事先告知具有实效性为目的，在这一点上，与罪刑法定原则具有连续性。另外，包括禁止类推在内的罪刑法定原则，是对司法机关的要求，而明确性原则首先是对立法机关的要求。并且，不明确的刑罚法规，存在将本不应属于刑罚处罚对象的行为也纳入处罚范围的可能性，因此，对于其规制内容是否适当也会产生疑问。由此可见，明确性、规制内容的适正都属于"刑罚法规的适正"的内容。

最高裁判所昭和50年（1975年）9月10日判决（德岛市公安条例案件）是有关明确性原则的典型案例（leading case）。[4]该判例认为，明确性的标准在于，"按照具有通常判断能力的一般人的理解，在具体情形下，对于某行为是否适用该规定，能否从中找到标准以对此作出判断"，在此基础上，判例判定，对于《德岛市公安条例》中的"维持交通秩序"这一规定，"可以理解为，一般情况下，即便是有秩序地、平稳地在道路上进行集体游行，也会随之出现妨害交通秩序的情况，该规定命令的是，应该避免造成超出上述妨害程度的、对交通秩序更为严重的妨害"，因此，作为构成要件并不缺少明确性。最高裁判所平成20年（2008年）11月10日决定认为，"北海道烦扰防止条例"[《北海道有关防止显著烦扰公众的暴力不良行为等的条例》（1960

---

[1] 所谓"实体的正当程序"，是指《宪法》第31条的适正程序（due process）在实体法上的意义。狭义上则仅指刑罚法规内容的适正 [参见本章之四之（三）]。
[2] 参见芝原邦爾『刑法の社会的機能』（有斐閣1973年）；萩原滋『実体のデュー・プロセス理論の研究』（成文堂1991年）。
[3] 对刑罚的种类与轻重不作规定的"绝对的不定期刑"，由于没有明示刑罚的范围，也有违明确性原则。
[4] 参见最判昭和50年9月10日刑集29卷8号489頁。

年）〕第 2 条之 2 第 1 款第 4 项中的"卑猥的言行"，"可理解为，在社会一般观念上，有违性道德观念的下流、淫乱的言语或者动作，结合该条第 1 款正文'（任何人不得）对处于公共场所或者公共交通工具的人，没有正当理由，却实施（下述）明显让其感觉羞耻或者不安的（行为）'，要将其作为日常用语，对其作出合理解释，这是有可能的"，因此不能谓之为不明确，进而判定下述行为属于"卑猥的言行"：在女性背后，用带有数码相机功能的手机，在长达 5 分钟的时间内 11 次拍摄了该穿着紧身长裤的女性的臀部（本决定的判决书中也附有主张本案行为不属于"卑猥的言行"的反对意见）。[1]

然而，如果本案拍摄行为属于"卑猥的言行"，那么，直勾勾地盯着对方的行为似乎也应属于"卑猥的言行"。虽然感觉将这种行为作为处罚对象有些过头，但也很难找到区别于本案案情的标准。这样，按照"卑猥的言行"这一用语，就不能实现处罚范围的"事前告知"，因而，对本规定就存在疑问：是否不明确或者过度宽泛呢？

（二）体感治安的降低与不明确的刑罚法规

近年，在以体感治安的降低为背景的刑事立法中，随着保护法益概念的稀薄化与处罚的早期化，新创设了一些在明确性上尚存疑义的处罚规定。例如，奈良县以杀害女童事件为契机而制定的《保护儿童免受犯罪侵害的条例》（2006 年）第 12、15 条规定，对儿童实施"找茬恐吓""阻挡去路，或者纠缠"行为的，构成犯罪。尤其是其中的"找茬""挡路"的范围并不明确。而且，一方面，鼓励邻居斥责规诫儿童（的不良言行），但另一方面，不认识的人斥责规诫儿童的，却难免不被作为"找茬"而受到处罚。而且，根据《大阪府建立安全城区条例》（2002 年）第 26 条第 1 款、第 31 条第 1 项的规定，除在社会一般观念上具有正当理由的情形之外，在道路、公园等场所，携带棒球棒、高尔夫球杆的行为被认定为犯罪。但是，携带棒球棒、高尔夫球杆，这本属于日常行为，是否构成本罪完全取决于在社会一般观念上是否具有正当理由，其界限极不明确。为此，该条例第 26 条第 2 款又规定："对于携带棒球棒、高尔夫球杆者，警察在判断是否存在违反前款规定的事实时，必须特别慎重。"第 26 条第 2 款的规定是一方面自己承认，第 26 条第 1 款的构成要件不明确或者过度宽泛，但另一方面又并非根据法律，而是根据警察

---

[1] 参见最决平成 20 年 11 月 10 日刑集 62 卷 10 号 2853 页。

的判断来划定处罚界限，应该说，这与"由人的支配走向法的支配"这一罪刑法定原则的精神是背道而驰的。除此之外，根据2018年对《东京都烦扰防止条例》的修正，出于恶意"在住宅附近随意徘徊"的行为也被规定为犯罪。

在处罚范围的明确性与体感治安的关系问题上，最高裁判所平成21年（2009年）3月26日判决就是一个颇引人关注的判例。[1]被告人在夜间骑车健身时，将防身用的喷雾器放在胸前口袋里。被告人被起诉违反《轻犯罪法》第1条第2项*，即"偷偷携带会被用于严重加害他人身体的器具"，对此，一审、二审均判定有罪。相反，最高裁判所则认为，"综合考量该器具的用途、形状、性能，与隐匿携带者的职业、日常生活的关系，隐匿携带的时间、地点、样态以及周边状况等客观要素，以及隐匿携带的动机、目的、认识等主观要素"，携带该器具在社会一般观念上具有相当性的，就属于该项的"正当理由"，进而认定被告人存在"正当理由"，宣判无罪。所谓社会一般观念上的相当性，是对包括主观因素在内的各种各样的要素进行综合性判断，这里就正是以此来划定处罚界限。然而，正如一审、二审与最高裁判所的结论并不相同这一点所反映的那样，其界限极具流动性，并不确定。[2]为此，甲斐中裁判官在对该最高裁判所判决所作的补充意见中，一边确认被告人并无前科、前历，迄今为止的生活均与犯罪无缘，同时又指出，"也鉴于被认为体感治安恶化的社会状况"，可认定被告人具有"正当理由"。那么，从其文脉来看，对于有前科、前历等的可疑人物，"体感治安的恶化"是否又会反向发挥作用，肯定隐匿携带喷雾器的行为的犯罪性呢？由此可见，体感治安的恶化与"敌我刑法观"之间存在密切联系。

（三）刑罚法规内容的适正

基于罪刑法定原则的自由主义要求，规定处罚罚则的"法律"，必须是满足宪法要求的适正的"法律"。主张只要是国民代表制定的"法律"，就可不问其内容，这依然是一种源自"人的支配"的想法，而不能称之为"法的支

---

[1] 参见最判平成21年3月26日刑集63卷3号265页。

* 《轻犯罪法》第1条第2项规定，"没有正当理由，偷偷携带刀具、铁棒等其他有害于他人生命，或者会被用于严重加害他人身体的器具的"，处拘留或者科料。——译者注

[2] 对于携带双截棍的行为，一审判决判定成立《轻犯罪法》第1条第2项的隐匿携带罪，但广岛高等裁判所冈山支部则撤销一审判决，否定成立该罪（参见广岛高冈山支判平成29年3月8日判时2354号109页）。

配"。首先，不允许依据违反《宪法》第 21 条（保障言论自由）等个别人权条款的刑罚法规来处罚行为人。而且，可以认为，法益保护主义、责任主义等这些刑法基本原则，其核心部分已经融入《宪法》第 31 条之中，因此，处罚完全无害的行为的法律、处罚既无故意也无过失的行为的法律，也是违宪的。最高裁判所昭和 35 年（1960 年）1 月 27 日大法庭判决认为，《按摩师、针灸师以及柔道康复师法》第 12、14 条（当时）所禁止、处罚的类似医疗的行为，必须是"有危害他人健康之虞的业务行为"。[1][2]而且，最高裁判所平成 24 年（2012 年）12 月 7 日判决将违反公务员政治性行为限制罪［《国家公务员法》第 110 条第 1 款第 19 项（当时）、第 102 条第 1 款］的构成要件限定为"能够实质性地认定，存在损害公务员之职务执行的政治性中立之虞"的情形，对于属于非管理职务的公务员在工作时间之外替特定政党散发传单的行为，判定不可罚。[3][4]可以说，最高裁判所的这两个判例已经明确，不允许处罚那些从法益保护主义的角度来看属于无害的行为。而且，符合比例原则［本章之一之（一）］也是来自宪法的要求，因此，诸如规定与犯罪的轻重显失均衡的刑罚等，那些违反比例原则的处罚规定，也是违宪的。

（四）合宪限定解释

不过，对于那些存在违反明确性原则、刑罚法规内容的适正之嫌的刑罚法规，一直以来，判例不是直接判定其违宪或者无效，而往往会在进行合宪限定解释的基础上，再适用于被告人。但是，通过合宪限定解释，以维持不明确或者过度宽泛的刑罚法规的效力，进而判定被告人有罪，从罪刑法定原

---

[1] 参见最大判昭和 35 年 1 月 27 日刑集 14 卷 1 号 33 页。

[2] 不过，在本案发回重审的审判中，认定本案所谓 HS 式无热高周波疗法存在损害身体的危险，被告人最终被判定有罪。参见最大判昭和 39 年 5 月 7 日刑集 18 卷 4 号 144 页。

[3] 参见最判平成 24 年 12 月 7 日刑集 66 卷 12 号 1337 页。

[4] 不过，对于担任管理职务者散发政党传单的行为，最高裁判所平成 24 年（2012 年）12 月 7 日判决以存在损害职务执行之政治中立性之虞为理由，肯定成立本罪（参见最判平成 24 年 12 月 7 日刑集 66 卷 12 号 1722 页）。但是，不问该行为与职务之间的具体关联性，而仅凭处于管理职务这一点便直接肯定存在针对政治中立性的危险，这是存在疑问的。可以说，最高裁判所之所以不考虑与职务之间的关联性，是因为已经以针对政治中立性的"信赖"这种形式，对该罪的保护法益予以了稀薄化。但是，"信赖"不伴有能够足以被谓为法益的实质，将"对于法益的信赖"作为法益，会湮没法益保护主义的旨趣［参见曾根威彦『現代社会と刑法』（成文堂 2013 年）182 頁以下；松原芳博「判批」ジュリスト臨時増刊『重要判例解説』（平成 25 年度、有斐閣）163 頁］。

则的精神来看，这并非没有问题。

首先，不明确或者过度宽泛的法律并不能实现适当的"事先告知"，反而是只有通过针对该被告人的裁判结果，其处罚范围才能被确定，因此，对该被告人而言，这无疑属于"突然袭击"，就存在违反禁止事后法的精神之嫌。而且，不明确或者过度宽泛的刑罚法规，之后还要继续存续下去，因而也会继续具有限制一般国民行为的效果。尤其是，从认为禁止事后法的效力不及于判例变更的通说观点来看，由于存在因判例变更而推翻合宪限定解释的危险，因此，凡是有可能被包括在不明确的法律之中的行为，国民都不得不尽量不实施此类行为。相反，在认为禁止事后法的效力及于判例变更的少数说看来，由合宪限定解释所显示的法命题正是国民的行动指针，因此，对保障国民自由而言，这种合宪限定解释结果的明确性尤为重要。按照通说观点，对于这种作为解释结果的法命题，只要期待其能够补充解释之前的不足以作为行动指南的刑罚法规，而作为事实上的行动指南发挥作用，也会要求其具有明确性。

其次，合宪限定解释是由裁判所实施的"改写法律"，因而存在疑问：这种做法难道没有侵犯立法权吗？尤其是，按照认为禁止事后法的效力及于判例的少数说，作为合宪限定解释之结论的一般性、抽象性命题是具有法律约束力的，在这一点上，会更大程度上与三权分立原则相抵触。

这样，合宪限定解释要得到承认：①从防止对被告人进行"突然袭击"、法律的告知机能、三权分立等视角来看，要求可以毫无障碍地从该法律的用语及其旨趣中推导出该解释；②从合宪限定解释本身的告知机能的视角来看，作为合宪限定解释之结果的法命题，要求其适用范围仅包括能够合宪地进行规制的行为，而且其内容必须明确。凡无法满足上述两点要求的，该法律本身就应该被视为违宪、无效。

对于《福冈县青少年保护培育条例》第10条第1款（当时）中的"淫乱行为"，最高裁判所昭和60年（1985年）10月23日大法庭判决作了限定解释。[1]最高裁判所认为，若认为"淫乱行为"是指针对青少年的一般性行为，就会将真正处于恋爱关系者也包括在内，其处罚范围无疑过宽，若将其单纯理解为反伦理或者不纯的性行为，作为犯罪构成要件，又不具有明确性，

---

[1] 参见最大判昭和60年10月23日刑集39卷6号413页（"福冈县青少年保护培育条例案"）。

因此，所谓"淫乱行为"，是指"通过采取诱惑、胁迫、欺骗青少年或者使之困扰等不正当手段，趁其身心发育不成熟，而实施性交或者类似性交的行为，除此之外，还包括那些只能被认定为，纯粹是将青少年作为满足自己性欲的对象的性交或者类似性交的行为"。但是，在该案中，首先，很难从"淫乱行为"这一用语中推导出最高裁判所的上述解释；其次，解释结果的后半部分仍然不明确，并且，针对这种具有浓厚伦理色彩的可罚性标准本身的合理性，也存有疑问。

另外，《广岛市暴走族驱逐条例》（第 16 条第 1 款第 1 项、第 17、19 条）规定，"任何人"未经管理者许可，不得在公共场所实施使公众产生不安或者恐惧的聚集、集会或者示威等行为，对于违反了以此禁止性规定为前提而做出的终止、离开的命令的，由该条例予以处罚。对此，最高裁判所平成 19 年（2007 年）9 月 18 日判决认为，从该条例的用语本身来看，禁止的对象以及终止、离开命令的对象，也包括社会一般观念上属于暴走族以外的其他人的行为，若直接适用此用语，其规制对象就会不当地涉及更大范围的人；判例同时指出，若将其适用对象限于"本来意义上的暴走族"或者"服装、旗帜、言行等类似于此类暴走族，在社会一般观念上，可以等视于此的集团"，就与《宪法》第 21 条第 1 款、第 31 条不发生抵触。[1] 该判决的问题在于，首先，通过重视条例的"旨趣"，作出了明显有违该"用语"的限定解释；其次，限定解释的内容不是依据"行为"，而是依据"人"来确定。但是，这种依据"人"来确定内容的做法，具有明显的敌我刑法观的倾向，而且，在与行为主义以及法律之下的平等原则，即"法律面前人人平等原则"（《宪法》第14 条）的关系问题上，也仍留有疑问。

---

[1] 参见最判平成 19 年 9 月 18 日刑集 61 卷 6 号 601 页（"广岛市暴走族驱逐条例案"）。

第三章 犯罪论体系

一、犯罪的定义与犯罪论体系

若从形式上定义"犯罪",犯罪就是成为刑罚之对象的行为。那么,什么行为会成为刑罚的对象呢?首先,基于侵害原理或者行为主义的要求,成为刑罚对象的行为,必须是有害于社会,且为法律所禁止的行为。这种存在为法律所禁止的理由的情况,称之为"违法性"。其次,基于责任主义的要求,若对于该行为不具有非难行为人的理由,也不能科以刑罚。这种可以非难行为人的理由,称之为"责任","值得非难"这种评价则称之为"有责性"。最后,基于罪刑法定原则的要求,若无处罚该行为的法律规定,也不得科以刑罚。换言之,要科以刑罚,该行为必须符合法律所规定的"犯罪的类型"。这种犯罪的类型,称之为"构成要件"。

这样一来,就可以将"犯罪"定义为该当于构成要件、违法且有责的行为。通说从这一犯罪定义中,提炼出①构成要件该当性、②违法性、③责任(有责性)这三个要件,同时还将各个犯罪要素分别置于其中的某一要件之中,然后再按照①→②→③的顺序探讨是否成立犯罪。将①构成要件该当性置于②违法性、③责任(有责性)之后似乎更为自然,但正如后述,就②违法性、③责任(有责性)的内容而言,①构成要件该当性具有规制并划定框架的机能,因而被置于②违法性、③责任(有责性)之前。一方面,①构成要件该当性、②违法性、③责任(有责性)分别按照一定的指导理念,各自形成一个含义的集合,另一方面,相互之间又具有一定的有机关联性。这种由①构成要件该当性、②违法性、③责任(有责性)组成的思维模式(思维框架),被称为"犯罪论体系"。犯罪论体系按照①→②→③的顺序,将不符合①构成要件该当性、②违法性、③责任(有责性)的行为分别依次排除在处罚对象之外,从而使排除情感、冷静判断是否成立犯罪这一点成为可能

（过滤机能），同时，在面临刑罚之解释或者适用上的问题之时，通过确定该问题究竟属于①→②→③中的哪一点，从而有利于锁定应予以考虑的事项，也有利于获取用于推导结论的指针（地图机能）。

然而，如下所述，对犯罪论体系的具体细节的理解，因人而异；而且，英美法等国采取的是与德日根本不同的体系。刑法学中的犯罪论体系类似于语言学中的"语法"。思维的建构以及相互交流，"语法"是不可或缺的工具，但正如世界上存在多种语言那样，不可能存在一种完全"正确的语法"。同样，由于彼此的关注点与历史背景不同，也可能存在数种犯罪论体系，探讨哪一种体系才是"正确的体系"，这毫无意义。但是，犯罪论体系最好能做到：就体系内部而言，逻辑上不相互矛盾，具备尽可能将思维过程予以可视化，且可以加以验证的明晰性；对体系外部而言，能更好地反映作为社会事实的犯罪的实质，有助于解释与适用刑法，并利于发现学问上的问题。在这种对内的"逻辑性"与对外的"功能性"这一点上，围绕犯罪论体系的应然状态的论争，仍未丧失其重要意义。

二、行为

（一）体系性定位

通说观点是在构成要件该当性的内部研究"行为"。[1]相反，有力观点先于构成要件该当性，将"行为"设定为独立的犯罪要素（裸的行为论），[2]采取行为→构成要件该当性→违法性→有责性这样一种四分体系。该观点在"行为"这一体系阶段，让其承担保障行为主义的作用，同时也试图从犯罪的事实性基础中找出其独立意义。

不过，大凡"行为"，只有在与外界的特定对象的关系上，才有可能被确定（同定）。在与何种对象的关系上确定"行为"，这取决于我们的关注点。

---

[1] 参见井田良『講義刑法学・総論』（有斐閣2018年第2版）97頁；大塚仁『刑法概説　総論』（有斐閣2008年第4版）114頁；大谷實『刑法講義総論』（成文堂2019年新版第5版）77頁；福田平『全訂刑法総論』（有斐閣2011年第5版）55頁注（一）。

[2] 参见浅田和茂『刑法総論』（成文堂2019年第2版）91頁；曾根威彦『刑法原論』（成文堂2016年）87頁以下；高橋則夫『刑法総論』（成文堂2018年第4版）65頁；内藤謙『刑法講義総論（上）』（有斐閣1983年）144頁；中山研一『刑法総論』（成文堂1982年）121頁；西原春夫『犯罪総論』（上卷・改訂版）（成文堂1993年）82頁；林幹人『刑法総論』（東京大学出版会2008年第2版）74頁。

例如，同样是将手指放在手枪扳机上的"向后弯曲的行为"，在与扳机的关系上，是一种"扣动（扳机）"的行为；在与子弹的关系上，是一种"发射（子弹）"的行为；在与枪口所面对的人的关系上，则属于一种"杀人"或者"意欲杀人"的行为。尤其是在不作为犯罪（第五章之一）中，不首先考虑我们的关注点，就不可能确定"行为"。例如，自己的小孩落水，母亲不予救助而是冷眼旁观，尽管该母亲并未向外界表现出积极的身体活动，仍能确定母亲实施了"杀人"行为。之所以如此，无外乎是因为法律"要求母亲救助小孩"。这种用于确定行为的关注点，在刑法中就由构成要件来体现。由此可见，所谓构成要件，正是一种具体表示诸如杀人行为、伤害行为、盗窃行为等为刑法所关注的行为的东西。正是这种由构成要件所选定的"行为"，作为犯罪论的出发点，才可能发挥适当的"过滤机能"。在此意义上，可以说，与将"行为"定位于独立的体系阶段相比，将其置于构成要件该当性的内部来处理，更合乎犯罪论体系的机能。"裸的行为论"也并非认为，完全不需要对"行为"进行人为的确定，在采取后述社会的行为论的场合，可以说，是试图先于刑法的关注，以社会的关注来确定"行为"。但是，若广泛地采取这种关注，就会无限地想象到"行为"，而将想象到的所有"行为"都作为研究对象，这种做法不仅没有效率，而且还会降低"过滤机能"。反之，若将这种社会的关注仅限于特别重大的事项，势必应首先考虑刑法的关注，那么，该观点将由社会的关注所确定的"行为"置于构成要件该当性之前的意义也便不复存在。

而且，"裸的行为论"主张应重视犯罪的事实性基础，即便该意图是正当的，也还需要探究该意图与"行为"在体系上的独立性之间是否具有整合性。作为犯罪的事实性基础的"行为"，必须是"充满意义的东西"，即具有值得做出构成要件该当性、违法性、责任这种评价的实质。然而另一方面，"行为"论如果言及其实质，势必会进入违法性与责任的评价领域，如此一来，"行为"也便丧失了其独立的体系性地位。之所以出现这种进退两难的困境，其原因就在于，该观点是将作为"评价的对象"的行为与作为"对对象的评价"的构成要件该当性、违法性、责任这两种处于不同理论层面的东西，作为等格的体系要素予以并列。进一步而言，这种混同不同理论层面的东西的做法，更有可能损害犯罪论本应具有的逻辑的明晰性。作为犯罪的事实性基础的"行为的本质"，本应经过构成要件该当性、违法性、责任等各个阶段的探讨，才会逐渐明晰，那么，原本应由这些阶段分别予以明晰的"事实性基础",就理应分别属于各个阶段。

(二) 行为的含义

有关刑法上的"行为"的含义,存在几种相互对立的观点:一是"因果行为论",即认为行为是起因于人的意思的身体活动;[1]二是"目的行为论",即认为行为是指向特定目的而操纵因果进程的身体活动;[2]三是"社会行为论",即认为行为是具有社会性意义的身体动静;[3]四是"人格行为论",即认为行为是作为行为人人格的主体性现实化的身体动静。[4]由于行为属于作为行为主体的个人与外界的接点,因而涉及两个问题:①以是否需要存在意思这一点为核心的、个人参与的应然状态(行为主体与外部态度之间的联系)的问题;②在与外界的关系上的、行为的确定或者定义的问题。上述这些观点或同时考虑这两个问题,或仅考虑其中的某一个问题,因此,各自的关注对象未必相同。具体而言,因果行为论的做法是:①认为作为行为主体的参与,"意思的原因性"是必要且充分的;同时,②是从因果性地引起的结果中,确定行为的含义(例如,将引起他人之死亡的行为视为"杀人行为")。目的行为论的做法是:①作为人与外部态度之间的联系,要求存在行为主体的有目的的统制;同时,②由其所追求的目的中确定行为的含义(例如,以杀死他人为目的的行为是"杀人行为")。正如其名称所显示的那样,就②的问题,社会行为论通过社会性意义或者社会性作用来确定行为的含义,这是该说的共同点,但有关①即行为主体与外部态度之间的联系,该说内部存在分歧,既有认为只要是人的身体的运动或静止即可的观点,也有必须存在为人的意思所支配的态度的观点。人格行为论的做法是:一方面,从行为

---

[1] 参见小野清一郎『新訂刑法講義総論』(有斐閣1950年増補版)93頁;瀧川幸辰『犯罪論序説』(有斐閣1947年改訂版)22頁。

[2] 参见井田良『講義刑法学・総論』(有斐閣2018年第2版)264-265頁以下;木村亀二(阿部純二増補)『刑法総論』(有斐閣1978年)167頁以下;福田平『全訂刑法総論』(有斐閣2011年第5版)59頁以下。

[3] 参见浅田和茂『刑法総論』(成文堂2019年第2版)105頁;伊東研祐『刑法講義総論』(日本評論社2010年)53頁以下;大谷實『刑法講義総論』(成文堂2019年新版第5版)84-85頁;佐伯千仭『刑法講義 総論』(有斐閣1981年4訂版)145頁;曽根威彦『刑法原論』(成文堂2016年)95頁;高橋則夫『刑法総論』(成文堂2018年第4版)79頁;西原春夫『犯罪総論』(上卷・改訂版)(成文堂1993年)87頁以下。

[4] 参见大塚仁『刑法概説 総論』(有斐閣2008年第4版)103頁以下;団藤重光『刑法綱要総論』(創文社1990年第3版)104頁以下。

人人格的主体性现实化中找出行为主体与外部态度之间的联系；另一方面，对于与外界的关系问题上的行为的确定或者定义的方法，该说则不太关心。

本书认为，刑法上的"行为"，要将个人与外界联系在一起，作为最小限度的要求，行为就应该是，对于刑法上重要的外界变化施加影响的、属于可以为人的意思所避免的身体态度。本书将其称之为"狭义的行为"。该行为概念同时也揭示了行为的归属范围的外延：只有那些可以为人的意思所避免的外界变化才能归属于行为。[1]在本书看来，将这种外界变化（结果）归属于人的态度的整体情况*，就属于"广义的行为"。

三、构成要件该当性

（一）构成要件的性质

构成要件是刑罚法规所规定的犯罪的类型，就其性质，存在以下三种对立观点：一是"行为类型说"，认为构成要件是形式性的、价值中立的类型；[2]二是"违法类型说"，认为构成要件是将违法行为予以类型化的东西；[3]三是"违法有责类型说"，认为构成要件是将违法且有责的行为予以类型化的东西。[4]这种对立源于对构成要件机能的不同理解。

---

[1] 由条件关系以及相当因果关系（或者危险的现实化）所构成的刑法上的因果关系（第四章），在划定对行为人而言有可能避免的外界变化的范围这一点上，可以说，也是由行为概念所派生出来的。

  ＊ 这里的"整体情况"，是指行为以及由此所引起的外界变化或称结果。——译者注

[2] 参见内田文昭『改訂刑法Ⅰ総論』（青林書院1997年補正版）91頁；曽根威彦『刑法原論』（成文堂2016年）118頁以下。

[3] 参见浅田和茂『刑法総論』（成文堂2019年第2版）116頁；小林憲太郎『刑法総論』（新世社2020年第2版）29頁；橋本正博『刑法総論』（新世社2015年）33頁；林幹人『刑法総論』（東京大学出版会2008年第2版）97頁；平野龍一『刑法総論Ⅰ』（有斐閣1972年）99頁；堀内捷三『刑法総論』（有斐閣2004年第2版）51頁；松宮孝明『刑法総論講義』（成文堂2018年第5版補訂版）55頁；山口厚『刑法総論』（有斐閣2016年第3版）30頁以下。另外，主张将构成要件与违法性阻却事由一同定位于违法性内部的观点，参见西原春夫『犯罪総論』（上巻・改訂版）（成文堂1993年）154頁以下；野村稔『刑法総論』（成文堂1998年補訂版）84-85頁。

[4] 参见大谷實『刑法講義総論』（成文堂2019年新版第5版）93頁；大塚仁『刑法概説　総論』（有斐閣2008年第3版）122頁；佐伯仁志『刑法総論の考え方・楽しみ方』（有斐閣2013年）35頁以下；団藤重光『刑法綱要総論』（創文社1990年第3版）118頁；前田雅英『刑法総論講義』（東京大学出版会2019年第7版）27頁以下。主张将构成要件视为违法性、有责性与可罚性的类型的观点，参见高橋則夫『刑法総論』（成文堂2018年第4版）91-92頁。

(二) 罪刑法定原则机能

之所以将构成要件该当性作为犯罪成立的必要条件，是为了将不符合法律上的处罚规定的行为排除在处罚对象之外，以担保罪刑法定原则的实现。不过，构成要件并非刑罚法规的"法律条文"本身，而是对法律条文施加了解释的东西。例如，《刑法》第 261 条（损坏器物罪）规定，"损坏或者伤害他人之物者"，判例通过解释从中提炼出"有害于他人之物的效用"这一构成要件，对于诸如向他人的餐具里撒尿的行为、[1]将他人的养殖池中的鲤鱼放走的行为等，[2]也判定符合该罪。但是，如果该解释本身已经超越《刑法》第 261 条的条文用语的含义，那么，无论如何忠实地适用解释之后的"构成要件"，也无助于保障罪刑法定原则。构成要件并非解释的出发点，而是解释的到达点，罪刑法定原则对这种解释过程予以规制，因此，担保罪刑法定原则的，是解释之前的"法律条文"，而非解释之后的"构成要件"。[3]另外，要保障罪刑法定原则，这不仅涉及构成要件要素，还涉及违法阻却事由、责任阻却事由、刑事责任年龄、客观处罚条件等因素。[4]例如，满足《母体保护法》第 14 条之要件的人工流产行为，或者 13 岁少年的涉法行为，无论该行为性质多么恶劣，也不得处罚。

由上可见，对于保障罪刑法定原则，构成要件的作用（贡献）是间接的、部分性的，即便如此，犯罪论体系仍以"构成要件该当性"为其出发点，这就表明，不能直接探究违法性、有责性这种"评价"，而是要求首先经过由解释刑罚法规而推导出的构成要件的"包摄"。在这一点上，可以说，构成要件是罪刑法定原则在犯罪论体系上的体现，构成要件在此限度之内承担"罪刑法定原则机能"。

行为类型说是通过形式地、价值中立地把握构成要件，从而确保构成要件的明确。但是，解释的目的在于确定构成要件，该观点如果是在倡导解释

---

[1] 参见大判明治 42 年 4 月 16 日刑录 15 辑 452 页。
[2] 参见大判明治 44 年 4 月 16 日刑录 17 辑 197 页。
[3] 参见松原芳博「犯罪論における『構成要件』の概念について」『西原春夫先生古稀祝賀論文集（2）』（成文堂 1998 年）52 頁以下。
[4] 对此，在德国，由罗克辛等人主张的有力观点在形成犯罪论体系的第一阶段的"体系构成要件"之外，另外还想到了由刑事实体法的全部法定要件所构成的"保障构成要件"，并让后者承担罪刑法定原则机能。参见クラウス・ロクシン〔山中敬一監訳〕『刑法總論 第 1 巻〔第 4 版〕翻訳第 1 分冊』（信山社 2019 年）360 頁以下。

的价值中立性,对此就不无疑问。对于刑罚法规,应在其用语的范围之内,从保护法益等的角度,进行目的性解释。其结果就是,由对刑罚法规的解释所确定的构成要件是一种"违法类型",也就是说,应该是以该刑罚法规所预定的、达到可罚性程度的违法事态作为其内容的"违法类型"。如果必须排斥目的性解释,而仅应通过价值中立的文理解释来确定构成要件,那么,所谓构成要件,就与条文用语的最大限度的文意并无不同,实质性的限定就只能是全部交由非类型化的违法性的阶段来进行。应该说,这种判断结构有违行为类型说的本意,反而会有损法的稳定性。"记述的事实"是内含价值的事实,还是价值中立的事实,这与是否受罪刑法定原则的制约并无关系。刑事责任年龄并不是价值中立的,而是承担着责任这一实质内容,但这并不是说,刑事责任年龄可免受"未满14周岁者的行为,不处罚"(《刑法》第41条)这一法条用语的制约。

此外,如果行为类型说是在倡导由解释刑罚法规所确定的构成要件对事实的包摄应具有价值中立性,这一点就与违法类型说的认识是相同的。就构成要件对事实的包摄,违法类型说并不是主张应以评价的方法来进行,相反,违法类型说无外乎是通过对刑罚法规的解释,而将刑罚法规所预定的违法事态作为一种"类型"抽取出来,从而尽可能地将容易变得不稳定的违法评价,转换为包摄于所抽取出来的"可罚的违法类型"这种事实的判断。[1]

(三)违法类型化机能

按照上述违法类型说,构成要件是将该规定试图处罚的违法内容予以类型化的东西,因此,为处罚奠定根据的法益的侵害或危险,就必须限于包含在构成要件内容之中的法益侵害或危险。这样,将该处罚规定所固有的违法内容予以类型化,并排除根据其他的违法内容来加以处罚,这种机能被称为"违法类型化机能"或者"违法内容特定机能"。

最高裁判所昭和55年(1980年)11月13日决定(第七章案例3)认为,即便就身体的伤害取得了被害人的同意,但出于骗取保险金这一违法目的

---

[1] 裁判员制度要适正地运作起来,就要求裁判官利用其权限范围之内的"解释",将可罚的违法事态作为法律要件予以具体化,这样一来,裁判员不是通过裸的"评价",而是通过将事实"包摄"于法律要件之中,从而推导出结论。

的，则不能阻却违法性，应成立伤害罪。[1]*但是，这是依据针对包含在欺诈目的之中的财产法益的违法，来认定成立将针对身体法益的违法予以类型化的伤害罪，有违各个构成要件是分别将固有的法益侵害予以类型化这一旨趣。又如，某男性报社记者通过与某女性公务员保持肉体关系等而让其带出秘密文件，对此，最高裁判所昭和53年（1978年）5月31日决定（"外务省秘密泄露案"，第十章案例5）以"严重蹂躏了采访对象个人（该女性公务员）的人格尊严"为由，以《国家公务员法》上的唆使泄密罪，对该男性记者作了有罪判决。[2]*若是以侵害了与该罪的保护法益即"保守国家秘密"毫

---

[1] 参见最决昭和55年11月13日刑集34卷6号396页。

　* 该案是出于骗保目的而对撞车事故所造成的伤害表示同意的案件。最高裁判所认为："在被害人对身体伤害表示承诺的场合，这是否构成伤害罪，不能仅由是否存在承诺这一事实来决定，还应综合考虑取得上述承诺的动机、目的，伤害身体的手段、方法，以及损伤的部位、程度等诸多因素。在本案中，行为人是出于骗取保险金的目的而制造了过失的撞车事故，在这种（事先）取得被害人的同意，而故意让对方与自己所驾驶的汽车相撞以造成伤害的场合，应该说，上述承诺是为了有利于骗取保险金这一违法目的而做出的违法承诺，并不能由此而认定可阻却该伤害行为的违法性。"——译者注

[2] 参见最决昭和53年5月31日刑集32卷3号457页。

　* 该案基本案情为，某报社记者以与某女性公务员存在肉体关系为手段，让其泄露了外务省的机密。对此，最高裁判所认为，其采访手段"严重蹂躏了采访对象个人的人格尊严，比照法秩序的整体精神，属于社会一般观念所绝难容忍之样态"，进而判定不得将该行为予以正当化。该案（"外务省机密泄露案"）属于日本的重要判例之一。最高裁判所昭和55年（1980年）11月13日决定的主要理由如下："根据原判决（二审）的事实认定，被告人是隶属于《每日新闻》社东京本社编辑局政治部的记者，负责外务省的报道，与当时作为外务事务官而担任原判职务的H女，在'山玉饭店'发生肉体关系之后"，马上恳请该女提供相关机密资料，"应该说，被告人的上述行为该当于《国家公务员法》第111条、第109条第12号、第100条第1款所规定的'唆使'行为"。"然而，在民主主义社会，媒体有关国政的报道，为国民参与国政提供了重要的判断材料，也就是，对所谓国民知情权作出了贡献，因此，报道的自由是日本《宪法》第21条所保障的表现的自由中尤为重要的权利之一，而且，为了使这种报道的内容准确，比照日本《宪法》第21条之精神，为了报道而实施采访的自由，也必须得到充分的尊重［最高裁昭和44年（し）第68号同年11月26日大法庭决定（刑集23卷11号1490页）］。并且，媒体有关国政的采访行为，在探知国家秘密这一点上，与公务员的保密义务存在矛盾与对立，有时候还伴有诱导、唆使的性质，为此，仅因为媒体出于采访的目的而唆使了公务员泄露了秘密，便由此直接推定该行为具有违法性，这并不合适；媒体反复执拗地劝说或要求公务员的行为，只要是真正出于报道的目的，比照法秩序的整体精神，其手段、方法相当，能为社会一般观念所认可，便应该认为，该采访行为在实质上不具有违法性，属于正当的业务行为。但是，虽然是媒体，无疑也并不拥有因进行采访而可不当地侵害他人的权利、自由的特权，如果采访的手段、方法是伴有行贿、胁迫、强要等触犯一般刑罚法令的行为，理所当然不被允许；

无关系的"人格的尊严"作为该罪的处罚根据,则可以说,这有损构成要件的违法类型化机能。

反之,按照行为类型说,由于从价值中立的各个构成要件中并不能推导出特定的违法内容,"违法性"属于非类型化的、一般性的东西,并且,还由于价值中立的构成要件本身并未内含应禁止该行为的积极理由,就只能是以这种非类型化的、一般性的"违法性"来作为积极的处罚根据。按照该观点,就上述同意伤害的案件而言,由于形式上存在"伤害他人身体"这一事实,能肯定具有构成要件该当性,并且,作为指向骗取保险金的行为,也能肯定具有一般的违法性,因此,肯定成立伤害罪,这并不存在什么障碍。但是,这种将构成要件与违法性从内容上予以切割的做法,无疑是允许将刑罚法规转用于有别于其本来的旨趣、目的的情形,这难道不违反罪刑法定原则的精神吗?

(四)违法推定机能

在违法类型说看来,某规定作为处罚根据而预定的积极的违法内容(引起法益的侵害或危险),已经完全被记述在构成要件之中。为此,就构成要件该当行为而言,只要没有保全足以消除其侵害性的反对利益,就可肯定该行为具有违法性。将保全反对利益这种事态予以类型化的,就是正当防卫、紧急避险等"违法性阻却事由"。这种违法性阻却事由的判断也并非裸的"评价",而是采取这样一种形式:将其包摄于将违法性否定事由予以类型化的要件事由之中。而且,在有利于行为人的方向上,并无罪刑法定原则的制约,因而,也承认"超法规的违法性阻却事由"(第十章之五)。而且,违法性阻却事由中,不仅包括将行为完全合法化的"正当化事由",还包括可使得行为丧失可罚的违法性的"可罚的违法性阻却事由"(第十章之六)。只要不存在这种违法性阻却事由,构成要件就是以违法的事实为其内容,在此意义上,构成要件具有"违法推定机能"。不过,存在构成要件该当事实(引起法益的侵害或危险这一事实),并不意味着可由此推定不存在违法性阻却事由(反对

(接上页)即便其手段、方法并未触犯一般刑罚法令,但如果严重蹂躏了采访对象个人的人格尊严,比照法秩序的整体精神,不为社会一般观念所认可,也必须说,这逾越了正当的采访活动的范围,具有违法性……被告人的上述采访行为,比照法秩序的整体精神,其手段、方法绝难为社会一般观念所认可,因此应该说属于不正当的行为,逾越了正当采访活动的范围。"——译者注

利益的保全这一事实）。另外，构成要件该当行为的大多数均具有违法性，但并不是说，符合违法性阻却事由的实际上只是一种例外事态。例如，就满足了业务堕胎罪的构成要件的行为而言，较最终被认定具有违法性的情形而言，基于《母体保护法》而阻却违法性的情形要多得多。由此可见，构成要件的违法推定机能，只限于体现构成要件与违法性阻却事由之间的逻辑关系，并不意味着诉讼法上的法律的、事实的推定。

（五）故意规制机能

根据责任主义的要求，若对属于犯罪之违法内容的事实并无认识，则不得追究故意责任。为此，要成立故意犯罪，就必须对作为违法类型的构成要件的该当事实存在认识。这样，在划定属于故意之认识对象的事实的范围这一意义上，构成要件具有"故意规制机能"。[1][2]

不过，犯罪的违法由存在构成要件该当事实与不存在违法性阻却事由而奠定基础，因此，不存在符合违法性阻却事由的事实，这也属于故意的认识对象。例如，在误信对方向自己袭来而予以反击并造成对方受伤的场合，行为人尽管对"伤害他人"这一伤害罪（第204条）的构成要件该当事实存在认识，但由于是出于"这属于正当防卫的情形"这种认识才实施了行为，因而缺少对"违法事实"的认识，不能认定存在故意，仅限于成立过失致伤罪（第209条）（假想防卫，第十二章之四）。为此，重视构成要件的故意规制机能的观点也开始倡导所谓"消极的构成要件要素的理论"，[3]也就是，该观点认为，作为消极的要素，违法性阻却事由也包含在构成要件之中。

另外，作为对犯罪事实的认识的"故意"本身，不在故意的认识对象之列。这是因为，作为故意的内容，要求对具有故意这一点存在认识，就会陷入"自指"（Self-reference，自我指涉）的悖论，招致"对犯罪事实的认识的

---

[1] 有关构成要件的故意规制机能，参见小池直希「故意の認識対象と符合の限界（1）」『早稲田法学』95卷4号（2020年）215頁以下。

[2] 在过失犯中，必须对构成要件该当事实存在认识、预见的可能性。而且，违法性意识的可能性也应当是就包含于该构成要件之内的违法内容而言。如果包含这些的话，就可以说，构成要件也具有"责任内容规制机能"。

[3] 参见井田良『講義刑法学・総論』（有斐閣2018年第2版）98頁以下；中義勝『刑法総論』（有斐閣1971年）57頁。

认识……"这种"无限回归论证"。[1]因此，按照重视构成要件的故意规制机能的观点，故意就不包含在构成要件的要素之中。[2]

（六）犯罪个别化机能

例如，根据对犯罪事实有无认识，伤害罪与过失致伤罪被区别开来。对此，违法有责类型说认为，应该将作为构成要件该当事实之认识的"构成要件的故意"，作为类型化的责任要素而定位于构成要件，进而在构成要件阶段区别故意犯与过失犯。[3]在该观点看来，构成要件具有将应该成立的犯罪加以个别化并予以特定的"犯罪个别化机能"。然而，在上述假想防卫的案件中，这种观点有一定缺陷。在该案中，由于对伤害他人存在认识（构成要件的故意），从而该当于伤害罪的构成要件，然而，却由于缺少对"违法的事实"的认识，而只能承担过失致伤罪的责任。这种到后面再改变罪名的做法，不仅没有发挥构成要件的犯罪个别化机能，甚至可以说，是在进行一种"错误的个别化"。对此，有力观点主张否定构成要件的故意这一概念，认为像伤害罪与过失致伤罪那样，客观事实相同的故意犯与过失犯该当于同一构成要件，只有在责任阶段才能加以区别。[4]若在构成要件的阶段无法确定犯罪"成立与否"，那么，在构成要件的阶段也不能确定"罪名"，毋宁说这是理所当然的。因此，试图通过"构成要件的故意"，在犯罪论的"入口阶段"取得完全的个别化，这是很难做到的。

不过，正如违法有责类型说所论述的那样，刑罚法规中还规定了故意、过失，以及诸如隐灭证据罪（《刑法》第104条）中的"证据的他人性"、药

---

[1] 通说认为，对于内心的心理状态的认识不成为问题，从而将主观要素排除在故意的认识对象之外。但是，要认定伪造货币罪的共犯存在伪造货币罪的故意，想必应该要求其对正犯具有使用的目的存在认识。即便是单独犯，在观念上将"具有目的"本身与"对具有目的的认识"（自觉）区别开来，将前者定位于为行为的危险性奠定基础的主观违法要素，将后者定位于为行为人的责任奠定基础的故意，难道不是更合乎违法性与责任之区别的理论结构吗？理论上，目的等主观违法要素也包含在故意的认识对象之中。参见松原芳博『行為主義と刑法理論』（成文堂2020年）320頁；小池直希「故意の認識対象と符合の限界（1）」『早稲田法学』95巻4号（2020年）247頁以下。

[2] 参见松宫孝明『刑法総論講義』（成文堂2018年第5版補訂版）56-57頁以下。

[3] 立足于以针对违法性实质的规范违反说（本章之四）为前提，承认故意的违法构成、故意的加重机能的立场，即便采取违法类型说，也会承认构成要件的故意。

[4] 参见小林憲太郎『刑法総論』（新世社2020年第2版）30頁；齊野彦弥『刑法総論』（新世社2007年）62頁；平野龍一『刑法総論Ⅰ』（有斐閣1972年）99頁；内藤謙『刑法講義総論（上）』（有斐閣1983年）192頁以下；町野朔『犯罪総論』（信山社2019年）97頁；松宮孝明『刑法総論講義』（成文堂2018年第5版補訂版）56-57頁。

物犯罪中的"营利目的"等事关责任非难的要素。对于这些要素，也不是直接进行是否具有非难可能性这种"评价"，而是通过将其"包摄"于由刑罚法规所推导出的要件事由之中来加以判断。要在体系上体现这些责任要素的类型性特性，将上述属于违法类型的构成要件称为"违法构成要件"，在此之外，另外再肯定存在"责任构成要件"——由将故意、过失以及责任身份等责任加以类型化的要素所构成的"责任构成要件"——这应该也是有意义的。为此，对于犯罪的理论性分析，就可以按照下列思考顺序来进行：①违法构成要件→②违法性阻却事由→③责任构成要件→④责任阻却事由。[1] 在上述假想防卫的案件中，在①违法构成要件的阶段，行为人的行为该当于伤害罪与过失致伤罪所共同的违法构成要件；在③责任构成要件的阶段，由于不能认定存在属于伤害罪之责任构成要件要素的故意，那么，在能认定对"假想"存在过失的限度内，成立过失致伤罪［第十二章之四之（四）］。原本来说，在刑事审判的犯罪事实认定之际，首先是判断是否存在大致相当于合并了①违法构成要件与③责任构成要件的犯罪类型（即"违法、有责构成要件"）的"应罪事实"（《刑事诉讼法》第335条第1款），其次再判断是否存在大致相当于②违法性阻却事由以及④责任阻却事由的"妨碍犯罪成立的理由"（《刑事诉讼法》第335条第2款）。[2] 而且，刑法各论的研究对象也是合并

---

[1] 参照西田典之（桥爪隆补订）『刑法総論』（弘文堂2019年第3版）78頁以下。对此问题的先驱性研究，参见佐伯千仞『刑法講義　総論』（有斐閣1981年4訂版）183頁以下、227頁以下。中山研一引用佐伯千仞的观点，但同时指出，"作为犯罪论的体系……其预定的探讨顺序是：首先，在违法论的方面，看是否具有作为违法行为的类型的构成要件（可罚的违法类型）的该当性，探讨是否存在能够例外地阻却由此所推定的违法性的事由（违法阻却事由）；在仍存在可罚的违法性的场合，下面就在责任论的方面，看是否具有作为责任类型的构成要件（可罚的责任类型）的该当性，探讨是否存在能够例外地阻却由此所推定的责任（非难）的事由（责任阻却事由）"［参见中山研一『刑法総論』（成文堂1982年）129注（4）］。除此之外，还有学者（例如，林幹人、平野龍一、内藤謙、山口厚等）在教科书中采取（作为违法类型的）构成要件→违法性阻却事由→责任（故意·过失）→责任阻却事由这种顺序，虽然没有使用"责任构成要件"这一表述，但可以说，实质上仍然遵循了本书正文中所讲的思考顺序。

[2] 鈴木茂嗣倡导，由违法→有责→当罚性→犯罪类型该当性这种实体论上的体系，与构成要件该当性→犯罪阻却事由这种认定论上的体系所组成的二元的犯罪论［参见鈴木茂嗣『二元的犯罪論序説〔補訂版〕』（成文堂2019年）3頁以下；鈴木茂嗣『刑法総論』（成文堂2011年第2版）17頁以下］。另外，中野次雄将违法性→责任→可罚性所组成的"犯罪的本质"的体系，与构成要件→违法性阻却事由·责任阻却事由·可罚性阻却事由所组成的"现行法中的犯罪构成"的体系予以并置［参见中野次雄『刑法総論概要』（成文堂1997年第3版補正版）21頁以下］。

了①违法构成要件与③责任构成要件的犯罪类型（即"违法、有责构成要件"）。

（七）构成要件要素

通常情况下，犯罪构成要件以由人的行为（实行行为）造成了结果为内容。例如，"杀人的"（杀死了人）这种杀人罪（第199条）的构成要件，就是由开枪这种"实行行为"、他人死亡这种"结果"（构成要件的结果）以及前者引起了后者这种意义上的"因果关系"而构成。

而且，作为构成要件要素，有些犯罪类型还要求存在诸如妨害灭火罪（第114条）中的"火灾之际"这种行为状况。不同于此，对于诸如事前受贿罪（第197条第2款）中的"成为公务员"这种行为之后的外部状况，通说认为，这属于客观处罚条件而不是构成要件要素，但本书认为，与行为状况一样，作为法益侵害的前提条件，这种外部状况同样应该隶属于构成要件（本章之七）。

对于行为的"主体"，原则上并无限制，但也存在主体受到限制的"身份犯"，例如，受贿罪（第197条以下）的主体限于公务员、业务侵占罪（第253条）的主体限于业务者。这些"身份"，是将表征法益侵害的前提条件或者责任非难程度的情况予以类型化的东西，问题集中于，非身份者参与了身份者的犯罪之时，是否成立共犯（第十九章）。

对于法人，有力观点曾认为，法人根本无法成为犯罪的主体。这种"犯罪能力否定说"的理由在于，①法人无法实施作为身体之动静的行为；②法人不具有作为责任非难之对象的人格；③现行法所规定的自由刑仅预定针对自然人。[1]反之，现在的通说则基于下述理由肯定法人的犯罪能力：①法人也可以通过作为法人机关的自然人而自己做出意思决定，进行社会意义上的活动；②针对法人的活动，完全有可能进行社会性非难；③对法人也可科处罚金。

不过，判例、通说认为，通常的"实施了……者"这种规定预定的是自然人，要处罚法人，就必须存在特别的规定。[2]例如，"法人的代表人或者法人或人的代理人、雇佣者等其他从业人员，有关该法人或者人的业务，实施

---

[1] 参见植松正『再訂刑法概論 I 総論』（勁草書房1974年）118頁；団藤重光『刑法綱要総論』（創文社1990年第3版）126頁；福田平『全訂刑法総論』（有斐閣2011年第5版）73頁以下。
[2] 参见大判昭和10年11月25日刑集14卷1217頁。

了……违反行为之时,除了处罚行为人之外,对于该法人或者该人科处各本条的罚金"(《金融商品交易法》第207条、《公害罪法》第4条,等等),这种两罚规定(双罚制)就属于上述意义上的"特别的规定"。两罚规定(双罚制),①属于包括自然人在内,将处罚范围扩大至企业主的特别规定;同时,②也是将法人纳入处罚对象的特别规定。[1]

"双罚制"曾一度被理解为,是就从业人员等的犯罪,仅将刑罚转嫁至企业主,对于从业人员所实施的违反行为,企业主承担无过失责任。[2]法人的"犯罪能力否定说",也是立足于这种"代位责任论"。因为,只要否定法人的犯罪主体性,就只能是将这种处罚理解为,是针对属于自然人的从业人员等的犯罪的代位责任。但是,犯罪主体与受刑主体的一致这一意义上的"自己责任原则"是责任主义的核心内容,(按照"自己责任原则")无论是自然人还是法人,都不能承认代位责任。为此,最高裁判所起初认为,对于属于自然人的企业主,"双罚制"是推定企业主在选定、监督从业人员方面存在过失,倘若对此能成功进行反证,则免于处罚;[3]随后,最高裁判所的态度发展至,上述判例的旨趣也及于企业主属于法人的情形。[4]由此可见:

(1)对于将处罚范围扩大至业务主,判例采取的是"过失推定说",试图谋求"双罚制"与自己责任原则、故意或过失的必要性这一意义上的主观责任原则之间的协调。然而,将属于犯罪成立要件之一的过失的举证责任转嫁至被告人,这有违"疑罪从无"原则;并且,要实际认定免责,就要求被告人能够举证,为了防止具体从业人员实施违反行为,自己已经对具体从业人员做了具体指示,[5](但很难做到这一点)因而几乎无免责的余地。以此为理由,现在,"纯过失说"得到有力倡导,即要求由检察机关来举证企业主存在过失。[6]

---

〔1〕参见樋口亮介「法人の処罰」西田典之・山口厚・佐伯仁志编『刑法の争点』(有斐阁2007年)10頁以下。
〔2〕参见大判昭和17年9月16日刑集21卷417頁。
〔3〕参见最大判昭和32年11月27日刑集11卷12号3113頁。
〔4〕参见最判昭和40年3月26日刑集19卷2号83頁。
〔5〕参见東京高判昭和48年2月19日判夕302号310頁。
〔6〕参见三井誠「法人処罰における法人の行為と過失」『刑法雑誌』23卷1=2号(1979年)151頁以下;浅田和茂『刑法総論』(成文堂2019年第2版)121頁;林幹人『刑法総論』(東京大学出版会2008年第2版)83頁。

（2）有关法人本身的问责对象行为，通说的理解是，将法人的代表人（法人代表）的行为视为法人的行为。按照这种"等视理论"，在法人代表本人是实际实施了违反行为的行为人之时，如果法人代表具备犯罪成立要件，也直接肯定法人的责任；在实际实施了违反行为的行为人是法人代表之外的其他从业人员之时，通过将法人代表对从业人员等的监督过失等同视为法人的过失，适用"过失推定说"。

反之，也有观点提出，应从作为法人之组织的活动中找出法人的行为。按照这种"组织体责任论"，[1]理论上，即便对自然人的违反行为、故意或过失不能举证，如果能谓之为法人作为一个组织实施了违法、有责的活动，也能肯定对法人的处罚。不过，何种情形下能认定法人的组织本身的违法活动，而且，相当于自然人的故意或过失、责任能力的法人的责任要件究竟是什么，这些都未必清楚。总之，作为现行法上的"双罚制"的解释论，从企业（组织）责任论的角度来看，也只能是以自然人的违反行为为前提，这种观点与通说之间的差异仅在于，对于从业人员的选任、监督，不是考虑代表者的过失，而是以企业（组织）的过失作为问题。

（八）犯罪类型的分类

1. 结果犯与举动犯

像杀人罪那样，以"结果"作为构成要件要素的犯罪类型，称之为"结果犯"。反之，像伪证罪（第169条）、违反限速罪（《道路交通法》第22条、第118条第1款第1项、第118条第2款）那样，仅以"行为"作为构成要件要素的犯罪，称之为"举动犯"（行为犯）。不过，虽然是举动犯，也不是仅凭踩上离合器这一"举动"就成立违反限速罪，仍然是只有该"举动"经过一定的因果进程达到实际超过限速的状态之时，才成立该罪。由此可见，即便是举动犯，要满足构成要件，作为由行为所引起的一定状态这种"结果"，仍然是必要的，只是举动犯中的结果通常已与行为一体化，没有必要将其作为一种独立的存在来认识。

---

[1] 参见板倉宏『企業犯罪の理論と現実』（有斐閣1975年）20頁以下；川崎友巳『企業の刑事責任』（成文堂2004年）198頁以下；樋口亮介『法人処罰と刑法理論〔増補新装版〕』（東京大学出版会2021年）152頁以下；伊東研祐『組織体刑事責任論』（成文堂2012年）101頁以下；佐伯仁志「法人処罰に関する一考察」『松尾浩也先生古稀祝賀論文集（上）』（有斐閣1998年）655頁以下。

2. 侵害犯与危险犯

作为犯罪类型的分类方法，除了按照作为构成要件要素的"结果"来分类的方法之外，还有以构成要件背后的"法益"为标准进行分类的方法。按照这种分类方法，犯罪可以大致分为以下三类：一是以法益侵害为必要的"侵害犯"（实害犯），例如，杀人罪；二是以法益侵害之危险为必要的"危险犯"；三是既不以法益侵害为必要也不以法益侵害的危险为必要的"形式犯"，例如，不携带驾照罪（《道路交通法》第95条第1款、第121条第1款第10项、第121条第2款）。其中，危险犯又可以进一步分为两种类型：一是法条明文要求发生危险的"具体的危险犯"，例如，向建筑物以外之物放火罪（第110条）；二是法条上不以发生危险为要件的"抽象的危险犯"，例如，向现住建筑物放火罪（第108条）。[1]不过，处罚那些既没有造成法益侵害也没有造成法益侵害之危险的行为，这有违法益保护主义[第二章之一之（一）]，因此，应该是要么将"形式犯"还原至抽象的危险犯，要么将"形式犯"非犯罪化。而且，对于抽象的危险犯，曾被一般理解为，是法律上拟制存在危险（拟制说）。但现在，有力观点则认为，即便是抽象的危险犯，从法益保护主义的视角来看，作为不成文的构成要件要素（或者不成文的违法要素），仍要求存在某种危险（实质说）。[2]例如，在确认里面没人之后，向并无延烧至其他物体之可能的沙漠旷野中的某一独栋住宅放火的，就应该否定成立放火罪，而作为损坏建筑物罪（第260条）来处理。[3]

如果犯罪构成要件总是将"法益侵害"作为"结果"而构成，根据构成要件结果所进行的分类，与根据法益所进行的分类之间就会重合，但由于刑法有时也以"法益侵害的危险""表征危险的事实"作为"结果"来构成，因而这两种分类也并非完全重合。例如，向现住建筑物放火罪要求"烧毁（烧损）"，向建筑物以外之物放火罪要求"烧毁（烧损）"以及"发生公共危险"，因而属于"结果犯"，但这两个犯罪都以发生了针对不特定多数人的

---

[1] 关于抽象的危险犯的研究，参见振律隆行『抽象的危険犯の研究』（成文堂2007年）；谢煜伟『抽象的危険犯論の新展開』（弘文堂2012年）。

[2] 作为对此问题的先驱性研究，参见冈本胜「『抽象的危殆犯』の問題性」東北大学『法学』38卷2号（1974年）1頁以下；山口厚『危険犯の研究』（東京大学出版会1982年）207頁以下。

[3] 最高裁判所平成24年（2012年）12月7日判决将违反公务员政治性行为限制罪（《国家公务员法》第110条之2第2项、第102条第1款）的构成要件限于"能够实质性地认定，存在损害公务员之职务执行的政治中立性之虞"的场合，也可谓对抽象的危险犯的实质化的尝试。

生命、身体、财产的危险作为处罚根据，因而又属于"危险犯"。

3. 即成犯、状态犯、继续犯

另外，按照犯罪的结束时点，犯罪又可分为即成犯、状态犯、继续犯（持续犯）。[1]即成犯，是指像杀人罪那样，一旦犯罪达到既遂，犯罪也同时结束，其后不再存在违法状态的犯罪；状态犯，是指像盗窃罪那样，一旦犯罪达到既遂，犯罪也同时结束，但其后违法状态仍然持续的犯罪；继续犯，是指像监禁罪那样，即便犯罪达到既遂，但犯罪仍未结束，其后犯罪事实仍然持续的犯罪。对即成犯、状态犯而言，公诉时效自达到既遂的时点开始起算，而对继续犯而言，即便犯罪达到了既遂，在法益侵害状态尚未结束之前，公诉时效不能开始起算。

按照通说观点，所谓继续犯，是指实行行为仍然在持续的犯罪（行为持续说）。[2]但是，在属于典型的继续犯的监禁罪中，监禁被害人之后，行为人离开现场的，或者行为人丧失了意识的，要认定作为行为人的意思发动的"行为"仍在持续，就有些勉强了。这里为犯罪的持续性奠定基础的，不是行为人的行为，而只能是被害人被剥夺自由这种事实状态。为此，就应该这样理解：所谓继续犯，是不仅仅以当初的法益状态的恶化，也以其后的每时每刻的法益侵害作为构成要件结果的犯罪（结果持续说）。[3]按照判例、通说的观点，对继续犯而言，如果在犯罪继续过程中，新设了处罚规定或者刑罚发生了改变的，只要简单地适用新法即可。[4]但是，如果行为的持续不过是一种虚拟的话，仅凭属于继续犯这一点，就不能简单地适用新法，仅限于新

---

[1] 详见松原芳博『行为主義と刑法理論』（成文堂2020年）7頁以下、84頁以下。

[2] 参见林美月子「状態犯と継続犯」『神奈川法学』24巻2=3号（1988年）279頁以下；佐伯仁志「犯罪の終了時期について」『研修』556号（1994年）17頁；浅田和茂『刑法総論』（成文堂2019年第2版）130頁注31；井田良『講義刑法学・総論』（有斐閣2018年第2版）112頁；大谷實『刑法講義総論』（成文堂2019年新版第5版）111頁；西田典之（橋爪隆補訂）『刑法総論』（弘文堂2019年第3版）90頁；日高義博『刑法総論』（成文堂2015年）117頁；山中敬一『刑法総論』（成文堂2015年第3版）180頁。

[3] 参见林幹人「即成犯・状態犯・継続犯」西田典之・山口厚編『刑法の争点』（有斐閣2000年第3版）30頁；松原芳博『行为主義と刑法理論』（成文堂2020年）8-9頁、13頁以下、86頁以下；小林憲太郎『刑法総論』（新世社2020年第2版）40頁；高橋則夫『刑法総論』（成文堂2018年第4版）115-116頁；町野朔『犯罪総論』（信山社2019年）124頁；山口厚『刑法総論』（有斐閣2016年第3版）48頁以下。

[4] 参见最决昭和27年9月25日刑集6巻8号1093頁。

法实施之后仍然存在指向犯罪之持续的作为或者不作为的情形，适用新法才具有正当性。

正如盗窃罪中占有的夺取那样，一般认为，状态犯是指仅以当初的法益状态的变化作为构成要件结果的犯罪。各个犯罪究竟是继续犯还是状态犯，应该根据法益侵害的严重程度（能否就每时每刻的法益侵害认定具有当罚性）、[1]侵害或者危险的具体性（法益的侵害或者危险是否具备作为构成要件的结果的、认定可能的程度的具体性、可视性）、法律规定的用语（究竟关注的是变化还是持续）、与他罪之间的关系（对于持续实施同一法益侵害的行为，是否另外规定了其他犯罪类型）等因素，作为对该构成要件的解释来予以决定。

4. 故意犯、过失犯、结果加重犯

如果关注行为人的主观方面，犯罪还可被分类为，以对犯罪事实的认识为要件的故意犯（杀人罪等）、以对犯罪事实的认识可能性为要件的过失犯（过失致死罪等），以及虽需对基本犯存在认识，但无需对加重结果也存在认识的结果加重犯（伤害致死罪等）。对于结果加重犯，为了将其相对较重的法定刑予以正当化，要求类型性地内在于基本犯之中（例如，暴行、伤害）的高度危险直接实现于加重结果（例如，死亡），同时，按照责任主义的要求，还以对加重结果的过失（预见可能性）为必要。[2]

四、违法性

正如前述，"违法性"作为违法构成要件以及违法性阻却事由而被要件事由化，其内容是"应被刑法所禁止"这种评价。从法益保护主义的视角来看，正是引起法益的侵害或危险，才属于应被刑法所禁止的对象，构成违法性的实质（法益侵害说）。反之，从社会伦理主义的视角来看，对刑法背后的社会伦理规范的违反才是违法性的实质（规范违反说）。另有有力观点一边以法益保护主义为前提，但同时认为，法益保护只有通过作用于人的意思的行为规范才能实现，从而主张违法性的实质在于，对这种行为规范的违反。但是，

---

[1] 参见平野龙一『刑法総論Ⅰ』（有斐閣1972年）132頁。
[2] 不过，判例一般认为，不以对加重结果的过失或者预见可能性为必要。参见最判昭和32年2月26日刑集11卷2号906頁，等等。

这种意义上的规范违反说,若是连不存在法益的侵害或危险的场合也认为存在违法,那么,在超出法益保护所必要的范围而施以禁止这一点上,该观点就不无逾越法益保护主义之嫌。

五、责任（有责性）

"责任"将由故意或过失、责任身份等组成的责任构成要件,以及缺少违法性认识的可能性、不具有期待可能性等责任阻却事由,予以要件事由化,[1]但其实质在于"缺少法益尊重意识",这是就引起法益侵害或危险,可以从刑法上非难行为人的理由。若具备法益尊重意识,原本可以避免法益侵害,但由于行为人缺少法益尊重意识,从而选择了法益侵害行为的,比照人与人之间的"共生"这一法的目的,行为人的这种行为就值得非难。另外,也由此产生了实现特别预防与一般预防的必要性,它们分别是基于行为人以及一般人的法益尊重意识的觉醒。

六、违法性与责任的区别

有人评价,"区分违法性与责任,这是过去一百年间刑法学所获得的最重要的知识"。[2]试想如果没有违法性与责任的区别,就难免会向人们传递这样一种信息:所有的无罪判决均意味着"允许实施该行为"。换言之,正是因为区别了违法性与责任,对于因阻却责任而作出的无罪判决,才可以在不将该行为视为正当行为的情况下,而对行为人不予处罚。[3]不仅如此,由这种区别还可以推导出下述刑法解释论上的效果:对于缺少违法性的行为不得实施正当防卫,而对于缺少有责性的行为则可以实施正当防卫;对于阻却违法性的行为原则上不能成立共犯,而对于阻却责任的行为却有可能成立共犯（限制从属性说）。[4]

---

[1] 然而,不可否认的是,从其性质上看,责任阻却事由的类型化程度较弱,在具体判断时,不少情况下,相较于"包摄",更多地必须依赖于"评价"。

[2] Claus Roxin, FS Henkel（1974）, S. 171.

[3] 可罚的违法性这一概念（第六章之四）也有可能发挥同样的作用。

[4] 有关区分违法性与责任的意义,参见松原芳博「刑法における違法性と責任」『増田豊先生古稀祝賀論文集・市民的自由のための市民的熟議と刑事法』（勁草書房2018年）95頁以下。

七、客观处罚条件、一身性的处罚阻却事由

通说认为,诸如事前受贿罪(第197条第2款)中的"就任公务员"等客观处罚条件,以及诸如"亲属间盗窃的特例"(第244条)等一身性的处罚阻却事由,是对于已经成立的犯罪,仅就处罚另外附加条件或者予以阻却的事由。但是,这种将"刑罚"的要件从"犯罪"概念中割裂出去的做法,有违"犯罪是指被科处刑罚的行为"这一定义。不仅如此,将这些要件放逐于犯罪论之外,还会造成这样一种结果:丧失针对这些要件的解释论上的指导原理。

对此,有观点主张,继构成要件—违法性—责任之后,应引入"可罚性"这一犯罪要素,将客观的处罚条件等定位于"可罚性"之内。[1] 如此,的确可以在形式上维持与犯罪定义之间的整合性。但是,"可罚性"不具有违法性、责任那样的统一内容,不具备有助于解决犯罪论上的问题的"含义集合"。而且,这种犯罪论上的"杂物堆积间",也无助于实现犯罪论本应具有的理论性与机能性。

毋宁说,对于客观处罚条件等,应在与违法性、责任相关联的情况下予以探讨。本书认为,例如,上述"就任公务员"作为将针对公务的公正性的危险提升到可罚的程度的情况,应属于违法构成要件;而"亲属间盗窃的特例"是考虑到存在于亲属之间的特殊诱惑性因素的可罚的责任阻却事由。[2]

---

[1] 参见中野次雄『刑法総論概要』(成文堂1997年第3版補正版)56页以下;高桥则夫『刑法総論』(成文堂2018年第4版)389页以下。

[2] 对于本书观点,详见松原芳博『犯罪概念と可罰性』(成文堂1997年)。

第四章　因果关系

一、刑法中的因果关系

结果犯的构成要件的内容是，由人的行为（实行行为）导致了结果的发生。为此，要满足构成要件，就以实行行为与结果之间存在因果关系为必要。若不存在这种因果关系，就不成立既遂犯，在存在处罚未遂的规定的限度之内，止于成立未遂犯（第43条），若无处罚未遂的规定，则不成立犯罪。而且，在伤害致死罪（第205条）等结果加重犯中，若不能认定暴力（暴行）这种基本犯的实行行为与被害人的死亡这种加重结果之间存在因果关系，就止于成立暴行罪（第208条）或者伤害罪（第204条）等基本犯。这种刑法上的因果关系，可通过条件关系与法律的因果关系两个阶段来判断。

二、条件关系

（一）假定的消去公式

要认定存在因果关系，首先，以实行行为与结果之间存在"条件关系"为必要。对于条件关系，是通过"若无A则无B"这种假定的消去公式来进行判断的。这是因为，假定若无此行为事态将如何发展，若能够说"没有此行为，该结果就不会发生"，就可以说，该行为是结果发生的原因之一。[1]

例如，〔案例1〕X让A喝下了致死量的毒药，在毒药发作之前，A遭到Y枪击，因失血而亡。在此情形下，可以说，"即便X没有投毒，A反正也会被Y枪杀"，因此，就不能认定X的投毒行为与A的死亡结果之间存在条件关系。在这种类型的案件中，发自X的因果进程被发自Y的因果进程所隔断，

---

[1] 也有学者将这种条件关系（行为对象的变化这种意义上的"结果"的避免可能性）定位于，作为"对各构成要件所关注的属性的、有意识的不良改变"这种意义上的"结果"的构成要件要素。参见小林憲太郎『因果関係と客観的帰属』（弘文堂2003年）23頁以下。

因而称之为"条件关系（因果关系）的切断"。另外，对 Y 的枪击行为应如何认定呢？适用假定的消去公式，"即便没有 Y 的枪击，A 反正也会被 X 毒死"，似乎也能否定 Y 的枪击行为与 A 的死亡结果之间存在条件关系。但是，我们不能忘记的是，条件关系的判断是通过考虑具体时间、具体样态等而得出的结论。在这种"具体的结果观"看来，可以说，"如果没有 Y 的枪击行为，就没有 A 在该时刻的失血死亡"，因此，对 Y 而言，能肯定其枪击行为与 A 的死亡结果之间具有条件关系。

不过，即便按照"具体的结果观"，那些与法益侵害毫无关系的属性也不属于"结果"。例如，没有提早其死期，而是移动垂死者的姿势，即便能认定与"尸体的姿势"之间存在条件关系，也不能认定与"死亡"结果之间存在条件关系。而且，对于结果的发生时点，也不是完全不允许进行抽象化。最高裁判所平成 13 年（2001 年）7 月 19 日判决认为，"不当地提早收受了本来有权收受的承包款的，要成立诈骗罪，提早的支付期必须达到，与不使用欺骗手段所获得的承包款的支付，在社会一般观念上可称之为另外的支付的程度"，[1] 这种做法就是，在社会一般观念上属于同一支付的范围内，将支付时间予以抽象化。在可谓之"即使没有被告人的欺骗，反正也会实施社会一般观念上的同一支付"的场合，就可理解为，欺骗与支付之间不具有条件关系。由此可见，尤其是在针对财产的犯罪中，对于从法益的要保护性这一角度来看并不重要的时间上的差别，也可以予以舍弃（抽象化）。[2]*

---

[1] 最判平成 13 年 7 月 19 日刑集 55 卷 5 号 371 页。

[2] 结果的抽象化，在具有缩小能认定具有条件关系的范围这种效果的同时，如同后述〔案例 12〕的"大阪南港案"（最决平成 2 年 11 月 20 日刑集 44 卷 8 号 837 页）那样，也会带来扩大能认定具有相当因果关系的范围的结果。不过，在条件关系与相当因果关系中，结果的抽象化标准是否相同，仍需要进一步探讨。

* 大阪南港案：被害人因被告人的暴力而被打昏在地，在被害人昏迷期间，第三人再次施加暴力而致其死亡。在该案中，第一暴力（被告人的暴力）已造成被害人颅内出血，已经形成致命伤，第二暴力（第三人的暴力）也许因加剧了颅内出血而稍微提前了被害人的死亡时期（但这只是一种假定，事实上，判决书中也并未认定该事实）。对此，最高裁判所平成 2 年（1990 年）11 月 20 日决定判定，"在罪犯的暴力已造成属于被害人死因的伤害之时，即便其后第三者的暴力提早了被害人的死亡时间，仍可肯定罪犯的暴力与被害人的死亡之间存在因果关系，因此，原判判定本案构成伤害致死罪是正确的"（最决平成 2 年 11 月 20 日刑集 44 卷 8 号 837 页）。——译者注

(二) 择一的竞合

1. 假定的消去公式的适用

对于假定的消去公式的有效性与适用方法，尤其容易引起争议的是，有关"择一的竞合"的案件。〔案例2〕X与Y在并无意思联络的情况下，分别向A的杯中投入致死量的毒药，A饮后死亡，但即便X或者Y之中的任何一人的毒药，也都会使A在同一时间以同样症状死亡。[1]对此，若适用假定的消去公式，对X而言，可以说，"即便X没有下毒，A也理应会因Y所投放的毒药，在同一时刻死亡"，对Y而言，也同样如此。因此，就会得出这样一个结论：无论是X的投毒还是Y的投毒，都与A的死亡结果之间不具有条件关系。[2]

2. 一揽子消去说

多数说认为，上述结论有悖法情感，主张在适用假定的消去公式之际，通过一揽子地消去X的行为与Y的行为，而对二者均肯定存在条件关系。*

---

[1] 在〔案例2〕中，重要的是X与Y的毒药都在致死量以上，不必正好是致死量，也不必X与Y的毒药等量。为此，若假定致死量是1，那么，就可能出现X与Y的毒量比例是10∶10或者1∶10等各种情形。而且，也不必假定X与Y均持有故意，也可进一步假定X、Y两人或者其中一人是过失或者无过失的情形。并且，行为人也不必是2人，因而也可设定，100人分别投放致死量的毒药的情形。包括〔案例2〕在内的所有"案例"，对于要解决的问题而言，都不过是含有多余信息在内的一个"特殊案例"而已（此外，不少情况下，我们自己也随意地对"案例"中被抽象化的部分进行补充，而形成某种印象）。因此，要从〔案例2〕推导出有关择一的竞合的一般情况的"具体的妥当性""处罚情感"，就会伴有被多余的信息所暗中"诱导"的危险。要从这种"诱导"中解脱出来，就要求对案例的非本质部分予以变数化，尽可能多地设想出服从于同一个法律处理原则的"案例"。

[2] 也有观点将择一的竞合定义为，无法判明究竟是X还是Y的毒药起了作用的，应基于诉讼法上的"疑罪从无"原则，否定存在条件关系。然而，这种观点始终针对的是事实的证明这一问题，而没有看到，择一的竞合是为了弄清实体法上的条件关系的内容而做的一种思考试验。

* 例如，大谷实认为，"①实施了即便单独实施也可杀害他人的行为，并且也实际发生了他人死亡的结果，却仅认定（二者分别）构成杀人未遂罪，这有悖常理；②（X或Y的行为）至少对结果的发生起到了一半的作用；③明明已经发生了实行行为所预定的结果，却不能就此追究实行为人的罪责，这并不合理；④与重叠的因果关系相比，明明实施了更为危险的行为，（其罪责）却仅限于未遂，二者之间并无均衡可言。因此，在实际处理之时，否定这种情况存在条件关系，这并不妥当"。大谷实进一步指出，"即便从理论上来考察，由于X的行为与Y的行为实际上已经相互竞合，因而也不应分别评价X、Y的行为，而应将二者一并排除。在本案中，如果一并排除二者便不会发生结果，并且，相互竞合的行为与结果之间存在事实上的关联，因而可以肯定作为'存在论之基础'的条件关系"。参见大谷實『刑法講義總論』（成文堂2009年）223頁。——译者注

按照这种"一揽子消去说",[1]在〔案例2〕中,可以说,"如果X与Y都没有投毒,A理应不会死亡",因而X与Y均与A的死亡结果之间存在条件关系。

但是,出于什么理由可以将相互独立的X、Y的行为一揽子地消去呢?《刑法》第60条规定,"二人以上共同实行犯罪的,都是正犯"。该条所蕴含的"部分行为全部责任"原则〔第十七章之四(二)〕,无非是指在通过意思联络等方式,相互施以因果影响的限度之内,可以将数人的行为一揽子地作为因果关系的起点。由此可见,"一揽子地消去"数人的行为,就应该意味着,在上述相互施以因果性影响的范围之内,将他人的行为也纳入行为人的行为之中,包含在自己的担责对象之内。然而,在相互间并无因果性影响的择一的竞合的案件中,理应没有就他人的行为被追责的理由。

而且,按照一揽子消去说,可以将什么范围之内的事实统括在一起呢?这一点也未必明确。即便是属于"条件关系的切断"的〔案例1〕,也可以说,"如果X的投毒行为与Y的枪击行为都没有的话,A理应不会死亡",那么,不仅是Y的枪击行为,X的投毒行为难道不也与A的死亡之间具有条件关系吗?对此疑问,也许可以这样回答:〔案例1〕中的X并没有引起A的死亡,因而不能成为一揽子消去的对象。但是,这种回答完全是"先有结论后找原因"的结论先行的做法。[2]要避免这种结论先行的做法,统括范围的限定标准就不可或缺,而一揽子消去说的理论本身并未内含这种标准。因此,总的来说,一揽子消去说不过是,事先选定感觉上想肯定存在条件关系的行为,并将这些行为"一揽子地"统括起来,由此使自己所希望的结论得以正当化。

3. 合法则的条件公式

有鉴于此,另一种观点("合法则的条件公式")便应运而生并日渐有力:放弃假定的消去公式,对于由行为至结果这一事实经过,能以科学法则

---

〔1〕参见大谷實『刑法講義総論』(成文堂2019年新版第5版)210頁;川端博『刑法総論講義』(成文堂2013年第3版)147頁;西原春夫『犯罪総論』(上卷·改訂版)(成文堂1993年)119頁;日高義博『刑法総論』(成文堂2015年)180頁;平野龍一『刑法総論Ⅰ』(有斐閣1972年)138頁;前田雅英『刑法総論講義』(東京大学出版会2019年第7版)133頁注1。

〔2〕参见山中敬一『刑法総論』(成文堂2015年第3版)268頁。

或者经验法则说明的，就认定具有条件关系。[1]按照这种"合法则的条件公式"，对〔案例2〕可解释为：X、Y各自的投毒行为与A的死亡之间的关系，可为因果法则所包摄，因而能认定具有条件关系。但是，能为抽象的法则所"可能包摄"，并不直接意味着，可将该行为与该结果现实地联系在一起。在并不清楚究竟是X还是Y的毒药实际发挥了作用的情况下，若该观点是仅凭致死量的毒药与死亡结果之间的法则符合性而肯定存在条件关系，则仍然有违"疑罪从无"原则。[2]

为此，又出现这样一种解释：对于行为与结果的具体联系，要求具有合法则性，在能够说X、Y各自的毒药对于A的死亡发挥了作用（起到了效果）的限度之内，就肯定具有条件关系。[3]在此场合，所谓"发挥了作用"，并不单指影响及于A的身体，而是指作用于A的"死亡"，因此，必须在某种意义上含有"引起了死亡"这一意思。然而，在择一的竞合的情形下，即便没有该行为也会发生同样的死亡结果，因而各个行为并不是结果的必要条件。那么，对结果而言，并非必要条件，却"引起（了结果）"，这究竟是什么意思呢？这样一来，对于应通过法则来解释的因果关系的实质内容本身，就值得追问。采取合法则的条件公式的论者认为，因果关系的实质内容是指"有A即有B"这种充分条件。不过，针对结果的充分条件，是指先行于结果的整个情况，而并非指属于担责对象的个别行为。对此，该说论者提出，只要是针对结果的"最小限度的整体条件中的一个必要条件"，就可认定具有条件关系，[4]但其内容未必明确，因而也难以消除这样一个疑问：最终不还是归结到"针对结果的必要条件"吗？从根本上说，问题在于，从条件关系的内容中除去"必要条件"时，为什么能将该结果归结于那些并不能左右结果是否发生的行为？

---

[1] 参见山中敬一『刑法総論』（成文堂2015年第3版）268頁；林陽一『刑法における因果関係理論』（成文堂2000年）72頁以下、242頁以下。

[2] 合法则的条件公式蕴含着这样的危险：通过强调具有普遍性质的"法则"，仅以投放了致死量的毒药这一行为所具有一般性危险，就认定存在条件关系。

[3] 择一的竞合的情形也经常被公式化地表述为，"X、Y双方的毒药发挥了作用（起到了效果）的场合"，但值得注意的是，"发挥了作用"、"起到了效果"这种表述之中，包含着已经"认定具有因果关系"这一语气，存在先行肯定因果关系这种结论先行之嫌。

[4] 参见山中敬一『刑法総論』（成文堂2015年第3版）270頁以下。

4. 逻辑的结合说

这样，对于择一的竞合的情形，也照样适用假定的消去公式，否定存在条件关系的观点，就自然而然地被提出。按照这种"逻辑的结合说（结果避免可能性说）"，[1]只有在可以说，放弃该行为就可以避免结果这种场合，才可以说，在左右了结果发生与否这一意义上，行为支配了结果。条件关系就正是这种支配关系。在没有这种支配关系的场合，即使禁止该行为也无助于防止结果发生，因此，比照防止法益侵害这一刑罚目的，以结果的发生为理由的处罚也不能被正当化。就〔案例2〕而言，即便X（Y）放弃投毒，也无法避免A死亡这一结果的发生，在与A的死亡的关系上，实际上完全做的是无用功，因此，不承担杀人既遂的罪责。

对此结论，批判意见指出，A实际上已经死亡，除了X与Y之外，不可能再有其他原因，可无论是X还是Y都与此结果不具有条件关系，这种结论是不可思议的。但是，难道不可以将择一的竞合视为因果关系的切断的极限情形即"相互同时切断"的案件吗？如果认为，在Y的毒药先于X的毒药起到了效果的场合，X的条件关系被Y的投毒行为所切断，那么，在X、Y二人的毒药起效时间慢慢接近直至在同一时刻发挥作用的场合，从X来看，其条件关系被Y的投毒行为所切断，反之，从Y来看，其条件关系又被X的投毒行为所切断。基于刑法的谦抑性观念，对于"同时"的处理，不能做不利于被告人的解释。在〔案例2〕中，A的生死并非为X的行为所左右，X的行为也没有提早其死亡，"因为X的缘故发生了结果"——不是在事实认定层面——就不能从逻辑上确定这一点，因而X应该止于未遂。反之，Y也是如此。可以说，这是"疑罪从无"的思想对实体法的影响。[2]例如，因发生地震，致死量的毒药从天花板落入A的杯中，这时X又将致死量的毒药投入A的杯中，或者先后顺序相反（与自然现象的竞合）；又如，A打算自杀，将致死量的毒药投入自己的杯中，这时X又将致死量的毒药投入A的杯中，或者先后顺序相反（与被害人行为的竞合）。在这些案件中，认为X的条件关系被另一条件所切断，这是很自然的想法，那么，仅就是否存在条件关系而言，

---

〔1〕 参见町野朔『犯罪論の展開Ⅰ』（有斐閣1989年）95頁以下；町野朔『犯罪総論』（信山社2019年）130頁以下。

〔2〕 参见吉岡一男『因果関係と刑事責任』（成文堂2006年）20頁。

上述这些案件与〔案例2〕之间,应该没有什么特别的不同。另外,想杀死打算去沙漠旅行的A,X将其水袋中的水换成了沙,对此毫不知情的Y也出于杀死A的意思,在A的水袋上挖了个小洞,打算让其中的水慢慢漏光,A在沙漠中想喝水时,水袋已空空如也,最终,A因没有水喝而渴死。在该案中,一方面,在Y挖洞的时点,"水袋"已成"沙袋",因而对A的死亡而言,Y挖洞的行为毫无意义;另一方面,在A想要喝水的时点,袋子已经空空如也,即便里面装的是水,也应该是早已滴水无存,因而X将水调包成沙的行为也属于"无效"行为。[1]

如上所述,对于〔案例2〕中的X、Y,"逻辑的结合说(结果避免可能性说)"否定存在条件关系。对此,批判意见还提出,其结论与下述案件之间存在处理上的不均衡:〔案例3〕X、Y在互不知情的情况下,分别向A的杯中投入二分之一致死量的毒药。在〔案例3〕中,可以说,"如果X没有投毒,由于杯中的毒药尚未达到致死量,A理应不会死亡",因而能肯定X的投毒行为与A的死亡之间存在条件关系。[2]可是,在〔案例2〕中,X的投毒量明明更大,却否定存在条件关系,这并不合理。但必须说,这种批判意见是通过让X、Y的药量发生联动,而掩盖了结论之所以不一的理由。在〔案例3〕中,之所以肯定X存在条件关系,其理由不在于,与〔案例2〕相比,X的药量更少,而只能在于,Y的药量更少,失去了单独情况下的致死力。[3]* 也就是说,在Y的毒药量低于致死量的场合,只要不是与X的毒量之和尚未达到致死量而不会发生死亡结果这种情形,无论X的毒药量是致死量的1/2还是10倍,都认定X存在条件关系;相反,在Y的毒药量超过致死量的场合,无论X的毒药量是致死量的1/2还是10倍,都否定X存在条件关

---

〔1〕参见吉冈一男『因果関係と刑事責任』(成文堂2006年)19頁。
〔2〕不过,若对Y的投毒行为不具有预见可能性,则存在否定X的投毒行为与A的死亡结果之间具有法律上的因果关系的可能性。
〔3〕参见山口厚『問題探求 刑法総論』(有斐阁1998年)10頁。
  * "对于择一的竞合的'毒药案例',批判意见提出,X、Y双方分别投入一半致死量的毒药的场合,可肯定具有条件关系,与此相比,在实施了投入致死量的毒药这种'性质更加恶劣的行为'的场合,却要否定存在条件关系,这并不合适。然而,在后一情形下,之所以否定条件关系,不是因为增加了毒药量,而是因为另外一方投入了致死量的毒药,因而此批判并不妥当。即便自己没有增加毒药量,如果另外一方增加了毒药量,就否定存在条件关系"[山口厚『問題探求 刑法総論』(有斐阁1998年)9-10頁]。——译者注

系。因此，X 的毒量的增减，与 X 是否存在条件关系无关。

由此可见，在择一的竞合的情形下，应该否定存在条件关系。"行为"意味着人对外界的支配，因而只有在外界的变化能为行为人所左右的限度之内，外界的变化作为"行为的产物"，才可以归属于行为。而在择一的竞合的情形下，结果不会因行为人之行为的有无而发生变化，因此，不能将结果归属于该行为。

(三) 假定的原因

在择一的竞合的情形下，存在现实的替代原因，不同于此，我们还可设想，存在假定的或者潜在的替代原因的情形。例如，〔案例4〕X 向 A 的杯中投下了致死量的毒药，正好 Y 也打算将致死量的毒药偷偷投入 A 的杯中，而正在暗中观察，看到 X 已经下毒，于是 Y 放弃了下毒。在该案中，按照假定的消去公式，可以说，"如果 X 不投毒，Y 也会投毒，A 也理应会在同一时刻以同样症状死亡"，因此，应否定 X 的行为与 A 的死亡之间存在条件关系。

相反，有力观点则主张，根据"禁止附加原则"——"在条件关系的判断中，不得仅仅拿掉属于判断对象的行为，而附加实际并未发生的假定性事项"，即便是能够设想存在"假定的原因"的案件，也可肯定具有条件关系。按照这种"禁止附加说"，[1]在〔案例4〕中，若不附加 Y 的投毒行为，就可以说，"如果 X 不投毒，A 理应不会死亡"，因此，能肯定存在条件关系。[2]但是，在假定的消去公式中，原本就是以假象世界作为问题，因而不能不考虑，在假定没有行为人的行为的场合，所能预想到的事态走向。例如，A 被毒蛇咬了之后，被送往医院，医师正要为其注射唯一的一支血清时，X 打破了装有血清的玻璃管，A 最终因没能注射血清而死亡。在该案中，就不能不以"如果 X 没有打破装有血清的玻璃管，医师就会给 A 注射血清，因此，A 也理应不会死"这种形式，通过附加医师的假定的行为，来判断条件

---

[1] 参见大谷實『刑法講義総論』（成文堂2019年新版第5版）208頁；佐伯仁志『刑法総論の考え方・楽しみ方』（有斐閣2013年）49頁；平野龍一『刑法総論Ⅰ』（有斐閣1972年）135頁。

[2] 有关择一的竞合的案件的"一揽子消去说"与有关假定的原因的案件的"禁止附加说"，实质上是相同的。在择一的竞合的案件中，由于替代原因是现实的存在（已经被现实化），因而采取一揽子地"去掉"这种做法；在假定的原因的案件中，由于那种原因还不是现实的存在（尚未被现实化），因而不过是采取"不附加"这种做法。例如，在〔案例4〕中，"不附加 Y 的行为"，与"将 Y（将来）的行为与 X 的行为一同去掉"，实际上是一个意思。

关系。

对此，有观点虽原则上允许"附加"假定的事项，但主张从规范的视角，将可以附加的替代原因限于"合法的行为"或者"法所期待的行为"。[1]按照这种观点，诸如〔案例4〕中Y的投毒行为那样，第三者的违法行为属于从法的立场来看"不得实施的行为"，即便是在条件关系的判断中，也应被设定为"未被实施的行为"。诚然，刑法在禁止行为人（X）的行为的同时，也禁止第三者（Y）的行为，在该第三者（Y）将违法行为实施完毕之前，这种禁止都应该得到贯彻。但是，刑法的禁止是作用于行为人意思的东西，它指向的是行为人个人，那么，对行为人（X）而言，不能为自己的意思所左右的第三者（Y）的行为，就属于与自然现象并无不同的"外部环境"，因此，不管违法还是合法，作为条件关系的判断前提，都应该将其"附加"进来。[2][3]

（四）合义务的态度的替代*

上述"假定的原因"，作为有关行为人行为的一定假设的归结，是所预测到的事态的推移，与假设法中的"结论"有关。相反，对于属于问责对象的行为人行为，到底应该做什么样的假设，这也是一个问题。可以说，这一问题与假设法中的"条件"的设定有关。通说观点认为，正如"无A则无B"所表现的那样，对作为犯而言，应该假设单纯的不作为（什么也不做），而对于不作为犯而言，就应该假设构成作为义务内容的作为。与此相反，也有少数说认为，即便是作为犯，也不应该假设单纯的不作为，而是应该假设义务遵守行为，或者属于被允许的危险的范围之内的行为。[2]〔案例5〕行为人X

---

[1] 主张限于"合法的行为"的观点，参见林幹人『刑法総論』（東京大学出版会2008年第2版）117頁；主张限于"法所期待的行为"（包括无过失的违法行为）的观点，参见町野朔『犯罪総論』（信山社2019年）134頁。

[2] 相反，能为自己的意思所左右的本人的或者其他共犯的违法行为，即便事实上能够预想到，也不允许"附加"进来。

[3] 择一的竞合的案件与假定的原因的案件原本是具有连续性的。例如，X驾驶的汽车轧死了睡在马路上的醉汉A，但即便X不轧死A，A也会被紧跟其后（相隔20米左右）行驶的Y的汽车在同一时刻以同样方式轧死。在该案中，被Y"轧死"仍然是一种假定，但Y的"紧跟其后行驶"则已经现实化。

* 又被译为"合义务的替代行为"。参见［日］西田典之：《日本刑法总论》（第2版），王昭武、刘明祥译，法律出版社2013年版，第81页。——译者注

[2] 参见林幹人『刑法総論』（東京大学出版会2008年第2版）119頁以下。

驾驶平板拖车在保持75厘米间距的情况下，超越A的自行车，结果将A卷入车底致其死亡，但由于A当时已经酩酊大醉，即便X遵守《道路交通法》的规定，保持150厘米的规定间距超车，也会发生同样的结果。* 在该案中，按照通说观点，可以说，"如果X不超车，A就不会死亡"，因而应肯定存在条件关系；相反，按照少数说的观点，"即便X保持150厘米的间距超车，A也会被轧死"，因而应否定条件关系。但是，只要X有可能放弃超车，因超车而致A死亡这一结果，对X而言，就属于有实际避免可能的结果，也可以说是X的超车行为的"产物"，因此，难道不应该肯定存在条件关系吗？在此意义上，对于作为犯，还是应该假设单纯的不作为。不过，在即便是被允许的危险的范围之内的行为也仍然会发生同样结果的场合，考虑到与这种被允许的行为之间的均衡，认为行为人不可罚，也许有其合理性。** 关于这一点，有别于构成条件关系之内容的事实上的结果避免可能性，还应该另外探讨这样一个问题：作为客观归属的要件，要求存在规范的结果避免可能性［本章之三（五）、第十四章之四（三）］。

三、法律上的因果关系

（一）条件说、中断论、原因说

"无行为即无结果"这一条件关系，意味着行为是结果发生的必要条件之

---

* 该案是源自德国的一个判例，德国最高法院判定不存在因果关系。参见堀内捷三·町野朔·西田典之编『判例によるドイツ刑法：総論』（良書普及会1987年）10頁以下。——译者注

** 对于违反《道路交通法》上的缓行义务而进入交叉路口的驾车人，最高裁判所平成15年（2003年）1月24日判决认为，即便减速至时速10千米～15千米，也存在无法避免与左边车道开来的汽车相撞的可能性，并以此为理由，宣判被告人无罪（参见最判平成15年1月24日判时1806号157頁）。该案的大致案情为：被告人于1999年8月28日子夜0时30分左右，作为业务行为，驾驶出租车途经广岛市的某路口向前直行，因该路口视线不好，行为人负有注意左右来车减速通过这种业务上的注意义务，但行为人怠于此注意义务，漫不经心地以时速30千米～40千米的速度通过路口，致出租车左后部与从左方开来的车辆的前部相撞，并与路边护栏相撞，结果造成出租车上的乘客一人重伤一人死亡。对此，一审、二审均判定被告人成立业务过失致死伤罪。另外，还有一个与此类似的案件，即所谓"后视镜事件"：被告人在禁止掉头之处掉头，且掉头时未认真观察后视镜，当时，被害人驾驶二轮摩托时以100公里以上的时速猛冲过来，最终被卷入车下而死亡。对此，福冈高等裁判所认为，"即便被告人在掉头时通过后视镜确认了安全情况，但也不能观察到以100公里以上的时速猛冲过来的被害人，因此，被告人并未观察后视镜这一过失行为与被害人被卷入车下轧死这一结果之间并无相当因果关系"，进而判定无罪（参见冈高那霸支判昭和61年2月6日判时1184号158頁）。——译者注

一。"条件说"（等价说）将结果发生的这些必要条件，均视为等价值的条件，仅凭条件关系的存在即肯定刑法上的因果关系。但是，实际案件中存在无数结果发生的必要条件，这样会导致条件关系的认定范围没有边际，缺少限定。例如，〔案例6〕意图让雷劈死A，X力劝A去森林，A也实际因雷击而死，在此情形下，"若X不劝A去森林，A就不会死"。又如，〔案例7〕X出于杀人犯意用刀刺向A，因没刺中要害而仅致A受伤，在救护车将A送往医院的途中，遭遇交通事故，A因内脏破裂而死；或者，〔案例7'〕A被送到医院之后，因Y向医院放火引起的火灾而被烧死。在此类情形下，也可以说，"如果X不刺伤A，A就不会死"。按照条件说的观点，在上述三个案例中，X都可以构成杀人罪既遂。这种条件关系的无限定性，即使采取合法则的条件公式，也不会有什么改变。

对此，"中断论"以条件说为前提，主张在介入了他人的行为或者自然现象之时，因果关系即被中断。但中断事由的范围未必明确，将"他人的故意行为"确定为统一的中断事由，又存在标准过于僵硬的问题。另外，"原因说"主张，在针对结果的条件中，只有最有力条件或者最终条件才是刑法上的原因。但问题在于，何谓最有力条件，只能靠感觉来决定；仅以最终条件为原因，其归责范围又过窄。

（二）相当因果关系说、危险的现实化说

有鉴于此，"相当因果关系说"应运而生，并占据通说地位。该说主张，从统计学或者概率论的角度来看，由该行为引起该结果可谓之为"经验法则上的通常现象"的场合，即可认定具有刑法上的因果关系。中断论与原因说都是力图通过个别列举介入事由、因果起点的属性，来限定因果关系，相反，相当因果关系说关注的是，行为与结果之间的一般关系。具体而言，在〔案例6〕中，受劝说而去森林的人因雷击而死，这种情况较为罕见，不能谓之为经验法则上的通常现象，因而不能认定行为与结果之间具有相当性，进而应否定刑法上的因果关系（相当因果关系）；〔案例7〕也是如此，因被刺伤而最终发生因交通事故而死亡的结果，这也不能谓之为经验法则上的通常现象，因而应否定存在相当因果关系。

从划定广义的"行为"的时空界限的角度来看，可以说，相当因果关系说的这种基本构想是妥当的。与行为之间没有条件关系的结果，由于在事实上、物理上都不可能避免，因而不能归属于行为；虽然具有条件关系，但缺少经验法则上的通常性的结果，也不能归属于行为，属于人基于经验性知识而向外界施加作用之过程的广义的行为。而且，即便是作为对构成要件的解释，杀人罪中的"杀死他人"这种结果犯的构成要件，也一般被理解为，意味着行为与结果之间存在经验法则上有可能被一般化的关系。并且，从一般预防的角度来看，也可以说，即使不将经验法则上的预测可能性范围之外所发生的结果作为处罚对象，也鲜有诱发模仿犯、降低人们的法益尊重意识之虞。[1]

在〔案例6〕中，劝说他人去森林，不仅与实际发生的"因雷击而死"之间缺少相当性，而且也与"被滚石砸死""被毒蛇咬死"等其他所有可能想到的"死亡"之间缺少相当性。针对前者即"实际发生的具体结果"（因雷击而死）的相当性，称之为"狭义的相当性"；针对后者即"构成要件的一般结果"（人的死亡）的相当性，称之为"广义的相当性"。所谓广义的相当性，是指从该行为到法益侵害结果（一般意义上的人的死亡），作为经验法则上的通常现象，是能够预测到的。其意思正在于，该行为本身具有发生法益侵害结果的危险性。为此，可以说，广义的相当性为行为的实行行为性奠定基础。另外，狭义的相当性，是指从该行为到该案中的具体结果，属于经验法则上的预想范围之内的情况（要肯定广义的相当性，设想了各种有可能直至结果发生的进路，具体就该案而言，直至发生该案中的具体结果的进路，是包含在这种有可能的进路之中的进路之一）。[2]其意思正在于，该行为有引起已经实际发生的这一结果的危险（该行为所包含的危险实现于这一结果）。因此，相当因果关系也可以表现为，"由实行行为所创造的危险被现实化为该结果"。[3]例如，在〔案例6〕中，劝说他人去森林的行为，由于不具有针对

---

[1] 从一般预防的角度为相当因果关系的必要性提供根据的观点，参见林幹人『刑法総論』（東京大学出版会2008年第2版）128-129頁；町野朔『犯罪総論』（信山社2019年）140頁；山口厚『問題探求　刑法総論』（有斐閣1998年）26頁以下。相反，主张从（被洗练的）报应的角度来提供根据的观点，参见西田典之（橋爪隆補訂）『刑法総論』（弘文堂2019年第3版）112頁；山口厚・井田良・佐伯仁志『理論刑法学の最前線I』（岩波書店2001年）10-11頁〔佐伯仁志〕。

[2] 相当因果关系的判断，是将实际发生的因果进程包摄在，从实行行为所能够预测到的因果进程之中的工作。参见曽根威彦・松原芳博編『重点課題　刑法総論』（成文堂2008年）25頁以下〔杉本一敏〕。

[3] 参见林幹人『刑法総論』（東京大学出版会2008年第2版）131頁以下；内田幸隆・杉本一敏『刑法総論』（有斐閣2019年）47頁〔杉本一敏〕；安田拓人「実行行為と因果関係」『法学教室』487号（2021年）91頁以下。

（一般意义上的）人的死亡的经验法则上的通常性（广义的相当性），不属于具有致人死亡的危险性的"实行行为"（不能认定创造了危险），因此，不仅不成立杀人既遂，也不成立杀人未遂。相反，在〔案例7〕中，用刀刺杀他人的行为，对于实际发生的、由交通事故所引起的死亡，并不具有相当性（狭义的相当性）（所预测的因果变化中并不包含由交通事故引起的死亡），但对于诸如因动脉损伤流血而死等某种形式的人的死亡，则具有相当性（广义的相当性、实行行为性），因此，虽否定成立杀人既遂，但应成立杀人未遂。[1]换言之，刀刺他人的行为，虽创造了引起"人的死亡"这一结果的危险，但并未创造出"由交通事故所引起的死亡"（X的行为不包含"由交通事故所引起的死亡"的危险），因此，不能说，该案中的A的死亡（由交通事故引起的死亡）属于X的行为的危险的现实化，X的罪责应止于杀人未遂。

近年，有力观点主张，应直接根据能否说实行行为的危险被现实化于该结果来判断法律上的因果关系。[2]近年的判例也被评价为，基本上是依据这种公式来进行判断，尤其是针对过失犯，有判例明确使用了"危险的现实化"这种表述。[3][4]*这种立场作为"危险的现实化说"，有时候被放在与相当

---

[1] 所谓"实行行为"，是指具备（作为单独正犯的）作为结果归属之起点的资格的行为。要成立未遂犯，除了必须存在实行行为之外，还以法益侵害的紧迫性这一意义上的未遂结果为必要〔第十五章之二（二）〕，但在通常的案件中，只要存在实行行为，也能认定存在法益侵害的紧迫性。

[2] 参见井田良『講義刑法学·総論』（有斐閣2018年第2版）135頁以下；橋爪隆『刑法総論の悩みどころ』（有斐閣2020年）5頁以下；前田雅英『刑法総論講義』（東京大学出版会2019年第7版）139頁以下；山口厚『刑法総論』（有斐閣2016年第3版）60-61頁。

[3] 参见最决平成22年10月26日刑集64卷7号1019頁（"日航'危险接近'案"）；最决平成24年2月8日刑集66卷4号200頁（"三菱自工卡车轮胎脱落案"）。

[4] 日航"危险接近"案的大致案情如下：由于两架飞机之间的间距接近，作为空中管制官的被告人原本应指示处于巡航状态的958航班降低高度（下降），却错误地向正在上升之中的907航班发出了降低高度（下降）的指示，其结果是，907航班的机长原本应该服从机上的防止碰撞装置发出的提升高度（上升）的指示，却服从被告人的指示降低了高度，为此造成两架飞机异常接近，907航班机长为了避免碰撞，实施了非常猛烈的下降操作，造成几名乘客负轻重伤。由于机长继续实施下降操作很大程度上是因为受到了被告人的下降指示的影响，因此，最高裁判所平成22年（2010年）10月26日决定判定，"本案危险接近，属于将本案的错误的下降指令危险性予以现实化的情形，应该说，该指令与危险接近之间存在因果关系"。

* 所谓"危险接近"（near miss），是指飞机之间未保持适当间距而异常接近，处于有发展至空中相撞之危险的状态。有时候，为了避免空中相撞，飞机需要做出急速的躲避动作，但这会造成乘客死伤。美国联邦航空局（FAA）将危险接近定义为半径150米、高度间距60米以内的接近。——译者注

因果关系说——在设定一定的判断基础的基础上，根据结果发生在经验法则上是否能谓为具有通常性（经验法则上的通常性公式）来判断法律上的因果关系——相对立的位置上，但如上所述，两种观点在内容上并不对立，应该将其视为，不过是止于判断形式的不同。因此，应该允许根据案件类型的不同，分别使用这两种判断形式。[1][2]

（三）行为当时的特殊情况

对于因行为当时的隐蔽的特殊情况（特别是被害人的特殊因素）的竞合而发生了结果的情形，判例一直肯定存在因果关系。例如，〔案例8〕X 脚踢 A 的左眼，致其受伤，预计需要 10 天左右就会痊愈，但 A 患有脑梅毒，最终因脑组织被破坏而死亡。对于此案，最高裁判所昭和 25 年（1950 年）3 月 31 日判决（脑梅毒案）认为，"即便被告人在行为当时不知道或者无法预测该特殊情况之存在，其行为与该特殊情况结合而导致了致死结果之时，仍然能够认定该行为与结果之间存在因果关系"，进而判定 X 成立伤害致死罪。[3][4]* 基于这

---

[1] 我们可以这样理解：经验法则上的通常性公式（特别是判断基础论）主要设想的是行为当时存在特殊情况的案件，而危险的现实化公式主要设想的则是行为之后有介入因素的案件。为此，有学者主张，将行为之后异常因素介入的情形置于危险的现实化说的射程，将行为当时存在特殊情况的情形置于相当因果关系说的射程，从而谋求两者的分栖共存。参见小林憲太郎『刑法総論の理論と実務』（判例時報社 2018 年）148 頁以下。

[2] 危险的现实化公式似乎是为了形象地反映物理上的作用力，给人一种具体的、明确的印象，但仅凭这一点尚不具有足以诱导出结论的具体性。而且，作为该公式之辅助工具的"作用""诱导"〔本章之四（三）〕这种概念，一方面，能够通过表现该案件内部的各种情况的质上的意义，而做出适于个案特性的细微的判断，但另一方面，却伴有因其存在细微差别的丰富含义而引起情绪性诱导的危险。另外，经验法则上的通常性公式一方面由于使用了预见可能性、经验法则上的通常性这种量的概念，因而有可能对案件进行价值中立的描写，但另一方面却容易看漏个案的特性，尤其是存在忽视对因果进程的具体行进过程的探讨之嫌。

[3] 参见最判昭和 25 年 3 月 31 日刑集 4 卷 3 号 469 頁。

[4] 另外，对于因危重的心脏疾病的竞合而引起死亡结果的案件，也有最高裁判所判例肯定存在因果关系。参见最判昭和 46 年 6 月 17 日刑集 25 卷 4 号 567 頁（"老妪捂被案"）。

* "老妪捂被案"的大致案情为：行为人实施了用被子捂住被害人这种轻微的暴力，正常情况下，该暴力不会致人死亡，但由于被害人患有严重的心脏病，最终因急性心力衰竭而死亡；而且，被害人患有心脏病这一点，对一般人而言，几乎是不可能认识到的情况。对于该案，最高裁判所昭和 46 年（1971 年）6 月 17 日判决判定，行为人的暴力行为与被害人的死亡结果之间存在因果关系。——译者注

种结论，学界有力观点认为判例采取的是条件说。[1]

另外，在学界，在追问具体结果发生的经验法则上的通常性这种传统的相当因果关系的判断形式（经验法则上的通常性公式）之下，以何种情况（判断基础）为前提来判断相当性（经验法则上的通常性）就成为问题。对此，存在三种观点之间的对立：①主观的相当因果关系说认为，应以行为人已经认识到的情况及其能够认识到的情况为前提（主观说）；[2]②折中的相当因果关系说认为，应以一般人有可能认识到的情况以及行为人本人已特别认识到的情况为前提（折中说）；[3][4]③客观的相当因果关系说*认为，应以行为当时存在的所有情况，以及客观上有可能预见的行为之后的情况为前提（客观说）。[5]按照主观说，只要X不知道A的疾病，这种疾病就应该从前提情况中排除出去。这样的话，对（健康的）人施以暴力，致其10天左右就会痊愈的伤害，通常难以想象会由此致人死亡，因此，应否定X的行为与

---

[1] 不过，对于主张判例采取的是条件说这种理解，是存在质疑的余地的。包括指出这一点在内，对"二战"前判例的分析，参见大関龍一「刑法上の因果関係論に関する戦前日本の学説と大審院判例（1）（2・完）」『早稲田法学』95 巻 2 号（2020 年）197 頁以下、95 巻 4 号（2020 年）159 頁以下。

[2] 参见宫本英脩『刑法大綱』（弘文堂 1935 年）63-64 頁。另有观点从对因果进程的有意识的控制的角度有意向采取主观说，但主张从一般人的视角对此予以修正，参见辰井聡子『因果関係論』（有斐閣 2006 年）113 頁以下。

[3] 参见大塚仁『刑法概説　総論』（有斐閣 2008 年第 4 版）228 頁以下；大谷實『刑法講義総論』（成文堂 2019 年新版第 5 版）205 頁；佐久間修『刑法総論』（成文堂 2009 年）100 頁；団藤重光『刑法綱要総論』（創文社 1990 年第 3 版）177 頁；日高義博『刑法総論』（成文堂 2015 年）168 頁。

[4] 也有学者虽采取折中说，但考虑到不能让存在特殊因素者承担过大的风险，主张不问对特殊因素是否具有认识可能性，均肯定成立法律上的因果关系。参见山口厚・井田良・佐伯仁志『理論刑法学の最前線 I』（岩波書店 2001 年）25 頁以下［佐伯仁志］；大関龍一「被害者の素因の競合と危険の現実化（2・完）」『早稲田法学』96 巻 3 号（2021 年）58 頁以下。对这种观点持批判态度者，参见小林憲太郎『刑法的帰責』（弘文堂 2007 年）184 頁以下。

* 客观的相当因果关系说的目标在于，脱离行为人的认识，从纯客观的立场来把握因果关系，也就是，立足于裁判的时点站在裁判官的立场上，以以下两点作为判断相当性的基础，属于一种事后判断：①行为当时存在的所有客观情况；②在行为之后所发生的事情中，一般人在行为当时有可能预见的情况。参见大谷实：《刑法講義総論》，成文堂 2009 年版，第 218 页。——译者注

[5] 参见浅田和茂『刑法総論』（成文堂 2019 年第 2 版）136 頁；内藤謙『刑法講義総論（上）』（有斐閣 1983 年）276 頁；平野龍一『刑法総論 I』（有斐閣 1972 年）142 頁；曽根威彦『刑法原論』（成文堂 2016 年）140 頁以下。

死亡这一结果具有相当因果关系，故仅成立伤害罪；按照折中说，A 的疾病对一般人而言无从知晓，因而只要 X 对此疾病也不知情，就应否定与死亡结果具有相当因果关系；相反，按照客观说，会将行为当时已经客观存在的 A 的疾病包含在相当性判断的前提事实之内，对脑梅毒患者施以暴力完全有可能致其死亡，因此，应肯定与死亡结果之间具有相当因果关系，可认定成立伤害致死罪。

其中，主观说已失去支持，对该说的批判主要在于：在将行为人本人所无法认识到的事实全部从判断基础中排除出去这一点上，会使得因果关系的认定范围过窄；将因果关系与责任混为一谈。折中说也受到质疑：因果关系原本意味着"原因——结果的关系"，其为何要为行为人的认识所左右呢？尤其是，例如，X 知道 A 的病情，唆使不知情的 Y 殴打 A，在此情形下，明明 Y 的殴打行为与 A 的死亡之间没有因果关系，却跳过这一点，反而认定 X 与 A 的死亡之间具有因果关系；还有，知道 A 的病情的 X 与不知情的 Y 共同对 A 施以暴力的情形下，同一个暴力行为，就 X 而言，与 A 的死亡之间具有因果关系，而就 Y 而言，却不具有因果关系。因而，折中说被批判为，违反了"因果关系"这一概念本身。

不过，研究相当因果关系（或者法律上的因果关系）的目的在于，划定刑法上的结果的归属范围，因而是否符合"因果关系"这一用语的通常含义，这并不具有决定性意义。事实上，问题在于，该说主张应考虑行为人的主观，这在刑法理论上有何根据？对此，该说也做出了回应。其一，有观点从将构成要件理解为违法有责类型的角度，认为相当因果关系中的行为人认识属于将责任予以类型化的要素。[1] 这种说明是由一般人的认识可能性来划定违法的范围，由行为人本人的认识来划定责任的范围。但是，按照折中的相当因果关系说，例如，在〔案例 8〕中，若行为人特别知道了一般人无从知晓的 A 的病情，在仅以一般人的认识可能性无法肯定因果关系之时，行为人的认识就被用于扩大处罚范围，但责任原本应以违法为前提，不能超出违法的范围。其二，在规范违反说看来，行为规范的内容与一般人的认识可能性均依存于行为人的认识，因而在判断相当因果关系时应考虑行为人主观。[2] 但是，除

---

〔1〕 参见团藤重光『刑法綱要総論』（創文社 1990 年第 3 版）177 頁。
〔2〕 参见井田良『講義刑法学・総論』（有斐閣 2018 年第 2 版）134 頁。

了对规范违反说本身存疑（第六章之一、二）之外，这种观点将属于行为之后的事态进展的因果关系范围与行为规范违反性直接联系在一起，对于这一点也是存在疑问的。

如果刑法上的因果关系属于划定由评价规范进行违法评价的对象（第六章之二）的东西，那么，原则上应支持客观的相当因果关系说。不过，如果完全以行为当时的所有情况作为判断基础，那么，其后的事态进展就都是必然的，只要能认定存在条件关系，就不难肯定相当因果关系。因此，站在相当因果关系是以人的认识能力的极限为前提这种概率论的角度，在行为当时，即便是具有最高认识能力的人也无法认识的情况，就应该被排除在外，而应该从科学的角度，以认识可能的情况为基础。[1]

而且，一般认为，在以伤害致死罪为代表的结果加重犯中，基于责任主义的视角，应该要求对加重结果存在过失［第三章之三（八）4］，过失的内容以针对结果的预见可能性为必要。为此，在客观说看来，在〔案例 8〕中，尽管能认定针对 A 的死亡的因果关系，但对于无法认识到 A 患有脑梅毒的 X，就不能认定其对于 A 的死亡结果存在预见可能性，因此，应否定 X 成立伤害致死罪。折中说的意图在于，通过将这种过失判断纳入因果关系论之内，以免出现结果加重犯中的那种过于严酷的结论。可以说，这种试图从构成要件的违法有责类型性来为折中说提供根据的解释也显示，折中的相当因果关系的实质性内容就正在于"过失"。但不得不说，用于划定广义的行为之边界的因果关系，与作为责任非难之基础的过失，发挥着不同性质的机能。

不过，也有观点认为，在追问实行行为之危险是否被现实化为结果这种危险的现实化公式中，不会产生上述判断基础的问题。但是，在使用该公式的场合，诸如〔案例 8〕那样，在行为当时存在隐藏的引起结果发生的因素的场合，能否认定实行行为的危险，就取决于是否将这种隐藏的因素包括在判断基础之中，因而有关判断基础的讨论不会变得不需要。[2]只是因为判例采取的立场是，只要是有关行为当时的情况就不限定判断基础，因而判例才

---

〔1〕 参见林幹人『刑法総論』（東京大学出版会 2008 年第 2 版）136 頁；平野龍一『犯罪論の諸問題（上）総論』（有斐閣 1981 年）41 頁。
〔2〕 参见井田良『講義刑法学・総論』（有斐閣 2018 年第 2 版）144-145 頁；佐伯仁志『刑法総論の考え方・楽しみ方』（有斐閣 2013 年）77-78 頁；橋爪隆『刑法総論の悩みどころ』（有斐閣 2020 年）15 頁。

没有谈及判断基础论。在危险的现实化公式中，判断基础论被定位于，是围绕实行行为之危险的判断材料的范围的讨论。

（四）行为之后的介入因素

1. 介入因素的功能

采取经验法则上的通常性公式的论者，无论是折中说还是客观说，一直以来的做法是，在行为之后介入了自然现象或者他人的行为的场合，只要该介入因素是有可能预见的，就将此介入因素纳入判断基础，在此基础上，探讨实际结果以及因果进程是否具有相当性。按照这种观点，对〔案例7'〕就可作如下解释：在医院遭遇火灾属于不可能预见的介入因素，应将其排除出判断基础，那么，其结果就是，应否定X的行为与A的烧死之间存在经验法则上的通常性。

不过，在介入因素中，由于在引起结果的过程中的功能不同，存在应不同处理的两种类型：①作为与实行行为并列，属于结果发生的条件之一而加以考虑的因素（非从属的介入因素、真正的介入因素）（如图1）；②作为从实行行为到结果的因果进程中的一个环节而加以考虑的因素（从属的介入因素、中间结果）（如图2）。

图1　　　　　　　　　图2

在非从属性介入因素中，实行行为与该因素之间是否存在法律上的因果关系并不重要，作为与实行行为一同属于结果发生的必要条件之一，考虑的完全是对该因素的预见可能性。〔案例9〕X将烂醉者A横卧在铁路的道口，让列车轧死了A。诸如〔案例9〕中的列车经过、〔案例6〕中的打雷、〔案例7'〕中的Y的放火行为，都属于与行为人的行为之间不存在因果关系，只能作为非从属的介入因素加以考虑的情况。即便是与行为人的实行行为之间存在条件关系的情况，作为与实行行为并列属于结果发生的条件之一而加以考虑的因素，也作为非从属性的介入因素，应当考虑的是，是否存在预见可能性。

有关非从属的介入因素的预见可能性,首先,是作为实行行为的危险性(广义的相当性)的前提加以考虑的。在〔案例6〕中,由于对打雷没有预见可能性,对于劝说 A 去森林的行为,就不能认定创造了危险(广义的相当性)。相反,在〔案例9〕中,列车通过是能够预见的,因而能认定 X 的行为创造了危险(广义的相当性)。其次,在能够肯定创造了危险(广义的相当性)的场合,有关非从属的介入因素的预见可能性,是作为危险的现实化(狭义的相当性)的前提加以考虑的。在〔案例7'〕中,尽管刀刺他人的行为由于包含着致人死亡的危险,能够肯定创造了危险(广义的相当性),但由于 Y 的放火行为(或者医院的火灾)是不可能预见的,因此,就会得出 A 被烧死不包含在所设想的因果变化之中这一结论,进而否定危险的现实化。将非从属的介入因素加入判断基础之中,就意味着,作为危险创造以及危险实现的前提,将该因素纳入考虑之中。

另外,在从属的介入因素的场合,由于这种因素是通过实行行为因果性地引起而将实行行为与结果联系在一起,因而仅仅具有预见可能性是不够的,还以实行行为与该介入因素之间存在因果性联系为必要。例如,〔案例10〕在夜间潜水训练中,由于教练 X 不经意地离开学员 A 等人,而没有注意到他们的去向,再加上助教 Y 的不恰当的指示,致使 A 想要从大海中游回岸边时,因氧气用完而溺水身亡(夜间潜水训练案)。[1]在该案中,A 在大海中移动这种不适当的行为,正是由 X 的不经意的行为所引起的 A 的死亡原因,这不过是从 X 的行为发展至 A 的死亡这种危险进展中的一个场景而已。对于从属的介入因素,也存在预见可能性的问题,但这种预见可能性是以实行行为与该介入因素之间存在条件关系为前提,认定两者之间存在经验法则上的通常性或者危险的现实化的关系。亦即,这种预见可能性意味着两者之间的法律上的因果关系的存在本身,而非划定作为相当性判断之前提的判断基础。从属的介入因素正是法律上的因果关系的判断对象,将这种因素纳入作为判断前提的判断基础之中,就会引起一种判断上的循环。[2]

2. 非从属的介入因素与预见可能性

〔案例11〕X 驾车过失撞飞路人 A,A 碰巧落在 X 的汽车车顶,X 在对此

---

[1] 参见最决平成 4 年 12 月 17 日刑集 46 卷 9 号 683 页。
[2] 参见松原芳博「相当因果关系的现状与展望」『现代刑事法』26 号(2001 年)68 页以下。

毫不知情的情况下继续行驶，但坐在副驾驶位置的 Y 察觉后将 A 倒拽下来，使其摔倒在路上，最终造成 A 死亡，不过，无法查明作为引起 A 死亡的原因的跌打，究竟是因起初的撞车而起，还是由后面的倒拽所引起（美军肇事逃逸案）。对此，最高裁判所昭和 42 年（1967 年）10 月 24 日决定认为（在论及 X 的罪责时，根据"疑罪从无"原则，假定 A 的死因在于，由 Y 的倒拽行为所引起的跌打）："同乘人 Y 从正在行驶的汽车车顶将 A 倒拽下来，使 A 摔倒在柏油马路上，这在经验法则上通常难以预想到……根本不能说，X 的上述过失行为引发被害人的前述死亡，这在我们的经验法则上是当然能够预想到的"，从而判定 X 构成业务过失致伤罪（依据当时的法律规定）。[1] 此前的判例一直被认为采取的是条件说，本决定作为采取了相当因果关系说的判例而受到关注。

然而，最高裁判所昭和 42 年（1967 年）10 月 24 日决定的原判决（二审判决）虽同样立足于相当因果关系说，却认为"由 X 驾车碰撞所引起的上述冲击，会招致 A 的死亡，这在经验法则上当然可以预想到"，进而判定 X 的行为与 A 的死亡之间具有相当因果关系。最高裁判所的决定与原判决的差异，源于可否对结果与因果进程进行抽象化及其程度。可以说，原判决是将结果抽象至"A 的死亡"，从而作出了由该碰撞引起"A 的死亡"属于经验法则上的通常现象这一判断。但是，将结果抽象至被构成要件所类型化的"死亡"的程度，其结果就是，只要有条件关系与广义的相当性（实行行为性），即便没有狭义的相当性，也可肯定刑法上的因果关系，从而湮没了要求具有相当因果关系的本来旨趣。例如，X 将 A 从山崖上推下，在跌落过程中，A 被 Y 枪击身亡，对此就可以说，"如果 X 不推 A，A 就不会被枪击身亡"，再加上"从山崖跌落会产生死亡结果，这属于经验法则上的通常现象"，以此为理由，就能肯定 X 成立杀人既遂。[2] 这显然是有疑问的。

另外，〔案例 12〕X 对 A 实施暴力，致其处于意识不清的状态后，将其扔在建筑材料堆场，其后，Y 再对 A 实施暴力，扩大了由起初的暴力所引起的脑出血的范围，稍微提早了死亡时间（大阪南港案）。对于此案，最高裁判所平成 2 年（1990 年）11 月 20 日决定认为："在罪犯的暴力已造成属于被害

---

[1] 参见最决昭和 42 年 10 月 24 日刑集 21 卷 8 号 116 页（"美军肇事逃逸案"）。
[2] 参见平野龍一『犯罪論の諸問題（上）総論』（有斐閣 1981 年）42 页。

人死因的伤害之时,即便其后第三者的暴力提早了被害人的死亡时间,仍可肯定罪犯的暴力与被害人的死亡之间存在因果关系",进而判定 X 成立伤害致死罪。[1]反之,如果采取经验法则的通常性公式,Y 的暴力属于在 X 的行为时点不可能预见的介入因素,应当将其从相当性的判断基础中排除出去,而且,若完全地、具体地把握结果的发生时刻与样态,对于实际发生的"提早的死亡",排除 Y 的暴力就难以做出解释,因而会否定存在相当因果关系。[2]

出于对该结论的疑问,"相当因果关系说的危机"[3]*这种说法"甚嚣尘上",危险的现实化公式成为有力观点。不过,该公式并非可以由其本身直接导出特定结论的"封闭的标准",而是还需要由根据具体案情所进行的具体探讨来加以补充的"开放的标准"。[2]为此,在适用该公式之际,就要求通过对案件的类型化以及将需要考虑的事项提取出来并予以定义等,确定下位标准,并做到判断过程的可视化。作为其尝试,学界主要提出了下述两种观点。一种观点是,主张应综合考量实行行为的危险性的大小、介入因素的异常性的大小、实行行为以及介入因素对结果的贡献的大小,[3]来判断因果关

---

[1] 参见最决平成 2 年 11 月 20 日刑集 44 卷 8 号 837 页("大阪南港案")。
[2] 对本案否定存在相当因果关系的观点,参见浅田和茂『刑法総論』(成文堂 2019 年第 2 版)150 页。
[3] 参见井田良「因果関係の『相当性』に関する一考察」井田良『犯罪論の現在と目的的行為論』(成文堂 1995 年)79 页。本决定被认为是产生"危机"的契机,作为本决定的最高裁判所调查官解说,参见大谷直人「判解」『最高裁判所判例解説 刑事編』(平成 2 年度、法曹会)232 页以下。

* 在有关"大阪南港事件"的最高裁判所决定出来后,由于最高裁判所的调查官在解说该决定时指出,"在此情形下,相当性说如何来处理介入情况的异常性,这一点并不明确。以因果进程的通常性为标准的相当性说,与以行为对结果的贡献大小为中心来具体探究二者之间的联系的司法实务的做法并不相同",相当因果关系说的危机这一说法由此提出,学界也开始进一步摸索。其中,前田雅英教授与曾根威彦教授尤其看重判例所强调的"贡献大小",前田教授由此提出了后述标准。——译者注

[2] 对于作为判例理论的"危险的实现",有观点将其评价为,不过是"无论追求任何结论都必须以此为基础的'思考方法''框架'",或者"用于讨论的'共通'的平台"而已[参见松原芳博编『刑法の判例 総論』(成文堂 2011 年)5 页(杉本一敏)]。另见安田拓人「実行行為と因果関係」『法学教室』487 号(2021 年)92 页。

[3] 不过,正如将烂醉者横卧在铁道路口的行为的危险,被火车碾轧的危险占先(被优先考虑)所体现的那样,实行行为的危险与介入因素的危险不是彼此独立存在的,比较这两个危险性的做法,很大程度上依赖于一种感觉上的形象。

系。[1]另一种观点是，将危险的现实化的样态分为，①实行行为对结果发生具有决定性影响的场合（直接实现型）、②虽然是由介入因素引起了结果，但引起介入因素的危险性内在于实行行为之中的场合（间接实现型），在此基础上，主张"间接实现型"以对介入因素的预见可能性为前提，而"直接实现型"则不以此为前提。[2][3] 按照前一种观点，在〔案例11〕中，异常性很大的Y的行为对于A的死亡的贡献是决定性的，因而能否定X的行为的危险的现实化；相反，在〔案例12〕中，对于A的死亡，X的贡献处于压倒性优势，Y的贡献很小，因而能评价为，X的行为的危险被现实化于结果。按照后一种观点，〔案例11〕设想的是由Y的行为形成了死因，应归类于"间接实现型"，因而，只要对Y的行为不存在预见可能性，就应否定X的行为的危险的现实化；相反，〔案例12〕是由X的行为形成了死因，应归类于"直接实现型"，因而，不管对Y的行为有无预见可能性，都能认定X的行为的危险的现实化。

不过，如果对结果或者因果进程进行某种程度的抽象化，对于〔案例12〕中的X，从经验法则上的通常性公式也能肯定存在相当因果关系。如前所述，在条件关系的判断中，也可能存在结果的抽象化的余地〔本章之二（一）〕，并且，相当因果关系考虑的是行为与结果之间的一般性的、类型性的关系，因而可以说，一定程度的抽象化是内在于相当因果关系说之中的。尽管难以整齐划一地确定结果的抽象化的限度，但对于死因[4]的同一性[5]的范围之内的若干结果的发生时点予以抽象化，这应该是被允许的。那样的话，即便将Y的暴力作为不可能预见的介入因素排除在判断基础之外，对此仍然有可能做出解释，即X最初的暴力也会引起A大致在那个时刻死亡，这

---

[1] 参见前田雅英『刑法総論講義』（東京大学出版会2019年第7版）140頁以下。
[2] 参见山口厚『刑法総論』（有斐閣2016年第3版）61頁；橋爪隆『刑法総論の悩みどころ』（有斐閣2020年）10頁以下。
[3] 除此之外，另有观点主张，在①行为设定着直接地、物理地被现实化于结果的危险的场合，②被害人因行为而被置于特别脆弱的状态之下的场合，③行为诱发了介入因素的场合，就能认定危险的现实化。参见小林憲太郎『刑法総論』（新世社2020年第2版）59頁以下。
[4] 有观点将死因的形成本身视为杀人罪等的结果，参见高山加奈子「死因と因果関係」『成城法学』63号（2000年）179頁以下。
[5] 然而，"死因"依具体化程度也是可变的，而且，这并不适于像损坏器物罪那样，以"死亡"之外的东西作为结果的犯罪，因而作为抽象化的界限标准并不是决定性的。

属于经验法则上的通常现象,因此,能肯定存在相当因果关系。[1]

3. 不作为以及救助的因果进程的切断行为的介入

例如,因 X 等人的行为,A 的左后颈被刺伤,造成动脉受损并大量流血,经过急救手术之后,伤情原本已趋于稳定,但由于 A 本人情绪失控,自行拔掉打点滴的针管,结果造成伤情急剧恶化而死亡。对于此案,最高裁判所平成 16 年(2004 年)2 月 17 日决定认为:"因 X 等人的行为使 A 受到的上述伤害,其本身属于能够造成死亡结果的损伤,如果在 A 的死亡结果发生之前的那段时间,像上述情况那样,即便介入了因被害人不听从医生的指示,没有努力静养,因而没有取得治疗效果这种情况,由 X 等人的暴力所造成的伤害与 A 的死亡之间也存在因果关系"。[2]的确,本案中的 A 的死因是由 X 等人所造成的,因而,如果按照危险的现实化公式中的上述类型论,就可以将本案作为"直接实现型",无需考虑 A 的介入行为的异常性,而似乎能够肯定法律上的因果关系。但是,如果绝对化地看待死因的形成,在介入了诸如被害人拒绝接受救治,或者医生的治疗懈怠等不作为,以及诸如第三者的妨害治疗等切断救助的因果进程的行为的场合,最终结果就是,即便这些介入因素极其异常,也完全不影响对法律上的因果关系的认定。既然对于不作为也能认定因果关系,在因不可能预见的不作为以及切断救助的因果进程的切断行为,发生了原本能够避免的结果的场合,就应该承认还存在这样的余地:以这种不作为或者切断行为决定性地支配了结果的发生为理由,否定法律上的因果关系。

4. 从属的介入因素(中间结果)与实行行为之间的因果性关联

对于〔案例 10〕,最高裁判所平成 4 年(1992 年)12 月 17 日决定认为:X 的疏忽行为,"具有不难引起 A 在大海中用完氧气,且无法采取适当措施的情况下,溺水身亡这一结果的危险性。虽然不能否定,在没有看到 X 之后,Y 以及 A 也存在有欠适当的行为,但那都是由 X 的上述行为所诱发,无碍于肯

---

[1] 需要作为问题予以考虑的"介入因素",并不是存在于从实行行为到结果这一时间过程中的所有情况,而仅仅是其中的结果发生的必要情况。例如,A 因 X 的暴力而倒在地上失去意识,第三者 Y 替 A 化妆,在此情形下,Y 的行为就并非"介入因素",即便不可能预见 Y 的这种行为,仍然不能由此否定 X 的行为与 A 的死亡之间的相当因果关系。同样,在〔案例 12〕中,如果 Y 的行为没有提早 A 的死亡,Y 的行为也并非"介入因素"。并且,即便 Y 的行为提早了 A 的死亡,如果那种时间上的差异并没有什么实质性意义,属于在相当性的判断上可以忽略不计的程度的,对此也可理解为,Y 的行为并非法律意义上的"介入因素"。

[2] 最决平成 16 年 2 月 17 日刑集 58 卷 2 号 169 页("拔管案")。

定 X 的行为与 A 的死亡之间的因果关系",进而判定 X 成立业务过失致死罪。[1]但如果将这里的"诱发"的含义简单地理解为"由行为人的行为所引起",则无异于回到了等价说。在该案中,Y 以及 A 的不当行为正是由行为人的实行行为所引起的"中间结果",是相当性判断本身的判断对象,若这些不当行为对于结果的发生不可或缺,那么,如果不能说,从行为到中间结果属于经验法则上的通常现象,对于最终结果的发生,也就不能认定具有经验法则上的通常性。为此,对于最高裁判所平成 4 年(1992 年)12 月 17 日决定所说的"诱发",就应该理解为包含着这样的意思:行为人的实行行为与被害人等的不当行为之间存在类型性的、盖然性的关联。在采取危险的现实化公式的场合,也必须以实行行为内含着诱发被害人之不当行为的危险为前提。[2][3]

另外,〔案例 13〕对出现感冒症状的 A,柔道康复师 X 向其介绍了增加热度这种不恰当的治疗方法,A 接受了 X 的指示,结果使得病情恶化,因出现脱水症状而死亡。对此,最高裁判所昭和 63 年(1988 年)5 月 11 日决定认为,"被告人的行为本身具有恶化被害人的病情,进而不难引起死亡结果的危险性",从而判定 X 成立业务过失致死罪。[4]本案的实行行为(违反注意义务)是,X 对 A 做出了不恰当的指示,因此,认为该行为属于危险行为的理由就正在于,对于 A 听从 X 的指示实施不适当的行为,是有可能预见到的。乍一看,最高裁判所似乎是以"行为的危险说"即仅以广义的相当性来肯定刑法上的因果关系,但可以说,对 A 听从 X 的指示实施不适当的行为这一中间结果的预见可能性(即"经验法则上的通常性"),最高裁判所实际上予以了默认,并由此同时为广义的相当性(危险的创造)与狭义的相当性(危险的现实化)奠定基础。

作为加入了行为人、第三者、被害人的行为的案件,例如,〔案例 14〕平成 14 年(2002 年)1 月 12 日,被告人 X 在常盘高速公路上驾车之际,因对 A 的驾驶态度感到恼火,遂插到行进中的 A 的汽车之前,并减速、停车,

---

[1] 参见最决平成 4 年 12 月 17 日刑集 46 卷 9 号 683 页("夜间潜水训练案")。
[2] 也有观点认为,"诱发"的含义为,介入者的行为的任意性因行为人的行为而被减弱,其结果是,行为人支配着介入者的行为。参见辰井聪子『因果関係論』(有斐閣 2006 年)135 页以下。
[3] 在本书看来,"诱发"这一概念也可以作为区分从属性介入因素与非从属性介入因素的标准而发挥作用。
[4] 参见最决昭和 63 年 5 月 11 日刑集 42 卷 5 号 807 页("柔道康复师案")。

迫使A的汽车停在自己车辆的后面。X下车后，走到A的汽车附近，向A怒吼，"道歉！"，并且，向A的汽车的车钥匙伸手，还殴打了A的面部。在此期间，为了躲避A的汽车，B的车辆与C的车辆发生碰撞，两车均停在A的汽车的前面。随后，X自己开车离开，A由于没有看到车钥匙而四处寻找，还由于B的车辆与C的车辆挡在自己的车前，A走过去请B、C把路让开。就在这时，也就是在A停车大约二十几分钟之后（X驾车离开七、八分钟之后），D驾驶的车辆与A的汽车相撞，造成D本人以及D车上的其他人死伤的结果［高速公路停车案］。对此，最高裁判所平成16年（2004年）10月19日决定判定，"在天亮之前天色昏暗的高速公路超车道上，X不仅自己停车，还使得A车也一并停车，应该说，X的本案过失行为本身就存在引发与后续车辆相撞造成人身事故的重大危险。并且，在X的上述过失行为之后，A忘记自己将车钥匙放在裤子口袋而到处寻找，直至X的汽车离开本案现场持续七八分钟之久。本案事故正是因X将车辆持续停在危险的本案现场，以及其他人的多个行为介入其中而发生，可以说，这些都是由X的上述过失行为以及与此密切关联的一系列的暴力行为所诱发"，从而肯定X的过失行为与被害人等的死伤结果之间存在因果关系，（按照判决当时的法律）肯定X成立业务过失致死罪。[1]尽管本案判决结论能够得到支持，但对于论及不包含在过失行为之中的"一系列的暴力行为"而"诱发"A的行为的理论意义及其妥当与否，仍有进一步探讨的余地。[2]

---

[1] 参见最决平成16年10月19日刑集58卷7号645页（"高速公路停车案"）。
[2] 首先，作为介入了被害人的行为的案件，除了后述"逃入高速公路案"之外，最高裁判所（大审院）还对下述案件肯定存在因果关系：伤害案件的被害人因在伤口上涂"神水"而导致伤情恶化（参见大判大正12年7月14日刑集2卷658页［神水案］）；强制性交案件的被害人逃走之际，因跌倒而受伤（参见最决昭和46年9月22日刑集25卷6号769页）；被害人难以忍受暴力，打算逃跑，但跌入水池，因头部撞上裸露出来的岩石而死亡（参见最决昭和59年7月6日刑集38卷8号2793页）。其次，作为介入了第三人行为的案件，最高裁判所（大审院）对下述案件肯定存在因果关系：被害人因遭受被告人的暴力而受伤，需要经过2个月的治疗才能痊愈，但因接受了医生的不适当的治疗行为，一个月后死亡（参见大判大正12年5月26日刑集2卷458页）；被告人在驾车过程中，因失而撞上步行中的被害人，但被撞飞的被害人被对向来车轧死（参见最决昭和47年4月21日判时666号93页）。最后，作为介入了行为人行为的案件，尽管对"吸入沙尘案"（第十五章之［案例10］）肯定存在因果关系，但是，例如，X将A误认为是熊，向A开枪，致A重伤，X看到受伤后的A非常痛苦，想着让其死得轻松点，又开枪打死了A，对此，最高裁判所否定第一次开枪行为与A的死亡之间存在因果关系，判定X构成业务过失致伤罪与杀人罪的并合罪（数罪并罚）［参见最决昭和53年3月22日刑集32卷2号381页（"击熊案"）］。

（五）对因果关系的规范性限定（客观归属论）

上述经验法则上的通常性或者危险的现实化的判断，显然是无法通过数值来显示界限的，因而，只要以刑法上的归责的妥当与否作为问题，这种判断就不可能避免规范的性质。与之相反，试图更加自觉地以规范的标准来划定结果归属的范围的立场或者思考方法，称为"客观归属论"。[1]如果一定要对客观归属论予以公式化的话，可以说，其立场是，创造出构成要件所预定的不被允许的危险，该危险在构成要件的射程之内（规范的保护范围之内）被现实化为结果的场合，就肯定结果的归属。[2]不过，这种规范性考虑的内容涉及范围广泛，不属于"应该概括性地讨论是否采用"这样一种性质的东西。

首先，有观点主张，在介入了他人的自律的行为的场合，至少应该否定作为正犯的因果关系或者客观归属（溯及禁止论[3]）。这种观点认为，对于自律的人，法规范要求其不实施侵害法益的行为，因此，在与法益侵害结果之间，介入了他人的有责的故意行为的场合，该法益侵害结果就属于该介入行为人的答责领域，不能溯及地归属于该介入行为之前的行为；存在将自律行为背后的参与者作为共犯予以处罚的有关共犯的规定，作为对这种规定的反对解释，也包含着这样的意思：正犯构成要件的射程不及于自律行为的背后者。*既往的相当因果关系说也一般认为，在介入了他人的故意行为的场合，一般应否定相当性，其背后也许就正隐含着这种规范性思考。

但是，存在自律的行为就总是否定因果关系或者正犯性，这种想法过于"整齐划一"。例如，〔案例15〕恐怖分子Y要在某地放置炸弹，偶然听到此消息的X出于杀害A的意图，将A叫到该地，由于Y按照预定计划放置了炸

---

[1] 参见山中敬一『刑法総論』（成文堂2015年第3版）256頁以下；高橋則夫『刑法総論』（成文堂2018年第4版）132頁以下。作为详细研究客观归属论的专著，参见山中敬一『刑法における客観的帰属の理論』（成文堂1997年）。作为对该理论的概括性批判，参见曽根威彦『刑法における結果帰属の理論』（成文堂2012年）131頁以下；林陽一『刑法における因果関係理論』（成文堂2000年）137頁以下。另外，作为对该理论的探讨，参见松原芳博「客観的帰属論の系譜」『内田文昭先生米寿祝賀論文集・刑事法学の系譜』（信山社2022年）271頁以下。

[2] 因为这种判断形式，客观归属论也有可能被等视于危险的现实化公式。但是，不是因为这种判断形式，而是因为其考察方法具有规范的性质，客观归属论才被赋予了规范性的特征。

[3] 基于溯及禁止论展示有关正犯论、共犯论之概括性构想的观点，参见島田聡一郎『正犯・共犯論の基礎理論』（東京大学出版会2002年）。

* 也就是说，因为存在共犯规定，对于自律的行为人施加影响的，不可能构成正犯。——译者注

弹，结果 A 被炸死。在该案中，尽管存在 Y（X）的自律行为，显然，仍应认定 X（Y）成立杀人罪既遂。即便 Y 放置炸弹的时刻与 X 叫来 A 的时刻的先后顺序发生了改变，这一结论也不会因此而有所改变。"从共犯规定所作的反对解释"，* 即便适合行为人因果性地引起了第三者的法益侵害行为的"串联型"（他人的行为属于从属性介入因素的情形），但也不适合如〔案例15〕那样，行为人的行为与第三者的行为在因果性上相互独立的"并列型"（他人的介入行为属于非从属性介入因素的情形）。对于介入了被害人或者行为人本人的行为的案件，也处于"从共犯规定所作的反对解释"的射程之外，有必要另作考虑。

其次，有力观点认为，在过失犯中，即便遵守了注意义务，也仍然会发生同样结果的场合，由于缺少"义务违反关联"，应否定结果归属（义务违反关联论）。按照这种观点，在前述〔案例5〕中，即便 X 的超车行为与 A 的死亡之间存在条件关系，但既然按照符合注意义务的150厘米的间距超车也会发生同样的结果，由于不能说，该结果是 X 的义务违反行为的"产物"，因而不能归属于 X 的过失行为。

这种观点如果是将《道路交通法》等行政取缔规定等视于过失犯的实行行为（违反注意义务），则并不妥当；但如果其旨趣在于，在即便是被允许的危险的范围之内的行为也会发生同样的结果的场合，就不能谓为，过失犯的构成要件所预定的实行行为的危险已经实现于结果，那么，就有将其纳入结果归属的判断之中的余地［第十四章之四（三）］。

再次，也有观点否定不属于规范的保护目的的结果归属（规范的保护目的论）。例如，〔案例16〕夜晚，X 与 Y 在不开自行车车灯的情况下骑车并行，Y 撞上行人 A 致其受伤。在本案中，Y 成立过失致伤罪，这并无疑问，问题在于，X 是否也成立过失致伤罪？这是因为，X 本身也实施了夜间不开灯骑车这一违反注意义务的行为，再加上如果 X 开灯，借助其灯光的照射，Y 也本可以避免与 A 相撞，能认定 X 的违反注意义务的行为与结果之间存在条件关系，因而 X 似乎也应成立过失致伤罪。但是，按照规范的保护目的论，

---

* 所谓"从共犯规定所作的反对解释"，是指根据《刑法》第60、61、62条的共犯规定，对那些向自律行为人施加影响者，特别以"共犯"来处罚；反之，正因为是以"共犯"来处罚，就不能对这些向自律行为人施加影响者以"正犯"来处罚。——译者注

规定开灯义务的目的在于，防止自己的自行车与他人相撞，因此，Y 的自行车与 A 相撞这种结果不属于 X 的开灯义务的保护目的，不应将这种结果归属于 X 的义务违反行为。

对于有关"三菱自工卡车轮胎脱落案"的最高裁判所平成 24 年（2012 年）2 月 8 日决定，在这种文脉下，也能得到理解。在该案中，A 公司制造的卡车在行驶过程中，因轮轴破损导致左前轮脱落，结果造成行人死伤（"濑谷事故"）。当时怀疑是因安装在事故车辆上的轮轴（D 轮轴）强度不够，为此，未采取召回等改进措施的 A 公司的质量管理部门的相关负责人，就该事故被以业务过失致死罪进行起诉。原判决认为，即便该事故的原因不是因为 D 轮轴的缺陷，但只要采取了召回的措施，就切实地不会发生该事故，因此，能认定存在因果关系。相反，最高裁判所的该决定在认定该事故是因轮轴强度不够而引发的基础上，以该事故"可以被谓为，是两名被告人没有采取为实施召回等改进措施所必要的措施这种违反注意（义务的行为）的危险的现实化"为理由，肯定存在因果关系。并且，对于原判决，最高裁判所的决定还进一步指出："两名被告人被赋予的注意义务……终究是一种业务上的注意义务，应该防止起因于强度不够的 D 轮轴的车轮破损事故的再次发生。如果不能说 D 轮轴存在强度不足，不能认定本案濑谷事故是起因于 D 轮轴的强度不足，那么，就不能说，基于两名被告人之上述义务违反（的行为）的危险被现实化，因此，不能认定两名被告人的上述义务违反（行为）与本案濑谷事故之间存在因果关系。"〔1〕

就规范的保护目的论而言，如果该观点是将行政取缔规则上的目的等视于刑法规范的目的，这是不妥当的；但如果其旨趣在于，要认定结果归属，就要求该构成要件所预定的危险的现实化，那么，就有将其（行政取缔规则上的目的）纳入结果归属的判断之中的余地。例如，在"三菱自工卡车轮胎脱落案"中，如果因车辆使用者的保养不良而引起的损耗是轮轴断裂的原因，那么，起因于轮轴损耗的危险，就不是为相关人员应该采取召回等措施这种作为义务奠定基础的危险，因此，作为危险之现实化的死伤结果就不能归属于相关负责人员。

最后，还有观点主张，对于结果加重犯，为了将加重结果归属于行为人，

---

〔1〕 参见最决平成 24 年 2 月 8 日刑集 66 卷 4 号 200 页（"三菱自工卡车轮胎脱落案"）。

在典型地内在于基本犯的高度危险直接实现于结果这一意义上，以"直接性"为必要（直接性说）。[1]例如，〔案例17〕在公寓的某个房间内，X等人反复不停地对A实施暴力，趁邻居过来投诉之机，A来不及穿鞋仓皇逃出，约10分钟之后，慌不择路的A逃入距离公寓800米的高速公路，被过往汽车轧死（"逃入高速公路案"）。对此，最高裁判所平成15年（2003年）7月16日决定认为，A为了逃跑而进入高速公路，"作为逃离被告人等的暴力的方法，不能谓之为明显不自然、不相当"，从而肯定X等人的暴力与A的死亡之间存在因果关系，判定成立伤害致死罪。[2]该决定是通过否定A逃入高速公路这一介入因素的异常性，而肯定存在相当因果关系或者危险的现实化。对于该决定的疑问在于，难道不应该索性如一审判决那样，直接认为逃入高速公路"属于通常的预测可能性的范围之外"的行为，从而否定因果进程的相当性或者危险的现实化吗？[3]除此之外，还有这样的疑问：究竟能否将这种发生在逃跑过程中的死亡结果，也包含在伤害致死罪的构成要件的射程范围之内呢？如果认为特别从重处罚伤害致死罪的理由在于，典型地内含于暴力、伤害行为之中的死亡的高度危险的现实化，那么，对此就可理解为，该罪的构成要件所预定的结果应该是，将暴力、伤害所固有的针对身体的有形力的作用直接予以现实化的死亡结果，而不应包括由被害人的逃走行为所引起的结果（尤其是由被害人自己选择的危险的逃走手段所引起的结果）。[4]

近年发生的"东名高速公路'挑逗'驾驶案"也是类似的典型案例。该案的大致案情如下：2017年6月5日晚9时许，在东名高速公路的某服务区，X因停车方式不当而受到了A的指责，X对此感到愤怒。在高速公路上，X驾车从后面追上A的汽车（下称"A车"），A车由A的妻子B驾驶，一家四口乘坐在内。X以大约每小时100公里的车速超车，在A车的正前方突然变道，然后再减速逼近A车，这样这种行为连续实施了三次。另外，为了避

---

〔1〕参见丸山雅夫『結果的加重犯論』（成文堂1990年）230頁以下；内田浩『結果的加重犯の構造』（信山社2005年）101頁以下；榎本桃也『結果的加重犯論の再検討』（成文堂2011年）70頁以下，等等。
〔2〕参见最决平成15年7月16日刑集57卷7号950頁。
〔3〕还可对案情作点改变：假定行为人X具有杀人的故意，在公寓的某个房间内，X用刀砍向A，A为了逃避而奔出屋外，跑到离公寓800米的高速公路上，最终被过往车辆轧死。对于该案肯定成立杀人罪既遂，难道没有抵触吗？
〔4〕参见曾根威彦『刑法における結果帰属の理論』（成文堂2012年）130頁。

免与 X 的车辆（下称"X 车"）相撞，A 车被迫变道，X 又以大约每小时 63 公里的车速在 A 车的正前方突然变道，减速并停在超车道上，A 车也被迫停在 X 车的后方约 2.2 米的位置。当时，两车均处于马达发动状态，没有开双闪灯，而只是打开了尾灯。结果造成 A 车被大型卡车追尾，造成 A 等人死伤。对于该案，作为一审的横滨地方裁判所平成 30 年（2018 年）12 月 14 日判决（横滨地方裁判所官网）虽然认为，由于"近前方停车行为"不满足"可能产生重大交通危险的速度"这一要件，因而不属于危险驾驶致死伤罪的类型之一的妨害驾驶致死伤罪（《驾驶汽车致死伤行为处罚法》第 2 条第 4 项）的实行行为，但肯定先行行为即本案妨害驾驶行为与被害人的死伤结果之间存在因果关系，最终判定成立妨害驾驶致死伤罪。* 作为控诉审的东京高等裁判

---

* 对于本案，横滨地方裁判所基于以下理由，判定被告人 X 成立危险驾驶致死伤罪。本案的争论焦点在于，(1) 就 X 将车停在 A 车的近前方的行为（"近前方停车行为"），能否谓之为"以可能产生重大交通危险的速度驾驶汽车"？(2) X 的驾驶行为与 A 等人的死伤结果之间是否存在因果关系？首先，就第 (1) 点而言，《驾驶汽车致死伤行为处罚法》第 2 条第 4 项规定的"可能产生重大交通危险的速度"，是指在出于妨害通行的目的，明显接近特定的对方的场合下，一般能够被认定为，如果自己的车辆与对方相撞就会发生重大事故或者很难避免重大事故的速度，其下限速度是每小时 20 千米—30 千米。规定这种危险速度要件的旨趣在于，将本罪行为限于那些具有值得处以本罪之重刑这种程度的当罚性的行为，诸如以尚未达到足以引起重大交通危险的速度插进车前这种插入行为那样，将那些尚不能被谓为具有类型性地引发重大死伤结果之高度危险的驾驶行为排除在处罚对象之外。这样的话，"近前方停车行为"是停车行为，其时速为零，显然不能被认定为，属于一般性、类型性地会因撞车而引起重大事故的速度，或者一般性、类型性地很难避免因撞车而引起重大事故的速度。而且，按照《驾驶汽车致死伤行为处罚法》第 2 条第 4 项"以可能产生重大交通危险的速度驾驶汽车"这种表述，一般的理解是，作为驾驶汽车的行为，应该是让汽车处于行进状态的行为，因而要从中解读出连停车也包含在内这种意思，在文意解释上就过于勉强。并且，从要求满足危险速度要件的《驾驶汽车致死伤行为处罚法》的旨趣及其立法过程来看，也无法采取检察官的观点，将"停车行为"也包括在内。因此，X 的"近前方停车行为"不属于第 2 条第 4 项的实行行为。其次，就第 (2) 点而言，X 因在高速公路的中井服务区受到 A 的谴责而怀恨在心，一直想让 A 车停下，以发泄自己的不满，在这种一以贯之的意思之下，X 共计四次实施了妨害驾驶的行为，在第四次妨害行为之后，还继续减速让自己的车停下来，因此，可以说，该"近前方停车行为"是与前面四次妨害驾驶行为之间存在密切关联的行为。另一方面，应该说，针对 X 车短时间内的四次妨害驾驶行为，即便 A 车想变道逃离也无法逃离，而且，从 X 的第四次妨害行为之时的 X 车的插入与接近情况、减速情况以及当时的车流量来看，因为 X 的四次妨害驾驶行为，A 车只能选择停车。并且，也能够说，从两车的停车情况来看，由于 X 车停在 A 车的正前方，A 车很难避开 X 车而逃往前方，而只能是选择停车。而且，我们也能够认定，由于 X 的妨害驾驶行为，使得驾驶 A 车的 B 因恐惧与焦虑，已经处于难以进行冷静判断的状态。由此可见，A 车因为 X 的四次妨害驾驶行为而停在超车道上，并且，持续地停在超车道上，这种行为就不能被谓为不

所令和元年（2019年）12月6日判决虽然以诉讼程序违反法令为理由撤销了原判决，但支持了原判决肯定因果关系的结论。[1]但是，要成立该罪，以"以妨害人或者车辆的通行为目的，进入行驶中的汽车的近距离，明显接近其他通行中的人或者车辆，且以可能产生重大交通危险的速度驾驶汽车的行为"所包含的危险的现实化为必要，而且，该危险以"可能产生重大交通危险的速度"为要件，*因而，这种危险应该是，因与行为人的车辆发生冲撞或者接触而导致的危险，或者为了避免与行为人的车辆发生冲撞或者接触而瞬间实施的行为所伴有的危险，在受害车辆停车之后，因与后续车辆发生冲撞而引起的结果，就超过了该罪的构成要件的射程。[2]** ***

（接上页）自然、不相当。再者，在两车停车之后，X走近A车，对A实施了抓其前胸衣襟的暴力以及怒吼表达不满等行为，这也是基于X实施妨害驾驶行为当时便一以贯之的意思而实施的，因此，可以说，这也是与四次妨害驾驶行为之间存在密切关联的行为。进一步而言，本案现场是高速公路的超车道，尽管当时有照明设施，但考虑到当时是在夜间，而且，鉴于该高速公路有一定的车流量，A车的后续车辆很有可能会因为没能及时采取措施而导致撞车。根据上述事实，可以说，本案事故是由X的四次妨害驾驶行为以及与此密切相关的"近前方停车行为"、针对A等人的暴力等所诱发。这样的话，A等人的死伤结果，就不过是由X针对A车所实施的妨害驾驶行为本身所包含的引发事故之危险性的现实化，因而，能认定X的妨害驾驶行为与A等人的死伤结果之间存在因果关系。——译者注

[1] 参见東京高判令和元年12月6日判時2470号101頁。

*   《驾驶汽车致死伤行为处罚法》第2条【危险驾驶致死伤罪】：实施下述行为，因而致人伤害的，处15年以下惩役；致人死亡的，处1年以上有期惩役：（1）受酒精或者药物的影响，处于难以正常驾驶的状态，驾驶汽车的行为；（2）以难以控制行进的高速度驾驶汽车的行为；（3）无控制行进的技能而驾驶汽车的行为；（4）以妨害人或者车辆的通行为目的，进入行驶中的汽车的近距离前，明显接近其他通行中的人或者车辆，且以可能产生重大交通危险的速度驾驶汽车的行为；（5）故意无视红灯信号或者与之相当的信号，且以可能产生重大交通危险的速度驾驶汽车的行为；（6）在禁止通行的道路上行驶，且以可能产生重大交通危险的速度驾驶汽车的行为。——译者注

[2] 参见松原芳博「判批」『判例時報』2477号（2021年）109頁。

** 日本有关汽车交通事故的相关处罚规定大致如下：此前，对于汽车交通事故，一般是以业务过失致死伤罪（1968年之前，该罪的最高刑期为3年惩役，自1968年开始改为5年惩役）来处罚的。由于要求严惩性质恶劣的交通事故的舆论呼声日益高涨，2001年增设了危险驾驶致死伤罪（致被害人死亡的，最高刑期为15年惩役，自2004年开始提升至20年惩役）。危险驾驶致死伤罪特别加重处罚的是，由难以保持正常驾驶状态的酗酒驾驶行为，以及故意无视红灯信号的驾驶行为等法定的危险驾驶行为而造成他人死伤的情形。不过，由于该罪与业务过失致死伤罪之间法定刑差距很大，随后还出现了所谓"逃而受益"的现象。亦即，因饮酒而处于酗酒状态者又因危险驾驶而造成致人死伤的结果之后，一旦逃离现场，等酒醒之后再向警方自首，最终仅被处以刑罚相对较轻的业务过失致死伤罪与违反救护义务罪［《道路交通法》第72条第1款前

另外,"基本犯固有的危险的现实化"与经验法则上的通常性或者一般意义上的危险的现实化处于什么关系呢?〔案例18〕X等人将A拘禁于轿车的后备箱内,在将轿车停在路上之时,Y因没有注视前方而驾车以60千米每小时的速度撞上该轿车,致A死亡。对此,最高裁判所平成18年(2006年)3月27日决定肯定X等人的拘禁行为与A的死亡之间存在因果关系,判定成立拘禁致死罪。[1]但是,与前述〔案例7〕中的救护车事故一样,在本案中,Y的撞车属于不可能预见的情况,对于只有介入了撞车行为才会发生的A的死亡这一结果,缺少认定相当因果关系所必须的、最低限度的经验法则上的通常性或者危险的创造。与此相反,也有观点主张通过下述理解而将判例结论正当化:典型地内在于拘禁罪之中的危险,还包括因移动场所受到限制而无法避免危难,由此所引起的危险,具体在该案中,正因为被拘禁在与车内相比更危险的后备箱内才遭遇了危难,因而可以说,实现了典型地内在于拘禁罪中的危险。[2]但是,应该认为,结果加重犯中的"直接性",是对所有结果犯所要求的相当性或者危险的现实化予以进一步限制的要件,而不是相当性或者危险的现实化的替代要件。

(接上页)段、第117条第2款]。为此,2007年又增设了驾驶汽车过失致死伤罪(最高刑期为7年惩役),对那些因驾驶汽车而过失致人死伤的情形,处以较业务过失致死伤罪更重的刑罚。2013年,因另外制定了《驾驶汽车致死伤行为处罚法》,危险驾驶致死伤罪与驾驶汽车过失致死伤罪被一并从《刑法》中删除,而分别被作为第2条、第5条,规定在《驾驶汽车致死伤行为处罚法》之中,驾驶汽车过失致死伤罪的罪名也被改为"过失驾驶致死伤罪"。另外,《驾驶汽车致死伤行为处罚法》除了扩大危险驾驶致死伤罪的范围(第3条【准危险驾驶致死伤罪】)之外,还增设了对下面两种情形予以从重处罚的规定:①因酗酒而引起事故者又实施一定行为,以试图逃避被发现酒精的影响(第4条【驾驶过失致死伤逃避发现酒精等影响罪】);②因无证驾驶而引起交通事故的情形(第6条)。——译者注

*** 如上所述,因一审审判前的程序存在问题,被二审撤销判决并发回重审。横滨地方裁判所从2022年1月开始进行重新审理,并于2022年6月6日下午作出了公开宣判。在此前的审理过程中,检察官主张,"被告反复实施'挑逗'驾驶行为,使得(被害人)不得不停车,从而使车辆发生碰撞,造成被害人死亡",进而提出18年惩役的量刑建议。对此,辩护律师主张,被告的车辆并没有实施"挑逗"驾驶,事故的原因在于后续卡车追急,从而主张无罪。对此,横滨地方裁判所认为,"因被告的'挑逗'驾驶行为,使得被害人失去冷静的判断,且使得被害人选择了在高速公路上停车的行为。可以说,卡车追尾造成的死伤事故是'挑逗'驾驶之危险性的现实化",最终判定成立危险驾驶致死伤罪,判处被告18年惩役。但被告不服判决,当日便向东京高等裁判所提起了控诉。——译者注

〔1〕 参见最决平成18年3月27日刑集60卷3号382页("后备箱监禁案")。
〔2〕 参见井田良「判批」西田典之・山口厚・佐伯仁志编《刑法判例百选Ⅰ》(有斐阁2008年第6版)31页。

第五章　不作为犯

一、不作为的行为性

不仅是用刀刺杀他人这种"作为"可以实现犯罪，〔案例1〕母亲X看到自己的小孩A落入水池不予救助，这种"不作为"也可以实现犯罪。即便X实施了在一旁抽烟旁观的行为，但比照法益保护这一刑法目的，不是"抽烟"这一作为，而是"不救助A"这种不作为被认定为问责的对象行为。

诚然，不作为并未对存在于外界的客体（对象）施以物理性的作用。如果认为"无中不能生有"，对于不作为，就会认为其不可能存在因果性。若果真如此，不作为不仅不能构成结果犯，也不能称之为，属于作为对外界变化施加影响的人的态度的"行为"。但是，所谓不作为，并非"什么也不做"，而是"不实施所期待的特定的作为"，也就是说，若实施所期待的作为，原本是可以避免结果发生的。例如，在〔案例1〕中，可以说，"如果X实施了救助，A本不会溺水身亡"，因而能认定X的不救助与A的死亡之间存在条件关系。A之所以死亡，正是因为X没有实施救助。这样，对于不作为也可肯定因果性，同时也可肯定，以有可能对外界施加因果性这一意义上的"可能的因果性"为前提的行为性。因此，不作为属于"对刑法上重要的外界变化施加影响的、有可能避免的身体性的态度"的"行为"〔第三章之二（二）〕，处罚不作为并不直接违反行为主义。即便是不作为犯，其处罚根据也不在于行为人的思想或者意思，而在于起因于行为人之选择的外界所发生的事态。

不过，也不能说，所有的不作为都与作为在同等意义上"引起了结果"。例如，偶然路过的人看到他人的小孩溺水，即便不救助该小孩，与其说小孩溺水身亡是"由过往路人所引起"，难道不更应该理解为，这是"命运的产物"吗？相反，在〔案例1〕中，A的生命完全依存于母亲X，由X来救助A也是理所当然的事情，社会也正是基于这种假定而得以维系，因此，X的不救助就被评价为"引起了 A 的死亡"。由此可见，在不作为犯中，有必要通过作为义务或者保障人地位，来限定行为主体（本章之四）。[1]

二、作为与不作为

"行为"的特定，取决于与外界事态、他人的态度之间的关系。因此，究竟是作为还是不作为，均取决于与外界所发生的法益侵害或危险以及他人的态度之间的关系。也就是说，使法益状态恶化的身体的运动，是作为；不实施使法益状态好转的身体的运动的，是不作为。[2]

例如，[案例 2] X 驾车撞倒路人 A，致 A 重伤昏迷，为了救助 A 而将其抬到自己的车上，离开事故现场，但中途改变主意，在严寒的深夜，出于间接的杀人故意，将 A 扔在难以被人发现的地方，自行离去。此后，找寻 A 的人正好经过此地，A 遂得到救助。对此，浦和地方裁判所昭和 45 年（1970

---

[1] 要求对不作为犯中的行为主体进行限定，是直接从与作为之间的等视可能性这一视角推导出来的，但可以说，其背景在于，存在这样两种考虑：①处罚不作为，在通过强制国民实施一定的行动而要求其承担特别的负担的同时，也会剥夺国民实施其他行为的自由，因而，与处罚作为犯相比，对自由的限制程度更高；②由于缺少指向结果的自然的因果性（物理的引起力），因而，像作为犯那样，由因果性来对主体进行限制的机能就不会发挥作用［参见夏目征樹「不真正不作為犯における作為義務の『発生根拠』と『具体的内容』」『刑事法ジャーナル』46 号（2015 年）6 頁以下］。不过，例如，①与②之间的关系，①与②和作为义务的产生根据理论之间的具体关联等，尚有很多不明确的地方。可以说，下面两种观点也是从②中推导出对主体进行限定的必要性：一种观点是，将不作为区分为(1)不介入既存的因果进程的不作为（杀人罪的不真正不作为犯等）、(2)身体的存在具有作用力的不作为（不退出罪等），在(2)的情形下，不需要由作为义务来对主体进行限定［参见萩野貴史「作為犯と不作為犯の区別について」『獨協ロー・ジャーナル』7 号（2012 年）77 頁以下］；另一种观点是，不管有无身体的动与静，完全按照有无自然的因果性来区分作为与不作为，将上述(2)的情形归类于作为［参见齋藤彰子「作為正犯者の犯罪行為を阻止しなかった者の刑責」名古屋大学『法政論集』249 号（2013 年）252 頁以下］。

[2] "作为—不作为"这一组概念，除了像本书中那样，在①是否存在指向引起结果（或者法益侵害）的身体的运动这一意义上使用之外，还在②是否存在针对客体的作用，③是否存在外界状态的变化等意义上使用。在本书看来，很多时候，将"作为—不作为"当作个别行为的属性来讨论之时，是指第①种意思，而将其当作犯罪类型的属性来讨论时，则多指第③种意思。例如，一般认为，侵入住宅罪是作为犯，而不退出罪是不作为犯，如果认为，在向着建筑物内部移动的人行道上静止不动相当于侵入住宅罪，在向着建筑物外部移动的人行道上逆向行走相当于不退出罪，那么，就应该认为，这里的问题不是根据第①种意思的行为样态进行的区别，而是在第③种意思上，将下面两种犯罪予以对置：将身体与建筑物的位置关系的变化作为构成要件结果的犯罪、将身体与建筑物的位置关系的不变化作为构成要件结果的犯罪。

年）10月22日判决判定，X成立不作为的杀人罪未遂。[1]在该案中，存在继续驾车、将A遗弃在车外等"身体的运动"，但针对A的生命的危险，并未因这种身体的运动而被有意识地被提升，因而可以说，考虑到与A的生命之间的关系，是将不救助A这种不作为确定为问责的对象。与此相反，同样是在将交通事故的受害人送往医院的途中，改变主意遗弃不管，佐贺地方裁判所平成19年（2007年）2月28日判决则认为，"将需要医师紧急治疗的被害人放上车后带走，扔在夜间气温很低，通常情况下极难被发现、救出的杉树丛中，在这种不卫生的状况下置之不管自行离去"，被告人的这种行为是"会产生针对生命的新的重大危险的行为"，进而判定成立作为形式的杀人罪未遂。[2]该判决是将包括产生杀人故意之前的行为在内的"一系列的带离现场与置之不理"的行为认定为实行行为，从而认定引起了新的危险，但如果根据"行为与责任之同时存在原则"，以故意的产生时点之后的行为人的态度作为问责对象，就很难说，改变主意之后，继续驾车以及扔下被害人这种作为，有意识地提升了死亡危险。

不过，在作为与不作为处于一体化的场合中，也许存在将"属于一体的作为"认定为问责对象的余地。[案例3] X驾车过程中，已注意到了前面的路人A，出于杀人的犯意，未踩刹车而直接撞倒了A。在此情形下，在产生故意的时点，指向A的死亡的事态已经开始行进，X并未再实施引起新的危险的身体动作，也许就只能认定"不踩刹车"这一不作为。但是，若认为汽车是X的"延长的手足"，汽车的行驶引起了法益侵害的危险，那么，对此就有这样理解的可能：先前操作油门与方向盘的动作被一体化为"驾驶汽车"，本案是由该"驾驶汽车"所引起的作为犯。[3][4]

还有，[案例4] 溺水的A就要抓住救生圈之时，X拿走了救生圈，在这种属于"救助的因果进程的切断"的案件中，若事态就此推移，A原本不会

---

[1] 参见浦和地判昭和45年10月22日高刑集24卷1号175頁。
[2] 参见佐贺地判平成19年2月28日LEX/DB28135252。
[3] 不过，即便构成"属于一体的作为犯"，也以行为人本有可能踩刹车这一作为可能性为必要。可以说，在作为心理可能性的期待可能性之前，作为物理的、身体的可能性，这是与行为性相关的要件。
[4] 松宫孝明教授认为，在现行法律体系下，限于对这种"准作为"，才有可能认定成立不真正不作为犯。参见松宫孝明『刑法総論講義』（成文堂2018年第5版補訂版）91頁。

被淹死，X 的拿走救生圈这一身体动作却提高了 A 死亡的危险，因而可认定属于作为形式的杀人行为；〔案例 4'〕即使是 X 本人为了实施救助而扔下救生圈，之后又改变主意而收回救生圈，在 A 将手伸向已被扔入水中的救生圈等情形下，若可称之为，属于事态已经脱离 X 的控制而正在指向避免法益侵害之时的收回（救生圈），那么，仍构成作为形式的杀人罪；〔案例 4"〕X 本人为了实施救助而扔下救生圈，在救生圈掉入水中之前，X 用拴在手上的绳索收回自己扔出的救生圈的，由于事态尚未脱离 X 的控制，指向法益救助的事态也尚未开始行进，因而应认定为，"没有救助 A"这种不作为。另外，〔案例 5〕在 X 切断了装在 A 身上的生命维持装置的电源的情形下，切断电源这一动作将事态朝着 A 死亡的方向予以了改变，因而属于作为形式的杀人。不过，若 X 是给 A 安装生命维持装置的医师本人，只要指向生命维持的活动尚未脱离 X 的控制，就可以将生命维持装置视为 X 的"延长的手足"，因而就存在，将从该装置的安装与操作到切断电源之整个过程，视为"没有救助 A"这种"属于一体的不作为"的余地。

三、不真正不作为犯与罪刑法定原则

以不作为形式实施的犯罪中，有"真正的不作为犯"与"不真正的不作为犯"这两种类型。前者是指，由于法律条文明示了作为义务的内容与主体，因而处罚不作为犯的旨趣非常明确的情形。[1] 不退去罪（第 130 条后段）、不保护罪（第 218 条后段）、不告知罪（《爆炸物取缔罚则》第 7、8 条）以及行政取缔法规中的各种不申报罪、不携带罪等就属于此类型。只要能肯定不作为的行为性，就不难处罚这种真正的不作为犯。[2]

相反，后者是指，以不作为的形式来该当于杀人罪（第 199 条）等没有明示作为义务的犯罪类型的情形。[3] 对于这种不真正不作为犯，存在这样一

---

[1] 参见西田典之·山口厚·佐伯仁志编『注釈刑法　第 1 卷　総論』（有斐閣 2010 年）281 頁［佐伯仁志］。

[2] 不过，对于不保护罪，还不能说"保护责任者"的范围清晰明确，因而，围绕该罪之主体，存在与不真正的不作为犯相同的争议。判例与通说将该罪的保护责任等视为不真正的不作为犯的作为义务，但对此有进一步提出异议的余地。

[3] 相反，有观点认为，通过刑罚来强制积极地拥护他人利益的情形是真正的不作为犯，作为禁止对他人利益的侵害之一环而处罚的情形是不真正的不作为犯。参见小林憲太郎『刑法総論』（新世社 2020 年第 2 版）66-67 頁。

个疑问：以规定"杀人"这一作为形式的构成要件来处罚"不救助"这一不作为，难道不属于罪刑法定原则所禁止的类推适用吗？而且，还有这样的批判意见：作为犯违反的是要求不实施一定行动的"禁止规范"，而不作为犯违反的是要求实施一定行动的"命令规范"，无法将二者包摄于同一个杀人罪的构成要件之内。的确，诸如违反限速罪等举动犯、抢劫罪等对行为样态存在限制的结果犯，对此大多理解为：从语言表述上看，条文预定的是，包括"属于一个整体的作为"在内的、以作为方式的实施，而应将不真正不作为犯排除在外。[1]与此相反，过失致死罪（第210条）中的"因过失而致人死亡"这一表述，可均等地包含作为与不作为。而且，从杀人罪等纯粹的结果犯的法律条文中，也可以看出，不问是作为还是不作为这种具体行为样态，它处罚的都是"引起了结果"。[2]只要承认不作为的因果性，即便是不作为，仍然能够满足此类犯罪类型。对于〔案例1〕，表述为"X对A见死不救（X坐视A的死亡）"，也并不违反一般的表述习惯。而且，要求构成要件与规范保持一致，这并无必然性，因而也完全有可能这样解释：杀人罪的构成要件包括违反禁止规范与违反命令规范。[3]

四、作为义务（保障人地位）

（一）体系性地位

不过，如上所述，并非所有人的不作为都可称之为与作为在同等意义上"引起了结果"，只有如〔案例1〕中的母亲那样，对法益保全负有特别责任，被赋予实施作为以防止结果发生的义务之人，才可能成立不真正的不作为犯。在犯罪论体系上，该"作为义务"曾被定位于违法性阶段。但是，连路人不救助他人的小孩的行为，也被认定具有杀人罪的构成要件该当性，这样会使

---

[1] 然而，对于属于举动犯的准备凶器集合罪（第208条之2第1款），广岛高等裁判所松江支部昭和39（1964年）年1月20日判决认为，"出于共同加害的目的而集合者，当知道有人已准备了凶器之时，只要未迅速脱离此集合体，就构成不真正不作为犯，成立本罪"（広島高松江支判昭和39年1月20日高刑集17巻1号47頁）。

[2] 在德国，有力观点将真正的不作为犯、不真正的不作为犯分别对应于举动犯、结果犯，将前者定义为"仅以不作为的态度就可成立的犯罪"，将后者定义为"因不作为而发生了结果的犯罪"〔イェシェック・ヴァイゲント（西原春夫監訳）『ドイツ刑法総論〔第5版〕』（成文堂1999年）473-474頁〕。

[3] 而且，条文并不等同于构成要件，从这一点来看，也有可能这样解释：一个条文中可能包含作为的构成要件与不作为的构成要件。

得构成要件明显丧失限定机能，还会丧失构成要件的违法推定机能。为此，现在的通说认为，处于保障法益的维持、存续之地位，负有防止结果发生之作为义务的人，属于"保障人"，只有具有"保障人"这一身份的人的不作为才该当于构成要件。"保障人地位"是"作为义务"的前提事实，在通常的文脉语境下，这两个概念是可互换使用的。然而，构成犯罪的事实才是故意的对象，因此，在〔案例1〕中，若误以为溺水者并非自己的小孩，这种对于保障人地位（为作为义务奠定基础的前提事实）的错误就属于事实的错误，阻却故意；反之，知道是自己的小孩，但误以为自己并无救助义务的，这种对于作为义务的错误则属于违法性的错误，不阻却故意。

（二）形式的三分说

一直以来的通说观点立足于"形式的三分说"，认为作为义务的产生根据在于法令、合同、事理（先行行为等）。[1]《民法》第820条规定的亲权人对自己小孩的监护义务、《道路交通法》第72条规定的救护义务等，就属于法令上的义务。但是，对于各个违反法律义务的行为，相关法律往往都规定了与之相对应的法律效果，这种违反并不能直接成为杀人罪等犯罪的成立根据。而且，一般认为，违反托管小孩的合同、雇佣合同等，会相应地产生损害赔偿等私法上的效果，并不会直接导致犯罪的成立。所谓基于先行行为的义务，是指自己创造出法益侵害危险的人，负有避免该危险的实现这种事理上的义务。[2]按照该观点，交通事故致路人重伤后，虽对死亡结果存在认识，却仍然驾车离开的，这种单纯肇事逃逸的犯罪人也会成立不作为的杀人罪。但是，这种结论会给人这样一种感觉：是通过事后故意将过失犯"升格"为故意犯。将先行行为当作作为义务的产生根据的论者要求行为人对先行行为存在过失，这就表明，想处罚那些基于先行行为的不作为犯这种感觉，是源于对先行行为本身的非难，但难以否认的是，这种情形下对不作为犯的处罚，实质上也内含着对先行行为的处罚的意思。

由此可见，仅凭"形式的三分说"提出的作为义务的产生根据，至少尚

---

〔1〕为了将不作为犯的成立范围予以明确化，有学者主张作为义务的统一根据在于，包括合同、事务管理在内的"法令"［参见高山佳奈子「不真正不作為犯」山口厚编『クローズアップ刑法総論』（成文堂2003年）67頁以下］。

〔2〕日高教授认为，由于不作为缺少指向结果的原因力，要认定不作为与作为具有等价值，先行行为——先于不作为，自己设定指向法益侵害的因果进程——不可或缺［参见日高義博『不真正不作為犯の理論』（慶應義塾大学出版会1983年第2版）152頁以下］。但是，想必无法通过先行行为的因果力来弥补属于个别行为的不作为的因果力的欠缺。

不足以为不作为犯的成立奠定基础。为此，"形式的三分说"的论者在违反作为义务之外，通过另外加上与作为犯的"等价性"这一独立要件，以力图限制处罚范围。[1]的确，要以与作为犯相同的构成要件来处罚不真正的不作为犯，不作为犯就必须在当罚性上等同于作为犯。之所以要求不作为犯存在特别的作为义务，正是为了以共同的构成要件来包摄作为犯与不作为犯。但是，"等价性"是针对行为人态度的一种概括性、整体性的评价，等同于直接拷问针对此态度的处罚情感，因此，不适于将其作为判断是否成立犯罪的"要件事由"。而且，从作为义务分离出来的"等价性"考虑的是"法益侵害的现实危险""积极的利用意思"。[2]就前者而言，作为犯也同样以此为必要；就后者而言，那是试图以"恶的动机"来弥补客观方面的当罚性的不足，因而考虑"积极的利用意思"与行为主义不符。原本来说，从正面直接要求与作为犯具有等价性，并以此为要件，这会突显作为犯与不作为犯的非对称性，[3]而且，还会增强这样一个疑问：对不真正不作为犯的处罚，这难道不是基于作为犯的构成要件的类推处罚吗？因此，应将"作为义务"本身予以具体化或者实质化，以便能恰如其分（无过亦无不及）地甄选出能与作为包摄于共同的构成要件之中的不作为，等价性就应该是其指导原理。[4][5]

---

[1] 参见大谷實『刑法講義総論』（成文堂2019年新版第5版）129頁；川端博『刑法総論講義』（成文堂2013年第3版）235頁；曽根威彦『刑法原論』（成文堂2016年）448頁以下；内藤謙『刑法講義総論（上）』（有斐閣1983年）234頁。

[2] 二战前的判例曾通过"利用已经发生的危险"特别地为放火罪的不作为犯的成立奠定基础（参见大判大正7年12月18日刑録24輯1558頁、大判昭和13年3月11日刑集17巻237頁）。支持这种态度者，参见藤木英雄『刑法講義総論』（弘文堂1975年）頁。不过，二战后，判例态度已经发展至，不要求这种利用意思（参见最判昭和33年9月9日刑集12巻13号2882頁）。

[3] 对于作为犯，就并未特别考虑与不作为犯的等价值性这一问题。不过，从仅对不作为犯提出了必须处于保障人地位这一要求中，就可看出这种不对称性。另外，平山干子提示了这样一种方向：让保障人地位成为作为与不作为的共同要件［参见平山幹子『不作為犯と正犯原理』（成文堂2005年）61頁以下］。

[4] 不承认等价性之独立地位的观点，参见佐伯仁志『刑法総論の考え方・楽しみ方』（有斐閣2013年）84頁；橋爪隆『刑法総論の悩みどころ』（有斐閣2020年）59頁；林幹人『刑法総論』（東京大学出版会2008年第2版）158頁。

[5] 荻野貴史指出，对于等价性，学界要求其具有的机能主要在于以下三点：①诈骗罪那样规定特定的行为样态的构成要件中，对行为样态的等价值性的确保；②在仅凭保障人的地位不足以对处罚进行限定的场合，对处罚的限定进行补全；③对不作为的杀人罪与保护责任者遗弃致死罪的区别、正犯与从犯的区别这种构成要件的特定。在此基础上，他进一步指出，仅限于第③点，才承认"等价性"要件具有存在意义。参见荻野貴史「不真正不作為犯における『特別な要件』の意義」『刑事法ジャーナル』46号（2015年）20頁以下。

(三) 实质说

追求作为义务之实质化的理论上的尝试，首先是"事实上的接收说"。[1]该说认为，结果的不发生具体地依存于不作为者，这是作为义务的根据，具体而言，存在①开始实施谋求法益的维持或存续的行为，②该行为的反复或继续，③具有对法益保护的排他性确保等三点之时，就应认定存在作为义务。的确，要谓之为不作为与作为在相同意义上"引起了结果"，法益的维持具体地依存于不作为者，这种状况是很重要的。但是，这种依存关系不限于，行为人自己已开始实施谋求法益维持的行为的情形。不过，按照该说的观点，如〔案例2〕那样，出于将交通事故的被害人送往医院的意思，将被害人放入车内的，产生作为义务；反之，起初就没有救助的意思而将被害人放入车内的，则不会产生作为义务。然而，即便是在后一情形下，仍然可以说，排除了第三者实施救助的可能性，将被害人的生死掌控在自己手中。不仅如此，按照该说，还会出现下述不合理的结果：母亲生下小孩后，置之不理什么也不做的，母亲不会成立杀人罪；反之，一旦给婴儿喂奶等开始照顾之后，置之不理的，反而要成立杀人罪。

为此，又有学者提出了"支配领域说"：不问有无救助意思，出于自己的意思，对到达结果的因果进程设定了排他性支配的人，以及诸如父母、监护人等那样基于身份性、社会性关系而处于被要求持续性地保护、监护之地位，排他性地支配着因果进程的人，就被认定具有作为义务。[2]另外还有学者提出了"创造危险·排他性支配说"，即一边基于因果性的支配这一视角，以对法益的排他性支配为必要，同时又基于"只要没有积极地侵害他人的利益，就不被处罚"这一自由主义的要求，还以行为人自己创造了危险为必要。[3]

(四) 探讨

首先，不作为形式的"不避免结果"要被称为，完全与作为在同等意义上"引起了结果"，必须是法益的存续实际依存于该不作为者。为此，不仅必须存在"支配"——在不作为者可左右到达法益侵害的进程这一意义上的

---

[1] 参见堀内捷三『不作為犯論』（青林书院新社 1978 年）249 页以下。

[2] 参见西田典之『共犯理論の展開』（成文堂 2010 年）178 页以下。

[3] 参见佐伯仁志『刑法総論の考え方・楽しみ方』（有斐閣 2013 年）89 页以下。

"支配",而且,还必须存在"排他性"——在法益的存续依存于不作为者这一特定的人这种"人为受到限制的支配关系"这一意义上的"排他性"。[1][2]支配领域说的主要倡导者对这种排他性支配进行严格解释,认为在诸如〔案例1〕那样的情形下,在另有很多可能施救者之时,就不能认定X具有排他性支配。[3]然而,在周边众人无意实施作为之时,这些人与"路边之石"并无不同,难道不可以肯定X具有排他性支配吗?而且,若周边众人相信X会救助A,因而不实施法益保全行为的场合,也可认定X具有排他性支配。[4][5]

其次,除了存在后述恒常性的保护、监护关系的情形之外,要将被赋予采取积极的法益保护措施的义务这种特别的负担予以正当化,就必须是不作为者自己有意识地设定了这种排他性支配。例如,自己完全不认识的幼儿被丢弃在自己家里者,以及在别无他人的山间湖泊中看到有人溺水的目击者。对他们而言,虽然在没有其他救助者这一意义上,具有排他性支配,然而,由于不是自己有意识地设定了这种排他性支配,因而不处于保障人地位。另外,按照"创造危险·排他性支配说",对于在荒无人烟的山中撞上他人致其重伤者,既能认定创造了危险,也能认定具有排他性支配,因而即便只是就此离开,也能成立不作为的杀人罪。然而,"创造危险"是否可以替代"有意识的接受",尚存疑问。

另外,不是处于上述一次性、偶发性的关系,而是基于父母子女这种身

---

[1] 这种对于法益之存续的支配,包含对法益本身的支配以及对针对法益的危险源的支配这样两种情形。这样两种支配分别对应于"机能的二分说"中所谓法益保护义务、危险源监视义务 ["机能的二分说"参见山中敬一『刑法総論』(成文堂2015年第3版)244頁;高橋則夫『刑法総論』(成文堂2018年第4版)161-162頁;町野朔『犯罪総論』(信山社2019年)116-117頁]。

[2] 相反,岛田聪一郎将排他性支配当作作为犯与不作为犯的共通的(单独)正犯性的要件[参见島田聡一郎「不作為犯」『法学教室』263号(2002年)114頁以下]。

[3] 参见西田典之『共犯理論の展開』(成文堂2010年)181-182頁。

[4] 参见林幹人『刑法総論』(東京大学出版会2008年第2版)第156頁。

[5] 山口厚认为,正如同时犯的存在所显示的那样,即便是作为犯,也没有要求达到支配因果进程的程度,因此,作为不作为犯的要件,只要存在"对结果原因的支配",即"对危险源的支配"或者"对法益的脆弱性的支配"即可。参见山口厚『刑法総論』(有斐閣2016年第3版)90頁以下。

份与社会性地位而处于恒常性的保护、监护关系的，[1]即便没有有意识地设定排他性支配，仍有可能认定存在作为义务。幼儿的生存依赖于父母，没有父母的抚养，幼儿一天也无法生存。像这种法益的存续恒常性地依存于特定人的活动（行为），社会之维系也以此为当然前提，由于能够想到，当然应由该特定的人来避免法益侵害，因此，怠于实施避免行为而产生了法益侵害的，特定的人的这种态度，就能够被视为"引起了法益侵害"。例如，母亲产下小孩后，不予照顾致其死亡的，就能认定该母亲具有基于这种社会关系的作为义务，并以此为根据认定母亲成立不作为的杀人罪。在〔案例1〕中，X 对 A 的救助义务，尽管只是应对一次性的、偶发性的事态，但可以说，这是母亲对小孩的恒常性的保护、养育义务的表现形式之一，因而在并未有意识地设定排他性支配的情况下，仍可认定其存在刑法上的作为义务。肯定这种社会关系上的、制度上的义务，某种程度上，会使得不真正不作为犯的成立范围归于不明确，这一点的确不可否认。但是，上述几个有关母亲的例子，一直被当作不真正不作为犯的典型案例。反之，如果主张母亲不存在作为义务，这是不妥当的。当然也可这样考虑：一边坚持若未有意识地接受，即可否定存在作为义务，但同时又认为，母亲通过妊娠、生产而有意识地设定了针对小孩的排他性支配。但是，对支配设定要件做如此缓和，不仅无助于不真正不作为犯的成立范围的明确化，毋宁说，还存在不当地扩大处于一次性、偶发性的关系之下的不真正不作为犯的成立范围之虞。[2]

（五）判例态度

基于做上述理解的"支配领域说"的视角，下面来具体探讨几个有关不真正不作为犯的最高裁判所判例。

首先，〔案例6〕在公司加班的职员 X 因自己的疏忽而使木制办公桌燃烧

---

[1] 盐见淳认为，应区分在危险紧迫状态之前就存在保护、监护关系的"预定的作为义务"、在此之前与之没有关系者创造了危险紧迫状态，或者遭遇了危险紧迫状态的"偶然的作为义务"这两种情形，前者由法律的、制度的、社会的期待奠定义务基础，后者则由基于自己意思的排他性支配的设定（有意识地设定排他性支配）奠定义务基础。参见塩見淳『刑法の道しるべ』（有斐閣 2015 年）29 頁以下。

[2] "创造危险·排他性支配说"的论者，将在自己家中分娩的行为视为创造危险的行为，进而肯定母亲具有作为义务［佐伯仁志『刑法総論の考え方·楽しみ方』（有斐閣 2013 年）93 頁］。然而，对"创造危险"要件的这种缓和，也存在不当扩大处于一次性、偶发性的关系之下的不作为犯的成立范围之虞。

起来，虽然已发现了这一点，但唯恐自己的过失被他人发现，不予灭火自顾自离开。对此，最高裁判所昭和33年（1958年）9月9日判决认为，X作为"因自己的过失行为而使本案物件发生燃烧者（以及加班职员）"，负有灭火义务，并以此为理由判定X成立不作为的向现住建筑物放火罪（第108条）。[1] 该判决是以先行行为与管理者地位为根据，肯定存在作为义务。然而，在与该案火灾的一次性（仅此一次）的关系上，X并未有意识地设定排他性支配。并且，也不能认定存在这样的关系：建筑物的安全在社会上、制度上恒常地、持续性地依存于一般的职员，因此，对于认定X存在作为义务这一点，尚有质疑的余地。

其次，〔案例7〕X驾车撞倒路人A，致其身负重伤不能行走，X将A放上汽车后离开现场，后又将A扔在正在下雪天色昏暗的马路上。对此，最高裁判所昭和34年（1959年）7月24日判决判定X成立保护责任者遗弃罪（第218条）。[2] 本判决以（行为当时的）《道路交通取缔法》以及《道路交通取缔法施行令》所规定的救护义务为根据，认定X具有"保护责任"。本案也属于能认定X有意识地设定了排他性支配的案件，基于本书的立场，能肯定其负有"作为义务"或者处于"保障人地位"。不过，这种"保障人地位"与《刑法》第218条的"保护责任者的地位"是否一致，仍有探讨的余地。相反，有关前述〔案例2〕的浦和地方裁判所昭和45年（1970年）10月22日判决，对于类似案件却判定成立杀人罪未遂。有关不作为的杀人罪（未遂与既遂）与保护责任者遗弃罪、保护责任者遗弃致死罪的区别标准，有下述几种对立观点：①看有无故意；②看不作为时点的死亡危险究竟是具体的危险还是抽象的危险；③看违反的是持续性的养育义务，还是一次性的救助义务。

再次，〔案例8〕X通过实施"瞎鼓捣*治疗"而聚集了信徒，他将因颅内出血而陷入意识障碍状态的信徒A从原本入住的医院转移到自己所住的宾馆，其后，虽未必能认识到死亡结果，却仍然未让A接受医疗治疗，A终因气管被痰堵塞而死亡。对此，最高裁判所平成17年（2005年）7月4日决定

---

〔1〕 参见最判昭和33年9月9日刑集12卷13号2882页。
〔2〕 参见最判昭和34年7月24日刑集13卷8号1163页。
　＊ 所谓"瞎鼓捣"，这是音译，是被告人给自己的所谓医术的命名，并无实际意义。该案也与共犯的错误相关，具体参见后述［第二十章之一（四）］。——译者注

认为，"X因可以归于自己之责的事由而给A的生命造成了具体的危险，而且，在A被移进的宾馆，X处于受信奉X的A的亲属之托，全面负责对重度患者A实施治疗的地位"，进而判定X成立不作为的杀人罪。[1]作为作为义务的根据，本决定以明示的方式认定，除了先行行为之外，还有"保护的接受"，这一点颇受关注。这里的"保护的接受"伴有"有意识地设定排他性支配"，从支配领域说也能肯定X的作为义务。

最后，〔案例9〕是有关过失犯罪的案件：患者A等因使用了X公司销售的混入了HIV的非加热制剂，罹患艾滋病而死亡。对于该案，大阪高等裁判所平成14年（2002年）8月21日判决认定，X公司的董事长Y等人负有中止销售并回收该制剂的义务；[2][3]最高裁判所平成20年（2008年）3月3日决定认定，厚生省的生物制剂课长Z也负有防止该制剂造成危害的义务，判定几名被告人均成立业务过失致死罪（第211条）。[4]就Y等人而言，尽管该制剂已经物理性地脱离了X公司的掌控，但不同于一般商品，对于医院使用的药剂，制药公司仍然掌握着销售渠道，而且，因信息与判断力不够，不能期待直接使用该药剂的医师会自发地停止使用，因此，在该案中，就Y等人针对属于"危险源"的药剂具有"排他性支配"，是有可能奠定认定基础的。尽管不能说，Y等人有意识地设定了这种排他性支配，但是，考虑到药剂的制造、销售的特殊性，也许可以说，X公司或者Y等人有关药剂的安全确保义务，[5]属于社会上的、制度上的义务，社会维系也以履行此义务为前提。而就Z而言，考虑到介入了X公司或者Y等人这种与结果的发生存在直接关联的行为人，Z的排他性支配已经减弱，而且，在组织内部的意思决定过程中，不能说Z的地位、作用具有决定性，因此，认定Z也成立不作

---

[1] 参见最决平成17年7月4日刑集59卷6号403页。
[2] 参见大阪高判平成14年8月21日判时1804号146页。
[3] 在X公司内部的意思决定过程中，Y等人除了"不做出中止销售与回收的指示"这一不作为之外，也许还实施了"指示或者提示不要中止销售与回收"这一作为，在Y等人对X公司的意思形成处于决定性地位的限度之内，可将公司这一组织的活动视为Y等人的"延长的手足"，无论有无积极的指示，都应这样来理解："销售"作为"属于一个整体的作为""不回收"作为"属于一个整体的不作为"，属于问责的对象。
[4] 参见最决平成20年3月3日刑集62卷4号567页。
[5] 作为义务或者保障人地位，究竟应该针对X公司还是Y等人来认定，这也是一个问题。在以"属于一个整体的不作为"这种形式而构成了公司的不作为的场合，在可谓Y等人决定了X公司的意思这一前提之下，似乎就应该关注X公司的立场来讨论作为义务本身。

的业务过失致死罪，本书对此是很难接受的。

另外，也有判例就诈骗罪、[1][2]遗弃尸体罪，[3][4]认定成立不真正的不作为犯。

五、作为可能性

"法不强人所难"，对行为人而言，为不作为犯奠定基础的作为义务必须是履行可能的义务（作为可能性）。如果期待行为人实施的作为，对其而言是不可能实施的，就不能说，行为人被赋予了实施该作为的义务，因而也不能成立不作为犯。对于这种作为可能性，也有观点认为，其属于作为违法类型的构成要件要素，因而应以一般人的能力为标准来判断。[5]然而，对于没有实施作为之能力的人，不能认定其存在作为"由意思而有可能予以避免的态度"的行为，而且，也不能说，法益的维持、存续依存于没有作为可能性的人，因此，还是应该以行为人的身体能力作为判断标准。[6]因此，在〔案例1〕中，若X不会游泳，就不能成立不作为犯。

在判例与学说中，除了作为可能性之外，有时还考虑作为的难易程度。[7]

---

[1] 参见大判昭和4年3月7日刑集8卷107页、最决平成15年3月12日刑集57卷3号322页。

[2] 不过，在判例认定成立不作为的诈骗罪的案件中，大多是出售土地时没有告知设定了抵押权这种附随于作为形式的交易行为的不作为，对此一般是能够认定为"属于一个整体的作为"的。相反，对于那些缺少与被害人之间的沟通的纯粹的不作为，何种程度上能将其包摄在"欺诈"这一用语之中，就仍然需要进一步探讨（例如，某接受生活保障者明明自己的收入、资产已经发生变动，却不进行申报，仍然按照以前的金额持续领取相关补助，东京高等裁判所昭和31年12月27日判决判定其成立诈骗罪。参见東京高判昭和31年12月27日高刑集9卷12号1362页）。

[3] 参见大判大正6年11月24日刑録23輯1302页、東京高判昭和40年7月19日高刑集18卷5号506页。

[4] 不过，在与作为的等价性、作为义务的产生根据等问题上，不作为的尸体遗弃能否被谓为不真正的不作为犯，仍有探讨的余地。参见松原芳博『行為主義と刑法理論』（成文堂2020年）110页以下。

[5] 参见大谷實『刑法講義総論』（成文堂2019年新版第5版）136页。

[6] 也有观点认为，以行为人的能力为标准的作为可能性，本质上属于责任要素［参见山口厚『刑法総論』（有斐閣2016年第3版）95页；小林憲太郎『刑法総論』（新世社2020年第2版）70页］。但是，身体能力方面的作为可能性，是为行为性、法益的依存性奠定基础的要素，原本来说，应属于作为违法类型的构成要件要素；相反，规范的心理层面的作为可能性，则应该被还原至责任论中的期待可能性的问题。

[7] 例如，最判昭和33年9月9日刑集12卷13号2882页等。

处罚不作为犯，这是对国民赋予实施特定作为的义务，鉴于处罚不作为犯的这种特殊性，究竟能够通过刑罚强制国民投入何种程度的劳力、承担何种程度的危险，对自由的何种程度的限制能够被正当化，这种作为的容易性（作为的难易程度）是作为划定这种"负担要求的可能性"之界限的要件来考虑的。[1]不过，考虑到法益的重大性、作为义务的强制程度，有时候被要求履行的作为义务可能属于非常沉重的负担，因此，将作为的容易性（作为的难易程度）当作不作为犯的独立的成立要件，难免招致误解。"负担要求的可能性"还是应该被定位于，确定作为义务的具体内容之际的规范的考虑事项之一。[2]

六、结果避免可能性

要成立不作为的结果犯，作为不作为的因果关系（条件关系），以如果实施了所期待的作为就能够避免结果的发生这一意义上的"结果避免可能性"为必要。这是以裁判当时判明的所有事实为前提来讨论结果避免的切实性，而不是以概率论意义上的"可能性"作为问题。例如，被告人 X 给 14 岁的少女 A 注射兴奋剂之后，对处于精神错乱状态的 A 置之不管自顾自离开，A 最终死亡。对于该案，最高裁判所平成元年（1989 年）12 月 15 日决定基于"如果 X 马上要求急救治疗，……十有八九可能挽救了该女性的生命"这种原判决的认定，进一步认定"该女性的得救超出合理怀疑的程度是切实的"，最终肯定"置之不管"这种不作为与 A 的死亡之间存在因果关系，判定成立保护责任者遗弃致死罪。[3]

也有观点认为，在缺少上述意义上的结果避免可能性的场合，由于无法设想到（观念到）应该被期待的作为，因而欠缺不作为的实行行为，不仅不成立既遂犯，也不成立未遂犯。[4]但是，与既遂结果之间的因果关系，即便是既遂犯的要件，但不是未遂犯的要件。基于不能犯的判断标准（第十五章

---

[1] 参见高橋則夫·杉本一敏·仲道祐樹『理論刑法学入門』（日本評論社 2014 年）44 頁以下［杉本一敏］；小林憲太郎『刑法總論』（新世社 2020 年第 2 版）70 頁。

[2] 有观点认为，由实施作为所引起的损害、风险属于紧急避险、义务冲突的问题，因而无需属于不作为犯之要件的"作为的可能性"。参见蔡芸琦「不作為犯における作為義務の内容」『曽根威彦先生·田口守一先生古稀祝賀論文集（上）（下）』（成文堂 2014 年）179 頁以下。

[3] 参见最决平成元年 12 月 15 日刑集 43 卷 13 号 879 頁。

[4] 参见西田典之（橋爪隆補訂）『刑法總論』（弘文堂 2019 年第 3 版）124 頁。

之三），在不作为的时点，如果能够认定，存在可以避免结果的一定的盖然性，那么，就应该以存在由不作为而引起结果的危险为理由，认定成立不作为的未遂犯。[1]

---

[1] 参见橋爪隆『刑法総論の悩みどころ』（有斐閣 2020 年）62 頁。

第六章　违法论概述

一、违法的实质

111　　犯罪，是该当于构成要件、违法且有责的行为。其中，"违法"，是指应该被法律（刑法）所禁止这种评价。那么，我们应基于什么标准、对什么对象作如此评价呢？

　　有关刑法的保护对象，若立足于社会伦理主义，违反社会伦理规范的行为就属于应被法律（刑法）所禁止的行为，应被评价为违法。这种社会伦理规范是规制包括意思在内的人的行为的规范。因而，违法评价指向的是，包括主观方面在内的狭义的行为。这种以行为规范作为违法评价之基础的立场，被称为"规范违反说"；这种认为违法评价之主要对象是狭义的行为的观点，被称为"行为无价值论"。规范违反说与行为无价值论被认为是表里一体，在通常语境之下被互换使用。[1]

　　相反，按照法益保护主义，引起法益侵害或危险的行为，应该作为被法律（刑法）所禁止的行为，将其评价为违法。这里，引起了法益侵害或危险这种外部事态，就属于违法评价的对象。这种以法益侵害性作为违法评价之基础的立场，被称为"法益侵害说"；这种认为违法评价之对象是引起了结果
112　的观点，被称为"结果无价值论"。在通常语境之下，法益侵害说与结果无价

---

[1] 立足于规范违反说、行为无价值论的学者，参见大塚仁『刑法概説　総論』（有斐閣 2008 年第 4 版）368 頁；大谷實『刑法講義総論』（成文堂 2019 年新版第 5 版）229 頁；佐久間修『刑法総論』（成文堂 2009 年）163 頁、171 頁；団藤重光『刑法綱要総論』（創文社 1990 年第 3 版）184 頁；野村稔『刑法総論』（成文堂 1998 年補訂版）147 頁；橋本正博『刑法総論』（新世社 2015 年）126 頁以下；福田平『全訂刑法総論』（有斐閣 2011 年第 5 版）143 頁以下；藤木英雄『刑法講義総論』（弘文堂 1975 年）77 頁以下；安田拓人「違法性総論」『法学教室』492 号（2021 年）90 頁以下，等等。

值论也被互换使用。[1]

不过，也有学者基于刑法是通过提示行为规范来统制人们的意思与行为这种方法以谋求对法益的保护这种理解，虽以法益保护主义为前提，但仍采取规范违反说、行为无价值论。[2]但是，若立足于法益保护主义，对于那些没有产生法益侵害或者危险的行为，理应没有禁止的必要；而且，刑罚忍受义务以实际引起了不当事态为前提。因此，要认定具有违法性，引起了法益侵害或者危险这种结果无价值，就应该是不可或缺的，但要将"结果"包含于规制人的"行为"的行为规范的内容之中是很困难的［参见本章之二（一）］。进一步而言，违反行为规范（行为无价值）并不能被还原至引起了法益侵害或者危险，其实质内容也不明确，就无法排除有混入对保护法益而言并无必要的伦理性的视角之虞。

二、"结果"的含义与刑法规范

（一）规范违反说与命令规范

行为规范是规范违反说、行为无价值论的前提，是指承担作用于人的意思并统制其行为这种机能的"命令规范"或者"意思决定规范"。这种"命令"以人的意思与身体活动作为对象，因而，其作用是无法及于脱离行为人的手之后所发生的法益侵害或者危险这种事态的。就正如手枪一旦发射了子弹，再命令子弹"停下来"，是毫无意义的。"一元的行为无价值论（一元的人的不法论）"仅以指向法益侵害的"行为"作为违法评价的对象，至于杀人罪中的人的死亡等"结果"，那不过是表征行为不法的处罚条件

---

[1] 立足于法益侵害说、结果无价值论的学者，参见浅田和茂『刑法総論』（成文堂2019年第2版）178頁；小林憲太郎『刑法総論』（新世社2020年第2版）84頁以下；佐伯千仞『刑法講義総論』（有斐閣1981年4訂版）162頁以下；佐伯仁志『刑法総論の考え方・楽しみ方』（有斐閣2013年）98頁以下；曽根威彦『刑法原論』（成文堂2016年）164頁以下；平野龍一『刑法総論Ⅰ』（有斐閣1972年）49頁以下；内藤謙『刑法講義総論（中）』（有斐閣年）323頁；町野朔『犯罪総論』（信山社2019年）245頁；中山研一『刑法総論』（成文堂1982年）225頁以下；山口厚『刑法総論』（有斐閣2016年第3版）105頁，等等。

[2] 参见井田良『講義刑法学・総論』（有斐閣2018年第2版）86頁以下；川端博『刑法総論講義』（成文堂2013年第3版）301頁以下；高橋則夫『刑法総論』（成文堂2018年第4版）250頁以下，等等。

而已。[1]按照这种观点，既遂与未遂在违法程度上并无不同，而且，只要存在违反注意义务的行为，即便未发生任何结果，也能够完全地认定过失犯的违法性。但是，无论是在实定法上还是在社会生活中，法益侵害或危险这一结果都属于重要事实，将其排除在违法评价的对象之外，会使得违法概念丧失事实基础与社会性质。而且，认为结果只是处罚条件，这是将结果所具有的现实性意义当作行为不法的"表征"而将其"矮小化"。并且，具有政策性、技术性性质的处罚条件，并不具有可决定刑罚程度的"实质内容"，因此，我们就难以根据被定位于处罚条件的结果，对"未遂减轻"（第43条正文）做出合理的解释。

反之，规范违反说的主流立足于"二元的行为无价值论"（二元的人的不法论），主张违法性由违反行为规范（行为无价值）与法益的侵害或者危险（结果无价值）这样两个要素奠定基础。但是，正如"一元的人的不法论"所指出的那样，命令规范的作用不及于结果，因此，"二元的人的不法论"与作为其前提的规范论之间是矛盾的。如果一边立足于规范违反说，一边又要将结果纳入违法评价的对象，那么，与以行为无价值为对象的命令规范相并列，还不得不另外引入以结果为对象的其他规范。然而，以两种不同性质的规范来为违法性奠定基础，会从违法概念中剥夺其内容的统一性，甚至不可能对违法做出积极的定义。这种缺少"含义的集合"的违法概念，还会降低人们期待犯罪论体系所能发挥的各种机能。

（二）法益侵害说与评价规范

行为主义并非认为，只要有某种身体动静即可，而是要求根据行为对外界施加的作用来评价犯罪（第二章之二）。为此，刑法首先必须发挥"评价规范"——判断该行为及于外界的作用是否违背了法的目的——的机能。违法性，只能是由这种评价规范所做出的否定评价。作为由行为所带来的不当作用，法益的侵害或危险这种结果，成为由评价规范所做的违法评价的对象，属于违法构成要件要素。这种评价规范，作为命令规范的理论前提，保障发动命令规范的必要性、正当性。可以说，若行为没有产生属于对外界的不当

---

[1] 参见增田豊『規範論による責任刑法の再構築』（勁草書房2009年）109頁以下。对于以结果作为违法评价之对象的通说观点，该说提出了批判：根据受偶然性左右的结果发生，违法评价也随之发生改变，这无异于认定"偶然责任"，有违责任主义。

作用的法益侵害或危险,该行为最终就属于无需以命令规范来禁止的行为。在此情形下,发动禁止此类行为的命令规范,就"纯属多余",而贯彻该命令,也会逾越保护法益这一刑法目的,不必要地限制国民自由,因而不能被正当化。由此可见,先于对指向行为人意思的命令规范的违反这一问题,评价规范要求,首先必须存在能够使法律的介入得以正当化的客观事实,以防止命令规范的"独舞",因而,评价规范就正是行为主义或者侵害原则在犯罪论体系中的体现。[1]

三、违法与责任的区别

（一）主观违法论与客观违法论

将违法性理解为违反命令规范,还会难以区别违法与责任。命令规范只能指向那些能够理解命令规范的人。为此,对于无责任能力者,就不能认定其具有"作为命令规范之违反"的违法性。这样,曾一度被有力主张的"主观违法论"基于"命令规范论"的视角,否定违法与责任的区别,认为由于无责任能力者的行为并不违法,因而不属于作为正当防卫之对象的"不法侵害"。[2]

与此相反,"客观违法论"从刑法规范中按照其机能分别提取出评价规范与命令规范,认为违法是评价规范对行为的外部作用所作的否定评价,责任则是导致这种行为的行为者的意思决定对命令规范的违反,从而坚持区分违法与责任。[3] 客观违法论的做法是,在违法阶段,对于那些能使法律介入得以正当化的客观事态,通过比照评价规范确认其存在,在此基础上,在责任阶段,再追问行为人主观上对命令规范的违反,正是通过这种思考路径来保障侵害原则与责任原则互不侵蚀。由此可见,违法与责任的区别,源于以评

---

〔1〕 详细内容参见松原芳博「犯罪結果と刑法規範」『三原憲三先生古稀祝賀論文集』（成文堂2002年）319頁以下。
〔2〕 参见宫本英脩『刑法大綱』（弘文堂1935年）69頁以下。近年持这种观点者,参见西台満『主観的違法性の理論』（世界書院1993年）5頁以下。
〔3〕 参见浅田和茂『刑法総論』（成文堂2019年第2版）175頁；佐伯千仭『刑法講義 総論』（有斐閣1981年4訂版）165頁；曽根威彦『刑法総論』（弘文堂2008年第4版）157-158頁；西田典之（橋爪隆補訂）『刑法総論』（弘文堂2019年第3版）134-135頁；林幹人『刑法総論』（東京大学出版会2008年第2版）29頁以下；山口厚『刑法総論』（有斐閣2016年第3版）103-104頁。

价规范与命令规范的分离为背景的法益侵害说。

（二）一般人标准与行为人标准

不过，现代的规范违反说基本上立足于命令规范论，认为违法性是对以一般人为标准的命令规范的违反，责任是对以行为人个人为标准的命令规范的违反，力图以此来维持违法与责任的区别。[1]

然而，对于行为人的行为是否违反了命令规范这一问题，既不改变评价对象也不改变评价角度，仅仅通过改变能力标准而分两次进行判断，这究竟有何意义呢？如果最终考问的是行为人对命令规范的违反，那么，起始就以行为人为标准，不就足够了吗？原本来说，以一般人为标准的命令规范，在放弃针对意思的实际作用这一点上，无疑就是对命令规范之核心内容的放弃。而且，我们也难以想象，采取一般人标准还是采取行为人标准之间的区别，能够使与共犯的要素从属性等的违法性与责任之间的区别相对应的效果上的差别（第三章之六）得以正当化。进一步而言，按照此立场，如同隐灭证据罪（第104条）中的证据之他人性那样，那些在构成要件上被类型化的责任要素，由于对一般人而言，也属于可降低期待可能性的因素，就会被全部转化为违法要素。事实上，一方面，在对违法构成要件以及违法阻却事由进行判断时，对于不作为犯中的作为可能性以及紧急避险中的补充性［第五章之五、第九章之三（四）］，是以行为人的个人能力为标准；另一方面，在对期待可能性以及过失（预见可能性）等责任进行判断时，作为应属于其标准的规范意识，则是法律所假定的一般人的规范意识［第十一章之五、第十四章之七（八）］。由此可见，将违法性与责任对应于一般人标准与行为人标准是不妥的。

（三）义务赋予机能与动机形成机能

在近期的规范违反说中，也有这样的观点：以目的行为论为背景，认为无论是违法还是责任，都是对以行为人个人为标准的规范的违反，同时主张，

---

［1］参见大塚仁『刑法概説　総論』（有斐閣2008年第4版）359頁；大谷實『刑法講義総論』（成文堂2019年新版第5版）231-232頁；佐久間修『刑法総論』（成文堂2009年）162頁以下；西原春夫『犯罪総論』（上卷・改訂版）（成文堂1993年）130頁；福田平『全訂刑法総論』（有斐閣2011年第5版）139頁以下。

违法是对规范的义务赋予机能的违反，责任是对规范的动机形成机能的违反。[1]按照这种观点，所谓违法，是指为意思所操控的行为对命令规范的违反，因而对于那些不具有设定一定目的，并选择达到此目的的手段行为之能力（义务满足能力）的人，可否定违法；所谓责任，是指实施犯罪行为的意思的形成过程违反了命令规范的要求，因而对于那些不具有认识一定的价值，并按照此价值来决定（自己的）意思这种能力（义务遵守能力）的人，可否定责任。

但是，义务满足能力与义务遵守能力是合为一体共同发挥作用的，难以截然区分二者。而且，有论者基于上述区别标准，将作为对事实之认识的故意定位于违法性，将作为对规范之认识的违法性意识可能性定位于责任。然而，对事实的认识难道不是与对规范的认识一同在动机的形成过程中发挥重要机能吗？命令规范原本就是交流的手段，以存在"发话者"与"听话者"为前提，因而只有对具有责任能力的人，才能够给予"违反了规范"这一评价。为此，按照规范违反说，作为针对由意思所进行的行为统制的评价的违法性，就止于作为最终的规范违反的责任的部分问题，而无法具有独立于责任的意义。

（四）规范确证论

近来，德国有学者基于积极的一般预防论的视角，有意识地主张取消违法与责任的区别。[2]按照以规范确证为内容的积极的一般预防论［第一章之三（三）］，犯罪是规范否定意思的表露，刑罚的目的正在于，通过对该意思表露的再次否定而确证规范的妥当性，并由此恢复规范。如果采取这种观点，无责任能力者的犯罪行为就不会被认为是规范否定意思的表露，因而其行为不会动摇规范的妥当性。为此，只有责任能力者的犯罪行为，才会被当作具有恢复、确证规范之必要的规范违反行为，而被认定具有违法性。

如果像这种规范确证论那样，不承认法益的侵害或危险具有独立意义，

---

[1] 参见井田良『講義刑法学・総論』（有斐閣2018年第2版）250頁以下；増田豊『規範論による責任刑法の再構築』（勁草書房2009年）60頁以下。

[2] 相关研究状况参见松原芳博「刑法における違法性と責任」『増田豊先生古稀祝賀論文集・市民的自由のための市民の熟議と刑事法』（勁草書房2018年）95頁以下；松原芳博「外国文献紹介・グレコ『不法と責任の区別を相対化する近時の見解に対する批判』」『早稲田法学』86巻2号（2011年）419頁以下。

而以规范本身作为保护对象,那么,就无法避免违法与责任的融合。但是,鉴于区分二者所具有的理论上的、解释论上的意义[第三章之六、本章之三(一)],就不得不说,二者的融合有损犯罪论体系的本质性意义。

四、主观违法要素

(一)违法性的实质与主观因素

按照规范违反说,行为人的认识、意图、目的等主观因素也会影响到行为的规范违反性,因而被大量纳入违法的判断对象之中。例如,故意杀死他人的行为违反了"不得杀人"这一规范,而过失致人死亡的行为则违反了"注意不要致人死亡"这一规范。这样,故意、过失作为命令规范的内容,就属于违法要素。但是,这种违法的主观化,会招致与责任的评价对象的同质化,并将违法与责任的区别予以相对化。

反之,按照法益侵害说,违法评价的对象引起了法益侵害或危险这种外界变化,原则上应根据客观因素来判断。无论是故意杀死他人的行为还是过失致人死亡的行为,在法益侵害即剥夺他人的生命这一点上并无不同,不过是责任非难的程度有所不同而已。为此,故意、过失并非违法要素,而属于责任要素。在此限度之内,"违法是客观的、责任是主观的"这一原则是妥当的。

(二)目的犯中的目的等因素

不过,按照法益侵害说,即便是主观因素,在会对法益侵害的危险施以影响这一限度之内,仍有将其理解为违法性(或者违法构成要件)要素的余地。例如,伪造货币罪(第148条)的保护法益是针对货币的公共信用,这种信用只有在伪造的货币被置于流通之时才会受到侵害。为此,伪造货币的行为,只有在伴有"使用目的"之时,才具有有害于货币的公共信用的危险。诸如伪造货币罪那样,在"以后面的行为为目的的目的犯"中,直接关系到法益侵害的,是"使用"即"后面的行为",但考虑到该法益的重要性等因素,而将其处罚对象提前至处于前一阶段的"伪造"这一准备行为。该准备行为之(侵犯法益的)危险,取决于本来的法益侵害行为的实现可能性,并且,该实现可能性又取决于行为人的意思。危险概念以有关事态进展的预测为基础,但在事态进展取决于人的意思的场合,法益侵害的危险就最终取决于人的意思。

可以说，以"实施抢劫罪的目的"为要件的抢劫预备罪（第237条）等各种预备犯罪，以及未遂犯中尚未完成实行行为的"着手未遂"，也具有同样的结构。例如，用枪瞄准他人的行为是否具有针对他人生命的危险，这取决于是否具有扣动扳机的意思。为此，与"目的"一样，扣动扳机这一"行为意思"，具有决定此后事态进展的意义，属于主观违法要素，归属于违法构成要件。不过，要为（侵犯他人生命的）危险奠定基础，仅以存在扣动扳机的意思为必要，而不以对"人"的认识为必要。[1]无论是误以为是人偶的场合，还是正确地认识到是人的场合，扣动扳机这一行为的（侵犯他人生命的）危险本身并无不同。因此，对犯罪事实的认识这一意义上的"故意"，即便是在未遂犯的场合，仍应将其定位于责任要素。

另外，"以结果为目的的目的犯"并不包含主观违法要素。例如，在以"使他人受到刑事或者惩戒处分的目的"为必要的虚假告诉罪（第172条）中，实施了告诉、告发行为之后，（构成该罪的）必要行为即已结束，事态的进展并不依存于行为人此后的新的行为。为此，应该认为，该罪中的"目的"并非主观违法要素，而是在间接地显示，以客观上存在有使他人受到刑事或者惩戒处分之危险的申告行为为必要。同时，其旨趣在于，将属于责任要素的故意限定于确定的故意。[2]而且，就是在实行行为已经结束的"实行未遂"中，由于已经发生了不再依存于行为人之行为的危险，因而没有考虑作为主观违法要素的行为意思的余地。

最高裁判所昭和45年（1970年）1月29日的判决曾认为，"要成立强制猥亵罪，该行为必须是在刺激、兴奋或者满足罪犯性欲这种性意图之下而实施"，要求存在性意图。[3]但是，这种"性意图"不会提高行为的法益侵害性，因而不能将其理解为主观违法要素。最高裁判所近年也从重视被害人所遭受的性侵害的角度，其立场转变为行为人的性意图不是成立本罪所必须具备的要件。例如，某人应自己意图向其借钱的对方的要求，向该人发送了让7岁的女童接触自己的男性性器官并含在口中的照片，最高裁判所平成29年（2017年）11月29日大法庭判决判定成立本罪。[4]不过，最高裁判所大法庭

---

[1] 参见高山佳奈子『故意と違法性の意識』（有斐閣1999年）150頁以下。
[2] 参见平野龍一『刑法総論Ⅰ』（有斐閣1972年）125頁。
[3] 参见最判昭和45年1月29日刑集24卷1号1頁。
[4] 参见最大判平成29年11月29日刑集71卷9号467頁。

的该判决也承认，在行为本身的性的意思并不明确的场合，也有考虑行为人的性意图等主观方面的余地。但这种场合下的性意图与行为的法益侵害性、行为人的责任之间的关联性并不明确。而且，对于那些从客观上看性方面的意义稀薄的情形，就不得通过性意图来加以补强，从而陷入意思处罚之中。

（三）主观违法要素否定论

与上述观点相反，也有观点立足于彻底贯彻法益侵害说的立场，主张全面否定主观违法要素。按照该观点，就伪造货币罪而言，根据伪造的方法、地点、规模等客观状况，就可以判断有无使用的客观危险，因而在秘密场所大量伪造印制精美"货币"的，就可以认定存在使用的危险；相反，负责向学校供货的中间商向印刷商订货，让其制造类似于货币的东西的，则不能认定存在使用的危险。[1]

但是，这种解释不过是在说，在诉讼法中的认定论上，将客观的周边情况作为间接事实，由此来认定行为人主观上存在"使用的目的"。[2]如果将这种排除主观的、基于周边情况的"使用的危险"，完全如字面那样理解为实体法上的违法要素，那么，那就属于以"表面的危险"或者"印象"作为处罚根据，反而会远离应以"现实的危险"作为问题这一法益侵害说的宗旨。事实上，无论在密室制造了多么精美的货币，只要行为人没有使用的意思，就不会存在针对货币信用的"现实的危险"。当然，伪造的货币因为被盗而进入流通领域的危险、其后改变主意转而使用所伪造的货币的危险，这些危险也并非完全不存在。然而，如果只要存在这种程度的危险即可的话，那么，刑法理应不会以"使用的目的"作为伪造货币罪的成立要件。

按照法益侵害说，应该以"现实的危险"而不是"表面的危险"作为处

---

[1] 参见曾根威彦『刑事違法論の研究』（成文堂1998年）59頁。另外，同样是持主观违法要素否定论，对于条文所规定的"使用的目的"的性质，又存在两种观点：一是作为对客观的"使用的危险"的认识，将其还原于故意［参见中山研一『刑法の論争問題』（成文堂1991年）43頁］；二是将其理解为超过客观事实的责任要素［参见内藤謙『刑法講義総論（上）』（有斐閣1983）217頁］。

[2] 从间接事实与主要事实的角度来看，毋宁说，采取将目的犯中的行为人的主观目的作为间接事实而认定客观危险这种立场［参见鈴木茂嗣『刑法総論』（成文堂2011年第2版）54頁以下］，更忠实于对违法性的客观把握。不过，应该说目的犯中的目的，属于危险的发生所必要的情况而在刑法的规定中类型性地被要求的情况，因此，其本身作为实体法上的违法要素，属于主要事实。

罚根据。具体就伪造货币罪而言，只有存在下述情况时，才能认定存在这种"现实的危险"：除了达到可能有害于公共信用之程度的精妙的伪造、有可能发展至使用的客观状况之外，行为人还必须实际具有使用的目的。对法益侵害说而言，重要的是，由法益的侵害或危险来为违法性奠定基础，而不是将主观的、心理的事实排除在违法性的评价对象之外。如果是以客观与主观的完全分离作为首要目的，那倒不如起始就如英美刑法那样，采取客观要素—主观要素这种基于对象属性的体系，而不是采取违法—责任这种与价值相关的体系。

当然，如"以后面的行为为目的的目的犯"那样，这种将刑罚处罚予以早期化的刑事立法，从刑法的谦抑性的角度来看，也可能是存在疑问的。但是，将所要求的危险内容降低到"表面的危险""程度很低的危险"，也不会从根本上解消这种犯罪类型本身的问题，而不过是暂时得以掩盖而已。

五、违法阻却事由

（一）违法性与违法构成要件、违法性阻却事由

无论是立足于法益侵害说还是立足于规范违反说，违法性都由以下两个因素而"要件事由化"：积极地为违法性奠定基础的违法构成要件、排除违法性的违法性阻却事由。在个案中，直接考问该行为是否违法这种评价，不仅会给判断者造成过度负担，而且，最终结论很大程度上也会为判断者个人的价值观所左右，因此，应将违法这种评价，转换至是否该当于违法构成要件、是否不符合违法阻却事由这种"适用"，以此来保持法的稳定性［第三章之三（二）（三）（四）］。为此，上述违法的实质，是作为解释违法构成要件以及违法性阻却事由的指导原理，以发挥其机能。其中，违法构成要件，在分则条文中被相对明确且具体地类型化，而违法性阻却事由基于其本身的性质，其类型化程度要相对弱一些，不仅在正当防卫（第36条）、紧急避险（第37条）中，使用了"不得已实施的行为"这种评价性表述，而且在正当业务行为（第35条后段）中，仅仅使用了"正当的业务"这一表述。并且，在即便不符合法定的违法性阻却事由，但从实质上看可以说，属于不应受到法律禁止、压制的行为的场合，就要求法官参照违法性的实质，形成"超法规的违法阻却事由"，将该具体案件包摄在这种事由之中。由此可见，尤其是对于违法性阻却事由的解释，违法性的实质论具有很大意义。

(二) 社会相当性

在规范违反说看来，"社会相当性"是违法性阻却的一般原理。这种社会相当性，是指行为"处于历史形成的社会伦理秩序的框架之内"，[1]或者行为"在各个生活领域、职业领域、经济活动领域等，被认定具有日常性、通常性，这种类型的行为，不会唤起任何处罚情感"。[2]也就是说，"由于具有日常性、通常性，在社会伦理上也不会受到非难"。[3]

但是，社会相当性这一概念的内容过于抽象、概括，不能作为具体的判断指南而发挥作用，也难以对实际的判断过程进行事后验证。而且，正因为这种概念内容本身的概括性，也不会对判断对象与判断要素存在限制。为此，正如上述社会相当性的定义所显示的那样，本应在责任阶段考虑的"非难"可能性、与法益保护主义难以协调的"社会伦理"、在判断是否成立犯罪时应避免直接考虑的"处罚情感"等因素，也会进入考虑范围之内。令人忧虑的是，这样会招致违法性与责任的混杂，以及刑法的伦理化。例如，以具有骗保目的为理由，尽管存在被害人的同意，仍肯定具有伤害罪的违法性的最高裁判所昭和55年（1980年）11月13日决定[第七章之案例3]；[4]以利用与采访对象之间的肉体关系为理由，对于报社记者让公务员带出秘密文件的行为，肯定具有《国家公务员法》上的唆使泄密罪的违法性的最决昭和53年（1978年）5月31日决定[第十章之案例5]，[5]就均与社会相当性的思想具有亲和性。有些时候，正因为其概括性，在可以吸收各种各样的事实、视角这一点上，社会相当性被认为是有意义的。[6]但是，毋宁说，法律概念的重要意义在于，对那些应加以考虑的事实、视角进行限定，将那些不得左右结论的事实、视角予以排除。

有关社会相当性的体系性地位，规范违法说的内部存在分歧，既有论者原则上将其视为否定构成要件该当性的因素，[7]也有论者将其视为违法性阻

---

[1] 大谷實『刑法講義総論』（成文堂2019年新版第5版）229頁。
[2] 藤木英雄『刑法講義総論』（弘文堂1975年）126頁。
[3] 藤木英雄『刑法講義総論』（弘文堂1975年）128頁。
[4] 参见最决昭和55年11月13日刑集34卷6号396頁。
[5] 参见最决昭和53年5月31日刑集32卷3号457頁。
[6] 参见松澤伸「違法性の判断形式と犯罪抑止」『早稲田法学』78卷3（2003年）253頁以下。
[7] 参见藤木英雄『刑法講義総論』（弘文堂1975年）126頁以下。

却事由的一般原理。[1]原本来说，按照规范违法说，构成要件该当性与违法阻却事由都是在判断是否违反了行为规范，二者间并不存在质的不同。至多仅能认定在抽象程度上有所不同而已：构成要件该当性显示的是抽象的规范违反，而不符合违法性阻却事由确定的是具体的规范违反。[2]由此可见，若立足于规范违反说，不仅是违法性与责任之间的区别，构成要件与违法性阻却之间的区别也会被相对化，所有犯罪要素均意味着对行为规范违反性的部分性认定。但令人忧虑的是，犯罪论中的多元性视角可能会因这种犯罪要素的同质化而丧失。

（三）法益衡量

法益侵害说则主张，"法益不存在"以及"法益衡量"是违法性阻却的一般原理。其中，法益不存在原理，是考虑到法益主体的同意，对于丧失了法益性或者法益的要保护性的情形，认定阻却违法性。但是，如果认为构成要件是对已达到可罚性程度的"引起法益侵害或危险"的类型化，那么，在缺少法益性或者法益的要保护性的场合，就应该理解为，已否定了构成要件该当性［第七章之二］。

为此，违法性阻却的一般原理就只能是法益衡量原理。也就是说，若引起了达到可罚性程度的法益侵害或危险，即满足违法构成要件。不过，在该法益侵害对于保全其他法益是必要的，并且所保全的法益具有与所侵害的法益同等以上的价值之时，所引起的法益侵害的无价值，就被法益保全的价值所"抵消"，从而否定其具有违法性。违法性阻却事由，就正是这种基于法益衡量的、对优越或者同等利益的保全予以类型化的事由。这样，就可以说，法益衡量说通过关注与法益之间的关系，可以切合实际地明确构成要件与违法性阻却事由

---

[1] 参见大谷實『刑法講義總論』（成文堂2019年新版第5版）241頁。
[2] 为此，立足于规范违反说，发展至将违法性阻却事由纳入构成要件内部的"消极的构成要件要素的理论"［参见中義勝『刑法總論』（有斐閣1971年）89頁以下；井田良『講義刑法学・总论』（有斐閣2018年第2版）99、170、382頁］，或者将构成要件该当性与违法性阻却事由一同纳入违法性内部的立场［西原春夫『犯罪總論』（上卷・改訂版）（成文堂1993年）78頁］，就具有理论上的一贯性。另外，也有学者立足于规范违反说，采取有关违法性阻却事由的错误的严格责任说（第十二章之五）、有关共犯的要素从属性的最小限从属形式（"最小从属性说"）［第十七章之一（二）］［参见大谷實『刑法講義總論』（成文堂2019年新版第5版）339、407頁］，从而将构成要件与违法性阻却事由之间的区别与法律效果的不同联系在一起，然而，规范违反说仅仅承认构成要件与违法性阻却之间存在抽象程度上的差异，因此，难以从规范违法说中推导出这种法律效果上的不同。

在体系上的不同。而且，法益衡量以具有事实性基础的利益为对象，由此可排除不合理视角的混入，同时，在明示应予衡量的事实这一点上，也有助于判断过程的可视化。〔1〕不过，法益衡量说仍存在不少有待解决的问题。

首先，法益衡量以法益的冲突为前提。但是否存在这种法益冲突，并非一目了然。例如，A 为了躲避滚石，在别无他法的情况下，用力撞飞 B，从而得以逃生。在这种紧急避险的案件中，能够说 A 的法益与 B 的法益真正处于冲突状况之下吗？受滚石威胁的仅仅是 A 的法益，而 B 的法益原本是安全的，难道不可以说，正是因为 A 的避险行为才造成了法益的冲突状况吗？反之，A 击打过来，B 本可以逃走，但 B 没有选择逃走，而是反过来击打 A，以此护身。在这种正当防卫的案件中，如果 B 选择逃走而不是反过来击打 A，那么，A 的法益与 B 的法益原本都可以不受损失，因而是否可以说，在这种状况下，A 与 B 之间也不存在法益冲突呢？由此可见，是否存在法益冲突的状况，并非单纯取决于事实关系，也存在考虑在避免结果的选项中，哪一选项为法律所允许或者更符合法律的要求，而不得不进行规范性认定的一面。

其次，有关法益衡量的方法、对象，也存在问题。例如，第二次世界大战后从中国归国的人员以非公开的形式召开归国者大会，援护局的职员未经许可旁听会议，归国人员发现后，将其围住，数小时不让其离开［第十章之案例 11］。〔2〕在该案中，存在归国人员的集会自由、言论自由、思想良心自由与该职员的行动自由，对于这种抽象程度以及权利主体的数量都不同的法益，我们真能够做出适当的衡量吗？又如，A 为了保全自己的价值 100 万日元的财产，在别无其他方法的情况下，不得已牺牲了 B 的价值 70 万日元的财物与 C 的价值 70 万日元的财物。在这种紧急避险的案件中，A 分别构成针对 B、C 的损坏器物罪。对此，究竟是应该通过衡量 A 的利益与 B 的利益，认定阻却了 A 对 B 所构成的损坏器物罪的违法性，同样，通过衡量 A 的利益与 C 的利益，也认定阻却了 A 对 C 所构成的损坏器物罪的违法性；还是应该通过衡量 A 的利益与 B、C 的利益之和，而认定并不阻却 A 所构成的两个损坏器物罪的违法性呢？采取后一种判断方式时，在不利于行为人的方向上，对于

---

〔1〕 以法益衡量说为前提，从归属于法益保全结果（结果有价值）的行为这一视角，来分析违法性阻却的结构的观点，参见松本圭史『刑法における正当化と結果帰属』（成文堂 2020 年）。
〔2〕 参见最决昭和 39 年 12 月 3 日刑集 18 卷 10 号 698 页。

应被加入衡量对象的利益范围，难道不存在边界吗？

更为根本的问题还在于，将某人的利益作为与他人的利益进行减法计算的对象，为了实现他人的同等以上的利益而被牺牲，这能够被正当化吗？仅仅从社会整体利益的最大化中来探求法律的目的，本书对此不无抵触。至少有关生命以及身体的中枢部分的利益，还是应该认定存在"权利性"，可不服从于与他人利益之间的衡量。

（四）违法性阻却事由的种类、区别

违法性阻却事由大致可以分为两类：一是在来不及寻求国家公权力保护的紧迫状况之下，为保护法益而实施的"紧急行为"；二是不以存在这种紧急状况为前提的"一般正当行为"。作为紧急行为，刑法规定了正当防卫（第36条）与紧急避险（第37条）；作为一般正当行为，刑法规定了法令行为（第35条前段）与正当业务行为（第35条后段）。

并且，虽然不属于这种法律明文规定的违法性阻却事由，但在两种法益相互冲突的状况之下，保全了同等以上法益的场合，也能够从属于违法性阻却之实质性原理的法益衡量的视角，肯定存在"超法规的违法性阻却事由"。这是因为，比照刑法的法益保护目的，此类行为要么有益要么至少是无害的。应该来说，承认超法规的违法性阻却事由，这超越了法律条文本身的规定，但由于是朝着有利于被告人的方向的超越，因此不违反罪刑法定原则。

权利遭受侵犯的个人通过自己的力量恢复权利的"自救行为"，以及指向集会自由、学问自由等宪法权利之保全的"狭义的超法规的违法阻却事由"，作为超法规的违法性阻却事由，得到普遍承认。这些都属于紧急行为。

另外，主要考虑到伤害罪的问题，"法益主体的同意"也被看作是（超法规的）违法性阻却事由。不过，一般还是认为，在针对自由或者财产的犯罪中，"法益主体的同意"应属于构成要件不该当事由。除此之外，还有有力观点主张，应将同意一般定位于构成要件不该当事由［第七章之二］。另有观点认为，法益主体的"危险的接受"也属于违法性阻却事由。另外，治疗行为以及体育竞技等正当业务行为中，对个人法益的侵犯，也往往是以法益主体的同意或者对危险的接受为前提的。

六、可罚的违法性

按照刑法的谦抑性以及比例原则［第二章之一（一）］，为犯罪成立奠定基础（作为犯罪成立要件之一）的违法性，必须是与刑罚这种严峻的法律效果相适应的"可罚的违法性"。

这种可罚的违法性的思想，首先应在立法阶段甄选处罚对象行为之际发挥作用。例如，尽管通奸行为属于民法上的违法行为，可以成为夫妻离婚的理由，也属于损害赔偿的对象行为，但不属于现行刑法上的犯罪行为。这主要是考虑到通奸行为尚不具有成为国家刑罚之对象的相应的不法内容。由此可见，如果各个犯罪构成要件甄选的是适于处以刑罚的违法行为，那么，在解释与适用各个具体犯罪构成要件之际，就必须探讨是否具有适于处以刑罚的不法内容。

因此，首先，在具体个案中，如果不能认定存在与某罪之法定刑相匹配的法益侵害（绝对轻微类型），就应该考虑否定具有该罪之构成要件该当性。事实上，很早便有判例采取了这种思想。例如，〔案例1〕某烟草生产者自己吸食了按照（当时的）《烟草专卖法》本负有上交国家之义务的、金额大致相当于一厘钱（一厘相当于1日元的千分之一）的烟草（"一厘案"），对此，大审院明治43年（1910年）10月11日判决认为，尚不能谓之为，存在要求在刑罚这种制裁之下予以法律保护的法益侵害，进而否定该行为成立犯罪。[1]又如，〔案例2〕为了方便住客，旅馆违反（当时的）《烟草专卖法》的相关规定，购置香烟之后，再根据住客的需求，以零售价转卖给住客，对此，最高裁判所昭和32年（1957年）3月28日判决认为，该行为并"不违背制定烟草专卖法的宗旨与目的，属于社会生活中应被允许的行为"，进而否定成立违反烟草专卖法之罪。[2]再如，〔案例3〕扒手从顾客所持的手提袋中盗得仅装有2张广告纸的信封，对此，东京高等裁判所昭和54年（1979年）3月29日判决认为，所盗物品"无论是在客观上还是在主观上，都属于价值微小的物品，不值得作为盗窃罪之客体的财物来予以保护"，进而判定构成盗窃罪未遂。[3]反之，〔案例4〕被告人受公司成立初期帮了不少忙的A的推荐，购买了2台所谓"魔术电话"，据A介绍，只要该"魔术电话"装在一般电话机上，凡打往此电话机的电话均不会被收费。被告人将其中1台装到公司办公室的电话机上之后，为了试验是否真有此功效，让职员从公用投币

---

[1] 参见大判明治43年10月11日刑录16辑1620页。
[2] 参见最判昭和32年3月28日刑集11卷3号1275页。
[3] 参见东京高判昭和54年3月29日判时977号136页。

电话机上往此电话机打电话。结果，职员投入公用电话机内的 10 日元果真被退了出来。不过，被告人想到这种行为有违法律，经律师劝告之后，将 2 台"魔术电话"均放进柜内收好，未再使用（"魔术电话"案）。被告人被追究妨害电气通讯罪（当时的《电气通讯法》第 21 条）以及诡计妨害业务罪的罪责。对此，一审以可罚的违法性的阙如为理由，否定成立这两项犯罪，但二审判决（原判决）以两罪均属于危险犯等为理由而肯定具有（可罚的）违法性。对此，最高裁判所昭和 61 年（1986 年）6 月 24 日决定支持了二审判决。[1][2] 诚然，若将两罪视为危险犯，只要安装"魔术电话"，就可以认为已经产生了一定规模的法益侵害的危险，显然很容易肯定具有可罚的违法性；但如果将两罪视为实害犯（结果犯），对于仅仅相当于 10 日元的非法通话，想必很难认定法益侵害达到了可罚性的程度。[3]

其次，从刑法的谦抑性以及比例原则来看，即便法益侵害本身并非那么轻微，其与所保全的法益进行比较衡量的结果，虽然仍存在违法性，但剩余的违法性没有达到可罚的程度的（相对轻微类型），也应该否定成立犯罪。在该场合下，需要进行以法益冲突为前提的衡量判断，因而该类型属于以构成要件该当性为前提的（可罚的）违法性阻却事由。[4]*涉及此类可罚的违法性阻却事由的案件，主要发生在劳动争议案件中轻微超出宪法上的权利行使的情形［第十章之六］。

有关可罚的违法性的理论基础，存在"违法多元论"与"缓和的违法一元论"之间的对立："违法多元论"主张，（各种法律）是基于（各自所追求

---

[1] 参见最决昭和 61 年 6 月 24 日刑集 40 卷 4 号 292 页。
[2] 该决定添附了谷口裁判官的反对意见，即本案行为的违法性以及责任均极低，因而应否定具有这两项犯罪的构成要件该当性。
[3] 近年，不时看到这样的报道：因在便利店等地未经允许擅自给手机充电，而被书面移送至检察机关（书面送检）。对于金额仅 1 日元的案件，要认定具有作为实害犯的盗窃罪的可罚的违法性，应该说，比正文中的"魔术电话"案更为困难。
[4] 反之，对于可罚的违法性理论，藤木英雄将其理解为，是通过对构成要件的实质性解释而否定构成要件该当性的理论，不承认违法性阻却阶段对可罚的违法性的考虑。参见藤木英雄『可罚的違法性の理論』（有信堂 1967 年）44 页以下。

* 藤木英雄的主张是，可罚的违法性理论，是指从侵害结果的轻微性以及行为的相当性的视角进行实质性解释，由此否定具有构成要件该当性，进而认为不存在阻却可罚的违法性的余地。也就是说，藤木英雄将可罚的违法性之阙如定位于阻却构成要件该当性，而非如通说那样定位于违法论中的违法性阻却事由。——译者注

的）法律效果而有目的地规定了违法，违法性因法域而不同，因而就刑法而言，应以刑法所固有的违法作为问题；[1]"缓和的违法一元论"则认为，由于整个法秩序是统一的，因而违法性在整个法域也是统一的，但违法性的具体表现形式存在各种各样的种类、阶段。[2]

对于不具有可罚的违法性的行为，"违法多元论"的解释是"在刑法上不是违法的"。不过，即便采取"违法多元论"，也无法否认这样的事实：在"绝对轻微类型"中，也是存在法益侵害的；在"相对轻微类型"中，侵害法益是超过保全法益的。因此，只要将违法性定义为法益侵害，将违法性阻却定义为保全同等以上的法益，就不得不承认，那些相当于绝对轻微类型以及相对轻微类型的案件，在定义上均是"违法"的。而且，强调各个法域均有自己固有的违法性这种观念，会使得刑法在整个法秩序中陷入孤立，进而有碍于刑法与其他法域的有机协调联动，不限于此，还存在对于民事法律或者行政法律中的合法行为也肯定具有刑法上的违法性，从而有损刑法的谦抑性、补充性之虞。

相反，对于不具有可罚的违法性的行为，"缓和的违法一元论"的解释是，"虽然在刑法上也是违法的，但尚未达到适于刑罚这种效果的质与量"。不过，由于为犯罪之成立奠定基础的，仅仅是那些由构成要件所"切下"的不法内容，因而即便采取"缓和的违法一元论"，也无法避免这种意义上的、各个法域之间或者犯罪类型之间的违法性的相对化。*[2]而且，在紧急避险

---

[1] 参见前田雅英『可罰的違法性論の研究』（東京大学出版会1982年）339頁以下。
[2] 参见佐伯千仭『刑法における違法性の理論』（有斐閣1974年）16頁。相反，那种主张对于在其他法域被认定为违法的行为，没有阻却（可罚的）违法性的余地的"严格的违法一元论"［参见木村亀二（阿部純二增補）『刑法総論』（有斐閣1978年）236頁以下］现在已经丧失了支持。
 * 也就是说，"缓和的违法一元论"虽原则上主张违法判断的统一性，但有别于完全否定违法相对性的"严格的违法一元论"，考虑到各个法域的立法目的以及法律效果的不同，一定程度上仍然承认违法判断的相对性（反之，"违法多元论"则全面承认不同法域之间的违法判断的相对性）。——译者注
[2] 不过，这种意义上的违法性的相对化，是基于作为违法评价之对象的事实的不同，而不意味着违法评价本身的相对化。例如，在不具有医师资格的某人成功实施了手术的情形下，虽能肯定具有无证行医罪的违法性，但却能阻却伤害罪的违法性。这是因为，前罪是以在不具有医师执业证的情况下出于反复持续地从事医疗活动这一事实作为评价对象，而后罪则是以侵害了他人的生理性机能这一事实作为评价对象。这样，对于不同的事实，作出不同的违法评价，这当然是妥当的。这种妥当性在下述案件中也能得到体现：针对A的不法侵害实施了防卫行为，但却给毫无关系的B造成了损害结果［第十二章之四（六）］，在该案中，虽然针对A之罪能够因正当防卫而被正当化，但针对B之罪则不能被正当化。

中，明明在刑法上被正当化，却还要承担基于不法行为的损害赔偿责任，在这一点上，就能看到刑法的违法性与民法的违法性的相对化。但是，这种处理并不违反法秩序的统一性，毋宁说，正是以有可能通过损害赔偿而进行利益调整为前提，才承认紧急避险行为阻却刑法上的违法性，因而也可将其视为体现了民法与刑法的协作联动［第九章之二（五）］。

第七章 法益主体的同意

一、不处罚的根据

刑法，是为了人的利益而存在的。为此，刑法保护的，不是处于外界的存在本身，而是由这些存在所带给人的"效用"，是人从这些存在中所享受到的"利益"。在此意义上，可以说，所谓法益，就是作为法益主体（法益的保有者或享受者）的人与属于法益客体的外界存在之间的"关系"。财物一旦被物理性地毁坏，便有损作为法益之事实性基础的"存在"，并由此损害到对所有者而言的"效用"或"利益"。而且，若窃取或者隐匿了财物，即便财物这种"存在"本身"毫发无损"，但对所有者而言，会损害其使用、收益、处分这种"效用"，因而也能肯定存在法益侵害。由此可见，如果将法益理解为这种"人与存在之间的关系"，在法益主体对处分表示同意的场合，由于是法益主体自己放弃了对客体之效用的享受，"法益"便不复存在，自然也不存在对法益的侵害。并且，即便将作为效用之源泉的存在本身称为"法益"，在法益主体本身表示同意的场合，也再无必要为了该法益主体而保护该法益。如此一来，从法益保护主义的视角来看，法益主体的同意的归结就在于，以"不存在法益"或者"不存在法益的要保护性"为理由，而认定不成立犯罪。[1]

相反，同样是立足于法益侵害说，也有观点主张，法益主体的同意的不处罚根据在于"利益衡量"或者"优越性利益"。[2]亦即，即便存在同意，也并未丧失法益性或者法益的要保护性，只是通过比较衡量受侵害的法益与因同意而实现的"自我决定的利益"，而得出这样的结论：由于后者优越于前

---

[1] 参见佐伯仁志『刑法総論の考え方・楽しみ方』（有斐閣2013年）205頁；平野龍一『刑法総論Ⅱ』（有斐閣1975年）248頁；内藤謙『刑法講義総論（中）』（有斐閣1986年）587頁；山口厚『刑法総論』（有斐閣2016年第3版）162頁。

[2] 参见曽根威彦『刑法原論』（成文堂2016年）261頁以下。

者，因而不予处罚。诚然，赋予法益主体的同意以一定的效果，这源于对个人的自我决定权的尊重。然而，这种"自我决定的利益"，并非与法益相对立的另外的利益，而是内在于作为"人与存在之间的关系"的法益。而且，即便是将作为效用之源泉的"存在"本身理解为法益，在存在法益主体的同意的场合，对所要研究的问题即自我决定而言，由于那完全是有关该法益之处分的自我决定，因而，仍然可将其还原至"为该法益的要保护性奠定基础"的情况。就是这种主张以利益衡量作为同意的不处罚根据的观点，也并非打算在个案中进行具体的利益衡量。[1]该观点的意图在于，以生命要优越于自我决定这一利益为根据，从而将针对同意杀人、危及生命的同意伤害的处罚，予以正当化。但不得不说，这种抽象的价值决定，与法益衡量——法益衡量作为一种违法性阻却原理，以在个别案件中进行具体衡量为内容——在性质上并不相同。对于同意杀人的可罚性，应该直截了当地解释为：基于"父权主义"的视角，限制法益主体的处分权。

另外，按照规范违反说，法益主体的同意被认为是，通过给予行为以社会相当性，从而使得行为丧失违法性。[2]为此，即便存在同意，只要行为在社会上是不相当的，就不具有社会相当性，仍可成立犯罪。在此限度之内，同意本身并非能够最终决定是否存在违法性的因素，它不过是被当作判断行为是否具有社会相当性的判断材料之一，在医疗行为、竞技体育等正当业务行为（第35条后段）的内部，作为问题来研究。但是，即便是持规范违反说，如果立足于二元的行为无价值论——只有同时存在行为无价值以及结果无价值之时，才可以肯定违法性——既然因同意而失去了法益侵害性，仅此就理应否定犯罪的成立。

二、同意在犯罪论体系中的地位

如上所述，同意，是从法益侵害性或者社会相当性的角度来左右违法性

---

[1] 认为同意的效果取决于个别的利益衡量，这就如同后述的社会相当性那样，是将同意的意义予以相对化。尤其是，如果将"自我决定的利益"的程度，与通过表示同意而追求的目的相关联，就有可能出现，根据具体目的所具有的价值而否定违法性阻却效果的情况。

[2] 参见大塚仁『刑法概説　総論』（有斐閣2008年第4版）421頁；佐久間修『刑法総論』（成文堂2009年）195頁；橋本正博『刑法総論』（新世社2015年）161頁；福田平『全訂刑法総論』（有斐閣2011年第5版）180頁以下。

的事项，那么，在犯罪论体系中，究竟应将其定位于作为违法类型的构成要件，还是违法性阻却事由呢？现在，几乎已经看不到将同意一律视作违法性阻却事由的观点，二元说处于有力地位：根据犯罪类型的不同，既有将其视为构成要件不该当的情形，也有将其视为违法性阻却事由的情形。[1]

其中，"形式的二元说"[2]以刑法条文的用语本身作为标准。在该说看来，在规定"侵入"的侵入住宅罪（第 130 条）、规定"窃取"的盗窃罪（第 235 条）、规定"强取"的抢劫罪（第 236 条）中，由于构成要件本身就含有违反对方意思这一内容，因而法益主体的同意可以排除构成要件该当性。与之相反，在规定"伤害他人身体"的伤害罪（第 204 条）、规定"损坏或者伤害他人之物"的损坏器物罪（第 261 条）中，由于并不存在可从中看出违反对方意思这一内容的用语，同意便属于违法性阻却事由。[3]就杀人罪而言，尽管《刑法》第 199 条的"杀害他人"这一用语中，并不含有违反他人的意思这一内容，但基于对《刑法》第 202 条的同意杀人罪的反对解释，"不存在同意"就似乎被理解为构成要件要素。

从保障罪刑法定原则的视角，从形式上价值中立地把握构成要件［第三章之三（一）］，这种立场是形式的二元说的前提。然而，正如承认诸如妨害执行公务罪（第 95 条第 1 款）中的职务的"合法性"这种"不成文的构成要件要素"那样，在限定处罚这一方向上，即便进行脱离用语本身含义的解释，也不违反罪刑法定原则。而且，诸如"逮捕"、"监禁"（第 220 条）、"泄露秘密"（第 134 条）这种用语，是否含有违反（法益主体的）意思这一内容，也并非一目了然。再者，例如，就损坏器物罪而言，同样是在他人的屏风上用墨写字，如果该行为是屏风的所有者所期待的，则属于"书法"，不

---

[1] 也有学者主张"三元说"，将"同意"区分为以下三种情形：一是诸如侵入住宅罪那样，在行为样态要求侵害意思的犯罪中，阻却构成要件该当性的"有关行为样态的合意"；二是诸如监禁罪那样，在以处分权为保护法益的犯罪中，阻却构成要件该当性的"有关法益侵害性的合意"；三是诸如伤害罪那样，在保护独立于处分权的法益的犯罪中，阻却违法性的"同意"。参见佐藤陽子『被害者の承諾』（成文堂 2011 年）27 頁以下；佐藤陽子「被害者の同意における三元説の意義」川端博・浅田和茂・山口厚・井田良編『理論刑法学の探求④』（成文堂 2011 年）101 頁以下。

[2] 参见曾根威彦『刑法原論』（成文堂 2016 年）256 頁以下。

[3] 就损坏器物而言，因同意而放弃了所有权（也就是，对损坏的同意即意味着放弃所有权），该器物已不再是"他人之物"，似乎应否定构成要件该当性。然而，请他人劈掉桌子作柴烧的人，其并未放弃所有权。

构成"损坏";反之,若该行为有违所有者的意思,则属于"涂鸦",构成"损坏"。由此可见,有些情况下,唯有根据法益主体的意思,才可以判断是否具有构成要件该当性。

相反,"实质的二元说"〔1〕则以保护法益的性质为标准。按照该说,对于财产、自由等具有手段性价值*的法益,由于处分的自由也属于法益的内容,在存在法益主体的同意的场合,法益侵害本身便不复存在,因此,可否定构成要件该当性。不同于"形式的二元说",该说将损坏器物中的同意定位于构成要件的阶段。反之,对于身体、名誉这种本身就具有价值的法益,即便存在同意,也并不丧失法益性。为此,在针对这些法益的侵害存在同意的场合,就不能否定构成要件该当性,而是以失去了法益的要保护性为理由,认定阻却违法性。按照该说,从法益的性质来看,杀人罪中的同意,应该是和伤害罪一样,被定位于违法性阻却的阶段。如此一来,在基于同意的杀人的场合,就会采取以下做法:虽该当于《刑法》第 199 条的普通杀人的构成要件,但基于同意而阻却该罪的违法性;在此基础上,再重新认定该当于《刑法》第 202 条的同意杀人罪的构成要件。但是,这种"回旋镖效应"*难道不是一种毫无意义的"迂回"吗?本书认为,对于基于同意的杀人,"实质的二元说"的论者也会自始便直接将其作为不该当于《刑法》第 199 条的构成要件的情形来处理。但是,这种做法是针对具有自我目的性质的法益,将同意定位于构成要件的阶段,这有违"实质的二元说"之前提。从根本上看,对此是存在疑问的:能否做到截然区别法益与法益的要保护性?这种区别又是否与体系上的差异相对应呢?

如此看来,法益主体的同意,应该属于在构成要件阶段考虑的问题。这

---

〔1〕 参见佐伯仁志「違法論における自律と自己決定」『刑法雑誌』41 巻 2 号(2002 年)75 頁;井田良『講義刑法学・総論』(有斐閣 2018 年第 2 版)348 頁。

* 所谓"具有手段性价值的法益",是指法益作为达到其他目的的手段而具有价值。例如,财产便属于典型的具有手段性价值的法益,通过利用财产,可以得到某种满足,或者,通过变卖财产,还可得到某种对价。反之,所谓"非手段性法益",是指该法益并非获得其他东西的手段,其本身就具有价值。例如,生命、身体就属于典型的非手段性法益。——译者注

* 回旋镖(boomerang)效应:所谓的回旋镖,也叫飞去来器、回飞棒,是一种掷出后可以利用空气动力学原理飞回来的打猎用具,曾是一些地区的土著的狩猎工具。不过,使用回旋镖,很有可能出现没打到猎物,反而先伤了自己的情况。现在一般是指,事情的结果有可能如同回旋镖的飞行轨迹一样,反而给行为人本人带来负面效果(自食其果)。——译者注

种"构成要件一元说",[1]正是将构成要件理解为法益侵害的类型化、将违法阻却理解为在法益冲突情形下对优越或同等利益的保全这种观点［第六章之五（三）］的归结。*本书认为,法益主体的同意,能直接让行为丧失法益侵害性,而不以存在法益冲突为前提,也无需进行必要性判断与法益衡量,因此,将其定位于构成要件阶段是与体系相符合的。只要能认定法益主体具有处分权,就应统一地（一元性地）肯定排除构成要件该当性。

在作为二元说之母国的德国,对于同意在体系上的定位,是将其与同意的有效要件的不同联系在一起的。大多认为,排除构成要件该当性的同意,只要是法益主体内心的自然意思即可,无需行为人对此存在认识；相反,阻却违法性的同意,则属于法律上有效的意思表示,需要行为人对此存在认识。但是,同意的效果来源于法益主体对法益的放弃这一共同根据,因此,在具体处理上加以区别的做法,就缺少合理性。

三、不处罚效果的例外

对于上述同意的不处罚效果,法律上还特别规定了几点例外：

首先,即便存在未满13周岁者的同意,仍构成强制猥亵罪或强制性交罪等（第176条后段、第177条后段）。这是因为,立法者认为,有关性的问题,未满13岁的未成年人没有自我决定的能力,无法作出有效的同意,因此,即便表面上存在同意,仍未丧失法益侵害性。

其次,即便存在孕妇本人的同意,堕胎行为仍构成犯罪（第213条〔同意堕胎罪〕）。这是因为,相对于母体,胎儿独立是受到保护的（参见第212条〔堕胎罪〕）,在此限度之内,孕妇的同意不能谓之为法益主体的同意。

最后,同意杀人也构成犯罪（第202条）。如果认为生命也是个人法益,在生命的保有者自己放弃生命的场合,原本不应存在法益侵害性。对此,有观点提出,同意杀人罪的保护法益在于,诸如家属以及周边相关人员的经济

---

[1] 参见林幹人『刑法総論』（東京大学出版会2008年第2版）160頁；山中敬一『刑法総論』（成文堂2015年第3版）209頁以下；西田典之・山口厚・佐伯仁志編『注釈刑法　第1巻　総論』（有斐閣2010年）348頁［深町晋也］；小林憲太郎『刑法総論』（新世社2020年第2版）144頁。

* 也就是,在"构成要件一元说"看来,只要能认定法益主体具有处分权,基于法益主体的同意就统一地（一元性地）排除构成要件该当性。——译者注

的或精神的利益、国家的经济实力与人口政策，以及禁止他杀规范的确证等被杀者之外的人的利益，由此认为，被杀者本人的同意并非法益主体的同意。但是，这些法益的内容过于不确定，与《刑法》第202条的法定刑配置也难言匹配。另外，还有观点认为，针对自己的死亡的同意，通常情况下，有欠冷静，也非真正出自本意（不具有自主性），因而不能称之为有效的同意。但是，将同意杀人罪的成立范围限于不具有同意的自主性的场合，这在解释论上不免勉强，而且，如果同意确实无效的话，也应该是成立第199条的普通杀人。因此，本书认为，生命是包括自我决定权在内的一切权利、利益的存在前提，之所以规定了同意杀人罪，正是基于"父权主义"的思想，对生命一律赋予了要保护性，而与本人意思无关［第二章之一（二）］。

四、同意伤害

（一）判例态度

进一步而言，除了上述有明文规定的情形之外，针对"同意的不处罚效果"，是否还有其他例外呢？尤其是就暴行罪、伤害罪来说，是否即便存在有效的同意仍能成立犯罪，判例、学界对此一直存在争议。

例如，同样是性交过程中致人死亡的案件，大阪高等裁判所作出了结论不同的判决。〔案例1〕X在与A性交之时，征得A的同意，用双手卡住A的脖子，最终致其死亡。对此，大阪高等裁判所昭和29年（1954年）7月14日判决认为，"在性交过程中，为了增加快感，即便实施了诸如卡对方脖子这样的行为，只要是基于对方的要求，或者已征得对方的同意，即可阻却违法性，并无成立暴行罪的余地"，转而以违反了危险防止义务为由，判定仅成立过失致死罪。[1]〔案例2〕Y在与B性交之时，按照B的要求，用睡衣腰带勒住B的脖子，最终致其死亡。对此，大阪高等裁判所昭和40年（1965年）6月7日判决指出，"被害人的嘱托或承诺之所以能够阻却行为的违法性，那是因为被害人放弃了法益，而且，该行为一般能为社会通常观念所允许"，反之，"在诸如行为样态有违善良风俗，或者采取了超越被社会通常观念视为相当的方法、手段、法益侵害的限度的行为之时，被害人的嘱托或承诺亦不能阻却该行为的违法性"。在此一般论的基础上，大阪高等裁判所具体就本案进

---

[1] 参见大阪高判昭和29年7月14日裁特1卷4号133页。

一步指出,"如果用睡衣腰带勒脖子,与单单用手勒脖子的情形相比,明显更难控制,也难以知道施加于对方脖子的具体力度","在被害人真正感到痛苦之时,如何将其意思(例如,太紧了,松一点)传达给被告人,对于具体的方法、手段,事前并无准备;并且,从被告人的角度来看,在性交激情亢奋之时,采取什么方法、手段来控制力度,对此也并无准备",因此,该行为"很大程度上存在窒息死亡这一针对生命的危险",进而判定成立由违法的暴力行为所造成的伤害致死罪。[1]

〔案例3〕出于策划交通事故骗保的目的,X与A等人通过共谋,由X开车撞上A等人乘坐的汽车,造成A等人无需长时间入院治疗的轻微伤害。对此,最高裁判所昭和55年(1980年)11月13日决定判定,"在被害人对身体伤害作出承诺的场合,是否成立伤害罪,这不单取决于是否存在被害人的承诺这一事实,还应比照取得该承诺的动机、目的,伤害身体的手段、方法,损伤的部位、程度等诸多因素来决定","在出于骗保的目的,得到被害人的承诺,故意使其与自己驾驶的车辆发生碰撞而致该人受伤的场合,该承诺是为了用于实现骗保这一违法目的而取得的违法承诺,不能以此来阻却该伤害行为的违法性"。[2]

〔案例4〕A因B违反"规矩",命其断指谢罪,B遂决定自断小指,请X帮忙。X用钓鱼线绑住B的小指根部,用于止血,然后把菜刀放在B的小手指上,用榔头对准菜刀敲击,切断了小手指的末节。对此,仙台地方裁判所石卷支部昭和62年(1987年)2月18日判决认定,"即便已经存在B的承诺,但被告人的行为仍属于参与了不得不谓之为有违公序良俗的断指谢罪的行为,而且,也并非在采取了已为医学知识证明有效的消毒等适当措施的基础上来实施,其方法完全可谓之为野蛮残忍,因此,不能将这种样态的行为理解为具有社会相当性的行为,能解消行为的违法性",进而判定成立伤害罪。[3]

(二)社会相当性说

从上述判例可以看出,至少就有关伤害罪的案件,判例采取的立场为,

---

[1] 参见大阪高判昭和40年6月7日下刑集7卷6号1166頁。
[2] 参见最决昭和55年11月13日刑集34卷6号396頁。
[3] 参见仙台地判石卷支部昭和62年2月18日判時1249号145頁。

仅凭有效的同意，尚不能认定具有违法性阻却的效果，要阻却违法，必须是通过综合判断相关因素之后，可以认定该行为属于具有社会相当性的行为的情形。这种"社会相当说"受到"规范违反说"论者的广泛支持。[1]但是，明明存在有效的同意，却从不同于被害人的利益的其他角度，以不具有社会相当性为由来肯定违法性，这无疑是在没有法益侵害的地方肯定成立犯罪，不仅有违法益保护主义，也与二元的行为无价值论的前提——以行为无价值与结果无价值二者作为违法性的必要条件——相矛盾。[2]

而且，在有关〔案例3〕的最高裁判所昭和55年（1980年）11月13日决定中，可以说，实质上是以欺诈目的来为行为的违法性提供根据的。但是，既然伤害罪是以人的身体的完整性或者人的身体机能作为保护法益，却通过伤害罪的规定来保护保险公司的财产，这既有违通过法律将违法内容予以类型化这一旨趣，也不符合罪刑法定原则的精神。像〔案例3〕那样，将骗取保险金这种违法内容，实质性地纳入伤害罪的处罚根据之中，这就等同于处罚本不具有可罚性的诈骗预备。而且，像〔案例3〕那样，在已经以诈骗罪予以处罚的场合，更存在双重处罚之嫌。并且，对〔案例3〕中的X以伤害罪加以处罚，这与以下情形之间还存在刑罚上的不均衡：对于X之伤害给予同意的A却因为是被害人而不能成立伤害罪的共犯；虽出于骗保的目的，但如果是被害人本人实施自伤行为，则不具有可罚性。当然，在就同意杀人罪（第202条），以及同意伤害，采取后述生命危险说、重伤害说的场合，可能也会出现同样的不均衡。但是，在同意杀人、重大伤害等场合，被杀者、被伤者实质上也可被谓为被害人，因此，虽认为行为人具有可罚性，却认为被杀者、被伤者不具有可罚性，对此倒无多大抵触，尚可接受；相反，在〔案例3〕中，虽然由于A处于形式上的被伤者的地位，而可认定其不具有可罚性，但由于其不具有作为被害人的实质，因而可以说，就当罚性而言，A与X之间并不存在什么"有价值"的不同。

---

[1] 参见福田平『全訂刑法総論』（有斐閣2011年第5版）180页以下；大塚仁『刑法概説　総論』（有斐閣2008年第4版）421页；佐久間修『刑法総論』（成文堂2009年）195页。
[2] 社会相当性说的论者也许是将"身体完整性的损毁"本身视为伤害罪中的法益侵害，因而在存在同意的场合，也肯定存在结果无价值。但是，之所以要保护法益，那原本是为了法益主体的利益，在诸如〔案例3〕那样的轻微的同意伤害的场合，就很难说，保护其"身体的完整性"，那是为了保护已表示同意的被伤者的利益。这种与对法益主体而言的利益相割裂的外形上的侵害，还不足以成为为不法奠定基础的"结果无价值"。

那么，社会相当性说的射程究竟及于什么范围呢？下面通过几个案例来说明。〔案例5〕A出于骗保的目的，让X损坏或者拿走自己的所有物的，能否认定X成立损坏器物罪或者盗窃罪呢？〔案例6〕A出于骗保的目的，让X杀死自己的，是否认定X不构成同意杀人罪，而是成立（普通）杀人罪呢？[1]〔案例7〕X到同伙A家商量诈骗计划，由于A的同意是出于非法的目的，X又是否成立侵入住宅罪呢？如果以社会相当性说作为有关同意问题的一般性理论，上述三个案件势必都会得出肯定结论，但这显然是不妥的。持社会相当性说的论者想必会立足于前述"二元说"，主张在属于违法性阻却事由的同意的情形下，唯有该同意具有社会相当性之时，才阻却违法性；而在属于构成要件不该当事由（排除构成要件该当性）的同意的情形下，只要同意具有任意性，就是有效的。但是，正如前述，针对"二元说"这一理论本身，以及该说根据体系性地位而承认在要件、效果上存在差异这一点，[2]尚存疑问。并且，只要立足于"实质的二元说"，就理应将杀人罪归类于阻却违法的同意，而根据该分类，势必会认定〔案例6〕中的X成立杀人罪，但这显然不妥当；反之，即便通过对第202条（"参与杀人与同意杀人"）进行反对解释，认为杀人罪中的同意属于构成要件不该当事由，但依据这种形式上的论据，来决定同意的要件、效果这种实质性问题，也不具有合理性。

（三）全面不可罚说、生命危险说、重伤害说

与上述社会相当性说相反，全面不可罚说从有关违法性之实质的法益侵害说的视角主张，即便是伤害罪，只要法益主体表示了同意，法益就丧失了要保护性，因而同意伤害行为全面地不具有可罚性。这种"全面不可罚说"[3]多由持"构成要件一元说"的论者所主张。

另外，以下两种学说也属于有力观点：一是"生命危险说"，[4]该说虽立足于法益侵害说，但从"父权主义"的视角主张，对于存在生命危险的伤

---

[1] 参见佐伯仁志『刑法総論の考え方・楽しみ方』（有斐閣2013年）203頁。
[2] 也就是，根据究竟是排除构成要件该当性的同意还是阻却违法性的同意，同意的要件及其效果会相应不同。——译者注
[3] 参见浅田和茂『刑法総論』（成文堂2019年第2版）210頁；西田典之・山口厚・佐伯仁志編『注釈刑法 第1巻 総論』（有斐閣2010年）364頁［深町晋也］。
[4] 参见大谷實『刑法講義総論』（成文堂2019年新版第5版）253頁；日高義博『刑法総論』（成文堂2015年）257頁；平野龍一『刑法総論Ⅱ』（有斐閣1975年）254頁；堀内捷三『刑法総論』（有斐閣2004年第2版）181頁；山口厚『刑法総論』（有斐閣2016年第3版）175頁。

害行为，即便存在同意，也应具有可罚性；二是"重伤害说"，[1]该说在"生命危险说"的基础上，进一步主张无论有无同意，对身体关键部位施加不可逆转的伤害的，也应具有可罚性。可以说，前述有关〔案例2〕的大阪高等裁判所昭和40年（1965年）6月7日判决虽然形式上遵守的是社会相当性说的框架，但实质上是以行为具有针对生命的危险性为根据而肯定违法性的。

诚然，若认为同意伤害全面不可罚，这无疑是最尊重法益主体的自律性或者自我决定权的。但是，生命以及身体的关键部位构成个人自我决定权的基础，尊重损毁这种基础的自我决定权，显然是矛盾的。为此，除了危及生命的情形之外，使法益主体永远地丧失意识的情形，以及诸如斩断四肢那样，永远地剥夺其行动自由的情形，从保护个人的自我决定权之基础的视角来看，难道不应该成立伤害罪吗？按照全面不可罚说的观点，对于危及生命的伤害行为，在实际发生了死亡结果的场合，可以以重过失致死罪（第211条第1款后段）论处；即便没有发生死亡结果，只要存在未必的预见，也成立同意杀人的未遂（第203条），因而多认为，全面不可罚说并不缺少对被伤者的保护。但是，征得对方同意而使之陷入植物人状态的，如果认为应该处罚此行为，就只能是以伤害罪来处罚。

当然，作为对现行法的解释论，在现有法律规定之下，是否可以处罚同意伤害，这确实是一个值得研究的问题。生命危险说从有关同意杀人罪的第202条中，推导出应限制有关生命的自我处分权这一结论。但是，同意杀人的处罚根据，并非规定普通杀人的第199条，而是第202条这一特别规定，由此可见，只要不存在相当于第202条的有关同意伤害罪的规定，就可以认为，法律的旨趣在于，不处罚同意伤害行为。而且，若以第204条的伤害罪来处罚同意伤害行为，就会出现刑罚上的不均衡：同意杀人的法定刑最高刑期为7年，可同意伤害却可处以最高15年的刑罚。另外，若采取重伤害说，就必须判断：伤害达到何种程度，才可予以处罚？然而，以解释论来决定处罚界限，不仅有害于法的稳定性，也难免产生"通过解释来进行立法"这种疑虑。而且，作为刑事介入的理由，"父权主义"原本只是一种例外存在，要启动刑事

---

[1] 参见井田良『講義刑法学・総論』（有斐閣2018年第2版）351頁；佐伯仁志『刑法総論の考え方・楽しみ方』（有斐閣2013年）224頁；内藤謙『刑法講義総論（中）』（有斐閣1986年）588頁；町野朔『犯罪総論』（信山社2019年）260頁；山中敬一『刑法総論』（成文堂2015年第3版）212頁。

权,最好是基于立法的明确的政策性决定。为此,重伤害说的主张原本应该通过立法来实现。[1]不过,鉴于第 204 条的"伤害"这一用语也可将基于同意的伤害包括在内,即便以第 204 条来处罚基于同意的重大伤害,可以说也不违反罪刑法定原则;而且,生命以及身体的关键部位对个人的自律而言是不可或缺的前提,因此,在第 204 条的解释的框架之内,采取上述意义上的重伤害说,也应该是被允许的。不过,由于同意伤害的违法性程度要低于同意杀人,因而针对同意伤害的刑罚,不得超出第 202 条("参与自杀与同意杀人")的最高刑期,也就是,最高刑期不得超过 7 年。

五、有效要件

(一)存在形态、是否需要存在认识

同意,意味着法益的拥有者自己放弃法益,由此使该法益不再具有法益性,或者丧失了要保护性。根据这种以法益性或者法益的要保护性的阙如作为不处罚根据的立场,同意的效果,完全来自法益主体的意思。为此,同意,只要作为法益主体的内心心理状态而存在即已足够(意思方向说);[2]对事实上存在同意这一点,行为人也没有必要存在认识(认识不要说)。在明明存在法益主体的同意,但行为人对此并无认识的场合,由于不存在法益侵害的结果,不能成立既遂犯,[3]不过是按照有关不能犯的理解,以存在法益侵害的可能性为理由,而可能成立未遂犯。反之,在明明并无同意,但行为人误信存在同意,并由此实施了行为的场合,由于缺少针对法益侵害结果这一构

---

[1] 在进行这种立法之际,理想的做法是,在具体要件之下,增设区别于普通伤害罪的重伤害罪,在此基础上,作为重伤害罪的一种减轻处罚类型,再设立同意伤害罪。

[2] 参见浅田和茂『刑法總論』(成文堂 2019 年第 2 版)212-213 頁;大谷實『刑法講義總論』(成文堂 2019 年新版第 5 版)255 頁;佐伯仁志『刑法總論の考え方・楽しみ方』(有斐閣 2013 年)209 頁;曽根威彦『刑法原論』(成文堂 2016 年)268 頁;西田典之(橋爪隆補訂)『刑法總論』(弘文堂 2019 年第 3 版)204 頁;林幹人『刑法總論』(東京大学出版会 2008 年第 2 版)161 頁;平野龍一『刑法總論Ⅱ』(有斐閣 1975 年)250 頁以下;町野朔『犯罪總論』(信山社 2019 年)256 頁。

[3] 在玩 SM 游戏之际,X 用刀捅刺 A 的下腹部,结果致 A 死亡,对于该案,大阪高等裁判所平成 10 年(1998 年)7 月 16 日判决判定,即便 X 没有认识到 A 对死亡结果存在同意,但只要存在 A 的同意,就应成立同意杀人罪(参见大阪高判平成 10 年 7 月 16 日判夕 1647 号 156 頁)。明明 X 缺少对同意的认识,本判决仍然判定,不成立(普通)杀人罪而是成立同意杀人罪,在这一点上,可以说,本判决是以"认识不要说"为前提的。

成要件该当事实的认识，可以阻却故意。

与上述观点相反，在规范违反说看来，法益主体的同意，作为对行为人的行为赋予社会相当性的事由，只有显现于外部（意思表示说），[1]且为行为人所认识（认识必要说），被纳入行为人的行为的要素，才能认定具有赋予行为人的行为以社会相当性的效果。按照这种观点，即便存在法益主体的同意，只要行为人对此并无认识，就不能认定具有社会相当性，应成立既遂犯。但是，这种结论是对并无法益侵害的行为认定成立既遂犯，难道不有悖法益保护主义吗？[2]例如，[案例8] 不知情的X损坏了所有人A原本同意损坏的财物，认定X成立损坏器物罪（第261条），就并不合理。反之，社会相当性说的论者，可能会立足于有关同意的体系性地位的二元说，主张分而论之：对构成要件的同意而言，意思方向说、认识不要说更为妥当；对阻却违法性的同意而言，意思表示说、认识必要说则更为合适，因此，也许会认定〔案例8〕中的X不具有可罚性。但是，正如前面所指出的那样（本章之二），能够产生这种法律效果上的差异的理由何在，对此尚存疑问。

另外，未显现于外部的意思不可能被认识，因而认识必要说以意思表示说为逻辑前提，但认识不要说未必以意思方向说作为逻辑前提。不过，也有观点虽立足于认识不要说，却仍然从法不介入人的内心以及法的稳定性的要求出发，主张意思表示说。[3]但是，作为符合法益主体之意思的效果，否定成立犯罪，这与其说意味着法的介入，毋宁说更意味着法的不介入，不仅如此，由于可以谓之为，对法益主体（被害人）而言，这属于尊重其意思的处理，因此，采取意思方向说，也并无什么特别的不妥。

（二）存在时点

立足于以"法益性或者法益的要保护性的不存在"作为同意的不处罚的

---

[1] 参见伊东研祐『刑法講義総論』（日本評論社2010年）225頁以下；大塚仁『刑法概説　総論』（有斐閣2008年第4版）420頁；川端博『刑法総論講義』（成文堂2013年第3版）329頁；高橋則夫『刑法総論』（成文堂2018年第4版）330-331頁；福田平『全訂刑法総論』（有斐閣2011年第5版）181頁。

[2] 对此问题，可以想见，二元的行为无价值论的解决方法是：在行为人对同意并无认识的场合，由于行为缺少社会相当性，应肯定具有行为无价值；同时，由于法益主体已经事实上放弃了法益，应否定具有结果无价值，因此，仅限于成立未遂犯。

[3] 参见松宮孝明『刑法総論講義』（成文堂2018年第5版補訂版）127頁；山中敬一『刑法総論』（成文堂2015年第3版）213頁以下。

根据的立场，在结果发生的时点是否存在同意，就会成为问题。[1]这是因为，只要结果发生当时，法益主体已经自己放弃了法益，就不存在"法益侵害结果"。为此，实行行为之后结果发生之前被给予了同意的，即便表面上发生了结果，由于这种表面上的结果不属于构成要件的结果，因而仅成立未遂犯。另外，实行行为之后结果发生之前，法益主体撤销同意的，尽管发生了法益侵害结果，但只要行为人在行为当时认为的是，"直至结果发生之前，法益仍然是被持续放弃的"，就应否定故意。

相反，若立足于规范违反说，认为同意是判断行为有无社会相当性的根据（判断材料），那么，就必须在实行行为当时存在同意。[2]这也是认识必要说的当然前提。按照该观点，实行行为之后，即便撤销了同意，行为性质也不会随之改变，仍然属于合法行为；同样，实行行为之后，即便追加表示同意，行为也仍然具有违法性。但是，后一结论是在没有法益侵害的地方认定成立既遂犯，是有违法益保护主义的。

（三）认识内容、任意性

同意，意味着法益主体放弃了法益，因此，必须可谓之为，①在对作为放弃对象的法益存在正确认识的基础上，②任意地放弃该法益。①中的"对法益的认识"，是指从属于法益性之根据的"效用"或者"属性"的角度，对对象存在认识；②中的"任意的放弃"，是指法益主体在可以选择放弃与否的状态之下，自己做出了放弃这一意思决定。这种选择意思，也可以表述为"容忍"，但那是指"以存在选择可能性为前提的意思决定"，而不含有情绪性的意思。例如，〔案例9〕由于警官出示了搜查证，主人允许警官进入己宅。在这种情况下，该人并没有允许与否的选择余地，因而不能谓之为任意的同意。同样，因胁迫而取得的同意，也不能称之为具有任意性，应归于无效。当然，这种场合的胁迫，一般以达到通常的犯罪的情形下成立强要罪（第223条）的程度为

---

〔1〕参见小林憲太郎『刑法総論』（新世社2020年第2版）147頁；佐伯仁志『刑法総論の考え方・楽しみ方』（有斐閣2013年）208頁；曽根威彦『刑法原論』（成文堂2016年）267頁；林幹人『刑法総論』（東京大学出版会2008年第2版）162頁；山口厚『刑法総論』（有斐閣2016年第3版）168頁。

〔2〕参见大塚仁『刑法概説　総論』（有斐閣2008年第4版）420頁；橋本正博『刑法総論』（新世社2015年）164頁。另外，大谷实也认为，以实行行为当时存在同意为必要［参见大谷實『刑法講義総論』（成文堂2019年新版第5版）255頁］，但这种观点与其理论前提——同意的不处罚根据在于不存在法益侵害——之间是否存在整合性，是存在疑问的。

必要。相反，在抢劫罪（第236条）中，就必须达到压制反抗的程度。

（四）同意能力

要做出有效的同意，与上述①"对法益的正确认识"②"任意的放弃"相对应，还以行为人具有以下能力为前提：①能够正确认识属于法益性之根据的效用与属性；②能够比照自己的价值观，对是否放弃做出合理选择。由①可以推导出，根据法益的性质，同意能力也是一个相对的概念；由②又可以推导出，以法益主体具有一定程度的成熟心智为必要。是否具有同意能力，正因为问题往往出现在未成年人以及精神障碍者身上，在设定标准之时，难以做到完全不考虑"父权主义"。然而，必须警惕的是，那不过是对法益主体的自律性的补充，应防止超出此界限，以致反而走向对自律性的否定。

六、基于错误的同意

（一）判例态度

有关同意中的认识内容与任意性的争议，主要是围绕基于错误的同意而展开。〔案例10〕A向X提出一起自杀，X本无此意，却装出会追随对方而去的样子，让A喝下氰化苏打而死亡。对此，最高裁判所昭和33年（1958年）11月21日判决判定，"A因受X的欺骗而产生X会随后自杀这一预期，并由此最终决意赴死，显而易见，该决意是不符合A的真实意思的、具有重大瑕疵的意思。并且，X明明没有追随自杀的意思，却欺骗A，让其误信自己会追随自杀，X的这种行为该当于普通的杀人罪"。[1]〔案例11〕X为了将从自己经营的饮食店逃离的女性服务员A带回，事先叫好出租车，告知出租车驾驶员直接去X家，然后对A说，自己母亲生病住院，希望她去照顾。A由此误以为是去医院而上了出租车，直至A意识到受骗而逃走，出租车一直处于行驶状态。对此，最高裁判所昭和33年（1958年）3月19日决定认为，"《刑法》第220条第1款（当时的法律）所谓'监禁'，是指限制他人自由，使之无法从一定区域、场所离开。如本案那样，具体方法未必限于暴力或胁迫，也包括通过使用诡计而利用被害人的错误的情形"，进而判定成立监禁罪。[2]〔案例12〕X等人出于杀害服装中古店老板A进而抢夺财物的目的，

---

〔1〕 参见最判昭和33年11月21日刑集12卷15号3519页。

〔2〕 参见最决昭和33年3月19日刑集12卷4号636页。

谎称是顾客,让 A 打开店门,进入其中。对此,最高裁判所昭和 23 年(1948 年)5 月 20 日判决认为,"在取得住宅权人的承诺的场合,理所当然,阻却(侵入住宅罪的)违法性,但行为人谎称自己是顾客而要求开门,使被害人信以为真而允许其进入店内,虽说(实际)得到了被害人的允许,但不能就此断言,被害人是就(行为人)出于抢劫杀人的目的而进入店内给予了承诺",进而判定 X 等人成立侵入住宅罪(第 130 条前段)。[1]

(二)条件关系错误说(重大错误说)

从上述判例可见,包括动机的错误在内,对于基于错误的同意,判例广泛认定同意无效,判定成立犯罪。通说将这种判例观点公式化为,在能谓之"如果没有错误,就不会同意"之时,由于同意并非基于法益主体的真实意思,因而同意无效。而且,一直以来,通说都支持这种"条件关系错误说(重大错误说[2])"。

诚然,错误与同意之间存在条件关系,这是使同意归于无效的必要条件。因为,在即使没有错误,反正也会同意的场合,根本就不能称之为基于错误的同意。近期,对医师的"擅断"治疗行为的性质存在争议:医师在并未做出充分解释的情况下,取得了患者的同意,事实上,即便做了充分解释,也会取得同样的同意。这里争议的问题是,这种"假定的同意"能否使医师的治疗行为正当化?然而,在即便得到正确的信息也会同意的场合,患者一方的错误与同意之间并无条件关系,该同意根本不能称之为基于错误的同意。因此,在这种情况下,针对治疗行为的最初的实际的同意,就是有效的同意,而并不是因为其他原因即假定的同意才得以正当化。[3]另外,也有观点以医师对说明义务的懈怠为理由,不主张将这种"擅断"治疗行为予以正当化。

---

[1] 参见最判昭和 23 年 5 月 20 日刑集 2 卷 5 号 489 頁。

[2] 参见井田良『講義刑法学・総論』(有斐閣 2018 年第 2 版)354 頁以下;大塚仁『刑法概説 総論』(有斐閣 2008 年第 4 版)419 頁以下;大谷實『刑法講義総論』(成文堂 2019 年新版第 5 版)254 頁。盐见淳将该说称为"被害人标准说"并予以支持,但另外加上了限制:在被害人的目的显著违法的场合,或者属于不值一提的琐碎之事的场合,同意不会变得无效[参见塩見淳『刑法の道しるべ』(有斐閣 2015 年)59 頁以下]。

[3] 古川伸彦认为,假定的同意的问题不是假定地承认不存在的同意,而研究的是,存在的同意的内容是否包含实际的侵害的问题[参见古川伸彦「医の侵襲行為の正当化と『仮定的同意』論」『山口厚先生献呈論文集』(成文堂 2014 年)37 頁以下]。另外,菊地一樹则将假定的同意作为患者针对治疗侵害的同意的规范的有效性的问题来把握[参见菊地一樹「いわゆる仮定的同意について」『早稲田法学会誌』67 巻 2 号(2017 年)153 頁以下]。

但是，在这种情况下，医师违反说明义务的行为，对患者是否同意本身并无直接影响，就连这种场合也要认定成立伤害罪，这难道不是义务违反理论的"独舞"吗？

这样，如果错误与同意之间不存在条件关系，同意就不会变得无效，但是，如条件关系错误说所主张的那样，只要错误与同意之间存在条件关系，就总是足以让同意归于无效，却存在不当扩大处罚范围的问题。例如，〔案例13〕某男性编造虚假的职业与收入，取得某女性的信任而与之交往，并在该女家中与之发生了性关系。对此，只要能谓之为，"如果该女性知道该男性的实际职业与收入，就不会让其进入家中，更不会与其发生性关系"，对此就认定成立侵入住宅罪（第130条）与准强奸罪（第178条第2款），想必这种结论难以为人所接受。〔1〕又如，〔案例14〕X骗A说，只要让我打一下，我就给你1万日元，在征得A的同意之后殴打了A。对此，按照条件关系错误说的观点，同意归于无效，应成立暴行罪（第208条）。然而，这种结论实质上意味着，是通过以身体的安全作为保护法益的暴行罪，来保护金钱这种经济利益以及意思决定的一般自由，这有违各个构成要件是选出特定的利益作为其保护法益，并以相应的法定刑来予以保护这一旨趣。〔2〕应该说，只有在以刑法赋予了其要保护性的特定效用作为对象的限度之内，对法益主体针对法益的意思决定的自由，才有必要加以保护。

（三）法益错误说

"法益错误说"（"有关法益的错误说"）也是一种有力学说。该说主张，只有对构成要件所保护的法益的相关事实存在错误的，同意才归于无效；而有关附随事项等的错误，则不能使同意归于无效。〔3〕按照该说，在〔案例10〕中，既然对自杀身亡本身存在正确认识，就可以认定存在有效的同意，因而仅成立参与自杀罪；在〔案例14〕中，由于对针对身体安全的侵害本身

---

〔1〕 参见佐伯仁志『刑法総論の考え方・楽しみ方』（有斐閣2013年）217頁以下。
〔2〕 参见佐伯仁志「被害者の錯誤について」『神戸法学年報』1号（1985年）59頁。
〔3〕 参见山中敬一「被害者の同意における意思の欠缺」『関西大学法学論集』第33巻第3＝4＝5号（1983年）919頁以下；佐伯仁志「被害者の錯誤について」『神戸法学年報』1号（1985年）51頁以下；小林憲太郎『刑法の帰責』（弘文堂2007年）227頁以下；須之内克彦『刑法における被害者の同意』（成文堂2004年）123頁以下；浅田和茂『刑法総論』（成文堂2019年第2版）212頁；西田典之（橋爪隆補訂）『刑法総論』（弘文堂2019年第3版）206頁；堀内捷三『刑法総論』（有斐閣2004年第2版）183頁以下。

存在正确认识，因而不能成立暴行罪。

的确，在对法益的相关事实存在错误之时，原本就不能认为，法益的保有者存在放弃法益的意思，因而根本就不存在同意。为此，不存在针对法益的错误，这是认定存在有效同意的必要条件。反之，对法益本身不存在错误的，是否总能认定存在有效的同意，对此仍有进一步探讨的余地。例如，〔案例15〕给主人打电话，谎称他养的狗从笼子里逃出来，到处咬人，从而取得主人的同意，将狗射杀；〔案例16〕对母亲谎称，你儿子可能要失明，需要做眼角膜移植，从而征得该母亲的同意，摘取了该母亲的眼角膜，之后，却将所摘取的眼角膜直接扔掉。对此，按照法益错误说的观点，由于法益的保有者对射杀自己所养的狗、摘取自己的眼角膜本身存在正确认识，因而不能成立犯罪。对于这种结论，本书是有所抵触的。

（四）自律的自我决定说

另外，"自律的自我决定说"主张，应该以同意是否是法益主体的自由的自我决定的结果，来作为同意的有效性的判断标准。[1]按照该说，在〔案例15〕中，尽管并非出自本意，但在当时的情况下，主人不得不同意射杀自己养的狗，因而不能认为是法益主体的自律的自我决定，同意归于无效，应成立损坏器物罪；在〔案例16〕中，对母亲而言，无论付出多大代价，也要避免自己的孩子失明，除了同意之外别无选择，因而对伤害的同意并非自由选择的结果，属于无效同意。

（五）探讨

如上所述，要称之为法益主体放弃了法益，必须是①在对作为放弃对象

---

[1] 参见林美月子「錯誤に基づく同意」『内藤謙先生古稀祝賀・刑事法学の現代的状況』（有斐閣1994年）33頁以下；林幹人「錯誤に基づく被害者の同意」『松尾浩也先生古稀祝賀論文集（上）』（有斐閣1998年）249頁以下；林幹人『刑法総論』（東京大学出版会2008年第2版）172頁；曽根威彦『刑法原論』（成文堂2016年）266頁（将这种观点称为"意思自由丧失说"）；上嶌一高「被害者の同意（下）」『法学教室』272号（2003年）81頁（在法益主体的意思决定的自由因错误而受到相当程度的限制之时，同意归于无效）；菊地一樹「法益主体の同意と規範の自律（1）（2・完）」『早稲田法学会誌』66巻2号（2016年）165頁以下・67巻1号（2016年）171頁以下（区分同意的存在与同意的有效性，将有关法益的错误定位于前者的问题，以法益主体的规范的自律性作为后者的标准）；森永真綱「欺罔により得られた法益主体の同意」川端博・浅田和茂・山口厚・井田良編『理論刑法学の探求④』（成文堂2011年）135頁以下（虽认为错误的重要性的标准在于规范的自律性，但限于行为人处于不得利用错误之地位的场合，重大的错误才归属于行为人，为处罚奠定基础）。

的法益存在正确认识的基础上，②任意地放弃了该法益。事实上，法益错误说是有关①的认识对象的理论，自律的自我决定说是有关②的任意性的理论，二者并非排他关系。[1]

首先，探讨①的同意的认识层面的问题。

如果将保护的对象仅作为单纯的"存在"来把握，那么，若对"该物"存在认识，就应该能认定存在有效的同意。但是，之所以对某种外界存在赋予其法益性，是以这种存在本身具有对人的效用为依据，因此，对作为法益性依据的效用或者属性存在正确认识，是有效同意的前提。例如，将有用的物件误认为是无用的物件，或者将价值昂贵的财物误认为是价值低廉的财物，而同意损坏该物件或财物的，尽管对"该物"本身存在认识，但由于并未正确认识到，作为财产法益之根据的使用价值或者交换价值，因而不能认为是有效的同意。另外，对于法益主体主观上认识到的效果或者属性，刑法也并不是全部予以保护。在〔案例14〕中，尽管法益主体主观上认为自己的身体存在经济上的交换价值，但刑法并不是将身体作为交换手段来保护的，该案中有关对价的错误，并不能使同意归于无效。诚然，认为法益客体具有何种效用，那原本是法益保有者的自由，法益保有者对法益的任何随意处分，原则上都是合法的。但是，应该说，刑法对法益的保护，它终究指向的是，被各个构成要件认定具有保护价值的效用或者属性。

早期的法益错误说，将法益的价值分为存在价值与交换价值，认为只有针对存在价值的错误才能使同意归于无效。但是，按照这种静态的法益观，对于财产、自由等具有手段性价值的法益，就无法准确把握其含义。[2]另外，也有观点认为，法益概念之中本身就内含有处分法益的自由，并基于这一前提，主张对处分法益的目的、动机的错误，也属于有关法益的错误。[3]但是，如果将针对法益处分的意思决定的自由，全部理解为法益的内容，其结果就是，连个人的主观嗜好与情感，都要以刑罚来保护。对此，应该理解为，在针对属于法益性的根据、能认定具有刑法的要保护性的效用或者属性的限度

---

[1] 参见山口厚「『法益関係的錯誤』説の解釈論的意義」『司法研修所論集』111号（法曹会2003年）110頁。

[2] 按照这种静态的法益观，诈骗罪（第246条）并非作为违反法益主体意思的犯罪，而是作为基于（有瑕疵的）意思的犯罪，在同意论的框架之外予以处理。

[3] 参见山口厚编『クローズアップ刑法各論』（成文堂2007年）16頁以下〔山口厚〕。

之内，刑法才保护法益主体的自律的意思决定。这样，仅就认识层面而言，对属于法益性之根据的效用、属性的相关事实存在认识，是同意的有效性的充要条件。

不过，各个犯罪的法益究竟是什么、需要对何种效用或属性存在认识，很多情况下，并不能做出统一界定。尤其是，在针对自由的犯罪中，意思决定的契机就内在于保护法益本身之中，围绕同意的对象的争论也会变得更为复杂。

例如，准强奸罪的保护法益是性的自由。这种自由，不仅涉及到是否实施性行为的自由，还包括决定以谁为性行为之对象的自由。因此，〔案例17〕A 在半梦半醒的状态之下，将 X 误认为是自己的丈夫，X 利用这一点，奸淫了 A，对于该案中的 X，广岛高等裁判所昭和33年（1958年）12月24日判决判定成立准强奸罪。[1]反之，以何种职业、多少收入者作为性行为的对象，虽然这本身也属于个人的自由，但不应包含在准强奸罪所要保护的性的自由之内。因此，如〔案例13〕那样，对于对象的同一性并无错误，而只是对其职业、收入这种属性存在错误的场合，就可以认定存在有效的同意。

是否存在有效的同意，在侵入住宅罪中，更容易引起争议。就侵入住宅罪而言，如果重视其所具有的犯罪预备这一性质，将住宅内的平稳视为保护法益，针对侵入之后的行动的错误，就属于有关法益的错误。那么，在〔案例12〕中，即便采取法益错误说，也同样会肯定成立侵入住宅罪。另外，在将侵入住宅罪的保护法益理解为居住权之时，会存在这样的问题：这种有关允许进入的居住权人的自由是否仅及于对"对象人物"的选择，还是也及于对包括其目的在内的"属性"的选择？具体就〔案例12〕而言，如果认为这种自由仅及于对"对象人物"的选择，由于对"X"这一对象人物本身并无错误，应认定同意有效；如果认为这种自由也及于对包括其目的在内的"属性"的选择，由于并没有认识到，自己迎入的是"怀有抢劫意图的 X"，属于有关许可对象的"属性"的选择错误，因此，能认定为有关法益的错误，应成立侵入住宅罪。但是，应该认为，许可权以居住权人对是否允许某人进入存在实际有效的控制为前提而受到保护，对于从外面

---

〔1〕参见広島高判昭和33年12月24日高刑集11卷10号701页。

难以认识到的动机、目的的选择,就应该被视为,处于刑法所保护的许可权的范围之外。可以说,仅仅对进入者的内心意图存在错误的案件,并不在"侵入"这一概念本身所设想的范围之内。作为居住权人的许可自由,即便这种自由本身并无任何限制,但刑法对这种自由的保护,仍应限于对"对象人物"的选择;退一步而言,即便包括对"属性"的选择,那也应该限于显现于外部的属性。

另外,有关监禁罪的保护法益,存在两种相互对立的观点:一是"现实的自由说",以实际存在的移动意思的实现作为保护法益;二是"可能的自由说",以如果想移动就随时可以移动这种状态作为保护法益。具体就上述〔案例11〕而言,按照"现实的自由说",是以被害人实际存在移动的意思作为法益侵害的前提,因而在 A 想到要下车之前,并不成立监禁罪;反之,按照"可能的自由说",有关移动可能性的错误就属于有关法益的错误,尽管不能因对目的地或者 X 的意图的错误,而认定同意无效,但如果驾驶员存在即便 A 要求下车也不打算让其下车这一想法,那么,针对目的地或者 X 的意图的错误,就能够让同意归于无效。[1]

其次,探讨②的任意性的问题。

在存在上述意义上的有关法益的错误的场合,由于不存在对处分对象的认识,不能认定存在同意。相反,在不存在有关法益的错误的场合,下面的问题就在于,是否存在②的同意的"任意性"。

如上所述,所谓同意的任意性,是指在对是否放弃法益进行意思决定之际,存在选择的可能性。例如,〔案例18〕X 为了逃避归还对 A 的欠款,向独居的 66 岁的女性 A 谎称,你借钱给我,这违反了《出资法》,是要坐牢的。A 信以为真惶恐不安,X 便又谎称可以带她离开,能不被警察抓到。于是,X 带着 A 到处"躲避",并逐渐让 A 相信,她已无处可逃,为了不给亲人带来麻烦,除了自杀别无选择。最终,A 自己喝下农药,自杀身亡。对此,福冈高等裁判所宫崎支部平成元年(1991年)判决认为,"应该说,其自杀的决意不符合真实意思,具有重大瑕疵,根本不能谓之,是基于该女的自由意思

---

[1] 参见佐伯仁志「被害者の錯誤について」『神戸法学年報』1号(1985年)86頁。

的决意"，从而判定 X 成立杀人罪。[1]*该判决之所以否定同意的任意性，是出于这样的理由：这里的错误，不仅仅是促使 A 决意自杀的原因之一，正是因为该错误，才使得 A 陷入除了自杀别无选择这样一种心理状态之下。对于该案，按照条件关系错误说，只要错误是作出意思决定的原因之一，即可否定同意的任意性。然而，给予意思决定一个原因、剥夺做出其他决定的选择余地，这二者并不是一回事。[2]事实上，在〔案例10〕中，X 尽管使 A 误认为自己会随后自杀，但不能就此断言，A 除了自杀之外，已别无选择。

有关这种选择可能性的判断标准，自律的自我决定说又进一步分为两种观点：一是主观说，[3]认为问题在于，比照法益主体自己的价值观、心理状态，是否是不得不放弃法益；二是客观说，[4]认为问题在于，从一般观念来看，放弃法益是否可谓之为合理。[5]如果认为，同意的任意性的问题在于，基于行为人意思的选择可能性，就理应支持主观说。

诸如〔案例15〕〔案例16〕那样，在"紧急状态的错误"的情形下，法益主体陷入错误的结果就是，陷入不得不放弃法益这样一种心理状态之下，因此，对此可以这样理解：即便不能认定存在有关法益的错误，也能以不存

---

[1] 参见福冈高判宫崎支部平成元年 3 月 24 日高刑集 42 卷 2 号 103 页。

* 对于该案，裁判所认为："……根据上述事实关系，（可以看出，）被告人编造被害人作为违法《出资法》的罪犯正受到警方的严厉追查这一虚假事实，并基于这种虚假事实进行欺骗、恐吓，结果造成被害人 A 陷入错误认识，误以为自己正受到警方追捕；并且，被害人在被告人的带领之下长时间东躲西藏，其间，被告人不停地恐吓被害人自杀，这更加深了被害人对事实状况的错误认识，最终使得被害人误以为自己已无处可逃，要逃避现状唯有自杀别无他途，从而决意自杀。如果被害人对自己所处的客观状况存在正确认识，就不能认定，会存在被害人决意自杀这一事实，应该说，其决意自杀的意思并不符合其本意，存在重大瑕疵，也根本不能说，那是出于该女的自由意思。因此，被告人的行为使得被害人产生上述误信并致其自杀，对此，完全不能说那是单纯的自杀教唆行为，而应该说是相当于利用了被害人行为的杀人行为。"——译者注

[2] 有关中止犯的任意性问题，现在已经没有人支持下述观点：仅因为某种外部的或者内心的情况属于中止犯罪的原因之一，就可以由此否定中止行为的任意性。

[3] 参见林幹人「錯誤に基づく被害者の同意」『松尾浩也先生古稀祝賀論文集（上）』（有斐閣1998年）249 頁以下。

[4] 参见林美月子「錯誤に基づく同意」『内藤謙先生古稀祝賀・刑事法学の現代的状況』（有斐閣1994年）33 頁以下；森永真綱「欺罔により得られた法益主体の同意」川端博・浅田和茂・山口厚・井田良編『理論刑法学の探求④』（成文堂2011年）139 頁以下；菊地一樹「法益主体の同意と規範の自律（2・完）」『早稲田法学会誌』67 卷 1 号（2016年）181 頁以下。

[5] 这种对立，类似于有关中止犯之任意性的主观说与客观说或者不合理决断说之间的对立［第十六章之四（一）］。

在选择可能性为理由，否定同意的任意性。

不过，在〔案例15〕中，如果狗的主人A所认识到的情况是实际存在的，作为对物防卫（第36条）或者紧急避险（第37条），射杀A所饲养的狗的行为就可得以正当化，A只能是接受该结果。A不存在选择可能性，可以说，正是这种客观的违法评价在其主观上的反映。如果实际存在正当防卫状况或者紧急避险状况，狗的要保护性，就在防卫所必要的限度之内被降低；或者，考虑到与保全法益之间的关系而受到限制。为此，如〔案例15〕那样，在法益主体陷入对正当化事项的错误的场合，就可以通过把握对法益的相对性价值并无正确认识这一点，而将其视为，是有关法益的错误。

此外，如〔案例16〕那样，在法益主体所误信的事实并不属于正当化事由的场合，就只能完全是从任意性的角度，来研究同意的有效性问题。例如，欺骗某人，谎称发生了火灾，不赶快跳下去，就会被烧死，于是，该人从二楼跳下而受伤。在这种情况下，难以想象会有该人选择继续留在原地坐等烧死这种选项。在这种"绝对的不任意"的场合，显而易见，不能认定为有效的同意。反之，在〔案例16〕中，不移植角膜这一选项也并非完全不存在。但如果孩子确实面临失明的危险，应该不会认为，母亲对角膜摘取的同意不具有任意性，是无效的同意。但是，不同于这种自然的、非人为的对自由的限制，在因受到胁迫或欺骗等人为的对自由的限制，而使得意思自由受到大幅缩减的场合，就可以以所谓"相对的不任意"为理由，而认定同意无效。[1]人，原本就生活在诸多限制之下，对人而言，所谓自由，不过是"相对的自由"。在限制自由的原因属于自然的、非人为的因素之时，通常情况下，人们会将该限制作为一种已然的前提，满足于剩下的自由；反之，在自由被人为限制之时，对于原本应该享有的自由与被缩减后的自由之间的"差"，人们（被限制者）的感受就是受到了压制。不过，人为的自由限制，对限制者而言，同时又具有实现其自由的一面。在刑法中，根据强要罪或敲诈勒索罪（恐吓罪）的规定，对于尚未达到"抑制住反抗""不能抗拒"这种"绝对的不任意"的程度的情形，也认定属于对意思自由的侵害，否定存在有效的同意。可以说，这是以因人为的对自由的限制而产生的"相对的不任意"作为

---

〔1〕 参见山口厚「『法益関係的錯誤』説の解釈論的意義」『司法研修所論集』111号（法曹会2003年）111頁。

理由。同样，在〔案例16〕〔案例18〕中，也可以以这种"相对的不任意"为理由，认定法益主体的同意归于无效。[1]

七、推定的同意

〔案例19〕A家没人在家，但因自来水龙头没有关好，造成水溢出楼道，邻居X察觉后，为了关掉水龙头，而擅自闯入A家。正如该案那样，所谓推定的同意，是指虽然不存在法益主体的实际同意，但如果法益主体对当时的情况存在认识，想必也会同意的情形。在〔案例19〕中，当时不在家的A虽然没有放弃法益，但如果将这种擅入其家的行为一律认定为违法，X就只能是不进入A家，这样反而会造成A所不期望发生的结果。为此，在根据行为当时的客观状况，基于高度的盖然性能够推定，如果法益主体对情况存在正确认识，想必也会在同意的情形下，从对法益主体的自律性的补充这种角度来看，就应该认定阻却构成要件该当性或者阻却违法性。推定的同意，是根据当时的客观状况而试图补充自律性，因此，即便法益主体事后表达了反对意思，该行为也仍然被认为是合法的。[2]

八、危险的接受[3]

还有这样的情况：法益主体虽然对法益侵害本身没有表示同意，但已经意识到自己处于危险之中（也就是，对危险有可能及于自身是存在认识的）。法益主体的这种意思，是否会影响到犯罪的成立呢？

例如，〔案例20〕初学者X在进行越野驾驶练习时，由具有丰富的越野赛车（Dirt Trial）经验的A陪驾，A在指挥X操作油门、离合器等之时，因X操作失误，汽车前部猛烈撞上路边防护栅栏，致使A被撞身亡（"越野赛车案"）。对此，千叶地方裁判所平成7年（1995年）12月13日判决判定，"A的死亡结果，应该说，属于同乘的A所接受的危险的现实化事态，而且，

---

[1] 不过，相对的不任意，是仅仅在与欺骗者、胁迫者的关系上，使同意归于无效，还是在与第三者的关系上，也使同意归于无效，这属于仍需进一步探讨的问题。
[2] 但山口厚认为，未遵从法益主体意向的行为风险，不应该由法益主体来承担，而应该由行为人来承担，从而否定对这种情形予以正当化〔山口厚『刑法總論』（有斐閣2016年第3版）182頁〕。
[3] 与"推定的同意""假定的同意"这种用语一样，"危险的接受"究竟是指需要解决的案例群还是指用于解决问题的理论结构，这一点并非一目了然，也带来了研究上的混乱。

也并不缺少社会相当性,因此,X 的本案驾车行为可阻却违法性"。[1]

基于以"行为"作为同意的对象的立场,有关危险的接受的案件,可以因针对危险"行为"的同意而被正当化。[2] 但是,基于同意意味着放弃法益这一前提,同意就必须及于结果(即必须是对结果的同意)。

而且,也有观点认为,在危险的接受的场合,尽管只是抽象性的,但由于已经认识到结果发生的可能性,因而,也可肯定存在针对结果的同意。[3] 但是,要认定是对法益的有效放弃,就必须是在已经达到直面是否放弃法益这种程度下,具体地认识到结果,因此,至少就〔案例20〕而言,不能谓之为已经达到了这种程度。

另外还有观点主张,在有关危险的接受的案件中,根据被害人的"自我答责"的态度,对于结果,能够否定对行为人的(作为正犯的)客观归属。[4] 但是,为什么凭被害人有意识地置身于危险这一点,就可以切断结果的归属,其理由并不明确。如果认为其理由在于,与"同意"一样,是尊重法益主体的意思决定,那么,就必须进一步回答:为什么又不同于"同意",不以放弃法益的意思决定为必要呢?[5]

由此可见,在有关危险的接受的案件中,要仅以法益主体的意思作为不处罚的根据,这在理论上是很困难的。危险的接受,其问题主要见之于竞技体育、医疗行为〔第十章之二(五)(六)〕。例如,橄榄球比赛中的擒抱摔倒动作(Tackle)以及随之可能出现的撞击受伤等,正是因为选手的同意而不具有可罚性。反之,如果因擒抱摔倒动作(Tackle)而致人重伤留下后遗症,甚至致人死亡,一般情况下,这就超出了同意的范围,至多能认定为危险的接受。手术治疗也是如此。对于实施手术这种第一次的"侵袭",能认定存在有效的同意,但对其后的后遗症或者死亡结果,一般的做法是,只能认

---

[1] 参见千葉地判平成 7 年 12 月 13 日判時 1565 号 144 頁。
[2] 参见田中優輝「被害者による危険の引受けについて(四)」京都大学『法学論叢』174 号 3 号(2013 年)57 頁以下。
[3] 参见林幹人『刑法総論』(東京大学出版会 2008 年第 2 版)175 頁。另外,还有观点以超理性的人的形象为前提主张,被害人参与了能轻易地预测到法益侵害的情形的,就应否定构成要件该当性〔参见三代川邦夫『被害者の危険の引受けと個人の自律』(立教大学出版会 2017 年)118 頁以下〕。
[4] 参见塩谷毅『被害者の承諾と自己答責性』(法律文化社 2004 年)369 頁以下。
[5] 参见佐伯仁志『刑法総論の考え方・楽しみ方』(有斐閣 2013 年)233 頁以下。

定为危险的接受。因此，本书认为，应该这样来理解危险的接受：在内含一定危险的"有益"的活动中，考虑到即便冒着法益受到侵害的危险，也要实现有益的目的这种法益主体的意思，在适用《刑法》第 35 条的正当业务行为等进行利益衡量之际，这种意思就属于降低被牺牲的法益的要保护性的事项。[1]

---

[1] 例如，厨师受客人之托取出了河豚的肝脏，但客人因食用肝脏而中毒身亡的，即便客人对死亡的危险存在认识，是否应该认定属于可以阻却违法性的"有益"的行为，也有探讨的余地。对于该案，最高裁判所昭和 55 年（1979 年）决定没有言及危险的接受，而直接判定厨师成立业务过失致死罪［参见最决昭和 55 年 4 月 18 日刑集 34 卷 3 号 149 頁（"坂東三津五郎案"）］。

第八章 正当防卫*

一、正当化原理

（一）正当防卫与紧急避险

对于紧迫的不法侵害（急迫不正的侵害），为了防卫自己或者他人的权利，不得已实施的行为，不处罚（第36条第1款）。不处罚的理由在于违法性的阻却。与紧急避险（第37条第1款）一样，正当防卫，也是在紧急状况之下，为了保全一定法益而牺牲其他法益的行为。在紧急状况下，由于无法期待公权力的救助，允许在一定范围之内，通过私力方式保全利益（紧急行为性）。在紧急避险的情形下，由于牺牲的是"正当的第三者的利益"，**因而限于没有其他可以采取的手段（补充性）、牺牲的利益不超过意欲保全的利益（法益均衡）的限度之内，紧急避险才得以正当化；反之，由于正当防卫针对的是不法的侵害人，防卫正当的权利人的利益，因此，原则上，即便可以避开侵害，仍然允许实施反击，而且，即便被牺牲的侵害人的利益，超过了所要防卫的利益亦可。在正当防卫之下，为何与侵害方相比，防卫方处于优势地位（advantage），就必须为此找到正当化的根据。

---

* 日本《刑法》第36条〔正当防卫〕：为了防卫自己或者他人的权利，对于紧迫的不法侵害，不得已实施的行为，不处罚（第1款）。超过防卫限度的行为，可以根据情节减轻或者免除刑罚（第2款）。——译者注

** 我国对此多采取"第三人的正当法益""第三人的合法权益"等表述，但译者对此不以为然。因为，这不单是语言表达习惯的问题，更涉及对紧急避险本质的理解：尽管核心在于法益衡量，采取的是两害相权取其轻的原则，最终也是就法益进行比较衡量，但只要是正当的第三人（也就是，转嫁对象是"原本与现实的危害毫无关系的第三人"）的利益即可，而不问该利益本身是否合法。例如，被老虎追咬，踹开他人家门，强行进屋避让，但该房屋属于违章搭建，而且是造假窝点，避险人未经允许闯入他人住宅，既踹坏了门，又毁坏了造好的假药，是否构成紧急避险呢？另外，这还涉及，被转嫁人本人就是危险源，或者与转嫁人属于危险共同体的情形下的紧急避险的认定问题。较强调"正当的利益"，强调"正当的第三人"，可能更符合紧急避险的设立宗旨。——译者注

(二) 社会相当性说

"社会相当性说"以有关违法性本质的"规范违反说"为前提，认为正当防卫属于历史性地形成的社会秩序框架之内的行为，因而得以正当化。但是，这种解释无异于是说，正当防卫是合法的这样一种"结论"，并未提供实质性"理由"；而且，如前所述［第六章之五（二）］，以社会相当性作为阻却违法性的一般原理，这本身就存在疑问。

(三) 法益丧失说

"法益丧失说"认为，不法侵害人的利益，在防卫的必要限度之内，丧失了其法益性或者要保护性。[1]这种观点立足于有关违法性之实质的"法益侵害说"，试图说明正当防卫为何不需要补充性、法益均衡等要件。但是，侵害人丧失了法益性，这本属于一种"结论"，对此结论仍需要进一步追问其"理由"。可以想见的是，"法益丧失说"会就法益性的丧失提出以下理由：其一，不法侵害人，是自己制造出了遭受反击的原因，因而其存在对反击的同意或者危险的接受。[2]但是，即便侵害人已经预想到会遭受反击，但通常情况下，想必其不会有甘受反击的意思；而且，如后所述［本章之二（一）］，"不法侵害"不以有责为必要，因而在侵害人没有故意或者责任能力的情况下，就难以认定所谓任意的同意、危险的接受。其二，遭受不法侵害的人，只要是来不及寻求国家机关的保护，就可以行使个人依据社会契约所保留的自然权——自我保全的权利，反之，不法侵害人由于是他自己违反了社会契约，就丧失了接受基于社会契约之保护的资格。[3]的确可以说，"权利性"是可以为防卫方的优势地位提供根据的重要视角，然而，不法侵害人并未被全面剥夺受法律保护的权利，其利益本身也并非完全丧失了法益性。

(四) 优越利益说

这样一来，对于正当防卫，要说明防卫方为何处于优势地位，也只能是在"优越利益说"的框架之内寻求根据。"优越利益说"认为，正当化的根据在于在相互冲突的法益之间，保护了具有更高的要保护性的一方。

---

[1] 参见平野龙一『刑法総論Ⅱ』（有斐閣1975年）228頁；髙山佳奈子「正当防衛（上）」『法学教室』267号（2002年）82頁以下。

[2] 参见大越義久『刑法総論』（有斐閣2012年第5版）78頁。

[3] 参见堀内捷三『刑法総論』（有斐閣2004年第2版）152頁。

作为针对这一点的说明，"法确证的利益说"属于有力学说：正当防卫，在保全了生命、身体这种个别法益的同时，还有助于实现公开显示法秩序的存在这种意义上的"法确证"。[1]按照"法确证的利益说"，通过另外加上法确证的利益，防卫方的利益就要优越于侵害方的利益。

对于这种"法确证"的实质，一般被认为是指："法的恢复"、国民的规范意思的维持或强化、对违法行为的抑制。这相当于作为刑罚目的的报应、积极的或者消极的一般预防。但是，如果将正当防卫视为类似于刑罚的制度，那么，将正当防卫的对象限于有责行为，才具有理论上的一贯性。这是因为无责任能力的人的行为，不会动摇法规范的妥当性，因而不会产生要恢复法律、维持或者强化国民的规范意思的必要性；而且，正当防卫权的行使，被认为是由个人代行国家的刑罚权，必须服从责任主义的制约。

对此，还有观点认为，"法确证"的实质在于，"对于保护个人法益的、属于客观的（外部的）生活秩序的法律是现实存在的，提供确实的证据"。[2]这种观点，一边试图消除法确证的超个人的、国家的性质，一边又试图显示，对于无责任能力人的侵害行为，也存在法确证的利益。然而，这种观点所谓"法确证"，终究不过是"正当法益得到了保护"的另一种说法，而并非独立于个别法益的、属于衡量之对象的利益。[3]

与上述观点相反，另有观点试图通过个人的具体利益，来说明防卫方为何处于优势地位。[4]按照这种观点，遭受针对生命、身体等的紧迫的不法侵害的人，如果主动避让这种侵害，尽管其生命、身体等会得到保护，但那无疑是强迫其非出于本意地避让、退让，会造成不当地限制其个人自由的结果，

---

[1] 将"法确证的利益"视为优越利益说中的衡量对象的观点有：内藤謙『刑法講義総論（中）』（有斐閣1986年）329頁；曽根威彦『刑法原論』（成文堂2016年）186頁以下。反之，山中敬一则将法确证作为独立的正当化原理［参见山中敬一『刑法総論』（成文堂2015年第3版）480頁以下］，井田良与松宮孝明将法确证视为否定不法侵害方的要保护性的原理［参见井田良『講義刑法学・総論』（有斐閣2018年第2版）294頁；松宮孝明『刑法総論講義』（成文堂2018年第5版補訂版）137頁］。

[2] 参见内藤謙『刑法講義総論（中）』（有斐閣1986年）329頁。另见曽根威彦『刑法原論』（成文堂2016年）186頁。另外，也有观点在法秩序之规范效力的维持以及具体的自由领域的维持这一意义上来理解法确证的观点［参见飯島暢『自由の普遍的保障と哲学的刑法理論』（成文堂2016年）169頁］。

[3] 参见山本輝之「防衛行為の相当性と過剰防衛」『現代刑事法』9号（2000年）52頁。

[4] 参见橋爪隆『正当防衛論の基礎』（有斐閣2007年）71頁以下。

因此，遭受不法侵害的人，为了守护自己的生命、身体等法益，同时也为了保护可以滞留于现场的利益，* 就被允许直面相向不予退让。这样，在自己的生命、身体等法益之外，再加上可以滞留于现场的利益，由此就能够肯定防卫人的利益具有优越性。

这种"现场滞留利益说"颇引人关注。该说通过将防卫方的优势地位还原至个人的具体利益，在保持正当防卫的"个人权"属性的同时，在解释论上，还可推导出这样的结论：在不能认定防卫人滞留现场存在正当理由的情况下，可以通过科以退避义务，限制正当防卫的成立范围。但是，对防卫方而言，明明他也是试图侵害对方的利益，却原则上可以认定其存在滞留现场的利益；反之，对不法的侵害方来说，包括其具有施加不法侵害之外的其他目的的情形在内，却可以一律否定其具有滞留现场的利益，这是为什么呢？而且，该说在累加现场滞留利益之前，就已经是以防卫方的利益较侵害方的利益具有优越性这一点作为前提，因此，现场滞留利益就不过是由这种前提所带来的效果。[1]

（五）探讨

法，不仅是规制人的行动的行为规范，而且还是将属于生活利益的法益或者"财"分配至每个人，并保障这种"财"归属于该人的"保障规范"。[2]民法中的物权法，就是典型的保障规范。民法有关所有权的规范，是将特定的物对特定的人的独占性归属，作为一种权利来予以保障。无论对方有无责任，所有权人均对其具有"排除妨害请求权"等物权性质的请求权，就正是这种保障规范的效果。更为重要的生命、身体这种人格性利益，是归属于每个具体的个人的，以宪法为顶点的法秩序当然也会将这种利益作为一种权利来加以保障，作为这种保障的效果，就可以认定每个人都具有排除针对人格性利益的妨害的权能。于是，保障规范确定了法益或者"财"对每个人的分配与归属，并且，为了将符合这种归属秩序的利益作为"权利"来优先保护，就

---

* 即体现于可以滞留于现场这一利益之上的个人自由。——译者注

〔1〕除此之外，作为正当防卫的正当化根据，还有观点认为在于自我保存的本能［野村稔『刑法総論』（成文堂1998年補訂版）219頁］，或者自我保全的利益［浅田和茂『刑法総論』（成文堂2019年第2版）223頁］。但是，这些都不能说明与紧急避险的不同、第三者防卫的正当化。而且，本书认为，自我保存本能不是有关违法性而是属于有关责任的视角。

〔2〕参见照沼亮介「正当防衛の構造」『岡山大学法学会雑誌』56卷2号（2007年）152頁以下。

会在排除妨害的必要限度之内，对于那些妨害了他人权利的利益，降低它的要保护性。如此一来，正当防卫作为保护那些符合保障规范所指示的价值秩序的、具有更高的要保护性的利益的法律制度，就可以依据优越利益的原理，而得以正当化。[1][2]

二、不法侵害

(一) 侵害

正当防卫，必须是针对不法（不正）的"侵害"[3]。"侵害"，除了作为

---

[1] 立足于"优越的利益说"的学者，参见山本辉之「優越利益の原理からの根拠づけと正当防衛の限界」『刑法雑誌』35卷2号（1996年）208頁；佐伯仁志『刑法総論の考え方・楽しみ方』（有斐閣2013年）120頁以下。另外，强调防卫者的利益较侵害者的利益具有"质的优越性"的学者，参见山口厚『刑法総論』（有斐閣2016年第3版）117頁以下。

[2] 坂下阳辅以自由主义模式——该模式认为，法的目的不在于社会利益的最大化，而在于个人的自由最大化——为前提主张，一方面，法将法领域分配至每个人，允许个人在其中自由地行为，但另一方面，也禁止干涉他人的法领域，为此，对于通过不法的侵害而给他人的法领域带来的危险，就必须由侵害者的负担来予以消除，在此意义上，正当防卫实质上是由被侵害者等代行侵害者的这种危险消除义务，由于这种代行行为不含有对侵害者之法领域的干涉，因此，正当防卫当然是合法的［参见坂下陽輔「正当防衛の再検討」『刑法雑誌』58卷2号（2019年）5頁以下］。此外，山本和辉同样以自由主义模式为前提主张，尽管各人都必须相互承认权利领域的不可侵犯性，却仍然侵犯了他人的权利领域的侵害者，通过针对被侵害者的权利的侵害，还同时侵害了该人作为相互尊重之接受方的地位，因此，作为对自己的法律地位的恢复或者保全，被侵害者是可以进行正当防卫的［参见山本和輝『正当防衛の基礎理論』（成文堂2019年）158頁］。作为对正当防卫之权利性的论证，这些观点颇引人关注。不过，这些观点是以正当防卫的正当化能够从正当防卫的权利性本身中推导出来为由，拒绝将正当防卫纳入"优越的利益说"的框架之内。然而，如果侵害者仍然具有作为市民的地位，就有必要准备一个能将被侵害方与侵害方双方一起纳入视野的场所，这种必要性是无法否定的。例如，山口厚虽强调正当防卫的权利性，但以承认被侵害者的利益较侵害者的利益具有"质的优越性"的形式，又将这种权利性定位于"优越的利益说"的框架之内［参见山口厚「正当防衛の新展開」『法曹時報』61卷2号（2009年）1頁以下］。

[3] 自损行为，由于是法益主体放弃法益，原则上既不属于不法的"侵害"也不属于现实（现在）的"危险"（危难），因而，针对自损行为的阻止行为是违法的。不过，有关生命、身体的中枢部位的机能，作为个人的自律的前提，法益主体的处分权是受到限制的［第七章之三、四（三）］，一般认为，对自杀行为、重大自伤行为的阻止，能够通过紧急避险而得以正当化（参见東京地判平成9年12月12日判夕1632号152頁）。相反，对于为阻止重大的自伤行为而实施的暴力，横滨地方裁判所平成28年（2016年）1月29日判决则判定成立正当防卫（横浜地判平成28年1月29日裁判所HP），然而，将不包括对社会契约的违反的自伤行为、自杀行为视为不法的侵害，是存在疑问的。而且不以补充性、法益均衡为要件就予以正当化，也是不妥当的。

之外，还包括不作为。因而，将虽经要求却拒不退出自己的住宅者推出住宅之外的行为，可能属于正当防卫。[1][2]针对第三者的法益的不法侵害，也属于正当防卫的对象（为了第三者的防卫被称为"紧急救助"）。判例、[3]通说认为，就针对国家法益、社会法益的侵害而言，由于保全这种法益是国家的任务，因而仅限于不能期待国家机关之有效措施的紧急状况之下，才肯定成立正当防卫。但是，正当防卫被理解为，是一种源于社会契约的、个人所保留的权利，并且，如果承认为了国家、社会的防卫，容易走向对政变的认可。因此，除了可以被视为个人利益之集合的情形之外，国家法益、社会法益应该被排除在第36条的"权利"之外。

（二）不法

这里的"不法"（不正），一般认为，就是指"违法"。因此，针对基于刑事诉讼法的逮捕犯罪嫌疑人的行为以及正当防卫、紧急避险而实施的所谓"正当防卫"，是不能得到承认的。而且，"不法"的侵害不必该当于构成要件，还包括民事法上、行政法上的违法行为。因而，针对对肖像权的侵害也有可能实施正当防卫。[4]

以前，主观违法论曾提出，由于命令规范无法指向无责任能力的人，因而责任属于违法的前提［第六章之三（一）］，无责任能力的人的行为，不属于作为正当防卫之对象的"不法侵害"。而且，在德国，出于行为规范的恢复、稳定这一意义上的法确证的必要性的视角，主张将正当防卫的对象限于有责行为的观点也日趋有力。反之，在当下的日本，"不法侵害"包括缺少责

---

[1] 参见大阪高判昭和29年4月20日高刑集7卷3号422页。

[2] 相反，最高裁判所昭和57年（1982年）5月26日决定则判定，"在用工方（资方）仅仅存在不答应集体交涉的要求这种单纯的不作为的场合，还不能说存在《刑法》第36条第1款之'紧迫的不法侵害'"（最决昭和57年5月26日刑集36卷5号609页）。对于最高裁判所昭和57年的本决定应该理解为，其旨趣不在于将不作为一般排除在不法的"侵害"之外，而是以针对不法劳动行为的法律救济已经完备为前提，基于本案拒绝交涉行为尚未达到允许对方实施私力救济的程度这一理由，否定了本案具有"紧迫性"。

[3] 参见最判昭和24年8月18日刑集3卷9号1465页（"建筑工人罢工案"）。对于为了终止建筑工人的罢工而伤害其领头人的案件，最高裁判所的本判决虽例外地承认了为了保护国家法益、社会法益的正当防卫的可能性，但以不属于无法期待公权力的行为的情形，也不属于"不得已实施的行为"为理由，否定该案成立正当防卫。

[4] 参见东京高决昭和45年10月2日高刑集23卷4号640页。

任的行为，对此几乎不存异议，[1]但这一结论与"法确证的利益说"之间的整合性，尚有待进一步探讨［本章之一（四）］。

（三）对物防卫

另外，"不法侵害"是否包括来自物、动物的侵害，也是一个问题。例如，〔案例1〕杀伤了袭击过来的他人饲养的狗，该行为该当于损坏器物罪（第261条）的构成要件，但能否作为正当防卫而被正当化呢？即便是非他人所有的动物，只要符合"爱护动物法"（《有关动物的爱护以及管理的法律》）第44条第1款、"保护鸟兽法"（《有关鸟兽的保护以及狩猎的适正化的法律》）第8条正文、"保存种群法"（《有关有灭绝之虞的野生动植物的种群的保存的法律》）第9条正文等，也会产生同样的问题。

能否肯定"对物防卫"，这与违法的实质联系在一起。按照规范违反说或者行为无价值论的观点，行为规范只能指向人的行为，因此，动物等不能实施属于违反规范之行为的违法行为即不法行为；而且，行为规范的稳定这一意义上的法确证，也只有对人才具有意义。为此，不能肯定针对动物等的正当防卫，不过是在满足补充性以及法益均衡的要件之时，可认定为紧急避险[2]（"对物防卫否定说"[3]）。不过，该说也认为，诸如主人唆使狗去咬人或者怠于管理等，只要动物的行动是起因于人的故意或者过失，也可将其作为"人的行为"的一部分，包含于不法侵害之内。而且，起因于法益主体（狗的主人）之外的其他人的故意或者过失的，也是如此。

---

[1] 相反，有观点主张以侵害人的"归责性"作为正当防卫的要件。参见井田良『講義刑法学・総論』（有斐閣2018年第2版）293頁以下；曽根威彦・松原芳博編『重点課題 刑法総論』（成文堂2008年）83頁〔三上正隆〕。

[2] X的猎犬（价值600日元）被A的看家犬（价值150日元）咬住，X要求A的家人予以制止，但未被理睬，于是，X开枪打伤了A的看家犬。对此，大审院昭和12年（1937年）11月6日判决判定X的行为属于紧急避险（参见大判昭和12年11月6日裁判例11卷87頁）。对此判例，一般多认为是采取了"对物防卫否定说"的立场。然而，在既相当于紧急避险又相当于正当防卫的场合，适用其中任何一种均可，因此，还不能断言该判决就一定是否定对物防卫。而且，在家人未加制止这一点上，即便是持"对物防卫否定说"，也可将家人的这种态度视为"不法"侵害，进而认为该案属于正当防卫。

[3] 参见佐久間修『刑法総論』（成文堂2009年）213頁；高橋則夫『刑法総論』（成文堂2018年第4版）283頁；団藤重光『刑法綱要総論』（創文社1990年第3版）237頁注15；橋本正博『刑法総論』（新世社2015年）134頁；藤木英雄『刑法講義総論』（弘文堂1975年）163頁；野村稔『刑法総論』（成文堂1998年補訂版）220頁。

就"对物防卫否定说",存在以下批判意见:连对人都允许实施伴有死伤的反击,对动物却只能在紧急避险的限度之内予以反击,这并不合理;动物的攻击究竟是否起因于人的故意或者过失,防卫人当时很难认识到这一点,由这种情况来决定是否可以实施防卫,只会导致防卫人地位的不稳定。另外,按照"对物防卫否定说"的理论,不仅是动物或者物,缺少设定目的、控制行为这种意义上的"行为能力"的人的行动,以及并未违反客观注意义务的人的行动等,由于并未违反行为规范,并不产生确证法规范的必要性,想必也不应该属于这里的"不法侵害"。但是,这种归结可能与主观违法论只有"片纸之隔"。

相反,按照法益侵害说或者结果无价值论的观点,所谓违法,是由评价规范所做的一种否定性评价,以法益的侵害、危险为其内容〔第六章之二(二)〕。上述保障规范,正是从法益主体的方面,体现了这种评价规范。在该观点看来,对法益的侵害违反了由保障规范所确定的利益分配、利益归属的秩序,即便是由动物或者物所引起,也应包含在"不法侵害"之内("对物防卫肯定说")〔1〕〔2〕。另外,《民法》第 720 条第 2 款规定,不论是否具有补充性与法益均衡,"为了避让由他人之物所引起的紧迫的危险,而损伤了该物的",不承担损害赔偿责任,可以说,这种规定也可以在一定程度上补强"对物防卫肯定说"。

近来,有观点虽立足于规范违反说,但主张正当防卫中的"不法",不同于犯罪论中的"违法",是属于违反评价规范的一般违法,因而只要对被侵害人而言,属于不当的法益侵害即可。并且,持这种观点的学者正在增加。〔3〕仅就"不法侵害"而言,该观点实际上与法益侵害说的理解并无不同。但是,

---

〔1〕 参见平野龍一『刑法総論Ⅱ』(有斐閣 1975 年) 232 頁;曽根威彦『刑法原論』(成文堂 2016 年) 189 頁以下;浅田和茂『刑法総論』(成文堂 2019 年第 2 版) 228 頁;小林憲太郎『刑法総論』(新世社 2020 年第 2 版) 99 頁;西田典之(橋爪隆補訂)『刑法総論』(弘文堂 2019 年第 3 版) 169 頁。

〔2〕 反之,高山佳奈子虽以法益侵害说为前提,但仍然主张,由于不可能制止缺少行为性的事态,因而它不包括在"不法侵害"之内〔参见髙山佳奈子「正当防衛(上)」『法学教室』267 号 (2002 年) 85 頁〕。但是,正如从民法中的妨害排除请求权、返还请求权中所看到的那样,对于违反了保障规范所确定的利益秩序的事态,即便并非起因于人的行为,仍然应该予以阻止或者改正。

〔3〕 参见大塚仁『刑法概説 総論』(有斐閣 2008 年第 4 版) 384 頁;伊東研祐『刑法講義総論』(日本評論社 2010 年) 185 頁;川端博『刑法総論講義』(成文堂 2013 年第 3 版) 360 頁以下。

从侵害原理来看，违背保障规范的法益侵害极其危险，这不仅是发动正当防卫权的前提，也是启动刑罚权的前提，即便在对象法益的范围、程度上有宽有窄，但仍应该认为，这也构成了犯罪论上的"违法"的内容。

另外，还有其他一些观点："准正当防卫说"虽否定对物防卫，但为了与遭受人的侵害的情形保持均衡，主张按照正当防卫来处理；[1]"防御性紧急避险说"虽然依据的是有关紧急避险的第37条第1款，但以属于危险源的物的要保护性已经减弱为理由，主张缓和补充性要件、法益均衡要件；[2]"民法适用说"主张从法秩序统一性的角度考虑，应该以《民法》第720条第2款本身作为根据，将对物防卫予以正当化。[3]但是，对于动物等的侵害，一方面，否定其属于防卫方的优势地位之根据的"不法侵害"；另一方面，又要给予防卫者与正当防卫同样或者类似的优势地位，这实际上是很难做到的。事实上，隐于上述几种观点背后的实质性考虑，与本书所述的"对物防卫肯定说"的根据，并无多大差异。如果不能说，"不法侵害"这一表述已特别将"物的侵害"排除在外，就可以认为，直接肯定对物防卫，根据《刑法》第36条将其正当化，要更加简明。

三、紧迫性

正当防卫，必须是为了对抗"紧迫"（急迫）的侵害。这里的"紧迫"是指"法益侵害已经迫在眉睫，也就是说，法益侵害的危险已经很急迫"。[4][5]一般认为，与将未遂犯区别于不能犯的"危险"相比，这里的"危险"是更现实的危险。例如，手枪内并未装子弹，但行为人对此毫不知情，举枪瞄准他人，虽有有力观点认为该行为存在杀人未遂的危险（第十五章之三），然而还不能说，这是针对生命的"紧迫的不法侵害"（急迫不正的侵害），对此行

---

[1] 参见大谷實『刑法講義総論』（成文堂2019年新版第5版）276頁。
[2] 参见吉田宣之『違法性の本質と行為無価値』（成文堂1992年）123頁以下。
[3] 参见橋田久「侵害の不法性と対物防衛」『現代刑事法』9号（2000年）41頁；松宮孝明『刑法総論講義』（成文堂2018年第5版補訂版）141頁；井田良『講義刑法学・総論』（有斐閣2018年第2版）303-304頁。
[4] 参见最判昭和24年8月18日刑集3巻9号1465頁。
[5] 有关侵害的开始之时、结束之时，参见明照博章『正当防衛の構造』（成文堂2013年）24頁以下；山田雄大「刑法三六条における侵害の始期と時間的切迫性について」名古屋大学『法政論究』103号（2014年）199頁以下。

为的反击，至多只能作为假想防卫而阻却故意。不过，只要能谓之为是实施有效防卫的最后机会，这种危险的"紧迫"，即便尚未达到"实行的着手"的阶段，也可以在接近于"实行的着手"的阶段予以肯定。例如，一旦被手枪瞄准便已经来不及，在对方拔出手枪的时点，即可认定具有"紧迫性"。未遂要件与紧迫性之间的这种差异，源于正当防卫本身的性质，也就是正当防卫制度是以阻止该案中的现实的法益侵害为目的的。

　　紧迫的侵害发生之前的"先发制人"，以及紧迫的侵害消除之后的"追击"，都不是正当防卫。例如，〔案例2〕X 与 A 同住在某住宅楼的 2 楼，两人素来不合。案发当日，X 在公用卫生间小便之后，突然被 A 用长达 81 厘米、重达 2 公斤的铁管打了一下头部。见 A 还要继续打，X 便抓住铁管，与 A 纠缠在一起，其间，X 两次大声呼救，但无人回应。X 夺过铁管之后，打了一下扑过来的 A 的头部。之后，铁管又被 A 夺回，因 A 举起铁管要打，X 遂逃往楼梯口。在 X 逃到通往 1 楼的楼梯拐角时，看到 A 因用力势头过猛，上半身已经伸到扶栏之外。见 A 仍紧握铁管，X 便走过去提起 A 的左脚，将其掀翻至扶栏外，导致 A 摔在混凝土马路上负伤。对此，最高裁判所平成 9 年（1997 年）6 月 16 日判决认为，"A 加害 X 的欲望旺盛且执着……在当时的姿势之下，尽管 A 很难立刻将上半身缩回到扶栏内侧，但如果没有 X 的上述行为，A 很可能马上调整好姿势之后，继续追赶 X，并再次实施攻击"，从而根据加害的欲望与再次攻击的盖然性，肯定紧迫性仍在持续，判定 X 的行为成立防卫过当。[1] 就该案而言，由于 A 很难立刻调整好姿势，也可由此认为，下一个攻击并不紧迫。从这一点来看，对此案可以评价为：与侵害的开始之时相比，对于侵害的持续阶段，判例是以相对缓和的标准肯定了紧迫性。但是，不管 A 在此之前是否实施过殴打，如果 X 在实施该案行为的时点，能够切实地预想到，A 随后会马上实施攻击，而一旦被对方攻击之后，就很难再进行有效的防卫。对此也可评价为：已经满足了"侵害开始之时"的紧迫性标准。此时，A 的先行殴打行为，可以成为佐证 A 的攻击意思之坚定的间接事实。

---

〔1〕 参见最判平成 9 年 6 月 16 日刑集 51 卷 5 号 435 页。

四、防卫意思

（一）防卫意思的内容、是否需要防卫意思

第36条规定，必须是"为了防卫"自己或者他人的权利。为此，通说、判例一直认为，防卫意思是正当防卫的要件。不过，在"防卫意思必要说"的内部，对于防卫意思的内容，还存在两种相互对立的观点："动机说"认为防卫意思是为了防卫而打算实施行为的意图或者动机；"认识说"认为防卫意思是对相当于正当防卫的事实的认识。

对于激愤防卫，判例态度历经了一个"由严到宽"的过程：最初，判定缺少防卫意思；[1]其后，认为"虽然是出于对对方的加害行为的激愤或者狂怒而施加了反击，但不能因此就直接认定不具有防卫意思"；[2]随后，又认为"在防卫意思与攻击意思并存的情形下的行为，不属于不具有防卫意思的行为"。[3]判例态度的这种演变过程，暗示了从"动机说"向"认识说"的转变。不过，在最后一个判例中，还附加了这样一段话："借防卫之名，积极对侵害人实施攻击的行为，不具有防卫意思，其结果就是，不能认为是为了正当防卫的行为"，由此可见，判例并非完全不考虑动机。

但是，与对违法性的实质的理解无关，动机这种心情要素，即便从期待可能性的角度来看，会影响到责任评价，但不会左右违法性。对防卫事实的认识，与故意一样，是未超出客观事实的单纯的事实认识，不会改变外界的事态的演变。因此，按照法益侵害说，不能将其认定为主观的正当化要素；相反，按照将故意理解为主观违法要素的规范违反说，行为是客观与主观的统一体，对符合规范的事实的认识，可以扬弃构成要件该当行为的规范违反性，因此，防卫意思也属于主观的正当化要素。

（二）偶然防卫

是否需要对防卫事实存在认识，在虽然满足了正当防卫的客观要件，但对

---

[1] 参见大判昭和11年12月7日刑集15卷1561页。
[2] 参见最判昭和46年11月16日刑集25卷8号896页。
[3] 参见最判昭和50年11月28日刑集29卷10号983页。

此并无认识的"偶然防卫"的情形下，[1]会成为问题。对此，我们可以设想以下几种情形：〔案例3〕夜晚，X看到仇敌A走过来，出于杀人目的故意向其开枪，事实上，A当时也正好将枪口瞄准了X（"侵害"的不知——自我防卫）；〔案例3'〕夜晚，X在马路上看到了仇敌A，向A开枪，事实上，A当时正将枪口瞄准行人B（"侵害"的不知——第三者防卫*）。〔案例4〕X看到仇敌A向自己走过来，想到A会找借口殴打自己，于是先发制人殴打了A，事实上，A当时也正好有马上殴打X的意思（"紧迫性"的不知[2]）。〔案例5〕A冒充警察，向X出示伪造的逮捕令，试图逮捕X，但X误认为是合法逮捕，推倒A之后逃走（"不法性"的不知）。〔案例6〕遭到A的袭击，为了吓唬A，X一边将枪口对准A一边后退，但不小心被石头绊倒，无意间扣动了扳机，子弹打中了A的肩膀，但射击A的肩膀的行为，并未超出相当性的范围（"防卫行为"的不知）。〔案例7〕眼看就要遭受A的殴打，X以为是斧头而随手拿起棒状物予以反击，但实际上不是斧头而是木刀，该行为仍属于相当性的范围之内的行为（"相当性"的不知）。

  按照防卫意思必要说的观点，上述各案中的X，缺少为正当防卫奠定基础的事实的认识这种主观的正当化要素，因此，对整个构成要件该当事实而言，就不能被正当化，应作为相应犯罪的既遂犯来处罚。[3][4]不过，防卫意思必要说想必会对此提出反驳：在〔案例6〕〔案例7〕（甚至是〔案例4〕〔案例5〕）中，由于对"（紧迫的不法）侵害"存在认识，而且是打算应对该侵害，因而可认定具有防卫意思。但是，按照规范违反说的观点，只有对

---

[1] 对于偶然防卫的定义，参见松原芳博「偶然防衛をめぐる諸観点」『日高義博先生古稀祝賀論文集（上）』（成文堂2018年）88頁以下；对于偶然防卫的相关案例，参见松原芳博「偶然防衛」『現代刑事法』56号（2003年）47頁以下。

  * 所谓第三者防卫，是指为了保护第三者的利益而实施的防卫行为。——译者注

[2] 在"紧迫性"的不知中，还包括这样的情形：因受到A的袭击，X为了防卫而反过来殴打A，由于A不再反抗，X以为，想必A已经丧失了攻击的意思，但仍然继续殴打，事实上，A只是为了迷惑X，而伺机实施致命一击（侵害的"持续性"的不知）。

[3] 不过，如果将属于主观的正当化要素的防卫意思理解为，作为属于主观的违法要素的故意的反面，是可以扬弃故意犯的规范违反性的情况，那么，从规范违反说的角度来看，〔案例6〕那样的过失犯，也有可能无需防卫意思。

[4] 持既遂说的学者，参见大谷實『刑法講義総論』（成文堂2019年新版第5版）282頁；川端博『刑法総論講義』（成文堂2013年第3版）370頁；団藤重光『刑法綱要総論』（創文社1990年第3版）238頁；西原春夫『犯罪総論』（上卷·改訂版）（成文堂1993年）240頁。

符合规范的事实存在认识，客观上一旦该当于构成要件的行为，才可能被正当化，因此，在正当防卫的要件之中，理应没有理由仅就"（紧迫的不法）侵害"予以特别对待。之所以特别地仅以对"（紧迫的不法）侵害"的认识为必要，难道不是因为该说是将正当防卫理解为着眼于行为人的紧迫的心理状态的责任阻却事由吗？〔1〕

如此一来，防卫意思必要说又是否将违法与责任混为一谈了呢？在此观点的背后，也许存在这样一种印象：所谓正当防卫，是防卫人意识到紧迫的侵害而对此做出的反应。但是，〔案例8〕作为一种防盗措施，在墙头插上了碎玻璃片等，之后，小偷被玻璃片扎伤。在该案中，一方面，在玻璃片发挥效用的当时，可认定具有紧迫性，但在该时点，却并不存在行为人的防卫行为，因此，不可能存在有无防卫意思的问题；另一方面，在插玻璃片等的当时，尚不存在紧迫的不法侵害，因而也不可能对紧迫的不法侵害存在具体的认识。如果非要说，在该时点有防卫意思，那也不过是小偷也许会来这种漠然的危惧感。但是，很难想象这种危惧感的有无可以左右行为的违法性。〔2〕

而且，对于客观上引起了符合法秩序之事态的偶然防卫，作为既遂犯来处理，这难道不是仅以行为无价值，并仅以不具有防卫意思这种主观情况，来认定构成犯罪既遂吗？〔3〕并且，例如，尽管在周边人看来，明显处于满足正当防卫之客观要件的状况之下，但只有行为人本人对紧迫的不法侵害不存在认识的，按照防卫意思必要说，由于不能认定行为人存在防卫意思，对这种情形也要认定成立既遂犯，这种结论就无疑是在处罚意思（思想）。对此，

---

〔1〕 为了避让来自行人A的暴力，X启动了汽车，但过失碾轧了与汽车并排奔跑的A，并致其死亡，对此，大阪地方裁判所平成24年（2012年）3月16日判决虽肯定具有驾驶汽车过失致死罪（现在的"过失驾驶致死罪"）的构成要件该当性，但以存在"认识到针对生命、身体的迫在眉睫的危险，并试图避让这种危险的心理状态，即刑法上的防卫意思"为理由，判定成立正当防卫。但是，X的这种心理状态完全是为了避让A的暴力，对于自己的行为是指向A的行为缺少认识，因此，从规范违反说的视角来看，这一点也不会对行为的违法性施加影响，而不过是影响到行为人的期待可能性。

〔2〕 X为了让报刊投递人A吃点苦头，在自己家门口挖了一个坑，但小偷B掉入其中（或者，正好A打算入室行窃而掉入其中），这属于事关预防措施的偶然防卫。

〔3〕 只要是从有关违法性之实质的规范违反说中推导出来，防卫意思必要说的理论还会涉及其他违法性阻却事由。但是，我们可以想象这样的例子：允许堕胎的时限要件明明为怀孕19周以内，但医师误以为允许堕胎的时限要件为怀孕23周以内，于是实施了堕胎手术，对此案件，若以不存在对正当化事由的认识为理由，以堕胎罪的既遂予以处罚，这难道不是处罚意思（思想）吗？

也有观点虽立足于防卫意思必要说，但认为在偶然防卫的情形下，虽残存有行为无价值，但由于阻却了结果无价值，因而应作为未遂犯处罚。[1]然而，即便是未遂犯，但仅以缺少防卫意思这一主观意思作为处罚根据，仍然是存在疑问的。正是出于这一点，也有学者提出了这样的解决方案：通过一般人的认识可能性来限制防卫意思必要说，即便行为人本人缺少对防卫事实的认识，如果一般人能够认识到防卫事实，就予以正当化。[2]但是，这种解决方式又与防卫意思必要说的论据——只有具备与客观的正当化要素相对应的主观的正当化要素之时，作为客观、主观之统一体的行为，才能被正当化——存在矛盾。而且，这种解决方式，与将在一般人看来似乎存在防卫事实的状况下的假想防卫认定为合法这种理解［第十二章之四（二）］，事实上是互为表里，然而，这又与通说观点——认为那种情形下的假想防卫仍然违法——不相协调。

如上所述，正当防卫的正当化根据，不在于行为规范，而存在于保障规范即评价规范的领域。因而，对于偶然防卫就可以理解为：由于引起了符合保障规范所确定的分配秩序、归属秩序的事态，在有关该结果的引起这一限度之内，应予以正当化（"防卫意思不要说"[3]）。不过，即便是持"防卫意

---

〔1〕 以防卫意思必要说为前提的未遂（准用）说，参见野村稔『刑法総論』（成文堂1998年補訂版）225頁以下；高橋則夫『刑法総論』（成文堂2018年第4版）289頁。另外，曾根威彦虽以法益侵害说为前提，但主张在［案例3'］那样的第三者防卫型的偶然防卫中，由于保全利益与侵害利益处于正对不正的关系，因而应成立正当防卫，相反，在［案例3］那样的自我防卫型的偶然防卫中，由于保全利益与侵害利益处于不正对不正的关系，因而不应成立正当防卫，虽然如此，但在结果上，由于侵害的是没有要保护性的利益，因此应该准用未遂犯的规定［参见曾根威彦『刑法原論』（成文堂2016年）201頁以下］。但是，防卫意思的有无何以成为利益的正与不正的标准，其理由并不明确。

〔2〕 参见井田良『刑法総論の理論構造』（成文堂2005年）140頁以下。

〔3〕 判例中否定防卫意思的案件的大部分，都是缺少正当防卫的客观要件的案件，尤其是缺少防卫意思的必要性、相当性的防卫过当的案件［参见松宫孝明『刑法総論講義』（成文堂2018年第5版補訂版）149頁；西田典之・山口厚・佐伯仁志『注釈刑法 第1巻 総論』（有斐閣2010年）450頁（橋爪隆）］。在司法实务中，也许期待防卫意思能够承担这样的机能：为防卫过当中刑罚的减免奠定基础的机能，以及表证正当防卫之客观要件的存在的机能［参见松原芳博「偶然防衛をめぐる諸観点」『日高義博先生古稀祝賀論文集（上）』（成文堂2018年）101頁以下］。但是，在属于责任减少事由的防卫过当中以存在防卫意思为必要，由此并不能推导出，在属于违法性阻却事由的正当防卫中，也应以防卫意思为必要。而且，防卫行为的必要性、相当性的界限并不明确，因此，即便某些情形下，防卫意思作为认定必要性、相当性的间接事实，存在一定意义，因而也不应将其视为正当防卫之不可或缺的要件。

思不要说",仍然存在这样认定的余地:以不同于被正当化的结果的、其他"违法的结果"的发生可能性为理由,认定成立未遂犯。例如,〔案例9〕X看到A正在袭击B,打算帮助A,向B开枪,但子弹射偏,打中了A,具有讽刺意味的是,却事实上挽救了B的生命。在此情形下,虽然"A的死亡"能被正当化,但是仍然能够以存在发生"B的死亡"这一违法结果的危险作为理由,认定构成针对B的杀人罪未遂。又如,即便是在上述〔案例3〕中,如果开枪的时点稍微错开,就可能不存在紧迫的不法侵害,可能发生"A的死亡"这一违法结果,因此,通过对开枪的精确时点予以若干抽象化或者假定的置换,如果能够认定"A的死亡"这一结果属于违法结果,那么,在这种可能性的限度之内,就有认定成立未遂犯的余地。[1][2]

五、防卫行为(广义)

(一)学说与判例概述

正当防卫,必须是"为了防卫,不得已实施的行为"。有关这种防卫行为(广义)*的成立,存在三种不同观点:①主张以"必要性"为要件;②主张以"相当性"为要件;③主张以"必要性"以及"相当性"为要件。并且,有关"必要性""相当性"的含义,也存在争议。首先,有关"必要性"的含义,存在两种不同理解:A. 认为是有助于防卫的行为,这种防卫手段的"适合性";B. 认为是在实际存在的数个防卫手段之中侵害程度最轻微的手段,这种防卫手段的"(相对的)最小限度的必要性"。其次,有关"相当性"的含义,又存在三种不同理解:(a)认为是"(相对的)最小限度的必要性";(b)认为是阻止攻击的合理方法中的一种,这种防卫手段的"合理

---

[1] 立足于"防卫意思不要说",承认存在成立未遂犯之余地的学者,参见平野龍一『刑法総論Ⅱ』(有斐閣1975年)243頁;小林憲太郎『刑法総論』(新世社2020年第2版)103頁;佐伯仁志『刑法総論の考え方・楽しみ方』(有斐閣2013年)139頁;西田典之(橋爪隆補訂)『刑法総論』(弘文堂2019年第3版)182頁;町野朔『犯罪総論』(信山社2019年)280頁。相反,立足于"防卫意思不要说",否定存在成立未遂犯之余地的学者,参见浅田和茂『刑法総論』(成文堂2019年第2版)235頁以下;内藤謙『刑法講義総論(中)』(有斐閣1986年)344頁;林幹人『刑法総論』(東京大学出版会2008年第2版)197頁;中山研一『刑法総論』(成文堂1982年)281頁。

[2] 关于本书作者的观点,详见松原芳博「偶然防衛」『現代刑事法』56号(2003年)47頁以下。

* 所谓狭义的防卫行为,是指仅需"适合性",而广义的防卫行为,则还需"必要性"与"相当性"。——译者注

性";(c)认为是对防卫行为所造成的法益侵害与保全法益进行比较,并非明显不均衡,这种"缓和的均衡性"。最后,有关"相当性"的判断时点,也存在两种对立观点:一是关注行为本身的事前判断(事前判断说);二是将结果也纳入视野之中的事后判断(事后判断说)。由此可见,围绕防卫行为(广义)的争议,既有各个论者在表述上的差异,又有内容本身的对立,相互交织在一起,极其混乱。不过,作为一般性的倾向,可以整理如下:

首先,第①说("必要性"说)强调正当防卫的权利性,除了 B."最小限度的必要性"这一意义上的限制之外,对防卫行为别无其他限制。[1]即便是持第③说("必要性"以及"相当性"说),如果在 A."适合性"的意义上理解必要性,在(a)"最小限度的必要性"的意义上理解相当性,这种观点[2]实质上就与第①说("必要性"说)并无不同。其次,第②说("相当性"说)的部分论者认为,无需(a)"(相对的)最小限度的必要性"这一意义上的"必要性",取而代之的是以(b)合理性意义上的相当性为要件,为此,该说主张的是,比第①说("必要性"说)更为缓和的正当防卫要件。[3]反之,处于通说地位的第③说("必要性"以及"相当性"说),以保护对方的必要性以及正当防卫的社会性质为理由,在 B."最小限度的必要性"这一意义上的必要性的基础之上,再通过要求(c)"缓和的均衡性"这种意义上的相当性,而试图对正当防卫做出限制。[4]另有学者立足于第②说("相当性"说),但在"相当性"的内部,同时考虑"最小限度的必要性"与"缓和的均衡性",这种观点[5]实质上与通说(第③说)是相同旨趣。

另外,有关"相当性"的判断时点,事后判断说研究的是(c)"缓和的均衡性"的判断时点,与此相对,事前判断说既有研究(c)"缓和的均衡

---

[1] 参见伊东研祐『刑法講義総論』(日本評論社 2010 年)189 頁以下;山口厚『問題探求 刑法総論』(有斐閣 1998 年)65 頁以下;山口厚『刑法総論』(有斐閣 2016 年第 3 版)134 頁以下;山中敬一『刑法総論』(成文堂 2015 年第 3 版)503 頁以下。

[2] 参见松宫孝明『刑法総論講義』(成文堂 2018 年第 5 版補訂版)144-145 頁。

[3] 参见平野龍一『刑法総論Ⅱ』(有斐閣 1975 年)239 頁以下。

[4] 参见曽根威彦『刑法原論』(成文堂 2016 年)203 頁以下;内藤謙『刑法講義総論(中)』(有斐閣 1986 年)345 頁以下。另外,高桥则夫将"必要性"、"相当性"分别与"自我保护原则""正的确证"联系在一起[参见高橋則夫『刑法総論』(成文堂 2018 年第 4 版)239 頁]。

[5] 参见西田典之(橋爪隆補訂)『刑法総論』(弘文堂 2019 年第 3 版)144-145 頁;前田雅英『刑法総論講義』(東京大学出版会 2019 年第 7 版)275 頁。

性"的判断时点的，也有研究（a）"（相对的）最小限度的必要性"的判断时点的，其研究内容未必是吻合的。

最高裁判所昭和44年（1969年）12月4日判决是有关"相当性"的指导性判例（reading case）。[1]〔案例10〕A突然抓住X的手指用力反拧，X为了甩开而用力撞击A的胸部，致使A仰面倒地，后脑勺撞到汽车车身上，造成头部受伤。对此案件，*最高裁判所昭和44年（1969年）12月4日判决认为，"第36条第1款所谓'不得已实施的行为'，是指针对紧迫的不法侵害的反击行为，作为防卫自己或者他人之权利的手段，是最小必要限度的行为，也就是指反击行为作为针对侵害的防卫手段，具有相当性。只要反击行为没有超出上述限度，作为针对侵害的防卫手段就具有相当性，即便由该反击行为所造成的结果，偶尔大于将要遭受侵害的法益，该反击行为也并非不是正当防卫行为"。**学界一般认为，该判例采取了有关相当性判断的"事前判断说"。但是，该判例只是认为，只要存在（a）"相对的最小必要限度性"，原则上就可认定具有相当性，并且，不需要具有与紧急避险同等程度的严格的均衡性；至于是否需要（c）缓和的均衡性、如何决定判断时点，该判决并未就此作出判断。

下面，原则上以③说（"必要性"以及"相当性"说）的理论框架为前提，同时参考——根据适合性、必要性、均衡性来划定为了达到目的而被允许的牺牲之界线——"比例原则"的视角，[4]以力图明确防卫行为（广义）的要件。

（二）适合性

要谓之为防卫行为，该行为首先必须有助于对权利的防卫。例如，射杀已安装了定时炸弹的罪犯，只要不是由此能使定时装置停止运行，就无助于阻止爆炸，因而该射杀行为就不可能成立正当防卫。这种防卫手段的"适合

---

[1] 参见最判昭和44年12月4日刑集23卷12号1573页。

* 二审虽认定存在紧迫的不法侵害，但同时认为，鉴于被告人X的行为所造成的伤害结果超过了防卫程度，属于防卫过当，因而应判定X有罪。——译者注

** 最高裁判所进一步指出：因此，被告人X的上述行为是否相当于正当防卫行为，应该看该行为作为针对A的侵害的防卫手段，是否超出了上述限度，而不应拘泥于偶尔发生的上述伤害结果。并且，最终撤销了二审判决。——译者注

[4] 参见井田良『講義刑法学・総論』（有斐閣2018年第2版）162页以下；三上正隆「正当防衛」曽根威彦・松原芳博編『重点課題 刑法総論』（成文堂2008年）84页以下。

性"，不是包含于"不得已实施"中的"必要性"，而属于"为了防卫"中的"防卫行为性（狭义）"的内容，因此，不具有这种"适合性"的，也不构成防卫过当。

不过，未起到防卫效果的，是否也可认定具有防卫行为性（狭义），这是一个难题。例如，〔案例11〕看到 A 正要用刀刺 B，为了保护 B，X 向 A 开枪，但未能命中，B 最终仍被 A 杀害；又如，〔案例12〕X 为了防止 A 的暴力，而殴打了 A，但反而被 A 按倒在地并被打伤。对此，通说认为，如果不将这种"失败的防卫"予以正当化，就会导致萎缩防卫行为的结果，因而只要是适于带来防卫效果的行为，即便最终未能起到防卫效果亦可。

与此相反，也有观点提出，在"失败的防卫"的情形下，并不能认定保全了优越的利益，因此，作为防卫行为性（狭义）的内容，应以具有"防卫效果"为必要。[1]该观点是从事后的角度试图贯彻优越利益说，虽值得倾听，但也留有疑问：这样不是不利于保护防卫方吗？该说一般也会认为，〔案例11〕与〔案例12〕中的 X，尽管不能成立正当防卫，但由于是以为具有防卫效果而实施了反击，因而可作为假想防卫（第十二章之四）阻却故意，并且，由于当时事处紧急状况之下，也不存在过失。然而，如果 X 当时认为防卫行为也许会失败，那么，就会留有因未必的故意而成立犯罪的可能性。[2]

像〔案例11〕那样，在没有发生由防卫行为所引起的法益侵害的场合，就应该理解为，通过对针对不法侵害者的生命、身体的危险，与保全被侵害者的生命、身体的可能性进行衡量，可以将防卫行为予以正当化。*另外，如

---

[1] 参见山本辉之「優越利益の原理からの根拠づけと正当防衛の限界」『刑法雑誌』35 卷 2 号（1996 年）211 頁。

[2] 不过，针对有关违法性阻却事由（尤其是权利行为）的事实的认识，是否可以与构成要件该当事实的认识，按照同一标准来肯定具有未必的故意，仍有进一步探讨的余地。我们也可以认为，针对不存在阻却违法性的事实的"未必的认识"，还不足以成为使之放弃行为的契机。而且，即便不能否定防卫人具有未必的故意，但只要行为人当时处于除了实施防卫之外别无他法的状况之下，就可以认为，不具有实施合法行为的期待可能性。对于《刑法》第 36 条的"不得已实施"，下面这种理解也是值得探讨的：除了作为阻却违法性之根据的"必要性"之外，我们另外可从中解读为，还存在作为阻却责任之根据的"期待不可能性"，因此，可以将该条的核心部分理解为违法性阻却事由，将其边缘部分理解为责任阻却事由。

* 山口厚认为，与侵害人的法益相比，被侵害人的法益具有绝对的优势地位，那么，防卫行为所造成的法益侵害，只要是在防卫所必要的限度之内，就是被允许的，因此，对于尚未达到该程度的法益侵害及其危险，当然也应予以正当化。参见山口厚『問題探求 刑法総論』（有斐閣1998 年）73 頁。——译者注

〔案例12〕那样，在由于不法侵害者继续实施了攻击，权利的防卫因而未能奏效的场合，权利的防卫的失败就完全被归属于尽管遭到了防卫行为的对抗，却仍然不当地继续实施攻击的不法侵害人的行为。因此，难道不可以凭借如果没有不法侵害者的不当的持续攻击，原本应该达到的防卫效果，来为防卫行为的正当化奠定基础吗？

（三）必要性（最小限度的必要性）

要认定为正当防卫，行为人还必须在实际可以采取的适于防卫的对抗手段中，选择侵害性最小的方法。例如，〔案例13〕A 徒手攻击过来，作为空手道高手的 X，本可以轻易将 A 制服，却用回旋腿踢打 A 的头部，致其重伤，在该案中，A 所遭受的伤害就属于原本没有必要的法益侵害，因此，X 的行为（用回旋腿踢打 A 的头部）就不能作为正当防卫而被正当化，只能是作为防卫过当，而仅有可能成为刑罚减免的对象。这种最小限度的必要性，是在自己有可能采取的防卫手段之间相互比较的问题，而不是与对方的侵害相比较的问题。因此，〔案例14〕A 持刀扑过来，空手道高手 X 本可以轻易将刀打落，却用回旋腿踢打 A 的头部，致其重伤，就同样没有满足最小限度的必要性。可以说，正是这种"最小限度的必要性"，才与以"必须"作为其本来语义的"必要性"的内容相符合，构成第36条第1款的"不得已实施"的核心内容。

这种意义上的必要性，①是在设想另外还可能存在某种替代性防卫手段的基础之上，②通过比较该替代性手段与被告人（防卫人）实际采取的手段在侵害性上的强弱程度，进而作出判断。具体来说，就①而言，与不作为犯中的作为可能性一样，应该以包括行为人本人的身体能力在内的、行为当时的所有情况为基础，设想出行为人实际有可能采取，并且可充分预见其防卫效果的替代手段。就②而言，可以想象到两种观点：一是从一般人的角度，比较被告人（防卫人）行为的危险与替代行为的危险；二是对行为人实际采取的行为所产生的法益侵害，与以全部客观情况为基础所能预测到的、由替代行为所引起的法益侵害，进行比较。从应保持违法判断中的现实基础这一角度来看，应该支持后一观点。

〔案例15〕面对 A 马上就要殴打自己这种情况，作为田径运动员的 X，本可以轻易逃走，却实施反击而致 A 受伤，在此情形下，由于还存在逃走这种最好的替代手段，似乎可以说 X 的反击行为没有满足最小限度的必要性。

但是，要求 X 避让，这无疑是强行要求"正屈服于不正"，会不当地限制正当权利人 X 的行动自由。因此，尽管与紧急避险一样，规定的都是"不得已实施"，但不同于紧急避险，在正当防卫中，避让被排除在替代手段的选项之外。正当防卫中的"必要性"，正是通过限定替代手段，对紧急避险中的补充性进行了缓和。

不过，如果承认正当防卫与紧急避险之间具有一定的连续性，就不能说，"防卫人没有避让的义务"这一命题是绝对的。近期，有学者提出，非法侵入他人住宅者，或者，完全出于危害他人的目的而滞留于公共场所者，由于不能认定其具有滞留于现场的正当利益，就应该在判断（该人所实施的防卫行为的）必要性时，将避让这一选项也包括进来；[1]由伴有生命危险的手段所实施的防卫，只有在无法避让的情形下，才能被正当化。[2]例如，〔案例16〕身强力壮的 A 袭击过来，速度很快但力气很小的 X，本可以轻易逃走，却用刀刺中 A 的胸部，致 A 死亡。在此情形下，即便就留在现场予以对抗而言，用刀刺杀是最小必要限度的手段，但不能说，X 的自尊心以及滞留现场的利益，与（不法侵害者）A 的生命相比价值更高，因此，难道不应该将避让这一选项也包含在可能的替代手段之中，对于用刀刺杀的行为，否定具有最小限度的必要性吗？

相反，按照强调正当防卫的权利性的观点，这种结论无异于要求"正屈服于不正"，因而不能被接受。但是，如果从人都可能犯错这种经验法则来看，在我们缔结社会契约之际，获得在自己遭受不法侵害之时，即便能够很轻易地避让，也可以采取致命的方式予以对抗这种权利的同时，也被要求能够忍受在自己实施不法侵害之时，对方原本能够很轻易地避让，却以致命的方法予以对抗这种事态。与此相比，彼此放弃在能够很轻易地避让的情况下仍然可以以致命的方法予以对抗这种对抗权，作为各人的生存策略，难道不是更为合理吗？可以认为，对于侵害者的最低限度的考虑（照顾），作为这种社会契约上的合理的策略，能够界定正当防卫之成立范围。

（四）相当性（缓和的均衡性）

例如，〔案例17〕腿脚不方便的商店店主 X，看到 A 盗窃商品之后正打

---

[1] 参见橋爪隆『正当防衛論の基礎』（有斐閣2007年）77頁以下。
[2] 参见佐伯仁志「正当防衛と退避義務」『小林充・佐藤文哉先生古稀祝賀・刑事裁判論集（上）』（判例タイムズ社2006年）104頁以下。

算逃走，为了阻止而开枪警示，但由于 A 并未停下脚步，遂瞄准 A 开枪，致 A 死亡。在此情形下，就可以肯定具有最小限度这一意义上的必要性。但是，A 的生命的要保护性，尽管因自己实施的不法侵害而有所减弱，但不能说，已经减弱到甚至低于 X 的财产价值的程度。为此，作为防卫行为的"相当性"，就应该要求具有"缓和的均衡性"，也就是，防卫行为所侵害的法益的价值不能明显超出保全法益的价值。〔1〕这种相当性，是对紧急避险中法益均衡要件的缓和；是否具有相当性，是与来自对方的侵害相比较，这一点与前述必要性视角不同，必要性是在自己所能采取的替代手段之间相互比较。

不过，如果将缓和的法益均衡的意义上的相当性作为正当防卫的要件，在由为了防卫而必要的防卫手段造成了明显过大的法益侵害的场合，被侵害者就不得不避让侵害或者忍受侵害。有观点立足于强调正当防卫之权利性的立场，以难以接受这种"正对不正"让步的结果为理由，反对以这种意义上的相当性为要件。〔2〕但是，如前所述，源于社会契约的、对于侵害者的最低限度的考虑（照顾），对我们各人是自我保存而言，想必也是一种最合理的策略。〔3〕

如果规定紧急避险的第 37 条中的"不得已实施"这一表述是指补充性，"所造成的损害不超过所欲避免的损害之时"的意思是指均衡性，那么正当防卫中的"缓和的均衡性"，就不包含在"不得已实施"这一表述之中，而是蕴含于第 36 条第 2 款的"超过防卫限度的行为"属于防卫过当这一规定的反向意思之中，这样理解也许更具有理论上的整合性。但是，防卫过当，不仅包括超出"缓和的均衡性"的情形，还包括超出最小限度的必要性的情形，第 36 条第 2 款的"防卫限度"不仅包括相当性还包括必要性的程度，因此，

---

〔1〕 大審院昭和 3 年（1928 年）6 月 19 日判决在旁论中指出，"如同为了防卫区区几块豆腐这种财产性利益，而侵害属于至重之法律利益的人的生命那样，完全超出了防卫的程度"（大判昭和 3 年 6 月 19 日新聞 2891 号 14 頁）。
〔2〕 参见山本和輝『正当防衛の基礎理論』（成文堂 2019 年）162 頁。
〔3〕 也有观点基于强调正当防卫之权利性的立场主张，在承认由相当性来限制正当防卫的场合，也应该避免含有正对不正的屈服这种意思的解释，而应通过私力救济所伴有的错误的风险，或者防止暴力风潮的蔓延这种社会的利益，来为这种限制奠定基础。参见坂下陽輔「正当防衛の再検討」『刑法雑誌』58 巻 2 号（2019 年）10-11 頁。但是，本书认为，相当性要件对正当防卫的限制，是基于正文所述的源于社会契约的对于他人的考虑（照顾），而非由不同于此的其他的社会利益来奠定基础。

将该款理解为规定了相当性的法律根据，多少还是有些勉强。本书以为，可以进行下述解释：在实施反击会明显丧失均衡性的场合，实施反击本身，就应该被排除在允许的防卫手段之外，就要求其避让侵害或者忍受侵害，因此，不能说，这种反击行为属于"不得已实施"的行为。[1]*

然而，围绕相当性的判断时点的理论对立还夹杂着其他问题：究竟是最小限度的必要性还是缓和的均衡性这种有关相当性的内容的对立，以及在以"缓和的均衡性"为要件的立场内部有关衡量对象的对立。例如，〔案例18〕X（女性）在车站月台被醉汉A缠住，因A抓住其大衣领口不放，于是X将A的身体推开，但A跌落到月台下面，因被夹在正好进站的列车与月台之间而死亡（"西船桥案"）。对此，千叶地方裁判所昭和62年（1987年）9月17日判决将问题的焦点集中在"X还能采取其他什么方法"这一点上，认为要求X逃往其他月台或者向车站工作人员求助，这无疑"等同于强行要求X甘受屈辱，或者要求其忍受虽受骚扰却不得不逃离的懊恼、凄凉"，从而最终判定成立正当防卫。[2]可以说，该判决强调被侵害者并无避让义务，通过肯定X的行为具有作为防卫手段之最小限度的必要性，而肯定成立正当防卫。然而，对于"缓和的均衡性"，究竟是认为不需要该要件，还是认为虽然需要该要件，但可以认定X的行为尚属于均衡性范围之内的行为，判例的态度并不明确。

---

〔1〕 山口厚认为，明显不均衡的，应该否定具有防卫行为性［参见山口厚『問題探求 刑法総論』（有斐閣1998年）73頁以下］。但是这样一来，势必也应否定成立防卫过当的可能性，对此，本书是存在疑问的。

* 山口厚教授的详细观点如下：问题在于，只要是排除侵害所必要的对抗行为，无论造成什么样的法益侵害，都能被允许吗？也就是，"明显超出损害的均衡"的场合，也成立正当防卫吗？例如，要防卫小偷偷走一个苹果，唯一的手段是射杀该小偷，在此情形下，射杀小偷的行为能否得以正当化呢？对此，有力学说认为，可作为缺少"相当性"要件的行为，否定成立正当防卫，而成立防卫过当［参见平野龍一『刑法総論Ⅰ・Ⅱ』（有斐閣1975年）244頁；内藤謙『刑法講義総論（中）』（有斐閣1986年）346頁］。但问题在于，这种既无明文规定，标准本身又不明确的要件是如何推导出来的呢？本书认为，要保全轻微的法益，就只能实施明显有失均衡的法益侵害行为的场合，对于这种侵害，不允许以正当防卫来对抗，而应该交由事后的民事法律上的救济来处理。基于此视角，本书主张，应该作为不属于"为了防卫的行为"而否定成立正当防卫（因此，也不成立防卫过当）。由于不能认定成立正当防卫（也就是，要求其当时忍受侵害），因此，要肯定这一点，就应该科以相当严格的要件，即应该以所预想到的侵害的轻微性、明显超出损害的均衡作为要件。参见山口厚『問題探求 刑法総論』（有斐閣1998年）73頁以下。——译者注

〔2〕 参见千葉地判昭和62年9月17日判時1256号3頁（"西船桥案"）。

| 第八章　正当防卫 |

　　作为这种均衡性的标准，判例曾采取所谓"武器对等原则"。但是，要求"对等"这种完全的均衡，势必会否定防卫方的优势地位，这并不合适。事实上，对于为了防卫对方的徒手攻击而持刀威吓的案件，也有判例认为，"武器"虽然过当，但从给予对方的损伤（damage）来看，仍属于"稳妥的手段"。[1]对此，通说是要求"行为"的（缓和的）均衡。不过，同样是"撞（推）对方胸部"的行为，在一般的平地与在悬崖边，其意义完全不同。所谓行为之间的比较，就是行为的"危险"之间的比较，而行为标准说，正是从刑法的行为规范性的角度，从行为人或者一般人的视角，对行为的危险进行事前判断。按照这种行为标准说即事前判断说，[2]对于〔案例18〕，势必会倾向肯定具有相当性。

　　但是，包括正当防卫在内的违法性阻却事由，是将包括法益侵害结果在内的所有构成要件该当事实，通过优越利益原则，而予以正当化，有鉴于此，在进行判断之际，对于行为历经相当因果关系而实际引起的构成要件该当结果，就不能完全予以无视。[3]为此，在防卫行为该当于实害犯的既遂构成要件之时，对于防卫行为实际给对方造成的法益侵害，以及通过事后判断，所能预料到的若不采取防卫行为就会遭受的法益侵害进行比较，如果两者之间存在明显的不均衡，就应该否定具有相当性（结果标准说、事后判断说[4]）。

---

[1] 例如，无论是年龄上还是体力上都更占优势的A一边说着，"你小子欠揍吗？"一边做着往前出拳、踢腿的动作而逼近X，为了免遭侵害，X手持菜刀，放在腰间进行威胁。对于X的这种行为，最高裁判所平成元年（1989年）11月13日判决判定具有防卫行为的相当性（参见最判平成元年11月13日刑集43卷10号823页）。

[2] 参见井田良『講義刑法学・総論』（有斐閣2018年第2版）316頁。

[3] 东京地方裁判所八王子支部昭和62年（1987年）9月18日判决认为，"《刑法》第36条第1款所谓'行为'，是一种指称判断是否存在正当防卫这种违法性阻却事由之对象的概念，也就是，是指该当于构成要件的行为（所为），因此，就应该认为，不仅仅是狭义的行为即动作，与故意犯中的结果一样，结果加重犯中的结果也包括在内。而所谓'相当性'的有无，不仅是就狭义的反击行为，还应该是就包括结果在内的整体进行判断"（東京地八王子支判昭和62年9月18日判時1256号120頁）。广岛地方裁判所平成21年（2009年）1月16日判决也判定，"鉴于被告人之暴力行为的结果，造成了B的死亡这种重大结果，整体来看，被告人之一系列的暴力行为超出了为了防卫人而不得已实施的行为的程度"（着重点为笔者所加）（参见广岛地判平成21年1月16日裁判所HP）。从这些判例来看，不能断言审判实务采取的是"事前判断说"。

[4] 参见山本辉之「防衛行為の相当性と過剰防衛」『現代刑事法』9号（2000年）55頁；橋田久「防衛行為の相当性」『刑法雑誌』37巻3号（1998年）1頁以下（为了避免正当防卫权相互之间的冲突，应该采取事后判断说）；曽根威彦『刑法原論』（成文堂2016年）206頁；曽根威彦・松原芳博编『重点課題　刑法総論』（成文堂2008年）89頁〔山下正隆〕。

对于紧急避险的均衡性，刑法规定是"所造成的损害不超过其意欲避免的损害程度"，因而，只要是与侵害法益有关，实际发生的结果都属于衡量的对象，想必对此不会存在异议。紧急避险与正当防卫之间，的确存在对方是"正"还是"不正"这种差异，但这种差异主要反映在，究竟是采取完全的均衡还是采取缓和的均衡这种均衡程度上，并不会由此造成判断时点的不同。

按照这种结果标准说即事后判断说，具体就〔案例 18〕而言，只要能认定 X 的行为与 A 的死亡之间存在法律上的因果关系，如果针对 A 的生命的侵害不能被正当化，就不能认定为正当防卫，但由于该侵害结果与 X 所要保护的利益之间，明显有失均衡，因而难以认定具有防卫行为的相当性。不过，由于 X 对过当性的基础事实即 A 的死亡这一结果不存在认识，只不过是对能认定具有相当性的范围之内的事实存在认识，因此，可以阻却有关"违法的暴行"的故意〔有关相当性之基础事实的假想防卫，第十二章之四（四）〕，只要在具体情况下对于引起违法结果存在过失，就应被追究过失致死罪的罪责（在成立过失致死罪的场合，作为过失的防卫过当，成为刑罚的任意性减免的对象〔1〕）。

（五）"盗犯防止法"的特别规定

《有关盗犯等的防止及其处分的法律》（简称"盗犯防止法"）第 1 条第 1 款规定，在防止盗窃犯等的场合，为了排除针对生命、身体、贞操等的现实的危险，杀伤盗窃犯的，属于存在防卫行为的情形。立法者认为这是一种注意性的解释规定，而最高裁判所平成 6 年（1994 年）6 月 30 日决定则认为，该款的适用范围一方面限于在特定状况之下针对生命、身体等的防卫，但另一方面由于法条中并没有"不得已实施"这一表述，因而该款是通过采取较《刑法》第 36 条更为缓和的相当性，来认定防卫行为的正当性。〔2〕

六、先行情况与正当防卫（相互对立状况下的特殊问题）

（一）判例与学说概述

处于相互对立状况下的人之间，存在这样的情形：在某个时点，似乎满足了正当防卫的要件，但从整个过程来看，其正当性又存在疑问。

---

〔1〕 参见町野朔『犯罪総論』（信山社 2019 年）287 頁。
〔2〕 参见最决平成 6 年 6 月 30 日刑集 48 卷 4 号 21 页。

例如,〔案例 19〕政治活动组织 C 派的 X 等人,预想到在集会之际,会遭到对立派别 K 派的袭击,于是事先设置路障等进行准备,其后,对不出所料袭击过来的 A 等人,用铁锹等工具实施了反击。对此,最高裁判所昭和 52 年(1977 年)7 月 21 日决定认为,X 等人的行为,"不止于没有避让预期的侵害,而是出于利用此机会积极向对方实施加害行为的意思而面对侵害,此时,就已经不再满足侵害的紧迫性要件"。[1]对该判决的批判主要集中于两点:其一,这是以积极的加害意思这一主观情况,来否定本来是指客观的防卫状况的"紧迫性";其二,这是以积极的加害意思这种心情的、情绪的要素,来决定行为是违法还是合法。

又如,〔案例 20〕X 与 A 在垃圾桶旁(第一现场)发生争执,X 殴打了 A 之后跑开,A 骑自行车追过来,在离垃圾桶 60 米远的地方(第二现场)追上了 X,并开始殴打 X,X 遂用特殊警棍迎战,致 A 负伤。对此,最高裁判所平成 20 年(2008 年)5 月 20 日决定认为:"可以说,A 的攻击是因 X 的暴力而起,是在邻近地点、在 X 的暴力之后马上实施,可谓之为属于一系列、一个整体的事态;还可以说,X 是因自己的不法行为而招致了侵害。因此,在 A 的攻击并未大幅超过 X 的前述暴力这种本案事实状况之下,不能说 X 的本案伤害行为,属于对 X 而言,处于实施某种反击行为可以被正当化的状况之下的行为"。[2]该决定在以下三个要件之下否定了针对自招侵害的正当防卫:①原因行为(X 起初的殴打行为)是非法的暴力;②在时间上、场所上具有连续性与整体性;③原因行为与非法侵害(A 的追打)之间存在均衡。不同于上述最高裁判所昭和 52 年(1977 年)7 月 21 日决定,最高裁判所的该决定着眼于客观事实,不考虑是否具有挑衅的意图、是否对侵害存在预期,就直接否定了正当防卫,在这一点上,可以说,存在大幅限制正当防卫的成立范围的可能性。

再如,〔案例 21〕X 因被 A 无端找茬而生气,正在位于公寓六楼的家中时,接到 A 的电话,让他去公寓楼下,于是,X 拿着菜刀前往公寓前面的马路,用刀刺中了手持榔头殴打过来的 A,致其死亡。对于此案,最高裁判所平成 29 年(2017 年)4 月 26 日决定认为:"在(面临)紧迫的非法侵害这种

---

[1] 最决昭和 52 年 7 月 21 日刑集 31 卷 4 号 747 页。
[2] 最决平成 20 年 5 月 20 日刑集 62 卷 6 号 1786 页。

紧急状况之下，无法期待公权力机关的法律保护之时，《刑法》第36条例外地允许个人为了排除妨害而实施对抗行为。因此，在行为人预想到（对方的）侵害的基础上实施对抗行为的场合，就侵害的紧迫性这一要件而言，不应该理解为，因为已经预想到侵害，因此直接丧失了紧迫性……而应该比照包括先行于对抗行为的各种情况在内的整个行为状况进行探讨。具体而言，根据具体案件考虑：行为人此前与对方之间的关系、所预想的侵害内容、所预想的侵害程度、避让侵害的难易程度、前往侵害地的必要性、滞留于侵害地的相当性、对抗行为的准备情况（尤其是有无准备凶器、所准备的凶器的性能等）、实际的侵害行为的内容与预想的侵害的异同、行为人对侵害的处理情况以及当时的意思内容等情况，在行为人出于利用这个机会积极地对对方实施加害行为的意思而面临侵害之时……在比照上述《刑法》第36条的旨趣，不能被谓为被允许的场合，就不满足侵害的紧迫性要件"，在陈述了这种一般论的基础上，该决定得出了结论："能够认定，X已经充分地预想到，如果接受A的呼叫去现场，会受到A使用凶器等的暴力攻击，尽管没有必要接受A的呼叫，待在家中接受警察的援助也是很容易的，却在准备菜刀之后赶赴A正在等待的地点，在A就要用榔头攻击过来之时，在没有采取出示菜刀等威吓性动作的情况下就直接接近A，用刀猛刺A的左胸。比照包括这种先行情况在内的本案整个行为状况，不能认定本案行为属于比照《刑法》第36条的旨趣能够被允许的行为，（因而本案行为）不满足侵害的紧迫性要件。"[1]

对于处于相互对立状况之下的正当防卫的成立，学说一致主张应进行某种限制，但作为限制乃至否定正当防卫的根据，应该着眼于哪些事实，对此则存在理论分歧。现在主要有以下四种观点：一是主张着眼于加害意思或者挑衅意图；[2] 二是主张着眼于迎击准备；[3] 三是主张着眼于侵害招致行为；[4] 四是

---

[1] 参见最决平成29年4月26日刑集71卷4号275页。
[2] 参见团藤重光『刑法綱要総論』（創文社1990年第3版）238页。
[3] 参见川端博『刑法総論講義』（成文堂2013年第3版）357页；明照博章『積極的加害意思とその射程』（成文堂2017年）3-4页；橋田久「反撃準備行為を理由とする正当防衛の制限について」名古屋大学『法政論集』287号（2020年）1页以下。
[4] 参见橋田久「自招侵害」『研修』747号（2010年）5页以下；木崎峻輔「相互闘争状況における正当防衛の処理基準及び類型化の試み（3・完）」『筑波法政』82号（2020年）26页以下（关注扩大相互对立状况的态度）。

主张着眼于侵害避让义务。[1]另外，针对限制乃至否定正当防卫的理论结构，更是众说纷纭：①主张否定侵害的紧迫性；[2]②主张否定侵害的不法性；[3]③主张否定防卫意思；[4]④主张否定防卫行为性（狭义）；[5]⑤主张限制乃至否定防卫行为的必要性·相当性；[6]⑥主张否定社会相当性；[7]⑦认为是正当防卫权的滥用；[8]⑧主张直接援引正当防卫的基本思想即法确证原理与自我保全原理；[9]⑨主张依据"原因违法行为"的法理。[10]其中，①至⑧是就防卫行为本身追究罪责，而⑨则是将原因行为作为问责对象，但各种观点之间并非一定相互排斥。而且，只要否定正当化的根据以及适用范围不同，①至⑧也是有可能并存的。

（二）探讨

1. 正当防卫的权利行为性与紧急行为性

正当防卫同时具有以下两种性质：在属于针对非法侵害维护正当权利的行为这一意义上的权利行为性、在实力行使这一意义上的紧急行为性。前者由来于侵害者与被侵害者之间的关系，是正当防卫的固有属性；反之，后者由来于国家与个人之间的关系，是与紧急避险共通的属性。在对侵害存在预期的场合、自招侵害的场合，紧急行为性与权利行为性的界限就会成为问题。不过，在设定紧急行为性的界限之际，由于事关社会契约中个人权利的保留范围，因此也应该考虑与对方的关系中的行为的正当性、权利性。必须注意

---

[1] 参见橋爪隆『正当防衛論の基礎』（有斐閣2007年）305頁以下。
[2] 参见橋爪隆『正当防衛論の基礎』（有斐閣2007年）304頁。
[3] 参见高山加奈子「正当防衛論（下）」『法学教室』268号（2003年）70頁。
[4] 参见団藤重光『刑法綱要総論』（創文社1990年第3版）238頁；藤木英雄『刑法講義総論』（弘文堂1975年）176頁。
[5] 参见前田雅英『刑法総論講義』（東京大学出版会2019年第7版）258頁；照沼亮介「侵害に先行する事情と正当防衛の限界」『筑波ロ・ジャーナル』9号（2011年）150頁以下。
[6] 参见山本輝之「自招侵害に対する正当防衛」『上智法学論集』27巻2号（1984年）211頁以下；瀧本京太朗「自招防衛論の再検討（3・完）」『北大法学論集』66巻6号（2016年）140頁以下；井田良『講義刑法学・総論』（有斐閣2018年第2版）312頁。
[7] 参见大谷實『刑法講義総論』（成文堂2019年新版第5版）285頁；岡本晶子「正当防衛状況の創出と刑法三六条」『大谷實先生喜寿記念論文集』（成文堂2011年）432頁以下。
[8] 参见川端博『刑法総論講義』（成文堂2013年第3版）362頁。
[9] 参见山中敬一『刑法総論』（成文堂2015年第3版）522頁。
[10] 参见山口厚「自ら招いた正当防衛状況」『法協百周年記念論文集第2巻』（有斐閣1983年）751頁以下。

的是，不能通过强调正当防卫的紧迫性（紧急性），而不当地侵蚀其权利行为性。

2. 侵害预期类型

如〔案例19〕〔案例21〕那样，虽然已经预想到侵害，却仍然面对这种侵害之时（侵害预期类型），问题主要在于紧急行为性的界限。

在存在对侵害的预期的场合，总是不允许进行正当防卫，对于对侵害存在预期者，这无异于广泛地要求其要么采取侵害避让行为，要么不前往预想会遭受侵害的场所，但这样会过度限制公民的自由。为此，〔案例19〕中，最高裁判所昭和52年（1977年）7月21日决定提出了这样的判例法理：除了对侵害存在预期之外，还存在积极的加害意思的，就否定具有紧迫性——紧迫性是体现紧急行为性的要件。但是，积极的加害意思存在的问题是，除了其内容不明确之外，这种意思属于内心的心情要素，很难找到其与法益的侵害或者保全这种违法评价之间的联系。

相反，"侵害避让义务论"则试图根据从预想到侵害直至非法侵害被现实化这期间的客观的利益状况，来划定"侵害预期类型"中的正当防卫、防卫过当的界限。其代表性论者认为，在被侵害者可以不牺牲正当的利益而很容易地避免所预期的侵害的场合，由于那不过是应该加以避免的危险的现实化而已，因此应该否定侵害的紧迫性。具体而言，在已经预想到侵害却前往现场的场合，只要不能认定存在应该前往现场的正当理由，就否定紧迫性；反之，在等待预想的侵害到来的场合，只要滞留于现场存在正当的理由，就不会直接否定侵害的紧迫性，但如果明明可以通过向警察求助而切实地避免侵害，却不采取这种措施而实施对抗行为的，就否定紧迫性。[1]最高裁判所昭和52年（1977年）7月21日决定之后的下级裁判所的判例中，也出现了这样的倾向：与内心的积极的加害意思相比，更加重视用于认定这种意思的、作为间接事实的客观的利益状况。[2]

---

[1] 参见桥爪隆『正当防衛論の基礎』（有斐閣2007年）304頁；桥爪隆『刑法総論の悩みどころ』（有斐閣2020年）90頁。作为"侵害避让义务论"的先驱性主张，参见佐藤文哉「正当防衛における退避機能性について」『西原春夫先生古稀祝賀論文集（1）』（成文堂1998年）242頁以下。

[2] 这里能够找到，与共同正犯中的正犯意思的场合相同的，间接事实与主要事实的逆转［第十七章之五（三）］。

在这种状况之下，对于"侵害预期类型"，针对〔案例21〕的最高裁判所平成29年（2017年）4月26日决定作出了以下判断：以存在积极的加害意思的情形为代表，从包括先行于对抗行为的各种情况在内的整个行为状况来看，在能够期待行为人采取包括请求公权力机关救助在内的事前的侵害避免措施的场合，就缺少紧迫性。

但是，原本来说，具有应该避免侵害之义务的，不是被侵害者而是侵害者。[1]承认广泛的侵害避让义务，是强行让正当的权利人承受避让侵害的负担，想必与正当防卫的权利性是不相符合的。不过，按照在对通过伴有生命危险的方法来进行正当防卫的必要性进行判断之际，要求具有避让不可能性，或者要求具有缓和的均衡性这一意义上的相当性的立场［本章之五（三）、（四）］，如果确实能够预想到，会发展至只能通过危及生命的反击、与侵害之间明显缺少均衡的反击，权利才能得到防卫的状况，那么，对于预想到侵害者（被侵害者），要求其避免发展至这种状况，这一点作为被融入社会契约之中的对于他人（邻居）的最低限度的考虑（照顾），也应该是能够得到承认的。这种意义上的侵害避让要求，就相当于提前提出了防卫行为之际的避让要求、缓和的均衡性要求，无非为了担保防卫行为的必要性、相当性。因此，没有避让已经预想到的侵害，实施了危及生命的反击，或者实施了与侵害之间明显缺少均衡的反击的，这种场合就不应该是否定侵害的紧迫性，而应该是否定防卫行为的必要性、相当性。[2]

从这种视角来看，在〔案例19〕中，未能预想到会实施危及生命的反击或者与侵害之间明显缺少均衡的反击，因此，不属于存在"事前的避让侵害要求"的情况。本案如果否定正当防卫，就会造成要么强行要求X等人放弃集会要么向警察寻求保护的结果，也有侵害X等人的集会自由之虞。

另外，在〔案例21〕中，如果X已经切实地预想到，会出现实施危及生命的防卫行为的事态，就可以认定作为"避让要求"之提前提出的侵害避让

---

〔1〕参见山本和辉『正当防衛の基礎理論』（成文堂2019年）235頁。
〔2〕坂下阳辅虽承认作为对"侵害的避让义务"的提前要求的"事前的侵害避免义务"，但以"存在避让义务的场合，也不应承认防卫过当"为由，将这种义务定位于紧迫性要件［参见坂下陽輔「正当防衛の再検討」『刑法雜誌』58卷2号（2019年）14~15頁以下］。但是，防卫过当只是止于刑罚的任意性减免，而且，在能认定存在事前的避让要求的场合，也不能断言刑罚的减免总是不当的，因此，比照正当防卫的机能、根据，还是应该将这种情形定位于防卫行为的必要性、相当性。

要求（"事前的避让侵害要求"），对于违反这种要求，直接面对侵害而刺杀了 A 的 X 而言，就可以否定防卫行为的必要性，认定为防卫过当。最高裁判所平成 29 年（2017 年）4 月 26 日决定在否定侵害的紧迫性之际，考虑了 X 没有采取威吓行为而是突然刀刺 A 的左胸部这一事实，然而，应该说，这种（不法）侵害已经现实化之后的行为人一方的情况，并不能对"紧迫性"施加影响，只有在必要性、相当性中，才有可能被考虑。另外，该决定是从私力救济的例外性出发的。但是，在本类型中，为限制正当防卫奠定基础的、对于他人的最低限度的考虑（照顾），是位于国家的实力独占之前的、邻里之间（个人之间）的协议层面的问题。为此，对于"向警察求助"，应该认定其仅仅具有作为结果避免措施之一的意义。

3. 自招侵害类型

诸如〔案例 20〕那样，被侵害者因自己的违法行为而引起了针对自己的侵害的场合（自招侵害类型），基于不正对正之关系的正当防卫的权利行为性会成为主要问题。

在正当防卫之下，为了保障、实现依据保障规范所进行的利益归属、利益分配，就要优先保护正当权利人的利益，而不法侵害人的利益的要保护性也自然退居其后。但是，在权利人自己不法招致对方的侵害的场合，基于是由双方共同形成了不法侵害这一理由，本应该被防卫的权利人的利益的要保护性也会相应减弱，因此，其有关必要性、相当性的优势地位也会随之降低。[1] 尤其是，对于不法侵害的引起，权利人起到了很大作用，可谓之为与不法侵害人对等地形成了共同原因之时，权利人则丧失优势地位，必须服从于与紧急避险相同的补充性与均衡性的制约。[2]

那些为正当防卫要件的严格化提供根据的（防卫人实施的）先行事实，与正当防卫中的"不法侵害"的要件一样，该先行事实也必须是"不法"的。因此，权利行为，以及对对方而言，属于在社会生活中应该忍受的行为，

---

[1] 参见山本辉之「自招侵害に対する正当防衛」『上智法学論集』27 卷 2 号（1984 年）211 頁。
[2] 高山佳奈子认为，在自招侵害的场合，不再是正对不正的关系，而属于不正对不正的关系，因此应否定侵害的不法性，转而属于紧急避险的问题〔参见高山佳奈子「正当防衛（上）」『法学教室』267 号（2002 年）70 頁〕。尽管该主张的实质旨趣值得支持，但考虑到对于要件的严格化可以附加程度，以及即便是自招侵害，也不是说对方的侵害就可得以正当化，因此，仍以正当防卫的规定为依据，但对其要件更加严格化，这种解释想必更容易被大家所接受。

就应该被排除在外，但并不要求该先行事实具有有责性。对此，也许会存在疑问：不问行为人的认识、意图，一律限制针对自招侵害的防卫，这是否是对自由的过度限制呢？但是，对于自己招致不法侵害的情形，也并不是由此便直接否定针对侵害的对抗行为的正当性，不过是由此而将必要性、相当性的要件予以严格化而已。对于所招致的不法侵害，即便能认定防卫人起到了很大作用，但只要满足了补充性与均衡性，仍然允许其实施反击。而且，在实施防卫行为之际，如果对自己招致了侵害这一点并无认识，则只要满足了通常意义上的必要性、相当性，即便超出了被严格化的必要性、相当性，仍然可以作为假想防卫而阻却故意。

这样，在自招侵害的场合，必要性、相当性要件被严格化，如果反击行为超出了这种被严格化的必要性、相当性，即否定具有正当性，属于防卫过当。反之，如果反击行为并未超出被严格化的必要性、相当性的限度，该反击行为就属于正当防卫；接下来就要探讨，是否另外成立以招致侵害的原因行为作为问责对象的犯罪。适用"原因违法行为"法理的这种原因行为，不同于导致对必要性、相当性之限制的原因行为，要求是包括针对法益侵害结果的故意或者过失在内的、具备了有责性的行为。[1]由于这种原因行为与最终结果之间，介入了对方的侵害行为以及自己或者第三者的反击行为，要认定存在正犯性与相当因果关系，相对比较困难。要认定"原因违法行为"所引起的故意犯，也许应限于那些有意识地挑衅，并且支配着直至法益侵害这一过程的、所谓"利用合法行为的间接正犯"的情形。

对〔案例20〕适用上述理论，可以做以下阶段性理解：作为第一阶段，X因自己的不法暴力招致了A的不法侵害，从时间上、地点上的接续性来看，应该说X的作用很大，因此，允许X进行的反击，就被缩减至与紧急避险等同的程度。为此，只要X的反击满足了补充性与均衡性，就被正当化，但如果超出了补充性或均衡性，则成立由防卫过当所引起的伤害罪。在X的反击被正当化的场合（或者作为防卫过当而被减免刑罚的场合），作为第二阶段，就要探讨"原因违法行为"所引起的可罚性的问题。在该案中，从第一现场

---

[1] 导致对必要性、相当性之限制的自招性，完全是就被正当防卫所防卫的权利的主体而言的，而适用"原因违法行为"之法理的原因行为性，对于第三者防卫中的防卫行为人，以及纯粹的第三人，也都有可能成为问题。

的殴打行为中，难以认定 X 对直至第二现场所发生的 A 的伤害结果的因果关系存在支配（难言第二现场所发生的 A 的伤害结果是第一现场的 X 的殴打行为的危险的现实化），因此，不能以引起了第二现场所发生的伤害为理由，而对第一现场的殴打行为追究伤害罪的罪责。

七、防卫过当

（一）法律性质

"超过防卫限度的行为"，是指超出了上述最小必要限度性或者"缓和的均衡性"等要件的行为，仍然属于违法行为，但依据情节，有可能成为刑罚的减轻或者免除的对象（第36条第2款）。

通说观点认为，面对紧急事态，因为精神上的波动（动摇），难免会实施过激行为，因而主张从期待可能性的降低中，寻求防卫过当的刑罚减免根据。按照这种"责任减少说"，[1]无论对正当防卫是否要求具有防卫意思，在防卫过当之下，作为精神上的波动（动摇）的前提，以认识到正当防卫状况并对此进行应对的意思这种意义上的防卫意思为必要；在误信存在紧迫的不法侵害的假想防卫过当［第十二章之四（四）］中，由于与实际存在侵害的情形一样，也能认定存在精神上的波动（动摇），因而也能肯定刑罚的减免。但是，在正当防卫之后，刑法紧接着规定了防卫过当，由此可以看出，切断两者之间的连续性，例如，为了并无紧密关系的第三者而实施的防卫、已预想到侵害的防卫、通过安装碎玻璃片等自动防卫装置而实施的防卫等，在这种仅仅稍微有点"过头"的情形下，却要以并不存在心理上波动（动摇）为理由，而完全排除根据防卫过当来减轻其刑罚的可能性，本书对此是存在抵触的。

另外，也有学者主张"违法减少说"。[2]该说从强调防卫过当与正当防卫的同质性的视角，认为防卫过当的刑罚的减免根据在于，在防卫过当的情

---

[1] 参见佐伯千仭『刑法講義 総論』（有斐閣1981年4訂版）204頁；佐伯仁志『刑法総論の考え方・楽しみ方』（有斐閣2013年）164頁；西田典之（橋爪隆補訂）『刑法総論』（弘文堂2019年第3版）188-189頁；橋本正博『刑法総論』（新世社2015年）141頁；平野龍一『刑法総論Ⅱ』（有斐閣1972年・1975年）245頁。持可罰的责任减少说的学者，参见浅田和茂『刑法総論』（成文堂2019年第2版）245頁；山中敬一『刑法総論』（成文堂2015年第3版）535頁。

[2] 参见町野朔「誤想防衛・過剰防衛」『警察研究』50卷9号（1979年）52頁。

形下，虽然超出了限度，但毕竟是针对紧迫的不法侵害保全了正当利益，因而在与此相对应的限度之内，较通常的犯罪，其违法性得以减少。但是，如果认为刑罚的减免根据仅在于违法性的减少，而仅以超出必要性、相当性的程度这种与违法相关的事实，来为刑罚的减免奠定基础，那么，可以减免刑罚的范围，就会明显缩小，尤其是，难以肯定刑罚的免除。

鉴于此，"重叠的并用说"日益有力。[1]该说虽以违法性的减少作为减免刑罚所必须的前提，但在用于判断是否实际减免的"情节"中，主张应综合考虑违法性的减少以及责任的减少。作为对第36条第2款的解释，"重叠的并用说"是最理所当然的，然而从现行刑法并没有设置有关期待可能性的一般性减免规定这一点来看，就不应该完全排除，从第36条第2款也可推导出，仅因期待可能性的减少而得以减免刑罚的可能性。因此，应该支持"择一的并用说"：[2]从违法或者责任的减少中寻求防卫过当的刑罚减免根据，即便只有其中某一方的减少，也存在减轻刑罚的可能性。

（二）防卫行为的整体性把握与量的过当

1. 质的过当与量的过当

防卫行为超出必要性、相当性的案件称之为"质的过当"（质的过剩），相反，紧迫的非法侵害明明已经结束却仍然继续反击的情形（侵害结束类型）则称之为"量的过当"（量的过剩）。[3]在量的过当的案件中，能否认定防

---

[1] 参见曾根威彦『刑法原論』（成文堂2016年）208頁；高橋則夫『刑法総論』（成文堂2018年第4版）302頁；内藤謙『刑法講義総論（中）』（有斐閣1986年）351頁以下；山口厚『刑法総論』（有斐閣2016年第3版）142頁。

[2] 参见井田良『講義刑法学・総論』（有斐閣2018年第2版）319頁；林幹人『刑法総論』（東京大学出版会2008年第2版）201頁。另外，"重叠的并用说"与"择一的并用说"分别是最大程度限定、最大程度扩张防卫过当之成立范围的观点，因而，将两者统称为"违法·责任减少说"是不恰当的。

[3] 参见成瀬幸典「量の過剰に関する一考察（一）」東北大学『法学』74巻1号（2010年）2頁；浅田和茂『刑法総論』（成文堂2019年第2版）242頁；佐伯仁志『刑法総論の考え方・楽しみ方』（有斐閣2013年）162頁；曽根威彦『刑法原論』（成文堂2016年）209頁；高橋則夫『刑法総論』（成文堂2018年第4版）302頁；日高義博『刑法総論』（成文堂2015年）242頁。这种意义上的量的过剩又被称为"事后的过剩"［安田拓人「事後の過剰防衛について（一）」『立石二六先生古稀祝賀論文集』（成文堂2010年）243頁以下］、"时间的过剩"［林幹人『刑法総論』（東京大学出版会2008年第2版）202頁］、"外延的过剩"［橋田久「外延の過剰防衛」京都産業大学『産大法学』32巻2＝3号（1998年）227頁］。

过当（量的防卫过当），〔1〕对此尚存争议。对于量的过当的案件，判例、〔2〕通说通过整体性地把握侵害结束前后的行为，对整个行为认定防卫过当。并且，对于那些在不法侵害的持续过程中，从满足必要性、相当性要件的行为转变为超出必要性、相当性的行为的案件（侵害持续类型），判例、〔3〕通说也通过整体性地把握一系列的行为，将整个行为认定为一个防卫过当。也有论者作为包含侵害结束类型与侵害持续类型这两种类型在内的整体，将在持续进行反击的过程中由起初的正当防卫行为转变为违法行为的情形称之为"量的过当"。〔4〕下面分别将仅指侵害结束类型的情形称为"狭义的量的过当"，将包含侵害结束类型与侵害持续类型这两种类型在内的情形称为"广义的量的过当"。〔5〕

2. 广义的量的过当

广义的量的过当中关注的问题是，将满足正当防卫之要件的反击行为纳入属于违法行为的防卫过当之中是否妥当？

例如，〔案例22〕被关押在拘留所的 X，因受到同居一室的 A 将折叠桌推倒在自己面前的暴力，将折叠桌反过来推向 A（第一暴力），并且还数次殴打因被桌子撞到而处于难以反击、抵抗之状态下的 A（第二暴力）。A 因第一暴力而受伤，但第一暴力作为防卫行为具有相当性。在第二暴力的时点，虽然能够说，A 的不法侵害已经减弱，不过仍然在持续之中，但第二暴力超出了作为防卫行为的相当性。对此，最高裁判所平成 21 年（2009 年）2 月 24 日决定认为，"能够认定，X 对 A 实施的暴力，是针对紧迫的不法侵害的一系列的、一个整体的行为，是基于同一个防卫意思的一个行为，因此，从整体上考察，作为一个防卫过当，认定成立伤害罪是适当的"，对于由其本身相当于正当防卫的第一暴力引起了伤害结果这一点，进一步判定"只要作为有利

---

〔1〕 旧《刑法》第 316 条规定，"虽为防卫身体财产，但非不得已而对人施加侵害暴力的，或者危害已过后，仍乘势对人施加侵害暴力的，不在不论之罪之限。但是，因情节得比照第 313 条之例宽宥其罪"，从而明文规定了质的过当与量的过当。

〔2〕 参见最判昭和 34 年 2 月 5 日刑集 13 卷 1 号 1 页。

〔3〕 参见最判平成 9 年 6 月 16 日刑集 51 卷 5 号 435 页；最决平成 21 年 2 月 24 日刑集 63 卷 2 号 1 页。

〔4〕 参见瀧岡資晃『現代裁判法大系㉚』（新日本法規 1999 年）132 頁以下；小林憲太郎『刑法総論』（新世社 2020 年第 2 版）123 頁；前田雅英『刑法総論講義』（東京大学出版会 2019 年第 7 版）281 頁；山口厚『刑法総論』（有斐閣 2016 年第 3 版）142 以下。

〔5〕 有关量的过当的定义以及处理，参见松原芳博『行為主義と刑法理論』（成文堂 2020 年）143 頁以下。

情节考虑即可"。[1]

的确，针对同一个法益的侵害，并且实质上是由一个意思所承担的一系列行为，由于适用一次法条就有可能完全评价，因而属于单纯的一罪或者包括的一罪［第二十一章之二、三（一）］。〔案例22〕中的第一暴力与第二暴力，作为由一个意思所承担且时间上连接在一起的行为，将其视为单纯一罪的关系是很自然的事情。但是，如果对〔案例22〕的相关事实进行整体性评价，就会将满足正当防卫之要件、理应合法的第一暴力回溯性地评价为违法。这样做的结果是：原本来说，如果仅以属于违法行为的第二暴力作为评价对象，会成立由防卫过当所引起的暴行罪，然而，将理应相当于正当防卫的第一暴力所引起的伤害结果也纳入违法评价的对象，就会"升格"至由防卫过当所引起的伤害罪。相反，最高裁判所平成21年（2009年）2月24日决定试图通过将"由相当于正当防卫的行为引起了结果"这一点视为"有利情节"，以避免出现这种不合适（即暴行罪被"升格"至伤害罪）。但是，在〔案例22〕中，如果A因第一行为而死亡，[2]伤害致死罪的法定刑是3年以上惩役，也不能选择罚金刑，因而这种不合适是无法通过量刑来解决的。而且，罪名所具有的标签效果也是不能被无视的。这样，就应该理解为，即便〔案例22〕中的两个行为在构成要件阶段被整体性地评价，[3]由正当防卫予以正当化的第一行为在违法阶段被排除在外，[4][5]就第二行为成立由防卫过当所引起的伤害罪。[6]这种理解是符合犯罪论体系的过滤机能（第三章之

---

[1] 参见最决平成21年2月24日刑集63卷2号1页。
[2] 不过，按照有关防卫行为之相当性的事后判断说，在这种场合，通常的做法是认定不满足正当防卫的要件。
[3] 单纯的一罪与包括的一罪都属于通过适用一次罚条就可以进行评价的事态，两者之间的差异是相对的。在构成要件阶段，将单纯的一罪视为一个行为，不是因为行为不可能分割，而不过是因为不需要分割。
[4] 参见山口厚「判批」『刑事法ジャーナル』18号（2009年）83页以下。
[5] 例如，基于《刑事诉讼法》的合法的逮捕、拘留因超过逮捕、拘留时限而违法的场合，仅对于合法逮捕、拘留期限之外的时间成立逮捕监禁罪，这是很自然的想法。而且，就针对腹部的暴力，法益主体表示同意之时，如果行为人在对腹部实施暴力之后，又继续对头部实施暴力的，只有针对头部的暴力行为才属于违法评价的对象，一般性的理解难道不是这样吗？
[6] 对于这种观点，也会有这样的批判意见：对于不知是由第一行为还是由第二行为所引起的结果就无法追责［参见松田俊哉「判批」『最高裁判所判例解说 刑事编』（平成21年度、法曹会）10页］。然而，对于有可能是由合法行为所引起的结果不能追责，这是"疑罪从无"原则的当然结论，没有任何不妥当。

一）的，即经过构成要件、违法性、有责性等阶段顺次对处罚对象进行限定。

3. 狭义的量的过当

狭义的量的过当中关注的问题是，将侵害结束之后完全违法且有责的犯罪行为纳入防卫过当之中是否妥当？

对于狭义的量的过当的案件，学界观点一直以来被整理为：按照违法减少说，由于属于违法减少之前提的不法侵害已经结束，因而不成立防卫过当；按照责任减少说，由于紧迫的心理状态仍然有可能持续，因而有可能成立防卫过当。另外，如上所述，判例通过整体性地把握侵害结束前后的行为，不深入研究防卫过当的刑罚减免根据，而直接将侵害结束之后的行为在一定范围之内纳入防卫过当。* 判例的这种问题解决路径也渗透至学说之中。

不过，在行为人的一系列行为跨越不法侵害结束前后，并且由侵害结束之前的行为引起了重大结果的场合，将满足正当防卫要件的合法行为纳入防卫过当之中（广义的量的过当中关注的问题），与将完全违法且有责的犯罪行为纳入防卫过当之中（狭义的量的过当中关注的问题），就会同时成为问题。在这种场合，整体性把握这种问题解决路径，在将满足正当防卫的第一行为纳入防卫过当之中这一点上不利于被告人，而在将完全违法且有责的第二行为纳入防卫过当之中这一点上又有利于被告人。

例如，下面的案件就典型地体现了这种问题。〔案例23〕A用铝制烟灰缸砸到X，X遂殴打A的脸部，致A倒地不起（第一暴力），然后对A的腹部又踢又踩，致A受伤（第二暴力），最终A因为第一暴力而死亡，但第一暴力是满足正当防卫要件的行为。在本案中，如果将两个行为分别评价，X成立伤害罪；如果对两个行为进行整体评价，X则成立由防卫过当引起的伤害致死罪。这里的整体性评价，在有可能适用防卫过当而得以免除刑罚这一点上，向着有利于被告人的方向发挥作用，而在罪名以及刑罚的上限这一点上，则向着不利于被告人的方向发挥作用。对此，最高裁判所平成20年（2008年）6月25日决定认为，"尽管两个暴力在时间上、地点上是连续的，但在A实施的伤害的持续性以及X的防卫意思的有无这一点上，性质明显不同，鉴

---

* 又如，A持（用于修剪屋顶稻草的）剪刀攻击过来，X为了保护自己而持砍柴刀砍过去，A受伤倒地之后，继续用刀砍，致A死亡。对此，最高裁判所昭和34（1959年）年2月5日判决认为，若将"本案的一系列行为"视为"一个整体"，就属于防卫过当（参见最判昭和34年2月5日刑集13卷1号1页）。——译者注

于 X……对处于不能抵抗的状态之下的 A 实施了行为样态相当激烈的第二暴力，（可以说）两个暴力之间是断裂的"，因此，不能将两个暴力作为一个整体来考察，并认定为一个防卫过当行为，而应该认定第二暴力成立伤害罪。[1]*

本决定在否定第一行为与第二行为的一体性（整体性）之际，着眼于侵害的持续性、防卫的意思以及行为样态。正如侵害的持续性、防卫的意思这种指标所显示的那样，在本决定中，被当作问题的一体性，是作为防卫行为的一体性，不同于构成要件阶段的一体性、包括的一罪性的意义上的一体性。不过，一直以来对于狭义的量的过当的案件，判例均承认防卫过当，从这种态度来看，不能说，侵害的持续性是行为的一体性的必要条件。而且，作为正当防卫之要件的防卫意思，也与对侵害结束的认识[2]一同丧失，因而想必也不属于行为之一体化的必要条件。对于本决定所谓"防卫的意思"，应该理解为，广泛地意味着起因于对侵害的认识的、一种防御性的心理状态，因而，只有那种完全基于攻击意思的场合，这种"防卫的意思"才会被否定。[3]

按照有关防卫过当之刑罚减免根据的违法减少说（以及"重叠的并用说"），除了采取这种一体化路径之外，对于狭义的量的过当的案件（侵害结束类型），再没有其他认定防卫过当的方法。在这种一体化之际，为了避免出现将合法行为纳入防卫过当这种不当的效果，如上所述，应该将相当于正当防卫的部分排除在违法评价的对象之外。但是，如果将这部分排除在外，违法减少的前提也会随之丧失。在本书看来，按照违法减少说（以及"重叠的并用说"），要同时做到将侵害结束之后的行为纳入其中、将合法行为排除在外，这是很难做到的。[4]

---

[1] 参见最决平成 20 年 6 月 25 日刑集 62 卷 6 号 1859 页（扔烟灰缸案）。
  * 对于〔案例 23〕，最高裁判所最终判定，第一暴力属于正当防卫，而第二暴力构成伤害罪（且不构成防卫过当）。由于第二暴力与紧迫的不法侵害并无多大关系，既无违法性的减少也无有责性的减少，按照"择一的并用说"，应该也会得出与判例相同的结论。——译者注
[2] 行为人没有认识到侵害结束的场合，作为假想防卫阻却故意（第十二章之四）。
[3] 参见遠藤邦彦「正当防衛判断の実際」『刑法雑誌』50 卷 2 号（2011 年）317 页。
[4] 桥爪隆虽依据一体化路径，但主张即便是有可能进行整体性评价的场合，在由此会造成对被告人的不利益的场合，还是应该隔断两个行为（不进行整体评价）〔参见橋爪隆『刑法総論の悩みどころ』（有斐閣 2020 年）117 页以下〕。但是，根据究竟是有利于被告人还是不利于被告人来决定可否进行整体性评价，这是否存在理论根据，还是存在疑问的。而且，在〔案例 23〕中，在罪名以及处断刑的上限上，隔断两个行为的评价（分别评价）更为有利，但在存在因防卫过当而免除刑罚的可能性这一点上，整体性评价又是有利的，因而，究竟哪一种做法更为有利也不能一概而论。

相反，按照责任减少说（以及"择一的并用说"），不依据一体化路径，只要能认定是基于起因于不法侵害的心理上的紧迫状态的、针对侵害者的对抗行动，就仅以第二行为为对象，肯定防卫过当的成立，从而能够避免出现违法减少说所陷入的"两难境地"。[1]对于"超过防卫限度的行为"（第36条第2款）这一表述，也有可能理解为，包括超出有可能成立正当防卫之时间限度的行为在内。[2]

---

[1] 按照责任减少说（以及"择一的并用说"），可以说即便采取一体化路径，相当于正当防卫的行为的排除是基于违法评价的视角，侵害结束前后的行为的一体化是基于期待可能性的视角，因此，两者是能够并立的。在这种场合，与违法评价的对象相比，责任阶段的行为的一体化及于更广的范围，这一点也可能成为问题，但就是在这种场合，责任评价的对象也终究只是侵害结束之后的部分，还是应该将包括侵害结束之前的部分在内的整体行为视为责任评价的材料。

[2] 从责任减少说的角度来看，对于以下情形都有可能认定成立狭义的量的防卫过当：①从侵害持续过程中的、不该当于构成要件的防御性行为，发展至侵害结束之后的暴力行为的场合；②从侵害持续过程中的（出示凶器等）胁迫行为，发展至侵害结束之后的暴力行为、伤害行为的场合；③从侵害持续过程中的质的过当行为，直至（达到）侵害结束之后的同种行为的场合。如果一体化路径是以对构成要件阶段的行为的一体化把握作为问题，那么，就不能承认由①与②那样的不该当于构成要件的行为所引起的量的防卫过当，以及与不同犯罪的一体化［参见高桥直哉「複数の反撃行為と過剰防衛の成否」『駿河大法学』26卷2号（2013年）55頁以下］所引起的量的防卫过当。

第九章　紧急避险*

一、概述

为了避免针对自己或者他人的生命、身体、自由或者财产的现实危险，不得已实施的行为，限于所造成的损害不超过其意欲避免的损害之时，不予以处罚（第37条第1款）。例如，〔案例1〕自己的数十反**水田因暴雨遭淹，水稻有被淹死的危险，X为了排水而损坏了为A所有的木板闸，对此，大审院昭和8年（1933年）11月30日判决判定，X的行为虽然该当于损坏器物罪的构成要件，但属于紧急避险，不予处罚。[1]不过，在民事责任上，X仍须就木板闸的损坏，赔偿A的损失（《民法》第709条）。又如，〔案例2〕因遭到Y的抢劫，X毁坏A宅的大门，穿过其院子逃走，在此情形下，也应认定属于紧急避险，不以损坏器物罪、侵入住宅罪处罚。在该案中，由于危险是由Y的不法行为所引起，因而Y应对此承担损害赔偿责任，X可免除民事法律上的责任（《民法》第720条第1款）。

紧急避险，与正当防卫一同归类于作为紧急状态下的利益保全行为的"紧急行为"。在侵害了正当的第三人的法益这一点上，紧急避险又有别于正当防卫。正当防卫对抗的是不法侵害，在对方的反抗不被允许[2]这一意

---

* 日本《刑法》第37条〔紧急避险〕：为了避免针对自己或者他人的生命、身体、自由或者财产的现实危险，不得已实施的行为，限于所造成的损害不超过其意欲避免的损害程度之时，不处罚；超过此限度的行为，可根据情节减轻或免除其刑（第1款）。对于业务上负有特别义务的人，不适用前款规定（第2款）。——译者注
** 反：是日本计算土地面积的单位，又称"段"。1反是300坪，相当于991.7平方米。——译者注
[1] 参见参见大判昭和8年11月30日刑集12卷2160页。
[2] 针对防卫行为，正当防卫的对方（不法侵害者）不仅当然不能实施正当防卫，原则上也不能实施紧急避险，但不同于基于刑事诉讼法的逮捕行为的对方（被逮捕者），允许其在不侵害任何法益的情况下从防卫行为中逃走［参见佐伯仁志『刑法総論の考え方・楽しみ方』（有斐閣2013年）183页以下］。

上，属于"权利行为"，尽管对无需补充性与法益均衡的根据尚存争议，但对正当防卫属于违法阻却事由这一点，不存在异议。反之，在紧急避险中，没有理由让毫无关系的第三者承受所转嫁的危险，如〔案例1〕那样，避险行为人原则上应承担损害赔偿责任。这样一来，有关紧急避险，从保护对方的必要性以及维持法秩序统一性的视角来看，对于紧急避险原本是否属于违法阻却事由这一问题，学界存在争议。

诚然，如果通过侵害某人的法益，保全了其他人的同等以上的法益，社会整体的利益总量并未减少。为此，按照追求社会整体效用最大化的社会功利主义，对于紧急避险行为的正当性，也许不存在疑问。然而，为了他人或者社会整体，违反某人的意思，强行要求其做出牺牲，这无疑是将该人作为他人或者社会整体的手段来对待，这一点至少存在违反尊重个人主义之嫌。在以下伴有生命侵害的案件中，该问题体现得尤为突出：〔案例3〕因遭受海浪，木船破裂，X与A一同落入海中，同时游到只能承受一人的木板前，两人相争的结果是，力气更大的X推开A抓住了木板，而A则被淹死（"卡涅阿德斯之板"，Plank of Carneades）；〔案例3'〕对该案还可作另一种假设，在A已经抓住木板之后，随后游到的X推开A，夺走了木板；〔案例4〕游艇沉没后，4人坐救生艇漂流在海上，由于食物吃完，在漂流的第20天，其他3人杀害了其中身体最为孱弱的1人，通过吃该人的肉以维持生命，其他3人于第24日被救起（"米丽雷特〔Mignonette〕号事件"）；〔案例5〕载有300名乘客的飞机被劫持，在劫机者正要用该机去撞击有1000人在内的楼房之时，击毁了该机[1]。因此，在紧急避险的情形下，同时也在拷问个人与个人、个人与社会整体之间利益调整的应然状态。同时也彰显出存在于法益思想背后的个人主义的动机与社会功利主义的动机之间的尖锐对立。

---

[1] 2004年，德国新设了允许击落将人的生命置于危险之中的航空器的法律规定（《航空安全法》第14条第3款），但在2006年，德国宪法法院以该法律违反了指向生命的权利为理由判定违宪（BVerfGE108, 118）。有关该法律，参见森永真網「テロ目的でハイジャックされた航空機を撃墜することの刑法上の正当化(1)-(3・完)」『姫路法学』41-42号（2004年）195頁以下・43号（2005年）149頁以下・45号（2006年）157頁以下。

二、法律性质（不处罚的根据）

（一）责任阻却说

责任阻却说认为，在紧急避险的情形下，侵害了正当的第三人的法益，而该第三人并没有应该忍受的理由，因而不能否定其违法性，在此基础上，该说进一步主张，不处罚的根据在于，在当时极其紧迫的心理状态之下，无法期待行为人实施合法行为。[1]按照该说，会得出以下结论：①若以有关共犯的从属性的限制从属性说［第十七章之一（二）］为前提，避险行为的教唆者、帮助者就能作为共犯受到处罚；②误以为存在现实危险的"假想避险"，属于期待可能性的错误（第十二章之五），按照处理该问题的通说观点，限于该错误不可避免之时，才阻却责任；③被转嫁危险者可通过正当防卫来对抗避险行为人。

责任阻却说基于个人主义的视角，反对在分别属于不同法益主体的法益之间进行所谓"减法计算"，并且通过肯定避险行为的对方（被转嫁方）可以通过正当防卫来对抗紧急避险，而力图考虑对方（被转嫁方）的权利，这一点尤其引人注目。但是，如果将个人权利绝对化，对通过在不同法益主体之间进行法益衡量，从而将紧急避险行为予以正当化的做法，一概予以否定，那么，消防时依法损坏相应设施的行为（《消防法》第29条）、依法强制征用土地的行为（《土地征用法》第2条）等也属于违法行为，似乎也应允许以正当防卫来对抗此类行为。然而，即便是以个人主义为基调，但作为从社会共同生活中享受一定恩惠的个人，为了他人的利益——原则上以补偿为前提——有些时候也应该甘愿接受一定的牺牲（社会连带思想）。总是允许以正当防卫来对抗紧急避险，虽然有助于保护避险行为的对方（被转嫁方），但对避险行为人来说，则过于严酷。

此外，心理上的紧迫性要达到能够阻却期待可能性的程度，想必应限于为了保全自己以及家人的生命与身体之时，但第37条对法益的种类、主体的范围并未做这种限制。而且，第37条要求的法益均衡，是与责任谴责无关的要件，以责任的减少作为该条的法理根据，不免有些勉强。

---

[1] 参见瀧川幸辰『刑事責任の諸問題』（伸松堂書店1948年）95頁以下；植松正『再訂刑法概論 I 総論』（勁草書房1974年）207頁；日高義博『刑法総論』（成文堂2015年）379頁以下。

（二）违法性阻却说

通说将紧急避险理解为违法性阻却事由。这种违法性阻却事由说[1]的主流观点认为：在法益冲突状况之下，保全同等以上利益的紧急避险，并不会减少社会整体的利益，因而能通过优越利益原则或者利益衡量原则将紧急避险正当化。按照此观点，也相应地会得出以下结论：①教唆、帮助避险行为者，不承担共犯的罪责（不成立共犯）；②假想避险是有关违法性阻却事由的错误（第十二章之四），不问该错误是否不可避免，均为阻却故意；③被转嫁危险者，不能以正当防卫来对抗避险行为人。不过，该说也认为，被转嫁危险者若满足补充性与法益均衡的要件，可以通过紧急避险来对抗避险行为人。[2]至少在这一点上，可以看出，通说（违法性阻却说）也意识到，虽同是违法性阻却事由，但紧急避险与如正当防卫那样不允许对方反抗的违法性阻却事由，性质有所不同。

（三）可罚的违法性阻却说

如上所述，根据民法的相关规定，即便某行为属于刑法上的紧急避险，原则上仍负有民事法律上的损害赔偿义务，只有像〔案例2〕那样，转嫁由他人的不法行为所引起的危险的，才可免责。为此，有观点从法秩序统一性的视角，主张紧急避险原则上只是可罚的违法性阻却事由，只有在民法上也阻却了损害赔偿责任的场合（危险由来于他人的不法行为的场合），才属于完全的违法阻却事由。[3]但是，转嫁来自自然灾害的危险，作为可罚的违法性阻却事由，允许对方（被转嫁方）以正当防卫来对抗，而转嫁来自他人的不法行为的危险，却作为完全的违法性阻却事由，不允许对方（被转嫁方）实

---

[1] 参见伊東研祐『刑法講義総論』（日本評論社2010年）205頁；大谷實『刑法講義総論』（成文堂2019年新版第5版）296頁；小林憲太郎『刑法総論』（新世社2020年第2版）129頁；高橋則夫『刑法総論』（成文堂2018年第4版）314頁以下；西田典之（橋爪隆補訂）『刑法総論』（弘文堂2019年第3版）146頁以下；橋本正博『刑法総論』（新世社2015年）147頁；平野龍一『刑法総論Ⅱ』（有斐閣1975年）228頁；堀内捷三『刑法総論』（有斐閣2004年第2版）166頁；前田雅英『刑法総論講義』（東京大学出版会2019年第7版）284頁；山口厚『刑法総論』（有斐閣2016年第3版）148頁。

[2] 参见団藤重光『刑法綱要総論』（創文社1990年第3版）245頁以下；佐伯仁志『刑法総論の考え方・楽しみ方』（有斐閣2013年）183頁以下。相反，桥田久则认为，不允许阻止法所期待的状态的实现，因而不承认对抗紧急避险的紧急避险［参见橋田久「緊急避難に対する緊急避難」名古屋大学『法政論究』256号（2014年）44頁以下］。

[3] 参见曽根威彦『刑法原論』（成文堂2016年）227頁以下。

施正当防卫,对于这种区别对待,很难找到其合理性。民法之所以就后一种情形规定免责,是因为可以向创造了危险的不法行为人要求赔偿,而非源于避险行为本身的反价值性的不同。

对此,另有观点主张,应将紧急避险普遍视为可罚的违法性阻却事由。[1]按照该观点,紧急避险是单方面地转嫁危险,损害正当的个人的法益,因而应肯定具有一般的违法性,对方可以通过正当防卫来对抗;但保全了同等以上的法益,因而可否定存在社会性损害,能阻却可罚的违法性。该观点同时考虑到个人主义的要求与社会功利主义的要求这两个方面,这一点值得关注,但将这两个要求分割为一般违法性与可罚的违法性,则存在问题。尤其是纯粹从个人主义的角度来考虑一般违法性,对此,就可提出与针对责任阻却说相同的批判:连消防时依法损坏相应设施的行为(《消防法》第29条)也会被认定为违法行为。

(四)二分说

另有几种观点主张,紧急避险包括违法性阻却与责任阻却这两个方面。其一,主张保全了优越性利益的,属于违法性阻却事由,而保全了等价值的利益的,则属于责任阻却事由。[2]该说的理由在于,首先,在等价值的法益的场合,不能认为是保全了优越利益;其次,如果对这种情形也肯定违法性阻却,就会出现这样的结果:认可一种合法行为与另一种合法行为之间的冲突。其二,主张保全法益明显优越于侵害法益的,属于违法性阻却事由,否则,属于责任阻却。[3]该说的理由在于,每一个人都应该甘愿接受命运的安排,只有在保全法益明显大于侵害法益之时,才可例外地从社会连带的角度要求第三者(被转嫁方)甘愿忍受牺牲。其三,主张原则上属于违法性阻却事

---

[1] 参见生田勝義『行為原理と刑事違法論』(信山社2002年)283頁以下;林幹人『刑法総論』(東京大学出版会2008年第2版)207頁;曾根威彦・松原芳博編『重点課題 刑法総論』(成文堂2008年)101頁〔鈴木優典〕。另外,井上宜裕认为,紧急避险原则上是可罚的违法性阻却事由,限于保全法益明显超出侵害法益之时,才属于违法性阻却事由〔参见井上宜裕『緊急行為論』(成文堂2007年)66頁以下〕。

[2] 参见佐伯千仭『刑法講義 総論』(有斐閣1981年4訂版)206頁;齊野彦弥『刑法総論』(新世社2007年)160頁;内藤謙『刑法講義総論(中)』(有斐閣1986年)409頁以下;中山研一『刑法総論』(成文堂1982年)269頁。

[3] 参见森下忠『緊急避難の研究』(有斐閣1960年)238頁以下;井田良『講義刑法学・総論』(有斐閣2018年第2版)329-330頁。

由，但生命对生命、身体对身体的场合，则属于责任阻却。[1]该说的理由在于，生命、身体属于"自我目的的存在"，不能成为比较衡量的对象。上述三种观点都蕴含着耐人寻味的视角，但至少就责任阻却的部分，针对责任阻却说的上述批判，这三种观点也仍然是适合的。[2]

（五）探讨

紧急避险关注的是客观的利益状况，而不是行为人的主观心理态度，因而应将其定位于事关相关人之间的利益调整的违法性阻却阶段。不过，如果从社会功利主义的角度，将这种利益调整理解为仅仅追求社会整体利益总和的最大化，那么，这就存在将本应属于"自我目的之存在"的个人，谪贬至实现社会效用的手段之虞。[3]作为针对这种社会功利主义对个人主义的蚕食的"刹车"，社会契约论应该是一个有益的视角，亦即，紧急避险这种制度是一种为了分散针对各个具体个人的风险的保险。[4]具体而言，有时候自己会是遭受危险的一方，有时候又会是被转嫁危险的一方，在做如此假设的场合，与通过保证自己总会甘愿承受所降临的危险，而得到不被他人转嫁危险的保障这种选项相比，合理的个人应该会做另外一种选择：通过相互认可在一定范围之内的危险转嫁，以减轻也许会降临到自己头上的危险的风险。

按照这种观点，在上述〔案例3'〕以及下面两个案件中，侵害他人生命、身体的要害部位的危险转嫁行为，即便维持甚至增加了社会整体利益的总和，但由于超出了为了互助而彼此认可的合理忍受的范围，就不能被正当

---

[1] 参见阿部純二「緊急避難」阿部純二・板倉宏・内田文昭・香川達夫・川端博・曽根威彦編『刑法基本講座』（第3巻）（法学書院1992年）95頁・99頁以下；木村亀二（阿部純二増補）『刑法総論』（有斐閣1978年）265頁以下。

[2] 另外，综合说主张紧急避险的不处罚根据在于：社会整体的恶害的最小化所引起的违法减少，以及基于心理上的压迫的责任减少。参见遠藤聡太「緊急避難論の再検討」『刑法雑誌』57卷2号（2018年）90頁以下。

[3] 不过，在避险行为的侵害法益是国家法益或者社会法益之时，则不会出现个人的手段化的问题。为此，在仅仅侵害国家法益或者社会法益之时，就有可能通过社会整体利益的最大化来解释紧急避险的正当化。

[4] 参见森永真綱「緊急避難における社会連帯義務（1）」『姫路法学』46号（2007年）1頁以下；森永真綱「緊急避難における社会連帯義務（2）」『鹿児島大学法学論集』43卷1号（2008年）1頁以下。

化。[1][2][3]〔案例6〕医师X强行（或者通过欺骗手段）从偶尔来医院就诊的A身上，摘取了心脏等器官，分别移植到濒临死亡的B、C、D身上，以A的生命换来了B等三人的生命；〔案例7〕医师X强行（或者通过欺骗手段）从偶尔来医院就诊的A身上，摘取了一个肾脏，移植到濒临死亡的B身上，挽救了B的生命。的确，第37条的法条用语本身来看，似乎也包含了此类案件，但是，紧急避险中的危难转嫁对象，本来并没有被置于危险之下，只是通过避险行为人的行为这一媒介，才会感受到法益之间的冲突。因此，在可以认为是，由于超出了相互忍受的限度而不允许转嫁危险的场合，由于从规范的角度来看，可以否定存在作为补充性之前提的法益冲突状况，因而就可以理解为，不属于"不得已实施的行为"。[4]反之，像〔案例3〕〔案例4〕〔案例5〕那样，在实施避险行为之前，对方（被转嫁方）的法益就已经面临危险的"危险共同体"的案件中，并非将危险转嫁至毫无关系的第三人，而是已经存在法益冲突。因此，即便是侵害了生命或者身体的要害部位，仍然有将该避险行为作为紧急避险予以正当化的余地。[5]

紧急避险是将危险转嫁至正当的第三人，紧急避险的这种特殊性也体现在，原则上对避险行为人应科以基于（民事法律上的）不法行为的损害赔偿责任。[6]这种处理似乎破坏了民法与刑法的统一，但毋宁说，正可以将其视为体现了民法与刑法之间的联系。也就是说，可以将刑法上的紧急避险视为

---

[1] 不过，在〔案例3'〕中，也存在以不具有期待可能性为理由而肯定责任阻却的余地。
[2] 远藤聪太基于紧急避险是以现存的法律制度所没有设想的利益冲突状况为对象这种理解，主张将《器官移植法》所规制的摘取器官的行为排除在紧急避险的射程之外。参见遠藤聡太「緊急避難論の再検討」『刑法雑誌』57巻2号（2018年）90頁以下。
[3] 永井绍裕尝试在功利主义的框架内来解释对这种情形的紧急避险的限制。参见永井紹裕「緊急避難の制約根拠について（2）」『早稲田大学大学院法研論集』152号（2014年）253頁以下。
[4] 参见松宮孝明『刑法総論講義』（成文堂2018年第5版補訂版）160頁。
[5] 相反，桥田久则认为，仅限于下述被害人本身就是危险源的情形，针对生命的紧急避险才可得以正当化：在登山过程中，用登山绳连在一起的同伴突然脚下打滑，而使得2人同时悬在空中，由于登山绳无法承受2人的体重，悬在上面的人便割断了绳索，而致另一人摔死。参见橋田久「生命危険共同体について」京都産業大学『産大法学』30巻3＝4号（1997年）107頁以下。
[6] 井上宜裕认为，对被转嫁人的民事救济，依据的应该是不当得利原理［参见井上宜裕『緊急行為論』（成文堂2007年）67頁以下］。不过，在为了第三者的紧急避险的案件中，例如，在X将针对A的危险转嫁给B的场合，按照不法行为这一理论结构，应该是X承担赔偿义务；但如果按照不当得利原理，就应该是A承担返还义务。

这样一种制度：将最终的利益调整交由事后的金钱解决方式，危险的被转嫁方在事后可以得到损害赔偿[1]的前提之下，才允许转嫁危险。[2]不过，这种考虑属于制度设计层面的问题，在具体案件中，紧急避险的成立与否并不取决于被转嫁人是否实际得到了损害赔偿。

这样，如果将紧急避险理解为一种将利益调整交由事后的金钱方式解决的制度，那么，虽然不允许对方（被转嫁方）以正当防卫来对抗紧急避险，但毕竟对方（被转嫁方）遭受了毫无理由的危险，这一点并无任何改变，因此，可以在紧急避险的限度之内进行危险的（再）转嫁，或者对抗危险。

三、要件

（一）危险

第37条规定，作为紧急避险的前提，必须是存在"针对自己或者他人的生命、身体或者财产的现实危险"。这里，生命、身体、自由、财产只是例示，名誉等其他法益也包括在保全法益之中。

所谓"危险"（危难），是指法益的侵害或者危险。保全法益之主体对侵害表示同意的，由于不存在"危险"（危难），不能实施紧急避险。不过，针对生命以及身体的要害部位的机能，法益主体的处分权是受到限制的［第七章之四（三）］，因此，违反其意思的紧急避险也是有可能的。

"危险"（危难）的原因既可以是自然现象也可以是他人的行为，在他人的合法行为所造成的侵害、危险中，诸如依据法令的逮捕、判决的执行这种对象人所应该忍受的法益侵害，就不能包括在这里的"危险"（危难）之中。[3]

在危险来自他人的违法行为的场合，例如，〔案例8〕Y绑架了X的小孩，威胁说，如果不按照指示去抢劫银行，并用从银行抢来的钱支付赎金，

---

[1] 对于这里的"损害赔偿"的性质，违法多元论（第六章之六）认为，就像法条用语所直接显示的那样，是基于不法行为的"赔偿"，而违法一元论则认为是以合法行为为原因的"补偿"。

[2] 参见松宫孝明『刑法総論講義』（成文堂2018年第5版補訂版）156頁以下；佐伯仁志『刑法総論の考え方・楽しみ方』（有斐閣2013年）182頁。

[3] 参见福岡高判昭和38年7月5日下刑集5卷7＝8号647頁。

就要杀害其小孩，X 遂抢劫了银行。如何认定这种在受到强制之下而实施违法行为的"受强制的紧急避险"[1]的法律性质，就是争议问题之一。部分观点认为，X 的行为可谓是加担于 Y 的不法行为的工具，因此，即便形式上符合第 37 条的要件，也不能阻却违法性，至多能以不具有期待可能性为理由阻却责任。[2] 其理由在于，将与 Y 的非法行为处于一体化的 X 的危险转嫁行为认定为合法行为，无疑是对避险对象要求连带这种不法，违反了法确证的要求。但是，正如〔案例 2〕所示，危险来自他人的违法行为，这无碍紧急避险的正当化；而且，"与不法行为的一体化""加担于不法行为"的含义与范围也不明确。[3] 又如，〔案例 8'〕Y 绑架了 X 的小孩，要求支付赎金，X 因没有其他筹措资金的办法而抢劫了银行。应该说，〔案例 8〕与〔案例 8'〕之间，虽多少有些不同，但这种差异并不足以左右 X 行为的法律性质。针对在"受强制的紧急避险"中承认违法性的阻却这种观点，也存在"在不允许对方实施正当防卫这一点上是不妥当的"这种批判，但由于允许在紧急避险的限度之内进行对抗，应该说并不缺少针对该人（对方）的保护。再如，〔案例 9〕X 受某宗教团体教祖 Y 之命，杀害了 A，对此，东京地方裁判所平成 8 年（1996 年）6 月 26 日判决一边以 X 当时并不处于若拒绝杀害 A，就马上会被 Y 等杀害的状态之下为理由，否定存在针对生命的"现实危险"；同时，又以"X 要从人身被拘禁的状态中解放出来，除了杀害 A 之外，别无他法"为理由，认定存在针对身体自由的"现实危险"与补充性，并在此基础上判定，为了避免对身体自由的侵害而侵害了他人的生命，这有失均衡，因而构成避险

---

[1] 在 1977 年的"达卡劫机事件"中，劫机犯在孟加拉国首都达卡劫持了日本航空公司的飞机，并以机上乘客为人质，要求日本政府释放被关押的激进组织（日本红军）的成员，当时的日本首相福田赳夫提出，"人的生命重于地球"，而作为"超法规的措施"，释放了 6 名在押犯。

[2] 参见橋田久「強制による行為の法的性質（一）（二・完）」京都大学『法学論叢』131 巻 1 号（1992 年）第 90 頁以下、4 号（1992 年）94 頁以下；松宮孝明「強制と緊急避難について」『鈴木茂嗣先生古稀祝賀論文集（上）』（成文堂 2007 年）299 頁以下。

[3] 橋田久认为，在 Y 成立间接正犯的场合，就可认定 X 的行为与 Y 的不法行为处于一体化的关系［参见橋田久「強制による行為の法的性質（一）」京都大学『法学論叢』131 巻 1 号（1992 年）第 91 頁以下］。但是，由于也存在利用合法行为的间接正犯，因而不能说，X 的行为合法与否，取决于 Y 是否成立间接正犯。

过当的杀人罪。[1]*应该说,该判决立足于这样一个前提:即便是"受强制的紧急避险",如果满足了第37条的要件,亦可阻却违法性。另外,暴力团干部用枪指着X的头部,强迫X给X自己注射兴奋剂,X被追究违反自己使用兴奋剂罪的罪责。对此,东京高等裁判所平成24年(2012年)12月18日判决认为,"针对生命的危险非常紧迫,要想不被施加危害地离开该地,除了(按照命令)注射兴奋剂之外别无他法",判定X的行为成立紧急避险。[2]

(二)现实性

有关危险(危难)的"现实性"(现在性)的开始时点,学说之间存在对立。通说认为,这里的"现实性"与正当防卫中的"紧迫性"是同一意思,是指危险的紧迫性必须达到接近于实行的着手这种程度的危险。[3]反之,有力观点则认为,在以补充性为要件的紧急避险下,没有必要如此严格地要求时间上的紧迫性,只要是处于为了避免侵害,必须当即采取某种措施这一状态之下,即可肯定存在"现实的危险"。[4]例如,[案例10](用于登山者休憩、住宿或避险的)山上小旅馆的主人X,深夜偶然听到几名住店客人正在商议要杀死自己夺走财物,次日早晨,为了争取下山求助的时间,在他们的饮料中放入了安眠药,这种"预防的防卫"的案件,尽管因不具备紧迫性,不成立正当防卫,但应该是有可能成立紧急避险的。

---

[1] 参见東京地判平成8年6月26日判時1578号39頁。

* 本案大致案情如下:被告人X是奥姆真理教的前信徒,为了救出关押在教团设施内的母亲,而与前信徒A等人一起潜入该设施之内,但被抓获,并被戴上手铐。后被带至其他设施之内,教团教祖Y提出以杀害A作为释放被告人的条件,遭到被告人的拒绝。尽管被告人拒绝了Y的要求,不会马上便有生命危险,但如果继续拒绝,则有被杀害的危险,或者一直处于被关押状态。最后,在得到Y的"只要杀了A,就可以马上回家"这一承诺之后,产生杀意并杀害了A。对此,判例认为,"……由上可以认定,被告人杀害A的行为是为了避免针对自己身体自由的现实的危险而不得已而为之……但明显有失法益均衡,因此被告人的行为只能成立避险过当"。——译者注

[2] 参见東京高判平成24年12月18日判時2212号123頁。

[3] 参见岡野光雄『刑法要説総論』(成文堂2009年第2版)121頁以下;西田典之(橋爪隆補訂)『刑法総論』(弘文堂2019年第3版)151頁;福田平『全訂刑法総論』(有斐閣2011年第5版)167頁。

[4] 参见西田典之・山口厚・佐伯仁志『注釈刑法 第1巻 総論』(有斐閣2010年)483頁〔深町晋也〕;曽根威彦・松原芳博編『重点課題 刑法総論』(成文堂2008年)102頁以下〔鈴木優典〕。

又如，〔案例11〕列车乘务员在列车经过隧道之际，因隧道内热气的升腾、有毒气体的发生而出现窒息、呼吸困难、烫伤等情况，为了避免使生命、身体遭受侵害的"现实的危险"，放弃了自己的岗位职责。对此，最高裁判所昭和28年（1953年）12月25日判决虽承认存在针对生命、身体的"现实的危险"，仍然以全面放弃岗位职责超出了为了避免危险而不得已实施的程度为理由，判定成立避险过当。[1]再如，〔案例12〕X意外怀孕，面临当月的孕娠定期检查，担心因检查而被发现怀孕，随之就会被劝说堕胎，如果拒绝堕胎，更有被强制实施堕胎手术之虞，遂偷渡到日本。对此，松江地方裁判所平成10年（1998年）7月22日判决虽肯定存在针对胎儿的生命以及自己身体的"现实的危险"，但以除了偷渡入境之外另有其他方法为由，判定属于避险过当。[2]可以说，这些判决也是在"时间上的紧迫性"尚未达到正当防卫中的紧迫性这种程度的阶段，就认定存在危险的现实性〔不过，作为控诉审（二审）的广岛高等裁判所松江支部平成13年（2001年）10月17日判决则认定，X偷渡入境的主要目的在于，在日本打工挣钱，进而以缺少避险意思为由，否定其成立避险过当。[3]*〕。另外，〔案例13〕某村民为了让村当局重新架设已经腐败不堪的吊桥，而用炸药炸毁了吊桥，但伪装成是遭受雪灾而坍塌，对此，最高裁判所昭和35年（1960年）2月4日判决认定，"吊桥的晃动所引起的危险……并非原审所认定的那种紧迫的程度"，进而否定存在针对过往路人的生命、身体的"现实的"危险。[2]由此可见，最高裁判所昭和35年（1960年）2月4日判决，以及〔案例9〕的东京地方裁判所平成8年（1996年）6月26日判决均显示了这样的态度：成立紧急避险，需要达到某种程度的时间上的紧迫性。

（三）避险行为（适合性）

要成立紧急避险，还必须实施的是"为了避免危险"的行为（避险行

---

[1] 参见最判昭和28年12月25日刑集7卷13号2671页。
[2] 参见松江地判平成10年7月22日判时1653号156页。
[3] 参见广岛高松江支判平成13年10月17日判时1766号152页。
　* 广岛高等裁判所的判决理由："被告人偷渡入境的目的，是在日本打工挣钱，做如此认定是相当的。尽管不能说，被告人当时完全没有在日本安全生子的想法，但那毕竟是附随的东西，不能认为是为此而（不惜）偷渡入境。""如上所述，由于不能认定，被告人是为了避免针对腹中胎儿的生命以及自己的身体的安全的危险，才偷渡入境，因此，其他就无需再做判断，紧急避险自不必说，避险过当也不能成立。"——译者注
[2] 参见最判昭和35年2月4日刑集14卷1号61页（"关根桥案"）。

为)。

有关避险行为的主观方面,通说认为必须存在避险意思,但在法益侵害说看来,与正当防卫中的防卫意思(第八章之四)一样,这里也无需存在避险意思。

也有判例判定,过失犯也可成立紧急避险(第十四章之五)。例如,〔案例14〕某司机驾车过程中,为了避免与正面来车相撞,将方向盘向左打,同时减速,因而与后面的轻便摩托车相撞,致摩托车驾驶人受伤;[1]〔案例15〕公交车驾驶员为了避免撞车而急刹车,致乘客跌倒受伤。[2]

有关避险行为的客观方面,必须存在适合于避免危险的行为(适合性)。针对最终未能避免危险(避险失败)的情形,与是否需要存在防卫效果一样,是否需要存在避险效果也是问题〔第八章之五(二)〕。

(四)补充性(严格的最小限度的必要性)

紧急避险,必须是"不得已实施的行为"。由于紧急避险牺牲的是正当的第三人的利益,对"不得已"的内容的要求,比正当防卫中的"必要性"更为严格,必须是为了保全法益,没有比该避险行为更轻微的法益侵害手段这一意义上的"补充性"或者"最终手段性"。因此,以下行为是不被允许的:明明可以不侵害任何人*的法益即可避免侵害的,却向第三者转嫁危险;在数个避险手段之中选择法益侵害更大的手段。补充性研究的是现实的存在,因而应该以行为人自身的身体能力为标准进行判断。

如〔案例2〕那样,危险来自他人的违法行为的场合,只要能通过反击该不法侵害人即可以安全且切实地保全法益的,就应该优先选择反击该不法侵害人;但不法侵害人的法益,也不是由此完全丧失了要保护性,因此,在反击不法侵害人可能造成该人死亡等重大结果,而通过轻微侵害第三人即可避免危险的场合,就要求选择后者即通过轻微侵害第三人而避免危险。

要谓之为"不得已实施的行为",除了这种"补充性"之外,还以"能认定实施这种避险行为并不勉强"这种意义上的"相当性"为必要。例如,〔案例16〕在突然下雨之际,富裕的X为了防止昂贵的衣服淋湿,于是夺走

---

[1]参见大阪高判昭和45年5月1日高刑集23卷2号367页。
[2]参见冈谷简判昭和35年5月13日下刑集2卷5=6号823页。
 * 这里的"任何人",既包括任何他人也包括避险人本人,是指"本可以不侵害他人或者自己本身的利益,就可避免侵害"。——译者注

了穿着廉价衣服的 A 的雨伞。对于该案以及〔案例6〕〔案例7〕，有力观点否定存在"相当性"。[1]这种"相当性"虽然作为划定彼此互助之界限的要件而受到关注，但属于极其概括性的概念，因此，对这种"相当性"进行规范性理解的"补充性"［本章之二（五）］，或者将其还原至被衡量的法益的要保护性，可能更有利于思考过程的可视化。[2]

(五) 法益均衡（损害的均衡）

要成立紧急避险，必须是"所造成的损害不超过所欲避免的损害"，亦即，必须是侵害法益的价值不超出保全法益的价值的情形。这里的法益均衡，正如"所造成的损害"这一法条用语所显示的那样，是以实际发生的结果以及进行事后判断，如果没有避险行为想必会发生的侵害结果为对象。有关〔案例14〕的大阪高等裁判所昭和 45 年（1970 年）5 月 1 日判决也明言，"很难想象，与被害人 A 驾驶的轻便摩托车相撞，而给该人造成的损害，会超过与对面来车正面撞车而可能造成的损害"，可以说，该判决也是立足于事后判断说。

有关"法益均衡"要件中的衡量对象，有力学说认为，不单单是相互对立的法益价值，诸如针对保全法益的危险的程度、法益侵害的必要性的程度等，具体状况下相互对立的诸多视角，也必须概括性加以考虑。[3]但是，这种"概括性利益衡量说"，是以同一尺度来比较不同性质的因素，不仅会降低对均衡性要件的内部判断过程的验证可能性，还会使现实的危险、补充性与均衡性之间的关系不甚明了，进而难免会使得，本来只应该是紧急避险要件

---

[1] 参见佐伯千仞『刑法講義　総論』（有斐閣 1981 年 4 訂版）207 頁以下；米田泰邦『緊急避難における相当性の研究』（法曹会 1967 年）91 頁以下。判例也认为，所谓"不得已实施的行为"，是指"除了该避险行为之外没有其他方法，采取该行动在道理上是能得到肯定的场合"（最判昭和 24 年 5 月 18 日裁判集刑事 10 号 231 頁）。

[2] 在〔案例16〕中，X 与 A 之间存在贫富差距，缺少立场的互换性，属于保全无关生存的过剩财产的行为，因此，会留下处于基于社会契约之彼此互助的范围之外的印象。不过，如果社会契约不是要求个别行为的时点下的立场的互换性，确保过剩财产也并没有被完全排斥在缔结社会契约的动机之外，那么，仅凭缺少立场的互换性等因素，能否将〔案例16〕排除在紧急避险的范畴之外，也是存在疑问的。对于〔案例16〕，佐伯仁志的分析耐人寻味：在该案中，X 应该通过支付对价从 A 处购买雨伞，只要雨伞是可以购买的，夺取雨伞的行为就欠缺补充性；在双方无法谈拢对价的场合，由于 A 能从雨伞中找到很高的价值，因而不满足法益均衡要件［参见佐伯仁志『刑法総論の考え方・楽しみ方』（有斐閣 2013 年）192 頁］。

[3] 参见内藤謙『刑法講義総論（中）』（有斐閣 1986 年）419 頁以下。

之一的均衡性要件，将其他所有要件均吸收包容进来。为此，衡量的对象，最终只能是伴有具体量化程度的侵害法益与保全法益，至于其他因素，就应该在可以还原至法益主体的同意、危险的接受等法益的要保护性的限度之内，加以考虑。[1]

近年，有力观点在紧急避险内部区分将危险转嫁至第三者的"攻击性紧急避险（转嫁型紧急避险）"、对抗危险源的"防御性紧急避险（对抗型紧急避险）"，主张在"防御性紧急避险（对抗型紧急避险）"的情形下，即便侵害法益超过了保全法益，也能阻却违法性。[2]按照对物防卫肯定说〔第八章之二（三）〕，由于针对危险源的对抗原则上成立正当防卫（这种场合下，不需要存在法益均衡），因而，真正属于"防御性紧急避险（对抗型紧急避险）"的只有①诸如〔案例14〕那样的预防性防卫，以及②对抗紧急避险的紧急避险等两种情形。在第①种情形下，由于不法的对方的法益的要保护性已经降低，法益衡量可以朝着有利于避险行为人的方向进行；在第②种情形下，第一个避险行为人与第二个避险行为人都遭受了无来由的危险，在这一点上二者并无不同，因而，在法益衡量时就应该对等地对待二者。

（六）自招危险

以下情形下，X是否成立犯罪呢？〔案例17〕因不小心驾车就要撞上电线杆之际，X为了避免自己受伤而改变方向，碰上路人A致其轻伤；〔案例18〕因不小心驾车就要撞上路人B之际，X为了避免B受伤而改变方向，碰上路人A致其轻伤；〔案例19〕路人B因不小心闯入车道，正在驾车的X为了避免B受伤而改变方向，结果碰上其他路人A致其轻伤。

首先，在保全法益的主体招致危险的〔案例17〕与〔案例19〕中，就X改变汽车行驶方向的行为而言，因作为保全法益的主体的X、B招致了危险，保全法益的要保护性被降低，因而作为法益衡量的结果，没有满足紧急避险的法益均衡要件，有可能成立伤害罪或者过失驾驶致伤罪。相反，在〔案例18〕中，保全法益的主体B没有招致危险，没有理由降低保全法益的要保护

---

[1] 参见山口厚：『問題探求　刑法総論』（有斐閣1998年）96頁以下。
[2] 参见吉田宜之『違法性の本質と行為無価値論』（成文堂1992年）102頁以下。

性，X改变汽车行驶方向的行为就能通过紧急避险而得以正当化。[1]一般来说，保全与危险的招致毫无关系的B的法益的法益保全行为，因X的危险招致行为而被禁止，这是不妥当的。我们能够预想到发生在B身上的伤害程度，可能会远远超出实际发生在A身上的伤害程度，如果我们考虑一下这种情形，这种不妥当就是显而易见的。

其次，在避险行为人招致危险的〔案例17〕与〔案例18〕中，通过"原因违法行为"的法理，[2]对于先行发生的X的不小心驾驶行为，在能认定就A的伤害满足了法律的因果关系以及预见可能性的要件的限度之内，能够成立针对A的过失驾驶致伤罪。按照这种理论结构，在就转换方向的行为能认定存在伤害的（未必的）故意的场合，也是按照原因行为时的责任成立过失犯罪（在〔案例17〕中，在不小心驾驶行为以及改变方向的行为均成立针对A的身体的犯罪的场合，由于侵害的是同一法益，应该作为包括的一罪来处理）。

（七）有关业务上具有特别义务者的特别规定

紧急避险的规定，不适用于警察、医师、消防员等负有必须挺身而出面对一定危险的法定义务者（第37条第2款）。该规定设想的是，这些人履行义务所实现的利益，要类型性地优越于被侵害的利益。不过，这种类型性的利益衡量也并非一概不允许存在例外，在挽救第三者的法益的场合、保全了生命等自己的极其重大的法益的场合，也应该被正当化。

四、避险过当

超过了避险限度的行为，可以根据具体情节，成为刑罚的减轻或者免除的对象（第37条第1款但书）。有关避险过当的法律性质，与防卫过当一样，也存在违法减少说、责任减少说、重叠的并用说、择一的并用说之间的对立，

---

[1] 相反，X在驾车过程中，在强行超越货车之际，由于马上就要撞上从货车车后出现的A，为了避免撞上A而改变方向，结果将B轧死，对此，大判大正13年（1924年）12月12日判决以行为人X有责地招致了危险为理由，否定成立紧急避险（参见大判大正13年12月12日刑集3卷867页。另见東京高判昭和45年11月26日東時21卷11号408页）。不过，从实质上看，也有这样理解的余地：本判决是通过"原因违法行为"的法理而认定成立以强行超车行为作为问责对象的过失犯。

[2] 参见平野龍一『刑法総論Ⅱ』（有斐閣1975年）235页；山口厚「自招侵害について」『香川達夫博士古稀祝賀・刑事法学の課題と展望』（成文堂1996年）209页以下。

本书认为，择一的并用说更为妥当。也就是，只要能认定违法减少或者责任减少中的任何一点，就至少可肯定存在减轻刑罚的可能性［第八章之七（一）］。

避险过当也有两种类型：一是避险行为实施过当的"质的避险过当"；二是危险结束之后仍继续实施避险行为的"（狭义的）量的避险过当"。[1]

有关"质的过当"，如［案例9］那样，超出了法益均衡的，构成避险过当，这并无异议；而在超出了补充性的场合，是否成立避险过当，则存在争议。例如，有关［案例12］的松江地方裁判所平成10年（1998年）7月22日判决，对于不具有补充性的案件，肯定成立避险过当，且下一判例也是如此。［案例20］在驾车过程中，女儿突发高烧，虽也曾想到过叫救护车，但由于离定点联系医院并不远，遂自己开车前往，最终因车速过快，违反了限速。对此，堺简易裁判所昭和61年（1986年）8月27日判决虽认为原本只要保持限速驾驶即可，但仍认定成立避险过当，免除了其刑罚。[2]然而，对于下述案件，判例态度则有所不同。［案例21］X连续数天被暴力团的组长等人关押，其间还断断续续地遭受暴力，因而打算放火，以趁乱逃走，遂向暴力团的办公室放火。对此，大阪高等裁判所平成10年（1998年）6月24日判决认为，通过放火造成公共危险（牺牲公共安全），这与X的行动自由等保全法益相比，明显有失均衡，不仅如此，其他组员等的监视也不是很严，本可以从后门逃走，因而不能认为是除了放火之外别无他法，而且，避险过当仅限于虽满足补充性要件但有失法益均衡的情形，最终判定不成立避险过当［不过，作为一审的大阪地方裁判所平成9年（1997年）12月8日判决则认为，"即便是违反了补充性原则的情形，如果能认定该行为是避免危险的方法

---

［1］相反，也能将以下情形称为"广义的量的避险过当"：包括现实的危险持续过程中转变至质的防卫过当的情形在内，由紧急避险行为转变至违法行为的情形。司法实务中也有承认"广义的量的避险过当"的判例，例如，因存在粗暴癖的弟弟手持镰刀开始发狂，于是酒后驾车逃亡警署，对此，东京高等裁判所昭和57年（1982年）11月29日判决认为，在到达警署之前，尽管存在针对被告人之生命、身体的现实的危险，在进入市区之后，完全有可能在合适的地方停车，并通过电话联系等方式向警察求助，进而将一系列的行为整体判定为避险过当（参见東京高判昭和57年11月29日刑月14卷11=12号804頁）。不过，包括进入市区之前的酒后驾驶行为在内，将整个行为认定为避险过当，在溯及性地将合法行为认定为违法这一点上，是存在疑问的（参见第八章之七）。

［2］参见堺簡判昭和61年8月27日判夕618号181頁。

之一，就有可能成立避险过当"]。[1]

但在违法减少说或者重叠的并用说看来，在不具有补充性的场合，由于不存在违法减少的前提，因而也没有成立避险过当的余地。另有观点认为，不具有补充性的情况，可以具体分为两种情形：①不侵害法益即可避免危险的情形；②虽然不可避免地要转嫁危险，但选择的手段超过了最小必要限度的情形。其中，第②种情形属于超过了"不得已实施的行为"的情形，成立避险过当，而第①种情形属于不存在"现实的危险"的情形，不成立避险过当。[2]但是，在审判实务中有关避险过当的案件，更多的是超出补充性的情形，如果将这种情形一律排除在外，避险过当的成立范围便会极其狭窄；而且，防卫过当（第36条第2款）的适用对象主要是，超出了必要性（最小限度的必要性）的情形，如果将超出了补充性的情形一律排除在避险过当之外，与防卫过当之间，也不具有整合性。因此，按照责任减少说或者择一的并用说，超出了补充性的场合，也能认定存在来自现实危险的心理上的紧迫性，因此，应该认定存在根据避险过当而减免刑罚的余地。

---

[1] 参见大阪高判平成10年6月24日高刑集51卷2号116頁。
[2] 参见橘田久「避難行為の補充性の不存在と過剰避難」京都産業大学『産大法学』34卷3号（2000年）197頁以下。另见橘爪隆「判批」『例セレクト'99』（有斐閣2000年）28頁。

第十章　其他违法性阻却事由

一、法令行为＊

（一）含义

对于其他法令允许的行为，或者其他法令作为义务而规定的行为，刑法予以处罚的话，其结果是，人们无法实施该行为，也会湮没该法令的意图。为此，第 35 条前段所规定的法令行为，就是将其他法令的正当化规范的效果及于刑法，以谋求整体法秩序的统一。

作为刑法理论来看，法令行为正是显示了，立法者对各种相互对立的利益进行事先衡量的结果的行为。为此，对法令行为的认定，原则上，不是依据单纯直接的法益衡量（裸的法益衡量），而应该通过包摄于法令上的要件来进行。例如，对于未满足刑事诉讼法要件的、未取得逮捕证的逮捕行为，就不能通过个案中的法益衡量而予以正当化。不过，诸如亲权人行使监护权那样，法令上并无具体要件的，就有必要回溯至法益衡量这种违法性阻却原理进行实质性判断。对于附随于法令所规定的行为的正当性判断，也是如此。例如，〔案例 1〕个人在逮捕现行犯之际，为了防止嫌犯逃走，用竹竿敲打嫌犯的手脚，造成需要治疗 1 周的伤害。对此，最高裁判所昭和 50 年（1975 年）4 月 3 日判决认为，该行为处于"社会一般观念上，为了逮捕所必要且相当的限度之内"，进而判定具有正当性。[1]

（二）职权行为、职务行为

自由刑的执行（第 12 条、第 13 条）、对嫌犯或被告人的逮捕或羁押（《刑事诉讼法》第 60 条、第 199 条以下）、对住所的搜查（《刑事诉讼法》

＊　日本《刑法》第 35 条〔正当行为〕："依照法令或者基于正当业务而实施的行为，不处罚。"——译者注

[1]　参见最判昭和 50 年 4 月 3 日刑集 29 卷 4 号 132 页。

第 102 条)、消防时依法破坏相应设施(《消防法》第 29 条)、[1]国会议员在国会的演讲或辩论(《宪法》第 51 条)等公务员的职务行为或职权行为等,即便该当于逮捕监禁罪、侵入住宅罪、损坏建筑物罪、毁损名誉罪等犯罪的构成要件,也可根据第 35 条前段之规定得以正当化。

有关警官使用枪械的行为,例如,在作为现行犯逮捕妨害执行公务的嫌犯之际,由于嫌犯 A 持刀袭击,警官 X 遂瞄准 A 的手腕开枪射击,造成 A 自手腕至左胸部的盲管创伤,最终死亡,对此,福冈高等裁判所平成 7 年(1994 年)3 月 23 日判决认为,"A 属于警职法(《警官职务执行法》)第 7 条所谓的凶恶罪犯,由于 A 试图抗拒警官执行职务并逃跑,且存在针对普通市民的危险,因此,能认定 X 的本案开枪行为,属于为了防止 A 的上述行为、逮捕 A 所必要且相当的职务行为",进而依据第 35 条判定具有正当性。[2][3]又如,警官 X 在逮捕作为现行犯违反刀枪法以及妨害执行公务的嫌犯 A 之际,由于嫌犯 A 手持宽约 7 厘米的刀具进行抵抗,X 遂瞄准 A 的大腿开枪,但命中 A 的左胸致 A 死亡。对此,最高裁判所平成 11 年(1999 年)2 月 17 日决定认为,A 携带的是相对比较小型的刀具,且 A 的抵抗一直限于试图阻止 X 靠近,"对 X 而言,完全有可能采取——暂时中止逮捕行为,等到其他警察到来之后,在他们的协助之下再实施逮捕行为等——其他手段,因而不能认定当时的情况属于允许向 A 开枪施以危害的情况",从而否定根据警职法(《警官职务执行法》)第 7 条将该开枪行为予以正当化,最终判定 X 成立特别公务员暴行凌虐致死罪。[4]

(三) 权利行为

个人实施的逮捕现行犯的行为[5](《刑事诉讼法》第 213 条)、亲权者或

---

[1] 消防时破坏相应设施,既属于职权行为,同时也具有紧急避险的特殊类型的一面。
[2] 参见福冈高判平成 7 年 3 月 23 日判夕 896 号 246 頁。
[3] 判定警官使用枪械的行为具有正当性的判例,参见東京高判平成 23 年 12 月 27 日東時 62 卷 1-12 号 161 頁;大阪高判平成 25 年 2 月 1 日 LEX/DB25505483。
[4] 参见最决平成 11 年 2 月 17 日刑集 53 卷 2 号 64 頁。
[5] 对于作为违法性阻却事由的逮捕现行犯的行为,参见鈴木彰雄『刑法論集』(中央大学出版部 2020 年)59 頁;高橋則夫『規範論と理論刑法学』(成文堂 2021 年)253 頁以下。

者教师的惩戒行为〔1〕(《民法》第 822 条、《学校教育法》第 11 条) 等个人行使权利的行为，即便该当于逮捕监禁罪、强要罪或者暴行罪等的构成要件，也可根据第 35 条前段之规定予以正当化。

对于教师的惩戒行为，《学校教育法》第 11 条但书规定"不得体罚"，〔案例 2〕但教师 X 为了促进学生 A 的自觉，用手掌与拳头数次敲打 A 的头部，对此，东京高等裁判所昭和 56 年（1981 年）4 月 1 日判决认为，X 的行为"尚不能谓之为，超出了作为惩戒权之行使的相当性的范围，达到了对 A 的身体施加了不当或者不必要的恶害，或者给该人施以肉体上的苦痛，能称之为体罚的程度，（因而）属于该人应当忍受的限度之内的侵害行为"，进行判定予以正当化。〔2〕*

对于亲权者的行为，例如，〔案例 3〕X 作为共同监护人，与妻子处于分居状态，将交由妻子看护的 2 岁小孩强行带走，对此，最高裁判所平成 17 年（2005 年）12 月 6 日决定以从小孩的抚养上看并不存在必须带走小孩的特别情况、行为方式粗暴、对于带走小孩之后小孩的养育并无切实的希望等为理由，判定 X 成立掠取未成年人罪。〔3〕不过，正如泷井裁判官的反对意见所言，对于家长之间争夺小孩的行为，原则上应交由家庭裁判所从是否有利于小孩的角度进行判断，因此，要求从刑事介入是否合适的角度，慎重地判断是否

---

〔1〕《防止虐待儿童法》第 14 条第 1 款，禁止亲权者所实施的体罚。另外，由于亲权者的惩戒权有可能成为将虐待儿童的行为予以正当化的口实，也有学者在探讨对民法中的惩戒权的应然状态进行修改〔参见深町晋也『家族と刑法』(有斐閣 2021 年) 189 頁以下〕。

〔2〕参见東京高判昭和 56 年 4 月 1 日刑月 13 巻 4＝5 号 341 頁。

* 该案是有关教师所实施的惩戒行为是否属于正当行为的判例，东京高等裁判所昭和 56 年（1981 年）4 月 1 日判决判定属于正当行为，并在判决理由中提出了以下判断标准："作为事实行为的惩戒，其方法、方式多样，难以简单地划定其许可限度，但一般性、抽象性地来讲，《学校教育法》所禁止的体罚，主要是指超越了可以被认定为正当的行使惩戒权的范围而实施有形力，并侵害到学生的身体，或者给学生以肉体上的痛苦。如果有形力的内容、程度达到体罚的范畴，无疑不为法所允许，因此，教师在出于教育的必要而对学生实施惩戒之时，当然必须考虑到应与学生的身心发育程度相适应，注意不要逾越相当性的限度。并且，作为惩戒权的行使，教师对学生所行使的有形力究竟是否可以认定为在相当的范围之内，裁判所在对此作出判定之时，必须将从《教育基本法》《学校基本法》等其他相关法令所能探知的基本教育原理与教育指针作为前提因素，并综合考虑学生的年龄、性别、性格、成长过程、身体状况、违反规则的具体内容、惩戒的宗旨、有形力行使的样态与程度、教育的效果、身体侵害的大小与结果等，准照社会一般观念，对各个件案，具体、个别地判断是否具有相当性，只能说，除此之外别无其他判断方法。"——译者注

〔3〕参见最决平成 17 年 12 月 6 日刑集 59 巻 10 号 1901 頁。

具有可罚的违法性。

(四) 特别法规定的违法性阻却事由

根据《母体保护法》实施的人工终止妊娠行为（《母体保护法》第14条）、[1]根据《器官移植法》实施的摘取器官行为（《器官移植法》第6条），对于这些理论上也有可能阻却违法性的行为，具体明确了其要件与程序。不过，作为历史性的事实来看，这些立法与其说是针对相关行为的可允许性的确认性规定，毋宁说，作为创设性规定的色彩要更浓厚一些。

(五) 基于政策性理由而为法令特别允许的情况

根据《赛马法》或《自行车竞技法》实施的销售赛马券或自行车券的行为、根据《带彩票证法》实施的销售彩票的行为，虽该当于赌博罪、博彩罪的构成要件，但一般认为，是出于国家或地方自治体财政上的理由，而特别允许实施。

(六) 劳动争议行为

《宪法》第28条保障基本劳动权利，为此，《劳动工会法》第1条第2款明确规定，对于符合该法之目的的正当劳动争议行为，适用《刑法》第35条。因此，行业罢工、集体交涉等劳动争议行为，即便该当于威力妨害业务罪、强要罪等的构成要件，只要是出于通过与资方处于对等立场而谋求提高劳动者地位的目的，属于劳动争议范围之内的行为，就阻却其违法性。《劳动工会法》第1条第2款但书规定，"无论在什么情形下，暴力的使用，都不得解释为劳动工会的正当行为"，这种"暴力"是较"暴行"范围更窄的概念，使用了一定程度的有形力的，也有根据行为当时的状况而得以正当化的余地。

不过，对于行业罢工、集体交涉这种争议行为本身，与为了要求对方参与或支持在工作场所的集会、行业罢工而闯入建筑物，或者围堵或带走退出工会组织的工会成员这种争议行为的附随行为，判例是加以区别的。对于后者，判例没有直接适用《劳动工会法》第1条第2款的规定，而是认为"包括该行为是在争议行为之际所实施的行为这一事实在内，应该将该行为的具体状况等其他各种情况考虑进来，从整体法秩序的角度判断，该行为是否应

---

[1] 该规定采取的是，为了保护母体健康的紧急避险的特别类型的形式，但是否存在针对母体健康的危险，是交由实施终止妊娠手术的医师来判断。为此，实际情况是，在胎儿尚无法在母体之外延续生命期间所实施的堕胎行为，往往是按照非犯罪化来处理的。

被允许"。[1]但是,争议行为本身与争议行为的附随行为之间的区别并不明确;而且,实际适用该标准时,会很大程度上限制违法性阻却的认定余地。[2]

二、正当业务行为

(一)第35条的射程

第35条后段规定,"基于正当业务而实施的行为",不处罚。想必立法者是认为,在社会生活中一直以来作为业务而反复持续实施的活动,能够推定其作为合法行为并得到了社会的认可,因而试图借用各个领域所已经确立的行动准则,将其作为阻却违法性的标准。[3]因而,第35条后段的适用范围不限于职业,也适用于作为社会生活上反复持续实施的事业或事务的"业务"。当然,在各个活动领域,能够用于进行违法性判断的行动准则并不总是确定的,也无法保证各个活动领域的行动准则从刑法的角度来看也是妥当的,因此,在具体判断违法性阻却之际,就不时要求借助违法性阻却的基本原理。

也有有力观点认为,"属于业务"这一点对于行为的正当化并不具有决定性意义,因此,"业务"只是社会相当行为的例示,第35条(后段)不过是确认,对于"正当的"行为,一般不予处罚。按照这种观点,正当防卫以及紧急避险之外的其他所有违法性阻却事由,均为第35条所包摄,因而无需超法规的违法性阻却事由这种观念。但是,作为对法条的解释,不应完全无视"业务"这一用语的制约;而且,包括自救行为在内的、类似于紧急行为性质的"超法规的违法性阻却事由",与业务行为的性质不同,如果非要寻求法律上的根据,类推适用有关正当防卫、紧急避险的第36条、第37条,[4]要更为自然。由此可见,应该这样理解:第35条的射程仅限于法令行为,以及上述意义上的、被扩张的业务行为。

---

[1] 参见最大判昭和48年4月25日刑集27卷3号418页("久留米站案"判决)。
[2] 参见最判昭和50年8月27日刑集29卷7号442页、最判昭和50年11月25日刑集29卷10号928页。
[3] 反之,也有学者从宗教人员、医师等的拒绝作证权那样的、由历史进程所认可的"业务权"的角度,来解释第35条后段。参见松宫孝明『刑法総論講義』(成文堂2018年第5版補訂版)118页。
[4] 这种方法还有这样的长处:在超出正当化的界限的场合,有可能通过类推适用第36条第2款、第37条第1款的但书规定而得以减免刑罚。

(二) 律师、辩护人的辩护活动

律师、辩护人为了完成其职责而实施的泄露他人秘密、披露毁损他人名誉的事实的行为，可以根据第 35 条后段得以正当化。例如，〔案例 4〕抢劫杀人案件的辩护人，自认为被害人的兄长等才是真正的犯罪人，遂就该旨趣（向最高裁判所）提交了"上告补充旨趣书"，并在记者招待会上发表了该意思，同时，还出版了写有该内容的书籍，为此，该辩护人被追究毁损名誉罪的罪责（"丸正案"）。对于该案，最高裁判所昭和 51 年（1976 年）3 月 23 日决定认为，"要适用《刑法》第 35 条，仅凭该行为是为了辩护活动而实施还不够，还必须考虑到行为的具体状况等其他相关情况，能认定从整体法秩序的角度来看，应允许实施该行为"，在此基础上，通过适用以下标准，最终否定可根据第 35 条予以正当化：①该行为是否是存在法令上的根据的职务活动；②与达到辩护目的之间具有何种关联性；③若是接受辩护的被告人本人实施了该行为，能否认定违法性阻却。[1]

(三) 媒体的采访活动

媒体的采访活动，从实现国民的知情权的角度来看，有可能根据第 35 条后段而得以正当化。

例如，〔案例 5〕某报刊记者 X 通过与女性公务员 Y 发生肉体关系，让 Y 向其提供了外务省的机密文件，被以触犯了《国家公务员法》上的唆使泄露秘密罪受到起诉（"外务省秘密泄露案"）。对于该案，最高裁判所昭和 53 年（1978 年）5 月 31 日决定认为，"因为媒体机构出于采访目的唆使公务员泄露了秘密，仅凭这一点便直接推定该行为具有违法性，并不合适；媒体机构反复执拗地劝说或要求公务员的行为，只要是真正出于报道的目的，比照法秩序的整体精神，其手段、方法相当，能为社会一般观念所认可，便应该认为该采访行为实质上缺少违法性，属于正当的业务行为"，在这种一般论的基础上，该决定进一步认为，X 当初便是出于得到机密文件的目的而利用 Y 的意图，与 Y 保持肉体关系，并乘 Y 因与 X 存在以上关系而陷入了难以拒绝 X 的要求的心理状态之机，让 Y 带出机密文件，因而 X 的采访活动严重踩踏了采访对象 Y 作为个人的人格尊严，逾越了正当采访活动的范围。[2]

---

〔1〕 参见最决昭和 51 年 3 月 23 日刑集 30 卷 2 号 229 页。
〔2〕 参见最决昭和 53 年 5 月 31 日刑集 32 卷 3 号 457 页。

但是，对于最高裁判所昭和53年（1978年）5月31日决定，存在诸多疑问：是否过度重视手段的反伦理性而超出了刑法的法益保护目的呢？《国家公务员法》上的泄露秘密罪的保护法益是国家秘密的保持利益，根据侵犯了与此毫无关系的Y的情感或者人格，难道能够为该罪的成立奠定基础吗？尤其是，以对属于泄露秘密罪之正犯的Y的情感或者人格的侵犯，作为唆使泄露秘密罪的成立根据，这难道不显得过于奇怪吗？X与Y之间的性爱关系，本属于基于成年人之间的合意的行为，即便X存在为采访所用的意图，但能够说这种行为蹂躏了Y的人格尊严吗？

（四）宗教活动

僧侣、神父等的宗教活动，作为行使《宪法》第20条的信教自由这种权利的行为，也可依据第35条而得以正当化。例如，〔案例6〕作为教会活动，牧师将作为盗窃罪等的嫌犯而处于被侦查之中的2名少年藏匿于教会，时间长达8天。对此，神户简易裁判所昭和50年（1975年）2月20日判决判定阻却藏匿犯人罪的违法性。[1]

（五）竞技体育

不问是职业还是业余，格斗等体育竞技中所发生的暴力或者伤害等，只要在规则允许的范围之内，就阻却违法性。

前面已经提到，有观点认为，除了危及生命或者损伤身体要害部位之外的情形，根据法益主体的同意，可以阻却伤害罪的构成要件该当性或者违法性〔第七章之四（三）〕。在该观点看来，在规则范围之内使用有形力，以及擦伤、跌打伤这种通常伴随于某种竞技活动的、对生理机能的伤害，已经因对方的同意而不具有构成要件该当性或者违法性。为此，作为因属于正当业务行为而阻却违法性，具有独立意义的情形，就仅剩下那些发生死亡结果或者留下严重后遗症的情形。这是因为，通常情况下，竞技参与者的同意的效力不及于造成这种死亡或者重大伤害结果的情形；退一步而言，即便同意的效力及于该情形，对于侵犯生命或者身体要害部位的同意，也不能阻却该行为的违法性。但本书认为，以存在针对那种重大结果的"危险的接受"为前提，只要遵守了体育竞技所承认的规则，就能认定类型性地存在优越利益，为此，可以根据第35条后段，对于包括造成了严重结果在内的整个行为，予

---

[1] 参见神户简判昭和50年2月20日刑月7卷2号104页。

以正当化（第七章之八）。

（六）医疗行为

手术等医疗行为，虽该当于伤害罪之构成要件，[1]但在①该行为对于维持、恢复生命、健康是有用的，②其方法在医学上是适当的，③存在患者的同意（informed consent）或者推定的同意的情形下，就作为类型性地保全了优越利益的行为，根据第35条后段，予以正当化。[2]不过，对于针对身体之生理机能的轻微伤害，只要是自愿同意，作为同意之效果，就否定存在构成要件该当性或者违法性。为此，医疗行为作为独立的违法性阻却事由，其意义仅限于伴有针对生命或身体要害部位之危险的情形，以及无法得到患者之完全同意的情形。

一直以来，作为违法性阻却事由的医疗行为，设想的是，对于诸如通过手术切开患者腹部或者切除患处这种第一次"伤害"予以正当化。但是，根据属于医疗行为而得以正当化的效力，应该认为，以"允许的危险"这一视角为媒介，在一定范围内，还及于作为手术等的结果而造成患者死亡或者留下后遗症的情形。对于这种"扩大侵害"，通常情况下，由于患者的同意不及于此，因而应以"危险的接受"作为正当化的前提。可以说，患者的同意（informed consent）这一概念，既包括针对第一次"伤害"的同意，也包括针对"扩大侵害"的"危险的接受"。

（七）安乐死、尊严死

安乐死，[3]是指为了缓解濒临死亡的患者的痛苦，而提早其死期的情形。安乐死具体可分为三种情形：一是作为缓解痛苦措施的副作用而提早死期的"间接的安乐死"；二是为了让患者从痛苦中解脱而终止维持生命措施的"消极的安乐死"；三是为了让患者从痛苦中解脱而积极地结束其生命的"积极的安乐死"。一般认为，对于间接的安乐死，以患者的同意为前提，作为医疗行为能得以正当化；对于消极的安乐死，以患者的同意为前提，否定医师存在治疗义务。

---

[1] 相反，也有观点认为，医疗行为不属于作为不良改变他人之健康状态的"伤害"（医疗行为非伤害说）。参见米田泰邦『医療行為と刑法』（一粒社1985年）184頁；大谷實『刑法講義総論』（成文堂2019年新版第5版）259頁。

[2] 从伤害罪之保护法益的视角探讨医疗行为之正当化的结构的观点，参见天田悠『治療行為と刑法』（成文堂2018年）。

[3] 有关安乐死的概括性研究，参见中山研一『安楽死と尊厳死』（成文堂2000年）；甲斐克則『安楽死と刑法』（成文堂2003年）。

反之，由于《刑法》第 202 条（"参与自杀与同意杀人"）否定法益主体对生命具有完全处分权，对于积极的安乐死是否有正当化的余地，存在分歧。

例如，〔案例 7〕因受到患者家属的恳求，医师向患者注射氯化钾，致其死亡（"东海大学附属医院案"）。对此，横滨地方裁判所平成 7 年（1995 年）3 月 28 日判决通过列举下述四个条件，以未满足第①与第④个条件为由，否定阻却违法性：①患者正在承受难以忍受的肉体痛苦；②死期迫近且难以避免；③为了消除、缓解患者的肉体痛苦，已穷尽方法，且别无其他替代手段；④对于承诺缩短生命，患者做出了明确的意思表示。[1][2]*对于该判决，有评论认为，对于积极的安乐死，尽管该判决肯定存在正当化的余地，但其提出的要件极其严格，事实上不可能满足这些要件。

尊严死，[2]是指对于没有治愈可能性的、处于植物人状态的患者等，终止延长其生命的措施，使之死亡时能保持人的尊严的情形。尽管与消极的安乐死一样，都是以终止治疗为内容，[3]*但由于不存在使患者解脱痛苦这种

---

[1] 参见横浜地判平成 7 年 3 月 28 日判時 1530 号 28 页。
[2] 对于由家属实施的积极的安乐死，否定阻却违法性的案件，参见名古屋高判昭和 37 年 12 月 22 日高刑集 15 卷 9 号 674 页。
　* 名古屋高等裁判所昭和 37 年（1962 年）12 月 22 日判决的大致案情为：因父亲身患不治之症，死期迫近，且父亲难以承受苦痛，处于非常痛苦的状态之下，于是，其子将毒药混入牛奶之中，父亲喝后身亡。对此，名古屋高等裁判所提出了以下具体要件：①在当下的医学水平之下，患者的疾病属于不治之症，而且，死期已经迫近；②患者所承受的苦痛巨大；③完全是出于减轻、缓解患者苦痛的目的；④存在患者的真实嘱托或承诺；⑤只要不存在特别情况，由医师负责实施；⑥从伦理上看，此方法是妥当的。并且，根据上述要件，最终判定构成同意杀人罪。参见［日］西田典之：《日本刑法总论》（第 2 版），王昭武、刘明祥译，法律出版社 2013 年版，第 168 页。——译者注
[2] 有关尊严死的研究著作，参见甲斐克則『尊厳死と刑法』（成文堂 2004 年）；甲斐克則『終末期医療と刑法』（成文堂 2017 年）；中山研一『安楽死と尊厳死』（成文堂 2000 年）。
[3] 对于终止治疗的案件，参见最决平成 21 年 12 月 7 日刑集 63 卷 11 号 1899 页（"川崎协同医院案"）。
　* 对于医师从陷入深度昏迷的患者身上拔掉自主呼吸所必不可少的气管插管的行为（"川崎协同医院案"），最高裁判所平成 21 年（2009 年）12 月 7 日决定认为，即便该行为是基于患者家属的要求，然而，①在拔去本案插管之前，没有进行用于判断患者的生命存活期所必要的脑电波等检查，而且，自发病至今尚只有两周时间；②本案拔管行为，虽然是基于已放弃治疗的家属的要求，但不能说，是在给予患者家属有关患者病情的准确信息的基础上所提出的要求，因而不能说是基于患者推定的同意。并基于此理由，判定该案拔管行为"不属于为法律所允许的治疗终止行为"，进而支持判决成立杀人罪的二审判决（東京高判平成 19 年 2 月 28 判夕 1237 号 153 页）。参见［日］西田典之：《日本刑法总论》（第 2 版），王昭武、刘明祥译，法律出版社 2013 年版，第 169 页。——译者注

具体的反对利益，因而与消极的安乐死相比，更难以被正当化。

三、义务冲突

〔案例8〕两个儿子同时落水，但父亲只有救助其中一个的可能。"义务冲突",[1]是指诸如〔案例8〕那样，同时存在两个作为义务，但只可能履行其中一个义务的情形。对此，可以这样考虑：履行了同等以上价值的义务的，可以通过类推适用有关紧急避险的第37条第1款本文的规定，对于未履行另外一个义务的行为，予以正当化；履行了价值相对较低的义务且未履行另外一个义务的行为，认定成立不作为犯；两个义务均未履行的，对于两个未履行义务的行为，均认定成立不作为犯。

四、私力救济

〔案例9〕某人的皮包被盗，次日，在闹市的人群中发现有人手持自己的皮包，遂拽住皮包就走，从该人手中夺回了皮包。[2]私力救济（也称"自救行为"），是指诸如〔案例9〕那样，权利被违法地侵犯者，试图通过实力恢复、救济权利的情形。私力救济，是在法益遭受侵害的状况之下由公民个人行使私力，在这一点上，属于"紧急行为"；在指向不法侵害人这一点上，又类似于正当防卫。然而，正当防卫是试图防止侵害于未然，而私力救济的特征是，针对已经发生的侵害，试图进行事后的恢复、救济。如果将维持既存的事实状态本身被给予的价值称之为"现状维持利益"，那么，在正当防卫的情形下，这种"现状维持利益"是有利于防卫者一方发挥作用，而在私力救济的情形下，则是有利于侵害者一方发挥作用。为此，与正当防卫相比，私力救济的要件更为严格，要求满足以下要件：①权利遭受了不法侵害；②无暇等待国家机关的救济；③若不立即行使实力，权利的事后恢复将变得不可

---

[1] 有关义务冲突的研究，参见勝亦藤彦「『作為義務と作為義務の衝突』における正当化根拠と正当化概念」『曽根威彦先生・田口守一先生古稀祝賀論文集（上）』（成文堂2014年）425頁以下。
[2] 对于该案，按照有关财产罪之保护法益的占有说，有可能同时成立盗窃罪与暴行罪，因而问题在于，是否能根据"私力救济"而将两罪予以正当化；而按照本权说、合理的占有说、平稳的占有说，由于能否定存在盗窃罪的构成要件该当性，因而问题仅在于，是否能根据"私力救济"而将暴行罪予以正当化。

能或者显著困难;④属于为了恢复权利的必要且相当的行为。[1][2]

五、狭义的超法规的违法性阻却事由

第二次世界大战后,为了抵抗、抗议警察等不当介入集会自由、学问自由等宪法权利,"超法规的违法性阻却事由"成为问题。正当防卫原本设想的是针对有形的权利的防卫,为了维护、保全集会自由等无形的权利而实施的行为,显然无法纳入正当防卫的范畴,因而学界才提出是否属于"超法规的违法性阻却事由"的问题。

〔案例10〕为了收集情报,几名警官混入观众之中,潜入在大学校园内主办的舞台剧发布会,结果被学生发现,学生强行拿走了警官的警官证,该行为被以集体暴行罪(《暴力行为等处罚法》第1条)起诉("东大波波洛(popolo)案")。对此,一审判决认为,警官出入发布会属于有违学术自由与大学自治的违法行为,在此基础上,对该案暴力所侵犯的警官个人的利益与所维护的自由权进行比较衡量,最终判定阻却违法性;控诉审(二审)判决也认为,保全大学自治的价值优越于警官的个人利益这一价值,亦肯定阻却违法性。但作为上告审的最高裁判所大法庭昭和38年(1963年)5月22日判决则否定警官进出该案发布会现场属于违法行为这一前提,进而撤销了控诉审判决。[3]

〔案例11〕二战后归国者援助局的职员A擅自旁听了从中国回国的归国者的集会,结果被会议相关人员X发现,X等人围住A,持续质问长达3个多小时(第一行为),随后又将A带至援助局集体宿舍加以监视控制(第二行为)("舞鹤案")。该案问题在于,X等人是否成立监禁罪?对此,一审判决认为,"比照法律秩序之精神,只要能认定行为整体符合社会共同生活的

---

〔1〕 作为一般论,最高裁判所肯定存在根据私力救济而予以正当化的可能性(最决昭和46年7月30日刑集25卷5号756页);下级裁判所的判例中,也有判定根据私力救济予以正当化的案件(岐阜地判昭和44年11月26日刑月1卷11号1075页、福冈高判昭和45年2月14日高刑集23卷1号156页,等等)。

〔2〕 大下英希将自救行为分为作为占有者之占有恢复行为的"占有自救"与除此之外的"一般自救",对于前者,不要求紧急行为性而广泛地肯定正当化,但对于后者,则仅承认保全行为的正当化。参见大下英希「自救行為について(1)(2)(3)」大阪市立大学『法学雑誌』52卷1号(2005年)18页以下・2号(2005年)256页以下・3号(2006年)493页以下。

〔3〕 参见最大判昭和38年5月22日刑集17卷4号370页。

秩序与社会正义的理念，即便是未能满足正当防卫、紧急避险或者私力救济之要件的情形，仍然超法规地解消对行为之形式性违法的推定，阻却犯罪的成立"，从而判定第一行为阻却违法性，第二行为虽超出了相当性的范畴，仍通过准用有关防卫过当的第36条第2款，免除刑罚。反之，控诉审判决则将第一行为与第二行为视为整体行为，在此基础上指出，对于未满足紧迫的侵害或者现实的危险这种紧迫性要件的、具有防卫性质或者避险性质的行为，要认定阻却违法性，其要件"与正当防卫或者紧急避险的情形相比，应更加严格，这样理解是理所当然的。除了该行为满足了目的正当性、法益均衡等要件之外，尤其还要求实施该行为，按照当时的情况是事出紧急迫不得已，没有可能或者很难找到其他替代的手段方法"，而在本案中，不能认定，为了对A进行调查、监禁A是事出紧急的唯一不可或缺的手段方法，因此，不能阻却行为的违法性。作为上告审的最高裁判所昭和39年（1964年）12月3日决定也认为，X等人的行为"超出了社会一般观念所能允许的限度"，进而判定不能阻却违法性。[1]

的确，即便是为了维护宪法上的权利，也不能认可那些不必要的实力行使，但在诸如〔案例10〕〔案例11〕那样主张存在狭义的超法规的违法性阻却事由的案件中，由于权利的侵害者就是国家的相关人员，因而难以期待国家机关的救助。为此，在探讨有无行使实力的必要性之时，就要求以（难以期待国家机关的救助）这种情况为前提。

六、可罚的违法性阻却事由

（一）超法规的可罚的违法性阻却事由

属于法益冲突状况下的行为，其侵害的法益仅仅是稍微超过保全的法益的，就阻却可罚的违法性（相对轻微类型）。这种"可罚的违法性阻却事由"，既有采取超法规的违法性阻却事由的形式的，也有采取适用《劳动工会法》第1条第2款这种法定的违法性阻却事由的形式的。

〔案例12〕为了阻止脱离罢工队伍的工会成员驾驶运炭车（复工），主张继续实施罢工者坐在运行线路上高声叫骂，这些阻止者被以威力妨害业务罪起诉（"三友炭矿案"）。对此，最高裁判所昭和31年（1956年）12月11

---

〔1〕参见最决昭和39年12月3日刑集18卷10号698页。

日判决认为，考虑到各种情况，"尚不足以谓之为，违法地使用了《刑法》第234条所谓威力，妨害了他人的业务"，最终维持了原审（二审）的无罪判决。尽管也有观点认为，该判决否定了妨害业务罪的构成要件该当性，但从该判决的"这种中止（暂时终止）他人工作的行为是否能认定为违法，必须考虑在实施正当的行业罢工等其他争议行为之际的各种情况，谨慎判断"这一表述来看，认为该判决肯定的是，超法规地阻却了可罚的违法性，要更为自然。〔1〕*

（二）《工会法》第1条第2款之适用

《工会法》第1条第2款规定，对于"属于工会的集体交涉等行为，为了达到前款之目的（通过与用工者处于对等地位而提升工人的地位等）而实施的正当行为"，适用《刑法》第35条。但《国家公务员法》《地方公务员法》禁止公务员实施行业罢工等劳动争议行为，处罚此类行为之共谋、唆使、煽动等行为（《国家公务员法》第98条第2款、第110条第1款第17项；《地方公务员法》第37条第1款、第61条第4项）。另外，《有关特定独立行政法人等的劳动关系的法律》以及作为其前身的《公共企业体等劳动关系法》，对于公共企业体的职员，禁止实施行业罢工等劳动争议行为（第17条），但并未对违法行为规定处罚罚则。为此，问题在于，对于行政执行法人、公共企业体的职员，当其劳动争议行为该当于某种犯罪的构成要件之时，尽管违反了《有关特定独立行政法人等的劳动关系的法律》或者《公共企业体等劳动关系法》，在刑法上是否仍然可以认定阻却违法性呢？对于这一问题，判例态度也有一个演变的过程。

〔案例13〕国铁工会的干部无视船长的制止，为了职场集会而进入青函联络船内，该干部被以侵入船舶罪提起诉讼（"桧山丸案"）。对此，最高裁判所昭和38年（1963年）3月15日判决认为，"对于公共企业体等的职员，

---

〔1〕 参见最判昭和31年12月11日刑集10卷12号1605页。

* 近年，有关为了投递反对向伊拉克派遣自卫队的传单，无端进出自卫队宿舍区内以及各个建筑物的公用部位的"立川宿舍案"的一审判决，颇引人关注。该判决基于以下理由，判定阻却了可罚的违法性：进出的动机的正当性；行为方式的相当性；法益侵害的轻微性；以投递传单为目的的投递行为，属于宪法所保障的政治性表现活动；对于为投递商业宣传传单的进出行为事实上是放任不管的，考虑到与此事实之间的均衡性，等等。不过，一审的上述判决被控诉审所颠覆，上告审（最判平成20年4月11日刑集62卷5号1217页）也维持了控诉审的有罪判决。——译者注

| 第十章　其他违法性阻却事由 |

既然禁止其实施劳动争议行为，否定存在争议权本身，对于其实施的劳动争议行为，就没有讨论正当性的界限如何的余地，因而不适用《劳动工会法》第1条第2款。"[1]可以说，该判决采取的立场是"严格的违法一元论"，亦即，违法性在整个法领域是统一的，对于民法或行政法认定为违法的行为，在刑法中也不得阻却违法性。

〔案例14〕全国投递工会的某董事号召邮政局职员参加在工作时间召开的职场集会，该董事被以《邮政法》第79条第1款的不处理邮件罪的教唆犯起诉（"东京中邮案"）。对此，最高裁判所大法庭昭和41年（1966年）10月26日判决认为，公共企业体的职员也属于《宪法》第28条所谓基本劳动权之主体的劳动者，不过是因其职务性质而受到不同于私企职工的制约。以此认识为前提，该判决进一步认为，《公共企业体等劳动关系法》第17条第1款对于禁止争议行为没有另外设定罚则，那么，其旨趣就在于，对于违反此禁止规定的行为不科处刑事处罚，因而，对于《公共企业体等劳动关系法》第17条第1款的争议行为，应承认适用《劳动工会法》第1条第2款。该判决最终判定，只要争议行为止于单纯的不作为形式的怠工，不伴有暴力的行使等不当性，就不属于刑事制裁的对象。[2]可以说，对相关法令的解释，该判决采取的是这样的解释手法：不同于《国家公务员法》与《地方公务员法》，《公共企业体等劳动关系法》对于劳动争议行为并未规定处罚罚则；《公共企业体等劳动关系法》第3条虽排除适用有关损害赔偿责任的《劳动工会法》第8条，但并未排除适用有关刑事责任的《劳动工会法》第1条第2款。该判决进而通过比较衡量《邮政法》的保护法益与基本劳动权的实现利益，肯定阻却了可罚的违法性。由此可见，对于其他法领域中的违法行为，刑法上认定阻却违法，对于这一点，无论是采取"违法多元论"还是采取"缓和的违法一元论"（第六章之六），学界是广泛承认的。

但是，其后的判例则改变了态度。〔案例15〕全国投递工会的某干部号召邮政局职员参加在工作时间召开的职场集会，同时为了说服其他职员参加，还无端进入了邮政科的工作间，该干部被以《邮政法》第79条第1款的不处理邮件罪的教唆犯以及侵入建筑物罪起诉（"名古屋中邮案"）。对此，最高

---

[1] 参见最判昭和38年3月15日刑集17卷2号23页。
[2] 参见最大判昭和41年10月26日刑集20卷8号901页。

裁判所大法庭昭和52年（1977年）5月4日判决以区别于民法上的效果，仅限于在刑事法上，将违反《公共企业体等劳动关系法》第17条第1款的劳动争议行为评价为正当行为，对于这种做法找不到特别的根据作为理由，回归至否定态度，即对于违反《公共企业体等劳动关系法》的劳动争议行为，不适用《劳动工会法》第1条第2款。[1]不过，作为一般论，该判决提出"刑罚，是国家所科处的最为严厉的制裁，当然要求存在与此相适应的违法性"，因而也并非否定了可罚的违法性的观念。而且，对于以行业罢工等的不作为为内容的劳动争议行为的单纯参与者，该判决从《公共企业体等劳动关系法》的立法过程等考虑，认为该法之旨趣在于，不以刑罚处罚单纯参与者，肯定处罚的阻却。这种"超法规的处罚阻却事由"，可以说，就正是可罚的违法性思想之体现。不过，一边不处罚不处理邮件罪的实行行为人，一边却处罚劳动争议行为的"实施指导性行为者"，这样就存在疑问：是否是借用《邮政法》的处罚规定，而试图处罚劳动争议行为的主导者呢？

（三）可罚的违法性与合宪限制解释

对于公务员的劳动争议行为，最高裁判所大法庭昭和44年（1969年）4月2日判决提出了另外一种考虑。〔案例16〕"都教组"（东京都教育工会）的几名干部指示其他工会成员反对引入工作评定机制，进行争取休假的斗争，被以"煽动"争议行为而起诉（"都教组案"）。对此，最高裁判所的该判决认为，如果完全如文字所述，适用处罚"煽动"行为的《地方公务员法》第61条第4项，就存在违反保障基本劳动权的《宪法》第28条之虞，因此，应该理解为，该规定的处罚范围，仅限于争议行为本身具有很强的违法性，并且，属于超出了通常伴随于争议行为而实施的、具有很强的违法性程度的煽动行为。[2]也就是，该判决通过采取这种"双重限制论"，认定上述干部所实施的指示行为属于通常伴随于争议行为而实施的行为，最终判定无罪。与上述"东京中邮案"一样，可以说，该判决实质上做出了，以基本劳动权之实现作为保全法益的相对轻微类型的可罚的违法性这种判断。但是，"东京中邮案"考虑的问题是，违反了与劳动争议行为并无直接关系的《邮政法》，而在该案中，考虑的问题则是，违反了将煽动争议行为予以构成要件化的《地

---

[1] 参见最大判昭和52年5月4日刑集31卷3号182页。
[2] 参见最大判昭和44年4月2日刑集23卷5号305页。

方公务员法》，因此，很难通过适用《劳动工会法》第1条第2款而认定阻却违法性。但反过来说，正因为所适用的犯罪构成要件本身的妥当与否容易成为问题，该判决采取的不是阻却（可罚的）违法性这种形式，而采取的是对构成要件的合宪限制解释这种方法。[1]

但是，〔案例17〕作为对《警官职务执行法》之改正的反对运动的一环，全国农林业工会的干部发出了怠工的指令（"全农林案"）。对此，最高裁判所大法庭昭和48年（1973年）4月25日判决认为，有关"都教组案"之判决的这种所谓的"双重限制论"，会使得能够科处刑事制裁的情形与不能科处刑事制裁的情形之间的界限变得不明确，进而以"这种不明确的限制解释，反而会使犯罪构成要件丧失保障机能，甚至有违反要求法律具有明确性的《宪法》第31条之嫌"为理由，否定了这种"双重限制论"。[2]但是，要求刑罚法规具有明确性，是为了保障国民的自由，因此，能否像该判决那样，将这种明确性作为一律处罚争议行为之煽动行为的根据，是存在疑问的。

---

[1] 参见内藤谦『刑法講義総論（中）』（有斐閣1986年）499頁。
[2] 参见最大判昭和48年4月25日刑集27卷4号547頁。

第十一章 责任论概述

一、责任的含义与内容

231　　犯罪，是该当于构成要件，违法且有责的行为。行为人若无责任则不受处罚，这是责任主义的必然要求（第二章之四）。

　　"责任"的内容是曾经的"学派之间的对立"的中心议题之一。古典学派基于人的意思并非被因果性决定这一前提（非决定论、意思自由论），主张刑罚是针对作为行为人自由意思之产物的犯罪的报应。按照该观点，所谓"责任"，就是针对选择了实施犯罪这种自由的意思决定的道义性非难（道义责任论）。然而，正如近年来脑科学的发展所显现的那样，人的意思也服从于法则性，因此，立足于意思的无原因性（从意思的无原因性出发）是不科学的（非科学性）。[1][2]而且，如果认为人的意思决定并不存在原因，就难以想定（设想）针对人的意思的刑罚的"作用"，也会否定一般预防、特殊预防之效果，因而最终就不得不归结于绝对的报应刑论——认为意义在于科处刑罚本身。显然，这种自我目的的刑罚观不具有"生产性"，属于权威主义的

---

[1] 围绕意思自由的近年来的学说争议，参见增田豊「規範論による責任刑法の再構築」（勁草書房 2009 年）397 頁以下；増田豊『法倫理学探求』（勁草書房 2017 年）197 頁以下。

[2] 有关自由的意思，在下述意义上，应该遵照意思的因果决定论与意思的自由（因而，进行责任非难）这种"两立可能论"。按照观察者的视角（外部的视角），在人的意思与行动也服从于因果性法则这一意义上的决定论是妥当的。另外，按照行为人的视角（内部的视角），由于自己的意思已经被决定这种想定（设想），与下面打算做出什么决定这种准备工作之间是矛盾的，因此，认为未来的选择对自己是开放的这种非决定论（意思自由论）是妥当的。能够进行责任非难的情形，是能够在内部的视角认定存在自由意思的情形。这与从外部的视角来看在行为人的自我领域——行为人认识到区别于他人、环境的自身的领域——被决定的情形相对应。对于以因果决定性这一意义上的决定论为前提，在心理规范的层面意思被决定的情形［平野龍一『刑法の基礎』（東京大学出版会 1966 年）3 頁以下］，或者理解行为理由之后而行动的情形［瀧川裕英『責任の意味と制度』（勁草書房 2003 年）108 頁以下］，肯定责任非难的观点，可以说基本上也是同样旨趣。

刑罚观，也与国家是用于维持、促进国民利益的机构这种国家形象难以保持协调。

为此，现在的有力观点立足于人的意思既有为因果性所决定的部分又有不为因果性所决定的部分这一前提（相对的非决定论），主张在报应的范围之内谋求预防目的之实现（相对的报应刑论）。然而，在承认存在不服从于因果法则的部分这一点上，该观点仍然是非科学性的；并且，如果就这种不服从于因果法则的部分追究行为人的责任，会使得责任非难的程度与犯罪预防的效果处于对立关系，在刑罚的裁量上带来困难。

与古典学派的观点相反，近代学派则基于人的意思是因果性地被决定这种前提（决定论）认为，犯罪取决于遗传与环境的产物，从矫正行为人的危险性格中寻求刑罚的正当化根据。按照该观点，所谓"责任"，是指行为人因其危险之性格，而处于应甘愿忍受刑罚之地位（社会责任论）。但是，行为人再次实施犯罪这种危险原本是一种抽象性的东西，仅凭这种危险是否真能使行为人的刑罚忍受义务得以正当化，尚存疑问。而且，按照社会责任论的观点，即便尚未实施犯罪，只要从某种征兆可以预见，该人具有与一般犯罪人等程度的实施犯罪的盖然性，就理应可以处罚，但事实上，即便是社会责任论的论者也并不承认这种"无犯罪之处罚"。

从概念上看，刑罚，是施以内含"非难"之契机的害恶。* 然而，"非难"，并不是以施加非难本身为目的，而是作为作用于行为人以及社会一般人之意思的一种信息，属于实现犯罪预防目的的手段。可以说，在承认包括行为人在内的刑罚规范的"收件人"（刑罚规范所指向的对象）各自都是具有主体性的"人格"的基础之上，刑法是通过表明、传达针对实施犯罪这种行为的非难，而试图唤醒行为人以及社会一般人的法益尊重意识。因此，即便处罚那些并无犯罪之故意或者过失者，以及那些不具有刑事责任能力的人，也无助于唤醒行为人以及社会一般人的法益尊重意识。由此可见，所谓责任，正是将针对违反法益尊重之要求的行为的非难予以正当化的要件。

---

* 作者的意思是，对"刑罚"可作如下定义：是以犯罪这一违法行为为理由，由国家有意施加的害恶，其中内含对违法行为的非难。——译者注

要使得行为人负有刑罚忍受义务［第一章之三（五）］这一点得以正当化，也需要存在作为非难可能性的责任。可以想见，如果自己并无承受非难的理由，却要被施加刑罚这种"（由国家）有意施加的害恶"，想必行为人难以接受。非难，原本是以立场的交换可能性为前提。[1]亦即，只有换位思考，尝试将自己置于对方的立场，也认为自己不得不甘愿忍受该非难之时，针对他人的非难始得以正当化。当然，现实中所看到的"非难"，在不少情况下，不过是一种缺少互换性的单方面的情感。尤其是在社会的同质性正逐渐丧失的当下，人们往往将与自己这一类人相比属于异质的他人视为"敌人"，在否定与自己具有互换性的基础上，期待施加更为彻底的"非难"。刑法学中，尽管也有观点以责任是"从外部来看，从一般人来看，从国民来看的非难可能性"[2]为理由，强调基于一般国民的规范意识或者社会一般观念的"非难"，[3]但这种"非难"不得成为国民单方面的处罚情感之宣泄。[4]

这里的责任，以独立于外部强制以及精神疾病等生理性因素，自由地基于自己的规范意识而进行决意这种意义上的自由意思为前提，而并非以意思的无原因性或者无法则性这种意义上的自由意思为前提。在行为人因法益尊重意识淡薄而决意实施了犯罪行为的场合，通过对这种决意的非难，能够赋予其产生更为牢固的法益尊重意识的动机；反之，在实施犯罪行为的原因在于精神疾病等生理性因素的场合，对于这种生理性因素，刑罚所传达的信息无法发挥作用，因而对此予以非难也不会取得预防效果。而且，由于规范意识构成了区别于其他人以及外界的而被认识到的"自我"的一部分，因而，针对自己的规范意识追究责任，行为人对此是能够接受的，而对于因为诸如精神疾病等不属于"自我"的因素而受到处罚，行为人想必是难以接受的。

---

[1] 参见高山佳奈子『故意と違法性の意識』（有斐閣 1999 年）280 頁以下。
[2] 参见前田雅英『刑法入門講義』（成文堂 2000 年）149 頁。
[3] 参见前田雅英：《刑法総論講義》，东京大学出版会 2011 年第 5 版，第 214 页以下，等等。
[4] 不可否认，人，根深蒂固地具有非难、抨击他人的欲望，并从非难、抨击他人之中获得某种快感。因此，对于法律以及法律学，也应该要求它不是助长这种欲望，而是能够发挥将这种欲望控制在合理范围之内的作用。

二、责任非难的对象

基于行为主义，处罚的根据在于个别的法益侵害行为。因此，责任也必须是针对个别行为的实施意思的非难（行为责任论）。相反，社会责任论则是就行为人的危险性格追究责任（性格责任论）。另有观点虽一边以行为责任为根本，却将问责对象扩大至处于其背后的人格形成（人格责任论）。[1]人格责任论认为，就常习犯而言，由于其规范意识的迟钝，压缩了其意思的自由（使意思自由范围变得更为狭窄），却不减轻其刑，反而是加重其刑，这正是因为，追究的是其自主形成了不尊重规范这种人格（人格形成责任）。但是，如果是以人格形成过程中的责任来弥补因规范意识的迟钝所造成的意思自由的降低，那么，这即便可以成为与意思自由未受压缩的通常的犯罪人予以同等处罚的理由，也理应不能成为加重处罚常习犯的理由。该说将人格形成责任作为追究较行为责任更重的责任的根据，究其根本，这实质上是试图独立于个别行为责任，而处罚反规范的人格本身，因而，与性格责任论一样，存在违反行为主义之嫌。在行为责任论看来，常习赌博罪（第186条第1款）与常习特殊抢劫盗窃罪、常习累犯抢劫盗窃罪（《有关防治以及处分盗窃等的法律》第2条*）这种常习犯，是统括复数行为而予以处罚的集合犯，其加重根据在于违法、责任的累积，而且，累犯加重（第57条、第59条）的理由在于，行为人无视此前的有罪判决的警告而仍然实施了犯罪，在这一点上，其行为责任很重。当然，累犯加重的规定是否符合行为责任原则，仍有进一步探究的余地。

三、责任要素

不管怎样，责任主义克服了结果责任，否定处罚并无故意或者过失的行

---

[1] 参见团藤重光『刑法綱要総論』（創文社1990年第3版）260頁；大塚仁『刑法概説　総論』（有斐閣2008年第4版）442頁。

* 《有关防治以及处分盗窃等的法律》（简称《盗犯防止法》）第2条："对于作为常习，以下述各项所规定的方法，实施《刑法》第235条（盗窃）、第236条（抢劫）、第238条（事后抢劫）、第239条（昏醉抢劫）之罪，或者这些犯罪之未遂者，在处以盗窃之时，处3年以上有期惩役，在处以抢劫之时，处7年以上有期惩役。（一）携带凶器实施的；（二）两人以上在现场共同实施的；（三）通过翻越或损坏门户墙壁等，或者通过撬锁侵入他人居所或有人看守的宅邸、建造物或舰船而实施的；（四）夜间侵入他人居所，或者有人看守的宅邸、建造物或舰船而实施的。"——译者注

为。对此，学界曾认为，责任的实质在于故意、过失这种心理事实（心理责任论）。然而，无法仅以心理事实来表述过失的内容，而且，从心理方面做出的定义也无法揭示故意与过失的上位概念。另外，即便能肯定具有故意、过失，由于行为情况特殊而无法期待选择合法行为之时，也无法追究责任（本章之五）。这样，责任就被理解为：针对并未放弃实施违法行为这一点的非难可能性（规范责任论）。不过，非难必须是基于事实，因此，即便是在规范责任论中，心理事实也未丧失其重要性。[1]

作为为非难可能性奠定基础的责任要素，主要有以下几点：①故意或过失、②责任能力、③违法性意识的可能性、④合法行为的期待可能性。本章主要探讨其中的第②点与第④点。

四、责任能力[2]

(一) 心神丧失、心神耗弱*

要认定刑事责任，行为人必须具有发动规范意识，按照规范或者价值而行动的能力。这种能力被称为责任能力。心神丧失者的行为，由于属于无责任能力，不予处罚；心神耗弱者的行为，由于属于限制责任能力，必要性地减轻其刑罚（第39条）。通说、判例认为，所谓心神丧失，是指因精神障碍，[3]不具有辨别事物是非的能力（辨别能力），或者不具有按照是非辨别而行动的能力（控制能力）的情形；所谓心神耗弱，是指因精神障碍，辨别能力与控制

---

[1] 强调故意、过失作为心理的责任要素的性质的观点，参见小池直希「『故意の提訴機能』の史的展開とその批判の検討（2・完）」『早稲田法学』96卷3号（2021年）112頁以下。

[2] 参见浅田和茂『刑事責任能力の研究（上）（下）』（成文堂1983年、1999年）；林美月子『情動行為と責任能力』（弘文堂1991年）；安田拓人『刑事責任能力の本質とその判断』（弘文堂2006年）；竹川俊也『刑事責任能力論』（成文堂2018年）；佐野文彦「刑事責任能力の判断について--原理・基準・適用（1）～（6）」『法学協会雑誌』137卷9号（2020年）75頁以下・137卷11号（2020年）62頁以下・138卷1号（2021年）169頁以下・138卷3号（2021年）1頁以下・138卷5号（2021年）1頁以下・138卷10号（2021年）170頁。

* 日本《刑法》第39条〔心神丧失与心神耗弱〕：心神丧失人的行为，不处罚（第1款）。心神耗弱人的行为，减轻刑罚（第2款）。——译者注

[3] 统合失调症、狂躁病等内因性的精神疾病，以及认知症、癫痫、酒精中毒、兴奋剂中毒等外因性的精神疾病就属于这里的精神障碍。因酩酊、激情（情动）而出现的一时性的意识障碍，如果是重度的，也包含在精神障碍之中。对于饮酒酩酊，一般认为，单纯酩酊属于完全责任能力，复杂酩酊属于限制责任能力，病态酩酊属于无责任能力。相反，对于人格障碍（精神病质），则被认定属于完全责任能力。

能力中的一项或者两项均显著减退的情形。[1][2]这样，通过精神障碍这种"生物学的因素"，以及辨别能力、控制能力这种"心理学的因素"这两个方面来定义责任能力的做法，称之为"混合方法"。

不过，按照规范责任论的观点，问题最终归结于，行为人能否依照规范而行动，因此，也可以说，仅以心理学的因素为标准，更具有逻辑性。将这种观点更进一步，就可将辨别能力、控制能力分别还原于违法性意识的可能性、期待可能性。但是，由于难以直接探知行为人的辨别能力、控制能力，从精神障碍与行为之间的关联来推测辨别能力、控制能力的有无及其程度，要更为现实。[3]

一方面，基于重视精神医学方面的知识的立场，或者主张与处罚相比应优先考虑治疗的立场，有观点赋予生物学的因素以决定意义的重要性，主张如果患有统合失调症等重度精神障碍，则不必深入判断心理学因素，而应直接认定为无责任能力。但是，哪些精神障碍可以否定责任能力，对此还很难统一界定；而且，似乎应当把责任非难与治疗可能性分离开来。另外，健全人的意识障碍等情形，尽管不需要治疗，但也不应一律排除在无责任能力之外。

另一方面，也有观点基于认为生物学的因素具有绝对意义的立场，主张责任能力属于作为追究责任之前提的全人格性的能力（责任前提说），因而必

---

[1] 参见大判昭和6年12月3日刑集10卷682頁。

[2] 对此，沟口亮介认为，要求行为人具有在原本能够放弃犯罪行为这一意义上的行动控制能力，与"他行为可能性属于代入了有可能规范遵守者的一种假定的判断"相悖，并以此为理由，将责任能力的内容理解为，根据情况衡量得失，形成犯罪意思，并以适当手段实施的能力，以及作为针对犯罪的社会的、法律的含义与犯罪的反作用，理解可能由此产生的社会的、法律的非难，并将这一点纳入考虑之中行动的能力［樋口亮介「責任能力の理論的基礎と判断基準」『論究ジュリスト』19号（2016年）192頁以下］。竹川俊也出于他行为可能性原理的不妥当性以及判断辨别能力的困难性这种理由，认为无责任能力的本质在于对辨别过程的标准的超越，倡导将控制能力统合至辨别能力——作为理解刑法所提示的行为理由，基于这种理由对自己的行为的妥当性进行推论，并对行为进行决定的能力的辨别能力——之中［竹川俊也『刑事責任能力論』（成文堂2018年）146頁以下］。佐野文彦对于统合失调症的病态体验之下的犯罪行为等，以作为责任非难中的规范性评价之前提的"精神状态的法律性的了解"为标准，对责任能力进行判断，但对于由反应性抑郁症所引起的犯罪行为，则根据与期待可能性相同的原理，主张有可能否定责任能力［佐野文彦「刑事責任能力の判断について--原理・基準・適用（6）」『法学協会雑誌』138卷10号（2021年）208頁以下］。

[3] 实务部门有观点推荐，在（非职业法官的）裁判员判断责任能力之际，最好是以"究竟是因精神障碍的原因实施了犯罪，还是因基于原本的人格的判断而实施了犯罪"作为判断对象。参见司法研修所编『難解な法律概念と裁判員裁判』（法曹会2009年）36頁。

须适用于所有犯罪。然而，按照行为责任论的观点，由于责任能力是有关该行为的责任要素（责任要素说），因而，生物学的因素在与个别行为的关联上也具有意义。为此，患有好诉幻想症（偏执狂、paranoia）的患者，尽管就虚假告诉罪属于无责任能力人，但就其他犯罪仍然具有责任能力，因而对其也能够想到"部分责任能力"。

即便同样采取"混合方法"，对于判断主体以及认定重点，仍可能存在各种变数。判例认为，被告人的精神状态是否该当于心神丧失或者心神耗弱，这属于法律判断，理所当然属于裁判所的专权事项，至于作为其前提的生物学、心理学的因素，最终仍属于需交由裁判所来评价的问题。[1][2]判例一般认为，在被告人罹患统合失调症的场合，如果其犯罪行为受到幻觉、妄想等病态体验的直接支配，则属于心神丧失；倘若不能谓之为，受到了病态体验的直接支配，则应从犯罪行为当时的病情、犯罪行为之前的生活状态、犯罪行为的动机或样态等因素进行综合判断，只要（对行为人而言）该行为属于"有可能理解"（有可能理解行为的意义），就仅止于心神耗弱。[3][4][5]

诚然，不可否认，责任能力的判断，研究的是被告人有无规范性责任的问题，最终应取决于裁判官的法律判断。然而，连作为其前提的生物学的因素也要强调"裁判所的评价"，则有招致游离于事实之外，过度进行规范性责

---

[1] 参见最决昭和58年9月13日裁判集刑事232号95页。
[2] 反之，安田拓人主张，责任能力的问题可分为两个方面：研究作为认识、控制之主体的精神机能是否已完全损坏的"主体论"，以及在该机能尚存的场合，从期待可能性的角度研究认识可能性、控制可能性的"可能性论"，前者原则上属于事实性判断，后者则属于规范性判断。参见安田拓人『刑事責任能力の本質とその判断』（弘文堂2006年）180页以下。
[3] 参见最决昭和59年7月3日刑集38卷8号2783页。
[4] 以"连续拐骗杀害少女案"为契机，多重人格（分离性同一性障碍）与责任能力之间的关系，开始受到关注。尽管该案没有采纳被告人属于多重人格这一鉴定结论（参见東京地判平成9年4月14日判時1609号3页），但近年开始有判例承认这种可能性的存在。例如，对于将被害人沉入浴缸而杀害，并用刀分解了被害人尸体的案件，判例认为，"在损坏尸体当时，被告人因分离性同一性障碍，处于不同于本来人格的其他人格状态之下"，存在"受该人格状态的支配，（被告人）不具有控制自己行为的能力，处于心神丧失的状态"的可能（参见東京地判平成20年5月27日判時2023号158页）。可以说，该判决是以属于受刑主体的主人格的控制能力作为问题，同时以被副人格所支配为理由，否定在行为当时主人格具有控制能力（参见上原大祐「判批」『広島法学』33卷2号75页以下）。
[5] 对kleptomania（盗窃症）患者承认属于心神耗弱的判例，参见東京地判令和2年4月3日LLI/DB L075453。

任判断之虞。在"裁判员制度"之下，这一问题（担心）更为深刻。因为，就（有可能担任裁判员的）一般市民而言，不仅不具有精神医学方面的知识，对于精神障碍，也不存在伴有实际体验的印象。这样一来，是否会出现"健全的国民常识"无法及于责任能力的情况呢？而且，还很难说，责任主义的精神已经渗透至一般市民。在对情节非常恶劣的"凶杀案件"的犯罪嫌疑人、被告人以不具有责任能力为理由，而决定不予起诉、判定无罪之时，常常会听到"难以接受"这种来自一般市民的声音；在社会舆论上，"《刑法》第39条废止论"[1]一定程度上也得到了市民的支持。令人忧虑的是，在上述意识之下，如果以"健全的国民常识"为标准进行综合判断，就存在混入市民朴素的处罚情感，轻易地肯定行为人具有责任能力之虞。

在上述背景之下，最高裁判所平成20年（2008年）4月25日判决作出了一个引人注目的判断："对于属于生物学的因素的精神障碍之有无及其程度，以及这种生物学的因素给予心理学的因素的影响之有无及其程度，其诊断属于临床精神医学的本分，鉴于此，在作为证据采信精神医学者的专家意见等鉴定意见之时，只要不能认定存在诸如对鉴定人的公正与能力产生怀疑、鉴定的前提条件本身存在问题等因而无法采信该鉴定意见的合理情况，就应该充分尊重、肯定该鉴定意见。"[2]该案的大致案情如下：患有统合失调症的X，因幻觉、幻听而对自己被A所愚弄这一点深信不疑，为了让A闭嘴，而将A殴打致死。对于该案，一审以及原审（二审）的鉴定意见均认为，被告人X实施本案行为，是因受到了由统合失调症所引起的幻觉妄想状态的强烈影响，尽管如此，原判决（二审）仍然认为，从动机的形成、犯罪行为的方式、案件的前因后果等方面来看，X的行为属于其"有可能理解"的行为，进而判定仅属于心神耗弱。对此，在认定一审以及原审（二审）的鉴定意见均可采信（具有信用性）的基础之上，最高裁判所平成20年（2008年）4月25日判决认为，X在频繁出现幻听等的情况下，由妄想所诱导而形成了犯罪动机，从这一点来看，不能将其动机的形成评价为"有可能理解"，而且，在幻觉妄想的影响之下，X对前提事实的认识也存在问题，因此，即便X对本

---

[1]"《刑法》第39条废止论"具体包括两种观点：一种观点主张，无刑事责任能力者也应该受到处罚；另一种观点主张，应将判断责任能力之有无所需要考量的因素，分别还原于违法性意识的可能性、期待可能性。前者主要是来自一般市民的声音。

[2] 最判平成20年4月25日刑集62卷5号1559页。

案行为属于犯罪这一点存在认识，也存在相应记忆，但是否实质性地具备辨别事理的能力，这一点仍存在疑问，从而撤销原判发回重审。最高裁判所的该判决在要求尊重鉴定意见的同时，也防止简单地肯定具有"理解可能性"，作为给"非难"的"独舞"加上"刹车"的判决，意义深远。

引人注目的是，作为被发回重审的控诉审（二审），东京高等裁判所平成21年（2009年）5月25日对于上述两个鉴定的信用性提出了质疑，并认定X仍存在一定的正常精神作用，再次判定X属于心神耗弱状态。[1]在东京高等裁判所的该判决中，特别作为"本裁判所的基本立场"，提出了下述观点："责任能力，其实质在于针对罪犯的非难可能性。对于非难可能性，既然置身于共同社会，就应该从维持共同社会之秩序的角度，考虑共同社会或者社会一般人的接受情况，予以规范性地把握。因此，将非难可能性作为固定的、绝对的东西来把握，这种做法并不适当。应该认为，在时代的推移、社会的演变之中，具有改变的可能性。对于前述昭和59年（1984年）的最高裁判所决定*所提示的综合性判断手法，也应该从此角度来理解。在裁判员制度之下，对于责任能力，也应该征求裁判员的意见，其意义就在于此。"[2]与将责任理解为由国民一般的规范意识或者社会一般观念所进行的"非难"的观点相呼应，东京高等裁判所的该判决力图通过裁判员制度，积极地将国民一般意识反映在责任能力的判断之中。但令人忧虑的是，这种做法将焦点仅仅集中于，完全置身于处罚方的"一般人"能否接受这一点上，这样是否会将毫无批判地接受舆论的处罚诉求的、缺少从被处罚方的角度考虑的这种单方面的"非难"予以正当化呢？

其后，最高裁判所平成21年（2009年）12月8日决定提出，"即便是在采信了特定精神鉴定意见的部分结论的情形下，对于责任能力之有无及其程度，裁判所事实上也不受该意见的其他部分的约束，仍能够通过综合上述情况来加以判断"，并最终做出了支持二审判决——二审在鉴定中，采信了"被告人患有妄想性统合失调症"这一部分，而对于"被告人处于心神丧失的状态之下"这一部分则不予采信，判定被告人属于限定责任能力人——的判

---

[1] 参见东京高判平成21年5月25日判时2049号150页。

* 即最决昭和59年7月3日刑集38卷8号2783页。——译者注

[2] 东京高判平成21年5月25日判时2049号150页。

断。[1]

另外，原则上必须是在犯罪行为人当时具备责任能力，但如果行为人自己招致了无责任能力的状态，则有可能作为"原因自由行为"［第十五章之二（七）］而被追究刑事责任。

（二）《心神丧失者等医疗观察法》

曾有精神疾病治疗经历的某人闯入某小学，杀伤了数名儿童。以该案（"大阪教育大学池田小学案"[2]）为契机，2003年制定了《心神丧失者等医疗观察法》，并于2005年开始施行。该法规定，对于在心神丧失状态之下实施了杀人、放火、抢劫、强制性交、强制猥亵、伤害等行为（这些称之为对象行为[3]）者，在为了改善其实施对象行为之时的精神状态，同时促进其不再实施同种行为、顺利回归社会而认定确有必要之时，根据裁判官与精神保健医师的一致判断，可以强制性地让其入院治疗或者定时就诊。

责任非难无法针对心神丧失者，因此，依据该法所采取的强制措施，不得含有"非难"的意义。而且，由于该措施并非作为"有意施加的苦痛"的刑罚，就要求尽可能地避免造成对象人的苦痛、不利益，或者尽力使之最小化。另一方面，只要对象人不具有责任能力，对象人实施了违法行为这一事实，就无法成为让其忍受强制措施的义务根据。问题在于，为了实现防止对象人将来的犯罪行为这一社会利益，可在多大程度上赋予对象人忍受强制措施的义务呢？要求对象人忍受非因自己的责任所引起的不利益，就必须至少是以存在再犯的具体危险性为前提，受到比例原则的制约，认定为了防止再犯，对其实施治疗行为是特别必要且有效的。[4]不过，对于该法所设想的中长期的再犯预测，大多认为非常难以实现。另外，精神健康的恢复与回归社会这种对象人的利益，尤其是在对象人的判断能力完全丧失的场合，也有作为"弱势父权主义（意思补全型父权主义）"予以考虑的余地［第二章之一

---

［1］ 参见最决平成21年12月8日刑集63卷11号2829页。
［2］ 不过，该案中的被告人被认定具有完全责任能力，而最终被判处死刑。《心神丧失者等医疗观察法》以心神丧失者为对象，该案并非为本法的立法必要性奠定事实基础的案件。
［3］ 判例认为，是否应当于对象行为，不应该基于对象人因幻听、妄想等所认识到的内容进行判断，而是应该外形性地、客观性地考察在当时的状况之下的对象人的行为，如果不处于心神丧失状态下的人也会实施相同行为，那么，就根据包括主观要素在内，能否评价为实施了对象行为来进行判断。参见最决平成20年6月18日刑集62卷6号1812页。
［4］ 参见高山佳奈子「責任能力について」『刑法雑誌』45卷1号（2005年）14页。

(二)〕。可以说,为了部分性地弥补由强制措施所带来的对象人的不利益,也应该积极地追求这种对象人的利益,但将这种对象人的利益作为实施强制措施的主要的正当化根据,则并不符合以重大犯罪为前提的本法之实质。

(三) 刑事未成年人

《刑法》第41条规定:"不满14周岁的人的行为,不处罚。"不满14周岁的人尚不具有充分的辨认能力与控制能力,再加上其人格富于可塑性,出于其行为不适于刑罚规制这种政策性考虑,刑法将不满14周岁的人一律视为无责任能力人。并且,《少年法》基于同样的考虑,规定未满20周岁的少年(未成年人)原则上不得成为刑事处罚的对象,而施以保护处分:经家庭裁判所的审判,决定进行保护观察,送往儿童自立援助设施,或者送往少年院(《少年法》第24条)。不过,对于实施了应处禁锢以上刑罚的犯罪的少年,根据犯罪情节,也可以由家庭裁判所逆送(反向移送)至检察官,经过刑事审判而科以刑罚(《少年法》第20条第1款)。并且,根据2000年的《少年法》修正,16周岁以上的少年因故意的犯罪行为而致人死亡的,原则上应当逆送(反向移送),作为刑罚的对象来处理(《少年法》第62条第2款第1项);根据2021年的《少年法》修正,18岁以及19岁的少年(特定少年)犯相当于死刑、无期或者最低刑期在1年以上的自由刑之罪时,原则上应当逆送(反向移送)。另外,对犯罪行为当时尚未满18周岁的少年,应科处死刑之时,应该减为无期惩役(无期禁锢);应科处无期惩役(无期禁锢)之时,可以减为10年以上15年以下的有期惩役(有期禁锢)(《少年法》第51条)。这也正是考虑到,存在以少年尚不具有充分的辨认能力与控制能力为理由的责任减轻。而且,考虑到少年的可塑性,除了特殊少年之外,在对未满20周岁的少年(未成年人)应处以最高刑期为3年以上的有期惩役(有期禁锢)之时,在该刑期范围之内,可以宣告确定了上限与下限的不定期刑(《少年法》第52条)。

五、期待可能性[1]

按照规范责任论的观点,在不能期待行为人放弃违法行为的情形下,由

---

[1] 作为先驱性研究成果,参见佐伯千仭『刑法に於ける期待可能性の思想〔増補版〕』(1985年)。作为近期的研究成果,参见德永元『責任主義における期待可能性論の意義について(1)—(3・完)』『九大法学』107号(2013年)1頁以下・108号(2014年)1頁以下・109号(2014年)1頁以下。

于不能就该行为非难行为人，因而否定行为人之责任。隐灭有关自己的刑事案件的证据的，排除在隐灭证据罪（第 104 条）的适用对象之外；罪犯亲属藏匿罪犯或者隐灭有关罪犯的刑事案件的证据的，可以裁量性地免除其刑罚（第 105 条*）；对于亲属之间所实施的赃物罪，应必要性地免除其刑罚（第 257 条）；因恐惧、惊愕、激愤而杀伤盗贼等的，不予处罚（《有关防治以及处分盗窃等的法律》第 1 条第 2 款）。这些主要是基于不具有期待可能性或者期待可能性的降低。除此之外，防卫过当（第 36 条第 2 款）、避险过当（第 37 条第 1 款但书）的刑罚减免根据中，也考虑到了期待可能性的降低。

并且，比照行为当时的具体情况，如果真正能谓之为，不具有实施合法行为的期待可能性，此时，即便没有法律上的明文根据，也可以肯定超法规的责任阻却，这也是责任主义的要求。在德国的早期判例中，对于马车车夫虽明知是"烈马"，认识到了"烈马"的危险性，但因担心失去工作，而继续驾驭该马，最终导致乘客受伤的案件，就曾以不具有期待可能性为由，宣判无罪。日本也有类似的案件，对于未按规定代缴失业保险的工厂厂长，东京高等裁判所昭和 28 年（1953 年）10 月 29 日判决认为，在公司总部延迟汇款、手头并无资金、无法仅凭己力融资等状况之下，"不可能期待其履行缴纳保费的义务"，进而判定无罪。[2] 不过，作为该案之上诉审，最高裁判所昭和 33 年（1958 年）7 月 10 日判决认为，作为对《失业保险法》的解释，以不缴纳为理由而处罚事业主的代理人、用工者、从业者，应限于受事业主之托缴纳保费，而实际处于可以缴纳保费的状态之下的情形，从而否定工厂厂长的行为具有构成要件该当性。[3] 即便脱离对《失业保险法》的各论性解释，如该案那样，在物理性地不可能履行义务的场合，可否定存在不作为犯中的作为义务，因此，不属于（超法规的）责任阻却，而是应该认定为不符合构成要件。

---

* 日本《刑法》第 105 条〔有关由亲属实施的犯罪的特例〕：犯人或者脱逃人的亲属，为了犯人或者脱逃人的利益而犯前两条之罪的，可以免除刑罚。——译者注
[2] 参见东京高判昭和 28 年 10 月 29 日刑集 12 卷 11 号 2489 页。
[3] 参见最判昭和 33 年 7 月 10 日刑集 12 卷 11 号 2471 页。

对于期待可能性的标准,主要有行为人标准说、[1]一般人标准说,[2]除此之外,还有主张以国家所期待的程度作为标准的国家标准说[3]。比照前述责任非难的意义与实质内容(本章之一),本书认为,就生理能力、知识,虽以行为人本身的状态为前提,但应该以如果行为人具备法规范所要求的法益尊重意识是否有可能放弃了犯罪行为作为标准(能力区分说[4])。

---

[1] 参见团藤重光『刑法綱要総論』(創文社 1990 年第 3 版)239 頁;大谷實『刑法講義総論』(成文堂 2019 年新版第 5 版)355 頁;大塚仁『刑法概説 総論』(有斐閣 2008 年第 4 版)479 頁;曽根威彦『刑法原論』(成文堂 2016 年)427 頁;西田典之(橋爪隆補訂)『刑法総論』(弘文堂 2019 年第 3 版)313 頁。

[2] 参见川端博『刑法総論講義』(成文堂 2013 年第 3 版)467 頁;佐久間修『刑法総論』(成文堂 2009 年)261 頁;西原春夫『犯罪総論』(下巻・改訂準備版)(成文堂 1993 年)481 頁;日高義博『刑法総論』(成文堂 2015 年)385 頁;藤木英雄『刑法講義総論』(弘文堂 1975 年)226 頁;前田雅英『刑法総論講義』(東京大学出版会 2019 年第 7 版)297 頁以下。

[3] 参见佐伯千仭『刑法講義 総論』(有斐閣 1981 年 4 訂版)290 頁;平野龍一『刑法総論Ⅱ』(有斐閣 1975 年)278 頁。

[4] 参见松宮孝明『刑法総論講義』(成文堂 2018 年第 5 版補訂版)172 頁。

第十二章　故意与事实错误

一、故意*

（一）意义、犯罪论体系中的地位

故意，是与实施行为的意思决定联系在一起的、对犯罪事实的认识。[1]《刑法》第38条第1款规定："没有犯罪意思的行为，不处罚。"这就表明了刑法的态度：成立犯罪原则上以存在故意为必要。

作为对犯罪事实之认识的故意，具有下述三个方面的意义：其一，从自我责任的视角，通过将外界的犯罪事实作为行为人自己的意思的产物而主观上归属于行为人，为行为人的责任奠定基础。行为人因基于自己的意思而选择实现犯罪事实，因而针对发生的犯罪事实承担责任。[2]其二，作为对犯罪事实之认识的故意，包括对法益的侵害或者危殆化的认识，因此，作为行为人缺少法益尊重意识的表现，为针对违反市民相互之间的法益尊重义务的非难，以及通过法益尊重意识的觉醒来进行预防的必要性奠定基础。[3]其三，作为对犯罪事实之认识的故意，是针对试图犯罪这种意思唤起规范性抗拒，进而为形成反对动机提供重要契机的东西，为针对无视这种契机而实施犯罪

---

* 日本《刑法》第38条〔故意〕：没有犯罪意思的行为，不处罚，但法律有特别规定的，不在此限（第1款）；实施了本应属于重罪的行为，但行为时不知属于重罪的事实的，不得以重罪处断（第2款）；即使不知法律，也不能据此认为没有犯罪的意思，但可以根据情节减轻其刑（第3款）。——译者注

[1] 这里所谓"认识"（广义），除了对现在的事实的"认识"（狭义）之外，还包括对结果发生这种将来的事实的"预见"（有时也将广义的"认识"称为"表象"）。而且，"认识"（广义）不是单纯的"知觉"，而是由直觉推论而得的有关犯罪事实的存在、实现的判断［将由知觉引导出认识的心理过程，作为故意之实质内容来把握的观点，参见大庭沙織「認識形成プロセスとしての故意」『曾根威彦先生・田口守一先生古稀祝賀論文集（上）（下）』（成文堂2014年）511頁以下］。

[2] 参见鈴木茂嗣『刑法総論』（成文堂2011年第2版）95頁以下。

[3] 参见高山佳奈子『故意と違法性の意識』（有斐閣1999年）121頁以下。

行为者的严重非难奠定基础（故意的起诉机能）。按照以上各种观点，故意，作为为针对行为人的严重责任非难提供依据的东西，被定位于责任要素。

故意在犯罪论体系中的定位，也与违法性的实质相关。按照规范违反说，故意，作为构成行为规范违反之实质内容的意思，而且作为操纵行为的意思，被定位于作为违法类型的构成要件；反之，按照法益侵害说，由于故意是客观事实的主观反映，并不对法益侵害性产生影响，因而故意不是被定位于违法，而是被定位于责任。

故意在犯罪论体系中的定位，还与构成要件的犯罪个别化机能关联在一起。通说观点给予故意以构成要件要素与责任要素这种双重地位：一方面，试图通过"构成要件的故意"将故意犯区别于过失犯；另一方面，又试图通过"责任故意"来为针对行为人的非难奠定基础。但是，按照这种通说观点，在对于相当于违法性阻却事由的事实存在误想（假想）的案件中，在构成要件阶段认定为故意犯，但在责任阶段却因为否定了故意，最终只能是成立过失犯，这样一来，就未能贯彻构成要件的犯罪的个别化机能［本章之四（四）］。而且，即便承认作为责任类型的构成要件，那也应该与作为违法类型的构成要件分离开来，定位在违法性阻却事由之后［第三章之三（六）］。这样考虑的话，构成要件的故意与责任故意在认识对象上就是一致的，在责任构成要件的阶段，同时实现犯罪的个别化、为责任非难奠定基础这样两种机能。这种立场是在违法判断已经确定之后的阶段一元地研究故意，在此意义上，这与完全将故意理解为责任要素的立场，实质上并无不同。

（二）确定的故意与未必的故意

一种典型的故意类型是行为人希望结果发生的情形（"意图"）。例如，试图用弓箭射杀数十米开外的某人，即便行为人本人认识到射中的可能性并不大，但只要对发生结果的认识超出了非现实的"愿望"的领域，就能认定存在杀人的故意。另一种典型的故意类型是，行为人认识到犯罪事实的发生属于切实的东西（对结果的切实发生存在认识）（"确知"）。例如，在为了杀害政界要人而投掷炸弹之际，正好自己的友人A正在担任该要人的贴身护卫，认识到A也会受到波及，难逃一死，即便行为人本不希望A死亡，也能认定行为人对A存在杀人的故意。这种"意图"与"确知"，都被称为"确定的故意"。

另外，认识到犯罪事实的发生属于不确定的东西，并且也未希望结果发生的场合，在一定范围之内，仍能认定存在故意。这种"未必的故意"[1]的成立界限非常微妙，[2]就是在"裁判员裁判"之中也属于重要且困难的认定焦点。例如，〔案例1〕X为钱所困，有人与其打赌，若能用箭在20米远的地方射落放在其恋人头上的苹果，便可获得高额奖金，于是X应承下来。在该案中，X虽然想到有可能射杀恋人A，却仍然开弓射箭，那么，究竟能否认定X存在针对A的杀人的未必的故意呢？

通说观点认为，在存在"即便结果发生，也没有关系"这种"容认"（放任）的场合，就肯定具有未必的故意。这种"容认说"（放任说）[3]从重视故意的"意思的一面"的角度出发，将"意图"视为故意的基本类型（prototype），研究的问题是，可以将这种"意图"缓和到何种程度。按照该说，在〔案例1〕中，根据X是否想到"射中A，也没有关系"，而决定是否成立杀人罪（或者杀人罪的未遂）。但是，对于这种观点，主要疑问在于：审判过程是否真能够认定"容认"这种微妙的心理状态？以"容认"这种情绪性心理状态为标准，不会坠入心情刑法吗？并且，在存在"确知"的场合，或者认识到结果发生的高度盖然性的场合，是否也以存在"容认"这种心情为必要？

反之，也有观点从重视故意的"理性的一面"的角度，关注行为人所认识到的结果发生的可能性程度，主张在认识到结果发生的高度盖然性的场合，就应该肯定存在未必的故意。这种"盖然性说"[4]将"确知"视为故意的基本类型（prototype），研究的问题是可以将这种"确知"缓和到何种程度。按

---

[1] 相反，有观点将未必的故意定义为，对于在行为人意图实现的结果的实现过程中，可能附随发生的结果的认识。参见玄守道『刑法における未必の故意：日・独比較法史研究』（法律文化社2021年）261頁。

[2] 与"未必的故意"接壤的是"有认识的过失"。基于下文的探讨，"有认识的过失"，是指虽想到了犯罪事实的发生可能性，但因疏忽大意而误以为不会发生，因而对犯罪事实的认识未与实施行为的意思联系在一起的情形。

[3] 参见大塚仁『刑法概説　総論』（有斐閣2008年第4版）183頁；佐久間修『刑法総論』（成文堂2009年）115頁；団藤重光『刑法綱要総論』（創文社1990年第3版）295頁。佐伯千仭认为，是否存在故意取决于理性的要素与意思的要素之间的关联关系，参见佐伯千仭『刑法講義総論』（有斐閣1981年4訂版）248頁以下。

[4] 参见浅田和茂『刑法総論』（成文堂2019年第2版）314頁以下；林幹人『刑法総論』（東京大学出版会2008年第2版）244頁；前田雅英『刑法総論講義』（東京大学出版会2019年第7版）164-165頁。

照该说,在〔案例1〕中,根据X是否考虑到,射中A具有很高的盖然性,而决定是否成立杀人罪或者杀人罪的未遂。但是,对于这种观点,主要疑问在于:是否真可以将故意或者过失这种质的差异还原至盖然性的程度这种量的不同?就故意而言,真能够用数值来划定必要的盖然性的程度吗?并且,在"意图"的场合,是否也以对于这种高度的盖然性存在认识为必要?

鉴于此,近年来要求对犯罪事实的认识与意思决定之间存在一定联系的"动机说"[1]日益成为有力学说。尽管"意图"与"确知"属于不同性质的东西,但在"意图"或"确知"之中,对于犯罪事实的认识与实施行为的意思决定之间的联系都非常明确,因而可以肯定存在故意。认识与意思决定之间的这种联系,存在积极方向与消极方向这两种情形。积极方向的联系,是指以所认识到的犯罪事实作为行为动机这种关系,最典型的就是"意图";消极方向的联系,是指尽管认识到了犯罪事实,却未能形成反对动机这种关系,能够最明确地认定这种关系的是"确知"。要谓之为认识与意思决定联系在一起,仅仅是在某种意义上认识到了犯罪事实还不够,还必须是存在这样一种关系:将该事实的发生作为现实性的东西予以接受,并将其纳入考虑之中,且在此基础之上实施了行为,由此就可以说,存在行为人有意识地选择了该犯罪事实这种关系。行为人所认识到的结果发生的盖然性,与该认识的具体性(reality)一同属于认定认识与意思决定之间存在联系的有力线索,对犯罪事实的"容认"也可理解为,是为了显示认识与意思决定之间的联系的一种表现方法。按照上述意义上的"动机说",在〔案例1〕中,根据是否可谓之为,X将箭命中A作为一种具体性(reality)而接受,A的死亡结果也是X有意识地选择的结果,而决定是否存在杀人罪的故意。

例如,对于有偿受让赃物罪(审判当时的"故意买受赃物罪"),最高裁判所昭和23年(1948年)3月16日认为,"只要存在尽管想到可能是赃物,仍不管不顾地买受该赃物的意思(即所谓未必的故意)即可"(判决中的下黑点是笔者所加)。[2]对此可以这样理解:"不管不顾(毅然)"这一表述,也是为了显示,认识与意思决定之间的联系达到了可谓之为行为人自己

---

[1] 参见平野龙一『刑法総論I』(有斐閣1972年)188頁;大谷實『刑法講義総論』(成文堂2019年新版第5版)156頁;曽根威彦『刑法原論』(成文堂2016年)326頁以下;西田典之(橋爪隆補訂)『刑法総論』(弘文堂2019年第3版)232頁。

[2] 参见最决昭和23年3月16日刑集2卷3号227頁。

选择了买受赃物这种程度。又如，某职员因对医院院长怀有仇恨（决定向医院放火），在向医院放火之际，为了避免殃及住院患者，而试图诱导住院患者暂时离开医院，但多数患者并未听从其诱导而是选择继续留在医院，尽管如此，被告人仍然泼洒汽油放火，造成2名腿脚不便的高龄患者因来不及逃离而死亡，以及另有8名患者受伤的结果。对此，福冈高等裁判所认为，"被告人容任了死伤结果的发生，不得不说，被告人具有杀人以及伤害的未必的故意"（判决中的下黑点是笔者所加）。对于该判决，与其说是认为是否成立故意取决于"容认"这种情绪性因素，毋宁说，正如从"如果是在预见到放火会不可避免地发生死伤结果，却不特别采取措施以切实防止该结果发生的情况下，实施了放火，当然应对该死伤结果承担责任"这一判示中可以解读到的那样，对于"虽存在接近于确知程度的、对高度的盖然性的认识，却没有放弃犯罪"这一点，该判决是将其表现为"容认了死伤结果的发生"。[1]

---

[1] 下述判例是近年在事实认定层面就是否存在故意发生争议的案件：①因被对方超车而生气，X驾驶普通轿车追尾A驾驶的两轮大型摩托车，致A摔倒并死亡。对此，最高裁判所令和2年（2020年）7月31日决定维持了基于以下事实认定存在杀人犯意的原判决：除了行为的危险性之外，X直至离摩托只有10米的至近距离时也没有踩刹车；在眼看就要追尾之时以及刚刚追尾之时，都始终保持沉默，没有对追尾显示出惊讶与慌张；追尾之后的第一句话是，"好！结束了"［最决令和2年7月31日LEX/DB25566937（堺挑逗驾驶案）］。②对于接下来打算驾驶汽车的A，X偷偷地让其摄取安眠药之后再开车，结果A驾驶的车辆引发了交通事故造成了死伤结果，对此，最高裁判所令和3年（2021年）1月29日判决判定，X充分认识到自己行为的危险性，也已经想到，根据交通事故的严重程度，有可能导致交通事故的相对方会死亡，进而认定，除了对驾驶人A、同乘人存在杀人犯意之外，对交通事故的相对方也存在杀人犯意［最决令和3年1月29日刑集75卷1号1页（服用安眠药杀人案）］。③被告人从国外回国之际，在接受海关检查时，在其包中的巧克力罐中发现了兴奋剂，被告人对此的解释是，这是朋友作为礼物拜托其带回国的，只是暂时放在他这里，他对藏有兴奋剂这一点不存在认识，最高裁判所平成24年（2012年）2月13日判决否定被告人存在营利目的进口兴奋剂罪的故意（最决平成24年2月13日刑集66卷4号482页）。④受熟人之托，被告人在公寓的某个房间冒充他人，从快递手中接受了特殊诈骗的被害人邮寄的装有现金的包裹，但被告人主张，以为包裹里面装的是违禁药品或者手枪，对此，最高裁判所平成30年（2018年）12月11日判决认为，多次反复实施同样的接受包裹的行为，且收受了报酬，未能找到可以排除对诈骗的可能性存在认识的相关情况，因而应认定被告人存在诈骗罪的故意（最决平成30年12月11日刑集72卷6号672页）。⑤对于在自己家里接受了诈骗被害人邮寄的包裹的案件，最高裁判所平成30年（2018年）12月14日判决判定被告人存在诈骗罪的故意（最决平成30年12月14日刑集72卷6号737页）。⑥被告人从设置在邮件送达地的公寓的快递箱中取走了诈骗被害人邮寄的包裹，对此，最高裁判所令和元年（2019年）9月27日判决判定，被告人存在诈骗罪的故意（最判令和元年9月27日刑集73卷4号47页）。

除此之外，故意还包括"择一的故意"与"概括的故意"两种情形。例如，〔案例2〕以为仅会命中并排站立的A与B中的某一人而开枪（"择一的故意"）；〔案例3〕尽管不清楚谁会死、死几人，但想到可能会死人而向人群投掷炸弹（"概括的故意"）。这两种情形均可以视为针对个别客体的未必的故意的集合体。[1]对于〔案例2〕，暂且可以认定，对A、B两人均存在未必的故意，仅命中A的，成立针对A的杀人既遂与针对B的杀人未遂；既没有命中A也没有命中B的，成立针对A、B两人的杀人未遂；命中了A、B两人的，成立针对A、B两人的杀人既遂。不过，〔案例2〕的问题在于，行为人仅试图杀害一人，却要认定成立两个杀人罪（尤其是两个既遂犯），是否有违责任主义呢？有关"故意的个数"的问题，留待后面论述方法的错误〔本章之二（三）〕之时再予以讨论。[2]

（三）故意的认识对象

故意，是对犯罪事实的认识。为此，故意的认识对象，是构成犯罪的所有客观事实，除了（作为违法类型的）构成要件的该当事实之外，还包括有关违法性与责任的事实。至于诸如隐灭证据罪（第104条）中的"证据的他人性"那样，这种为责任奠定基础的事实（客观的责任要素），尽管不会影响到行为的法益侵害性，但通过这种认识会给行为人的期待可能性造成影响，因而也包含在故意的认识对象之中。不过，包括刑事责任年龄在内的责任能力，其存在本身即为责任奠定基础，因而不需要行为人对此存在认识（本章之五）。

对于伤害致死罪（第205条）这种结果加重犯，通过对比杀人罪（第199条）等故意犯，显而易见，不需要对"人的死亡"这种加重结果存在故意，可以将第205条等视为不需要故意的"特别规定"（第38条第1款但书）。*

---

[1] 不过，在"择一的故意"以及"概括的故意"中，行为人是希望发生针对部分或者全部对象的结果，包括能肯定存在"意图"这一意义上的确定的故意的情形。

[2] 另外，在共谋共同正犯、预备犯中，犯罪的实现取决于一定条件，这种情形下的故意称之为"附条件的故意"。在此情形下，条件达到之时就实施行为这种意思是确定的，因此，"附条件的故意"也可以作为故意的一种形态，为故意犯的成立奠定基础（最决昭和56年12月21日刑集35卷9号911页）。

* 不过，日本学界一般认为，就伤害致死罪（第205条）等结果加重犯而言，虽然不需要对"人的死亡"这种加重结果存在故意，但基于责任主义的要求，至少还是应该对加重结果存在过失。但日本的判例则一贯认为，对于结果加重犯中的加重结果，无需存在过失或者预见可能性（最判昭和32年2月26日刑集11卷2号906页等）。——译者注另外，按照通说观点，诸如事前受贿罪（第 197 条第 2 款）中的"就任公务员"这种客观的处罚条件，以及诸如有关亲属间犯罪的特例（第 244 条）那样的"专属性处罚阻却事由"（一身性的处罚阻却事由、专属一身的处罚阻却事由），就并非"犯罪的成立要件"，而属于就已经成立的犯罪，出于政策性理由，仅对处罚予以限定的情况，因而不属于故意的认识对象。但是，基于将这些理解为属于为可罚的违法性或者可罚的责任奠定基础的情况的立场（第三章之七），只要不将包含这种情况的规定理解为"特别的规定"，* 就应该包括在故意的认识对象之中。

（四）对含义的认识

故意中的"事实的认识"，不是"对物体的认识"或者"对裸的事实的认识"，而必须是"对含义的认识"。例如，就"黄色"小说而言，要谓之为对属于"淫秽文书"存在认识，仅有对书籍的存在或者文字组合的认识这种"物体的认识"尚不够，这一点毋庸赘言，而且对单纯的语言的认识也不够，必须是认识到属于"下流的东西"。反之，对于"'查泰莱夫人的情人'案"，最高裁判所大法庭昭和 32 年（1957 年）3 月 13 日判决认为，作为散发、出售淫秽物品罪（审判当时的《刑法》第 175 条）的故意，只要"对成为问题的表述以及散布、销售的对象物存在认识即可"。[1]* 然而，这种程度的认识（完全按照文字字面含义进行解读），无论是作为缺少法益尊重意识的表现，还是作为形成反对动机的契机，都是不充分的。

此外，对于为形成故意所必须的认识内容，"对含义的认识"也在缓和其内容的方向上发挥着作用。例如，即便知道某种粉末的名称是"苯丙胺"（《兴奋剂取缔法》第 2 条第 1 款第 1 项），但若不知道该粉末是具有神经刺激

---

* 这里的特别规定是指日本《刑法》第 38 条第 1 款但书，该特别规定的旨趣为只要存在过失即可。——译者注

[1] 参见最大判昭和 32 年 3 月 13 日刑集 11 卷 3 号 997 页。

* 本案大致案情如下：被告人 X 出版发行了被告人 Y 翻译的小说《查莱斯夫人的情人》，原审判定本书相当于淫秽图书，最高裁判所大法庭昭和 32 年（1957 年）3 月 13 日判决亦维持原判。最高裁判所的判决理由为："关于《刑法》第 175 条之罪中的犯意的成立，只要对成为问题的表述以及散布、销售的对象物存在认识即可，不需要对有这种表述的文书是否符合本条所规定的淫秽性存在认识。即便主观上相信不属于《刑法》第 175 条的淫秽书籍而才发行销售，只要该书籍客观上具有淫秽性，行为人之错误就属于法律的错误，必须说，这种错误并不阻却犯意。至于对淫秽性是存在完全的认识，还是仅限于未必的认识，或者完全并无认识，那只是《刑法》第 38 条第 3 款但书的情节问题而已，与犯意的成立与否无关。"——译者注

作用的有害物质，就不能认定存在违反《兴奋剂取缔法》的故意；反之，即便不知道某种粉末的名称是"苯丙胺"或者"兴奋剂"，但若知道该粉末的有害作用与性质，也知道其俗称是"冰毒"，就可肯定对"兴奋剂"存在认识。[1]不过，如果行为人是这方面的专家，虽对兴奋作用等属性存在认识，倘若认为该物与《兴奋剂取缔法》以及受该法之授权而颁布的政令等规定的物质属于不同的物质，由于作为用于从有关外界的知觉而形成与法律规定相对应的事实的认识的媒介语言，行为人选择的不是日常用语而是专门用语，因此，应否定对"兴奋剂"存在认识。

二、具体的事实错误

（一）事实错误的含义与种类

有些情况下，行为人虽然对某种犯罪事实存在认识，但行为人的认识与实际发生的犯罪事实之间可能会存在不一致。这种情形被称为"事实的错误"，其问题在于，是否成立故意犯罪的既遂犯。事实的错误，一方面，根据是否属于同一犯罪类型之内的错误，可以分为错误发生在同一犯罪类型之内的"具体的事实错误"、错误发生在不同犯罪类型之间的"抽象的事实错误"。另一方面，还可进一步分为：像"认错人"那样，对于对象的同一性或者属性存在错误认识的"对象的错误"；像"打偏了"那样，结果发生在不同于所认识到的对象的其他对象之上的"方法的错误"（打击错误）；就发展至结果的过程，认识与现实之间存在不一致的"因果关系的错误"（因果进程的错误）。

（二）抽象的法定符合说与具体的法定符合说

有关具体的事实错误，包括方法的错误，例如，[案例4]瞄准A开枪射击，但子弹打偏，击中了预想之外的B，致B死亡，[2]存在具体的法定符合说（具体符合说）与抽象的法定符合说（法定符合说）之间的对立。

---

[1] 在缓和认识内容的方向上发挥作用的"对含义的认识"，也被称之为"外行同伙的平行评价"。
[2] 包括本章之后的案例在内，以对于B的死亡这种预想之外的事实，行为人不存在未必的认识为前提。如果能认定针对B的死亡存在未必的认识，无论采取哪种观点，都能认定针对B的死亡成立故意犯，这一点不存在争议。在有关方法的错误的研究中，往往会无意识地将针对B的死亡存在未必的认识的案件放在脑海中。另外，在有关方法的错误的案例中，设想的是针对所认识到的A存在"意图"的情形，但即便针对A的死亡的认识属于未必的故意，情况也并无不同。

具体的法定符合说[1]认为，只有行为人所认识到的事实与实际发生的事实之间具体地符合，才能认定成立故意犯。按照这种观点，在〔案例4〕中，行为人的故意仅指向A，应成立针对A的杀人罪未遂与针对B的过失致人死亡罪。

反之，抽象的法定符合说基于如果对构成要件该当事实存在认识，行为人就已经直接面对规范（直面规范的要求）这一理由，主张所认识到的事实与实际发生的事实属于同一犯罪类型的，就成立故意犯罪。按照这种观点，在〔案例4〕中，是出于杀害A这一"人"的意思而杀害了B这一"人"，应成立针对B的杀人罪既遂（至于另外是否还成立针对A的杀人罪未遂，如后所述，抽象的法定符合说内部也存在意见分歧）。

但是，如果抽象的法定符合说的旨趣在于，将故意的内容本身以"杀害一般意义上的人的意思（大体是杀害人的意思）"这种形式予以抽象化，那么，故意就成为游离于事实根基之外的一种观念的存在，无法发挥将外界所发生的犯罪事实作为行为人意思的产物，而归属于行为人的机能；反之，如果抽象的法定符合说的旨趣在于，将故意的内容本身作为"杀害A的意思"予以具体把握，将此意思"转用"至属于同种犯罪类型的"B的死亡"这一另外的犯罪事实，[2]那么，故意与犯罪事实就被割裂开来，仍然难以认定该犯罪事实属于故意的产物。原本来说，作用于行为人意思的规范，应该不是"不得杀害一般意义上的人"这种抽象命题，而应该是在行为人当时所处的状态之下，命令行为人"不得杀死那个人"这种具体命题。[3]因为，对于实际并未认识到的事实，理应无法形成反对动机。这样的话，在〔案例4〕中，

---

[1] 参见小林憲太郎『刑法総論』（新世社2020年第2版）178頁；曾根威彦『刑法総論』（弘文堂2008年第4版）183頁以下；鈴木茂嗣『刑法総論』（成文堂2011年第2版）105頁；西田典之（橋爪隆補訂）『刑法総論』（弘文堂2019年第3版）237-238頁；平野龍一『刑法総論I』（有斐閣1972年）174頁以下；山口厚『刑法総論』（有斐閣2016年第3版）220頁以下；安田拓人「故意と錯誤（2）」『法学教室』489号（2021年）134頁。

[2] 实务部门的专家指出，只要是在事实认定层面，实务部门都是立足于重视针对具体客体是否存在杀人犯意的具体的法定符合说的，抽象的法定符合说不过是在无法就针对该客体的杀人犯意进行举证之时，对具体的法定符合说进行补充的理论。参见東山太郎「打撃の錯誤における法定的符合説の役割に対する一実務家の視点」『研修』842号（2018年）15頁以下。

[3] 参见西田典之「共犯の錯誤について」『団藤重光博士古稀祝賀論文集（3）』（有斐閣1984年）97頁；西田典之『共犯理論の展開』（成文堂2010年）306頁；長井長信『故意概念と錯誤論』（成文堂1998年）240頁。

针对与 B 之间的关系而言，不能说行为人 X 直接面对着规范。此外，"直接面对规范"这一理由，如果其旨趣在于，只要行为人不管不顾地（毅然）实施了被禁止的行为，就应该对所发生的事实承担责任，那么，就没有将（认识与实际事实之间的）符合的范围限于同一犯罪类型的范围之内的必然性，而似乎更应该采取对于不同类型的犯罪，亦广泛地承认存在符合的"抽象的符合说"〔本章之三（一）〕。故意，原本是将现实发生的法益侵害作为行为人意思的产物，使之归属于行为人这一点予以正当化的一种心理状态，因此，不能仅凭作为形成反对动机之契机的"对规范的直面"，就肯定成立故意的既遂犯。[1]

只要是关系到生命、身体等人格法益，刑法对每个人都是予以独立保护的。针对两人的杀人行为（杀害了两个人），即便是由一个行为所引起，也构成两个杀人罪，而不是成立针对"一般意义上的人"的一个杀人罪。值得注意的是，在方法的错误的案件中，存在相互独立的两个不同的客体。即便就〔案例 4〕而言，也可以想象到，针对 A 的犯罪与针对 B 的犯罪作为各自独立的犯罪，分别形成独立的构成要件该当事实。为此，要肯定存在针对 B 的杀人罪的故意，就必须对杀害 B 存在认识，以构成其他犯罪事实的、对杀害 A 的认识，来替代对杀害 B 的认识，这无非对于不存在对犯罪事实的认识的情形，也肯定成立故意犯。[2] 由此可见，在方法的错误中，实际认识到的构成要件该当事实与实际发生的构成要件该当事实之间缺少同一性，从"故意，以存在对构成要件该当事实的认识为必要"这一前提，可以推导出具体的法定符合说的正当性。不过，即便是持具体的法定符合说，如下所述，在诸如故意的个数、方法的错误与对象的错误的区别、犯罪事实的同一性的范围等方面，仍存在不少值得进一步探讨的课题。

（三）故意的个数

按照抽象的法定符合说的主流观点，在〔案例 4〕中，除了成立针对 B 的杀人罪既遂之外，在瞄准 A 开枪这一点上，还成立针对 A 的杀人罪未遂；

---

[1] 参见佐伯仁志「故意・錯誤論」山口厚・井田良・佐伯仁志『理論刑法学の最前線Ⅰ』（岩波書店 2001 年）106 頁。

[2] 参见平野龍一「具体的符合説について」平野龍一『犯罪論の諸問題（上）総論』（有斐閣 1981 年）74 頁以下；專田泰孝「故意と事実の錯誤」曽根威彦・松原芳博編『重点課題 刑法総論』（成文堂 2008 年）150 頁以下。

又如,〔案例5〕出于杀害 A 的意思开枪,子弹穿过 A,又命中了预料之外的 B,致 A、B 两人死亡的,就应成立针对两人的杀人罪既遂("数个故意犯说"[1])。包括并发事实止于未遂的情形在内,[2]判例采取的是抽象的法定符合说的"数个故意犯说"。例如,出于抢劫的目的,以杀人的犯意向 A 发射打钉枪,铆钉穿过 A 之后,再击中 30 米开外的路人 B,致 A、B 两人重伤。对此,最高裁判所昭和 53 年(1978 年)7 月 28 日判决判定,成立针对 A、B 两人的抢劫杀人罪未遂。[3]

针对"数个故意犯说"的批判是:在认定成立超出本人之责任范围的罪责这一点上,有违《刑法》第 38 条第 2 款,也违反了责任主义。为此,部分持抽象的法定符合说的论者提出,故意犯的成立个数应限于行为人所认识到的对象的个数,从而试图与责任主义保持协调("一个故意犯说"[4])。按照"一个故意犯说",在〔案例4〕中,认定成立针对 B 的故意犯,就已经完全评价了行为人的故意,不再成立针对 A 的犯罪;在〔案例5〕中,既然已经成立针对 A 的杀人罪既遂,对 B 就只能成立过失致死罪。

但是,例如,〔案例6〕瞄准 A 开枪射击,致 A 重伤之后,又致预想之外的 B 死亡的,"一个故意犯说"应该很难处理此类案件。对于〔案例6〕的情形,该说具体提出了以下三种解决路径:①仅成立针对 B 的杀人罪;[5]②成立针对 B 的杀人罪与针对 A 的过失致伤罪;[6]③由于已经命中了起初瞄准的 A,因而属于错误论适用范围之外的问题,应成立针对 A 的杀人罪未遂与针对

---

[1] 参见大谷實『刑法講義総論』(成文堂 2019 年新版第 5 版)168 頁以下;高橋則夫『刑法総論』(成文堂 2018 年第 4 版)199 頁;団藤重光『刑法綱要総論』(創文社 1990 年第 3 版)304 頁注 39;林幹人『刑法総論』(東京大学出版会 2008 年第 2 版)253 頁;前田雅英『刑法総論講義』(東京大学出版会 2019 年第 7 版)194 頁。
[2] 至于"数个故意犯说"的论者本身的旨趣是否在于,连预想之外的对象也肯定成立未遂犯,尚不得而知,但"数个故意犯说"本身的逻辑并不能排除这一点。为此,按照"数个故意犯说",瞄准 A 开枪,子弹穿过 A、B 之间,并未命中任何人的,就要成立针对 A、B 两人的杀人罪未遂;进一步而言,如果附近还有 C、D,似乎也要应同时成立针对 C、D 的杀人罪未遂。
[3] 参见最判昭和 53 年 7 月 28 日刑集 32 卷 5 号 1068 頁。
[4] 参见大塚仁『刑法概説 総論』(有斐閣 2008 年第 4 版)192 頁以下;香川達夫『刑法講義総論』(成文堂 1995 年第 3 版)261 頁;佐久間修『刑法総論』(成文堂 2009 年)130 頁;福田平『全訂刑法総論』(有斐閣 2011 年第 5 版)120 頁注 8。
[5] 参见福田平『全訂刑法総論』(有斐閣 2011 年第 5 版)120 頁注 8。
[6] 大塚仁『刑法概説 総論』(有斐閣 2008 年第 4 版)192 頁以下;佐久間修『刑法総論』(成文堂 2009 年)130 頁。

B 的过失致人死亡罪[1]。针对第①种问题解决路径的批判是：忽视了给 A 造成的伤害这种重大的法益侵害（对于 A，就不能认定其参加由"被害人参加制度"所进行的刑事审判）；如果案情是造成 A 死亡、B 受重伤，则要成立杀人罪既遂与过失致人死亡罪，两种情形之间显然存在结论上的不均衡。[2]针对第②种问题解决路径可以指出以下问题：对于行为人的瞄准对象 A 仅成立过失致伤罪，这种结论并不自然；对于 A 的重伤结果认定为"过失"的根据、由来并不明确（甚至针对 A 的死亡，X 也不存在疏忽大意、不小心）；在〔案例 6〕中，如果案情是，后来 A 也因受重伤而死亡，势必要认定成立针对 A 的杀人罪既遂与针对 B 的过失致死罪，这样就出现了故意的对象事后被改变这种情况。针对第③种问题解决路径可以指出的问题是：只要以抽象的法定符合说为前提，就很难说通过针对 A 的杀人罪未遂，已经充分评价了行为人的故意；在没有命中 A 而是致 B 死亡的〔案例 4〕中，明明是认定行为人成立针对 B 的杀人罪既遂，而在命中 A 且致 A 重伤的〔案例 6〕中，却不让其承担杀人罪既遂的罪责，这之间存在结论上的不均衡。抽象的法定符合说将故意的对象作为"人"予以抽象化，在其逻辑之中，原本就不存在特定、选定成为故意犯之对象的客体的标准。例如，〔案例 7〕瞄准 A 开枪射击，但子弹打偏，致预想之外的 B 与 C 两人死亡，在此情形下，究竟是成立针对 B 的故意犯还是成立针对 C 的故意犯，实际上是不可能作出明确的认定的。而且，在〔案例 5〕中，认定仅成立针对 A 的杀人罪，这种手法未必过于"讨巧"，因为，没有任何理由可以说，不得成立以 B 为被害人的杀人罪。

一直以来认为，"故意的个数"都是抽象的法定符合说的最大难点，而这一点正体现了具体的法定符合说的优势。但是，例如，〔案例 8〕由于卫生间的某间显示的是"使用中"，想到应该是只有一个人在里面，遂出于杀害该人的意思，投掷了炸弹，但出乎意料，A、B 两人同时在里面，最终致 A、B 两人死亡。在此情形下，即便是持具体的法定符合说，也会陷入两难境地：虽难以确定故意的对象究竟是 A 还是 B，但对于只想杀一人者，认定成立两个杀人罪，这有违责任主义。[3]而且，例如，想到 A 或者 B 中的某一人会饮

---

[1] 参见下村康正『刑法総論の現代的諸問題』（文久書林 1979 年）129 頁以下。
[2] 参见曽根威彦『刑法原論』（成文堂 2016 年）373 頁。
[3] 参见井田良「故意における客体の特定および『個数』の特定に関する一考察」慶應義塾大学『法學研究』58 卷第 10 号（1985 年）72 頁以下。

用，于是向葡萄酒杯里投毒，在这种"择一的故意"［本章之一（二）］的案件中，[1] 如果出乎意料，A、B两人均饮后死亡的，也会出现类似问题。为此，"故意的个数"是抽象的法定符合说与具体的法定符合说的共通的问题，能够想到，与抽象的法定符合说一样，具体的法定符合说的内部也会出现"数个故意犯说"或者"一个故意犯说"之间的对立。

那么，刑法理论与司法实务究竟应如何解决这种问题呢？具体就〔案例8〕而言，无论是采取抽象的法定符合说还是具体的法定符合说，如果持"一个故意犯说"，既然没有标准可以选择究竟是以A还是B作为故意的对象，可以想见的做法有：①认定成立针对"某一人"的杀人罪；②认定成立针对"A或者B"的杀人罪；③交由诉讼过程去特定故意对象，[2] 亦即，让检察官选择其中任何一人，就针对该人的杀人罪予以起诉，或者在检察官就两人进行起诉时，裁判官任意选择针对其中一人的杀人罪，作出有罪判断。但是，刑事审判的机能除了确定针对行为人的刑罚之外，同时还被期待具有揭示真相、解决案件的机能，那么，像①②两种那样对被害人不予特定的处理方式，像③那样人为地限定被害人的处理方式，应该是存在问题的。而且，①②③中的任何一种处理方式，想必都难以与被害人参加制度、告诉制度相容。

反之，如果采取"数个故意说"，在认定成立针对两人的杀人罪的基础之上，采取的做法是：作为④包括的一罪[3] 或者⑤想象竞合[4] 来处理。但是，针对④的处理方式的疑问在于，能否将针对其他人的法益侵害纳入包括的一罪之中呢［第二十一章之三（七）］？这样看来，采取⑤的处理方式，同时在具体量刑之时，考虑行为人只具有杀害一人的故意，这种做法可能难度相对要小一些。事实上，也有判例采取了类似做法。例如，东京高等裁判所平成14年（2002年）12月25日判决虽然采取的是抽象的法定符合说，但在根据错误论认定成立数罪的场合，提出在量刑上"不允许完全如罪名所显

---

[1] 参见関根徹「択一的な結果の認識で重畳的な結果を発生させた場合について」『法学新報』121巻11・12号（2015年）94頁以下。

[2] 参见専田泰孝「具体的事実の錯誤における『故意の個数』（2・完）」『早稲田大学大学院法研論集』84号（1997年）106頁以下。

[3] 参见林幹人『刑法総論』（東京大学出版会2008年第2版）257頁。如果将包括的一罪视为本来的一罪，就可以将这种处理方式归类于"一个故意犯说"。

[4] 以具体的法定符合说为前提的想象竞合犯说，参见佐伯仁志『刑法総論の考え方・楽しみ方』（有斐閣2013年）265頁；佐伯仁志「故意論（2）」『法学教室』299号（2005年）70頁。

示的那样,追究各个故意责任"。也就是说,在采取"数个故意犯说"的同时,宣判适于行为人的认识的刑罚,由此谋求与责任主义之间的协调。

(四) 对象的错误与方法的错误的区别

〔案例9〕将B错看作是A,而将B射杀。对于这种对象的错误,具体的法定符合说也肯定成立故意的既遂犯。对此的批判是:对于方法的错误否定存在故意,而对于对象的错误却肯定存在故意,这种做法缺乏理论上的一贯性。但是,在〔案例9〕中,瞄准的对象是眼前的"那个人",结果也正发生在"那个人"身上,可以说,认识的事实与发生的事实之间存在具体的一致性。

这样,按照具体的法定符合说,对象的错误与方法的错误之间的结论会出现不一致,因而二者之间的区别就具有重要意义,但在隔离犯等犯罪形式中,这种区别就不能说是单一且明确的。例如,〔案例10〕A每天早上开车去上班,行为人在车中安装炸弹,只要发动引擎,炸弹就会爆炸,但第二天早上,A因身体不适没去上班,而是其妻子B开车出门,结果B被炸死。在这种情形下,似乎既可以说是"认错人",也可以说是"打偏了"。[1]对于对象的错误与方法的错误的区别标准,存在下述不同观点:

第一,有观点主张以时间、地点为标准来特定对象。[2]按照这种观点,在〔案例10〕中,行为人试图杀害"第二天早上乘坐汽车的人",实际也是造成了"第二天早上乘坐了汽车的人"死亡,因而不过是对象的错误。但是,首先,为什么时间、地点这种标准要优先于其他的对象特定标准,其理由并不明确;其次,在教唆等情形下,完全可以设想到,也存在根本没有对时间、地点加以特定的情形;最后,如果仅以行为人预想的结果发生的时间、地点来特定对象,那么确认清楚对方之后再开枪,但由于对方突然移动位置,结果击中了其他人的,这属于对象的错误,然而,尽管对方突然移动了位置,但打偏的子弹正好向该人移动的方向偏离,结果还是击中了预想中的那个人的,却又会被认定为方法的错误。

---

[1] 除此之外,例如,原打算威胁A,而给A打电话,但拨错号码(或者线路连线错误),电话却打给了B,行为人对此毫无察觉,仍然使用了威胁性言辞;又如,X原打算杀害A,委托Y去杀A,但Y认错了人,杀害了B。此类案件究竟是对象的错误还是方法的错误,就尚存争议。

[2] 参见長井長信『故意概念と錯誤論』(成文堂1998年) 246頁;小島透「具体的符合説における客体の特定について」『香川法学』29卷1号(2009年) 15頁。

第二，也有观点以实行的着手时点或者针对对象发挥作用的时点为标准，认为在 B 坐进汽车的时点，能够特定行为的对象是坐进汽车的"那个人"，因而不过是对象的错误。[1]但是，"故意"应该是在行为人的"行为"时点存在。因此，不管认定实行的着手即未遂的成立是在哪一时点，考虑的都应该是在安装炸弹的时点的对象的特定。而且，如果以发挥作用的时点为标准，在属于典型的方法的错误的〔案例4〕中，在子弹命中的时点，对象可以被特定为子弹实际命中的"那个人"，因而该案势必也属于对象的错误。[2]

第三，还有观点提出，在实行行为的危险力出现问题时，属于方法的错误，在不受行为人所控制的被害人的将来行为背离了行为人的预测之时，则属于对象的错误，并以此为标准，主张〔案例 10〕属于对象错误。[3]不过，如果彻底贯彻这种标准，就与上述①的观点一样，开枪后命中了正好出现在弹道上的其他人的，也属于对象的错误。但是，例如，瞄准 A 开枪射击，但由于突如其来的狂风而使得弹道偏离转向了 B；又如，瞄准 A 开枪射击，但突如其来的狂风将 B 推向了弹道，这两种情形应该不存在任何实质性差异。原本来说，对于结果的发生，行为人的实行行为，与包括被害人的存在、行动在内的外部条件，都是同等地发挥作用，两者同等地属于故意的对象。因此，即便是有关被害人行为的错误，也理应存在阻却故意的余地。

故意的存在与否，应取决于行为人自身的认识，在未以感官察觉到对象之时，在不少情况下，都应该视为行为人是将对象作为"人物"予以特定。在〔案例 10〕中，行为人头脑中想的是 A 这一"人物"，根据有关 A 的行动

---

[1] 参见曾根威彦『刑法の重要問題　総論』（成文堂 2005 年第 2 版）194 頁。
[2] 山口厚认为，在〔案例 10〕中，"在实行行为当时的行为人的认识中，在被害人坐进汽车之时，'A' 就与 '坐进汽车的人' 发生重合（被害人不坐进汽车，就不可能杀害 A），能够认定存在针对属于 'A' 的 '坐进汽车的人' 的故意，因此，"能肯定针对 '坐进汽车的人'（实际上不是 A 而是 B）的故意" [山口厚『刑法総論』（有斐閣 2016 年第 3 版）227 頁]。但是，按照这种逻辑，在〔案例 4〕中，在开枪时点的行为人的认识中，在子弹命中被害人之时，"A" 就与 "子弹命中的人" 发生重合（子弹不命中，就不可能杀害 A），能够认定存在针对属于 "A" 的 "子弹命中的人" 的故意，因此，能肯定针对 "子弹命中的人"（实际上不是 A 而是 B）的故意。但是，这样难道不是回归到了抽象的法定符合说吗？
[3] 参见山中敬一『刑法総論』（成文堂 2015 年第 3 版）348 頁。

轨迹的信息，预测 A 第二天早上的活动，并设定了因果进程，因而应该说，行为人的故意是指向属于"动态标的"的 A。如果是这样的话，对于 B 或者不特定人乘坐该汽车，只要不能认定行为人存在未必的认识，就应该否定成立针对 B 的杀人罪既遂。[1]

（五）犯罪事实的同一性的范围

即便是方法的错误，例如〔案例 11〕出于伤害的故意，瞄准 A 的右手开枪射击，但出乎意料地击中了 A 的右脚，在此情形下，由于对右手的伤害、对右脚的伤害，都包含在"针对 A 的身体的伤害"这样一个犯罪事实之中（构成要件该当事实），因而按照具体的法定符合说，也能成立伤害罪。又如，〔案例 12〕瞄准 A 饲养的狗开枪射击，但击中了 A 的盆栽，对于此情形，有力观点认为，由于财产犯罪在同一法益主体的范围之内仅成立一罪，因而属于同一犯罪事实之内的错误，按照具体的法定符合说，可成立针对盆栽的损坏器物罪。[2]但是，只要认为财产罪的保护法益是"个别财产"，狗与盆栽就作为不同的财物而受到独立保护，对狗和盆栽的侵犯就构成不同的犯罪事实，应否定存在故意的符合。[3]并且，〔案例 13〕为了陷害 A 而实施了虚假告诉（诬告），但同名同姓的 B 被相关部门认定为犯罪嫌疑人，在此情形下，如果认为虚假告诉罪完全是针对国家司法职能的犯罪，被告诉人的不同并不影响犯罪事实的同一性，因而能肯定成立该罪；但如果认为，本罪的主要法益是被告诉人的利益，针对 A 的虚假告诉与针对 B 的虚假告诉就构成不同的犯罪事实，由于行为人缺少对后者的认识，因而不能成立该罪。另外，〔案例 14〕打算把被害人从桥上推下去淹死，但出乎意料，被害人是因撞在桥墩上死亡。在这种"因果关系的错误"（因果进程的错误）的案件中，因果进程的不同，通常不会影响作为犯罪事实的同一性，只要行为人认识到的因果进程与实际发生的因果进程这两种因果进程都满足法律上的因果关系的要件，

---

〔1〕 参见佐伯仁志『刑法総論の考え方・楽しみ方』（有斐閣 2013 年）261 頁；西田典之（橋爪隆補訂）『刑法総論』（弘文堂 2019 年第 3 版）239-240 頁。

〔2〕 参见堀内捷三『刑法総論』（有斐閣 2004 年第 2 版）108 頁；内藤謙『刑法講義総論（下）I』（有斐閣 1991 年）942 頁；西田典之（橋爪隆補訂）『刑法総論』（弘文堂 2019 年第 3 版）239 頁；橋爪隆『刑法総論の悩みどころ』（有斐閣 2020 年）150 頁。

〔3〕 参见浅田和茂『刑法総論』（成文堂 2019 年第 2 版）322 頁；町野朔『犯罪総論』（信山社 2019 年）204 頁；山口厚・井田良・佐伯仁志『理論刑法学の最前線 I』（岩波書店 2001 年）113 頁〔佐伯仁志〕。

就能肯定成立故意的既遂犯。

三、抽象的事实错误

（一）符合的"界限"

在抽象的事实错误中，不仅是方法的错误，即便是对象的错误，作为不具有犯罪事实同一性的情形，是否阻却故意也可能成为问题。例如，〔案例15〕误将人当作人偶而开枪射击，或者〔案例15'〕误将人偶当作人而开枪射击。

早期曾有观点立足于认为刑罚的目的在于矫正罪犯的反社会的性格的近代学派，以只要存在某种犯罪意思，作为反社会的表征即已足够这一理由，主张将故意的内容抽象至一般犯罪意思，在抽象的事实错误中，也广泛肯定故意犯的成立。这种"抽象符合说"，[1]作为"行为人已经认识到违法事实，也意识到自己的行为不被允许，尽管如此，却仍然实施了违法行为……针对实施了这种行为的责任非难，在该类型中就必须是对故意责任的责任非难"，[2]也受到了来自规范意识的突破这一视角的支持。按照抽象的符合说，在〔案例15〕中，既然是出于"犯罪意思"实施了行为，就应该①成立杀人罪，但根据《刑法》第38条第2款的规定，在损坏器物罪的限度之内科处刑罚，或者，②成立损坏器物罪的既遂；在〔案例15'〕中，（除了杀人罪未遂之外）成立损坏器物罪既遂。但是，明明没有损坏器物，却要成立损坏器物罪，这有违罪刑法定原则；明明没有杀人的认识，却要成立杀人罪，明明没有损坏器物的认识，却要成立损坏器物罪，也有违责任主义。如果认为刑法原本是为了保护个别法益，行为人的责任内容也应该就各个具体法益予以个别化。将故意作为一般犯罪意思予以抽象化，这是从违背了作为国家意思的规范中寻找犯罪的实质，可以说是权威主义的表现。

故意，是为了将法益侵害事实作为行为人意思的产物而归属于行为人的一种心理状态，至少在保护法益并不相同的情形下，不应认定存在故意的符

---

[1] 参见牧野英一『日本刑法（上）』（有斐閣1937年重訂版）231頁以下；宮本英脩『刑法大綱』（弘文堂1935年）166頁以下。近年，也有观点采取在纠正刑罚的不均衡的限度之内属于抽象的符合说之一种的"合一的评价说"，参见日高義博『刑法総論』（成文堂2015年）325頁以下。

[2] 中野次雄『刑法総論概要』（成文堂1997年第3版補正版）120-121頁。

合。因此，〔案例15〕仅限于成立过失致死罪；在〔案例15'〕中，尽管根据有关不能犯的具体危险说［第十五章之三（三）］，有成立杀人罪未遂的余地，但就损坏器物的事实而言，由于不具有故意，不能成立损坏器物罪。[1]

那么，在针对同一法益的侵害的范围之内，可在多大程度上认定存在故意的符合呢？

首先，在处于加重或者减轻关系的犯罪类型之间，应该可以认定存在符合。例如，杀人罪与（旧刑法的）杀害尊亲属罪，除了"尊亲属"这一点之外，其他要素全部相同，两个构成要件在形式上也是重合的。例如，〔案例16〕误以为已提交了与妻子的离婚申请（因而与妻子不再属于夫妻关系），杀害了妻子的生母的，在此情形下，行为人是出于杀人罪的故意，造成了杀害尊亲属罪的结果，而该结果同时也包含杀人罪的结果，因此，既存在杀人罪的故意也存在杀人罪的结果，应成立杀人罪。[2]又如，〔案例17〕对被害人出于戏言的杀害嘱托信以为真，杀害了被害人的，由于同意杀人罪是杀人罪

---

[1] 就保护责任者遗弃罪与遗弃尸体罪而言，由于保护法益不同，应该否定存在符合。例如，被告人以为因自己驾驶除雪机失误，已经致埋在雪中的妻子死亡，遂遗弃了妻子，但妻子当时仍有活着的可能性，对此，札幌高等裁判所昭和61年（1986年）3月24日判决通过择一的认定，判定成立遗弃尸体罪（札幌高判昭和61年3月24日高刑集39卷1号8页）。对于该判决，有观点从与原判决（作为抽象的事实的错误的问题，肯定两罪的构成要件之间存在实质性重合，进而判定成立较轻的遗弃尸体罪）之间的对比中，将其理解为否定了错误论中的符合［橘爪隆『刑法総論の悩みどころ』（有斐閣2020年）174頁］。不过，疑问在于，择一的认定难道不也应该仅仅在保护法益的同一性的范围之内、所能够形成的共通构成要件的范围之内才被允许吗［否定保护责任者遗弃罪与遗弃尸体罪之间的择一的认定的判例，参见大阪地方裁判所昭和46年（1971年）9月9日判决（大阪地判昭和46年9月9日判时662号101页）］？再如，误以为处于意识丧失状态的被害人已经死亡而将被害人扔入海中，对于该案，横滨地方裁判所平成28年（2016年）5月25日判决认为，由于能够想到，直至被害者的身体沉入海中深处，遗弃行为都一直在持续，进而以被害人在海中溺亡之后的、遗弃行为的最终阶段发生了遗弃尸体的结果为理由，判定成立遗弃尸体罪（横滨地判平成28年5月25日LEX/DB25543379）。相反，薮中悠认为，在"针对人的身体的尊重情感"或者"身体不被不当侵害这种利益"这一点上，能够找到两罪共通的保护法益，进而肯定两罪之间的构成要件的符合［薮中悠「人の生死に関する錯誤と刑法38条2項」『法律時報』91卷4号（2019年）93頁以下］。但是，这里所指出的利益，不过是犯罪行为的外形的另一种说法而已，能否说具有作为"法益"的实质是存在疑问的。

[2] 参见大阪高判昭和30年12月1日高刑特2卷22号1196页。

的减轻类型，因而可认定成立同意杀人罪。[1][2][3]再如，[案例18]误以为实际上处于他人占有之下的财物是遗忘物而拿走了该财物的，由于盗窃罪与侵占脱离占有物罪都属于侵犯所有权之职能的取得罪，两罪实质上处于加重、减轻的关系，因此，可认定成立侵占脱离占有物罪。[4]除此之外，对于盗窃罪与抢劫罪、[5]敲诈勒索罪与抢劫罪、[6]背信罪与侵占罪、[7]伤害罪与杀人罪，[8]判例也都肯定存在故意的符合，其结论应受到支持。

其次，如同《兴奋剂取缔法》第2条第1款第1项所规定的"苯胺"与

---

[1] 参见名古屋地判平成7年6月6日判时1541号144页。
[2] 相反，对方对杀害自己存在同意，但行为人没有认识到同意而杀害了对方的，按照有关同意的有效要件的认识必要说[第七章之五（一）]，能认定成立杀人罪既遂；但按照认识不要说，则是以出于杀人罪的故意引起了同意杀人罪的事实为理由，根据第38条第2款，肯定成立同意杀人罪的既遂，除此之外，还能根据有关不能犯的具体的危险说[第十五章之三（三）]，认定成立杀人罪未遂（两罪属于包括的一罪）。
[3] 札幌高等裁判所平成25年（2013年）7月11日判决是有关出于伤害的意思引起同意杀人的结果的案件。存在自杀意思的A恳请X一起玩"自杀游戏"，于是，X用浴衣勒住A的脖子致其昏迷，并将其沉入浴缸中，最终致其死亡，但由于A事先告诉X，一旦发生危险，就会有同伴来救他，因而X没想到会致A死亡。原判决（一审）认为，由于第205条（伤害致死罪）规定了较重的法定刑，因而不包括对死亡存在同意的情形。相反，第202条后段（同意杀人罪）则包括对死亡结果不存在故意的情形，进而判定对X适用第202条后段。然而，札幌高等裁判所的该判决则判定适用第205条。的确，对于对生命存在危险的同意伤害，如果认定成立伤害罪（第七章之四），由此发生了死亡结果的，认定成立伤害致死罪也是很自然的结论。但是，这样的话，就会出现刑罚上的不均衡：对死亡结果存在故意的，按照第202条，可以处6个月以上7年以下惩役；对死亡结果不存在故意的，按照第205条，则要处3年以上有期惩役。特别是刑罚的下限（最低刑期）的不均衡，是无法通过量刑上的考量解消的。对于第202条的刑罚最低刑期相对要轻这一点，如果认为其理由在于，出于对希望自杀者的同情而实施杀害行为的行为人的责任相对较轻，那么就有可能出现，行为人对死亡结果存在认识的，与较轻的刑罚相适应这种观点。但如果考虑到，被害人对死亡结果不存在同意，并且行为人对死亡结果存在认识的杀人罪的刑罚的最低刑期是5年，那么像本案那样，被害人对死亡结果存在同意，并且行为人对死亡结果不存在认识的情形，其刑罚的最低刑期却要达到3年，难道不是过重了吗？将不存在故意的情形包含在第202条之中，即便从处罚故意犯的原则（第38条第1款）来看也有些勉强，难道不应该认为第205条不包括对死亡结果存在同意的情形，在本案中，认定X成立伤害罪（第204条）[林幹人「嘱託による傷害致死」『判例時報』2228号（2014年）3页以下]，在不超过第202条的刑罚的上限（最高刑期）7年的范围之内宣告刑罚吗？
[4] 参见东京高判昭和35年7月15日下刑集2卷7=8号989页。
[5] 参见最判昭和23年5月1日刑集2卷5号435页。
[6] 参见最判昭和25年4月11日裁判集刑事17号87页。
[7] 参见东京高判昭和59年8月29日东时35卷8=9号70页。
[8] 参见最决昭和54年4月13日刑集33卷3号179页。

264 "苯基"之间的错误、《麻药与向精神药取缔法》的附表所规定的物质之间的错误那样，针对为了保护同一法益而选择性规定的等价值要素〔1〕的错误，不阻却故意。对于这些药物，法律明文规定了"兴奋剂""麻药"等上位概念。对于诸如颠覆火车等罪（第126条第1款）中的"火车"与"电车"、伪造公文书罪（第155条第1款）中的"印章"与"署名"那样，并未通过上位概念加以概括的情形，也是如此。并且，鉴于法条的结构受立法技术的制约，这种"横向符合"，并不必然以"款"或者"条"为单位。例如，《刑法》第233条在一个条文内，规定了通过散布虚假的传闻或者使用诡计毁损信用或者妨害义务这样四个不同的犯罪类型，至少难以认定毁损信用罪与妨害业务罪之间存在符合。另外，《轻犯罪法》第1条的第1项至第37项所规定的犯罪类型之间，很多就难以认定存在符合。反之，尽管财物诈骗罪（第246条第1款）与利益诈骗罪（第246条第2款）分属于不同的"款"，诈骗罪（第246条）与准诈骗罪（第248条），以及诈骗罪与使用电子计算机诈骗罪（第246条之二）分属于不同的"条"，但仍然可以作为等价值的选择性要素，分别认定相互之间存在故意的符合。〔2〕

不过，例如〔案例19〕与他人共谋实施制作虚假公文书罪（第156条）的教唆行为，但该他人实际实施了伪造公文书罪（第155条）的教唆行为，对此，最高裁判所昭和23年（1948年）10月23日以两罪的罪质与法定刑相同为理由，认定两罪之间存在重合，肯定行为人成立伪造公文书罪的教唆犯。〔3〕的确，若将两罪的保护法益概括为"文书的信用"，是可以作为为了保护同一法益的等价值的选择性要素，而认定存在符合的；但如 265 果认为，伪造公文书罪保护的是针对文书名义的信用，而制作虚假公文书

---

〔1〕 参见林幹人『刑法総論』（東京大学出版会2008年第2版）263頁以下。
〔2〕 被告人以为自助加油站是由机器自动加油，将伪造的充值卡插入加油机内加油，但实际上是由加油站的工作人员在其他房间确认充值卡无误之后，按下可以加油的许可键才能加油，对此，名古屋地方裁判所平成20年（2008年）12月18日判决肯定，被告人认识到的盗窃罪与客观上实现的诈骗罪之间存在符合，判定成立盗窃罪（名古屋地判平成20年12月18日研修761号83頁以下）（盗窃罪与诈骗罪之间的错误，在所谓"调包案"与特殊诈骗之间可能发生）。盗窃罪与诈骗罪尽管解除被害人的占有、支配的方法不同，但将两罪视为为了保护同一法益的等价值的选项，在两罪之间还是有认定存在构成要件的符合的余地的。有关两罪之间的错误的详细探讨，参见山内竜太「詐欺罪と窃盗罪の構成要件の符合について」『法学政治学論究』125号（2020年）35頁以下。
〔3〕 参见最判昭和23年10月23日刑集2卷11号1386頁。

罪保护的是针对文书内容的信用，要认定两罪之间存在符合，就并非没有疑问。

最后，〔案例20〕对于行为人出于实施《兴奋剂取缔法》中的走私进口兴奋剂罪的意思，而实际实施了《兴奋剂取缔法》中的走私进口麻药（海洛因）罪的案件（两罪的法定刑相同），最高裁判所昭和54年（1979年）3月27日决定认为，"麻药与兴奋剂，同属于存在因滥用而形成针对该物的精神上或者身体上的依赖的状态（即所谓慢性中毒），对个人以及社会造成重大危害之虞的药物，且（兴奋剂与麻药）外观上相似的东西也很多。鉴于此，麻药与兴奋剂之间，存在可实质性地视为服从于同一法律之规制的类似性"。因此，"两罪即进口麻药罪与进口兴奋剂罪的构成要件是完全重合的"，进而判定成立客观上实际发生的进口麻药罪。[1]并且，按照当时的《海关法》的规定，兴奋剂属于限制进口物，而麻药属于禁止进口物，〔案例21〕该案（〔案例20〕）也属于出于实施有关兴奋剂的无许可进口罪的意思，而实际实施了有关麻药的进口违禁品罪的情形（后者的法定刑重于前者）。对此，最高裁判所的上述决定判定，在构成要件相互重合的限度之内，成立相对较轻的兴奋剂的无许可进口罪。[2]另外，〔案例22〕出于持有麻药（可卡因）罪的意思，实际实施了持有兴奋剂罪的行为的（持有兴奋剂罪的法定刑重于持有麻药罪），对于此案，最高裁判所昭和61年（1986年）6月9日决定认为，"在两罪的构成要件实质性重合的限度之内，存在相对较轻的持有麻药罪的故意，成立该罪"，但对于没收，则以客观上属于相当于《兴奋剂取缔法》的事实、没收麻药具有防止社会危险这种保安处分的性质为理由，判定根据《兴奋剂取缔法》的规定予以没收。[3]对于最高裁判所作出的上述两个决定，有学者基于要求存在构成要件的形式上的重合的立场[4]提出了批判。然而，就

---

[1] 参见最决昭和54年3月27日刑集33卷2号140页。
[2] 行为人误以为属于限制进口物的钻石是属于违禁品的兴奋剂而试图进口，对此，东京高等裁判所平成25年（2013年）8月28日判决以货物的内容物的类似性与社会意义上的同一性对构成要件的重合而言并不重要为理由，判定成立无许可进口限制进口物罪。参见東京高判平成25年8月28日高刑集66卷3号13页。
[3] 参见最决昭和61年6月9日刑集40卷4号269页。
[4] 参见浅田和茂『刑法総論』（成文堂2019年第2版）322~323頁；大越義久『刑法総論』（有斐閣2012年第5版）124~125頁；松宮孝明『刑法総論講義』（成文堂2018年第5版補訂版）193頁。

〔案例20〕而言，可以将其视为属于有关"苯胺"与"苯基"之间的错误的延长线上的问题，是为了保护同一法益的、等价值的选择性要素之间的错误；〔案例22〕则可以视为，属于保护同一法益的、实质性的加重减轻类型之间的错误。

（二）符合的"逻辑"

抽象的事实错误具体还可分为三种情形：①像〔案例16〕〔案例17〕〔案例18〕〔案例21〕〔案例22〕那样，实际发生的犯罪重于行为人所认识到的犯罪的情形；②像〔案例18'〕误以为是他人的占有之物而拿走，但实际上属于遗失物的情形那样，行为人所认识到的犯罪重于实际发生的犯罪的情形；③像〔案例19〕〔案例20〕那样，行为人所认识到的犯罪与实际发生的犯罪属于同等程度的情形。

其中，就上述②的情形而言，问题在于，能否认定存在与实际发生的犯罪相对应的"故意"。就上述③的情形而言，只要像前述最高裁判所昭和54年（1979年）3月27日决定那样，认定成立客观上实际发生的犯罪，也存在同样的问题（能否认定存在与实际发生的犯罪相对应的"故意"）。在这种情形下，通过缓和故意的内容，也可以成立针对所发生的事实的犯罪。为此，也有观点主张，作为故意的内容，只要对该犯罪的不法、责任的内容存在认识即可，从而主张就②与③的情形，认定成立故意犯。[1] 例如，在〔案例18'〕中，由于存在侵犯他人的所有权并取得他人的财物的意思，则既可以认定存在针对盗窃罪的不法内容、责任内容的认识，也可以认定存在针对侵占脱离占有物罪的不法内容、责任内容的认识，因而（除了盗窃罪的未遂之外）成立侵占脱离占有物罪的既遂；在〔案例20〕中，由于对属于具有高度依赖性的有害药物存在认识，因而既可以认定存在进口兴奋剂罪的故意，也可以认定存在进口麻药（海洛因）罪的故意，应成立进口麻药（海洛因）罪。但是，刑法（并非处罚所有的法益侵害行为）仅将被构成要件类型化的法益侵害规定为犯罪。因此，在作为对犯罪事实的认识的故意之中，对构成要件该当事实的认识，就不可或缺。这样，如果坚持故意的构成要件关联性，对于②与③的情形，也应当像下文就①的情形所探讨的那样，研究"符合的'逻辑'"这一问题。

---

[1] 参见町野朔「法定的符合説について（下）」『警察研究』54卷5号（1983年）3页以下。

第十二章　故意与事实错误

在①的情形中，存在轻罪的故意，这不存在异议。[1]问题在于，能否谓之为，客观上发生了与该故意相对应的轻罪的"构成要件该当事实"。从该角度来看，在〔案例18〕中，由于并未取得"脱离了他人占有之物"，似乎可以看作是，并未实现（满足）侵占脱离占有物罪的客观构成要件。原本来讲，盗窃罪的对象是"他人的占有之物"，侵占脱离占有物罪的对象是"脱离占有之物"，也可以认为，两罪处于排他性关系，并不存在重合。即便是〔案例17〕，也可以说，并未发生"（对杀害自己表示）同意的人"的死亡这种同意杀人罪的结果。

在这一点上，存在下述几种值得关注的观点：①有观点提出，侵占脱离占有物罪的"脱离了占有"、同意杀人罪中的"受其嘱托或者得其承诺"这种用语，不过是表示该罪区别于盗窃罪、杀人罪之界限的"表面的构成要件要素"。[2]该观点的意图在于，在〔案例17〕〔案例18〕，以及诸如向现住建筑物放火罪与向非现住建筑物放火罪那样，限于基本构成要件——补充构成要件之间的错误的情形，肯定成立故意犯。然而，是否可以说，只要不处于这种关系，就没有认定成立故意犯的余地呢？对此尚存疑问。

②另有观点提出，《刑法》第38条第2款，是对于从所发生的重罪的构成要件之中，认定形成所认识到的轻罪的构成要件的修正规定。[3]按照这种观点，根据《刑法》第38条第2款，在〔案例18〕中，可以将盗窃罪的构成要件解读为侵占脱离占有物罪的构成要件，而在〔案例22〕中，可以将持有兴奋剂罪的构成要件解读为持有麻药罪的构成要件，因而均可以成立后罪（侵占脱离占有物罪、持有麻药罪）。③更有观点直接提出，由甲罪的构成要件与乙罪的故意组合成新的犯罪类型，在〔案例22〕中，应成立由持有兴奋剂的构成要件与持有麻药的故意所组成的新的犯罪类型。[4]但是，故意中对事实的认识，必须是对该犯罪事实的认识。而且，在观点②与观点③的理论构成之中，并不存在为构成要件的修正或者犯罪类型的组合划定界限的视角，

---

〔1〕为此，前述最高裁判所昭和61年（1986年）6月9日决定的"在两罪的构成要件实质性重合的限度之内，存在相对较轻的持有麻药罪的故意"就属于没有任何实质意义的判决。
〔2〕参见松宫孝明「みせかけの構成要件要素と刑法38条2項」『立命館法学』327＝328号（2009年）859頁。
〔3〕参见町野朔「法定的符合説について（下）」『警察研究』54卷5号（1983年）16頁以下。
〔4〕参见林幹人『刑法総論』（東京大学出版会2008年第2版）266頁。

因而可以说，其本身原则上并不排斥抽象的符合说。

由此可见，应该采取下一种观点：④首先设定存在包摄所发生的事实与所认识到的事实这两者的"共同构成要件"，在此基础之上，承认在"共同构成要件"范围之内的重合。[1]要维持故意以对"构成要件该当事实"的认识为必要这一命题，就必须将所发生的事实与所认识到的事实包摄在同一构成要件之中，因此，就要求在理论上设想出一个能够包摄这两个事实的构成要件。[2]在〔案例18〕中，从盗窃罪与侵占脱离占有物罪中，抽出通用于二者的、以单纯取得为内容的构成要件，由于客观上实现了这种单纯取得的构成要件，因而在行为人的实际认识的限度之内，成立包含在该"共通的构成要件"之内的侵占脱离占有物罪。对于"苯胺"与"苯基"之间的错误、火车与电车之间的错误，肯定成立故意犯，应该没有异议。因为，这无非是设定了将两个排他性的对象包括在内的"共通的构成要件"。构成要件与条文有时容易混同，在同一条文之内，有时也会无意识地设定"共通的构成要件"，且如上所述，并没有将"条"或者"款"作为构成要件的单位的必然性。之所以能认定向现住建筑物等放火罪与向非现住建筑物等放火罪之间存在重合，也是因为能够想到共通于两罪的"向建筑物等放火"这一构成要件。这样的话，在〔案例20〕中，就完全有可能以前述最高裁判所昭和54年（1979年）3月27日决定所列举的共通性为理由，想到一个包括进口麻药（海洛因）罪与进口兴奋剂罪这两个犯罪的"共通的构成要件"。[3]

---

[1] 参见山口厚『刑法総論』（有斐閣2016年第3版）239頁；高山佳奈子『故意と違法性の意識』（有斐閣1999年）214頁以下。

[2] 判例、通说所谓"构成要件的实质性重合"想必是指，两罪的构成要件的核心部分（若缺少该部分，就不能形成构成要件之"体"）的共通性。这种构成要件之核心部分的符合，与设定由这种核心部分所组成的共通构成要件，在该共通构成要件的范围内的符合，在逻辑上是等值的。这样的话，在维持故意是指对构成要件该当事实的认识这种定义这一点上，以及在"共通的构成要件"这一概念可能有助于划定符合的界限这一点上，介入了"共通的构成要件"的理论结构应该是一种更好的选择。

[3] 针对设定"共通的构成要件"的立场，有批判意见〔参见安田拓人「故意と錯誤（1）」『法学教室』488号（2021年）105-106頁〕指出，走私进口兴奋剂罪与走私进口麻药罪的"共通的构成要件"是"对身体有害且违法的药物"，因此，按照通常的故意论，只要存在对"对身体有害且违法的药物"的认识即可，无需对兴奋剂或者麻药存在认识〔基于设定"共通的构成要件"的立场，承认这种结论的观点，参见小池直希「故意の認識対象と符合の限界（2・完）」『早稲田法学』96巻1号（2020年）132頁以下〕。但是，在倾覆汽车等罪（第126条）中，设想的不是"一种在轨道上行驶的交通工具"，而是择一地将"汽车"或者"电车"作为客体的

这样，对于上述三种情形，符合的"范围"（界限），最终就可以根据是否可以设定包括两个犯罪类型的"共通的构成要件"来划定。由于"构成要件"属于违法（且有责）类型，因而就要求该"共通的构成要件"在保护法益上具有特定性、统一性，同时，在其内容上具有一定的具体性。至于前述所谓"加重减轻关系""等价值的选择性要素"，就不过是判断是否可以设定"共通的构成要件"的指标之一。

这种"共通的构成要件"不仅是对错误的处理，对于刑事审判中的择一的认定与缩小认定，也属于其逻辑前提。例如，尽管拿走了他人的财物这一点明白无疑，但在该对象是否处于他人的占有之下尚不明确的场合，就可以通过设定盗窃罪与侵占脱离占有物罪的"共通的构成要件"，认定成立侵占脱离占有物罪。相反，第38条第2款是为了规制对错误的处理的规定，想必难以通过第38条第2款对构成要件进行的修正或者合成，用于对择一的认定、缩小认定的处理。

四、对相当于违法性阻却事由的事实的假想（特别是假想防卫）

（一）问题之所在

虽认识到构成要件该当事实，却误以为（假想）属于相当于违法性阻却事由的事实（违法性阻却事由）而实施了行为的，能否认定存在故意责任？这种有关违法性阻却事由的假想的典型情形是，误以为属于相当于正当防卫的事实而实施了行为的"假想防卫"。例如，〔案例23〕X看到与自己素来不和的A从胸前口袋掏出打火机，误以为A掏出的是匕首，出于伤害的未必的故意，脚踢A的手腕，致其受伤（对侵害的假想）；〔案例24〕深夜，因邻居家着火，A没有办法不得不逃入X家，X误以为A是非法侵入者，为了击退该人，出于伤害的未必的故意，殴打A并致其受伤（对不法的假想）；〔案例25〕因A持方形建筑木材突然袭击过来，以为是木棒，X随手拿起身边的棒

（接上页）"共通的构成要件"；在损坏建筑物等罪（第260条）中，设想的也不是"一种大型的工作物"，而是择一地将"建筑物"或者"舰船"作为客体的共通的构成要件。如此一来，在走私进口兴奋剂罪与走私进口麻药罪的"共通的构成要件"中，如果设想的不是一种"对身体有害且违法的药物"，而是择一地将兴奋剂或者麻药作为客体的"共通的构成要件"，那么在故意论中，就不是只要对"对身体有害且违法的药物"存在认识即可，而是要求对兴奋剂或者麻药存在认识。

状物予以还击，但事实上拿起的是劈柴刀，最终致 A 死亡（对相当性的假想〔1〕）。下面就假想防卫做些探讨，相关内容原则上适用于以下有关违法性阻却事由的假想：误以为存在紧迫的危险而实施避险行为的情形（假想避险）；误以为对方正在实施犯罪而逮捕对方的情形；政府指定的医师误以为妇女妊娠未满 22 周，尚处于允许进行人流的期间，因而实施了人工流产手术的情形；（以伤害罪中被害人的同意属于违法性阻却事由为前提）误以为存在被害人的同意而伤害了被害人的情形，等等。

（二）肯定违法性阻却的立场

对于假想防卫，有观点先于对故意的成立与否的判断，认为问题首先在于是否具有违法性。也就是持规范违反说的部分学者认为，在即便是一般人也无法避免假想的状况之下所实施的假想防卫行为，按照事前判断，就并未违反行为规范，可否定存在行为无价值，因而在（讨论是否存在）故意责任之前，就已经阻却了违法性。〔2〕这种结论虽然与此类论者所持规范违反说具有理论上的一贯性，但是在没有法益冲突的状况之下，将侵害正当的对方的法益的行为视为合法行为，这应该是不妥当的。具体而言，在〔案例 23〕中，A 本没有遭受反击的理由，倘若将 X 的假想防卫视为合法行为，A 势必不能以正当防卫来反击 X。〔3〕而且，将并未满足正当防卫要件的假想防卫与正当防卫做同样处理，这是否还存在脱离《刑法》第 36 条的要件，无视立法者意思的问题呢？

（三）肯定存在故意的立场（严格责任说）

为此，多数观点以假想防卫属于违法行为为前提，探讨的问题是，"能否认定存在犯罪故意"。

---

〔1〕 针对"对相当性的假想"的案件，大阪地方裁判所平成 23 年（2011 年）7 月 22 日判决曾认定属于假想防卫，否定存在故意责任（参见大阪地判平成 23 年 7 月 22 日判夕 1359 号 251 頁）。相反，按照以行为人的认识为标准来判断防卫的相当性的立场（参见大阪地判平成 3 年 4 月 24 日判夕 763 号 284 頁），在"对相当性的假想"的案件中，就能够肯定存在相当性，进而肯定成立正当防卫。

〔2〕 参见藤木英雄『刑法講義総論』（弘文堂 1975 年）172 頁；川端博『刑法総論講義』（成文堂 2013 年第 3 版）403 頁以下；野村稔『刑法総論』（成文堂 1998 年補訂版）161 頁。

〔3〕 不过，对于 X 正陷入存在相当理由的假想之中这一事实，如果 A 处于无法意识到的状况之下，并且是在这种状况之下实施了反击，A 的反击也可以作为基于相当理由的假想防卫而得以正当化。反之，如果 A 已经意识到或者能够意识到 X 存在假想，那么，A 的反击就没有被作为假想防卫而得到允许的余地。

首先,"严格责任说"[1]认为,包括假想防卫在内,凡是对有关违法性阻却事由的事实存在假想的,均肯定存在故意。这种学说的立场是,以目的行为论为背景,仅以构成要件该当事实作为故意的认识对象。就〔案例23〕而言,既然 X 的行为意思是指向伤害对方的身体,对伤害他人也存在认识,X 就被给予了判断自己的行为的违法性的契机,因此,原则上能认定成立故意的伤害罪(第204条),只有该假想属于不可避免的情形,才能以不具有违法性意识(违法性认识)的可能性为理由,肯定阻却责任。

但是,对于相当于正当防卫的事实存在假想者,是基于对"合法的事实"的认识而实施行为,因而不能认定其具有"(实施)犯罪的意思"(第38条第1款),其也并没有直面规范。严格责任说将一般的违法阻却事由纳入其射程之内,然而,例如,虽已经超过《母体保护法》所规定的允许人工流产的期限,但医师因大意而误以为仍在允许期限之内,并对孕妇实施了人工流产手术的,要认定成立属于故意犯罪的业务堕胎罪(第214条),想必难以为人接受。(作为违法类型的)构成要件与违法性阻却事由,分别从积极方面与消极方面为违法性奠定基础,在这二者之间不可能找出可以区分是否属于故意的对象这种实质性差异。对于法益主体的同意,究竟应该将其定位于构成要件还是定位于违法性阻却事由,这往往是"流动的"(第七章之二),但无论如何,根据定位不同——将其定位于构成要件或者定位于违法性阻却事由,在其是否属于故意的对象这一点上出现变化,这是不合理的。

(四)否定存在故意的立场

通说观点以承认故意具有双重体系地位为前提,* 对于假想防卫,否定成立故意犯罪。按照通说观点,在〔案例23〕中,由于 X 对于自己正在向 A 施加伤害存在认识,可认定其存在伤害罪的构成要件的故意,该当于(故意的)伤害罪的构成要件;* 但是,在 X 对相当于正当防卫的事实存在认识这一点上,不能谓之为直面着规范,因而否定存在责任故意,不成立伤害罪。在此

---

[1] 参见福田平『全訂刑法総論』(有斐閣2011年第5版)211頁;大谷實『刑法講義総論』(成文堂2019年新版第5版)292頁;伊東研祐『刑法講義総論』(日本評論社2010年)197頁以下;橋本正博『刑法総論』(新世社2015年)192頁。

* 亦即,故意,既有构成要件的故意又有责任故意。——译者注

* 日本刑法中的杀人罪、伤害罪,就是指我国刑法意义上的故意杀人罪、故意伤害罪,罪名本身并没有"故意"这种限制。——译者注

基础上，接下来有两种处理方式：其一，转而判断是否成立过失伤害罪（第209条），若能认定存在构成要件的过失，就肯定具有过失伤害罪的构成要件该当性，并且若能进一步认定存在责任过失，就肯定成立过失伤害罪（"重新探讨论"）;[1]其二，一边认为出于疏忽大意的假想防卫该当于（故意的）伤害罪的构成要件，一边又以其责任内容仅止于过失的限度为理由，直接将问题转移至责任阶段的过失犯罪责（"横向移转论"）[2]。

但是，对"重新探讨论"而言，疑问在于：假想防卫中，有可能存在构成要件的过失吗？这是因为，在假想防卫中，行为人已经认识到包括结果发生在内的构成要件该当事实，难以想象还会存在，因疏忽大意而对构成要件该当事实不存在认识的情形。如果是出于"举重以明轻"的考虑，认为（构成要件的）故意总是包括（构成要件的）过失，那么，构成要件的故意、过失，就不能发挥所期待的犯罪个别化机能。实际上，即便是持"重新探讨论"，也难以想象会实际认定过失伤害罪的构成要件的过失，也是"直接跳过"该罪的构成要件该当性与违法性，因而其实质与"横向移转论"并无不同。

另外，"横向移转论"的难点在于，只要是有关过失伤害罪而言，在没有构成要件该当性的情况下，直接认定成立犯罪，这难以做到。这里，同样也只能是仰仗于"举重以明轻"这种考虑，认为故意犯的构成要件中包括过失犯，但由此会使构成要件的故意、过失丧失通说所期待的犯罪个别化机能，这一点与"重新探讨论"是一样的。究其本源，如果通说在责任故意、责任过失之外，另外再考虑构成要件的故意、构成要件的过失的理由在于为了实现犯罪的个别化，那么无法回避的问题是：这样一来，会出现构成要件阶段与责任阶段罪名不一致的情况。

通说观点的这种繁杂的处理方式，起因于通说设想出构成要件的故意这一观念，并将其置于违法性阻却事由之前。为此，出现了"消极的构成要件

---

[1] 参见佐久間修『刑法総論』（成文堂2009年）303页以下；松澤伸「いわゆる『ブーメラン現象』と犯罪論体系」『川端博先生古稀祝賀論文集（上）』（成文堂2014年）290页以下。
[2] 参见大塚仁『刑法概説 総論』（有斐閣2008年第4版）465页以下；曽根威彦『刑法原論』（成文堂2016年）420页以下；高橋則夫『刑法総論』（成文堂2018年第4版）307页。

要素的理论"，[1]也就是将"不存在违法性阻却事由"作为"消极的要素"纳入构成要件之内。按照"消极的构成要件要素的理论"，伤害罪的构成要件是"在没有正当防卫等违法性阻却事由的情形下，伤害了他人"，在假想防卫中，由于缺少作为这种构成要件该当事实之认识的构成要件的故意，因而能否定具有伤害罪的构成要件该当性。在因疏忽大意而对是否存在紧迫的不法侵害存在假想的场合，由于能认定对上述意义上的构成要件该当事实存在过失，因而该当于过失伤害罪的构成要件，成立该罪。这种观点是从规范违反说的视角，认为故意的本质是违法要素，因此，将故意定位于作为违法类型的构成要件，就属于不变的前提。为此，要将违法阻却事由包含在故意的认识对象之中，就只能是把违法阻却事由往前提至构成要件阶段。

　　反之，基于认为故意的本质是责任要素的立场，就没有勉强引入构成要件的故意这一概念的必然性，而是只要直接研究责任故意的问题即可。也就是故意完全是责任要素（或者是被置于违法性阻却事由之后的责任构成要件要素），在〔案例23〕中，X在（违法）构成要件的阶段，该当于故意、过失所共通的伤害的构成要件，在肯定具有这种违法性之后，再在责任（或者责任构成要件）的阶段否定存在故意，最后，在能认定对假想存在过失的限度之内，认定成立过失伤害罪。[2]按照这种观点，在（违法）构成要件的阶段，并不能确定究竟是过失伤害罪（过失致伤罪）还是（故意）伤害罪，但原本来说，不是在（违法）构成要件的阶段决定是否成立犯罪，只有经过违法性、责任阶段的判断之后，才能确定是否成立犯罪，由此可见，直至责任阶段才最终确定所成立的罪名，这是理所当然的。事实上，就是采取通说观点，构成要件故意的犯罪个别化机能也未能有效发挥作用，最终也是在责任阶段确定罪名，这一点并无变化。

　　这样，对于上述〔案例23〕〔案例24〕，就可以这样理解：否定存在伤害

---

[1] 参见井田良『講義刑法学・総論』（有斐閣2018年第2版）170頁、382頁。这种理论的先驱性研究，参见中義勝『誤想防衛論』（有斐閣1971年）1頁以下。
[2] 参见浅田和茂『刑法総論』（成文堂2019年第2版）334頁；平野龍一『刑法総論Ⅰ』（有斐閣1972年）94頁以下；内藤謙『刑法講義総論（中）』（有斐閣1986年）355頁以下；西田典之（橋爪隆補訂）『刑法総論』（弘文堂2019年第3版）195頁；松宮孝明『先端刑法総論』（日本評論社2019年）57頁。

罪的故意,仅限于对假想存在过失的情形,成立过失伤害罪。[1]尽管不清楚判例具体采取的是何种理论结构,但对于假想防卫,判例一般否定存在故意。[2]另外,就〔案例25〕而言,作为假想防卫阻却故意,问题在于是否成立过失致死罪。同时,由于处于基于现实的不法侵害的紧迫的心理状态之下,因此,作为过失的过当防卫,也属于《刑法》第36条第2款的刑罚任意减免(酌情减免)的对象。

还有观点认为,防卫过当仅限于就"过当性"存在故意的情形。然而,按照这种观点,实施同样的行为,如果是故意实施,有可能减免其刑;如果是过失实施,反而不能减免其刑,这样明显有失均衡。

(五) 假想防卫过当

"假想防卫过当"是指,误以为存在紧迫的不法侵害,并对假想的侵害进行了过当的防卫的情形。"假想防卫过当"还可进一步区分为以下两种情形:其一,〔案例26〕A没有攻击的意思,但X误以为A持木棒袭击过来,而且以为是木棒,X随手拿起劈柴刀予以了还击,像这种对过当性的基础事实(为过当性奠定基础的事实)缺少认识的情形(双重的假想防卫、过失的假想防卫过当);其二,〔案例27〕A没有攻击的意思,但X误以为A持木棒袭击过来,虽认识到是劈柴刀,仍然用劈柴刀进行反击,像这种对过当性的基础事实存在认识的情形(狭义的假想防卫过当、故意的假想防卫过当)。广义的假想防卫过当的问题在于,是否成立故意犯,以及是否适用或者准用第36条第2款——第36条第2款规定了有关防卫过当的刑罚的任意性减免。

对故意犯的成立与否而言,在〔案例26〕那样的"双重的假想防卫"中,行为人的认识内容是"合法的事实",因而作为假想防卫而阻却故意,在对有关不法侵害的假想或者有关为过当性奠定基础的事实的假想存在疏忽大意(不小心)的限度之内,成立过失犯;相反,在〔案例27〕那样的"狭义

---

[1] 《盗犯防止法》(《有关盗犯等的防止及处分的法律》)第1条第2款作了以下旨趣的规定:在防止(制止)盗犯或试图夺回被盗之物的场合,或者试图排除侵入住宅的侵入者的场合,即便没有针对生命、身体的现实的危险,基于恐惧、惊愕、兴奋或者狼狈而杀伤犯罪人的,也不可罚。对此一般理解为,针对因恐惧等而误以为存在紧迫的不法侵害的假想防卫的场合所可能成立的过失犯,明文规定因缺少期待可能性而阻却责任。

[2] 参见大判昭和8年6月29日刑集12卷1001頁、広島高判昭和35年6月9日高刑集13卷5号399頁、東京高決昭和45年10月2日高刑集23卷4号640頁,等等。

| 第十二章　故意与事实错误 |

的假想防卫过当"中，行为人的认识内容是防卫过当这种"违法的事实"，因此，能肯定存在作为"对犯罪事实的认识"的故意。

就第36条第2款的适用或者准用而言，按照就防卫过当采取责任减少说以及"择一的并用说"〔第八章之七（一）〕的观点，在广义的假想防卫过当中，行为人处于降低期待可能性的紧迫的心理状态之下（本章之五），因此，应适用或者准用《刑法》第36条第2款。另外，在广义的假想防卫过当中，对于有关紧迫的不法侵害的假想存在过失的场合，出于与将单纯的防卫过当作为过失犯予以处罚之间保持均衡的考虑，应该理解为，不能承认刑罚的免除。[1]

反之，就防卫过当采取违法减少说以及"重叠的并用说"的观点一直认为，在并不存在紧迫的不法侵害的广义的假想防卫过当中，由于缺少能认定违法性之减少的前提，因而不能肯定刑罚的减免。[2]但是，按照违法减少说、"重叠的并用说"的观点，有关成立故意犯的狭义的假想防卫过当，行为人所认识到的事实，是相当于防卫过当的事实，与通常的犯罪相比，属于违法性要类型性地相对低一些的事实。因此，就可以根据《刑法》第36条第2款，在防卫过当的范围之内，追究行为人的故意责任；[3]而且，在是否成立过失犯成为问题的"双重的假想防卫"中，那些对行为人而言有可能认识到的违法事实为过失责任奠定了基础，因此，就应该理解为，在行为人针对有关紧迫的不法侵害的假想不存在过失的限度之内，行为人的责任止于防卫过当的范围，成为根据第36条第2款任意性地减免刑罚的对象。[4]

对于狭义的假想防卫过当，判例也是在肯定成立故意犯的基础上，再承认适用第36条第2款。例如，〔案例28〕听到长子A的惊叫，X持猎枪从家里奔到马路上，看到A正与持刀的B进行对峙，以为是A正受到B单方面的攻击，遂用猎枪向B射击，致B受伤。但实际情况是，B并没有实施任何侵害行为，相反是A要用链条殴打B，在X出来当时，A对B也具有攻击的意

---

[1] 参见内藤谦『刑法講義総論（中）』（有斐閣1986年）381頁以下。
[2] 参见町野朔「誤想防衛・過剰防衛」『警察研究』50巻9号（1979年）54頁；曽根威彦『刑法原論』（成文堂2016年）215頁。
[3] 参见橋爪隆『刑法総論の悩みどころ』（有斐閣2020年）130頁；林幹人『刑法総論』（東京大学出版会2008年第2版）200頁；山口厚『刑法総論』（有斐閣2016年第3版）212頁。
[4] 参见参见橋爪隆『刑法総論の悩みどころ』（有斐閣2020年）134頁。

思。对此，最高裁判所昭和41年（1966年）7月7日决定肯定了在认定X成立杀人罪未遂的基础上，再根据第36条第2款减轻X的刑罚的原判决结论。[1]再如，〔案例29〕A男正在照顾醉酒的B女，空手道段位获得者X看到后，误以为A正在对B施暴，于是为了救助B而插入A、B二人之间，A为了防御而采取了迎战姿势（fighting pose），为此，X误以为A会攻击自己，意图防卫自己以及B的身体，遂施展了自己擅长的"反身飞腿踢"技法，结果踢到A的面部附近，致其摔倒后死亡。对此，最高裁判所昭和62年（1987年）3月26日决定判定，"本案'反身飞腿踢'的行为，作为针对X误以为的来自A的紧迫的非法侵害的防卫手段，显然超出了相当性，对于X的所为，原判决判定成立伤害致死罪，再认为相当于所谓假想防卫过当而根据《刑法》第36条第2款减轻其刑罚，这是正当的"。[2][3]

（六）防卫行为与第三者

防卫行为侵害了非法的侵害者以外的其他人的，对此应如何处理呢？

首先，〔案例30〕A手持为B所有的日本刀砍过来，为了防卫，X拿起金属球棒进行对抗，结果损毁了日本刀，由于日本刀构成了A之不法侵害的一部分，因而就针对B的损坏器物而言，无论是否肯定对物防卫〔第八章之二（二）〕，都能认定成立正当防卫。

其次，〔案例31〕A持日本刀砍过来，为了防卫，X拿起为B所有的金属球棒进行对抗，结果损毁了金属球棒的，由于B的金属球棒并不构成不法侵害的一部分，因而就针对B的损坏器物而言，只有通过紧急避险才可能被正当化。

最后，〔案例32〕A持日本刀砍过来，为了防卫，X向A开枪，但子弹打偏，击中了预想之外的B，致B死亡。在此情形下，针对A的杀人罪未遂虽然能作为正当防卫而被正当化，但就针对B的罪责而言，则存在观点分歧：①有观点从强调刑法的行为规范性，由事前判断来决定行为之合法或者违法

---

[1] 参见最决昭和41年7月7日刑集20卷6号554页。
[2] 参见最决昭和62年3月26日刑集41卷2号182页（"假想骑士道案"）。
[3] 一审在认定本案作为假想防卫阻却故意的基础上，以X对于假想也不存在过失为理由，判定X无罪。可以说，一审与二审、最高裁判所之间并不存在理论立场的不同，不过是因为对事实评价——作为针对假想的侵害的防卫手段，本案"反身飞腿踢"是否具有相当性——的不同而导致了结论的不同。

的视角主张，X 的开枪行为是由防卫意思所承担的防卫行为，而且同一个开枪行为就 A 而言是合法，而就 B 而言则是违法的，这样有损针对行为的统一性评价，因此，即便是就 B 而言也应成立正当防卫（正当防卫说）。[1]②有力观点认为，行为人是为了保护自己的正当利益，而不得已损害了正当的 B 的利益，应成立紧急避险（紧急避险说）。[2]但是，正如"对恶害的衡量"这一要件所显示的那样，紧急避险（以存在法益之间的冲突为前提）要求侵害法益与保全法益处于"二者择其一"的关系，但在〔案例 32〕中并不存在这种关系。[3]

为此，对于〔案例 32〕，就应该采用错误论的理论来解决。这里也存在两种解决路径：①按照具体的法定符合说的观点，针对 B 的死亡的（构成要件的）故意被阻却，在针对 B 的死亡存在过失的限度之内，认定 X 成立过失致死罪（具体的法定符合说适用说）。②按照抽象的法定符合说的观点，虽能肯定存在杀人罪的构成要件的故意，但由于对相当于正当防卫的事实存在假想，缺少为违法性奠定基础的事实的认识，因此，可以作为广义的假想防卫，阻却责任故意，在针对 B 的死亡存在过失的限度之内，认定 X 成立过失致死罪（假想防卫说）。[4]针对②的观点，批判意见指出，所谓"假想防卫"，是指对紧迫的不法侵害存在假想（误以为存在紧迫的不法侵害）的情形，〔案例 32〕中实际存在不法侵害，不属于这种情形。[5]然而，即便"假想防卫"这一表述被限于对紧迫的不法侵害存在假想的情形下使用，〔案例 32〕属于对相当于违法性阻却事由的事实存在假想（误以为存在相当于违法性阻却事由的事实）的案件，在阻却故意责任这一点上并无变化。

---

[1] 参见中野次雄『刑法総論概要』（成文堂 1997 年第 3 版補正版）193 頁注 13；川端博『刑法総論講義』（成文堂 2013 年第 3 版）365 頁。另外，主张就 B 而言应成立防卫过当的观点（防卫过当说），参见甘利航司「正当防衛における第三者侵害」『新倉修先生古稀祝賀論文集・国境を越える市民社会と刑事人権』（現代人文社 2019 年）77 頁以下。

[2] 参见大谷實『刑法講義総論』（成文堂 2019 年新版第 5 版）278 頁；大塚仁『刑法概説　総論』（有斐閣 2008 年第 4 版）388 頁以下；浅田和茂『刑法総論』（成文堂 2019 年第 2 版）231 頁以下。

[3] 参见曽根威彦『刑法原論』（成文堂 2016 年）219 頁。

[4] 参见団藤重光『刑法綱要総論』（創文社 1990 年第 3 版）242 頁；前田雅英『刑法総論講義』（東京大学出版会 2019 年第 7 版）317 頁。

[5] 参见平野龍一『犯罪論の諸問題（上）総論』（有斐閣 1981 年）77 頁；高橋則夫『刑法総論』（成文堂 2018 年第 4 版）296-297 頁。

例如，大阪高等裁判所平成 14 年（2002 年）9 月 4 日判决就采取了②的观点（假想防卫说）。〔案例 33〕该案大致案情为：X 与其兄 B 和 A 等人发生争执，在其兄 B 就要遭受 A 等人的重创之时，为了营救 B 而开车倒向 A 等人，除了撞倒 A 之外，还轧死了 B。对此，大阪高等裁判所的该判决认为，"要将针对完全没有实施不法侵害的 B 的侵害，在客观上认定为正当防卫，这并不妥当；偶尔意外地撞倒并轧死 B 的行为，属于客观上不具有紧急行为性的行为，而且，不能谓之是指向避险，因而认定为紧急避险也不合适。但既然 X 主观上自认为是正当防卫而实施行为……就不存在可以指向故意非难的主观情况"。从而作为"假想防卫的一种情形"，判定阻却故意责任，采取了②的观点（假想防卫说）。〔1〕〔2〕另外，如果就本案采取"紧急避险说"，就会在为了保全 B 的生命、身体而牺牲了 B 的生命这一不合理的前提之下，对二者进行衡量，应该说，这种衡量毫无意义吧？可以说，这一问题的起因在于，"紧急避险说"认定紧急避险不以存在法益之间的冲突为前提。

五、对相当于责任阻却·减少事由的事实的假想

责任阻却·减少事由在形式上可以分为（1）法定事由与（2）超法规的事由，在实质上又可以分为①记述行为人的能力、状态的事由与②记述行为人实施行为之际的状况、环境的事由。责任能力（第 39 条、第 41 条*）是相当于（1）-①的事由，参与盗赃犯罪中的"有关亲属间犯罪的特例"（第 257 条）* 是相当于（1）-②的事由，作为超法规的责任阻却事由的期待不可能

---

〔1〕 参见大阪高判平成 14 年 9 月 4 日判夕 1114 号 293 页。
〔2〕 该判决进一步指出，"对被告人而言，B 是其兄长，也是试图一同躲避对方的袭击的伙伴，与暴力的故意所指向的对方集团的成员之间，从构成要件的评价的角度来看，不能说，在法律上，作为人是等价值的，（实际上）是与暴力的故意所指向的对方集团的成员完全相反，毋宁说应该是从对方集团中救助出来的'人'……因此，缺乏认定故意之符合的根据"，从而附加了即便作为方法的错误也能阻却故意这种旨趣的表述。但是，只要立足于抽象的法定符合说，在作为构成要件要素被类型化的"人"的限度之内，理应能认定故意的符合。如果根据究竟是"敌方"还是"己方"来划定符合的界限，就属于根据是否是行为人所意图的对象来划定符合的界限，这无异于归结到具体的法定符合说。

* 日本《刑法》第 39 条〔责任年龄〕：不满 14 岁的人的行为，不处罚。——译者注
* 日本《刑法》第 257 条〔有关亲属间犯罪的特例〕：配偶之间或者直系血亲、同居的亲属或这些人的配偶之间犯前条之罪的，免除其刑罚（第 1 款）。前款规定不适用于非亲属的共犯（第 2 款）。——译者注

状况（第十一章之五）是相当于（2）—②的事由。

就①的事由而言，由于这种事由的存在本身就属于表征行为人的能力、状态的情况（表征的责任情况），因此，对这种事由的存在的假想（例如，误以为自己还只有13岁）不影响行为人的责任。

相反，②的事由是通过对该情况的认识而对行为人的心理状态给予影响的情况（因果的责任情况）。为此，行为人误以为存在这种情况的场合（例如，误以为是受亲属之托的盗赃处理），由于与存在这种情况之时处于同样的心理状态，因此，就应该认定，与存在这种情况之时相同的责任之阻却或者减少。

针对②的事由，通说不区分（1）法定事由与（2）超法规的事由，主张只有在这种假想是不可避免之时，才阻却作为整体的期待可能性。[1]但是，就（1）-②而言，法律关注的是一定的、被类型化的心理状态，因而研究作为整体的期待可能性，会淹没进行类型化的旨趣。就（2）—②而言，只要是综合性地判断各种情况，就有必要进行作为整体的期待可能性的判断，但针对与法益侵害没有直接关系的责任阻却事由的假想不能进行非难。因此，就应该是不研究错误的避免可能性，而是以行为当时行为人的现实的认识内容为基础进行期待可能性的判断。[2]

---

[1] 参见团藤重光『刑法綱要総論』（創文社1990年第3版）331頁；橋本正博『刑法総論』（新世社2015年）204頁；井田良『講義刑法学・総論』（有斐閣2018年第2版）425頁；高橋則夫『刑法総論』（成文堂2018年第4版）388頁；野村稔『刑法総論』（成文堂1998年補訂版）316頁。

[2] 详见松原芳博「刑法における責任事情の錯誤」『浅田和茂先生古稀祝賀論文集（上）』（成文堂2016年）359頁以下。

第十三章 违法性的意识的可能性

一、是否需要违法性的意识

（一）违法性的错误

虽然对相当于犯罪的事实存在正确认识，但就针对该事实的法律评价存在误解，误以为自己的行为是合法行为而实施了行为的，称之为"违法性的错误"。违法性的错误可以分为两种类型：一是不知道法律的存在的"不知法律"；二是错误解释法律，以为该法律不适用于自己行为的"适用错误"。这两种情形都对自己的行为不存在"违法性的意识"，问题在于，能否认定行为人存在故意或者责任。在行政取缔法规等规定的法定犯，以及不明确的刑罚法规中，很容易出现违法性的错误。近期，以"风险社会"为背景，增设了不少将原本离法益侵害还很远的行为予以犯罪化的法令，出现违法性的错误的范围也有所扩大。而且，随着国际化进程的加快，具有不同法律文化背景的外国人陷入违法性的错误的概念也在增加。

（二）不要说

判例传统上认为，成立故意责任，无需存在违法性的意识，也无需存在违法性意识的可能性，不问是出于何种理由，违法性的错误均不阻却故意责任。例如，〔案例1〕关东大地震之际，违反《暴利取缔令》，高于市价出售石油罐，但被告人主张，当时由于交通中断，自己无法知道三天前刚颁布的该敕令。对此，大审院大正13年（1924年）8月5日判决认为，虽然被告人不知道也无从知道该敕令的发布，但不能就此说并无犯意，对违反法令的认识如何，并不能对犯罪的成立带来消长（造成影响）。[1] 又如，〔案例2〕行为人不知道超出了指定价格而销售了精米，被追究违反《物价统制令》之责。对此，最高裁判所昭和26年（1951年）11月15日判决认为，"要认定存在

---

[1] 参见大判大正13年8月5日刑集3卷611页。

犯意，只要对该当于犯罪构成要件的具体事实存在认识即可，无需认识到该行为的违法"，不仅如此，"对于缺少违法性认识这一点，无需探讨过失的有无"。[1]再如，对于因穿凉鞋（sandal）驾车而违反了禁止、处罚该行为的《福岛县道路交通规则》的案件，东京高等裁判所昭和38年（1963年）12月11日判决撤销了以不知道该规则的存在为理由而否定被告人的故意的原判决，以被告人对自己穿凉鞋驾车这一事实存在认识为理由，肯定了被告人的故意。[2]

上述"不要说"的根据在于：①自罗马法以来，就一直存在"不知法律不免责"（不允许不知法律）这一法律谚语；②第38条第3款正文规定，"即使不知法律，也不能据此认为没有犯罪的故意"；③国民有知晓法律的义务；④法律是他律规范，其效力不得为受命者是否知道法律，以及受命者如何解释法律所左右。但是，就理由①而言，对于该法律谚语的射程，有可能存在各种各样的理解，而且，在以责任主义为前提的现代刑法中，该谚语是否仍然妥当，也不无疑问。对于理由②，也可以提出反论：第38条第3款并未排除以违法性意识的"可能性"为必要的立场。而且，从理由③也可以推导出下述结论："法律不能强人所难"（法律不可能强行要求不可能的事情），因而在不可能知晓法律的场合，并不产生知晓法律的义务。另外，针对理由④的反驳是，法律的"效力"与受命者的"责任"，这原本属于不同问题，受命者的主观虽然不能左右法律的效力，但对于该人的责任，则具有重要意义。在理由④的背后，或许存在这样的担忧：对违法性的错误予以免责，会有损刑法的规制机能，进而造成法秩序的弛缓。然而，一方面，即便对（不可能避免的）违法性的错误予以免责，作为评价规范违反的违法性仍然得到了肯定，因而不会有损刑法的评价机能；另一方面，刑法的命令机能，终需通过作用于受命者的意思而实现，对于无法做出遵守（刑）法的意思决定者，追究其责任，这无疑是放弃（刑）法与受命者之间的意思沟通，从大局来看，反而会弱化通过意思决定规范而实现的刑法的规范约束力。

（三）必要说（严格故意说）

与"不要说"相反，学界有力观点主张，作为故意的内容，以违法性的

---

[1] 参见最判昭和26年11月15日刑集5卷12号2354页。
[2] 参见东京高判昭和38年12月11日高刑集16卷9号787页。

意识为必要，不问出于什么理由，违法性的错误均阻却故意。[1]这种"严格故意说"认为故意的本质在于，对于不管不顾地（毅然）排除由自己的行为属于违法行为这一意识所产生的反对动机，坚持实施了行为这一点的严重的非难，该说是将《刑法》第38条第1款中的"犯罪的意思"理解为违法性的意识。[2]

但是，严格故意说很难与《刑法》第38条第3款保持协调。*因为，按照严格故意说，只能是将《刑法》第38条第3款理解为，是针对不知道具体的适用条文的情形的规定。然而，不知道条文，当然不能成为免责理由，很难想象立法者会用法律条文明文规定这一点，而且，对于不知道法律条文的情形，也没有理由根据《刑法》第38条第3款但书减轻其刑。此外，批判意见还指出，严格故意说存在下述实际上的不当之处：对于相信自己的行为正当的确信犯，以及行为当时没有明确的违法性意识的激情犯，就只能是不予处罚；就法定犯而言，由于不能处罚那些不知道存在法律规制者，因而无法达到行政取缔的目的；与因对法律持谨慎态度而具有（未必的）违法性意识者相比，因对法律毫不关心而完全无意于去意识自己行为的违法性者，明明不能谓之为责任更轻，却要一律不予处罚，等等。[3]

严格故意说认为，违法性的意识才是故意责任的本质，对犯罪事实的认

---

[1] 参见浅田和茂『刑法総論』（成文堂2019年第2版）335頁；大塚仁『刑法概説　総論』（有斐閣2008年第4版）461頁；岡野光雄『刑法要説総論』（成文堂2009年第2版）178頁；中山研一『刑法総論』（成文堂1982年）372頁。

[2] 基于将犯罪视为"行为人的反社会的意思的表征"的近代学派，也有部分学者倡导"自然犯、法定犯区别说"。也就是，就自然犯而言，从对犯罪事实的认识本身之中，即可表征反社会的意思，因而不以违法性的意识为必要；反之，就法定犯而言，只有对受到禁止这一点存在认识，其反社会性才能被表征，因而以违法性的意识为必要。参见牧野英一『刑法総論（下卷）』（有斐閣1959年全訂版）589頁以下。

＊日本《刑法》第38条〔故意〕：即使不知法律，也不能据此认为没有犯罪的意思，但可以根据情节减轻其刑（第3款）。——译者注

[3] 严格故意说试图通过①将"违法性"的意识缓和至前法性的（法律生成之前的）"反伦理性"或者"反社会性"（本章之二），②承认处罚并无明文规定的过失犯，以及③将第38条第3款视为，对于有关违法性的错误的过失犯，准照故意犯予以处罚的特别规定（第38条第1款但书）[准故意说，参见佐伯千仞『刑法講義　総論』（有斐閣1981年4訂版）277頁]，以确保将处罚控制在适当范围之内。然而，①混同了法律责任与伦理责任；②与第38条第1款规定的处罚故意犯的原则相抵触（第十四章之二）；对于③，需要在理论上追问将本属于过失犯的情况作为故意犯予以处罚的理由及其正当性（③的实质与后述的限制故意说或者责任说并无不同）。

识不过是其前提。但是，这种想法是以规范本身作为保护对象，在针对有意识地反抗规范的意思进行责任非难这一点上，属于权威主义。在认为"刑法的目的在于保护法益"的观点看来，对于包含法益的侵害或者危险的犯罪事实的认识，才会构成故意责任的事实性基础。所谓"故意"，是为了将包含法益的侵害或者危险的犯罪事实，作为行为人意思的产物而归属于行为人的一种心理状态，以针对犯罪事实的现实认识为内容。违法性的意识，是行为人针对法律评价——（刑）法规范针对通过故意而认识到的事实所进行的否定性评价——所"间接体验"*到的东西，具有保障（刑）法的动机形成可能性的机能。按照这种保障动机形成可能性的机能，违法性的意识，就并不必然要求是现实的意识，只要具有这种可能性即可。这是因为，既然已经实际实施了犯罪，（刑）法规范的动机形成机能（即让行为人形成反对动机的机能）就已归于失败，在探讨行为人的责任问题之时，其问题就不在于是否实际形成了反对动机（现实的动机形成），而完全在于其"可能性"。[1]

（四）可能性说之一（限制故意说）

鉴于严格故意说在实际适用中会出现各种不妥当的结论，"限制故意说"提出，将作为故意的要件的"违法性的意识"缓和至"违法性意识的可能性"，认为仅限于无法避免违法性的错误之时，违法性的错误才阻却故意。[2]"限制故意说"通过追究针对未能意识到违法性的人格形成上的责任，而为（不以现实的违法性的意识为必要）"只要具有违法性意识的可能性即可"这一点提供根据。但是，除了对作为"限制故意说"之前提的人格责任论本身抱有疑问（第十一章之二）之外，"限制故意说"的问题还在于，混入违法性意识的可能性这种过失性契机，会有损"故意"概念的统一性。就是从前述对犯罪事实的认识与违法性的意识（的可能性）在机能上的差异来看，将两者同时包摄于"故意"之内，也不妥当。[3]而且，违法性意识的可能性，作为保障（刑）法的动机形成的机会的东西，即便是过失犯，也以存在这种

---

* 这里的"间接体验"是意译，日文原文为"追体验"，其意思是，通过作品等追寻、感受他人的体验，并进一步以此作为自己的体验。——译者注
[1] 参见高山佳奈子『故意と違法性の意識』（有斐閣 1999 年）274 頁以下。
[2] 参见団藤重光『刑法綱要総論』（創文社 1990 年第 3 版）316 頁以下；佐久間修『刑法総論』（成文堂 2009 年）288 頁。
[3] 参见内藤謙『刑法講義総論（下）Ⅰ』（有斐閣 1991 年）1017 頁；松原久利『違法性の錯誤と違法性の意識の可能性』（成文堂 2006 年）20 頁。

可能性为必要，而按照限制故意说，在不存在违法性意识的可能性之时，不过是阻却"故意"，这样就仍然留有成立过失犯的余地。

（五）实质的故意说

除此之外，另有学者提倡"实质的故意说"。[1]该说虽以不要说的框架为前提，但将故意的认识对象理解为"如果是一般人，就可能具有该罪之违法性的意识的事实"，通过将一直以来作为违法性的错误予以处理的部分案件转移至事实的错误的领域，而试图得出与限制故意说相近的结论。但是，要将违法性意识的可能性全面还原至对事实的认识，这难以做到，并且，将两者融合在一起又会无视两者在机能上的差异。而且，对某种事实的认识，即便对一般人而言可以意识到违法，但如果对行为人而言不具有意识到违法性的可能性，仍然不能追究行为人的责任。

（六）可能性说之二（责任说）

如上所述，违法性的意识及其可能性，并不包含在故意的内容之中。可以说，《刑法》第38条第3款正文明示的旨趣是，即便没有违法性的意识，仍可以认定存在故意。但是，在不具有违法性的意识的可能性的场合，行为人就无法"间接体验"评价规范对自己行为的否定性评价，也不具有形成循（刑）法的动机的可能性，因而不能追究刑法上的责任。要让行为人心悦诚服地接受刑罚，就必须保障行为人自己具有"间接体验"（刑）法的评价的可能性。

由此可见，违法性的意识的可能性，是故意犯与过失犯的共同的责任要素（责任说[2]），在不具有违法性的意识的可能性之时，就可以将规定刑罚的任意性减轻的《刑法》第38条第3款但书的旨趣更进一步，对于违法性的错误，认定为基于责任主义之要求的超法规的责任阻却。可以说，行为人的动机形成的可能性，在生物学层面通过责任能力、在附随事项层面通过期待可能性、在法信息层面通过违法性的意识的可能性而得到保障。

---

[1] 参见前田雅英『刑法総論講義』（東京大学出版会2019年第7版）177-178頁。

[2] 责任说还进一步分为两种观点：①严格责任说将相当于违法性阻却事由的事实的错误作为违法性的错误来处理［第十二章之四（三）］；②限制责任说将相当于违法性阻却事由的事实的错误作为事实的错误来处理［平野龍一『刑法総論Ⅰ』（有斐閣1972年）164頁；山口厚『刑法総論』（有斐閣2016年第3版）266頁；西田典之（橋爪隆補訂）『刑法総論』（弘文堂2019年第3版）257頁；高橋則夫『刑法総論』（成文堂2018年第4版）380頁；町野朔『犯罪総論』（信山社2019年）186頁；山中敬一『刑法総論』（成文堂2015年第3版）315頁］。

（七）判例向可能性说的接近

在二战后的下级裁判所判例中，对于就违法性的错误存在相当理由的情形，判定不具有"犯意"或者"故意"的判例零星可见。例如，〔案例3〕为了防止田里的魔芋被盗，某农夫在自己的农田守夜，深夜，看到出于盗窃目的而接近自己农田的 A，于是作为现行犯逮捕（抓获）了 A（"魔芋案"）。对此，东京高等裁判所昭和27年（1952年）12月26日判决认为，在逮捕的时点，由于 A 的行为尚未达到着手盗窃的程度，因而并未满足逮捕现行犯的要件。然而，实行的着手时点是一个非常难以认定的问题，即便是法律专家之间也存在意见分歧。因而可以说，作为普通人的被告人相信自己的行为是法律所允许的行为，这具有相当的理由，进而判定不具有逮捕监禁罪的犯意。[1]又如，〔案例4〕对于因上映已通过伦理审查的电影，而被以公然陈列猥亵图画罪受到起诉的案件（"黑雪案"），东京高等裁判所昭和44年（1969年）9月17日判决在指出实行电影伦理审查制度的宗旨，以及对于电影伦理的社会评价的基础上，认为作为电影制作者的被告人等相信本案电影不具有刑法意义上的猥亵性，法律上是允许上映该电影的，这种相信具有相当的理由，进而判定缺少该罪的犯意。[2]再如，〔案例5〕对于违反《反垄断法》的石油生产调整是在通产省的指导之下进行，公平交易委员会对此也未采取任何措施的所谓"石油卡特尔生产调整案"，东京高等裁判所昭和55年（1980年）9月26日判决认为，作为石油联盟的供应委员长的被告人误以为，按照通产省指导的生产调整可以阻却违法性，这具有相当的理由，因而不具有违反《反垄断法》的故意。[3]近年也有类似判例。〔案例6〕被告人进口了虽具有手枪之外观但不具有发射金属弹丸的功能的东西，被认为相当于进口枪械而受到起诉。对此，大阪高等裁判所平成21年（2009年）1月20日判决认为，"（被告人）特意向警察的相关部门确认合法性的标准，在此基础上，确信既然该东西的制作已经超出了该标准，自己的行为就是合法的，可以说，对此存在相应的根据"，从而以"（被告人）没有意识到本案各部件的进口是该当于进口枪械罪之构成要件的违法行为，并且，针对不具有这种意识是存在相当的

---

[1] 参见东京高判昭和27年12月26日高刑集5卷13号2645页。
[2] 参见东京高判昭和44年9月17日高刑集22卷4号595页。
[3] 参见东京高判昭和55年9月26日高刑集33卷5号359页。

理由的"为理由，否定存在进口枪械罪的故意。[1]这些判例均立足于限制故意说，对于基于相当理由的违法性错误，否定具有"故意"。其理论结构是基于司法实务的关注——试图以《刑法》第38条第1款作为不予处罚的法律根据，而不是在意识到与责任说之间的理论对立之后所作出的选择结果。

受此倾向的影响，最高裁判所也对可能性说显示了一定程度的关注。例如，对于因未经许可举行示威游行而被认定违反《东京都公安条例》的"羽田机场游行案"，最高裁判所昭和53年（1978年）6月29日判决对于以限制故意说为前提而判定被告人无罪的原判决（二审判决），不是以该判决"违反判例"（此前的判例一直采取不要说）为理由，而是依据职权直接认定，存在可以证明被告人具有违法性意识的事实，进而以事实认定错误为理由，撤销了原判决。[2]最高裁判所昭和62年（1987年）的决定是有关此类案件的典型判例。[案例7]饮食店经营者X，在制作与百元纸币相似的消费券之际，①拜访警署，找熟知的警官P商量，P建议不要使得二者发生混淆，但X仍制作了未能充分体现该建议的消费券A；②将消费券A拿到警署之时，P既未提醒注意也未提出警告，并将该消费券分发至其他警官，为此，X更加放心，又制作了几乎相同的消费券B；③其他饮食店经营者Y从X那里听说，警察认为消费券A并无问题，遂制作了与之几乎相同的消费券C（"消费券案"）。对于此案，最高裁判所昭和62年（1987年）7月16日决定认为，"在这种事实关系之下，即便X就一审所判定的第一点行为（①与②的行为），而且，Y就第一审所判定的第二点行为（③的行为）缺少违法性的意识，仍然不属于对此有相当理由的情形，原判决（二审）的这一判断可予以肯定。因此，无需再深入探讨是否应采纳'当时若对不具有行为的违法性的意识存在相当理由，则不成立犯罪'这种观点，就（直接）判定本案各行为有罪的原判决的结论，并无错误"。[3]

---

[1] 参见大阪高判平成21年1月20日判夕1300号302页。
[2] 参见最判昭和53年6月29日刑集32卷4号967页。
[3] 最决昭和62年7月16日刑集41卷5号237页。

二、"违法性"的意识的内容

以前曾一度属于有力学说的观点主张,应从前法性的(法律生成之前的)"反伦理性"或者"反社会性"的意识中探寻"违法性"的意识的内容,如果行为人认为自己的行为"有些亏心",即认定具有违法性的意识。[1]按照这种观点,在〔案例1〕中,只要对"牟取暴利"存在认识,势必就能肯定具有"违法性的意识"。但是,这种由本应该区别于法律的伦理所引起的动机形成的可能性,尚不足以为法的非难奠定基础。尽管可以说,该观点是一边采取严格故意说,同时又试图通过缓和"违法性"的意识的内容,以谋求结论的妥当性,然而,按照只要存在违法性的意识的"可能性"即可的限制故意说或者责任说,就没有必要对"违法性"的意识进行这样的缓和。

为此,现在的多数说,将违法性的意识理解为"对整体法秩序的违反"或者"对实定法的违反",认为如果对行为被行政法或者民法所禁止存在意识的可能性,就可以追究行为人的责任。[2]相反,按照认为违法概念在各个法域各不相同的"违法多元论"(第六章之六)的观点,(民法或者行政法中的违法,与刑法上的禁止并无直接关系)受到民法等的禁止这种认识可能性,并不能成为刑法的动机形成可能性的保障,不能为刑法上的非难奠定基础。而且,即便是立足于认为违法概念在整个法域都是统一的这种"违法一元论"的观点,作为刑罚之对象的违法,仍必须具备与科处刑罚相适应的质与量(缓和的违法一元论)。因此,如果不能让行为人"间接体验"法的评价——违法达到了应科处该刑罚的程度,就无法让行为人心悦诚服地忍受刑罚。鉴于民法上的不法行为或者不履行债务,可以在相当广的范围内成立。如果行为人认为,作为不法行为或者不履行债务,自己的行为可能属于损害赔偿的对象,但不会成为刑罚的对象,而且,行为人这样理解也并不勉强的(并非毫无道理的),处罚这种行为人,只会让其认为,自己遭受处罚不过是(自己运气不好)一种偶尔的不幸,这样反而会降低刑罚的感召力。

由此可见,要将通过刑罚进行的非难予以正当化,就应该以"刑法的违

---

[1] 参见小野清一郎『新訂刑法講義総論』(有斐閣1950年増補版)154頁以下;瀧川幸辰『犯罪論序説』(有斐閣1947年改訂版)127頁以下。

[2] 参见大谷實『刑法講義総論』(成文堂2019年新版第5版)335頁以下;川端博『刑法総論講義』(成文堂2013年第3版)444頁;平野龍一『刑法総論Ⅱ』(有斐閣1975年)265頁以下。

法性"或者"可罚的违法性"的意识可能性为必要。[1]应该说，这种观点在司法实务中也具有实际意义。例如，曾有最高裁判所的判例判定，劳动争议等行为不具有刑法的违法性或者可罚的违法性，行为人信赖该判例而实施了行为的，就具有作为违法性的错误而予以免责的余地。[2]

不过，针对该行为实际受到处罚的可能性的认识可能性，[3]不可能成为为行为人的责任奠定基础的违法性的意识可能性的内容。因为，是否可以处罚，这属于行为人的责任的归结，如果以这种认识可能性作为责任的内容，就会陷入"自言自语"（自我言及、自我参照）的矛盾之中。如果处罚行为人以处罚可能性的认识可能性为必要，那么，"处罚可能性的认识可能性"的认识可能性……也会成为必要，就会招致无限的溯及。另外，对于确信自己的行为不会被发现的人，没有必要将其作为《刑法》第38条第3款但书的任意性减轻的对象，即便这种确信具有相当的理由，也没有必要否定其责任。

法定刑的错误也不能成为违法性的错误。例如，[案例8] 因总是难以实现对已经腐朽的村有桥梁的改建，X等人意图制造出桥梁因雪灾而坍塌的假象，由此获取灾害补偿款，并用该补偿款对桥梁进行改建，于是用炸药损坏了桥梁。行为当时，X等人并不知道《爆炸物取缔罚则》第1条之存在及其法定刑（死刑或者无期或7年以上惩役或禁锢），以为至多被处以罚金（"关根桥案"）。对此，最高裁判所昭和32年（1957年）10月18日判决认为，即便不知道刑罚法令的规定及其法定刑，但如果意识到该行为是违法行为，就不能适用《刑法》第38条第3款但书，进而撤销了判定减轻刑罚的原判决（二审判决）。[4][5]

---

[1] 参见井田良『講義刑法学・総論』（有斐閣2018年第2版）412頁；曽根威彦『刑法原論』（成文堂2016年）394頁；野村稔『刑法総論』（成文堂1998年補訂版）300頁以下；松宮孝明『刑法総論講義』（成文堂2018年第5版補訂版）202頁；山口厚『刑法総論』（有斐閣2016年第3版）268頁。

[2] 参见有关"岩手县教组事件"的最高裁判所判决（最判平成8年11月18日刑集50卷10号745頁）［第二章之五（四）］中河合裁判官的补充意见。

[3] 主张应具有可罚性（处罚可能性）的意识的可能性的观点，参见町野朔「『違法性』の認識について」『上智法学』24卷3号（1981年）227頁；齋野彦弥『故意概念の再構成』（有斐閣1995年）193頁以下。

[4] 参见最判昭和32年10月18日刑集11卷10号2663頁。

[5] 不过，《爆炸物取缔罚则》第1条的法定刑（尤其是其最低刑期）明显过重，存在是否违反罪刑均衡原则的疑问。

三、事实的错误与违法性的错误的区别

（一）区别标准

按照限制故意说或者责任说，事实的错误直接阻却故意，而违法性的错误只有在不可能避免之时才阻却故意或者责任，为此，事实的错误与违法性的错误之间的区别，就特别重要。抽象地说，两者的区别取决于，是对被法规范所包摄的事实存在错误认识，还是对适用于事实的法规范存在误解。但是，从法律的适用就是"规范与事实的妥协"的过程来看，规范与事实之间的区别并不明确。尤其是，在内含一定的评价规范的构成要件要素中，以及在只有通过法的规制，相关事实才会具有犯罪色彩的法定犯中，有关事实的认识与有关法规范的知识（认知）实际上是相互交错在一起的。

作为对犯罪事实之认识的故意，其中包含对各个构成要件要素的"含义的认识"[第十二章之一（四）]。一个事实之中，附着有无数的"含义"，其中，作为各个构成要件要素的"含义"而构成故意之内容的，就是能成为之所以要求具备该要素之根据的属性，或者刑法所关注的属性，[1]尤其是按照法益侵害说，就应该是为法益侵害性奠定基础的属性。[2]有关这种个别的构成要件要素，对刑法所着眼的属性缺少认识的，就作为事实的错误阻却故意；虽对这种属性存在认识，但对被刑法评价为违法这一点不存在认识的，就作为违法性的错误，应进一步探讨是否具有违法性意识的可能性。反之，与实质的故意说一样，主张根据是否对"如果是一般人就足以意识到行为的违法性"的事实存在认识，来区别违法性的错误与事实的错误的观点，也属于有力学说。[3]但是，从故意与违法性的意识在机能上的差异[本章之一（三）]来看，违法性意识的唤起可能性，不过是有可能由"对刑法所着眼的属性的认识"所推导出的事实上的结论，其本身并不能成为认定故意之存

---

[1] 参见高山佳奈子『故意と違法性の意識』（有斐閣1999年）184頁；中森喜彦「麻薬・覚醒剤に関する認識・故意」『判例タイムズ』721号（1990年）74頁。

[2] 主张将故意的内容与法益或者利益联系在一起的学者有：林幹人『刑法総論』（東京大学出版会2008年第2版）267頁；石井徹哉「故意責任の構造について」『早稲田法学』38巻（1988年）38頁以下；長井長信『故意概念と錯誤論』（成文堂1998年）91頁以下；齋彦弥『故意概念の再構成』（有斐閣1995年）188頁以下；小池直希「『故意の提訴機能』の史的展開とその批判的検討（2・完）」『早稲田法学』96巻3号（2021年）119頁以下。

[3] 参见藤木英雄『刑法講義総論』（弘文堂1975年）217頁。

在的标准。

(二) 法定犯

最高裁判所大法庭昭和23年（1948年）7月14日判决曾判定，"既然知道是'甲醇（Methylalkohol）'而出于供人饮用的目的持有或者转让的，即便不知道该'甲醇（Methylalkohol）'与法律上禁止持有或者转让的'甲醇（Methanol）'属于同一东西，那也不过是单纯的法律的不知而已，不缺少任何对犯罪构成的必要的事实的认识，因此，无碍于认定存在犯意"。[1]尽管也有将本判决视为，仅凭对"裸的事实"（纯粹的事实）的认识就肯定存在故意的余地，但毋宁说，对该判决应该理解为，"甲醇（Methylalkohol）"就相当于对于"甲醇（Methanol）"的素人的认识，同时，对于将"甲醇（Methanol）"的持有与转让予以构成要件化之际立法者所关注的属性，能够推定行为人已经认识到，因此，最高裁判所才肯定行为人对于"甲醇（Methanol）"的含义存在认识。

相反，（针对法定犯）也有判例仅凭对"裸的事实"（纯粹的事实）的认识，就肯定存在故意。例如，〔案例9〕玩具类秋千本属于物品税之征收对象，但行为人不知道这属于应税物品，在未向政府提出申报的情形下生产了秋千（"秋千案"）。对此，最高裁判所昭和34年（1959年）2月27日判决认为，"不知道属于应税物品且需要进行生产申报这一情况，不过是不知道《物品税法》等相关法令"，"对于生产本案物品的认识本身并不缺少任何东西"，因此，"本案不属于应以事实的错误来论之的情形"。[2]但是，"秋千"这一对象本身属于价值中立（中性）的东西，只有被指定为课税物品，才与国家的税收权发生关系，因此，作为故意的内容，就必须对"（属于）应税物品"这一为法益侵害性奠定基础的属性存在认识。而且，如果行为人本身并不知道《物品税法》上的申报制度，也就难以认定，对"不申报"存在认识。

又如，〔案例10〕被告人猎捕了当地称为"姆马（もま）"的动物，但那实际上是《狩猎法》禁止在特定时间予以捕杀的动物"姆萨萨比（むささび）"的俗称〔"'姆马（もま）·姆萨萨比（むささび）'"案〕。对此，

---

[1] 最大判昭和23年7月14日刑集2卷8号889页。
[2] 参见最判昭和34年2月27日刑集13卷2号250页。

| 第十三章　违法性的意识的可能性 |

大审院大正 13 年（1924 年）4 月 25 日判决认为，只要是把"姆马（もま）"作为"姆马（もま）"予以了猎捕，就对犯罪事实不缺少认识，而不过是违法性的错误而已。[1]与本案相反，大审院大正 14 年（1925 年）6 月 9 日判决则对下述案件（"狸·貉案"）作出了完全不同的判决。[2]〔案例 11〕《狩猎法》禁止在一定时间内猎捕"狸"，而俗称十字"貉"的动物是"狸"的一种类型，但行为人误以为十字"貉"是不同于"狸"的其他动物，而猎捕了十字"貉"。对此，大审院的该判决认为，行为人对所猎捕的动物属于"狸"这一点不存在认识，从而判定阻却故意。《狩猎法》规定的一定时间段内禁止猎捕的保护法益，从一般自然环境的角度来看，是"野生性"；从种群维系的角度来看，是"稀少性"；从作为天然资源的狩猎动物的稳定供给的角度来看，是"作为资源的要保护性"。如果对这种属性存在认识，则足以认定，存在对认定故意所必要的、对含义的认识。然而，该法的保护法益未必明确，对象动物的选定也并未充分反映上述前法性（法律生成之前）的属性，从这一点来看，作为故意的内容，也许应该以对"一定时间内禁止猎捕"这种属性存在认识为必要。不管怎样，在"狸·貉案"中，由于行为人是积极地认为，实际猎捕的动物与"狸"属于不同的动物，因此，也可以认为，不具有对构成要件该当事实的认识。[3]

不同于上述针对"禁止对象的不知"的案件，有关"禁止区域的不知"的案件，判例则立足于"仅凭对裸的事实的认识尚不能认定存在故意"这一前提，一般作为事实的错误来处理。例如，东京高等裁判所昭和 30 年（1955 年）4 月 18 日判决认为，违反禁止超车之罪的故意，"仅仅是对超越他人的汽车这一点存在认识还不够，必须是对在公安委员会所规定的地点，也就是，

---

[1] 参见大判大正 13 年 4 月 25 日刑集 3 卷 364 页。
[2] 参见大判大正 14 年 6 月 9 日刑集 4 卷 378 页。
[3] 原本是分设 15 个座位的大型汽车，但汽车的所有者拆除了其中的 6 个座位，被告人持普通汽车的驾照驾驶该车，对此，最高裁判所平成 18 年（2006 年）2 月 27 日判决认为，被告人听上司讲过，只要不坐人就没事，而且，被告人也曾看到过，在车辆检查证的汽车种类栏里填写的是"普通"，即便被告人会由此认为，持普通驾照也可以驾驶该车，但"对于虽认识到本案车辆的座位情况却仍以普通驾照驾驶该车的被告人而言，能够认定其存在无证驾驶的故意"（最判平成 18 年 2 月 27 日刑集 60 卷 2 号 253 页）。不过，该判决留有这样的疑问：针对大型汽车的含义，被告人难道不是缺少认识吗？

对在禁止超车的区域内超越他人车辆存在认识";[1]又如，对于不知道属于禁止狩猎区域而在该区域实施了狩猎行为的案件，东京高等裁判所昭和35年（1960年）5月24日判决认为，"缺少对构成犯罪之事实的认识"。[2]对于根据《道路交通法》第30条，属于禁止超车区域的十字路口、隧道、铁路路口等，由于这些地点本身就具有为超车行为的危险性直接奠定基础的自然特征，因而只要对该场所的形状（地理情况）存在认识，就可以认定存在故意。不过，对于通过设立路标等而被规定为禁止超车区域的场所，仅凭该场所的形状还不足以说，这种形状足以表征超车行为的危险性，因此，故意的内容就应该是，通过对标示等的认识，认识到该区域属于禁止超车区域。

又如，〔案例12〕行为人打算将处于自己生父的名义之下的、《公众浴场法》上的营业执照改为自己所经营的公司的名义，由于得知按照该法不允许变更营业名义，于是，听从县政府机关的业务担当人员的建议，再次提交名义变更申请书，申请将最初的申请人由自己的生父改为公司，并得到了县知事的受理，行为人由此便认为已经存在有效许可，遂继续经营该澡堂。对此，最高裁判所平成元年（1989年）7月18日判决否定行为人存在无许可营业罪的故意。[3]在该案中，是由对变更申请的受理的认识而打消了对于"无许可"的（素人的）认识。

（三）规范的要素

例如，〔案例13〕大分县相关法令规定，"凡没有挂养犬证且饲养人不明的狗，视为无主狗"，为此，行为人捕杀了没有挂证照的狗。但该法令仅仅是允许相关公务员对无主狗（没有挂证照的狗）进行处理，而不是说，对不属于公务员的其他个人而言，这种狗也属于无主狗（"无证犬案"）。对此，最高裁判所昭和26年（1951年）8月17日判决认为，"（行为人的）上述错误的结果，或许属于应认定为，对本案中的狗为他人所有这一事实不存在认识的情形"，从而撤销了二审判定成立盗窃罪以及损坏器物罪的有罪判决。[4]

又如，〔案例14〕误以为相关部门的查封已经因债务的偿还而失去效力，

---

[1] 参见東京高判昭和30年4月18日高刑集8卷3号325頁。
[2] 参见東京高判昭和35年5月24日高刑集13卷4号335頁。
[3] 参见最判平成元年7月18日刑集43卷7号752頁（"公共浴室案"）。
[4] 参见最判昭和26年8月17日刑集5卷9号1789頁。

遂自行除掉了被查封的物件上的封条。对此，大审院大正15年（1926年）2月22日决定将对封条的有效性的错误理解为事实的错误，否定具有破弃封印罪的故意。[1]反之，例如，〔案例15〕裁判所的执行官员X在对A实行强制执行之际，发现市政府的税收官员所作出的查封，不仅缺少对重要事项的记载，所查封的财产的价值也明显超出了滞纳的税款，于是，误以为该查封是出于避免针对A的一般债权人的强制执行的目的的错误处分，应归于无效，于是除掉了查封的封条。对此，最高裁判所昭和32年（1957年）10月3日判决认为这属于违法性的错误，判定成立破弃封印罪。[2]在〔案例14〕中，由于是误信被保全的债权本身因已经偿还而归于无效，因而不存在对"有法律意义的封印"的认识；而在〔案例15〕中，由于已经认识到，仍然存在被保全的债权，因而能肯定存在对"有法律意义的封印"的认识。

四、违法性的错误的判断

以上述内容为基础，下面就违法性的错误的判断过程进行梳理。

对故意犯而言，在研究违法性的意识（认识）之前，首先应解决有无故意的问题。要认定存在故意，仅存在对裸的事实的认识还不够，还必须对含义存在认识。为此，在法定犯、规范性要素等成为问题的场合，"不知法律"或者"适用错误"的结果，正如〔案例13〕（"无证犬案"）显示的那样，是因为缺少对刑法所关注的属性的认识，而应该否定存在故意。

肯定具有故意之后，接下来的问题是，是否存在现实的违法性的意识（认识）。正如前述"羽田机场游行案"那样，在违法性的意识（认识）本身得到肯定的场合，理所当然，没有必要再探讨违法性的意识（认识）的可能性，也不存在根据《刑法》第38条第3款但书减轻刑罚的余地。这种违法性的意识（认识），只要属于"说不定是违法的"这种未必的意识（认识）即可。[3]而且，违法性的意识（认识），是就各个构成要件该当事实分别探讨

---

[1] 参见大决大正15年2月22日刑集5卷97页。
[2] 参见最判昭和32年10月3日刑集11卷10号2413页。
[3] 不过，"未必的违法性的意识（认识）"的内容、程度，是否应该与"未必的故意"相同，仍有进一步探讨的余地。另外，尽管经过了充分的调查、研讨，仍无法消除也许违法这种疑虑之时，有时候考虑到克制该行为会产生重大的不利益，就应该认定为，不具有期待可能性（参见松原久利『違法性の錯誤と違法性の意識の可能性』（成文堂2006年）74頁；高山佳奈子『故意と違法性の意識』（有斐閣1999年）372頁以下）。

有无该意识，在此意义上，是"可分的"。例如，〔案例16〕将数名女性介绍至性风俗店工作，并得到了相应报酬，对此，行为人虽认为，介绍有害的工作是一种犯罪，但并不认为，未经相关部门许可而有偿介绍工作的行为也属于犯罪，也就是说，在此情形下，对"有害业务就业目的职业介绍之罪"（《职业安定法》第63条第2项）的违法性存在认识，但对"无许可有偿职业介绍之罪"（《职业安定法》第64条第1项、第30条第1款）则不存在违法性认识；又如，〔案例17〕已婚者X因与17岁的女性发生性交易而被追究违反《青少年保护条例》之责，X虽然认为婚姻之外的性交易属于犯罪，但并不认为与未满18周岁的女性之间的性交易也属于犯罪，在此情形下，就应否定行为人对违反《青少年保护条例》这一点存在违法性的意识。

虽有故意但无违法性的意识（认识）的，可以根据《刑法》第38条第3款但书减轻其刑，同时，还有必要探讨有无违法性意识（认识）的可能性。

在"不知法律"的案件中，要认定存在违法性意识（认识）的可能性，首先必须存在让行为人对自己行为的合法性产生怀疑的"契机"。尤其是在行为本身具有很强的价值中立的色彩的法定犯中，如果对属于法律所规制的领域〔例如，采取的是执照制（审批制）〕这一点不存在认识，原则上，就应否定存在违法性意识（认识）的可能性。在〔案例9〕（"秋千案"）中，即便能肯定存在故意，由于生产秋千只是行为人的副业，因而也有这样认定的余地：行为人要意识（认识）到自己的行为的违法性，尚缺少一定的"契机"。

在给予了行为人意识（认识）到违法性的"契机"的场合，下面就要求，对于自己所欲实施的行为是否是违法的，进行深思熟虑，如果确有必要，还应进行相应的调查或者咨询。在此阶段，行为人信赖自己所依据的信息，这是否具有相当性，就成为问题。在〔案例5〕（"石油卡特尔生产调整案"）中，由于存在通产省的指导以及公平交易委员会的默认，在〔案例4〕（"黑雪案"）中，由于已经通过了"作为符合日本国宪法之精神的制度而设立，属于国家也予以承认的制度"的电影伦理制度的审查，因而判例才认定，对于违法性的错误，存在相当的理由。反之，在〔案例7〕（"消费券事件"）中，"将消费券拿到警署的行为，主要目的在于促使警署人员来店消费这种宣传活动，其旨趣并不在于，再次请P对消费券的妥当与否进行判断"，这一点成为判例肯定具有违法性意识的可能性的主要根据。

通说也认为，信赖判例或者信赖所属的相关政府机关的公开见解的，这种信赖就是相当的，能由此否定违法性意识（认识）的可能性；而信赖某个个人的意见的，则能肯定行为人存在违法性意识（认识）的可能性。

的确，违法性意识（认识）的可能性的判断，作为广义的期待可能性判断的一环，是以期待方即国家与被期待方即行为人之间的紧张关系[1]为前提，如果国家机关一方面采取允许实施该行为的态度，另一方面又将该行为作为犯罪来处理，这属于将国家的失误转嫁给国民，不仅被告人难以接受，而且还会损害国民对国家的信赖。[2]因此，信赖具有权威性的公共机关的，原则上，就应否定存在违法性意识的可能性。但是，考虑到国民与公共机关之间的通道尚无充分的保障，[3]对于按照特定个人的见解而实施行为的情形，就不应全面否定免责。尤其是，律师是由国家所公认的法律服务的提供者，属于将法律信息传递给国民的最为现实的存在，因此，在信赖律师的见解的场合，除了存在可质疑其信用性的特别证据的情形之外，就应该认为，应阻却责任。[4]

针对行为人的责任非难，原本是基于行为当时能认定具有违法性意识（认识）的可能性，因而不得以违反了调查或者咨询义务作为非难的根据。因此，要求行为人积极地进行调查或者咨询的情形，就应该限于，要么是实际存在（未必的）违法性意识（认识）的情形，要么是经过"深思熟虑"可以产生（未必的）违法性意识（认识）的情形。事实上，以是否切实地进行了调查或者咨询作为问题的案件，大多是行为人当初存在未必的违法性意识

---

[1] 有学者将违法性的错误的避免可能性理解为，国家与国民之间的危险承担或者风险分配的问题。参见一原亜貴子「違法性の錯誤と負担の分配（一）（二・完）」『関西大学法学論集』53卷6号（2004年）104頁以下・54卷1号（2004年）82頁以下。

[2] 有学者在重视针对合法行为的动机形成可能性的视角的同时，也重视针对具有权威的国家机关的信赖（国家的禁反言）的视角。参见樋口亮介「責任非難の意義」『法曹時報』90卷1号（2018年）7頁以下。

[3] 2001年引入的"法令适用事前确认程序"（no-action letter）制度，作为连接公共机关的法律解释的保障制度，颇引人注目。但其范围以及使用便捷等方面，尚难言充分。

[4] 参见井田良『講義刑法学・総論』（有斐閣2018年第2版）415頁；山中敬一『刑法総論』（成文堂2015年第3版）712頁。

（认识）的情形，争论的是，经过调查或者咨询，可否谓之为，已经消除了（行为人本身就已经具有的）未必的违法性意识（认识）。*

---

* 也就是说，在行为人已经具有未必的违法性意识（认识）的场合，行为人所实施的调查或者咨询，是否已经达到了足以消除其已有的未必的违法性意识（认识）的程度。如果达到了该程度，就说明行为人进行了充分的调查或咨询，自当认为不具有违法性意识（认识）的可能性；反之，则因为行为人并未进行充分的调查或咨询，应认定行为人具有违法性意识（认识）的可能性。——译者注

第十四章　过失犯

一、现代社会与过失犯

刑法以处罚虽对犯罪事实存在认识或者预见却仍然实施行为的故意犯为原则，对于因疏忽而未能认识或者预见犯罪事实的过失犯，限于有特别规定的情形，才例外处罚（第38条第1款）。这样，刑法学也在无意识之中，以故意犯罪为基本类型，建构了犯罪论、刑罚论。[1]然而，随着科学技术的发展以及产业的规模化进程，由事故、灾害而引起法益侵害的概率飞跃性地增加，尤其是二战之后，汽车的普及导致交通事故激增，因而过失犯已不再是例外之存在。[2]

针对过失犯的大众的意识以及相应的法律措施，是社会状况与经济状况的鲜明反映。在近代产业的形成与发展期，企业的生产经营活动被视为"允许的危险"，对于由此所造成的事故、灾害，往往呈现出一种谨慎处罚的倾向。其后，以公害为代表的产业化弊端日益成为社会问题，甚至有观点提出，即便没有结果的预见可能性，只要存在漠然的"危惧感"，即可认定为过失犯，形成了试图扩大对过失犯的处罚这样一种社会压力。另外，在只有少数人驾驶汽车的时代，对于交通事故，以接近于结果责任的标准来处罚过失犯的做法得到普遍认可，与之相对，进入大多数国民都会驾驶汽车，因而谁都有可能成为交通事故的加害人的时代之后，就相应地出现了主张通过"信赖原则"限定过失犯成立范围的动向。

---

[1] 反之，有学者尝试以过失犯罪为基本类型来建构犯罪论体系，参见小林宪太郎『刑法的归责』（弘文堂2007年）。

[2] 在2020年的刑事犯、危险驾驶致死伤以及驾车过失致死伤（危险驾驶致死伤与驾车过失致死伤在刑法修正前属于刑事犯）的认件数之中，驾车过失致死伤占比约33%，是除盗窃之外的刑事犯的约1.52倍。参见法务省法务研究书编『令和3年版犯罪白書』（日经印刷2022年）2页。

近年来，基于被害人及其遗属强烈的处罚要求，以及社会舆论对此的同情，已经开始扩大过失犯的处罚范围，并且采取重刑化（第一章之四）。对于交通事故，一直以来都是以业务过失致死伤罪（第 211 条第 1 款前段：处 5 年以下惩役、禁锢或者 100 万日元以下罚金）来处罚的，但以交通事故的被害人遗属为中心而开展的签名活动为契机，2001 年增设了危险驾驶致死伤罪（当时的《刑法》第 208 条之 2，其法定刑为：致被害人死亡的，处 1 年以上 15 年以下惩役；致被害人受伤的，处 10 年以下惩役。2005 年的刑法修正将其法定刑提升为：致被害人死亡的，处 1 年以上 20 年以下惩役；致被害人受伤的，处 15 年以下惩役），该罪虽要求对危险驾驶本身存在认识，但不要求对结果存在预见；并且，2007 年还增设了作为纯粹的过失犯罪而予以处罚的驾车过失致死伤罪（当时的《刑法》第 211 条第 2 款：处 7 年以下惩役、禁锢或者 100 万日元以下罚金）；2013 年，另外制定了《有关处罚因驾驶汽车致人死伤行为等的法律》，该法在扩大危险驾驶致死伤罪（第 2 条*、第 3 条*）的同时，还将驾车过失致死伤罪改称为过失驾驶致死伤罪（第 5 条），一直沿用至今。但疑问在于：同样是（业务）过失致死伤的行为，为什么只对因驾驶汽车而致人死伤的科以重刑，对此很难找到有说服力的解释。而且，对于（对结果不存在预见的）过失犯处 7 年惩役的刑罚，这是否符合"罪刑均衡原则"的要求呢？

---

* 实施下述行为，因而致人伤害的，处 15 年以下惩役；致人死亡的，处 1 年以上有期惩役：（1）受酒精或者药物的影响，在难以正常驾驶的状态下驾驶汽车的行为；（2）以难以控制行进的高速度驾驶汽车的行为；（3）无控制行进的技能而驾驶汽车的行为；（4）以妨害人或者车辆的通行为目的，进入行驶中的汽车的近距离前，明显接近其他通行中的人或车，且以可能产生重大交通危险的速度驾驶汽车的行为；（5）故意无视红灯信号或者与之相当的信号，且以可能产生重大交通危险的速度驾驶汽车的行为；（6）在禁止通行的道路上行驶，且以可能产生重大交通危险的速度驾驶汽车的行为（《有关处罚因驾驶汽车致人死伤行为等的法律》第 2 条）。——译者注

* 受酒精或者药物的影响，处于行驶中有碍正常驾驶之虞的状态，仍然驾驶汽车，因而，因受到该酒精或者药物的影响，陷入难以正常驾驶的状态，致人伤害的，处 12 年以下惩役，致人死亡的，处 15 年以下惩役（《有关处罚因驾驶汽车致人死伤行为等的法律》第 3 条第 1 款）。受政令所规定的有碍驾驶汽车的疾病的影响，处于行驶中有碍正常驾驶之虞的状态，仍驾驶汽车，因而，因受到该疾病的影响，陷入难以正常驾驶的状态，致人死伤的，与前款同（同法第 3 条第 2 款）。——译者注

另外，有关"明石步行桥踩踏案"* 以及"尼崎列车脱轨案"，原本检方以没有结果预见可能性为由，对原明石警署副署长、JR 西日本的历任社长作出了不起诉决定，但在 2010 年 4 月，根据检察审查会的决定，又进行了强制起诉。[1] 而且，在接受剖腹产手术的女性因大出血而死亡的"福岛县立大野医院案"中，主治医师于 2006 年因业务过失致死罪而一度被捕。尽管该案最终被宣判无罪，[2] 但由于是将正常的医疗行为作为刑事审判的对象，因而给医疗从业人员造成了极大冲击，甚至可以说，这也是造成现在妇产科医师不足的原因之一。暂且不论对这些具体案件的评价如何，不可否认的是，近年来，期待通过处罚过失犯而平复被害人或者其遗属情感的做法的结果是，[3] 以期待可能性为代表的过失犯成立要件的限制机能日益淡化，正在逐步回归至结果责任。

原本来说，处罚对法益侵害不存在认识、预见的过失犯本身，也并非不具有结果责任的性质。[4] 而且，对于对犯罪事实不存在认识、预见者，刑罚的预告无法充分产生抑制效果，因而，对于处罚过失犯，就无法期待具有如同处罚故意犯那样的一般预防效果。尤其是，通常情况下，过失犯罪都是由循法市民所实施，改善、更生行为人这种特别预防的必要性也不大，科处自由刑的弊端更是显而易见。经常会听到这样的声音：为了查明医疗事故、交通事故等的真相，应该严格追究过失犯的刑事责任。但是，追究刑事责任，反而有可能让包括被告人在内的相关人员转而明哲保身，对事故原因三缄其口。要探寻防止事故的有效对策，可以说，通过刑事免责而剥夺相关人员的沉默权，然后交由专门的事故调查委员会查明真相，可能更为有效。由此可

---

* 该案详见［日］桥爪隆：《过失犯中结果避免义务的判断——以"明石人行桥踩踏事件"日本最高裁判所决定为例》，王昭武译，载《东方法学》2016 年第 5 期，第 144-151 页。——译者注
[1] 最高裁判所平成 28 年（2016 年）7 月 12 日决定对原明石警署副署长以已过公诉时效为理由宣判免于起诉（参见最决平成 28 年 7 月 12 日刑集 70 卷 6 号 411 页）[第二十章之六（四）]，最高裁判所平成 29 年（2017 年）6 月 12 日决定宣判无罪（参见最决平成 29 年 6 月 12 日刑集 71 卷 5 号 315 页）。
[2] 参见福岛地判平成 20 年 8 月 20 日判时 2295 号 3 页。
[3] 业务过失致死伤罪、重过失致死伤罪以及驾车过失致死伤罪，也包括在"被害人参加制度"的对象罪名之中。
[4] 对于处罚那种对自己行为的具体危险并无认识的"无认识之过失"，有学者从排除结果责任的视角提出了反对意见。参见甲斐克则『責任原理と過失犯論〔増補版〕』（成文堂 2019 年）131 页以下。

见，与故意犯相比，过失犯对刑法的谦抑性要求更高。

诚然，即便是过失犯，也可以想见行为人的责任，但那止于间接责任。过失犯的责任在于，对法益侵害结果明明有可能预见（结果预见可能性），而且，若预见到结果，原本可以避免该结果（结果避免可能性），却因为法益尊重意识的淡薄所引起的疏忽大意，而未能预见到结果，最终导致了法益侵害。这样，在过失犯中，尽管是间接的，只要法益侵害的事实与行为人的心理状态联系在一起，就最终可以找到非难行为人的契机，可以说，只要没有预见到结果是起因于行为人之法益尊重意识的淡薄，那么，通过唤醒其法益尊重意识的觉醒的预防，就可能具有一定意义。

二、处罚过失犯的规定

日本刑法典存在不少处罚过失犯的规定：失火罪（第116条）、过失使易爆物破裂罪（第117条第2款）、业务失火罪、重大过失失火罪（第117条之2）、过失交通危险罪、业务过失交通危险罪（第129条第1款、第2款）、过失伤害罪（第209条）、过失致死罪（第210条）、业务过失致死伤罪、重过失致死伤罪（第211条），等等。这些是着眼于法益侵害的严重性，而作为结果犯加以规定的。反之，在特别法中，诸如过失不携带驾照罪（《道路交通法》第121条第2款、第121条第1款第10项）那样，出于确保规制之实效性的目的，处罚法益侵害程度较轻的行为的过失举动犯的情形也不少。

不过，判例的做法是，即便没有明文处罚过失犯的"特别规定"，亦可予以处罚。例如，最高裁判所昭和37年（1962年）5月4日判决认为，所谓违反《旧货营业法》第17条者，"鉴于该法之取缔事项的本质，其法意在于，不仅是故意不在账本上登记规定事项者，还包括因过失而不登记者"；[1]关于《海水油污防止法》第36条、第5条第1款（案发当时的法律），原判决认为，从作为该法之前提的相关条约的旨趣，以及立法者的意图、违反行为的实际情况等来看，也包括对过失犯的处罚，最高裁判所昭和57年（1982年）4月2日判决也肯定了原判决的这种解释。[2]但是，《刑法》第38条第1款

---

[1] 参见最判昭和37年5月4日刑集16卷5号510页。
[2] 参见最决昭和57年4月2日刑集36卷4号503页。

明文规定以处罚故意犯为原则，依据没有体现于法条的所谓立法旨趣等来处罚过失犯，应该是违反罪刑法定原则的。因此，限于法条明文规定不以故意为必要的情形，才能允许处罚过失犯。当然，所谓"明文"规定，也不是说，必须存在"不需要故意"、"因过失"这种特定的表述，因此，第116条中的"出于过失"这一表述，就可谓之为，属于不以故意为必要这一意思的"明文"规定；第205条中的"伤害他人身体，因而致人死亡的"这一表述，通过与规定杀人罪的第199条的表述进行对比，也可谓之为，该表述明确表示，对于死亡结果不以故意为必要。

三、过失犯的结构

（一）旧过失论

传统观点认为，过失犯的违法性的本质在于，诸如引起了人的死亡这种法益侵害结果。按照这种"旧过失论"，[1]故意犯与过失犯在构成要件该当性以及违法性方面并无不同。并且，责任非难也是指向引起了法益侵害结果，因而作为将法益侵害与行为人联系在一起的心理状态，以对结果的认识或者预见可能性为必要。这种预见可能性，属于相当于故意犯中对犯罪事实的认识或预见这种责任要素，故意犯与过失犯的区别在于，针对这种犯罪事实的心理联系究竟是直接的还是间接的这种责任形式的不同。由此可见，在认为过失犯的违法性的本质在于引起法益侵害，并将针对这种法益侵害的预见可能性视为过失犯的责任内容这一点上，可以说，"旧过失论"更容易与法益侵害说或者结果无价值论联系在一起。

然而，也有观点虽立足于"旧过失论"，但主张为了发挥构成要件的犯罪个别化机能，应该与责任阶段的过失相并列，在构成要件阶段也考虑过失的问题。这种"构成要件的过失"与构成要件的故意相对应，将以一般人为标

---

[1] 参见浅田和茂『刑法総論』（成文堂2019年第2版）346頁以下；曽根威彦『刑法原論』（成文堂2016年）337頁；内藤謙『刑法講義総論（下）Ⅰ』（有斐閣1991年）1111頁；西田典之（橋爪隆補訂）『刑法総論』（弘文堂2019年第3版）275頁；橋爪隆『刑法総論の悩みどころ』（有斐閣2020年）200頁以下；林幹人『刑法総論』（東京大学出版会2008年第2版）281頁；平野龍一『刑法総論Ⅰ』（有斐閣1972年）191頁以下；町野朔『犯罪総論』（信山社2019年）213頁；松宮孝明『刑法総論講義』（成文堂2018年第5版補訂版）209-210頁；山口厚『刑法総論』（有斐閣2016年第3版）246頁；堀内捷三『刑法総論』（有斐閣2004年第2版）121頁；中山研一『刑法総論』（成文堂1982年）378頁以下。

准的"客观的预见可能性"作为其内容。但是，正如前面在假想防卫中已经谈到的那样〔第十二章之四（四）〕，在构成要件阶段，不可能完全地将犯罪予以个别化。而且，作为责任之基础的过失，应该是指行为人本人的预见可能性，先于这种判断，进行一般人的预见可能性这种"预选"，如果是作为程序法上的间接事实，那另当别论，但作为实体法上的要件，是毫无意义的。〔1〕旧过失论中的"过失"，作为为针对行为人的非难可能性奠定基础的主观的预见可能性，完全应该被置于责任（或者在违法性阻却事由之后的责任构成要件）的阶段。

（二）新过失论

与"旧过失论"相反，随着产业的飞速发展以及汽车的迅速普及，开始有观点认为，将所有引起结果的行为均作为违法行为来处理，有碍于形成充满活力的社会生活，从而主张只应将那些僭越社会生活准则的不当行为认定为违法。这种"新过失论"〔2〕认为，过失犯的违法性的实质在于，违反了作为社会生活之行为准则的客观注意义务或者结果避免义务的"不当行为"，并且，故意犯与过失犯在构成要件该当性以及违法性阶段均具有不同性质。〔3〕按照"新过失论"，由于针对过失犯的非难也是指向"不当行为"，因此，对结果的预见可能性并非为责任非难奠定基础的不可或缺的存在，不过是用于确定在该情况下应要求采取何种措施的线索。这样，在"新过失论"将违反行为准则视为过失犯的违法性的实质这一点上，可以说，"新过失论"是来自规范违反说的归结。

作为这种行为准则的客观注意义务或者结果避免义务，被认为是，从社会相当性的角度来看，"如果是与行为人处于同样立场的一般人，为了避免结

---

〔1〕 故意犯中的"构成要件的故意"，终究是以行为人的认识、容认为内容，而非以一般人的认识、容认为内容。

〔2〕 参见井田良『講義刑法学・総論』（有斐閣2018年第2版）216頁以下；大谷實『刑法講義総論』（成文堂2019年新版第5版）179頁；高橋則夫『刑法総論』（成文堂2018年第4版）217-218頁；西原春夫『犯罪総論』（上巻・改訂版）（成文堂1993年）196頁以下；藤木英雄『刑法講義総論』（弘文堂1975年）234頁；安田拓人「過失犯」『法学教室』121頁以下。

〔3〕 目的行为论认为，以实现犯罪为目的的故意犯，与指向其他目的的过失犯之间，具有不同性质的行为无价值，过失犯的违法性内容就在于行为操控的失败，从而为新过失论提供了理论上的根据。

果，想必会采取的措施"，但其内容并不明确。[1]实际上，客观注意义务只能是从诸如《道路交通法》上的限速这种行政取缔法规中推导出来。为此，按照"新过失论"，就会存在这样一种倾向：只要是由违反取缔法规的行为导致了结果，就直接肯定存在过失。相反，对结果的预见可能性，不过是用于对客观注意义务予以特定的线索，因而其内容也会逐渐淡化。这样一来，有悖于其本来意图，"新过失论"蕴含着接近结果责任的危险。

另有观点虽基本上立足于"新过失论"，但与为行为的违法性奠定基础的构成要件的过失相并列，也肯定存在为针对行为人之非难奠定基础的责任过失。[2]按照这种观点，构成要件的过失，是对于以一般的结果预见可能性、结果避免可能性作为前提的结果避免义务的违反；责任过失，是对于以主观的预见可能性为前提的结果预见义务的违反。然而，两者之间的关系未必明确。

四、构成要件该当性

（一）过失犯的实行行为

例如，〔案例1〕X驾车以60公里的时速在限速40公里的地方行驶，撞死了突然窜出来的行人A。对于此类案件，判例的一般做法是，以"明明应将时速减至40公里，却没有减速"这种对结果避免义务的违反或者对客观注意义务的违反作为处罚的理由。判例的这种做法，比较接近于"新过失论"，即对于"应以时速40公里行驶"这种基准行为的僭越，被认定为过失行为。这样，以"没有减速至40公里"这种形式不作为地构成过失行为，可以说，"新过失论"取消了过失犯中作为与不作为之间的区别。

反之，按照"旧过失论"的观点，在〔案例1〕中，问责对象是"以时

---

[1] 有学者在从注意义务的归属主体根据、注意义务设定时点的危险的内容、该危险的预见可能性以及该危险与义务内容的比例性的视角确定义务内容的基础上，试图通过探讨义务违反行为与结果之间的因果关系这种判断框架，将以注意义务违反为核心的过失成立与否之判断过程予以明确化、可视化。参见樋口亮介「注意義務の内容確定プロセスを基礎に置く過失犯の判断枠組み（1）-（3）」『法曹時報』69卷12号（2017年）1頁以下・70卷1号（2018年）1頁以下・70卷2号（2018年）1頁以下。

[2] 参见内田文昭『改訂刑法Ⅰ総論』（青林書院1997年補正版）184頁以下；大塚仁『刑法概説 総論』（有斐閣2008年第4版）210頁；佐久間修『刑法総論』（成文堂2009年）148頁；福田平『全訂刑法総論』（有斐閣2011年第5版）127頁；野村稔『刑法総論』（成文堂1998年補訂版）174頁以下。

速60公里行驶"这种作为，这种作为所伴有的危险达到了不被允许的程度的，就具有（取得）实行行为性。[1]不过，过失行为往往是日常行为，要用语言来描述其危险性，存在一定难度。对于"没有减速至40公里"这种判例表述，在"旧过失论"看来，完全可以这样理解：一方面，如果以40公里的时速行驶，就不能认定存在，可称之为过失驾驶致死伤罪的实行行为这种程度的危险；另一方面，如果以时速60公里行驶，则存在危险——达到了不被允许的程度的危险，属于过失驾驶致死伤罪的实行行为。[2]

又如，〔案例2〕货车驾驶员X粗暴装货，然后野蛮驾驶，结果所装的货物掉落下来砸伤了行人。对于这种"阶段性过失"的案件，有力观点仅将"野蛮行驶"这种最接近于结果的行为视为过失犯的实行行为（最近过失说[3]）。但一般认为，即便介入了过失行为，也不能由此否定相当因果关系，如果以这种理解为前提，只要"粗暴装货"的行为也包含着达到了不被允许的程度的危险，就仍然有可能成为过失犯的实行行为（过失并存说[4]）。再如，〔案例3〕尽管高度近视，却不戴眼镜驾驶汽车，结果造成了事故，但在马上就要发生事故之时，由于近视而没有结果的预见可能性，在这种场合，就有将不戴眼镜驾驶汽车的行为视为实行行为的余地（接受的过失）。并且，在数人的行为分别存在针对结果的重大危险的场合，就可以将所有人的行为均认定为过失犯的实行行为（过失的竞合）。例如，〔案例4〕横滨市立大学附属医院当时没有建立"确认属于患者本人"（患者的同一性）的相应工作流程，结果弄错对象对其他患者实施了手术，在此过程中，将患者送至手术室的护士，还有麻醉医师、主刀医师都没有确认是否是患者本人（"横滨市大医院案"）。对于该案，最高裁判所平成19年（2007年）3月26日决定判

---

[1] 在旧过失论看来，结果避免义务，是从反面体现了故意犯与过失犯所共通的"对引起结果的禁止"。
[2] 参见平野龍一『刑法総論Ⅰ』（有斐閣1972年）200頁。
[3] 参见浅田和茂『刑法総論』（成文堂2019年第2版）355頁；大谷實『刑法講義総論』（成文堂2019年新版第5版）194；川端博『刑法総論講義』（成文堂2013年第3版）230頁；大塚裕史「段階の過失における実行行為性の検討」『神山敏雄先生古稀祝賀論文集（1）』（成文堂2006年）37頁以下。
[4] 参见曽根威彦『刑法原論』（成文堂2016年）361頁；町野朔『犯罪総論』（信山社2019年）217頁；山口厚『刑法総論』（有斐閣2016年第3版）250；仲道祐樹『行為概念の再定位』（成文堂2013年）161頁以下。

定，所有相关人员均成立业务过失致伤罪。[1]

(二) 过失的不作为犯

按照旧过失论，与故意犯一样，过失犯也有作为的情形与不作为的情形，在不作为的情形下，以存在保障人的地位或者作为义务为必要（第五章之四）。尤其是，在就针对人的、物的体制的不健全，或者针对直接行为人的指导、监督的不当而被追责的管理、监督过失中，很多时候就是以不作为作为问责对象的。

例如，〔案例5〕患者服用A公司销售的非加热制剂，因其中混入了HIV病毒而死亡，检方对未采取措施以回收并停止使用该制剂的厚生省生物制剂课课长X提起了公诉（"艾滋药害厚生省途径案"）。对此，最高裁判所平成20年（2008年）3月3日决定判定X成立业务过失致死罪。最高裁判所的该决定认为，①有相当数量的本案制剂被HIV病毒所污染，若使用这种制剂，很多人会因感染艾滋病而死亡，X对此存在预见；②对于该制剂的危险性，相关人员之间并无普遍认识，不能期待医师与患者采取相应措施以避免感染HIV病毒；③该制剂得到了国家的认可，如果国家不提出明确的方针，则存在继续轻易使用与销售之虞。在此基础上，该决定进一步指出：在这种状况之下，作为从事防止发生药品危害工作的人员，药物行政管理部门的担当者便产生了相应的注意义务，而在厚生省针对该制剂的艾滋病防治措施的相关部门中，X处于核心地位，处于协助厚生大臣宏观地执行防治药物危害这种行政管理的位置，因而负有应在药物行政管理上采取必要且充分的措施的义务。[2]

这样，对于过失的不作为犯，判例关注的不是有无"作为义务"，而代之以有无"注意义务"的问题。[3]可以说，这是因受"新过失论"的影响，过失犯中的作为犯与不作为犯的区别被相对化的结果。原本来说，如果在"注意义务"之中，对有无作为义务进行实质性判断，那么，对于这种表述方式本身当然没有必要提出异议，但疑虑在于，研究作为犯中也同样存在的"注意义务"的问题，是否会淡化对于不作为所固有的关注点——限定行为主体——的关注意识呢？而且，是否会通过关注作为一般行为准则的"注意义

---

[1] 参见最决平成19年3月26日刑集61卷2号131页。
[2] 参见最决平成20年3月3日刑集62卷4号567页。
[3] 有学者基于在过失犯中不会发生不作为与作为的等价性问题这种理解，将判例立场——在过失的不作为犯中仅以注意义务作为问题——予以正当化。参见稲垣悠一『欠陥製品に関する刑事過失責任と不作為犯論』（専修大学出版局2014年）223頁以下。

务",而因违反行政取缔法规而直接肯定成立过失的不作为犯呢？特别是在处罚业务过失的规定中，肯定业务性是否会直接与肯定注意义务、作为义务联系在一起呢？为此，对于有关过失的不作为犯的判例中的所谓"注意义务"，就有必要作为包含作为义务在内的东西，对照作为义务的产生根据，来加以验证。在该案中，也可以理解为，是以国家对该制剂的认可这种先行行为为根据，而认定存在作为义务，但只要认为作为义务的主体是个人，[1]那么，问题在于，参与对该制剂的认可的，是 X 的前任而非 X 本人。这样，是否能以 X 支配、管理着该制剂这种危险源为根据，而肯定 X 具有作为义务，就成为问题。[2]具体而言，这里研究的是，X 并未事实上支配着该制剂，而是由 A 公司以及各个医院直接支配、管理该制剂，尽管如此，能否根据 HIV 的相关信息集中于厚生省、相关人员对药品行政管理存在依存性、厚生省对药品拥有强有力的职权等，而认定 X 对于该制剂这种危险源存在支配呢？

又如，[案例6]某饭店是一个 10 层的建筑物，因住店客人没有熄灭烟头而引发火灾，但由于没有安装自动喷淋灭火设施，也没有设置避险区域，而且未能及时通知、疏导住店客人，结果造成 32 人死亡、24 人受伤的惨剧（"新日本饭店火灾案"）。对此，最高裁判所平成 5 年（1993 年）11 月 25 日决定认为，X 作为饭店董事长、社长，"处于掌管本案饭店之经营、管理业务的地位，且具有这种实质性权限，因而对于容纳多数人的本案建筑物，负有为防止发生火灾，并减轻火灾损失的消防管理上的注意义务"，并由此作出有罪判决，判定 X 成立业务过失致死伤罪。[3]对于该案，也有观点将招揽客人入住的行为视为实行行为，但是，还是应该在将没有安装自动喷淋设施、没有设置避险区域等不作为视为实行行为的基础上，不是依据 X 属于《消防法》上的管理权限人这种形式上的地位，而是比照其拥有的实质性权限，探

---

[1] 不过，针对追究行为人作为组织之一员的责任的案件，判例的考虑是，在认为国家、企业这种组织属于作为义务或者注意义务之主体的基础上，让组织内部的意思决定权人承担具体履行的责任［参见樋口亮介「刑事判例にみる注意義務の負担主体としての法人」『北大法学論集』60 卷 4 号（2009 年）73 頁以下］，最高裁判所的该决定也是，分为国家或者厚生省的介入义务、X 在组织之内的地位这两个阶段进行判断的。按照这一视角，X 的前任的先行行为也有被理解为，作为厚生省的先行行为成为 X 之作为义务的根据的余地。

[2] 参见北川佳世子「判批」『刑事法ジャーナル』14 号（2009 年）77 頁以下；林幹人『判例刑法』（東京大学出版会 2011 年）21 頁以下。

[3] 参见最决平成 5 年 11 月 25 日刑集 47 卷 9 号 242 頁。

讨能否认定其存在对于危险源的管理义务或者对于住店客人的保护义务。

相反，有关"JR 福知山线脱轨事故"的最高裁判所平成29年（2017年）6月12日决定否定了管理、监督者的注意义务、作为义务。[1]〔案例7〕该案大致案情为，由于快速列车的司机让列车以大幅超出"翻车极限速度"的车速进入拐弯处，造成列车脱轨，致多名乘客死伤。对于该案，基于检察审查会的决议，JR（日本铁道）西日本公司的历任社长被以业务过失致死伤罪受到强制起诉。审判过程中的争议焦点在于，对于这几名被告人，能否认定其存在指示铁道本部长设置列车自动停止装置（ATS）的注意义务？最高裁判所的决定基于以下理由，得出了不能认定被告人存在上述注意义务的结论：在事故当时，法令上并没有规定设置 ATS 的义务；铁路企业多半都没有在拐弯处设置 ATS；被告人鲜有机会接触有关拐弯处的危险性的信息；被告人无法认识到，在公司运营区间内的 2000 处以上同样类型的拐弯处中，本案拐弯处发生列车脱轨翻车的危险性要高于其他拐弯处。如果本案拐弯处与其他同类拐弯处之间在危险性上不存在"有意差"（非偶然之差），在本事故发生之前，JR 西日本公司就必须在 2000 处以上同样类型的拐弯处均设置 ATS，与脱轨翻车的危险程度相比，这对于公司来说属于过度的负担，因而可以想见，最高裁判所的决定正是从"要求负担的可能性"（要求行为人承担这种负责的可能性）的角度，否定了作为义务。

（三）结果避免可能性

行为，是人对于外界所施加的作用，对于物理上、事实上不可能避免的结果，无论在哪种意义上，都不能被谓为人的行为的产物。为此，事实性意义上的结果避免可能性，是作为犯、不作为犯，以及故意犯、过失犯所共通的"行为"的不可或缺的前提，不存在结果避免可能性的，就不能认定具有构成要件该当性。例如，〔案例8〕列车司机 X 在距离 30 米远的地方，看到幼童 A 在道口铁轨上，虽采取急刹车，但列车未能停下来，因而轧死了 A。在该情形下，只要列车已经行进至距离 30 米远的地方，A 的死亡就已经是不可避免，在该时点，针对 A 的死亡，X 并不存在任何行为。[2] 又如，〔案例

---

[1] 参见最决平成29年6月12日刑集71卷5号315页（"JR 福知山线脱轨事故"）。
[2] "行为"总是只有针对特定的结果，才可能被确定［第三章之二（一）］。"没有 P，则没有 Q"这种条件关系，就是指针对这种特定结果的"行为性"。

8'〕列车司机 X 在距离 30 米远的地方才发现 A，但未刹车而轧死了 A 的，由于 A 的死亡已经是不可避免，在该时点，X 就并未实施任何引起 A 之死亡的行为（如果刹车，A 的死亡会推后几秒，这姑且不论）。无论是将 X 的态度视为"没有刹车"这种不作为，还是将列车视为司机的"延长的手腕"而将其视为"使得列车前行"这种作为，但在不能左右结果这一点上，这之间并无区别。再如，〔案例 8"〕列车司机 X 只有在距离 30 米远的地方才有可能发现 A，但由于没有注视前方而未能发现 A，结果没有刹车而轧死了 A，[1]在此情形下，也由于对于 A 的死亡不能认定 X 具有行为性，因而不符合过失致死罪的构成要件。不存在这种"事实上的结果避免可能性"的，不能成立过失犯，无论是"新过失论"还是"旧过失论"，对此均无异议。另外，〔案例 9〕驾驶汽车的过程中，因"睡眠时无呼吸症候群"发作，而毫无征兆地马上陷入睡眠状态，因而与对向来车相撞，致数人受伤。对此，大阪地方裁判所平成 17 年（2005 年）2 月 9 日判决以被告人当时处于不能履行注视前方的义务的状态之下为理由，判定被告人无罪。[2]不过，像这种因为身体原因而不可能避免结果的情形，也应该认为是，不具有事实上的结果避免可能性。

按照"新过失论"，研究的是有无"规范上的结果避免可能性"的问题，即如果遵守作为行为准则的客观注意义务，能否避免结果？例如，〔案例 1'〕X 以 60 公里的时速行驶，轧死了突然穿出来的 A，但即便以限速 40 公里行驶，也无法避免 A 被轧死这一结果；又如，〔案例 10〕麻醉医师 X 本应给患者注射奴佛卡因，*但因疏忽而注射了危险性更大的可卡因，结果造成患者休克死亡，但 A 属于特殊体质，即便是注射奴佛卡因，也会休克死亡。在此类案件中，即便遵守注意义务，也不可能避免结果，因而就认为，行为与结果之间不存在条件关系或者不存在义务违反，而否定成立过失犯。

反之，按照"旧过失论"，在作为犯中，判断条件关系时不可加入假定情节，基于这一前提，"旧过失论"一般不研究在假定的替代行为下的结果避免可能性这种问题。这是因为，可以说，在〔案例 1'〕中，如果不驾车行驶，A 就不会死亡。在〔案例 9〕中，如果不注射药物，A 就不会死亡，因而无法

---

〔1〕 参见大判昭和 4 年 4 月 11 日新闻 3006 号 15 页。
〔2〕 参见大阪地判平成 17 年 2 月 9 日判时 1896 号 157 页。
  * 奴佛卡因（novocain），是局部麻醉药普鲁卡因（procaine）的商标名。——译者注

否定条件关系或者结果避免可能性。

但是，近年，从"旧过失论"的角度，主张在一定范围之内可以考虑假定的替代行为的观点也很有影响。[1]亦即，即便是持"旧过失论"，要肯定具有实行行为性，仍然必须存在实质性危险——危险达到了不被允许的危险的程度，至于那些尚未达到这种程度，仅有较小危险的行为，就应当作为行动自由范围之内的行为而得到允许。[2]为此，在〔案例1'〕中，以限速40公里行驶，在〔案例10〕中，注射奴佛卡因，这些行为不仅符合形式上的行为准则，而且，在具体的行为状况之下，因危险性较小而为法律所允许之时，就可以根据即便是这些属于行为人的自由范围之内的、合法的假定行为，也会导致相同结果为理由，否定以时速60公里的车速行驶、注射可卡因这种行为与A的死亡之间存在条件关系。而且，如果说以限速40公里行驶、注射奴佛卡因这种"允许的危险"的范围之内的行为（被否定具有实行行为性的行为）也会导致相同的结果，[3]也可以认为，由以时速60公里行驶、注射可卡因的行为所导致的A的死亡，就不能谓之为，实现了包含在该行为之中的"不被允许的危险"。这种规范的结果避免可能性的思考，调整的是通过禁止该行为而实现的法益保护与自由保障之间的关系，基本上指出了正确方向，但仍留有下述课题：①这种意义上的"结果避免可能性"，究竟是独立的犯罪成立要件，还是属于条件关系的内容，抑或属于法律的因果关系中的危险的现实化的内容？②作为假定的替代行为，设想的是何种行为呢？[4]③假定的

---

[1] 参见山口厚『刑法総論』（有斐閣2016年第3版）245页。
[2] 有学者通过将"不采取减少危险的措施，而实质上实施了危险的行为"视为过失犯的实行行为，将作为采取危险减少措施之义务的结果避免义务纳入旧过失论的理论体系。参见橋爪隆『刑法総論の悩みどころ』（有斐閣2020年）209页以下。
[3] 之所以说，是由达到能够否定具有实行行为性的程度的较低危险的行为导致了结果的发生，无非是因为，介入了诸如〔案例1'〕中的A的突然闯入、〔案例9〕中的A的特殊体质这种异常介入因素。这种异常的介入因素，即便可以否定假定的替代行为与结果之间的相当因果关系，但很难说，也能否定实际实施的行为与结果之间的相当因果关系。这样的话，"规范的结果避免可能性"的问题的核心也许就在于，这种假定的因果进程的异常性。
[4] 对于假定的替代行为，有学者设想的是，"在使得持续实施该活动成为可能的行为之中，危险性最低的行为"［橋爪隆「過失犯（下）」『法学教室』276号（2003年）46页］；还有学者设想的是，"消灭对该行为人而言有可能认识的、行为当时所存在的危险"的行为［古川伸彦『刑事過失論序説』（成文堂2007年197页以下）］。

替代行为的结果避免可能性达到什么程度,即可否定过失犯的成立呢?[1]

〔案例11〕出租车司机 X 在路口黄灯跳动时,没有减速慢行,而是以时速 30 公里至 40 公里驾车驶入左右方向的视线并不好的十字路口,结果撞上了 A 驾驶的汽车,造成出租车上的乘客 B、C 一死一伤,当时,A 无视红色信号灯正在跳动,且以远超限速 70 公里每小时的车速驶入。对于该案,最高裁判所平成 15 年(2003 年)1 月 24 日判决虽认为,X 的行为属于危险的驾驶行为应予以非难,但同时认为,"即便 X 以 10 公里至 15 公里每小时的车速驶入交叉路口……考虑到采取紧急制动措施所需要的时间,也很难断定,X 所驾驶的车辆能在撞车地点之前停下,进而能避免两车相撞",并由此否定成立业务过失致死伤罪。[2] 可以说,最高裁判所的该判决研究的问题是,在以 10 公里至 15 公里的车速驶入交叉路口这种假定的替代行为作为前提之下的结果避免可能性,并根据具体案件事实,否定了 X 具有结果避免可能性。不过,考虑到是因为介入了 A 的极其异常的行为——无视红灯信号正在跳动,高速进入十字路口——才导致了结果,对于意识到(看到)A 之前的 X 的行为,能否定与结果之间具有相当因果关系,或者对于结果具有具体的预见可能性;[3] 也可以理解为,该案属于,在意识到(看到)A 之后的时点,X 不存在事实上的结果避免可能性的情形。

五、违法阻却事由

按照旧过失论,与故意犯一样,对于过失犯,在肯定具有构成要件该当性之后,也存在是否具有违法性阻却事由的问题。

例如,〔案例12〕X 在驾车过程中,为了避让突然窜出来的行人 A,情急之下猛打方向盘,但撞上了对向来车,致驾驶该车的 B 受伤。在该情形下,尽管能认定打方向盘的行为具有过失驾驶致死伤罪的实行行为性,但只要满

---

[1] 多数说认为,在能够说,按照假定的替代行为,能够切实地避免结果的场合,就可肯定成立犯罪。与此相反,有观点主张,只有在可以说,即便是按照假定的替代行为,也仍然会切实导致结果发生的场合,才可肯定成立犯罪〔古川伸彦『刑事過失論序説』(成文堂 2007 年 333 頁以下)〕。还有学者认为,在可以说,与假定的替代行为相比,实际实施的行为增加了危险的场合,就肯定成立犯罪〔参见山中敬一『刑法総論』(成文堂 2015 年第 3 版)432 頁〕。
[2] 参见最判平成 15 年 1 月 24 日判時 1806 号 157 頁。
[3] 参见大塚裕史「過失犯における結果回避可能性と予見可能性」『神戸法学会雑誌』54 巻 4 号(2005 年)27 頁以下。

足了补充性与法益均衡的要件，就能根据紧急避险（第37条）[1]而阻却违法性。[2]

反之，对于像〔案例12〕那样，如果是故意犯就会作为紧急避险来处理的案件，不少判例的做法是，在为了避险而别无他法的场合，就认为不具有作为构成要件过失之前提的结果避免可能性，以此来否定具有过失犯的构成要件该当性。[3]可以说，这种做法是从新过失论的视角，将紧急避险中的"补充性"消解于过失犯中的"结果避免可能性"之中。按照新过失论，如果被置于行为人之立场的一般人也无法采取避免结果的措施，在该情形下，就不能让行为人承担结果避免义务或者客观的注意义务。新过失论的代表性学者认为，"在确定注意义务之际，问题在于，在该具体行为状况之下，要求的是何种程度的最小必要限度，或者期待程度如何。为此，研究在该状况之下，期待行为人选择实施何种行为之际，就应事先考虑紧急事态。因此，对于过失犯，没有必要重新研究针对注意义务违反行为的违法性阻却"。[4]

但是，构成要件与违法阻却事由之间的这种融合，是将法益冲突状况之下的法益衡量的问题湮没于注意义务的问题之中，难以避免"整体性考察"之弊端。[5]规范违反说原本就是将构成要件与违法性阻却之间的区别予以相对化的理论〔第六章之五（二）〕，可以说，在属于"开放的构成要件"的过失犯中，新过失论更加鲜明地体现了规范违反说的这种本质。

除了紧急避险之外，体育竞技以及医疗行为也存在有关过失犯的违法性

---

[1] 不过，在过失犯中，由于对侵害结果（对B的伤害）不存在认识，因而，要认定成立紧急避险，（至少在过失犯中）就要求不以避险意思为必要，或者将避险意思的内容缓和至试图逃离危险这种单纯的心理状态。

[2] 在〔案例12〕中，对于就要撞上A这种结果，如果X存在过失，只要能认定先行过失行为与B的受伤之间具有法律的因果关系，在该时点对B的受伤（至少概括地）具有预见可能，就成立针对B的过失犯〔原因违法行为、第九章之三（六）〕。

[3] 参见大阪高判昭和38年4月8日判夕192号173頁、東京地判昭和40年4月20日判夕192号176頁。反之，也有判例对过失犯肯定成立紧急避险，参见岡谷簡判昭和35年5月13日下刑集2巻5＝6号823頁、大阪高判昭和45年5月1日高刑集23巻2号367頁。另外，还有判例对过失犯肯定成立避险过当，参见東京地判平成21年1月13日判夕1307号309頁。

[4] 藤木英雄『刑法講義総論』（弘文堂1975年）240頁。

[5] 在注意义务违反之内处理紧急避险的做法，在剥夺了因属于防卫过当而减免刑罚的可能性这一点上，是不妥当的〔参见井上宜裕「判批」『刑法ジャーナル』19号（2009年）83頁〕。

阻却的问题。由于原则上是以被害人对危险的接受为前提，因而，包括在该危险范围之内所产生的结果在内，这种有益的行为可根据《刑法》第35条后段而得以正当化。在越野赛车的练习过程中，因事故而致同乘人死亡的"越野赛车（Dirt Trial）案"（第七章之八中的〔案例20〕），[1]就属于此类违法性阻却的问题。

又如，〔案例13〕血友病患者A因手腕关节出血，来T医院接受治疗，由于被使用了混有HIV病毒的非加热试剂，最终因感染艾滋病而死亡。X作为该医院的内科主任，决定了针对该血友病患者的基本治疗方针，被以业务过失致死罪起诉（"药害艾滋帝京大路径案"）。对于该案，东京地方裁判所平成13年（2001年）3月28日判决认为，"对于会发生因艾滋病而导致血友病患者死亡这种结果，X具有预见可能性，但预见可能性的程度很低"，并以此为前提，认为问题在于，"以这种预见可能性程度为前提，能否评价X违反了结果避免义务"，并进一步认为，"被追究刑事责任的情形是，如果一般的血友病专门医师被置于本案当时的X的立场之下，一般理应不会做出那种判断，而X却选择了与利益相比危险性更大的医疗行为"，而"在本案当时，对于血友病患者通常情况下的出血，经过比较衡量各种情况，大多数血友病专门医师都会使用非加热试剂。这种治疗方针，在T医院作为固有的医疗信息被广泛知晓，在共享了有关存在感染艾滋病的危险的信息之后，这种治疗方针基本上也没有什么改变"，因此，对于没有暂停使用非加热试剂这一点，X并没有违反结果避免义务，进而宣判X无罪。[2]但是，该判决也提到了"使用加热试剂的'治疗上的作用、效果'，与有可能预见到的'感染艾滋病的危险'这两者之间的比较衡量"，正如这一点所提示的那样，该案首先应研究治疗行为能否阻却违法性这一问题。[3]该判决立足于新过失论，是以结果避免义务或者客观注意义务的问题解消了违法性阻却的问题，然而，对此却存在这样的感觉：这样一来，就会将在违法性阻却中所应研究的问题——法益衡量与被害人的意思这种视角——淹没于"一般的血友病专门医师"的行为模式这一问题之中。如果认为该案属于违法性阻却的问题，就应正视下列问题：

---

〔1〕 参见千葉地判平成7年12月13日判時1565号144頁。
〔2〕 参见東京地判平成13年3月28日判時1763号17頁。
〔3〕 参见佐伯仁志『刑法総論の考え方・楽しみ方』（有斐閣2013年）298頁；佐伯仁志「過失犯論」『法学教室』303号（2005年）41頁。

为了治疗不会危及生命的关节内出血，是否允许使用伴有生命危险的非加热试剂？能否认定 A 是基于"患者的知情同意"（informed consent）（危险的接受）而自愿接受了治疗风险，从而据此将治疗行为予以正当化？

六、责任

按照旧过失论，对于以法益侵害结果为核心的犯罪事实的认识或者预见的可能性，为过失犯的责任奠定基础。"故意"是指对犯罪事实的认识或者预见，与此相并列，"过失"是指对犯罪事实的认识或者预见的可能性。作为这种"预见可能性"的过失，尽管是间接的，但通过将以法益侵害结果为核心的犯罪事实主观上归属于行为人，发挥着为针对行为人的责任非难奠定基础的机能。

所谓"注意义务"，在新过失论中，是指结果避免义务，即采取一定措施以避免结果发生的义务；而在旧过失论中，则是指结果预见义务，即集中精神保持注意力以预见结果的义务（为了预见结果而应收集相关信息的义务，也包括在"注意义务"之内[1]）。按照旧过失论的观点，也可以将"过失"定义为，对结果预见义务的违反。然而，对于明明有结果的预见可能性却未能预见结果的情形，总能认定违反了预见义务，但即便履行了预见义务，也预见到了结果，只要没有避免结果，就不会免于处罚（毋宁说，是作为故意犯来处罚），因此，结果预见义务本身并没有什么独立意义。

要肯定过失犯的责任，除了上述意义上的"过失"之外，与故意犯一样，还需要存在责任能力、违法性意识的可能性、合法行为的期待可能性。

按照旧过失论，"预见可能性"就意味着"过失"本身，司法实务中围绕过失犯的成立与否争议最大的也是"预见可能性"，为此，下面笔者专门探讨此问题。

七、预见可能性

（一）危惧感说

在新过失论中，对于结果的预见可能性，不过是用于确定有无客观的注

---

[1] 按照旧过失论，监督过失等过失的不作为犯中所研究的"注意义务"，也被作为"作为义务"来重新理解 [本章之四（二）]。

意义务的线索。[1]而且，一元的行为无价值论彻底贯彻作为新过失论之背景的行为无价值论，认为只有违反了注意义务的"行为"才是违法评价的对象，将"结果"视为处罚条件。因而，按照这种一元的行为无价值论，就不以针对结果的相关责任为必要。"危惧感说"或者"新新过失论"，正是以这种新过失论的特性为背景，作为对结果的具体的预见可能性之替代，认为只要存在"危惧感"——达到命令一般人采取某种结果避免措施，可谓之为合理这种程度的"危惧感"——就能肯定存在过失，进而试图以此来处理公害、药害这种与科技进步相伴而生的"未知的危险"。[2]

有关"森永奶粉案"的再审就采取了这种危惧感说。该案大致案情如下：
[案例14] 在奶粉的制造过程中，为了用作稳定剂，会从相关批发商处购买"第二磷酸苏打"，但实际购得的物质是含有大量砷酸的其他药剂，为此，所制造的奶粉中混入了砷酸，致使饮用该奶粉的数名婴幼儿死伤，检方以业务过失致死伤罪起诉了森永乳业德岛工厂的生产科长X等人。对于此案，在被发回重审之前，一审认为，工厂的交易对象是富有诚信的批发商，此前曾9次从该批发商处购买了同样的物质，并无任何问题。因此，X等人并无进行严密的化学检测的注意义务，进而判定无罪。反之，控诉审（二审）则指出，饮用原本并非用作食用而制造的物质（即"第二磷酸苏打"），当然会伴有某种"不安感"，因而撤销原判，发回重审。在被告人一方的上告被驳回后，作为再审的德岛地方裁判所昭和48年（1973年）11月28日判决首先确认，作为科以客观的注意义务的前提，必须具有预见可能性，在此基础上进一步指出，"这种情形下的预见可能性，只要达到能证明，作为结果避免义务，对行为人科以某种指向结果防止的负担是合理的这种程度即可，因此，该情形下的预见可能性，不必是能够预测具体的因果进程的可能性，而只要是，虽然不能具体确定是何种东西，但并非完全不存在某种危险，因而不能无视这种危险程度的危惧感即可"，进而判定X有罪。[3]

但是，难以否认，在过失致死伤罪等过失犯罪中，法益侵害结果的发生

---

[1] 有学者基于认为预见可能性的机能在于确定结果避免义务的内容的立场，主张预见可能性的对象不在于行为之后所发生的"结果"，而在于存在于行为当时的"危险"。参见樋口亮介「注意義務の内容確定基準」『山口厚先生献呈論文集』（成文堂2014年）228頁以下。

[2] 参见藤木英雄『刑法講義総論』（弘文堂1975年）240頁以下。

[3] 参见徳島地判昭和48年11月28日判時721号7頁。

是对行为人进行非难的根据,那么,在不需要针对法益侵害结果的心理性关联这一点上,危惧感说就难以消除有违责任主义这种疑虑。尤其是,在旧过失论看来,预见可能性必须具有,足以将法益侵害——这种法益侵害构成了过失犯的违法的核心——主观上归属于行为人的具体内容。即便是持新过失论,只要立足于从行为无价值与结果无价值这两个方面为违法奠定基础的二元的行为无价值论,就势必不会认为,无需存在针对结果的相关责任。[1]

（二）具体的预见可能性说

其后的判例明确否定危惧感说,采取了要求对特定的构成要件结果以及因果进程的基本部分存在预见可能性的"具体的预见可能性说",学界通说也支持这种观点。例如,〔案例15〕护士 X 在手术时误接了电子手术刀的电源,医师 Y 就此开始进行手术,由于心电图描记器同时也出现了问题,由高频率电流产生了特殊回路,致使患者脚部被严重烫伤（"北大电子手术刀案"）。对此,札幌高等裁判所昭和51年（1976年）3月18日判决认为,"所谓对结果发生的预见,仅仅是抱有内容不特定的一般的、抽象的危惧感或者不安感,这种程度还不够,应该理解为,是指对特定的构成要件结果以及直至发生这种结果的因果关系的基本部分的预见"。不过,该判决判定,"在错接电源的情况下启动电子手术刀之时,电子手术刀的功能会相应地发生变化……会给流入患者体内的电流状态造成异常,其结果就是,存在因电流作用而给患者的身体造成伤害之虞",X 对此是有可能预见的,进而判定 X 成立业务过失致死伤罪。[2]但是,因为同时使用了心电图描记器,且该仪器也存在问题,才由此形成高频率的特殊回路,造成烫伤结果（当时未能查明烫伤原因,事后经相关大学教授的鉴定才查明原因）,能否认定对结果存在具体的预见可能

---

[1] 不过,对于这里所谓"危惧感",也有这样理解的余地：不是指通过意思的集中或者调查、研讨所能达到的预见内容,而属于为了达到对结果的具体预见的"契机"或者"警告表象"［参见藤木英雄编『過失犯』（学陽書房1975年）149页以下（三井誠）；松宫孝明『刑事過失論の研究（補正版）』（成文堂2004年）294页以下］。这样,如果将危惧感视为"出发点"而不是"到达点",危惧感说与具体的预见可能性说就并非相互对立。也就是,抱有危惧感的人已经被赋予了预见结果的可能性,只要该人不消除这种危惧而实施了行为,就能认定存在对结果的具体的预见可能性。另外,有学者要求,存在对有关预见可能性之"契机"的实际的认识,参见山本紘之「予見可能性の『契機』について」『法学新報』112卷5＝6号（2005年）221页以下。

[2] 参见札幌高判昭和51年3月18日高刑集29卷1号78页。

性，仍有进一步探讨的余地。[1]*近年，发生了因人工沙滩塌陷，造成4岁幼童掉落最终死亡的案件（"明石沙滩坍塌案"），对此，最高裁判所平成21年（2009年）12月7日决定肯定国土交通省的职员对发生塌陷事故存在预见可能性。[2]

当然，具体的预见可能性也并非要求，对于有关直至发生结果的科学性法则，也需具有预见可能性。人们即便不知道科学根据，也会根据相关经验法则，预测事态的发展，选择合理的行动。作为有关"氮水俣病事件"的控诉审，对于未曾有过先例的水俣病，福冈高等裁判所昭和57年（1982年）9月6日判决也认为，只要对"人通过食用被水俣工厂的排水中所含有的有毒物质所污染的鱼类贝类，会罹患水俣病，有引起死伤结果之虞"存在预见可能性即可，"不要求对这种有毒物质属于呈现为一定脑部症状的特定化学物质也存在预见"，进而肯定，对于包括胎儿性水俣病在内的水俣病会造成人员死伤这一点，相关人员具有预见可能性。[3]

（三）预见可能性的构成要件关联性

按照具体的预见可能性说，首先，必须对该当于特定的构成要件的事实存在预见的可能。〔案例16〕对于"坂东三津五郎案"（厨师受顾客之托取出了河豚的肝，顾客食用之后中毒死亡），*大阪高等裁判所昭和54年（1979年）3月23日判决认为，"结果的预见可能性，只要对伤害这一点，即……被害人会出现中毒症状存在预见可能性即可，不要求连致死这一点，即被害

---

[1] 在高速公路上冒雨行驶的大客车突然侧翻在公路上，造成乘客死伤，对此，大阪高等裁判所昭和51年（1976年）5月25日判决基于具体的预见可能性说认为，作为事故原因的"部分性水膜现象（hydroplaning）"，对高速客车的司机而言，一般不能预见，进而以此为理由否定司机存在过失（参见大阪高判昭和51年5月25日刑月8卷4=5号253页）。

* 水膜现象（hydroplaning）：是指雨天汽车以90公里以上的时速行驶时，轮胎与路面之间会形成水膜，能导致刹车失灵，造成事故。当摩擦系数减少到最低时达到极限状态时，称为完全性水膜现象；尚未达到但接近此现象时，称为部分性水膜现象。——译者注

[2] 参见最决平成21年12月7日刑集63卷11号2641页（"明石沙滩坍塌案"）。有关同一案件中的职员等的注意义务，参见最决平成26年（2014年）7月22日决定（最决平成26年7月22日刑集63卷11号2641页）。

[3] 参见福冈高判昭和57年9月6日高刑集35卷2号85页。

* 行为人是料理店厨师，按照行为当时的一般知识水准，行为人相信名古屋河豚毒性较小，只要经过充分水洗就能够除去毒性，7年以来也一直是向客人提供这种经过水洗之后的名古屋河豚火锅，事发当日也是以同样方法调理河豚，但造成了1名客人次日中毒死亡的结果（其他4名同伴并无中毒症状）。——译者注

人……最终死亡也存在预见可能性",进而判定被告人成立业务过失致死罪。[1]该判决要么是将业务过失致死罪与业务过失致伤罪视为包摄于同一构成要件的犯罪,要么是将前者视为后者的结果加重犯。但是,生命与身体属于不同法益,因而应将二者视为不同的构成要件;即便是视为结果加重犯,也应对加重结果存在过失。因此,明明只能预见伤害结果,却要就死亡结果追究责任,这并不妥当。

(四)个别对象的预见可能性

立足于具体的预见可能说,下面需要研究的问题是,是否需要对个别的对象也存在预见可能性?〔案例17〕X驾驶轻便四轮货车,在限速30公里的地方以65公里的车速行驶,看到对向来车,措手不及猛打方向盘,结果失去平衡,汽车的后部车厢猛烈撞上路边的信号灯柱,致使坐在副驾驶位置的A身受重伤,同时,还致使在X不知情的情况下坐进后车厢的B、C两人死亡("车厢搭乘案")。对于该案,最高裁判所平成元年(1989年)3月14日决定认为,"于被告人而言,上述野蛮驾车也许会造成伴有人员死伤的事故,当然应该已经认识到这一点,即便被告人对于上述二人坐在自己车辆的后车厢这一事实并无认识,也无碍其构成针对这二人(B、C)的业务过失致死罪"。[2][3]最高裁判所的该决定只是明示,不要求对有人坐在后部车厢这一点存在认识,而并未明示不以认识可能性为必要,但从该决定并未认定对B、C的认识可能性,便肯定成立针对该二人的过失犯这一点来看,可以理解为,该决定的旨趣在于,不需要对发生在个别对象身上的结果存在预见可能性。

按照旧过失论,基于对故意与过失的并行性理解,是通过运用错误论来解决此问题的。为此,对于〔案例17〕,按照抽象的法定符合说(法定符合说),只要对A以及其他行人的死亡存在预见的可能,对于同属于"人"的B、C的死亡,也应成立过失犯;[4]按照具体的法定符合说(具体符合说),

---

[1] 参见大阪高判昭和54年3月23日刑月11卷3号109页。
[2] 参见最决平成元年3月14日刑集43卷3号262页。
[3] 相反,对于类似案件,福冈高等裁判所宫崎支部昭和33年(1958年)9月9日判决则以对于未经允许的搭乘者的存在,不具有认识可能性为由,对于该搭乘者的死亡,判定驾驶人不存在过失(参见福冈高宫崎支判昭和33年9月9日高刑特5卷9号393页)。
[4] 反之,也有学者主张,抽象的法定符合说的旨趣在于,是以对于该对象的预见可能性为前提,认定存在故意的符合。参见大塚裕史「『結果』の予見可能性」『岡山大学法学会雑誌』49卷3=4号(2000年)190页以下;松宫孝明『過失犯論の現代的課題』(成文堂2004年版)110页。

只要对 B、C 的存在不具有认识可能性，就不能认定对其死亡具有预见可能性，因而应否定成立针对该二人的过失犯。反之，在新过失论看来，结果的预见可能性是一种用于确定结果避免措施的手段，与故意承担着不同的机能。因此，预见可能性的对象，不是根据错误论，而应该根据结果避免措施的射程来决定。按照新过失论，对于实际能够预见的结果，行为人应采取相应的结果避免措施。那么，对于那些虽未实际预见，倘若采取了相同的结果避免措施，就本可以避免的结果，当然应成立过失犯。因此，在〔案例17〕中，结果避免义务、注意义务的内容是遵守限速、正确操作方向盘等，该义务是以避免撞上信号灯柱为目的，如果履行该义务，既可以避免实际有可能预见的 A 的死伤，也可以避免 B、C 二人的死亡。因此，就能肯定成立针对 B、C 的业务过失致死罪。

（五）"因果进程的基本部分"的预见可能性

立足于具体的预见可能性说，还需要进一步研究何为"因果进程的基本部分"这一问题。在前述"北大电子手术刀案"中，是通过将"因果进程的基本部分"抽象为"流入患者体内的电流的异常"，而肯定存在针对伤害结果的预见可能性。又如，〔案例18〕X 在实施隧道内的电缆接线工程时，由于怠于安装接地铜板，造成诱发电流不能流向地下，而是长时间流向接线板，最终因形成碳化导电路而发生火灾，最终因散发有毒气体而致使电车内的乘客死伤，但在此之前，全国未曾出现过形成碳化导电路的情况（"生驹隧道案"）。对于该案，一审将"形成碳化导电路的现象"视为"因果进程的基本部分"，认为即便能预见电缆本身的发热，但无法预见会形成碳化导电路，进而否定 X 存在过失。反之，最高裁判所平成 12 年（2000 年）12 月 20 日判决则认为，"即便无法具体地预见碳化导电路的形成过程，但对于诱发电流不是流向地下而是长时间持续流向本不应流向的地方，进而有引发火灾的可能性这一点本应可以预见"，进而肯定 X 存在过失。[1] 由此可见，根据对"因果进程的基本部分"的抽象化程度，预见可能性的有无也可能发生改变，因而很难就这种抽象化的程度找出统一标准。与此相反，故意犯中，并不会特别研究对"因果进程的基本部分"的认识这一问题。如果将因果进程的错误不阻却故意这种通说观点适用于过失犯，即便对实际发生的因果进程不可能

---

[1] 参见最决平成 12 年 12 月 20 日刑集 54 卷 9 号 1095 页。

预见，只要对产生同一结果的其他因果进程是预见可能的，就能肯定过失犯的成立。不过，不能忽视的是，对"因果进程的基本部分"的预见可能性，具有这样的机能：对于容易变得抽象的结果的预见可能性的认定，作为对此赋予具体性的"中间项"，其所具有的实践性的、认识论上的机能。[1][2]

(六) 信赖原则

在过失犯中，尤其是在交通事故中，不少情形下，会介入诸如行人突然出现这种被害人或者第三者的不当行为。但是，随着私家车的普及以及交通法规的确立，这种场合也要追究驾驶人的刑事责任，无疑过于严格，这种认识也得到了广泛认同。于是，便试图通过"信赖原则"对过失责任进行限定。这里所称"信赖原则"，是指"行为人在实施某种行为之际，信赖被害人或者第三者会实施适当的行为，这种信赖被认为是相当的场合，即便由该被害人或者第三者的不当行为导致了结果的发生，行为人对此也不承担责任。"[3]

[案例19] X驾驶助动车发出右拐信号，在以20公里的车速开始右拐之际，A驾驶助动车以60至70公里的车速试图从右后方超车，结果两车相撞，A被撞身亡。对此，最高裁判所昭和42年（1967年）10月13日判决认为，"车辆驾驶者驾驶车辆应相互信赖其他驾驶者会遵守交通法规实施适当行为，如果没有这种信赖，任何时候都不可能安心驾驶"，并进一步指出，"像本案的X那样，作为从道路中线的稍微靠左的地方一边发出右拐信号，同时试图开始右拐的助动车驾驶者，只要信赖后方来车的驾驶者会遵守交通法规，采取诸如减速等待自己右拐之后再行驶等措施，即只要相信对方会以安全的速度与方法行驶即可，而没有以下业务上的注意义务：预想到有可能出现像本案A那样，不惜违反交通法规，越过道路中线的右侧而试图高速超车的车辆，因而应确认右后方的安全，由此防止事故于未然"，并基于此理由，判定X无罪（该判决还提到，X本应该靠向道路左侧，沿着路口侧边右拐，却从道路

---

[1] 参见西原春夫『犯罪総論』（上卷・改訂版）（成文堂1993年）198頁；前田雅英『刑法総論講義』（東京大学出版会2019年第7版）225-226頁。

[2] 在有关"温泉设施爆炸案"的最高裁判所平成28年（2016年）5月25日决定中，大谷直人裁判官的补充意见基于将预见可能性视为结果避免义务之前提的立场指出，研究对"因果进程的基本部分"的预见可能性这种方法并不合适。参见最决平成28年5月25日刑集70卷5号117頁。

[3] 西原春夫『交通事故と信頼の原則』（成文堂1969年）14頁。

中线左侧直接右拐，这一点违反了《道路交通法》，但这与是否违反了本案中的注意义务无关）。[1]而且，在〔案例15〕的"北大电子手术刀案"中，裁判所也是认为，主刀医师Y信赖老资格的护士X，这属于具有相当性的行为，进而以此为由宣判Y无罪。由此可见，信赖原则的适用范围也扩大至团队医疗等分工协作的情形。

在新过失论看来，信赖原则是这样一种法理：对于能认定具有结果的预见可能性的行为，通过免除结果避免义务而否定过失。作为免除结果避免义务的理由，可以想到有以下几点：①汽车等高速交通工具的便利性与有用性、②被害人的自我责任、③确保分工体制的效率，等等。但是，第①点不可能让具有针对生命的具体危险的行为得以正当化；第②点不适于针对被害人之外的其他人的信赖，而且，只要被害人不是有意识地接受危险，就难以以被害人的自我责任为理由而否定其法益的要保护性；第③点只能说明信赖原则的部分适用领域，甚至对于分工体制不健全、具有结果发生的预见可能性的情形，也要免除结果避免义务，并不妥当。另外，也有观点以新过失论为前提，主张自己违反了《道路交通法》等法令者，基于"禁反言"的法理，不得援用信赖原则。但正如上述最高裁判所昭和42年（1967年）10月13日判决显示的那样，判例、通说均认为，对于此类人也可适用信赖原则。

反之，在旧过失论看来，信赖原则，是一种将不具有针对结果的预见可能性的情形予以类型化的原理，而并非用于修正过失犯的成立范围的特别原理。〔案例19〕中的A以及〔案例15〕中的X的不当行为，作为发生结果的不可或缺的介入因素，构成"因果进程的基本部分"，对于此类行为的预见可能性的阙如，就直接与结果的预见可能性的阙如相关联，因而，在信赖A或者X可谓之为相当的场合，对A或者X实施的不当行为，就不可能存在预见，进而也可否定对于结果的预见可能性。对此，新过失论提出了批判：只要是驾驶汽车，对于引起某种事故，理应总是存在预见可能性。但是，这种漠然的预见可能性，并不足以将现实发生的法益侵害结果在主观方上归属于行为人之心理，进而将针对行为人的刑法上的非难予以正当化。也许新过失论正是因为考虑到了这种程度很低的预见可能性，而认为有必要在预见可能

---

[1] 参见最判昭和42年10月13日刑集21卷8号1097页。

性之外，通过免除结果避免义务，来限制处罚范围。

近年来的判例似乎开始对信赖原则的适用持消极态度。例如，X 在驾车过程中，交叉路口黄色信号灯跳动，且左右视线不好，却没有减速慢行，与无视红灯跳动而从相交叉的马路驶入的 A 驾驶的车辆相撞，致 A 等人死伤。对于该案，最高裁判所昭和 48 年（1973 年）5 月 22 日判决认为，"如本案 X 那样，在本车方向的信号灯是黄灯跳动，而另外方向的信号灯是红灯跳动的路口，作为驾车驶入交叉路口的驾驶者，在没有特别情况的本案中，即便有车从相交叉的其他马路接近交叉路口，只要信赖其他车辆的驾驶者会按照信号灯的红灯指示暂时停车，并为了避免事故会实施恰当行为而驾车即可，除此之外，尽管可能出现像本案 A 那样，不惜违反法规，不仅不减速停车，反而高速冲过路口的车辆，但 X 并不负有预想到这一点并进行周到的安全确认这种业务上的注意义务。即便 X 当时怠于行使《道路交通法》第 42 条所规定的减速慢行义务，也并无影响"。[1]与此相反，对于与本案类似的〔案例 11〕，最高裁判所平成 15 年（2003 年）1 月 24 日判决是在认定违反了注意义务的基础上，以不具有结果避免可能性为由，得出了无罪的结论。*

（七）管理、监督过失与预见可能性

在与结果之间属于间接性的关系的管理、监督过失的案件中，结果的预

---

[1] 参见最判昭和 48 年 5 月 22 日刑集 27 卷 5 号 1077 页。

* 持新过失论的福田平指出，信赖原则（Vertrauensgrundsatz）自 1935 年前后开始，由德国的判例率先提出，并逐渐作为一种理论而确立，自 1955 年前后开始，日本也有下级裁判所的判例在认定驾车人的注意义务时开始适用此原则，最高裁判所在 1966 年正式予以采用（参见最判昭和 41 年 12 月 20 日刑集 20 卷 1212 页），即，"针对交通事故的罪犯，作为将社会生活上必要的注意内容予以具体化的方法性原则，信赖原则为此具体化提供了思考标准，然而，是否懈怠了社会生活上所必要的注意，最终还得取决于该行为是否处于社会相当性的范围之内这一判断，因此，即便适用该原则，社会相当性仍发挥着指导性作用。亦即，只有在交通参与者信赖其他参与者会采取遵守交通规则的行动具有社会相当性之时，才可适用信赖原则。在适用信赖原则之时，必须以当时的实际交通状况为前提，具体且个别地判断信赖其他参与者会采取遵守交通规则的行动是否具有社会相当性。例如，在行为人自身违反交通规则，且这属于事故发生的直接原因的场合；在很容易预见到对方的违反交通规则的行为的场合；在因道路情况等原因，违规的发生概率很高的场合；在对方属于并无保护人陪同的幼儿、老人、身体障碍者的场合。在这些场合下，行为人信赖对方会采取遵守交通规则的适当行动，便不具有社会相当性，因而不能适应信赖原则"〔参见福田平『全訂刑法總論』（有斐閣 2004 年第 4 版）128-129 頁〕。——译者注

见可能性也经常会成为争议焦点。* 在〔案例6〕"新日本饭店火灾案"中，对于该饭店董事长X的刑事责任，最高裁判所平成5年（1993年）11月25日决定判定，"在不分昼夜地为不特定多数人提供住宿便利的饭店，总是潜藏着发生火灾的危险，X认识到……本案建筑物的第9层、第10层没有安装自动喷淋设施、没有设置避险区域……现有的防火区域划定不完整……在制订消防计划，并按照该计划进行消防演练，以及防火、消防设置等的日常检查、维护管理等其他防火防灾措施上存在不足……因此，只要不消除这些消防管理体系上的不完善，一旦发生火灾……就会有造成不熟悉建筑物的结构、避险路径的住客死伤的危险，这一点本能轻易预见"（着重号为笔者所加），进而判定成立业务过失致死伤罪。〔2〕〔3〕的确，"一旦发生火灾"，因消防措施的不完善而会造成死伤，对此是有可能预见的。但是，如果不发生火灾，就不会造成死伤，因而"起火"作为造成死伤结果的不可或缺的前提，属于"因果进程的基本部分"，对此的预见可能性的阙如，会直接导致对造成死伤结果的预见可能性的阙如。因此，"一旦发生火灾"这种"附条件的预见可能

---

* 日高义博指出："有关管理、监督过失的判例已多有累积，例如，'川治王子饭店火灾案''千日百货商场大楼火灾案''新日本饭店火灾案'等。在司法实务中，以管理、监督过失作为处罚根据的观点正积极推行。然而，肯定管理、监督过失的理论结构仍不明晰。另外，在学界，围绕过失犯的结构，旧过失论与新过失论相互对立，管理、监督过失的问题点纷繁复杂，并且，有关其解决方法，既有主张引入信赖原则的观点，也有主张采取不作为犯的理论结构的观点，呈现出错综复杂的理论状况。"立足于不同的理论前提（旧过失论、修正的旧过失论、新过失论、新新过失论等），其理论模式也不相同。一般而言，行为无价值论、结果无价值论分别更容易采取新过失论、旧过失论。"在这种理论状况之中，近年，将管理、监督过失作为不作为犯来把握的观点处于支配性地位〔例如，前田雅英「監督過失について」『法曹時報』42卷2号6页；林幹人「監督過失」林幹人『刑法の現代的課題』（有斐閣1991年）3页以下；井田良「火災事故における管理・監督過失」井田良『犯罪論の現在と目的的行為論』（成文堂1995年）204页；大塚裕史「管理・監督過失」西田典之・山口厚編『刑法の争点』（有斐閣2000年第3版）80页；木村光江『刑法』（東京大学出版会2002年第2版）131页，等等〕。"对此，日高义博认为，"过失犯与故意犯具有相同的犯罪论体系"，"在管理、监督过失的场合，过失的实行行为的形式既有作为也有不作为。依据新过失论来考察的话，违反了作为客观注意义务之内容的结果避免义务的行为便属于过失实行行为，那是逾越了一定基准行为的行为"。参见日高義博「管理・監督過失と不作為犯論」『神山敏雄先生古稀祝賀論文集（1）』（成文堂2006年）140、147页。——译者注

〔2〕参见最决平成5年11月25日刑集47卷9号242页。

〔3〕另外，有关大规模火灾中的管理过失的案例，参见"川治王子饭店火灾案"（最决平成2年11月16日刑集44卷8号744页）、"千日百货商场大楼火灾案"（最决平成2年11月29日刑集44卷8号871页）、"大洋百货商场大楼火灾案"（最决平成3年11月14日刑集45卷8号221页）。

性",并不能确保行为人也存在对结果的预见可能性。[1]不过,从"在不分昼夜地为不特定多数人提供住宿便利的饭店,总是潜藏着发生火灾的危险"这一表述来看,最高裁判所似乎认定对"起火"具有预见可能性。然而,很难说,与其他建筑物相比,饭店起火的危险特别大,因而,这里所谓"发生火灾的危险",仍然没有超出漠然的"危惧感"的范畴。相反,有观点基于新过失论主张,在研究以应对万一的事态为目的的注意义务(结果避免义务)这一问题时,作为其前提的预见可能性,即便程度很低亦可,从而表明了对判例观点的支持。[2]而且,也有观点虽立足于旧过失论,仍然主张,不同于公害、药害这种"未知的危险",火灾的危险是"已知的危险",因此,即便发生火灾的概率不大,但相对容易预见,而且,长期存在消防管理体制的不完善,也会累积起火的可能性,从而肯定存在预见可能性。[3]但是,对于用于居住的一般建筑物,如果不能以属于已知的危险、长时间的危险累积为理由而肯定对起火存在预见可能性,那么,对于饭店,也难以以这种理由来肯定,达到了足以将实际造成的死伤结果在主观上归属于行为人这种程度的、对起火的预见可能性。就火灾事故,肯定管理者的过失责任,存在将起火以及人员死伤结果作为处罚条件,而对违反《消防法》的行为,予以加重处罚之嫌。

相反,有关前述〔案例7〕"JR 福知山线脱轨事故"的最高裁判所平成29 年(2017 年)6 月 12 日决定认为,在本案事实关系之下,凭借"列车司机一旦大幅超速,就会发生脱轨翻车事故"这种程度的对危险的认识,还不能作为本案注意义务的产生根据。对于这种判例态度,按照新过失论,可以说,是将注意义务的内容与预见可能性的程度相关联地加以把握。[4]而按照旧过失论,立足于承认预见可能性具有独立意义的立场,想必以这种程度的预见可能性,还不能追究针对结果的过失责任。

---

[1] 甲斐克则将最高裁判所平成 5 年(1993 年)11 月 25 日决定的判断形式称为"一旦公式"(一旦……就会……),指出了其与危惧感说之间的类似性。参见甲斐克则『責任原理と過失犯論〔増補版〕』(成文堂 2019 年)119 頁。
[2] 参见井田良『変革の時代における理論刑法学』(慶應義塾大学出版会 2007 年)171 頁。
[3] 参见佐伯仁志『刑法総論の考え方・楽しみ方』(有斐閣 2013 年)306 頁;佐伯仁志「過失犯論」『法学教室』303 号(2005 年)45 頁。
[4] 按照旧过失论,在划定不作为犯中的作为义务之际,在允许的危险这种视角之下,对应该予以防止的危险的程度与履行义务的负担程度进行衡量,这是得到承认的,那么,想必也有将本判例态度视为显示了这种衡量的结果的余地。

(八) 预见可能性的标准

下面的问题是，应该以谁的能力为标准来判断有无预见可能性呢？对此，存在三种对立观点：一是客观说，[1]主张以一般人的能力为标准；二是主观说，主张以行为人的能力为标准；三是折中说，[2]主张以行为人的能力为标准，但在其能力超出一般人之时，则以一般人的能力为标准。折中说多将过失分为构成要件的过失与责任过失，主张前者以一般人为标准，后者以行为人为标准。

应区别于这种作为预见可能性之标准的能力的是，汽车的驾驶技术、医师的手术技能等所谓"行为实施能力"。新过失论往往将这种行为实施能力包括在"注意能力"之中。但是，这种能力并非为预见可能性奠定基础的东西，而是在构成要件阶段，为不作为犯中的作为可能性奠定基础的同时，也属于实行行为的危险性的判断材料（当然，也有像视力、听力那样，既关系到行为实施能力也关系到预见能力的能力。例如，视觉障碍，在行为实施能力方面属于提高行为危险性的因素，反过来，在预见能力方面又属于降低预见可能性的因素）。对于这种行为实施能力，如前所述（第五章之五），在与不作为犯中的作为可能性的关系上，应以行为人自身的能力为前提；在与实行行为的危险性的关系上，为了使对现实的危险的判断成为可能，也应研究行为人自身的实际能力这一问题。

有关固有意义上的预见可能性的标准。首先，客观说原本是以近代学派的社会防卫论为前提，以对于不具有通常能力者也有采取教育、改善措施之必要为理由。但是，不可否认的是，刑罚具有责任非难的意义，因而，对行为人的视力、听力所不及的结果追究责任，对行为人而言，显然难以信服，更会演变成一种根本无视行为人之存在的责任非难。

反之，主观说是从古典学派的道义责任论的角度，认为要对行为人进行责任非难，就应以行为人自身为标准。但是，至少从意思决定论的角度来看，既然行为人实际上对结果并无预见，只要单纯是以行为人为标准，就不得不说，是不可能预见的。而且，按照该说，行为人的性格越是不关心他人的法

---

[1] 参见川端博『刑法総論講義』（成文堂2013年第3版）214頁；日高義博『刑法総論』（成文堂2015年）358頁；藤木英雄『刑法講義総論』（弘文堂1975年）250頁；堀内捷三『刑法総論』（有斐閣2004年第2版）129頁。

[2] 参见大塚仁『刑法概説　総論』（有斐閣2008年第4版）211、473頁；団藤重光『刑法綱要総論』（創文社1990年第3版）343頁；福田平『全訂刑法総論』（有斐閣2011年第5版）127、202頁。

益，越是能否定存在过失，这显然是不妥当的。

折中说基本上立足于主观说，但认为法不能对行为人提出超出一般人的要求，而以一般人的能力来界定过失的上限。但是，对于因视力超出平均水平而对小孩突然出现存在认识的驾驶者而言，即便一般人不可能认识到这一点，如果能肯定该人具有（未必的）故意，那么，对于因视力要好于一般人，而得到了小孩在路边玩耍这种"警告表象"的驾驶者，以及理应轻易认识到那种状况的驾驶者，就应肯定存在过失。亦即，对于具有相对较高的预见能力者，根据其实际能力而肯定存在预见可能性，这并无任何不妥。

要对行为人进行非难，对于视力、听力这种身体能力，疲劳、疾病等身体状况，以及属于预见之前提的知识、信息等，就应以行为人自身被给予的条件作为判断的前提。但是，在未能预见法益侵害的原因在于行为人对法益的漠视或者缺少法益尊重意识的场合，这种法益尊重意识的阙如，就正是值得非难的东西，因而，以法益尊重意识的阙如作为否定预见可能性的理由，这并不妥当。为此，对于法益尊重意识，应该进行规范的或者假定的判断：如果行为人具有法所预想的、作为一般市民的法益尊重意识，能否预见到结果？这种做法是通过假定应该具有的法益尊重意识而研究是否实际具有预见可能性，据此确认行为人的法益尊重意识的淡薄是否是未能预见结果的原因，可以说，这与因果关系中有关条件关系的"假定的消去公式"［第四章之二（一）］是出于相同的考虑。通过昭示针对法益尊重意识的阙如的非难，而达到特殊预防、一般预防的效果，这是刑罚的目的（第十一章之一），由此可见，身体能力、知识的不够既非通过刑法予以非难的对象也非通过刑法予以改善的对象，但法益尊重意识的淡薄，就正是通过刑法予以非难、改善的对象。由此可见，应该支持"能力区别说"：对于身体能力以及知识这种"手段性能力"，应以行为人为标准；对于法益尊重意识这种"规范性能力"，应以法所设想的一般市民为标准。[1]

---

[1] 参见井田良『講義刑法学・総論』（有斐閣 2018 年第 2 版）235-236 頁；小林憲太郎『刑法総論』（新世社 2020 年第 2 版）202 頁；佐伯仁志『刑法総論の考え方・楽しみ方』（有斐閣 2013 年）296 頁；曽根威彦『刑法原論』（成文堂 2016 年）350 頁；内藤謙『刑法講義総論（下）Ⅰ』（有斐閣 1991 年）1125 頁；中野次雄『刑法総論概要』（成文堂 1997 年第 3 版補正版）52 頁以下；林幹人『刑法総論』（東京大学出版会 2008 年第 2 版）292 頁；平野龍一『刑法総論Ⅰ』（有斐閣 1972 年）206 頁；松宮孝明『刑法総論講義』（成文堂 2018 年第 5 版補訂版）223 頁；松宮孝明『過失犯論の現代的課題』（成文堂 2004 年）151 頁以下。

八、重大过失与业务过失

现行刑法在重大过失失火罪（第 117 条之 2 后段）以及重大过失致死伤罪（第 211 条第 1 款后段）中，加重处罚重大过失。这种"重大过失"，按照新过失论，是指对结果避免义务的违反程度严重（重大）；按照旧过失论，则是指对结果的预见可能性很大，只要稍加注意就可预见结果。旧过失论是考虑到，本可极容易地预见到结果却未能预见，这正是行为人极其缺乏法益尊重意识的归结。一般来说，在行为的危险性极大的场合，或者得到了能直接导致法益侵害的"警告表象"的场合，就可谓之为，存在很高的预见可能性。例如，〔案例 20〕盛夏季节的大晴天，在加油站内汽油强烈挥发的汽油罐附近，用打火机点烟而导致了火灾的，[1]由于存在高度的危险性，因而本应很容易预见到起火，却未能预见，对此，就可以评价为，是因为对法益的漠不关心。又如，酩酊大醉之后实施伴有危险的行为的，在预见能力降低的同时，也会因行为实施能力的降低而增大行为的危险性，因此，在危险显著增大，达到了凌驾于预见能力降低的程度之时，就可认定，存在为重大过失奠定基础的高度的预见可能性。

另外，现行刑法设置了业务过失失火罪（第 117 条之 2 前段）、业务过失交通危险罪（第 129 条第 2 款）以及业务过失致死伤罪（第 211 条第 1 款前段）这种针对业务过失的加重处罚规定。判例、通说认为，加重处罚的根据在于，业务者被赋予了特别的注意义务。[2]其旨趣想必在于，按照新过失论的观点，作为行为准则的结果避免义务的内容，业务者不同于一般人，与后者相比，要求前者采取更为周到的避免措施。但是，这种结果避免措施上的差别，即便能反映在过失犯的成立范围上，但能否直接反映在刑罚的轻重上，不无疑问。而且，如果像判例、通说那样，一边将属于业务者这一点作为特别的注意义务与结果避免义务的根据，同时又将该注意义务等视于不作为犯中的作为义务［本章之四（二）］，那么，对于"业务者"，就可直接肯定存在作为义务，这样就存在使得业务者的过失的不作为犯的成立范围变得毫无

---

〔1〕 参见最判昭和 23 年 6 月 8 日裁判集刑事 2 号 329 页。
〔2〕 参见最判昭和 26 年 6 月 7 日刑集 5 卷 7 号 1236 页；团藤重光『刑法綱要總論』（創文社 1990 年第 3 版）345 页；大谷實『刑法講義總論』（成文堂 2019 年新版第 5 版）192 页。

限制之虞。

反之，从旧过失论的视角来看，业务过失的加重处罚根据在于，业务者所具有的、用于预见结果的知识以及技术这种"手段性能力"要类型性地高于一般人，而且，对其"规范性能力"的程度要求也更高——对于业务者，期待其对业务投入更强的法益尊重意识。不过，值得注意的是，业务者具有更高的"手段性能力"，对此完全可以在"重大过失"中予以考虑；并且，统一要求业务者具有更高的"规范性能力"，对其正当性也有考问的必要。因此，对于有关业务过失的加重处罚规定的合理性，也并非完全不存在疑问。[1]

---

[1] 倡导删除有关业务过失的规定的观点，参见松宫孝明『刑法総論講義』（成文堂 2018 年第 5 版補訂版）229 頁。

第十五章　未遂犯[*]

一、概述

(一) 含义

刑法分则规定的犯罪类型是"既遂犯"，这种既遂犯达到了实际存在包括结果在内的所有构成要件要素的程度。反之，"已经着手实行犯罪而未遂的"（第43条正文）情形，即虽然已经着手实行，但缺少结果等部分构成要件要素的情形，则称之为"未遂犯"。只有刑法分则存在处罚未遂犯的规定，才可以处罚未遂犯（第44条），并予以刑罚的任意性减轻（第43条正文）。[1]例如，〔案例1〕X出于向A开枪的意思，手指放在手枪扳机上之时被抓获的，就属于尚未完成实行行为的"着手未遂"或者"未实行终了的未遂"；又如，〔案例2〕X向A开枪射击，但子弹打偏的，就属于已经完成实行行为的"实行未遂"或者"实行终了的未遂"。未遂犯存在上述两种形态，[2]但其法律效果并无不同。另外，在与既遂犯的关系上，未遂犯属于"未完成的犯罪"形态，可以说，属于修正了既遂犯的构成要件、提早了处罚时点的"处罚扩张事由"。

---

[*] 日本《刑法》第43条〔未遂减免〕：已经着手实行犯罪而未遂的，可以减轻其刑，但基于自己的意思中止犯罪的，应当减轻或者免除其刑。——译者注

[1] 在特别法中，存在既遂与未遂按照同一刑罚予以处罚的犯罪，例如，常习特殊盗窃罪（《盗犯等防止法》第2条）、常习累犯盗窃罪（《盗犯防止法》第3条）、进口违禁品罪（《关税法》第109条第1款、第3款）、逃税罪（《关税法》第110条第1款、第3款）、无许可进口罪（《关税法》第111条第1款、第3款）。尽管对于这些犯罪不适用《刑法》第43条，但从奖励中止的角度看，还是应该承认可以准用第43条但书规定（中止犯的刑罚的减免）。

[2] 除了未发生结果这种情形之外，缺少（相当）因果关系、身份、行为状况等的，也可能成立未遂犯。其中，将身份或行为状况的阙如，也包括在原本是设想时间之推移的"未遂"概念之中，对此并非没有疑问。为此，便出现了"构成要件阙如理论"，也就是，对于不属于因行为而引起因果性变更的构成要件要素阙如的情形，类型性地排除在"未遂"之外［参见团藤重光『刑法綱要総論』（創文社1990年第3版）165頁］。

(二) 未遂犯观念的形成[1]

在古代社会，刑罚属于个人复仇，未将刑罚与损害赔偿区别开来。为此，只有发生了实害结果，才属于刑罚的对象，并无未遂犯的观念。相反，要科处刑罚，只要发生了实害结果即可，也不曾考虑行为人的意思。后来，随着国家权力的确立，犯罪开始带有对国家权威或者规范秩序的反抗的意义。作为这种"对规范的无视"的犯罪，以存在违背规范的意思为必要，那么，实害结果就不再是不可或缺的要素。并且，按照"罪"就是"恶的意思"这种基督教教义，教会法认为，相对结果而言，犯罪的实质更在于（行为人的）意思（思想）。这样，与要求存在行为人之犯意的责任主义的形成相并行，主张不需要发生实害结果的未遂犯处罚观也开始逐渐形成。[2]

(三) 刑罚目的与未遂犯处罚根据

在近代刑法学中，未遂犯的处罚根据及其处罚范围，与"责任"的含义及其内容相并列，同属于围绕刑罚的正当化根据的"学派之争"的主战场。在认为刑罚的正当化根据在于报应的古典学派看来，处罚发生了实害结果的既遂犯是原则，限于特别严重的犯罪，在出现了发生结果之客观危险的场合，才处罚未遂犯，并且应以轻于既遂犯的刑罚来处罚未遂犯。[3]反之，在认为刑罚的正当化根据在于改善或者教育行为人的近代学派看来，行为人的反社会性属于改善或者教育的对象，犯罪不过是这种反社会性的表征。按照这种观点，作为行为人的反社会性的表征，未遂犯与既遂犯并无不同，因此，对于所有犯罪，无需等到发生客观危险，都应该处以与既遂犯相同的刑罚。明治40年（1907年）制定的现行刑法，*虽然对未遂犯的处罚限于分则存在特别处罚规定的情形，但也规定了相当数量的未遂犯，而且，其效果止于刑罚的任意性减轻。为此，一般认为，现行刑法是古典学派与近代学派相互妥协的产物。

(四) 违法性的本质与未遂犯处罚根据

在第二次世界大战后的日本，认为未遂犯的处罚根据在于行为所表征的

---

[1] 参见野村稔『未遂犯の研究』（成文堂1984年）1頁以下。
[2] 因国家权力的确立，侦查与审判机构得以完善，从而使得探明与举证未在外界充分留下"痕迹"的未遂犯成为可能，可以说，这提供了处罚未遂犯的基础。
[3] 不过，在认为刑罚属于"针对违背秩序或者权威的反动"的"秩序报应"论［第一章之三(二)］看来，是否发生实害结果并不重要，仅凭犯罪意思的显现，即可成为处罚的根据。
* 日本现行《刑法》于1907年颁布，1908年10月1日起施行，其后历经数次部分修正。——译者注

行为人恶性的近代学派的"主观的未遂论",因为与"不处罚思想"这种行为主义相抵触,已失去支持。为此,"客观的未遂论"占据支配地位。该说认为,未遂犯的处罚根据在于,外界所发生的客观事实。

自20世纪70年代之后,未遂犯的处罚根据及其处罚范围,被认为是围绕违法性之本质的、行为无价值论与结果无价值论之间的对立的归结。行为无价值论认为,未遂犯处罚的是违反了规范的"行为",法益侵害的危险也被作为行为的属性来理解;[1]相反,结果无价值论则认为,未遂犯受到处罚的理由也在于恶化了外界的法益状态,法益侵害的危险被认为是发生于外界的"结果"。

(五) 其他的未完成的犯罪(预备罪等)

"预备",是处于未遂犯之前一阶段的准备行为,诸如内乱预备罪(第78条)、外患预备罪(第88条)、放火预备罪(第113条)、伪造货币等准备罪(第153条)、杀人预备罪(第201条)、抢劫预备罪(第237条)等,刑法处罚预备犯罪仅限于这种极其例外的情形,其刑罚也明显轻于既遂犯、未遂犯。

犯罪的准备行为有两种类型:一是预定自己实施(实行)的"自己预备",二是预定他人实施(实行)的"他人预备"。是否将"他人预备"包含在处罚对象之内,这最终属于对各个预备犯罪中的"目的"的解释问题。一般而言,像伪造货币等准备罪那样,准备行为的内容被特定的"独立预备罪",由于其本身就兼有独立犯罪的性质,因而,处罚对象包括他人预备;而像杀人预备罪那样,除了以既遂犯之实行作为目的之外,再无其他限定的"从属预备罪",就被当作预备——未遂——既遂这种发展阶段中的一个阶段,认为其旨趣是,仅处罚自己预备。为此,有关从属预备罪的他人预备行为,只有等到正犯实行犯罪之后(即正犯着手实行了犯罪之后),才作为针对既遂犯或者未遂犯的从犯(第62条)予以处罚。

"阴谋",是处于预备之前一阶段的行为,刑法典上,只有针对阴谋内乱罪(第78条)、阴谋外患罪(第88条)、阴谋私战罪(第93条)的处罚规定。此外,根据《国家公务员法》第111条与《地方公务员法》第62条之2

---

[1] 不过,在以行为无价值与结果无价值这二者作为违法性之基础的二元的行为无价值论看来,只要认为未遂犯也需要结果无价值,将"作为结果的危险"作为未遂犯的要件,在理论上就是一贯的。另外,在仅以行为的规范违反性作为违法性之基础的一元的行为无价值论看来,既遂与(实行)未遂在违法内容上并无不同。但是,这种观点难以解释,(实行)未遂的刑罚得以减轻的理由。

的规定，也处罚劳动争议行为等的"企图"。恐怖活动等准备罪（《有组织犯罪处罚法》第6条之二）广泛地承认，因犯罪的合意与准备而成立的犯罪，其谋求的是处罚时点的大幅提前，从实质上看，这究竟是否符合行为主义，仍有进一步研究的必要（第二章之三）。

另外，刑法典独立规定的犯罪中，不少是作为其他犯罪的"未完成的犯罪"形态而发挥作用。例如，正如"对他人实施暴力，但尚未达到伤害他人的程度的"这一表述所显示的那样，暴行罪（第208条）也可以说是伤害罪（第204条）未遂的替代。再如，各种伪造犯罪（第148条第1款〔伪造、变造货币罪〕等），实质上属于使用型犯罪（第148条第2款〔使用伪造的货币罪〕）的预备。又如，侵入住宅罪（第130条），就兼有在住宅之内实施的盗窃罪等的预备犯罪的性质。还有，持有非法电磁记录磁卡罪（第163条之三）、《防止溜门撬锁法》中的携带侵入工具罪（第4条、第16条）、《禁止非法链接法》中的非法链接罪（第3条、第11条）等，这些独立犯罪也实质上具有未完成的犯罪的性质。可以说，这些独立犯罪也体现了近年来的刑事立法的特征，即有意追求处罚的早期化。

二、未遂犯的成立时点

（一）学说概述

按照《刑法》第43条的表述，"实行的着手"一直被认为是划定未遂犯之成立时点的标准。实行的着手之前，属于原则上不可罚的预备行为，只有达到实行的着手这一阶段之后，始成立未遂犯（为未遂犯的成立奠定基础的机能）。另外，按照通说观点，实行的着手界定的是，有可能确定结果之归属的行为的开始时点，为抢劫罪等结合犯（后述〔案例3〕〔案例4〕）、强制性交等致伤罪等结果加重犯（后述〔案例5〕）、"构成要件的提前实现"（后述〔案例7〕〔案例8〕）中的既遂犯的成立奠定基础（为结果归属奠定基础的机能）。

主观的未遂论认为，未遂犯的处罚根据在于，行为人的反社会性的表征。对于实行的着手，该说采取"主观说"，[1]即"通过该实现的行动（行为），能确定性地认定犯意的成立之时"，或者，"犯意的飞跃性表动"的时点。但是，

---

[1] 参见牧野英一『刑法総論（上卷）』（有斐閣1958年全訂版）359頁；宮本英脩『刑法大綱』（弘文堂1935年）178頁。

可以说，预备也是犯意的表现，因而难以根据犯意的表动来区别预备与未遂。而且，按照"主观说"，出于骗保目的制造交通事故的，引发事故本身就确定性地表明了诈骗罪的犯意，因此，在该时点即成立诈骗罪的未遂；出于抢劫目的侵入他人住宅的，在侵入的时点，就能认定存在抢劫罪之犯意的表动，应成立抢劫罪的未遂。然而，这种结论使得未遂犯的处罚过于提前，不能予以支持。

反之，客观的未遂论则主张"形式的客观说"，[1]即开始实施部分构成要件该当行为的时点，即为实行的着手。这种观点与无法对未遂的处罚范围设定法定界限的"主观说"相对抗，重视罪刑法定主义，试图根据从刑罚法规的文字（法条用语）所推导出来的构成要件，"定型性地"为未遂犯的成立范围划定明确的界限。另外，"形式的客观说"并非根据法益侵害的危险而是根据构成要件该当行为来肯定未遂犯的成立，在这一点上，与"规范违反说"（行为无价值论）之间存在亲和性。

诚然，未遂犯的处罚也必须受罪刑法定原则的制约，未遂犯的成立也必须具有构成要件该当性。为此，在文字所可能具有的含义上，只要不能谓之为，"着手实行（了）"分则所规定的特定的"犯罪"，就不能认定未遂犯的成立。在这一点上，形式的客观说有其正确的地方。但是，按照惯例，结果犯的构成要件，是以"杀（死他）人"这种形式来规定引起结果的一般情形，从分则的用语本身难以确定"构成要件该当行为"。另外，完全按照文字所表述的那样，要求实施了分则所规定的"构成要件该当行为"，也会出现实行的着手时点过迟的情形。例如，如果认为盗窃罪的着手是"窃取"的开始，即便是物色财物的行为，只要手尚未触及财物，就不会成立盗窃的未遂。鉴于此，有学者提出了"修正的形式的客观说（密接行为说）"，即认为实行的着手时点在于，在实施与构成要件该当行为"密接的行为"（紧密相接的行为）之时。但问题在于，什么范围之内的行为可包括在"密接的行为"之中，其判断标准是什么呢？[2]

---

[1] 参见小野清一郎『新訂刑法講義総論』（有斐閣 1950 年増補版）182 頁；瀧川幸辰『犯罪論序説』（有斐閣 1947 年改訂版）184 頁以下；団藤重光『刑法綱要総論』（創文社 1990 年第 3 版）355 頁。

[2] 盐见淳基于"修正的形式的客观说"的立场，通过过程的自动性、时间的密接性、向被害人领域的介入等要素，将"密接行为"的范围予以具体化。参见塩見淳「実行の着手について（3・完）」『法学論叢』》121 巻 6 号（1987 年）15 頁以下。

现在的支配性观点是"实质的客观说"。[1]该说是通过法益侵害或者既遂结果发生的具体的、现实的危险，来界定实行的着手时点。从法益侵害说的角度来看，由于未遂犯的处罚根据在于引起了法益侵害的危险，[2]因而，这种"实质的客观说"基本上是妥当的。不过，包括未遂犯在内，要成立犯罪，构成要件该当性是不可或缺的。并且，从将构成要件理解为违法（有责）类型的角度来看，法益侵害的危险，也必须作为未遂犯的构成要件该当性的问题来把握。另外，法益侵害的危险存在幅度，其界限容易变得不明确，因此，有必要通过"犯罪"的"着手实行"这一表述，从形式上进行限定。在这一点上，可以说，"（修正的）形式的客观说"与"实质的客观说"，是相互补全或者相互限定地发挥作用。[3]

（二）未遂犯构成要件的结构

未遂犯的构成要件，是通过《刑法》第43条正文来"修正"分则所规定的既遂犯的构成要件而形成。一直以来的印象是，从既遂犯的构成要件中排除"结果"，就是未遂犯的构成要件。按照这种印象，未遂犯的构成要件该当行为（实行行为）与既遂犯的构成要件该当行为（实行行为）是相同的，而且，未遂犯属于不需要结果的"举动犯"。

的确，仅就"实行未遂"而言，未遂犯的构成要件该当行为（实行行为）与既遂犯的构成要件该当行为（实行行为）并无不同。但是，在"着手未遂"的情形下，不仅是没有发生结果这一点，就是在构成要件该当行为（实行行为）这一点上，也与既遂犯不同。例如，实施了"物色行为"，即可认定为盗窃罪的着手未遂，但仅有"物色行为"，不可能造成财物的移转，因而，"物色行为"显然与属于盗窃既遂之实行行为的"窃取行为"并非同一行为。而且，在〔案例1〕中，仅仅是"将手指放在手枪扳机上"，不可能引起人的死亡，该行为不过是与"扣动手枪扳机"这一杀人既遂的实行行为密接（紧密相接）的准备行为而已。"实质的客观说"与"修正的形式的客观

---

[1] 参见大谷實『刑法講義總論』（成文堂2019年新版第5版）364頁；平野龍一『刑法総論Ⅱ』（有斐閣1975年）313頁；山口厚『刑法総論』（有斐閣2016年第3版）284頁。

[2] 未遂犯中的危险，是指直接发生既遂结果的危险，不过，诸如向建筑物放火罪的未遂（第112条）那样的危险犯的未遂中，只要处罚的是针对"法益侵害的危险"的危险，也保持着法益相关性。

[3] 参见橘爪隆『刑法総論の悩みどころ』（有斐閣2020年）289；平野龍一『刑法総論Ⅱ』（有斐閣1975年）314頁；山口厚『刑法総論』（有斐閣2016年第3版）283頁；二本柳誠「実行の着手の判断における密接性および危険性」『野村稔先生古稀祝賀論文集』（成文堂2015年）117頁以下。

说"针对"形式的客观说"的批判是，如果等到开始实施部分构成要件该当行为，那么，就存在对实行的着手认定过迟的问题。"实质的客观说"与"修正的形式的客观说"在分则所规定的构成要件该当行为之前承认未遂犯的成立，这无疑是以未遂犯的构成要件该当行为（实行行为）不同于既遂犯的构成要件该当行为（实行行为）为前提。可以说，《刑法》第43条事实上存在两个方面的意思：一方面，根据"未遂的"（"未得逞的"）这一表述，表明要构成未遂犯罪，不需要发生既遂结果；另一方面，根据"着手实行犯罪的"（"着手犯罪的实行的"）这一表述，对于（实行）行为，也修正了既遂构成要件，承认一定范围之内的处罚的早期化。

一方面，与既遂犯一样，未遂犯也是处罚发生在外界的有害事态，因此，作为未遂犯之处罚根据的具体的、现实的危险，就必须作为发生在外界的有害事态来理解（危险结果说[1]）。为此，就应该理解为，法益侵害的具体危险这种"未遂结果"，属于不成文的构成要件要素，包含在未遂犯的构成要件之中。这种作为未遂结果的危险，作为准照于既遂结果的有害事态，仅有发生结果的切实性（确定性）或者自动性还不够，还必须存在发生既遂结果的紧迫性（时间上、地点上的贴近性）。因此，在隔离犯与间接正犯等情形下，未遂行为与未遂结果就出现了时间上的分离〔本章之二（六）〕。对此，也有观点虽采取"实质的客观说"，却将法益侵害的现实的危险仅仅作为行为的属性来理解（危险行为说[2]），但只要是就未遂犯而言，该观点就属于采取一元的行为无价值论的观点，不能予以支持。

另一方面，作为未遂结果的"危险事态"，也并非只有全部行为终了之后才能认定，只要能评价为，既遂结果的发生已经迫近，即便是在着手未遂的阶段，亦可予以认定。这种着手未遂阶段的危险是以"经过行为人的接下来的动作而发展至引起既遂结果"作为其内容，因此，要认定存在这种危险，就有必要考虑行为人实施下一动作的"行为意思"。例如，在〔案例1〕中，正因为行为人接下来有"扣动手枪扳机"的意思，"将手指放在手枪扳机上"的行为才能被评价为"危险的事态"〔第六章之四（二）〕。只要"行为计

---

[1] 参见平野龍一『刑法総論Ⅱ』（有斐閣1975年）313頁；山口厚『刑法総論』（有斐閣2016年第3版）284頁；山中敬一『刑法総論』（成文堂2015年第3版）764頁。

[2] 参见大塚仁『刑法概説　総論』（有斐閣2008年第4版）171頁；大谷實『刑法講義総論』（成文堂2019年新版第5版）364頁。

划"意味着数个行为意思的组合,"行为计划"就属于着手未遂中的危险的判断材料。[1] 只要认为这种危险的内容是结果发生的切实性、自动性,将行为计划加入危险的判断材料之中,就意味着会带来着手时点的早期化;但如果认为这种危险的内容是结果发生的紧迫性,考虑达到所预定的结果发生的过程,可以说,将行为计划加入危险的判断材料之中,也有可能向延迟着手(时点)的方向发挥作用。[2] 总之,正如从我们的日常经验就能明确的那样,"计划"属于非常不确定的东西,要以此为根据来积极地为危险奠定基础,就需要十分慎重。[3]

---

[1] 比照行为计划对未遂犯中的危险进行判断的立场[参见高橋則夫『刑法総論』(成文堂2018年第4版)397頁以下；西原春夫『犯罪総論』(上卷・改訂版)(成文堂1993年)326頁；川端博『刑法総論講義』(成文堂2013年第3版)481頁；野村稔『刑法総論』(成文堂1998年補訂版)333頁],也被作为"折中说",与主观说、客观说相并列,但只要将"行为计划"限于有可能实现的东西,作为现实的危险的判断材料来使用,就应该说,这种立场属于(实质的)客观说。

[2] 参见野村稔『未遂犯の研究』(成文堂1984年)300頁。

[3] 近期,主张界定实行的着手时点的标准,不在于发生既遂结果的危险,而在于犯罪计划的进展程度[参见佐藤拓磨『未遂犯と実行の着手』(慶應義塾大学出版会2016年)218頁以下；樋口亮介「実行の着手」『東京大学法科大学院ローレビュー』13号(2018年)56頁以下],或者对构成要件所体现的规范的突破[参见東條明徳「実行の着手論の再検討(六・完)」『法学協会雑誌』138巻10号(2021年)149頁以下]的观点日益具有影响力。的确,实行的着手论与不能犯论之所以形成为不同的论点,这就显示着实行的着手论里存在"无法还原至结果发生的可能性这种意义上的危险"的问题。为此,近来的有力观点所提出的问题,即便是在实质的客观说中,也应该以下述形式反映于对未遂行为和未遂结果的理解之中。第一,在着手未遂的情形下,仅仅实施了指向既遂结果的部分行为,行为人还保留着是否继续实施此后的行为的可能,因此,就应该理解为,对此要追究准照于完全实施了行为的既遂犯的程度的责任,未遂犯的问责对象行为就要达到,可以被谓为犯意的确定性的表动的阶段[有学者立足于有关未遂犯之处罚根据的统合说的视角主张,除了发生达到既遂的具体的、现实的危险之外,还应将行为人所具有的达到既遂这种倾向性的外部化,作为实行的着手的要件。参见小林憲太郎『刑法総論』(新世社2020年第2版)245—246頁。另外,还有学者立足于针对实施犯罪这种心理性障碍的突破的视角,在将最终的作为视为实行行为的核心行为的基础上,主张探讨是否可以较"最终的作为"提前认定。参见樋口亮介「実行行為概念について」『西田典之先生献呈論文集』(有斐閣2017年)25頁以下]。也可以认为,这种要求被融入实质的客观说所并用的"与构成要件该当行为的密接性"这种标准之中。密接性标准乍看是基于罪刑法定原则的要求,但应该可以说,其背后还存在"为未遂犯之责任奠定基础的犯意的确定性、成熟性"这种要求。第二,未遂结果中的发生既遂结果的现实的危险,不是指发生既遂结果的可能性很大,而应该理解为,是指以存在发生结果的一定可能性为前提的、发生既遂结果的紧迫性。不过,在对未遂结果的判断中,仅凭行为人的计划上的进展还不够,还应要求实际出现了,马上就要发生既遂结果这种紧迫的事态。详见松原芳博「実行の着手論の現在」『高橋則夫先生古稀祝賀論文集(上)』(成文堂2022年)613頁以下。

（三）有关着手未遂的判例

有关入室盗窃的判例有：〔案例3〕出于盗窃的目的潜入他人住宅，被家人发现，为了免遭逮捕（抗拒抓捕），暴力伤害了家人。对此，大审院昭和9年（1934年）10月19日判决认为，盗窃的着手在于，"与侵犯他人对财物的事实上的支配密切相接的行为"，从而肯定为了物色钱款而走向衣柜的时点，就存在实行的着手，进而判定成立事后抢劫伤人罪。[1]〔案例4〕夜间，潜入电器工具店，打开手电筒观察店内情况，发现堆满了电动工具，由于想尽可能地盗取现金，遂走向出售香烟的柜台，正在此时，被店主发现，为了免遭逮捕（抗拒抓捕），杀害了店主。对此，最高裁判所昭和40年（1965年）3月9日判决认定存在实行的着手，判定成立事后抢劫杀人罪。[2]由此可见，对于入室盗窃的案件，判例是从"修正的形式的客观说"或者"实质的客观说"的立场，在侵入他人住宅之后物色目的物的时点或者接近目的物的时点，认定实行的着手。

反之，在侵入仓库或者（用于储存物质的）地窖的场合，由于被主人发现的风险要小，而且，更容易找到财物，因而判例的态度是，在实施损坏门锁这种使得侵入成为可能的行为之时，即属于盗窃罪的实行的着手。[3]

在"扒窃"中，用手触碰他人的衣服口袋，确认是否存在财物的"确认行为"，*不属于实行的着手；倘若出于拿出钱包等的目的触及他人口袋外侧，该行为就属于实行的着手。[4]

有关诈骗罪的实行的着手时点，一般以来均认为是欺骗行为的开始之时。[5]

---

〔1〕参见大判昭和9年10月19日刑集13卷1473页。
〔2〕参见最判昭和40年3月9日刑集19卷2号69页。
〔3〕参见名古屋高判昭和25年11月14日高刑集3卷4号748页。另外，也有判例对于出于盗窃车内财物的目的破坏车门之时，肯定实行的着手，参见東京地判平成2年11月15日判时1373号145页。
* 日本的判例一般认为，为了确认财物的有无、具体地点的触碰行为，被称为"确认行为"，不同于入室盗窃情形下的物色财物的行为，这种"确认行为"尚属于盗窃准备、预备行为，不属于盗窃的实行的着手。不过，通过"确认行为"掌握了财物的所在地点之后，具体决定实行的对象，开始触碰其衣服或者背包等的时点，即发生了侵害占有的具体危险，能认定存在实行的着手。——译者注
〔4〕参见最决昭和29年5月6日刑集8卷5号634页。
〔5〕大审院昭和7年（1932年）6月15日判决认为，诈骗罪的实行的着手，不在于出于骗取保险金的目的向房子放火之时，而在于向保险公司提出赔付保险金的要求之时。参见大判昭和7年6月15日刑集11卷859页。

相反,〔案例5〕某日上午 11 时 20 分许,X 等人装作警察给前几天曾遭受特殊诈骗的被害人打电话:"昨天,我们在车站抓获了一名行迹诡异的男子,那个人提到了你的名字""你昨天钱被骗走了吧?""你的账户里还有多少钱?""现在最好马上去银行,把钱全部取出来""前几天被骗的 100 万元,我们会替你追回来,但需要你的配合"(第一次电话)。当日下午 1 时许,X 等人再次给被害人打电话:"我会马上去你那里""我已经准备好了,下午 2 点之前到你那里"(第二次电话)。此后,为了去被害人处收取现金而赶到被害人家附近时,因受到警察的询问而被逮捕。在该案中,原判决(二审)以 X 等人尚未要求被害人交付财物为理由,否定存在实行的着手。* 但是,最高裁判所平成 30 年(2019 年)3 月 22 日判决认为:"讲述这些谎言(谎称存款需要提现、谎称要拿回被骗的钱财还需要被害人的协助、谎称警察很快会登门拜访等,下称'本案谎言')的行为,是作为让被害人交付现金的一环而实施的:打算通过让被害人相信本案谎言是真实的,让被害人事先将现金转移到家中,然后谎称警察拜访被害人,要求其交付现金。能够认定,在其犯罪计划中,本案谎言是事关作为被害人判断是否交付现金之前提所预定事项的重要内容。并且,这样分阶段重复谎言,在为了让被害人交付现金的犯罪计划之下所讲述的本案谎言之中,包括要求被害人从存款账户中提取现金转移到家中这种旨趣的表述、预先告知警察很快会去被害人家拜访的表述等,这些与要求被害人交付现金的行为直接相关的谎言。可以说,针对已经被骗 100 万元的被害人,让其相信本案谎言是真实的,明显提高了被害人答应很快

---

* 被告人以一审判决量刑不当为由提出控诉,二审在就控诉理由进行判断之前,依据职权判定,"《刑法》第 246 条第 1 款所称欺骗他人的行为,一般被理解为,指向财物之交付,让人陷入错误的行为。针对被害人,装作是警察,劝说其将存款予以现金化的行为,尽管属于指向财物之交付的准备行为的促进行为,但针对被害人并没有要求到让其交付所提取的现金的程度,不能谓之为诈骗罪所称欺骗他人的行为,不能认定属于引起诈骗损害的现实的、具体的危险的行为。在一审认定的犯罪事实中,不存在可以被理解为,记载了指向现金的交付这种财物之交付的、犯罪人所实施的欺骗行为的内容,在这一点上存在理由不具备的违法",从而认为在本案中,不能认定存在诈骗罪中的"欺骗他人的行为"(欺骗行为),因而本案公诉事实不能成立犯罪,最终宣告被告人无罪,并撤销了一审判决。对此,最高裁判所平成 30 年(2019 年)3 月 22 日判决最终判定,"能够认定,一审判决认定犯罪事实那样的事实,肯定成立诈骗罪未遂是正当的,原判决(二审)以一审判决存在理由不具备的违法为理由撤销该判决,存在对法令的解释适用上的错误这种违法,该违法显然对判决造成了影响,不撤销原判决(二审)会显著违背正义"(最判平成 30 年 3 月 22 日刑集 72 卷 1 号 82 页)。——译者注

就要来家里拜访的警察的要求,当场交出现金的危险。在这种事实关系之下,在作为一系列的行为而针对被害人讲述本案谎言的阶段,即便不存在要求被害人交付现金的表述,仍能认定存在诈骗罪的实行的着手"。[1]针对最高裁判所的本案判决,有可能存在以下两种理解:①基于承认实行行为与实行的着手之分离的视角认为,本案谎言虽然不属于作为诈骗罪之实行行为的欺骗行为,但作为与此密接的行为,能认定属于实行的着手[将本案与后述"氯仿案"(最高裁判所平成16年3月22日决定)平行地进行理解的观点,参见本案之山口厚裁判官的补充意见*];②即便本案谎言中没有包含要求交付的表述,但本案谎言构成了指向财物交付的一系列谎言的主要部分,因而相当于作为诈骗罪之实行行为的欺骗行为。就诈骗罪那样对手段行为的样态存在限定的犯罪而言,按照罪刑法定原则的要求,原则上还是应该以开始实施手段行为为必要;而且,尤其是考虑到,诈骗罪带有利用被害人的间接正犯的特性,在犯罪人的欺骗行为之后,还需要作为财物之占有转移行为的被害人的

---

[1] 参见最判平成30年3月22日刑集72卷1号82页。

* 山口厚裁判官的补充意见如下:"我赞同法庭意见,但就本案诈骗罪未遂的成立,想从理论的视角提出补充意见。""要认定为属于诈骗之实行行为的'欺骗他人的行为',必须是出于使之交付财物等的目的,就属于交付之判断基础的重要事项实施欺骗。若着手实施这种'欺骗他人的行为',就有可能成立诈骗罪未遂,不过,非如此也并非不能成立。按照既往的本裁判所的判例,即便不是犯罪的实行行为本身,根据着手实施与实行行为相密接、能认定有发生损害之客观的危险性的行为,也可以成立未遂犯罪[最高裁平成15年(あ)第1625号、最高裁平成16年3月22日第一小法庭决定(最决平成16年3月22日刑集58卷3号187页)]。因此,没有实施要求交付财物的行为,尽管可以说,尚不能认定,着手实施了属于诈骗之实行行为的'欺骗他人的行为',但这未必意味着不成立诈骗罪未遂。就是否成立未遂而言,问题在于能否认定,着手实施了与实行行为相'密接'、存在'客观的危险性'的行为。在进行判断之际,有必要将'密接'性与'客观的危险性'相互关联,基于重叠地要求二者这种旨趣予以探讨。尤其重要的是,需要从避免无限制地处罚未遂犯罪,适当且明确地划定处罚范围的视角,来判断上述'密接'性。""在本案中,存在要求从存款账户提取现金的第一次电话,在被害人将现金转移至家中之后,又实施了预先告知警察很快会来家中拜访的第二次电话。这样,在本案中,被告人计划的是,装作是警察,在被害人家中要求其交付现金,预定在该阶段实施作为诈骗之实行行为的'欺骗他人的行为',但能够理解为,通过预先告知警察会来拜访的第二次电话,实施了与该行为'密接'的行为;而且,也能认定,前一天曾遭受诈骗损失的被害人,因本案之一系列的谎言而(再次)受骗交付现金的危险性,因上述第二次电话被明显地提高。这样,就被理解为,两次电话的中间虽夹着从存款账户提取现金转移至被害人家中的行为,但两次电话是作为一系列的行为而实施,在本案案情下,第一次电话的时点能否成立未遂犯罪姑且不论,但能够说,通过第二次电话,显然能认定实施了与诈骗的实行行为相密接的行为,能够肯定成立诈骗罪未遂。"——译者注

交付行为，因此，对于诈骗罪中的实行行为与实行的着手的分离，应该更为慎重。即便可以承认本判决的结论，也还是应该从②的视角，将犯罪人通过本案谎言作用于被害人的心理，开始解除指向占有转移的被害人的心理上的障碍，作为肯定实行的着手的理由。本案判决关注"谎言"，想必也是暗示着采取的是②的理解。因此，就针对被害人撒谎之外的其他行为而言，即便这些行为满足了实现犯罪上的必要不可缺性、重大障碍的不存在、时间地点上的接续性等要件，也不应该认定为诈骗罪的实行的着手。

对于采取先欺骗被害人，然后用其他信封偷换装有银行卡的信封这种手法的盗窃案（"偷换案"），大阪地方裁判所令和元年（2019年）10月10日判决认为，在"话务员"给被害人打电话，告知其需要遵照金融厅职员的指示，将银行卡装进信封这种谎言的情形下，在"话务员"打电话撒谎的时点，就能认定实行的着手。[1]但是，最高裁判所令和4年（2020年）2月14日决定则认为，在"话务员"给被害人打电话，告诉其"将银行卡出示给金融厅职员看"之后，负责取款的"车手"到达被害人住宅附近的时点，才能认定实行的着手。[2]尤其是前者，可能考虑到了与特殊诈骗案之间的平衡。但是，包括"偷换案"在内，在盗窃罪中，行为人一方必须进行实施转移财物的占有的行为，因此，要认定实行的着手，作为与行为人拿走财物的行为相密接的行为，还是应该要求进入被害人住宅、（并且）物理上接近目的财物。

有关强制性交罪的判例有：〔案例6〕X与Y夜间出于强奸的意图，强行将A女拽进翻斗车的驾驶室，带至离现场约5公里的河岸堤坝工程现场，在驾驶室内抑制被害人A女的反抗，强行奸淫了被害人，但在将A女拽进驾驶室之时，给A女造成了伤害。对此，最高裁判所昭和45年（1970年）7月28日决定认为："在试图将被害人拽进翻斗车的驾驶室的阶段，显然能认定存在发展至强奸的客观危险，因此，在该时点就已经存在强奸行为的着手"，最终判定成立强制性交等致伤罪（判决当时的"强奸致伤罪"）。[3]可以说，最高裁判所的这一决定明确采取了"实质的客观说"，同时，该决定是以拽上车移动一段距离之后再实施奸淫这种"行为计划"为前提，由于一旦拽上车，

---

[1] 参见大阪令和元年10月10日LEX/DB25566238。
[2] 参见最决令和4年2月14日LEX/DB25571957。
[3] 参见最决昭和45年7月28日刑集24卷7号585页。

之后发展至实施奸淫，这之间不存在大的障碍，为此，能肯定存在发展至结果的"切实性"或者"自动性"这一意义上的危险。相反，有观点主张，作为未遂结果，要求存在引起既遂结果之"紧迫性"。按照这种立场，在该案中，由于与奸淫行为之间尚存在一定时间上以及地点上的间隔，而且，将被害人拽入驾驶室的行为属于奸淫的手段，是预定通过介入另外的暴力或者胁迫而实施奸淫，因而，将被害人拽入驾驶室的行为，能否认定存在法益侵害的"紧迫性"，就有进一步探讨的余地。另外，按照"形式的客观说"的观点，诸如抢劫罪或者强制性交等罪这种对手段行为存在特别限制的犯罪类型，实行的着手时点就应该在于，实施作为手段行为的暴力、胁迫之时。那么，就该案而言，能够类型性地显示强制性交等罪的构成要件（能够显示强制性交等罪的构成要件之定型）的暴力、胁迫，应该是在河岸堤坝工程现场所实施的暴力、胁迫，至于为了将被害人拽入驾驶室而实施的暴力，那不过是认定成立监禁致伤罪的基础事实。[1]这种构成要件的制约，对"实质的客观说"而言，也有考虑的必要。例如，出于强制性交的目的，将被害女性骗上汽车的，即便直至奸淫行为，已不再存在大的障碍，仍然不应在将被害人骗上车的时点，就肯定存在强制性交的着手。

另外，有一个有关进口兴奋剂罪的案件：行为人打算采取在国外将兴奋剂装进走私船，然后扔在日本内海的海面上，再用小型船只回收，最后运至日本境内上岸这种方式进口（走私）兴奋剂，但因天气恶劣未能完成回收。对此，最高裁判所平成20年（2008年）3月4日判决认为，"负责回收的人不仅没有将兴奋剂置于自己的支配之下，更是缺乏这种可能性，不能说发生了兴奋剂被运上岸的客观的危险性"，进而否定存在实行的着手。[2]

（四）构成要件的提前实现（结果的提前发生）

按照通说观点，在"构成要件的提前实现"，即在行为人所预想的行为结束之前，结果就已经发生的情形下，有无实行的着手，决定着故意的既遂犯的成立与否。既遂，属于经过未遂阶段而发生的犯罪停止形态，从其性质上

---

[1] 对于与〔案例6〕大致相同的案件，大阪地方裁判所昭和45年（1970年）6月11日判决认为，为了将被害人拽入车内而实施的暴力，"不具有作为强奸之手段的构成要件的定型性，因此，并非强奸致伤罪的构成要件该当行为的一部分"，从而从形式的客观说的立场，否定该暴力行为属于强奸的着手（参见大阪地判昭和45年6月11日判夕259号319页）。

[2] 参见最判平成20年3月4日刑集62卷3号123页。

讲，以未遂的成立为前提。因此，在由预备行为引起了结果的场合，由于无法将既遂结果直接归属于预备行为，因此，止于成立预备罪与过失犯。例如，〔案例7〕妻子为了毒杀丈夫，将混入了毒药的威士忌酒瓶放在酒柜里面，打算等丈夫出差回来后，拿出来让丈夫喝，但没想到丈夫提前回家，丈夫自己拿出威士忌酒瓶，饮后死亡。该案中，由于是由预备行为直接导致了结果的发生，行为人（妻子）仅构成杀人罪预备与过失致死罪（按照纯客观地判断实行行为的立场，将混入毒药的威士忌放入酒柜的行为，直接导致了丈夫的死亡，因而客观上属于杀人的实行行为，但由于妻子仅有预备行为的故意，因此，仍然仅构成杀人罪预备与过失致死罪）。反之，由相当于着手未遂的行为引起了结果发生的场合，不过是存在因果关系的错误，可将结果归属于未遂行为，能够认定成立故意的既遂犯。例如，〔案例1'〕X 出于杀人的意思，将手枪指向他人，在"将手指放在手枪扳机上"之时，手枪突然射出子弹而致对方死亡的，由于能认定存在实行行为、结果以及实行行为与结果之间的因果关系，应成立杀人罪既遂。

可以说，这种"既遂说"，[1]是从"既遂−结果＝未遂"这一等式［本章之二（二）］之中，反向推导出了"未遂+结果＝既遂"这一等式。[2]这样，如果达到"实行的着手"，就存在有可能确定结果之归属的"实行行为"，若该"实行行为"与所发生的"结果"之间通过因果关系联系在一起，就可以认为，完成了既遂。但是，如上所述，该等式虽然适用于实行未遂，但对着手未遂并不合适。通说的这种做法存在这样的嫌疑：是从实行未遂中找出未遂犯的典型情形之后，将适用于实行未遂的命题也直接适用于着手未遂。在着手未遂的情形下，是将处罚对象扩大至处于直接引起结果的行为的前一阶段的行为，为此，着手未遂中的问责对象行为，与直接引起结果的行为这一意义上的（既遂犯的）实行行为，实际上并不相同。在上述〔案例1〕中，只有扣动扳机才会发生 A 的死亡结果，仅仅是"将手指放在手枪扳机上"，并

---

[1] 参见井田良『講義刑法学・総論』（有斐閣2018年第2版）200-201頁；大谷實『刑法講義総論』（成文堂2019年新版第5版）172-173頁；佐久間修『刑法総論』（成文堂2009年）68頁；西田典之（橋爪隆補訂）『刑法総論』（弘文堂2019年第3版）242-243頁；橋爪隆『刑法総論の悩みどころ』（有斐閣2020年）193頁以下；山中敬一『刑法総論』（成文堂2015年第3版）376頁。

[2] 参见鈴木左斗志「方法の錯誤について」『金沢法学』37巻1号（1995年）94頁。

不会发生 A 的死亡结果。

通说采取的"实质的客观说"对"形式的客观说"提出了批判，主张即便没有开始实施该当于基本的构成要件这种意义上的实行行为本身，如果存在与此相密接的危险的行为，就肯定存在实行的着手。不过，如果由这种"密接行为"发生了结果的，就肯定成立既遂犯，则会承认缺少实行行为（构成要件该当行为）的既遂犯的存在。尤其是，在那些对行为样态存在限定的犯罪类型中，如果也以"对密接行为肯定存在实行的着手"这种立场为前提，对于实行着手之后的"构成要件的提前实现"的情形也承认成立既遂犯，例如，由达到欺骗行为之前的密接行为引起了财物的交付的场合，就会造成没有欺骗行为的诈骗罪既遂这种结果。

犯罪的进程是，预备→着手未遂→实行未遂→既遂，从其性质上讲，既遂是以实行未遂为前提。着手未遂，虽然仅就当罚性的评价而言，可等视于实行未遂，但就行为的结构而言，要引起结果，还需要进一步的行为，在这一点上，与预备是相通的，具有所谓"紧迫预备"的实质。"未遂说"关注着手未遂的这种（特别）结构，对于在着手未遂的阶段发生了结果的情形，否定存在与既遂犯的构成要件相对应的故意，主张仅成立未遂犯与过失犯。[1]例如，在〔案例1'〕中，X 对于将手枪瞄准 A、"将手指放在手枪扳机上"这一该当于未遂构成要件的事实存在认识，并且，也具有此后扣动扳机杀害 A 这一"目的"或"行为意思"，因而，能肯定成立未遂犯。相反，既遂构成要件预定的是，引起结果所必要的行为已经实施完毕，由于 X 对于必要行为已经实施完毕这一点并无认识，亦即，对该当既遂构成要件的事实并无认识，因而，不存在与既遂构成要件相对应的故意。至于此后想扣动扳机杀害 A 这一"目的"，预备阶段同样存在这种"目的"，因而，该"目的"不能为认定具有既遂构成要件之故意奠定基础。由此可见，在〔案

---

[1] 参见林幹人『刑法総論』（東京大学出版会 2008 年第 2 版）247 頁以下；林幹人「早すぎた結果の発生」『判例時報』1869 号（2004 年）3 頁以下；高橋則夫『刑法総論』（成文堂 2018 年第 4 版）185 頁以下；高橋則夫『規範論と刑法解釈論』（成文堂 2007 年）73 頁；石井徹哉「いわゆる早すぎた構成要件の実現について」『奈良産業大学法学会雑誌』15 巻 1＝2 号（2002 年）21 頁以下。对于构成要件的提前实现的案件中，也有学者以存在因果关系的重大错误为理由，否定成立故意的既遂犯〔参见松宮孝明『刑法総論講義』（成文堂 2018 年第 5 版補訂版）241-242 頁；高山佳奈子「故意の認識対象としての犯罪事実」『斉藤豊治先生古稀祝賀論文集・刑事法理論の探求と発見』（成文堂 2012 年）93 頁以下〕。

1'〕中，仅成立杀人罪未遂与过失致死罪。

从着手未遂的理论结构来看，这种"未遂说"具有理论上的一贯性。就"既遂说"而言，需要回答的问题是，通过从实质性或者规范性的角度来对上述形式性的论据进行补充，是否能让其理论得以正当化？按照"既遂说"的观点，首先是通过将着手行为与结果引起行为视为一体的行为，填补着手未遂与实行未遂之间的间隙，从而主张"未遂+结果＝既遂"这一等式同样适用于着手未遂。的确，将数个行为一体化地视为"一个行为"这种技巧（一系列行为论），在近年的判例实务中，经常被活用于解决量的防卫过当［第八章之七（二）］与着手实行之后的无责任能力［本章之二（七）］等问题，因而不能完全否定其实用性。然而，与一体化的目的相对应，行为的个数是相对的，作为这种一体化的目的本身来说，它是不可能确定"一个行为"的范围的。[1][2]按照"既遂说"的观点，从更实质性的角度来看，在实行的着手的时点，可以说，行为人就已经突破了规范，可以让行为人自己承担其后的风险，通过这种规范性考虑，也可以将"既遂说"予以正当化。[3]诚然，第43条并未区分着手未遂与实行未遂，并且，其刑罚也都是止于对既遂之刑的任意性减轻。而且，之所以在着手未遂的阶段，肯定存在达到可罚性程度的危险，可以说，也是以一般情况下着手之后往往会就此达到既遂这种经验法则作为其前提的。但是，从未遂犯处罚规定只是一种例外的处罚扩张事由来看，应该认为，本来的禁止规范，是被指向直接引起结果的实行行为（基本的构成要件的该当行为）的完成所突破，例如，在〔案例1'〕中，X"将手指放在手枪扳机上"这一行为尽管突破了未遂规范，但只要尚保留着扣动扳机这一最终可以引起结果的行为（结果引起行为），就没有突破禁止引起结果这种禁止规范。引起了结果，是作为故意的产物而受到非难，要将所发生的结果归属于行为人的故意责任，就必须是，在故意之下完成了引起结果所必

346

---

［1］ 有学者主张，由以法益侵害为志向的行为意思的个数、范围，来划定刑法上的行为的个数、范围［仲道祐樹『行為概念の再定位』（成文堂2013年）93頁］。然而，如果按照这种标准，指向相同的法益侵害的预备行为与实行行为就成为"一个行为"，由预备阶段发生了结果的，是否也要肯定成立故意的既遂犯呢？

［2］ 参见滝谷英幸「『一連の行為』と因果関係（1）」『早稲田大学大学院法研論集』151号（2014年）265頁以下。

［3］ 参见佐藤拓磨「早すぎた構成要件実現について」『法学政治学論究』63号（2004年）246頁以下；島田聡一郎「実行行為という概念について」『刑法雑誌』》45巻2号（2006年）234頁。

要的行为。[1]

在下述"氯仿案"中，构成要件的提前实现就实际成为问题。[案例8] X 出于骗保的目的，让 Y 杀害自己的丈夫 A。Y 让 P、Q、R（下称"3 名实行犯"）加入进来，指示他们实施。3 名实行犯按照事先的计划，用他们乘坐的汽车追尾 A 的汽车，假装要协商解决问题，将 A 骗上他们乘坐的汽车，强行让 A 闻氯仿，* 并使之处于昏厥状态（第一行为）；然后开车将 A 带至离现场大约两公里的港口，使 A 连人带车一起坠入海中（第二行为）。无法确定 A 的死亡究竟是因第一行为引起还是因第二行为引起，也有因第一行为而致 A 死亡的可能性，但对于第一行为引起 A 死亡的可能性，Y 与 3 名实行犯并无认识。对于该案，最高裁判所平成 16 年（2004 年）3 月 22 日决定判定："可以说，第一行为是切实且容易地（继续）实施第二行为所必不可少的行为；能够认定，在成功实施第一行为的场合，对于实施此后的杀害计划，并不存在可成为障碍的特别情况；比照第一行为与第二行为之间在时间上、场所上的接近性等，能够认定，第一行为是与第二行为密接的行为，在 3 名实行犯开始实施第一行为的时点，就显然已经存在发展至杀人的客观的危险性，因此，认为在该时点已经存在杀人罪的实行的着手，这是相当的。并且，3 名实行犯着手实施了让被害人吸入氯仿使之处于昏厥状态，然后再使被害人连人带车一起坠入海中这一系列的杀人行为，且达到了目的，因此，即便有别于 3 名实行犯的认识，被害人在第二行为之前的某个时点，已经因第一行为而死亡，仍可认定不缺少杀人的故意，3 名实行犯构成杀人既遂的共同正犯。"[2]下面，为了避开"择一的认定"的问题，我们假定是由第一行为引起了结果的发生，由此展开探讨。

首先，本案的首要问题在于确定实行的着手时点。可以说，最高裁判所是以行为人的计划为前提，在此基础上，同时采用基于罪刑法定原则之要求的"密接的行为"这一标准（修正的形式的客观说）以及从未遂犯的处罚根

---

[1] 作为既遂犯的故意的内容，石井徹哉要求"认识到直至发生既遂结果的危险"[参见石井徹哉「いわゆる早すぎた構成要件の実現について」『奈良産業大学法学会雑誌』15 卷 1＝2 号（2002 年）35 頁］，高橋则夫要求是"对结果是因自己行为的作用而引起的认识"，亦即"对危险的（作为既遂的）实现的认识"[参见高橋則夫『刑法総論』（成文堂 2018 年第 4 版）184 頁；高橋則夫『規範論と刑法解釈論』（成文堂 2007 年）73 頁］。

* 氯仿（chloroform）是一种麻醉药，属于无色挥发性气体。带有窒息性的臭味，具有麻醉作用，可以致癌。——译者注

[2] 最决平成 16 年 3 月 22 日刑集 58 卷 3 号 187 頁。

据所推导出来的"客观的危险性"这一标准（实质的客观说），认定第一行为属于实行的着手。[1]这里的危险性被理解为，不是因吸入氯仿而死亡的危险性，而是由使之坠入海中的行为所产生的溺死的危险性，危险性的主要内容是，发展至结果发生这一过程的自动性或者切实性。反之，如果采取重视结果发生的紧迫性的立场，在第一行为的时点能否认定杀人的实行的着手（或者对实行的着手的认识），就有质疑的余地。如果否定在"第一行为"的时点存在实行的着手，对于"第一行为"，除了杀人罪预备之外，在由强行让被害人闻氯仿这一暴力行为而导致死亡结果这一点上，还成立伤害致死罪；对于"第二行为"，只要对"对象的不能"承认有成立未遂犯的余地，就可能成立杀人罪未遂（属于包括的一罪或者被一个重罪所吸收）。

其次，在本案中，如果认定第一行为属于实行的着手，能否认定存在针对既遂结果的故意责任也是问题。对于构成要件的提前实现，最高裁判所从"着手实施了一系列的杀人行为，且达到了目的"这一点，直接肯定存在既遂犯的故意，可以说，采取的是有关"构成要件的提前实现"的"既遂说"。反之，在"未遂说"看来，即便能认定"第一行为"属于杀人的着手，由于能否定行为人存在既遂的故意，就应成立杀人罪未遂（另外，还成立由强行让被害人闻氯仿这一暴力行为所构成的伤害致死罪，但该罪被杀人罪未遂所吸收[2]）。*

另外，[案例9]被告人因妻子离家出走而悲观厌世，打算自焚，在向家

---

[1] 参见平木正洋「判解」『法曹时报』59卷6号（2007年）1933页。
[2] 详见松原芳博编『刑法の判例 総論』（成文堂2011年）184页以下〔松原芳博〕。
* 对于"未遂说"的观点，西田典之提出了以下批判："对此，有力学说认为，虽然根据着手实行第一行为即可认定成立未遂犯（因而具有未遂的故意），但既然保留了第二行为，就不存在既遂犯的故意，罪责应限于杀人未遂［参见林幹人「早すぎた结果の发生」『判例时报』1869号（2004年）3页以下；山口厚「実行の着手と既遂」『法学教室』293号104页以下］。的确，当行为客观上尚处于预备，或者，即便客观上已经达到了未遂，如果行为人并无实施实行行为的意思，对此理解为主观上仍停留于预备阶段，这并非没有可能。但是，明明已肯定存在实行的着手与未遂的故意，却仅仅否定存在既遂的故意，这在理论上并无可能。也许行为人的确保留了第二行为，但如果行为人对于客观上奠定结果发生之危险的基础事实存在认识，即便行为人认为这种事实并不直接关系到结果，那也只是评价的错误、适用的错误，仍能肯定存在故意。例如，行为人本打算第二发子弹打死被害人而开枪射击，但出其意料，第一发子弹命中并打死了被害人的，一般会肯定构成杀人既遂，其实，上述情形与此并无不同。不能将故意区分为未遂的故意与既遂的故意，只要客观上已存在实行行为，且存在对实行行为性的认识即故意，其后便不过是因果关系的错误而已"［［日］西田典之：《日本刑法总论》（第2版），王昭武、刘明祥译，法律出版社2013年版，第199~200页］。——译者注

里泼洒了大量汽油之后，还打算在死前再吸最后一支烟，遂用打火机点烟，结果引燃了已经气化的汽油而引发火灾（"最后一支烟案"）。对于该案，横滨地方裁判所昭和58年（1983年）7月20日判决认为，"……考虑到汽油具有强烈的引火性，只要在此地出现某种火星，就会点燃泼洒在家中的汽油而引起火灾，这是必定出现的情况，可以说，被告人通过泼洒汽油这一行为便已经完成了放火的大部分企图，因此能够认定，在此阶段业已发生了引起法益侵害即烧毁本案房屋的紧迫危险"，从而认定泼洒汽油的行为属于实行的着手，最终判定成立向现住建筑物等放火罪的既遂。[1]

（五）构成要件的推迟实现（结果的推迟发生）

〔案例10〕X出于杀人的犯意，用麻绳勒住熟睡之中的A的脖子（第一行为），误以为已不能动弹的A已经死亡，遂将A运到海边，扔在沙滩上（第二行为），但A最终因吸入了沙土而窒息死亡。对此，大审院大正12年（1923年）4月30日判决以X的行为与A的死亡之间存在因果关系为理由，判定X成立杀人罪既遂。[2]对于这种"构成要件的推迟实现"的情形，有观点认为，第一行为的故意概括性地及于第二行为，在此基础上，再将第一行为与第二行为整体性地视为一个实行行为，进而主张成立故意的既遂犯。[3]但是，认为在第二行为的时点也存在杀人的故意，那终究只是一种拟制，而且，将第一行为与第二行为视为一个行为的根据及其界限，仍然是一个有待解决的问题。另外，有力观点认为，应将第一行为、第二行为视为不同的行为，分别就第一行为、第二行为成立杀人罪未遂、过失致死罪。[4]该观点的理论前提是，不能将行为人自身的行为视为因果进程中的介入因素。然而，按照这种前提，一方面，在客观上引起死亡结果的第二行为的时点，不能认定存在故意；另一方面，与"构成要件的提前实现"相反，第一行为客观上止于着手未遂，不能将既遂结果归属于该行为。但是，本书认为，对于并无杀人故意的第二行为，与第三者的行为一样，应该将其视为因果进程中的介

---

[1] 参见横滨地判昭和58年7月20日判时1108号138页。

[2] 参见大判大正12年4月30日刑集2卷378页（"吸入沙土案"）。

[3] 参见植松正『再訂刑法概論Ⅰ総論』（勁草書房1974年）260页；伊東研祐「判批」『刑法判例百選Ⅰ総論』（有斐閣2014年第7版）33页。

[4] 参见曾根威彦『刑法原論』（成文堂2016年）331页；中山研一『刑法総論』（成文堂1982年）364页；野村稔『刑法総論』（成文堂1998年補訂版）199页。

入因素。基于这种理解，在〔案例 10〕中，可以将第一行为视为杀人罪的实行行为，然后，按照因果关系的错误〔第十二章之二（五）〕的问题来处理：只要行为人所认识的因果进程与实际的因果进程均具有法律上的因果关系（相当因果关系），就能肯定成立杀人罪既遂。[1]*

（六）隔离犯、间接正犯

至此探讨了着手未遂的问题，即是否可以将未遂犯的成立时点，提前至行为人实施的直接引起最终结果的行为之前，以及如何确定其界限。反之，隔离犯与间接正犯的问题是，[2]是否可以将未遂犯的成立时点，推迟至行为人实施的直接引起最终结果的行为之后？例如，〔案例 11〕出于杀人的意图，将混入毒药的砂糖以包裹形式邮寄至朋友家中的，行为人成立杀人罪未遂，是在邮寄包裹之时成立，还是在包裹到达朋友家之时成立呢？又如，〔案例 12〕母亲在商店命令 5 岁的儿子实施盗窃，母亲成立盗窃罪未遂，是在命令儿子实施盗窃之时，还是在儿子实施与盗窃密接的行为之时呢？①"发送时说"或者"利用者标准说"[3]一度处于支配性地位，该说认为，发送行为或

---

[1] 参见大谷實『刑法講義総論』（成文堂 2019 年新版第 5 版）173 頁；小林憲太郎『刑法総論』（新世社 2020 年第 2 版）66 頁；佐伯仁志『刑法総論の考え方・楽しみ方』（有斐閣 2013 年）276 頁；西田典之（橋爪隆補訂）『刑法総論』（弘文堂 2019 年第 3 版）241 頁；橋爪隆『刑法総論の悩みどころ』（有斐閣 2020 年）186 頁；山口厚『刑法総論』（有斐閣 2016 年第 3 版）231 頁。针对"构成要件的推迟实现"，通过肯定存在故意的第一行为与结果之间存在法律上的因果关系，判定成立既遂犯的最新判例，参见奈良地方裁判所令和 3 年（2021 年）2 月 26 日判决〔奈良地判令和 3 年 2 月 26 日（裁判所 HP）〕。

* 对于此案，西田典之认为，"这属于韦伯（Weber）的概括的故意的典型案例。这里的问题也在于有无相当因果关系。如果存在相当因果关系，只是第一个行为达到既遂的，也构成杀人既遂。可能会有观点认为，即便存在相当因果关系，仍应构成杀人未遂与过失致死，但本书以为，既然因果关系的错误不阻却故意，该观点就不正确"〔[日] 西田典之：《日本刑法总论》（第 2 版），王昭武、刘明祥译，法律出版社 2013 年版，第 198 页〕。——译者注

[2] 所谓隔离犯，是指行为与结果在地点上或者时间上存在间隔的情形；所谓间接正犯，是指将他人的行为作为工具而利用的情形（第十七章之三）。为此，像〔案例 11〕那样，有些案件既是间接正犯也是隔离犯。另外，对于隔离犯，也有这样的用法：仅限于直接正犯的场合，或者过程的自动性很强烈的场合，才称之为隔离犯。

[3] 参见大塚仁『刑法概説　総論』（有斐閣 2008 年第 4 版）159 頁；団藤重光『刑法綱要総論』（創文社 1990 年第 3 版）355 頁；日高義博『刑法総論』（成文堂 2015 年）400 頁；野村稔『刑法総論』（成文堂 1998 年補訂版）338 頁。有观点认为，着手的时点是对事情的"放手"之时〔参见佐藤拓磨『未遂犯と実行の着手』（慶應義塾大学出版会 2016 年）266 頁以下；佐藤拓磨「間接正犯の実行の着手に関する一考察」慶應義塾大学『法學研究』83 巻 1 号（2010 年）165 頁以下〕。

者诱导行为的时点为实行的着手。但近来，以下两种观点成为有力学说：②"到达时说"[1][2]或者"被利用者标准说"认为，到达之时或者被利用者的行为之时为实行的着手；③"个别化说"[3]认为，根据结果发生的可能性的程度，实行的着手，既有应认定是在发送之时或者诱导行为之时的情形，也有应认定是在到达之时或者被利用者的行为之时的情形。

"发送时说"或者"利用者标准说"的理论基础是，认为实行的着手在于"犯意的飞跃性表动"的主观说。因为，能表征行为人的反社会的意思或者性格的，是行为人的行为，而非外界的事态进展或者他人的行为。

而且，认为实行的着手在于构成要件该当行为的开始之时的"形式的客观说"的论者，以构成要件该当行为即实行行为必须是行为人的行为为理由，也采取"发送时说"或者"利用者标准说"。"形式的客观说"中的所谓"实行行为"，一方面，是判断是否具有正犯性的标准，为此，在间接正犯中，实行行为必须是正犯即利用者的行为；另一方面，这种实行行为，也是界定未遂犯的成立时点的标准，为此，在间接正犯中，在利用者的诱导行为的时点，成立未遂犯。但是，例如，在〔案例12〕中，能够显示盗窃罪的构成要件特征的，难道不是儿子窃取商品的行为，或者接近商品这种与窃取相密接的行为吗？为此，认为母亲的诱导行为是实行的着手，这有违形式的客观说的意

---

[1] 参见浅田和茂『刑法総論』（成文堂2019年第2版）386页；小林憲太郎『刑法総論』（新世社2020年第2版）242页；佐伯千仭『刑法講義 総論』（有斐閣1981年4訂版）306页；佐伯仁志『刑法総論の考え方・楽しみ方』（有斐閣2013年）341页；橋爪隆『刑法総論の悩みどころ』（有斐閣2020年）286页；林幹人『刑法総論』（東京大学出版会2008年第2版）354页；松宫孝明『刑法総論講義』（成文堂2018年第5版補訂版）239页；山口厚『刑法総論』（有斐閣2016年第3版）284页以下。盐见淳主张，在"介入被害人领域"的时点，肯定隔离犯的实行的着手［塩見淳『刑法の道しるべ』（有斐閣2015年）106页以下］。

[2] 该说旨趣在于，应在既遂结果的发生已经紧迫的时点，肯定成立未遂犯，"到达"不过是这种紧迫性的象征性表现。看看设置定时炸弹这种无法以到达作为问题的"时间上的间隔犯"的情形，这一点就很明确。为此，即便是在邮寄等"地点上的隔离犯"的场合，该说也并不排除，有可能存在仅仅是到达被害人住宅还不够，还必须达到被当作食物而提供给被害人之时的情形。

[3] 参见伊東研祐『刑法講義総論』（日本評論社2010年）312页；大谷實『刑法講義総論』（成文堂2019年新版第5版）367页；川端博『刑法総論講義』（成文堂2013年第3版）547页；橋本正博『刑法総論』（新世社2015年）210页；平野龍一『刑法総論Ⅱ』（有斐閣1975年）318页。另外，井田良原则上以诱导行为的时点作为着手的时点，但限于利用他人的故意行为的场合，以被利用者的行为的时点作为着手的时点［参见井田良『講義刑法学・総論』（有斐閣2018年第2版）443页］。

图——根据构成要件的定型来确定处罚界限。

并且，即便是持"实质的客观说"，其中的"危险行为说"将行为的属性理解为，为未遂犯的成立奠定基础的结果发生的危险，从而也采取"发送时说"或者"利用者标准说"。但是，显然无法保证，行为人的行为与具体危险的发生在时间上总是一致的。例如，〔案例11'〕在行为人自己把混入毒药的砂糖拿到被害人家中的场合，至少在把砂糖交给被害人之前，不能肯定存在发生结果的具体的危险，与此相反，在不是行为人自己拿去，而是交由邮寄的〔案例11〕中，却认为发送的时点存在具体的危险，这之间明显存在不均衡。对此，也许"发送时说"或者"利用者标准说"会提出反驳：在〔案例11'〕中，在把砂糖交给被害人之前，事态的进展仍在行为人的掌握之中，在自己成为规范的障碍这一点上，不能认定存在发生结果的自动性这一意义上的危险性；在〔案例11〕中，在邮寄（发送）砂糖的时点，就能认定存在发生结果的自动性这种意义上的危险性。但是，发生结果的自动性、切实性这种意义上的危险，不仅依存于规范的障碍，也依存于事实的障碍。而且，如前所述，对于作为未遂犯之处罚根据的危险，也要求存在发生结果的紧迫性。

"发送时说"或者"利用者标准说"的理论背景在于，对于承认那种"附条件的犯罪"——犯罪取决于脱离了行为人之手之后的事态进展——该说是存在抵触的。可以说，这种抵触，源于认为违法的实质在于违反行为规范的行为无价值论。但是，既遂犯的成立与否，当然取决于属于行为之后的事态进展的结果的发生，而且，共谋共同正犯、教唆犯、从犯（帮助犯）的成立，也是取决于实行担当者或者正犯的实行〔第十七章之一（二）〕，因此，没有理由认为，只有单独正犯的未遂犯不得取决于行为之后的情况。正如母亲让12岁的儿子实施抢劫的"酒吧抢劫案"（第十七章之〔案例13〕）[1]*所显示的那样，间接正犯、共谋共同正犯与教唆犯之间的界限非常微妙，如果被评价为共谋共同正犯或者教唆犯，只有等到被利用者的行为之后才成立

---

[1] 参见最决平成13年10月25日刑集55卷6号519页。

* 对于母亲X命令12岁零10个月的长子Y实施抢劫的案件，最高裁判所平成13年（2001年）认为，Y已经具有是非辨别能力，而且，X的命令本身也没有达到足以压制Y的意思的程度，最终判定X与Y构成抢劫罪的共谋共同正犯（参见最决平成13年10月25日刑集55卷6号519页）。——译者注

犯罪，但如果被评价为间接正犯，在实施诱导行为的时点，就已经成立犯罪，这显然不合理。[1]

相反，按照"实质的客观说"中的"危险结果说"，就完全有可能在脱离行为人之行为的事态进展中找出未遂结果，并在该时点肯定成立未遂犯。"个别化说"认为，应从既遂结果发生的切实性或者高度的盖然性中探求作为这种未遂结果之实质的危险，与发送当时的结果发生的盖然性相适用，既有可能认定发送时为实行的着手，也有可能认定到达时为实行的着手。但是，作为未遂结果的危险，应该被理解为，作为准照于既遂结果的有害事态，其内容为"对象被现实地置于危险之中"。按照这种紧迫性的要求，会推导出"到达时说"或者"被利用者标准说"。

按照"到达时说""被利用者标准说"以及"个别化说"，行为人的行为与未遂犯的成立时点是分离的，但有关如何将这种分离予以正当化，其内部也存在观点上的分歧。首先，"不作为犯说"[2]认为，诱导行为这种先行行为产生了结果防止义务，在危险紧迫之时，能认定属于违反了这种作为义务的不作为犯的着手。这种观点一边维系"利用者标准说"的形式——以行为人的"行为"作为实行的着手，同时又试图推导出"被利用者标准说"的结论。然而，在隔离犯的情形下，通常情况下，在危险已经迫近的时点，由于不能认定存在作为的可能性或者故意，难以肯定成立不作为犯。其次，"行为归属说"[3]通过把被利用人的行为等作为"延长之腕"而视为利用者的"行为"的一部分，由此将着手时点的推迟予以正当化。但是，属于同时存在原则以及法令适用之基础的问责对象行为，止于作为行为人之意思发动的发送行为或者诱导行为，因而，将被利用者的行为视为行为人的"行为"，这不过

---

[1] X明明知道家中有人，却隐瞒该事实，谎称家人都不在家，唆使Y向实际有人在家的房屋放火的，按照"利用者标准说"，只有Y开始实施与放火密接的行为之时，X才成立向现住建筑物等放火罪，然而，在X唆使Y放火的时点，则已经成立杀人罪未遂的间接正犯。由此可见，按照"利用者标准说"，也会得出不自然的结论。

[2] 参见西原春夫『犯罪実行行為論』（成文堂1998年）19頁；佐久間修『刑法総論』（成文堂2009年）84頁。

[3] 参见原口伸夫「未遂犯論の諸問題」（成文堂2018年）37頁以下；原口伸夫「間接正犯者の実行の着手時期」『法学新報』105卷1号（1998年）71頁以下；中野次雄『刑法総論概要』（成文堂1997年第3版補正版）78頁；藤木英雄『刑法講義総論』（弘文堂1975年）279頁。

是一种拟制。再次，"溯及说"[1]认为，在诸如混入了毒药的砂糖已经到达被害人家中这种出现了结果发生的现实危险的场合，当初的诱导行为或者发送行为溯及性地获得实行行为性。但是，只要认为未遂犯中的危险结果，与既遂犯中的侵害结果一样，作为发生于外界的有害事态，属于独立的构成要件要素，就很难找到勉强采取这种溯及性结构的必要性。[2]最后，"阶段说"[3]以"实行的着手"不过是界定未遂犯之成立阶段的功能性概念为理由，主张在现实的危险的发生时点直接认定"实行的着手"即可。但是，将脱离了行为人之行为的危险发生称之为"实行的着手"，这脱离了日常用语本身的含义，也有轻视属于同时存在原则等之基准的未遂行为（问责对象行为）之嫌。

　　立足于行为主义的视角，下面两点都是必须的：一是发生于外界的属于有害事态的"未遂结果"；二是将该"未遂结果"与行为人联系在一起，属于问责对象的"未遂行为"。一方面，在隔离犯、间接正犯中，发送行为或者诱导行为属于未遂行为（问责对象行为），在该时点必须具备故意或过失、责任能力、期待可能性等责任要素，在法律适用上也以该时点作为"行为时"；另一方面，以发生既遂结果的紧迫危险作为其内容的未遂结果，属于不成文的构成要件要素，[4]在能认定发生了该未遂结果的到达时或者被利用行为时，就满足了未遂犯的构成要件。为此，只要以"结果时说"[5]为前提，公诉时效就应以到达之时或者被利用者的行为之时作为起算点。[6][7]

　　判例基本上采取的是到达时说。在前述〔案例11〕"毒砂糖事件"中，

---

[1] 参见山中敬一『刑法総論』（成文堂2015年第3版）764頁以下；西田典之（橋爪隆補訂）『刑法総論』（弘文堂2019年第3版）320頁；齋野彦弥「危険概念の認識論的構造」『内藤謙先生古稀祝賀・刑事法学の現代的状況』（有斐閣1994年）78頁以下。

[2] 如果该观点将公诉时效的计算点也溯及至诱导行为、发送行为的时点，对其归结就存在疑问。

[3] 参见平野龍一『犯罪論の諸問題（上）総論』（有斐閣1981年）130頁；佐伯仁志『刑法総論の考え方・楽しみ方』（有斐閣2013年）342頁；山口厚『刑法総論』（有斐閣2016年第3版）285頁。

[4] 相反，曾根威彦则认为，"具体的危险的不发生"属于未遂犯固有的违法性阻却事由。参见曾根威彦『刑法原論』（成文堂2016年）478頁。

[5] 参见最决昭和63年2月29日刑集42卷2号314頁。

[6] 关于笔者的详细观点，参见松原芳博『行為主義と刑法理論』（成文堂2020年）164頁以下。

[7] 通过把行为规范与裁判规范放在相互对比的位置上（对置），将实行行为・实行的着手与未遂犯的成立的分离予以正当化的观点，参见高橋則夫『刑法総論』（成文堂2018年第4版）405頁。

大审院大正7年（1918年）11月16日判决以在受领包裹的时点，混入毒药的砂糖即处于可供食用的状态之下为理由，肯定该时点属于杀人的着手。[1]除此之外，对于使用邮政或电信的虚假告诉罪、诈骗罪、敲诈勒索罪等，判例也是以邮件等的到达之时作为实行的着手。[2]〔案例13〕行为人打算与家人一起自杀，将6瓶混入毒药的果汁分散放在离家不远的田埂上，原本期待自己的家人喝下，但没想到被附近的小孩捡到，小孩饮后死亡（"毒果汁案"）。对此，宇都宫地方裁判所昭和40年（1965年）12月9日判决认为，"在行为达到有发生结果之虞的客观状态之时，换言之，在发生了使得保护对象直接面临危险这种针对法益侵害的现实危险性之时，既已存在实行的着手"，进而判定把毒药放在田埂上的行为属于杀人罪的预备，在被害人等拾到果汁正要饮用的近前，就属于杀人罪的实行的着手。[3]〔案例14〕行为人打算将装有麻药的行李箱作为托运行李带回日本，对此，东京高等裁判所平成9年（1997年）1月29日判决认为，在不知情的机场工作人员将该行李箱搬至行李检查地点之时，即属于进口违禁品罪（《海关法》第109条）的实行的着手。[4]〔案例15〕行为人将鳗鱼幼苗藏在作为飞机托运行李的行李箱内，试图偷运出境，对此，最高裁判所平成26年（2014年）11月7日判决认为，在国际航线安检区域内被贴上"已经安检"标签的行李，会就此装上飞机，因此，在该区域内将非法获取的标签贴在行李箱上的时点，就能认定存在《海关法》上的无许可出口的实行的着手。[5]尽管还剩下机场工作人员将行李箱搬入机内的工作，但可以说，在粘贴标签的时点，就已经能认定存在发展至无许可出口的既遂的紧迫的危险。〔案例16〕邮政局工作人员将他人的邮件的投递地址改成自己家的地址，然后让不知情的投递员去投递，试图窃取该邮件（"改换地址案"）。对此，东京高等裁判所昭和42年（1967年）3月24日判决认为，在将该改换了投递地址的邮件放在经过分拣之后的分类架之时，即成立盗窃罪未遂。[6]乍一看，该判决似乎采取的是"发送时说"或

---

[1] 参见大判大正7年11月16日刑録24輯1352頁。
[2] 参见大判明治43年6月23日刑録16輯1276頁、大判大正3年6月20日刑録20輯1289頁、大判大正5年8月28日刑録22輯1332頁。
[3] 参见宇都宫地判昭和40年12月9日下刑集7卷12号2189頁。
[4] 参见東京高判平成9年1月29日判時1608号156頁。
[5] 参见最判平成26年11月7日刑集68卷9号963頁。
[6] 参见東京高判昭和42年3月24日高刑集20卷3号229頁。

者"利用者标准说",但改换邮件的投递地址后,放在分类架上,可以说这就如同从邮局亲手拿回邮件一样,邮件这一对象就已经处于紧迫危险之下。因此,按照"到达时说"或者"被利用者标准说",在该时点也能成立未遂犯。

(七) 原因自由行为[*]

1. 学说

例如,〔案例17〕X意图趁酒劲杀害A,于是大量饮酒,在陷入无责任能力状态之后,用刀刺死了A。像这种情形,在自己有责地招致无责任能力状态之后实施犯罪行为的"原因自由行为"[1]的案件中,除了以何种理论来论证犯罪成立这一问题之外,[2]未遂犯的成立时点也是问题。

传统的"构成要件模式",[3]通过将饮酒这种"原因行为"视为构成要件该当行为(问责对象行为),将酩酊状态之下实施的刺杀A这种"结果行为"视为因果进程中的中间结果,从而一边维持属于责任主义之归结的"构成要件该当行为与责任同时存在原则",一边力图在一定范围之内,肯定原因自由行为的案件的可罚性。"构成要件模式"的主流观点的解释是:通过将原因自由行为视为利用处于无责任能力状态之下的自己这种"工具"的间接正犯(第十七章之三),从而能够将原因行为视为构成要件该当行为。按照这种"构成要件模式",只要以有关间接正犯的"利用者标准说"为前提,就势必认定原因行为的时点成立未遂犯。但是,如果〔案例17〕中的X醉酒之后没有对A实施任何危害行为,而是就此入睡了,也要成立杀人罪未遂,这种结论显然难言妥当。除此之外,对于这种"构成要件模式"的疑问还有:如果在结果行为当时处于限制责任能力状态,就无法将处于酩酊状态之下的自己

---

[*] 日本《刑法》第39条〔心神丧失与心神耗弱〕:心神丧失的人的行为,不处罚(第1款);心神耗弱的人的行为,减轻刑罚(第2款)。——译者注

[1] "原因自由行为"这一表述,原本是指为了解决自招无责任能力的问题的一种"理论构成",现在多指自招无责任能力这类案件本身。与此相反,"原因违法行为"〔第八章之六(二)、第九章之三(六)〕则完全是指为了解决自招危险这一问题的"理论构成"。

[2] 有观点主张,在现行法律体系下,应否定原因自由行为的可罚性。参见浅田和茂『刑法総論』(成文堂2019年第2版)305頁以下;平川宗信「原因において自由な行為」『現代刑事法』2巻12号(2000年)39頁以下。

[3] 参见団藤重光『刑法綱要総論』(創文社1990年第3版)161頁;大塚仁『刑法概説 総論』(有斐閣2008年第4版)165頁;佐久間修『刑法総論』(成文堂2009年)266頁以下;福田平『全訂刑法総論』(有斐閣2011年第5版)195頁以下。

视为"工具",为此,也就不能将原因行为视为构成要件该当行为;而且,诸如醉酒驾驶罪以及持有毒品罪等举动犯的情形下,显然难以将饮酒等原因行为视为构成要件该当行为。

为此,出现了通过把无责任能力状态之下的结果行为视为构成要件该当行为,缓和"构成要件该当行为与责任同时存在原则",而力图将原因自由行为的处罚予以正当化的各种观点。此类观点统称为"例外模式",主要包括以下几种具体观点:"权利滥用说"[1]认为,对于将自己有责地陷入无责任能力状态的行为人而言,按照"禁反言原则",不能允许其援用自己处于无责任能力状态这一理由而免除罪责;"先行责任说"[2]认为,如同对于通过事前的调查、求证本有可能避免违法性错误的情形应认定有责那样,如果事前本有可能避免出现行为当时的无责任能力状态,就可予以责任非难;"意思实现说"[3]认为,行为是一个意思的实现过程,如果在指向行为的最终意思的决定当时存在责任能力,就可以进行责任非难。按照上述观点,结果行为是构成要件该当行为即实行行为,在结果行为的时点,能肯定成立未遂犯,行为时或者行为地的判断,也是以结果行为作为标准。

2. 探讨

按照"权利滥用说"与"先行责任说",饮酒这种原因行为,不必是针对结果行为(以及最终犯罪结果)的原因,只要是针对责任能力之丧失或者降低的原因即可,[4]那么,就原因行为当时的行为人的主观要件而言,也不必存在针对结果行为以及最终的犯罪结果的预见,而是只要存在针对责任能力的丧失或者降低的预见或者预见可能性即可,这样就具有理论上的一贯性。但是,〔案例17'〕虽对陷入心神丧失的状态存在预见(或者明明这种预见

---

[1] 参见丸山治「『原因において自由な行為』小考」『内田文昭先生古稀祝賀論文集』(青林書院2002年)157頁以下。

[2] 参见中空壽雅「『責任能力と行為の同時存在の原則』の意義について」『刑法雜誌』》45卷3号(2006年)392頁;安田拓人「回避しえた責任無能力状態における故意の犯行について(2・完)」『法学論叢』142卷2号(1997年)45頁以下。

[3] 参见西原春夫『犯罪総論』(下卷・改訂準備版)(成文堂1993年)460頁以下;大谷實『刑法講義総論』(成文堂2019年新版第5版)326頁。另外,山口厚主张,结果行为属于非故意行为之时,依据"构成要件模式",但结果行为属于故意行为之时,则依据"例外模式"("意思实现说")[参见山口厚『刑法総論』(有斐閣2016年第3版)275頁以下]。

[4] 为此,按照"权利滥用说"与"先行责任说",就不应使用"原因行为""结果行为"这一对概念。

是可能的），但并无杀人故意而饮酒的 X，在无责任能力的状态之下出于杀人犯意杀死了 A 的，甚至连这种情形也要肯定成立杀人罪，这无异于是以无法正常形成动机的状态之下的故意作为处罚之基础，在这一点上有违责任主义。

另外，按照"意思实现说"，如果具有责任能力之时的决意，在无责任能力状态下完全得到实现，就可认定成立完全的犯罪，因此，原则上来说，理应不必是由自己的行为而有责性地引起了无责任能力状态。[1]但是，〔案例17"〕X 决意杀害 A，在走向 A 家的途中，被 B 硬拽拉去喝酒，结果陷入无责任能力状态，但仍按原计划杀害了 A，连这种情形也要肯定成立杀人罪，就并不妥当。[2]因为，直至被实际实现于行为之前，意思是随时都有可能撤销的，不得以这种可能撤销的意思作为处罚的根据，这正是行为主义的要求。因此，应该将成为问责之对象的行为（问责对象行为）的时点所做出的发动行为的意思，视为"最终的意思决定"。"意思实现说"的论者认为，原因行为当时存在"最终的意思决定"，然而，这正好反映了该说是将原因行为（而不是该说所言的结果行为）作为问责对象行为。

这样，根据行为主义或者个别行为责任原则，问题的解决还是应该依据"构成要件模式"。但是，"构成要件模式"并非必然会得出原因行为时成立未遂犯这一结论。如前所述，从"危险结果说"的视角来看，在隔离犯、间接正犯的情形下，如果采取"到达时说"或者"被利用者标准说"，那么，在原因自由行为的情形下，也可采取这种理论结构。亦即，原因行为属于构成要件该当行为，在该时点，必须具备责任能力、故意或过失、期待可能性、责任身份等要素，同时伴有"紧迫的危险"的结果行为就属于作为不成文的构成要件要素的未遂结果。那么，在发生了这种未遂结果，并且，能肯定未遂行为与未遂结果之间存在因果关系的场合，就满足了未遂犯的构成要件。

具体而言，按照"构成要件模式"，饮酒等原因行为，首先是在引起了结果行为（进而引起了最终的犯罪结果）这一点上具有意义，而且，就引起了

---

[1] 为此，按照"意思实现说"，也不应使用"原因行为""结果行为"这一对概念。
[2] 对此，西原春夫认为，在〔案例17"〕这样的情形下，由于并没有实现"试图陷入无责任能力状态之后再实现犯罪事实"这种意思，因而应否定成立犯罪［参见西原春夫『犯罪实行行为论』（成文堂1998年）176頁以下］。然而，该说本身并未内含着，要求存在"陷入无责任能力状态"这种意思决定的根据。

无责任能力状态这一点而言，只要对通过抑制力的丧失而对结果行为的引起做出了贡献，或者只要从对结果行为的支配这一视角来看能为原因行为的正犯性奠定基础，就具有意义。因此，原因行为必须是含有招致法益侵害行为之危险的行为。具体而言，行为人存在酒后明显变得粗暴等酒后闹事的癖好的，或者因饮酒丧失自我控制能力而实施犯罪的可能性特别大的，仅限于这种场合，才有可能认定原因行为具有构成要件该当性。[1]

另外，从在一定范围内承认"利用有责行为的间接正犯"这一视角［第十七章之三（四）（五）］来看，要成立间接正犯，也并非总是以被利用者属于无责任能力人为要件，因此，即便在结果行为当时处于限制责任能力状态，将原因行为视为构成要件该当行为的可能性也并未被排除。[2]考虑到与他人的行为相比，利用自己的行为要更为容易，[3]尤其是在那些原因行为当时，具有实施具体的结果行为的意思的"意思连续型"的案件中，原因行为有可能被评价为，正在对已经决意实施犯罪行为的自己的限定责任能力状态之下的结果行为进行支配、利用的场合也不在少数。[4]

按照"构成要件模式"，要成立故意犯，原因行为当时除了对最终的结果的认识之外，还需要对上述能为原因行为的危险性以及正犯性奠定基础的各种情况（不好的酒癖、控制力的降低、实施犯罪的可能性很高的情况等）存在认识；要成立过失犯，原因行为当时以存在对这些情况的认识可能性为必要。

另外，如果认为即便是举动犯也可以在观念上将行为与结果予以分离［第三章之三（八）1］，例如，在醉酒驾驶罪中，就能够通过将饮酒行为作为问责对象行为，将饮酒驾驶的事实视为构成要件的结果，适用"构成要件

---

[1] 在［案例17］中，在可以谓之为，即便不饮酒，X 也会实施同样的杀人行为的场合，有力观点以在条件关系的判断中，不允许假定违法的替代行为为理由，肯定饮酒行为与杀害行为之间存在条件关系［参见西田典之·山口厚·佐伯仁志编『注釈刑法 第1卷 総論』（有斐閣2010年）630頁〔古川伸彦〕］。但是，这种情形下的饮酒行为，由于没有对决意实施杀人行为的犯意的维持做出贡献，因而应该被视为，就如同喝水的行为那样，缺少对于结果行为以及最终结果的原因力［参见林幹人『刑法総論』（東京大学出版会2008年第2版）331頁］。

[2] 参见山口厚·井田良·佐伯仁志『理論刑法学の最前線 I』（岩波書店2001年）164頁以下〔佐伯仁志〕。

[3] 参见西田典之〔橋爪隆補訂〕『刑法総論』（弘文堂2019年第3版）308頁；井田良『講義刑法学·総論』（有斐閣2018年第2版）501-502頁。

[4] 参见橋爪隆『刑法総論の悩みどころ』（有斐閣2020年）260頁。

模式"。

这样,根据"构成要件模式",能够认定存在(完全的)责任的范围并不是很广,但这并非该模式本身的缺点,毋宁说,这是刑法理论的规制机能对于刑法的解释与适用适当地发挥了作用的结果。

3. 判例

最高裁判所昭和26年(1951年)1月17日大法庭判决针对的是,原因行为当时不具有实施具体的结果行为的意思("意思非连续型")的案件。〔案例18〕X已经意识到,自己存在一旦饮酒就会陷入病态酩酊进而对他人施加危害这种习性(体质)状态,却在饮酒之后陷入无责任能力的状态下杀死了他人的,对此,最高裁判所的该判决认为,"具有大量饮酒时会陷入病态酩酊,从而有在心神丧失的状态之下对他人施加犯罪的恶害的危险这种素质(体质)的人,平时存在控制或者限制属于这种心神丧失之原因的饮酒等,以防止上述危险的发生于未然的注意义务",进而以行为人违反了这一注意义务为由,判定成立过失致死罪。〔1〕可以说,该判决是从"构成要件模式"的视角,立足于以原因行为当时的故意或者过失为基准这一前提,没有依据对自己的酒后暴力癖存在认识就直接认定,存在针对杀伤他人的概括的故意,而是止于推导出危险防止义务。〔2〕反之,〔案例19〕属于兴奋剂中毒者的被告人,服用兴奋剂之后处于幻觉、妄想的状态下,杀死了其姐。对于该案,名古屋高等裁判所昭和31年(1956年)4月19日判决认为,"若注射毒品,也许会招致精神异常并引起幻觉,或者对他人实施暴力,被告人虽对此存在预见,却仍然放任这一点而注射了毒品之时,就存在实施暴力的未必的故意",最终判定成立由完全责任能力所引起的伤害致死罪。〔3〕

另外,最高裁判所昭和43年(1968年)2月27日决定针对的是,在原因行为当时具有实施具体的结果行为的意思的"意思连续型"的案件。〔案例20〕被告人驾车去酒吧,喝完20瓶啤酒之后陷入心神耗弱状态,坐上他人所

---

〔1〕 参见最大判昭和26年1月17日刑集5卷1号20页。
〔2〕 也有观点认为,针对过失犯,没有必要适用"原因自由行为"的法理,本判决就并未适用该法理〔西田典之(橋爪隆補訂)『刑法総論』(弘文堂2019年第3版)303—304页〕。然而,原本来说,"构成要件模式"是不问故意犯罪、过失犯罪,适用于通常的犯罪成立要件,也就是说,"构成要件模式"并非一种特别的法理〔橋爪隆『刑法総論の悩みどころ』(有斐閣2020年)250页〕。
〔3〕 参见名古屋高判昭和31年4月19日高刑集9卷5号411页。

有的汽车醉酒驾驶，中途向同乘的 A 勒索了财物。对此，最高裁判所的该决定判定，"即便在醉酒驾驶的行为当时因饮酒酩酊陷入心神耗弱的状态，但能认定饮酒之际具有醉酒驾驶的意思的场合，就不应该适用《刑法》第 39 条第 2 款减轻刑罚"（针对敲诈勒索罪的问题，没有成为最高裁判所的判断对象，但原审根据《刑法》第 39 条第 2 款肯定了刑罚的减轻）。[1]最高裁判所的该决定针对举动犯，并且是在陷入限定责任能力的案件中，肯定被告人具有完全的责任，因而在这一点上与"例外模式（意思实现说）"具有亲和性，但也并非不可能从"构成要件模式"进行解释。而且，针对敲诈勒索罪，原审（二审）之所以肯定刑罚的减轻，也是因为在具有责任能力的时点，不存在敲诈勒索罪的故意。由此可见，在审判实务中，肯定的是成立与原因行为时的故意、过失相对应的犯罪，尚未看到以结果行为时的故意、过失为标准的判例。

还有，[案例 21] X 在具有完全责任能力的状态下开始对 A 实施暴力，同时持续饮酒，在长约 9 个小时的时间内，断断续续地对 A 实施暴力，但在实施造成致命伤的暴力的时点，已处于心神耗弱的状态之下。对此，长崎地方裁判所平成 4 年（1992 年）1 月 14 日判决以属于基于同一意思的持续的或者断断续续的犯罪行为、被告人自己招致了无责任能力状态等为理由，判定 X 应承担伤害致死罪的完全责任。[2]对于这种"开始实行行为之后责任能力降低或者丧失"的情形，有力观点认为，这属于原因自由行为法理的射程之外的情形。[3]对于"开始实行行为之后责任能力降低或者丧失"的情形，这种观点是与"构成要件的提前实现"的情形一样，试图通过适用"未遂+结果=既遂"这一等式，以开始实施实行行为时存在责任能力即可为理由，不考虑作为原因自由行为本身的要件的问题，而肯定存在完全的责任。但如上所述［本章之二（二）（四）］，这一等式对于着手未遂并不合适，对于"开始实行行为之后责任能力降低或者丧失"的情形，也应该比照原因自由行为的要件，具体探讨在完全责任能力状态下的行为与结果引起行为以及结果之

---

[1] 参见最决昭和 43 年 2 月 27 日刑集 22 卷 2 号 67 页。
[2] 参见长崎地平成 4 年 1 月 14 日判时 1415 号 142 页。
[3] 参见中森喜彦「実行開始後の責任能力の低下」『中山研一先生古稀祝賀論文集（3）』（成文堂 1997 年）225 页以下；小野晃正「実行着手後の責任能力低下と行為分断の可否」『刑法雑誌』55 卷 2 号（2016 年）280 页以下。

间的因果性关联、责任关联。[1]

(八) 不作为犯

有关不作为犯（特别是不真正不作为犯）的未遂犯的成立时点，[2]存在以下三种观点之间的对立：①认为成立时点是作为义务之履行可能的最初时点；②认为成立时点是作为义务之履行可能的最后时点；③认为将事态的进程置于自己的掌控之中之时，成立时点是具体危险的发生时点，而在放弃履行义务对事态的进程放任不管之时，成立时点则是放任不管之时。但是，无论是哪种观点都认为问题完全在于，作为"未遂行为"的不作为的着手，而没有将作为"未遂结果"的危险的迫近纳入视野。

从主张成立未遂犯以未遂行为与未遂结果双方为必要的视角来看，一方面，在法益不被置于进一步的危险而有可能避免结果发生之最后的时点，能认定"未遂行为"；另一方面，在发生既遂结果之紧迫危险的时点，能认定"未遂结果"。因此，①正如母亲目睹自己的小孩溺水却不予救助放任不管的情形那样，在产生作为义务之时已经存在发生既遂结果之紧迫危险的场合，在目睹后经过履行义务之最低必要限度的时间的时点，就能认定未遂行为，同时，也能认定针对小孩之生命的紧迫危险这种未遂结果，进而成立杀人罪未遂；反之，②诸如母亲不给小孩喂奶的情形那样，在只有违反作为义务才产生发生既遂结果的危险的场合，在针对小孩的生命危险开始行进的时点能认定未遂行为，在死亡的危险紧迫的时点发生未遂结果，在后一时点成为杀人罪未遂（属于抽象的危险犯的保护责任者遗弃罪的成立，则在更早的时点能被认定）；而且，③在母亲放弃育儿去海外旅行的场合，在通过离开家而自己使得结果的避免可能性归于丧失的时点能认定未遂行为，在死亡的危险迫近的时点发生未遂结果，在后一时点成立杀人罪未遂（至于属于抽象的危险犯的保护责任者遗弃罪，在放弃育儿离开家的时点就能认定成立）。

---

[1] 原本来说，按照"构成要件模式"，通常的"原因自由行为"也是指（问责对象行为的意义上的）实行行为开始之后的责任能力的降低或者丧失的情形，[案例18]那样的案件并不属于一种特殊类型。

[2] 有关该问题，参见盐见淳「不作为犯の着手時期」『町野朔先生古稀記念・刑事法・医事法の新たな展開（上）』（信山社2014年）211頁以下。

三、不能犯

（一）含义

即便行为人是出于着手实行的打算，但由于没有发生结果的可能性，因而不成立未遂犯的情形，称之为"不能犯"。在实行的着手理论中，在使得未遂犯之处罚得以正当化的危险之中，主要是以发生既遂结果的紧迫性作为问题（按照本书观点，这种紧迫性属于不成文的构成要件要素）。相反，在不能犯理论中，发生既遂结果的可能性则成为问题。[1]例如，〔案例22〕X从警官A手中夺得手枪，扣动扳机向A开枪，但枪中并无子弹（"空枪案"）；[2]〔案例23〕X出于杀害就寝中的A的意图，向床铺开枪，但A正在外地旅行（"空床案"）。此类案件究竟是不能犯还是未遂犯，对此尚存争议。又如，〔案例24〕准备了用于杀人的毒药，但实际上并非毒药而是无害的药物，对此，研究的是预备犯罪与不能犯的界限问题。再如，〔案例25〕将手榴弹扔向他人，但手榴弹因长年埋在地下已经变质，丧失了爆炸力（"手榴弹案"），[3]这里的问题是，杀人未遂以及使用爆炸物罪（《爆炸物取缔罚则》第1条）的既遂与不能犯的界限。不能犯理论的射程也有可能涉及刑法中的危险判断的问题，下面仅限于与未遂犯之间的关系，探讨不能犯。

（二）纯主观说与抽象的危险说

有关未遂犯与不能犯的区别，立足于以行为人的反社会性格作为未遂犯处罚根据的"主观未遂论"，存在两种对立观点："纯主观说"主张，以行为人认识到的情况为基础，行为人感受到危险的，就成立未遂犯；[4]"抽象的危险说（主观的危险说）"主张，以行为人认识到的情况为基础，一般人感受

---

[1] 有观点认为，实行的着手理论是危险的量的问题，而不能犯理论是危险的质的问题〔大塚裕史「不能犯論と実行の着手論」明治大学法律研究所『法律論叢』90巻2＝3号（2017年）134頁〕。相反，另有观点认为，不能犯理论是作为所有犯罪共通的、处罚的最低限度之要求的侵害原理的问题，而实行的着手理论则是利用了既遂犯之法定刑的、未遂犯处罚之正当化的问题〔東條明徳「実行の着手論の再検討（四）」『法学協会雑誌』136巻9号（2019年）136頁以下〕。

[2] 参见福岡高判昭和28年11月10日判特26号58頁。

[3] 参见東京高判昭和29年6月16日高刑集7巻7号1053頁。

[4] 参见宮本英脩『刑法大綱』（弘文堂1935年）190頁以下。

到危险的,就成立未遂犯。[1]按照"纯主观说",例如,〔案例26〕误以为砂糖能杀人而让他人饮用糖水的,由于存在行为人的杀人犯意的表动,应成立杀人罪未遂。相反,按照"抽象的危险说(主观的危险说)",在〔案例26〕中,"让人饮用糖水"这种行为人所认识到的情况,在一般人看来并不存在危险,因而属于不能犯;然而,〔案例26'〕行为人误以为砂糖是氰化钾而让人饮用的,即便在一般人看来,是砂糖这一点明白无误,但由于"让人饮用氰化钾"这一行为人的认识内容能让一般人感受到危险,因而也应成立杀人罪未遂。但是,这两种观点都是以行为人的意思本身作为未遂犯的处罚根据,在这一点上,都有违反行为主义之嫌。

(三) 具体的危险说

"具体的危险说"[2]是现在的通说观点。该说认为,应以一般人能认识到的情况以及行为人特别认识到的情况为基础,根据一般人是否感受到结果发生的危险,来区别未遂犯与不能犯。按照该说,例如,在〔案例26'〕中,在一般人能够正确认识到是砂糖的场合,对于该行为,一般人不会感受到危险,因而属于不能犯;如果处于一般人会误以为是氰化钾的状况之下,一般人就会感受到危险,因而应肯定具有未遂犯的可罚性。

"具体的危险说"的第一个特征是,以一般人为标准,就行为当时的情况进行判断(即以行为当时的情况为判断基础)。[3]作为该说以一般人

---

[1] 参见牧野英一『刑法総論(下卷)』(有斐閣1959年全訂版)665頁;木村亀二(阿部純二増補)『刑法総論』(有斐閣1978年)356頁。
[2] 参见井田良『講義刑法学·総論』(有斐閣2018年第2版)451頁;伊東研祐『刑法講義総論』(日本評論社2010年)322頁;大谷實『刑法講義総論』(成文堂2019年新版第5版)365-376頁;川端博『刑法総論講義』(成文堂2013年第3版)510頁;佐久間修『刑法総論』(成文堂2009年)325頁;団藤重光『刑法綱要総論』(創文社1990年第3版)168頁;西原春夫『犯罪総論』(上卷·改訂版)(成文堂1993年)351頁;野村稔『刑法総論』(成文堂1998年補訂版)349頁;橋本正博『刑法総論』(新世社2015年)225頁;藤木英雄『刑法講義総論』(弘文堂1975年)268頁。
[3] 以行为当时行为人以及一般人认识到的情况为基础进行的判断,称为"事前判断";反之,将裁判判明的事实也纳入判断基础的判断,称为"事后判断"。这一组概念采取了巧妙的解释手法,亦即,将判断的"材料(基础情况)的范围"转换为判断的"时点"。然而,危险的"判断时点"的问题,与隔离犯等所要研究的危险的"存在时点"的问题,本属不同问题,而这种做法存在混同二者之虞。而且,同样是采取事前判断,根据究竟是以行为人为判断主体,还是以一般人或者认识能力更强的人作为判断主体,其内容会大不相同;就是采取事后判断,在客观存在的所有情况之中,根据将哪些情况纳入判断基础,可能出现无限的变化。因此,"将存在的所有情况均考虑进去,这是正确的事后判断"的这种理解,也是错误的。

为标准的根据，首先能想到的是行为规范论。因为，从行为规范论的角度来看，既然刑法是针对一般人的行为规范，就必须根据一般人在行为当时所能知道的情况来划定禁止的范围。但是，行为规范只有通过作用于行为人的意思才有可能现实地发挥作用。因此，按照行为规范论，像德国的通说那样，发展至以行为人的认识为基础的"抽象的危险说（主观的危险说）"，这才具有理论上的一贯性。"具体的危险说"还强调通过行为规范来保障行动的自由，但按照后文所述的"客观的危险说"，在行为人并未认识到危险的场合，也应该否定存在故意，因而不能说，行为人的自由受到了不当限制。

作为"具体的危险说"以一般人为标准的根据，还能想到的是保护国民的安全感这一视角。该说也许是从积极的一般预防论［第一章之三（三）］的视角，主张未遂犯的处罚根据在于有害于一般国民的安全感，给人们造成了"社会心理的冲击"。但是，消除一般国民主观上的不安感，这是通过客观上抑制犯罪而产生的事实上的效果，不应将其本身视为刑罚的直接目的。而且，如果认为未遂犯的非法内容在于给一般国民造成了"社会心理的冲击"，那么，所有的未遂犯的性质都会转变为针对"平稳"这种社会法益的犯罪，这样就会丧失与各个犯罪的既遂犯之间的连续性。另外，一般国民也并非在现场目睹了犯罪，往往是通过事后判明的事实以及媒体的报道才知晓案件，因此，即便是从对国民安全感的侵犯这一视角来看，也不会必然要求根据一般人在行为当时所能认识到的情况，来判断有无危险。

总之，"一般人"[1]所能认识到的事实范围，以及根据"一般人"所进行的危险判断的真相（内部实情）均不明确，与该公式的表示本身相对明确这种印象形成对比的是，其实际的适用极不稳定，因而存在将符合判断者之处罚情感的结论不加批判地予以正当化之虞。而且，如果就危险的"判断"或者"法则性（规律、定律）的知识"，以一般人为标准，那么，在使用了一般人不知道的化学物质的案件中，就不可能进行危险判断，或者即便是危险物质，只要一般人不认为存在危险，就只能是否定存在危险性。另外，〔案

---

[1] 我们可以设想到的一般人，从行为规范论的角度，是站在行为人立场的"一般人"；而从社会心理性冲击的角度，则是站在被害人或者第三者立场的"一般人"。

例27〕妻子将硫磺溶解后,让丈夫喝下硫磺汁,试图以此来杀害丈夫("硫磺杀人案"),[1]即便从科学上讲不可能用硫磺杀人,但只要一般人相信硫磺有毒,就得成立杀人罪未遂。但是,基于这种"幻想"所进行的危险判断,反而会有损对于刑事司法的信赖。

具体的危险说的第二个特征是,将行为人特别知道的情况纳入危险的判断基础之中。对行为人的特别知识的考虑,这正是该说将一般人所无法认识到的情况排除在判断基础之外的代价。例如,〔案例28〕知道A患有严重糖尿病的X,出于杀人犯意让A大量地饮用糖水,结果使得A陷入生命垂危状态,最终经过抢救,才挽回了生命。在该案中,如果仅以一般人的认识为基础来进行判断,就属于不能犯,但这种结论显然不妥。为此,才将行为人所特别知道且利用了的实际情况加入判断基础之中。的确,即便是主观情况,像目的犯中的目的、着手未遂中的行为意思那样,那些可以左右此后的事态进程的东西,当然可以成为危险判断的基础。但是,该说所考虑的特别知识,只是客观事实在主观上的反应,其本身对外界并不会产生作用,危险也不会由此发生改变。又如,〔案例28'〕在〔案例28〕中,如果X是在不知道A患有严重的糖尿病的情况下,让A大量饮用了糖水,那么,A明明已经陷入生命垂危状态,却说"不存在危险",这种结论显然也与实际不符。也就是说,在〔案例28〕与〔案例28'〕中,不管行为人的认识如何,均已经实际发生了危险,因而,行为人的特别知识,应该是作为对该危险的认识,属于故意的内容。换言之,"危险"是否存在,并非取决于行为人的认识,客观存在的"危险"属于故意的认识对象。由此可见,让行为人的认识来决定是否存在危险,这不仅有违"危险"这一概念本身,更会招致构成要件该当性或者违法性的相对化,*得出有违共犯的限制从属性的结论。

(四)客观的危险说

这样一来,按照将未遂犯的危险视为"侵害已经迫近的事态"的危险结

---

[1] 参见大判大正6年9月10日刑录23辑999页。

* 亦即,有无构成要件该当性或者违法性,其结果会因人而异。——译者注

果说，就应该支持"客观的危险说"[1]。"客观的危险说"追求的是更加客观、更加符合事实的危险判断。不过，只要认为世界为法则性（规律、定律）所支配，如果以所有情况为基础，纯科学地进行判断，那么未遂犯就必然不会发生结果，所有的未遂犯也都成了不能犯。为此，有力观点虽以行为当时（或者研究是否存在危险的时点）的所有情况为基础，却是以（科学的）一般人作为危险判断的标准。[2]但是，采取由整体情况直接判断危险这种手法，其判断过程无法做到可视化，有陷入凭感觉进行判断（感觉性判断）之虞。而且，如果连实际存在的事实的"性质"也包含在基础情况之中，由于是将"法则性"纳入该性质之中，如果考虑所有情况，所有的未遂犯均会成为不能犯这一批判就是妥当的。为此，就应该是在承认对基础情况进行一定的假定性置换的基础上，从科学的一般人的角度，判断"作为可能性的危险"。[3]

例如，〔案例29〕X 出于杀人的犯意向 A 的静脉注射了空气，但注射的空气并未达到致死量（"注射空气案"）。[4]在该案中，如果空气的量达到了

---

[1] 参见曾根威彦『刑法原論』（成文堂 2016 年）487 頁；曾根威彦、松原芳博编『重点課題 刑法總論』（成文堂 2008 年）200 頁〔内山良雄〕；山口厚『危険犯の研究』（東京大学出版会 1982 年）165 頁以下；小林憲太郎『刑法總論』（新世社 2020 年第 2 版）256 頁；佐伯仁志『刑法總論の考え方・楽しみ方』（有斐閣 2013 年）350 頁以下；高橋則夫『刑法總論』（成文堂 2018 年第 4 版）410 頁；西田典之（橋爪隆補訂）『刑法總論』（弘文堂 2019 年第 3 版）331-332 頁；佐藤拓磨『未遂犯と実行の着手』（慶應義塾大学出版会 2016 年）83 頁以下；林陽一「不能犯について」『松尾浩也先生古稀祝賀論文集（上）』（有斐閣 1998 年）392 頁以下；浅田和茂『刑法總論』（成文堂 2019 年第 2 版）394 頁；中山研一『刑法總論』（成文堂 1982 年）426 頁；宗岡嗣郎『客観的未遂論の基本構造』（成文堂 1990 年）263 頁以下；村井敏邦「不能犯」芝原邦爾、堀内捷三、町野朔、西田典之编『刑法理論の現代的展開 總論Ⅱ』（日本評論社 1990 年）182 頁以下；鈴木茂嗣「刑法における危険概念」『光騰景皎先生古稀祝賀論文集（下）』（成文堂 2001 年）1014 頁。

[2] 参见曾根威彦『刑法原論』（成文堂 2016 年）487 頁；曾根威彦、松原芳博编『重点課題 刑法總論』（成文堂 2008 年）200 頁〔内山良雄〕。

[3] 在与将行为当时存在的所有情况作为基础情况的"狭义的客观的危险说"进行对比的意义上，该说被称为"假定的盖然性说"或者"修正的客观的危险说"。山口厚提倡该说〔参见山口厚『危険犯の研究』（東京大学出版会 1982 年）165 頁以下〕。另外，支持该说者，参见小林憲太郎『刑法總論』（新世社 2020 年第 2 版）256 頁；佐伯仁志『刑法總論の考え方・楽しみ方』（有斐閣 2013 年）350 頁以下；高橋則夫『刑法總論』（成文堂 2018 年第 4 版）410 頁；西田典之（橋爪隆補訂）『刑法總論』（弘文堂 2019 年第 3 版）331-332 頁；佐藤拓磨『未遂犯と実行の着手』（慶應義塾大学出版会 2016 年）83 頁以下；林陽一「不能犯について」『松尾浩也先生古稀祝賀論文集（上）』（有斐閣 1998 年）392 頁以下。

[4] 参见最判昭和 37 年 3 月 23 日刑集 16 卷 3 号 305 頁。

致死量，可以说，A 就已经死亡。因此，通过考察犯罪行为前后的具体情况，从科学的一般人的角度，一定程度上能够认定是存在空气达到致死量的可能性的。那么，通过对空气的量的"假定性置换"，就可肯定存在未遂犯的危险。而且，同样是在〔案例29〕中，假如 A 患有疾病，可以说，即便是按照已经实际注射的空气量，A 也已经死亡。那么，就要研究 A 患有疾病的可能性的有无及其程度。对于这种置换的界限，虽然难以公式化到"作为犯罪的同一性的范围之内"这种程度之上，〔1〕但通过寻求符合具体状况的判断，还是可以避免过度的抽象化的。在研究有无相当因果关系时，我们是按照具体的事实进程，探讨有无"发生结果的经验上的通常性"，而与此相反，在未遂犯中，我们则是按照具体的事实进程，探讨有无"不发生结果的经验上的通常性"。

另外，所谓未遂结果，是指"针对对象的侵害已经紧迫的事态"，因此，不允许对"对象"进行假定性置换，像〔案例23〕"空床案"那样的"对象的不能"，原则上就应该是不能犯。不过，例如，〔案例30〕Y 已开枪射杀了A，为了保险起见，X 又用日本刀刺向 A 的腹部，但在该时点，A 可能已经死亡（"尸体杀人案"）。〔2〕在这种情形下，通过对行为的时点进行假定性置换而肯定存在危险，也并非完全不能想象。

还有，〔案例31〕行为人已被解除董事之职，但行为人自己对此并不知情，实施了违背任务的行为的，在这种"主体的不能"的情形下，能否允许对主体进行置换，就成为问题。通说认为，构成要件要素是等价值的，因而允许进行主体的置换。然而，在立法者看来，只有一定的主体才有侵害法益的可能，考虑到立法者的这种先行决定也及于法益侵害的"危险"，因此，想必应该是不允许对主体进行置换，应该被当作不能犯来处理。〔3〕不过，在

---

〔1〕有学者主张，将假定性置换的范围限于人的认识能力或者控制能力所不及的情况〔参见林陽一「不能犯について」『松尾浩也先生古稀祝賀論文集（上）』（有斐閣1998年）392頁以下〕。但是，将抽象化的幅度控制在如此狭窄的范围，会过度限制未遂犯的成立范围。另外，还有观点主张将假定性置换的范围限于被纳入行为人的行动计划之中的情况〔佐藤拓磨『未遂犯と実行の着手』（慶應義塾大学出版会2016年）83頁以下〕。这种观点试图更加具体地确定犯罪事实的同一性的范围，颇引人关注，但包括突发犯罪的情形在内，"计划"这种标准是否存在"过与不足"（多或少），就有进一步探讨的余地。

〔2〕参见広島高判昭和36年7月10日高刑集14巻5号310頁。

〔3〕参见塩見淳「主体の不能について（2・完）」『法学論叢』130巻6号（1992年）26頁以下。

〔案例31〕中,通过对行为的时点进行假定性置换,也并非没有成立背信罪未遂的余地。

(五) 判例态度

对于〔案例27〕"硫磺杀人案",大审院大正6年(1917年)9月10日判决以该方法"绝对不可能引起侵害结果"为理由,否定成立杀人罪未遂;[1]对于〔案例25〕"手榴弹案",东京高等裁判所昭和29年(1954年)6月16日认为,"既然已经丧失了作为手榴弹本来的结构(功能),仅凭人力投掷这种行为,是不能使之发生爆炸的",进而否定成立杀人罪未遂与使用爆炸物罪。[2]又如,对于拿着拾得的普通划线支票到银行去兑换现金的案件,东京地方裁判所昭和47年(1972年)11月7日判决认为,只要不装作是银行的客户,就不可能换取现金,进而否定成立诈骗罪未遂。[3]判定属于不能犯的上述案例,都是在详细认定犯罪行为手段的客观性质的基础上,否定存在危险,虽然抽象化的方法与程度并不明确,但仍然可以说基本上依据的是客观的危险说。

另外,对于〔案例29〕"注射空气案",最高裁判所昭和37年(1962年)3月23日判决认为,"即便注射进静脉的空气的量是在致死量以下,但根据被注射者的身体条件等其他情况,不能说绝对没有发生死亡结果的危险",进而肯定成立杀人罪未遂。[4]该判决否定属于不能犯,是通过对被害人的身体条件等情况予以抽象化或者假定的置换,而判断究竟是绝对的不能还是相对的不能,可以说仍然采取的是客观的危险说。

但是,对于〔案例22〕"空枪案",福冈高等裁判所昭和28年(1953年)11月10日判决认为,"社会一般认为,警官在执行职务的过程中,装备在右腰间的手枪,应该总是装有子弹",因此,"为了用该枪向人射击而扣动扳机的行为,具有发生杀害结果的可能性",进而判定成立杀人罪未遂。[5]又如,〔案例32〕父亲想带着子女一同自杀,将家用煤气放满了整个房间("家用煤气自杀案"),对此,岐阜地方裁判所昭和62年(1987年)10月15日判决

---

[1] 参见大判大正6年9月10日刑录23卷999页。
[2] 参见东京高判昭和29年6月16日高刑集7卷7号1053页。
[3] 参见东京地判昭和47年11月7日判夕288号303页。
[4] 参见最判昭和37年3月23日刑集16卷3号305页。
[5] 参见福冈高判昭和28年11月10日判特26号58页。

认为，尽管家用煤气的成分中不含一氧化碳，没有煤气中毒的危险，但完全存在因缺氧或者煤气爆炸而死亡的危险。此外，对于煤气泄漏，想必一般人都会觉得危险，进而以此为由肯定成立杀人罪未遂。[1]再如，对于〔案例30〕（"尸体杀人案"），广岛高等裁判所昭和36年（1961年）7月10日判决指出，该案属于A的生死判断非常微妙的案件，* 即便是专家之间也存在意见分歧，因而一般人以及X本人对于本案行为会导致A的死亡，当然都能感受到危险，进而判定成立杀人罪未遂。[2]对于这些判例，也有学者这样评价，在谈及一般人的危险感等方面，可以说判例态度是倾向于具体的危险说的。[3]然而，在岐阜地方裁判所的判决中，已经明确认定存在因缺氧或者煤气爆炸而死亡的客观危险；并且，对于其他两个判例，认为其依据的是采取假定性置换的客观的危险说，这样理解也并非不可能。另外，广岛高等裁判所昭和36年（1961年）7月10日判决对于客体（对象）的不能也肯定成立未遂犯，这一点颇引人注目，但该判决特别强调，对被害人的生死鉴定，专家之间也存在分歧，因而不能认为，该判决的旨趣在于对于客体（对象）的不能也广泛肯定成立未遂犯。

也有判例则明确采取了具体的危险说的公式。例如，对于特殊诈骗案件中被害人实施假装受骗策略之后的"车手"的收款行为，福冈地方裁判所平成28年（2016年）9月12日判决立足于"以行为当时行为人特别认识到的情况以及一般人可能认识到的情况为基础，作为客观的事后预测来判断有无实现犯罪的危险性"这一前提，以"加入一般人（原本来说，其存在是为了进行危险性判断而做的一种虚构）的认识这一视角……是为了在该案的具体状况之下，比照社会一般观念作为客观的事后预测而判断危险性，因此，这

---

[1] 参见岐阜地判昭和62年10月15日判夕654号261页。
  * 在X用刀刺杀A当时，A是否已经被枪打死，难以准确判断。——译者注
[2] 参见广岛高判昭和36年7月10日高刑集14卷5号310页。
[3] 除此之外，尽管不是有关是否成立未遂犯的案件，也有类似案件。例如，向警察机动队投掷自己制造的炸弹，但由于黏合剂渗入导火线而未能爆炸，对此，最高裁判所昭和51年（1976年）3月16日判决以《爆炸物取缔罚则》第1条的使用爆炸物罪是将爆炸物置于可以爆炸的状态之下这种理解为前提，以"被告人……确信是具有如果向导火线点火就一定会发生爆炸这种结构、性质的炸弹，而且，处于能认定一般人当然也会如此相信的状态之下"为理由，最终肯定成立该罪的既遂犯〔参见最判昭和51年3月16日刑集30卷2号146页（"碎片罐炸弹案"）〕。该案采取的就是相对接近于具体的危险说（与具体的危险说之间具有亲和性）的理由。

里假定的一般人就必须是既能够观察犯罪人一方的状况,也能够观察与之相对应的被害人一方的状况的一般人"为理由判定,由于被害人已经认识到自己在实施"假装受骗策略",因而应否定存在发展至诈骗既遂的危险。[1]不过,作为该案之控诉审(二审)的福冈高等裁判所平成29年(2017年)5月31日判决则认为,在判断是否发生了值得作为未遂犯予以处罚的法益侵害的危险之际,"应该以在该行为的时点被置于该场景的一般人所能够认识到的情况,以及行为人所特别认识到的情况为基础","不能认定存在需要勉强附加'连被害人固有的情况也要能够观察到'这一条件的必然性",以此为理由认为,由于一般人、犯罪人与共犯对"假装受骗策略"的实施都不存在认识,因而应肯定存在发展至诈骗罪既遂的危险。[2][3]这两个判决显示,具体的危险说中的判断基础并没有统一规定。具体的危险说的多数论者想必会支持控诉审(二审)的判断方法,但问题是,一方面可以考虑行为人一方的认识,但同时却又将被害人一方的认识排除在外,这样做的根据何在呢?

相反,对于同样是被害人实施"假装受骗策略"之后的"车手"的收款行为,大阪高等裁判所平成29年(2017年)10月10日判决则明确采取客观的危险说。[4]该判决认为,"通过开始实施'假装受骗策略'能否阻止该特殊诈骗,为当时的具体情况所左右,未必能够完全阻止,即便是能够认定因实施该策略,该特殊诈骗在此期间没有发展至既遂的现实的危险的情形,也能够想到因该策略的中止、中断以及其他情况,这种状况是有可能被改变的",从而从客观的危险说的视角肯定存在诈骗罪未遂的危险。对于该案,一审依据的具体的危险说,大阪高等裁判所的该判决进一步指出,"该说(具体的危险说)并未作为判例而成为实务上已经确立的解释,学界也存在有力的反对观点,这是众所周知的事实","对于那些从客观上来看几乎没有发生结果的危险的行为,以本人没有认识到这一点,一般人也无法认识到这一点为理由,换言之,以本人以及被置于该场景之下的一般人认识到存在发生结果的危险为根据,这种行为也会成为处罚的对象,这简直就是与对法益的侵害

---

[1] 参见福冈地判平成28年9月12日刑集71卷10号551页。
[2] 参见福冈高判平成29年5月31日刑集71卷10号562页。
[3] 作为本案之上告审的最高裁判所平成29年(2017年)12月11日决定没有谈及不能犯的问题。参见最决平成29年12月11日刑集71卷10号535页[参见本书第十八章之六(六)]。
[4] 参见大阪高判平成29年10月10日 LEX/DB25561419。

或者侵害的危险性毫无关系，对于那些能认定为行为人之犯罪意图的表现的行为，以该意图本身的危险性为根据进行处罚。这种结论显然是不妥当的。可以认为，这一点显示了仅仅以一般人能够认识到的情况以及本人特别认识到的情况为基础，舍去其他一切情况来判断行为之危险性的做法的局限。"作为针对具体的危险说的本质性批判，该判决值得关注。

第十六章 中止犯

一、含义与效果

所谓"中止犯"或者"中止未遂",是指虽然已经着手实行,但"基于自己的意思中止犯罪的"情形(第43条但书)。例如,〔案例1〕X用枪瞄准A,且手指已经放在手枪的扳机上,但看到A哀求救命,心生不忍,遂放弃扣动扳机的(着手中止);〔案例2〕X向A开枪,致A重伤濒临死亡,看到A流血不止顿时醒悟,自己驾车送A去医院,结果A得以挽回性命的(实行中止)。这两种情形就属于中止未遂。因外部障碍而未能达到既遂的,属于"障碍未遂",其法律效果限于刑罚的任意性减轻(第43条正文),与此相反,中止未遂的效果是刑罚的必要性减轻或者免除。*

对于中止犯受到如此"优待"的根据,存在刑事政策说与法律说之间的对立:刑事政策说认为,其根据在于与犯罪的实质本身无关的政策性理由;法律说则从犯罪论上的评价来寻求根据,法律说还可进一步分为违法减少说与责任减少说。

二、刑罚减免根据

(一)刑事政策说

刑事政策说(奖励说[1])认为,"优待"中止犯的根据在于,对于已着手实行者,通过给予刑罚的必要性减免这一恩典,让其产生中止犯罪的动机,从而防止法益侵害于未然。该说的特征在于:①将中止犯的刑罚减免根据与

---

* 值得注意的是,日本刑法中的未遂犯包括中止未遂与障碍未遂,因而有别于我国刑法,日本刑法中的中止犯并非与预备犯、未遂犯、既遂犯相并列的独立的犯罪停止形态,而仅为未遂犯中的一种形式,属于未遂犯的下位概念。——译者注

〔1〕参见中野次雄『刑法総論概要』(成文堂1997年第3版補正版)131頁。

犯罪的成立要件分离开来，从刑事政策中寻求理由；②该说关注的是中止行为，其有别于作为未遂犯之处罚基础的实行行为；③作为这种"刑事政策"的内容，其设想的政策是像心理强制说或者消极的一般预防论那样，从利害打算的方面作用于行为人的心理，从而诱导行为人实施中止行为。[1][2]

对于刑事政策说，批判意见指出，多数国民并不知晓中止犯的减免规定，其效果也不是不处罚而是止于刑罚的必要性减免，因而奖励中止的效果有限。但是，正如不能因为一般国民不知道各个具体的处罚规定，就否定刑罚的犯罪抑制效果那样，即便国民不知晓有关中止犯的法律规定，如果大概知道会宽大处理中止犯，就不能否定由减免刑罚所产生的奖励效果；而且，作为中止犯之效果的刑罚的必要性减免，通过保证科以轻于既遂犯的处断刑，能避免出现"与中止犯罪相比，干到最后反而更有利"的这种情况，能让行为人对免除刑罚抱有"期待"。对于刑事政策说，毋宁说，其问题在于，将属于中止犯规定之立法背景的"刑事政策"的内容转化为"中止的奖励"，这究竟是否合适？除此之外，对于刑事政策说，批判意见还指出，政策说本身并不存在究竟是减轻刑罚还是免除刑罚的选择标准；如果满足于基于刑事政策性理由的解释，这无异于对刑法理论的放弃。刑罚，是实现一般预防、特殊预防这种刑事政策的手段，作为刑罚之对象的犯罪是通过违法、责任这种形式而得以理论化的。这样的话，即便中止犯的刑罚减免根据最终仍在于刑事政策的目的，还是应该尽可能地从刑法理论的视角来解释作为刑罚减免之对象的中止犯的法律性质。

(二) 法律说

有别于刑事政策说，法律说的做法是，①把中止犯的减免根据与犯罪的成立要件联系在一起；并且，②与作为未遂犯之处罚基础的实行行为相关联，来把握中止行为的含义。

其中，虽同样是违法减少说，根据论者本身所持的违法观，其具体内容

---

[1] 除了提供走向中止行为的新的动机这种积极的刑事政策说之外，还可能存在消极的刑事政策说：与预告针对未遂犯的重罚相比，避免断掉行为人的退路［铃木一永「中止犯の根拠論について」『早稲田法学会誌』66卷2号（2016年）272頁］。并且，如果将中止犯中的刑罚减免根据视为有关刑罚的积极的一般预防论的对立面（逆向效果），就能够想到，对于任意的中止行为给予恩典，还会带来人们的法益尊重意识的维持与提高的效果。

[2] 参见野澤充『中止犯の理論的構造』（成文堂2012年）390頁以下。

不尽相同：①规范违反说认为，在中止犯中，通过撤回反规范的态度，并表明合规范的态度，可减弱行为的规范违反性的程度；[1]相反，②法益侵害说则认为，违法性减少的理由在于，在中止犯中，放弃了作为主观的违法要素的未遂犯的故意，或者自己实施了防止结果发生的行为，消灭了法益侵害的危险。[2]

对于违法减少说的批判在于：其一，已经过去的事实无法改变，认为在实行着手的时点已经实际存在的违法性会事后减少，这种思维不符合逻辑；其二，在未达到法益侵害这一点上，中止未遂与障碍未遂是相同的，中止犯即便与既遂犯相比减少了违法，但不能说，与障碍未遂相比也减少了违法；其三，如果以共犯的限制从属说［本书第十七章之一（二）］为前提，违法性的减少理应具有连带作用，这与刑罚减免的效果不及于其他共犯（即中止效果的一身专属性）是矛盾的。

同样，根据对责任的本质的不同理解，责任减少说也存在各种观点：①在认为责任的本质在于行为人的反社会性的社会责任论看来，任意的中止反映了行为人的反社会性的轻微，由此能认定其改善的必要性的降低；[3]②在认为责任的基础在于行为人人格的人格责任论看来，自发的中止所显示的积极的人格态度，降低了作为针对行为人人格的非难的责任；[4]③现在，责任减少说的主流观点基于规范的责任论的视角认为，在中止犯中，行为人自己觉醒了自己的规范意识，从而减轻了责任非难的程度。[5]④另外，可罚的责任减少说从可罚的责任论的视角认为，在中止犯中，除了非难可能性的减少之外，运用刑罚进行特殊预防的必要性以及进行事后处理的必要性这一意义上的要罚性也已经降低。[6]

---

[1] 参见大谷實『刑法講義總論』（成文堂2019年新版第5版）383頁；西原春夫『犯罪總論』（上卷·改訂版）（成文堂1993年）333頁。还有观点认为，是因基于犯罪中止义务、结果避免义务之履行的行为无价值的降低，为违法减少提供根据，参见野村稔『刑法總論』（成文堂1998年補訂版）357頁以下。

[2] 参见平野龍一『刑法總論Ⅱ』（有斐閣1975年）334頁。

[3] 参见牧野英一『刑法總論下卷）』（有斐閣1959年全訂版）634頁。

[4] 参见団藤重光『刑法綱要總論』（創文社1990年第3版）362頁。

[5] 参见内藤謙『刑法講義總論（下）Ⅱ』（有斐閣2002年）1287頁。

[6] 参见浅田和茂『刑法總論』（成文堂2019年第2版）403頁；山中敬一『刑法總論』（成文堂2015年第3版）806頁。另有学者从统合规范的责任与可罚的责任的视角主张，从运用刑罚来恢复法益尊重意识的必要性的降低可以推导出责任的减少，参见曾根威彦、松原芳博編『重点課題 刑法總論』（成文堂2008年）204頁以下〔二本柳誠〕。

对于责任减少说的批判在于：其一，按照责任减少说，只要存在基于规范意识的中止行为，即便发生了既遂结果，也理应成为刑罚减免的对象，[1]但这种结论有违现行法的规定即中止犯属于未遂犯的一种类型；其二，要减少责任，只有内心的规范意识才是重要的，这样的话，外部的中止行为就失去了意义；其三，能减少责任的情形，势必应限于那些基于在规范上值得肯定的动机（如出于悔悟等）而放弃犯罪的情形，但法律的表述本身并无此要求，因而会不当地限制中止犯的成立范围。其四，上述针对违法性减少说的批判不可能改变已经过去的事实。这也同样适用于责任减少说，理由在于，由于非难可能性这一评价出现在前面，与违法性相比，对于责任的事后变更的抵触感相对要轻，然而，为未遂犯的责任评价奠定基础的事实是未遂成立时点的心理状态以及附随状况，明明这种事实本身并无变化，却改变了针对这种事实的评价，这并不合理。

除此之外，还有其他观点：从违法减少与责任减少这两个方面将中止犯的效果予以正当化的违法与责任减少说；[2]立足于法律说中的某一立场，同时补充性地援用刑事政策说的观点的并用说。[3]但是，这些观点相互之间的关系未必明确。*

不过，一直以来，法律说多未谈及中止犯规定的政策性目的。** 其理由可能在于，一直以来，法律说属于刑事政策说的对立学说；而且，法律说考虑的刑罚观是以报应为基础的刑罚观。但是，正如以社会责任论为基础的责任减少说以及可罚的责任减少说所显示的那样，如果采用目的刑论，并且以将刑罚目的观反映于犯罪论的立场为前提，一定的政策性目的也理应内在于法律说之中。想必可以说，这种政策性目的的内容最终可以还原于有关未遂犯

---

[1] 承认这种归结者，参见香川達夫『中止未遂の法的性格』（有斐閣 1963 年）122 頁以下。对于虽然做出了真挚的努力但仍然发生了结果的情形，有观点主张在减轻刑罚的限度内类推适用第 43 条但书［参见川端博『刑法総論講義』（成文堂 2013 年第 3 版）501 頁］。

[2] 参见井田良『講義刑法学・総論』（有斐閣 2018 年第 2 版）465 頁；佐伯仁志『刑法総論の考え方・楽しみ方』（有斐閣 2013 年）358 頁；川端博『刑法総論講義』（成文堂 2013 年第 3 版）496 頁。

[3] 参见藤木英雄『刑法講義総論』（弘文堂 1975 年）262 頁；大塚仁『刑法概説　総論』（有斐閣 2008 年第 4 版）257 頁；佐久間修『刑法総論』（成文堂 2009 年）334 頁；日高義博『刑法総論』（成文堂 2015 年）427 頁。

* 也就是说，违法性减少说与责任减少说之间的关系，违法性减少或者责任减少说与刑事政策说之间的关系并不明确。——译者注

** 除了援用奖励政策的并用说之外。——译者注

处罚的必要性或者相当性的考量之中。

（三）逆向理论

近年来，从作为刑事政策说之前提的中止奖励这一目的出发，将中止犯视为"犯罪"之反动（对立面）的"逆向理论"[1]正日趋有力。该理论的主要内容如下：其一，针对中止犯的效果，就是针对犯罪的效果的反动。亦即，刑法的处罚规定是通过刑罚这种不利益（negative sanction）来抑制犯罪，中止犯的规定则是通过减免刑罚这种利益（positive sanction）来奖励犯罪的中止。其二，针对中止犯的评价，就是针对犯罪的评价的"反动"。*针对犯罪的实质性评价，由针对法益侵害的无价值评价（违法），以及针对指向这种法益侵害的意思决定的非难（责任）这两个部分组成，与之相对应，针对中止犯的评价，则是由针对避免法益侵害的有价值评价（逆违法），以及针对指向这种避免法益侵害的意思决定的褒奖（逆责任）这两个部分组成。其三，中止行为（广义）的结构也是犯罪行为的结构的反动或者逆向。具体而言，犯罪构成要件由犯罪结果、实行行为、二者之间的因果关系组成，与之相对应，中止的构成要件（中止犯的客观成立要件）则由既遂结果的不发生（中止结果）、中止行为（狭义）、二者之间的因果关系组成。而且，在中止犯中，作为故意的反动，还以中止意思为必要。由此可见，"逆向理论"一方面贯彻了关注中止行为本身这种刑事政策说的分析性思考，另一方面通过将中止犯视为犯罪的反动，从而将犯罪论的知识运用于解决中止犯的问题，对中止犯的理论化做出了重大贡献。从与犯罪论的这种对应关系来看，"逆向理论"虽然是以刑事政策说为出发点，仍可被谓为相当于此前的违法减少说或者违法・责任减少说。[2]

（四）探讨

刑法的目的在于保护法益，因此也应该从保护法益的视角来探求中止犯的刑罚减免根据。但是，法益保护的视角，并不仅限于考虑刑事政策说或者

---

[1] 该理论的先驱性学者是平野龙一，参见平野龍一『犯罪論の諸問題（上）総論』（有斐閣 1981 年）146 頁以下。近来，进一步倡导该理论的学者，参见塩见淳「中止行為の構造」『中山研一先生古稀祝賀論文集（3）』（成文堂 1997 年）247 頁以下；井田良『刑法総論の理論構造』（成文堂 2005 年）281 頁以下；和田俊憲「中止犯論」『刑法雑誌』42 巻 3 号（2003 年）283 頁以下。

＊ 也就是针对犯罪的评价的相反评价。——译者注

[2] 参见平野龍一『刑法総論Ⅱ』（有斐閣 1975 年）333 頁；山口厚『刑法総論』（有斐閣 2016 年第 3 版）295 頁。

"逆向理论"对中止的奖励。中止犯的恩典，是减免属于中止之对象的未遂犯的刑罚，不包括减免其他犯罪的刑罚，或者给予中止人以奖金。这一点显示出，任意的中止行为都降低了该未遂犯的要罚性与当罚性。亦即，对于任意（基于自己的意思）实施了中止行为的人，根据其法益敌对态度的消灭，降低了改善或者教育的必要性，同时也降低了防止一般人法益尊重意思的降低这一意义上的一般预防的必要性，因而可以认为，降低了该未遂行为的要罚性（刑罚目的说[1]）。奖励说这一意义上的刑事政策说，以以下对立模式为前提：宁愿牺牲通过处罚该未遂犯而可以达到的预防犯罪的效果，也要通过减免刑罚而追求奖励中止这种特殊效果。反之，刑罚目的说则认为，通过处罚未遂犯以预防犯罪的必要性本身已经降低。

不过，虽以未遂犯的要罚性的降低为前提，但为了奖励中止，是否允许进一步减免刑罚呢？通说认为，正如杀人罪的中止犯已经造成了伤害罪的结果的情形那样，在作为中止之对象的未遂犯中已经包括了其他犯罪的既遂犯的场合，尽管存在其他犯罪的既遂结果，作为中止犯的效果，仍然允许宣告轻于该既遂犯的刑罚，甚至免除其刑罚。这种针对内含既遂犯的情形的处理，显然已经超出了行为的要罚性的降低的效果，只有通过减免措施而达到奖励中止这一目的，才能得以正当化。[2]

---

[1] 刑罚目的说中还具体存在关注一般预防的必要性的立场、关注特殊预防的必要性的立场［参见伊東研祐「積極的特別予防と責任避難」『香川達夫博士古稀祝賀・刑事法学の課題と展望』（成文堂1996年）265頁以下］、关注"法的和平"的恢复的立场［参见高橋則夫『規範論と理論刑法学』（成文堂2021年）306頁以下］。还有观点认为，中止犯的刑罚减免根据在于对中止的奖励以及一般预防、特殊预防的必要性的降低［参见城下裕二「中止未遂における必要的減免について」『北大法学論集』36卷4号（1986年）224頁］。另外，将刑罚的减免视为针对中止犯的"回报"的"褒奖说"，也可以被视为以报应刑论为前提的刑罚目的说。
[2] 通说认为，诸如杀人罪的中止之际的伤害或者杀人预备、强制性交罪的中止之际的强制猥亵那样，中止犯的效果及于，与涉及中止的犯罪的未遂犯处于法条竞合或者包括的一罪之关系的其他犯罪；但是，诸如杀人罪的中止之际的侵入住宅那样，中止犯的效果不及于，与涉及中止的犯罪的未遂犯处于科刑上的一罪之关系的其他犯罪。这种中止犯的效果范围也暗示，中止犯中的刑罚减免虽以有关未遂行为的要罚性的降低为主要根据，但也附随地考虑了犯罪中止的奖励效果［参见鈴木一永「中止犯における内含既遂犯について」『曽根威彦先生・田口守一先生古稀祝賀論文集（上）』（成文堂2014年）760頁以下］。另外，对于这种中止犯中内含诉因的情形，能否允许检察官仅以内含于中止犯之中的他罪作为诉因进行起诉呢？而且，在存在这种诉因的场合，法官能否为了能作为中止犯减免刑罚而命令检察官将诉因变更至重罪的未遂呢？对于这些问题，想必都可予以肯定。

377　基于应目的合理地构建犯罪论的立场，中止犯中的要罚性的降低，也最好能够反映于犯罪论之中。但是，未遂犯的犯罪性被其后的中止行为溯及性地改变，正如刑事政策说指出的那样，这种观点不符合逻辑。为此，部分持责任减少说的论者做出的解释是，行为人的责任自始便很轻微，这一点已被中止行为所证明。〔1〕但是，姑且不论这种"表征说"与近代学派的犯罪表征说具有亲和性，至少在这种观点伴有大量的虚构（假设）这一点上，就难以得到支持。毋宁说，应该这样来理解：在着手实行之后，发生法益侵害之前的"浮动状态"下，通过自己的行为避免了法益侵害的，就应该将指向法益侵害的实行行为与指向避免侵害的中止行为综合起来，认为（由实行行为与中止行为组成的）作为一个整体的未遂犯的违法性与责任已经减少。〔2〕一般而言，在指向一个法益侵害实施了数个行为的场合，这些行为构成包括的一罪，对各个行为的违法与责任应进行统一的评价。*如同该情形那样，指向一个法益侵害的行为与指向避免该法益侵害的行为，也应服从于整体性评价，两者的违法与责任也完全有可能"相互抵消"。的确，与个别的实行行为相比，这种综合性评价扩大了评价对象的范围，〔3〕但与包括的一罪一样，仍然属于犯罪论领域之内的问题。〔4〕原本来说，有别于实行行为而被另外想到的

378　中止行为，其本身属于消除结果发生之危险的行为，这一点是"一体化（评

---

〔1〕　参见浅田和茂『刑法総論』（成文堂2019年第2版）403頁；曽根威彦・松原芳博編『重点課題　刑法総論』（成文堂2008年）206頁〔二本柳誠〕。

〔2〕　参见金澤真理『中止未遂の本質』（成文堂2006年）91頁以下。另外，有观点以由伤害结果的恶化、伤害的发展而引起死亡的情形下实行行为之后的违法性、责任的流动性、变动性为例，来论述对实行行为与中止行为的整体性评价〔参见関哲夫「障害未遂・中止未遂における点と線・試論」『曽根威彦先生・田口守一先生古稀祝賀論文集（上）』（成文堂2014年）760頁以下〕。

　*　不再单独评价各个行为的违法与责任。——译者注

〔3〕　有观点基于这一点，虽原则上立足于法律说，但将刑罚的减免根据定位于量刑责任的阶段〔参见西田典之（橋爪隆補訂）『刑法総論』（弘文堂2019年第3版）338-339頁；鈴木一永「中止犯の根拠論について」『早稻田法学会誌』66巻2号（2016年）295頁以下〕，或者与违法相关联的可罚性减少事由〔参见高橋則夫『刑法総論』（成文堂2018年第4版）420頁〕。

〔4〕　即便是刑事政策说（"逆向理论"），在决定究竟是减轻刑罚还是免除刑罚，以及具体量刑之际，也不可避免地要对实行行为与中止行为进行综合性评价。如果该说是在刑罚论的阶段进行这种综合性评价，可以说，该说与正文所述意义上的违法・责任减少说之间的差异，就在于究竟是在刑罚论还是在犯罪论中进行这种综合评价。

价)"的前提,因而应该说,就中止犯的探讨而言,"逆向理论"所显现的分析性思考,以及内在于传统的法律说之中的综合性思考都属于不可或缺的视角。

三、中止行为

(一)中止行为的形式

中止犯的第一个要件是"中止犯罪"。中止行为,以消除由实行行为引起的危险为内容。通过自己的行为(中止行为)消除由自己的行为(实行行为)引起的危险,由此减少了作为整体的未遂犯的违法性。[1]

中止行为可以分为两种类型:一是如〔案例1〕那样,只要不作为即放弃实施此后的行为即可的情形;二是如〔案例2〕那样,为了避免结果发生,必须实施积极的作为的情形。学界曾经以实行行为是否实施终了为标准,即根据是在实行行为的终了之前还是终了之后来区分这两种类型。在此前提之下,围绕实行行为的终了,存在主观说与客观说之争。主观说认为,实行行为是否终了取决于行为人当初的计划;客观说则认为,应取决于是否已经实施了可导致结果发生的行为。例如,〔案例3〕原打算开两枪杀死A,开了一枪之后,放弃开第二枪的,[2]按照主观说的观点,由于实行行为尚未终了,即便第一枪击中A,已致A身负重伤濒临死亡,只要采取不作为即放弃开第二枪,就应成立中止犯。但是,就这样置被害人于不顾,不消除有可能发展至死亡的危险,这并没有回应法益保护的要求,不应该认定为中止行为。相反,按照客观说的观点,在〔案例3〕中,发射第一发子弹,实行行为就已经终了,因而以为了避免结果之发生的作为为必要;不过,如果第一发子弹打偏,由于无法设想指向避免结果之发生的作为,* 因而没有成立中止犯的余

---

[1] 这种违法性减少,是通过对引起法益侵害危险的实行行为与消灭危险的中止行为进行综合判断而得出的结论,这种评价当然仅仅一身性地作用于危险消灭这种结果被归属的中止行为人。参见清水一成「中止未遂における『自己ノ意思ニ因り』の意義」『上智法学論集』29卷2=3号(1986年)261頁以下;松本圭史『刑法における正当化と結果帰属』(成文堂2020年)185-186頁。

[2] 不过,本案的旨趣是将行为人认识到可能因第一发子弹而致被害人死亡的情形(打算在两发子弹以内杀死A的情形)包括在内,还是将这种情形排除在外,这一点并不明确。如果是后一旨趣,下面的案件可能更为合适:行为人打算让被害人吸入"氯仿"使之失去意识之后再将其扔入河中淹死,但在让被害人吸入"氯仿"之后放弃了将被害人扔入海中的行为。

* 亦即,由于第一发子弹打偏,法益尚未实际遭受侵害,指向最终结果实际发生的因果进程尚未启动,没有可能实施切断该因果进程、避免结果发生的行为。换言之,既然被害人并未受伤,就无法实施救助被害人避免其死亡的行为。——译者注

地。但是，按照客观说，第一发子弹打中 A 的，反而有成立中止犯的余地，这之间显然有失均衡。

为此，现在的通说观点关注中止行为成为问题的时点的危险的内容。通说认为，若结果的发生取决于行为人此后的行为，只要采取不作为即放弃实施此后的行为即可；反之，指向结果的物理因果进程已经启动的，则以切断此因果进程的作为为必要。按照这种"因果关系切断说"，在〔案例3〕中，如果子弹并未打中 A，只要放弃发射第二发子弹即可；[1]反之，如果子弹打中 A，致 A 重伤濒临死亡的，则必须实施诸如将 A 送往医院让其接受治疗等为了避免结果发生的作为。

例如，〔案例4〕接受 X 之旨意的 Y 出于杀人的犯意，用日本刀砍向 A 的右肩，正打算继续砍第二刀而让 A 彻底断气之际，X 对 Y 说，"可以了！Y，我们走"，让 Y 停止了攻击，并指示 Y 将 A 送往医院。对此，东京高等裁判所昭和 51 年（1976 年）7 月 14 日判决以 "A 所遭受的伤害是右肩部长约 22 厘米的刀伤，该刀伤的深度尚未达到伤及骨头的程度" 为理由，认为该案属于杀人罪的着手未遂的案件，判定成立中止犯。[2]可以说，该判决基本上依据的是因果关系切断说。又如，〔案例5〕X 出于杀人的犯意，用刀砍向 A，致 A 负伤（痊愈需要 2 周时间），此时，因 A 哀求救命，X 遂放弃了杀害行为，并将 A 送往医院。对此，东京高等裁判所昭和 62 年（1987 年）7 月 16 日判决认为，"在最初的一击未能达到杀害目的的场合，显然，像第二击、第三击那样，X 有继续追击的意图……因此，杀人的实行行为尚未终了，本案属于该当于所谓着手未遂的案件"。[3]该判决采取的是主观说的逻辑。本案由于尚未给 A 造成致命的伤害，因而在因果关系切断说看来，也属于能认定为着手中止的案件；而且，由于 X 通过作为方式采取了结果避免措施，因而属于即便构成实行中止也能认定成立中止犯的案件。

---

[1] 如果把发射第一发子弹的行为独立拿出来，针对生命的危险已经因子弹打偏而消灭，原本并无中止的余地。但由于第一发子弹的发射与第二发子弹的发射构成一个杀人罪，只要还有可能发射第二发子弹，就仍然残存针对生命的危险，因此，通过放弃发射第二发子弹，就能肯定消灭了该杀人罪的危险。如果与前述 "内含既遂犯" 的情形相关联进行解释，对此也可以解释为，涉及发射第一发子弹的杀人罪的障碍未遂，属于涉及发射第二发子弹的杀人罪的中止未遂的 "内含未遂犯"。

[2] 参见東京高判昭和 51 年 7 月 14 日判時 834 号 106 頁。

[3] 参见東京高判昭和 62 年 7 月 16 日判時 1247 号 140 頁。

(二) 中止行为与结果防止之间的因果关系

按照"逆向理论",正如在犯罪构成要件中实行行为与结果发生之间必须存在因果关系那样,作为其"反动",在中止的构成要件(中止犯的客观的成立要件)中,中止行为与结果的不发生之间也必须存在因果关系。[1]例如,〔案例6〕X给A注射毒药之后,改变主意将A送往医院抢救,但所注射的毒药尚未达致死量;[2]又如,〔案例7〕X出于杀人犯意用刀刺向A之后,改变主意,用公用电话呼叫救护车,在此期间,A被第三者送往了医院。按照"逆向理论"的观点,在上述案件中,即便X不中止,A也不会死亡,因而不能成立中止犯。"逆向理论"将中止构成要件视为既遂构成要件的"反动",作为其理论背景,存在以下考虑:减免中止犯的刑罚,是为了奖励中止而给予特别的恩典,甚至不惜牺牲通过处罚未遂犯而可以达到的犯罪抑制效果,因此仅限于中止行为是防止结果所不可或缺的情形才能适用。

但是,如上所述,减免中止犯之刑罚的理由首先在于降低了未遂犯本身的要罚性,因而不能对立地把握处罚未遂犯的要求与中止犯中减免刑罚的要求。为此,中止的构成要件,不是既遂的构成要件的"反动",而应该是未遂的构成要件的"反动",只要消除作为未遂犯之违法基础的(以一定程度的抽象化或者假定性置换为前提的)危险,就能认定满足了中止行为(广义)的要件。[3]因此,对〔案例6〕中的X而言,是通过自己的行为消除了针对A的死亡危险,因而应成立中止犯。在〔案例6〕中,如果毒药达到了致死量,反而可成立中止犯,却因为毒药未达致死量而不能成立中止犯,这之间难道

---

[1] 参见西田典之・山口厚・佐伯仁志编『注釈刑法 第1卷 総論』(有斐閣2010年)681頁〔和田俊憲〕;山口厚『刑法総論』(有斐閣2016年第3版)298頁。

[2] 也可以将本案改为着手中止的例子:X想杀害睡眠中的A,在将装有毒药的注射器的针管碰到A的肌肤之时,放弃了将针插入A的肢体。在该案中,放弃注射这种不作为的中止行为与A的死亡结果的未发生之间应该是存在因果关系的。但是,本案中的中止行为不是没有注射,而是放弃了注射没有达到致死量的毒药。那么,即便实施本案注射,终究也不会发生A的死亡结果,因此,即便是在本案中,也应该否定中止行为与结果的未发生之间的因果关系。

[3] 参见平野龍一『犯罪論の諸問題(上)総論』(有斐閣1981年)148頁;佐伯仁志『刑法総論の考え方・楽しみ方』(有斐閣2013年)363頁以下;佐伯仁志「未遂犯論」『法学教室』304号(2006年)133頁以下。相反,也有观点从责任减少的角度为中止行为与结果未发生之间不需要因果关系提供根据[参见曾根威彦『刑法原論』(成文堂2016年)507頁;西田典之(橋爪隆補訂)『刑法総論』(弘文堂2019年第3版)343頁]。不过,针对这种根据的疑问在于,按其逻辑,既遂结果的未发生这种中止结果本身也是不需要的,那么是否是即便〔案例8〕也要成立中止犯呢?

不存在不均衡吗？反之，在〔案例7〕中，由于 X 的行为并未达到消除作为未遂犯之处罚根据的危险的程度，就不能成立中止犯。

再如，〔案例8〕X 向 A 注射了达到致死量的毒药之后，改变主意，将 A 送往医院，但 A 不治身亡。当然，如同〔案例8〕的情形那样，在已经发生了既遂结果的场合，由于未能成功地消除 X 死亡的危险，所以不能成立中止犯。反之，〔案例8'〕A 被送往医院之后，经过抢救，一旦脱离了生命危险，其后却由于意料之外的并发症或者院内感染而死亡的，由于实行行为与既遂结果之间不存在法律的因果关系，属于杀人未遂，而且由于是自己消除了作为未遂犯之处罚根据的危险，最终应成立中止犯。

（三）作为方式的中止与真挚的努力

尤其是因得到他人的帮助而防止了结果发生的场合，对于这种情形下所必要的作为的内容，判例一直要求，存在可以等视于亲自防止了结果的"真挚的努力"。例如，〔案例9〕向建筑物放火之后，因火势凶猛感到恐惧，一边向邻居家大叫"我放火了，请帮忙救火"，一边逃离了现场。对此，大审院昭和12年（1937年）6月25日判决基于并未付出可以等视于犯人自身防止了结果这种程度的努力这一理由，否定成立中止犯。[1] 又如，〔案例10〕X 出于杀人犯意给2岁的男孩 A 服用了安眠药，因 A 开始口吐泡沫，意识到自己闯了大祸，马上报警，在赶到现场的警察的帮助之下，将 A 送往医院接受治疗。对此，东京地方裁判所昭和37年（1962年）3月17日判决认为，"在当时的紧急状况之下，该处置是 X 所能采取的最为妥当的善后处理"，"就 X 而言，为了防止发生 A 的死亡结果，已经付出了足以等视于 X 自身防止了结果这种程度的真挚的努力"，从而判定成立中止犯。[2] 相反，〔案例11〕X 出于杀人犯意致 A 重伤，然后自己开车将 A 送往医院，并交给医生处理，但谎称自己不是凶手，还实施了将凶器扔入河中等隐匿罪证的行为。对此，大阪高等裁判所昭和44年（1969年）10月17日判决认为，"并未向该医院的医生讲明自己就是犯人，也未讲明何时、何地、用什么凶器如何刺杀了被害人，也未约定由自己来承担医生的手术、治疗等费用，因而难言为了救助采取了

---

〔1〕 参见大判昭和12年6月25日刑集16卷998頁。

〔2〕 参见東京地判昭和37年3月17日下刑集4卷3=4号224頁。

万全之策"，进而判定不成立中止犯。[1]

的确，在得到他人帮助的情形下，要将危险的消除作为自己行为的结果而归属于行为人本人，就必须实施与消除危险相适应的积极行动。[2][3]从消除危险的适当性与相当性的角度来看，〔案例9〕与〔案例10〕的结论是能得以正当化的。但是，"真挚的努力"这种要求，可能包含着超出上述程度的纯伦理性的要求，在这一点上，从违法性减少的角度自不必说，就是从责任减少的角度，也不能予以支持。在〔案例11〕中，明明能够认定存在与〔案例10〕同等程度的、适于消除危险的作为，却以没有汇报自己的犯罪行为为理由否定成立中止犯，难道没有混淆中止犯与自首（第42条第1款）的制度宗旨吗？

四、任意性

（一）学说概述

中止犯的第二个要件是，"基于自己的意思"中止了犯罪。出于自己的意思中止了法益侵害行为的，作为整体的未遂行为的责任得以减轻。关于"任意性"的标准，存在主观说（心理的主观说）、客观说、限定主观说（规范的主观说）之间的对立。

主观说，[4]以对外部障碍的认识是否对行为人的意思造成了强制性影响作为任意性的判断标准，主张在"如果想实施本可实施但没有实施的场合"（即"能犯而不欲"）为中止犯，在"即便想实施也无法实施的场合"（即"欲犯而不能"）为障碍未遂（"Frank公式"）。* 具体而言，首先，出于只要还有可能继续实施行为，奖励中止就是必要且有效的这一理由，该说为刑

---

[1] 参见大阪高判昭和44年10月17日判夕244号290页。
[2] 也有判例作为"真挚的努力"的替代，要求"出于消除创造的危险、防止结果发生的意思，为此采取必要且适当的措施"，参见札幌高判平成30年10月1日（判例集未刊登）［针对该判例的评析，参见金澤真理「判批」『立命館法学』385号（2019年）360页以下］。
[3] 和田俊宪以"逆向理论"为前提，要求中止行为具有"正犯性"。参见和田俊憲「未遂犯」『法律時報』81卷6号（2009年）34页。
[4] 参见浅田和茂『刑法総論』（成文堂2019年第2版）405页；曽根威彦『刑法原論』（成文堂2016年）508页；高橋則夫『刑法総論』（成文堂2018年第4版）426页；内藤謙『刑法講義総論（下）Ⅱ』（有斐閣2002年）1291页以下；平野龍一『刑法総論Ⅱ』（1975年）334页。

* 在认定"任意性"的诸学说中，主观说是最大限度地承认中止犯成立之可能性的学说。——译者注

事政策说的论者广泛采用；其次，出于属于责任论中的期待可能性的"反动"这一理由，也多受到责任减少说的支持；最后，出于因自发的意思而减少了行为无价值这一理由，还受到违法减少说的部分论者的支持。

客观说主张，[1]比照社会一般观念，看中止犯罪的原因能否认定为继续实施犯罪的障碍，由此来判断有无任意性。该说虽以一般人作为任意性的判断标准，但认为判断对象（中止犯罪的原因）不是外部障碍本身，而是行为人的"表象"或者"动机"。[2]基于违法减少说，作为将违法视为对于指向一般人的规范的违反的归结，可支持该说；即便是持责任减少说，站在认为责任的实质在于罪犯的反社会性的立场，或者站在认为责任的实质在于根据一般人的规范意识所进行的非难的立场，也会支持该说。另外，"不合理决断说"认为，[3]比照"目的合理地实施行动的人的冷静的理性"，凡中止犯罪行为属于不合理的决断的场合，就认定存在任意性。在追求任意性的判断标准的客观化这一点上，也可将"不合理决断说"算作客观说的一种。

限定主观说[4]着眼于发展至中止的动机的性质，该说认为，要认定具有任意性，需要是基于悔悟、同情、怜悯等对于自己行为的否定性价值情感（广义的悔悟）的情形。出于只有规范意识的觉醒才能减少责任非难这种理由，该说受到以道义责任论为前提的责任减少说的支持。

这样，围绕任意性的学说之间的对立，包含两个不同的问题：一是继续实施犯罪的可能性的判断标准；二是是否需要通过行为人的动机来进行限制。

（二）探讨

针对未遂犯的责任非难，指向的是行为人的意思决定，即以法益侵害为目的，有意识地选择了具有产生法益侵害之危险的行为。为了扬弃针对未遂

---

[1] 参见牧野英一『刑法総論（下卷）』（有斐閣1959年全訂版）628頁；前田雅英『刑法の基礎理論』（有斐閣1993年）125頁。

[2] 对于行为人所认识到的障碍给予行为人的动机形成的影响，进行客观评价的观点［香川達夫『刑法講義　総論』（成文堂1995年第3版）310頁］，又被特别称为"折中说"或者"主观的客观说"。

[3] 参见山中敬一『刑法総論』（成文堂2015年第3版）825頁。

[4] 参见佐伯千仭『刑法講義　総論』（有斐閣1981年4訂版）323頁；中山研一『刑法総論』（成文堂1982年）435頁；西田典之（橋爪隆補訂）『刑法総論』（弘文堂2019年第3版）344頁。还有学者要求，认识到法益的价值，并以此为动机实施中止行为［参见曽根威彦・松原芳博編『重点課題　刑法総論』（成文堂2008年）210頁〔二本柳誠〕］。

犯的这种责任非难，行为人也必须存在相应的意思决定，即以避免法益侵害为目的，有意识地选择消除该危险之行为。[1]

要认定存在这种意思决定，首先，行为人必须认识到，是通过自己的作为或者不作为，消除已经发生的危险。例如，〔案例12〕X在放火之后，为了增强火势，误以为装在聚乙烯罐内的水是汽油而泼向火苗，但出乎其意料将火浇灭了；〔案例13〕X向A开枪，第一发子弹打偏，但X误以为击中了A，于是不再发射第二发子弹，离开了现场。在这两个案件中，尽管X客观上是因自己的作为或者不作为消除了危险，但由于X不存在消除危险的认识，因而不值得减轻其责任。如果让中止行为、任意性分别与违法减少、责任减少相对应，那么只要将故意定位于责任要素，对于也可谓为"故意的'反动'"的对消除危险的认识，原则上就应该属于任意性的要件。不过，在〔案例13〕中也可以认为，原本就不存在中止的前提即发射第二发子弹的危险，因而应否定中止行为的存在。

其次，要认定存在为责任减少奠定基础的意思决定，就必须可谓为，中止行为是基于行为人的自由选择。这种狭义的任意性，是以行为人的实际心理状态为前提，探究能否谓为"行为人不得不中止"，因而主观说的标准是妥当的。

最后，要认定存在任意性，是否必须达到行为人是基于能被认定为规范意识的觉醒的、积极的动机的程度呢？①不仅是在以法益侵害作为积极动机而实施行为的场合，能认定存在故意责任；②虽认识到法益侵害，却不以此作为反对动机的场合，也能认定存在故意责任〔本书第十二章之一（二）〕。与此相对应，①不仅是以尊重（拥护）法益作为积极动机而实施中止行为的情形，能认定中止犯的责任减少；②认识到法益的保全而实施中止行为，也能认定中止犯的责任减少。[2]为此就可以说，限定主观说以能被认定为规范意识的觉醒的积极动机作为任意性的"必要条件"，这属于过度要求。不过，基于不以这种积极的动机作为任意性之必要条件的主观说的立场，①在以尊

---

[1] 铃木一永认为，中止犯的成立要件是以对结果避免的可能性以及必要性的认识为前提的，作为结果避免意思的"中止意思"〔参见铃木一永「中止意思について」『早稲田大学大学院法研論集』》135号（2010年）108頁以下。

[2] 参见清水一成「中止未遂における『自己ノ意思ニ因リ』の意義」『上智法学論集』29卷2＝3号（1986年）265頁以下。

重法益为动机的场合，作为法益尊重意识的积极的发现，可以直接认定责任的减少，因此，法益尊重意识这一意义上的规范意识的觉醒，在如果能认定这一点就能认定任意性这一意义上，可以说这属于任意性的"充·分·条·件·"。[1]*

例如，[案例14] 出于诈骗目的，X 针对 A 提起了诉讼，但 A 对此感到怀疑，反而对 X 提起了反诉，X 随之撤诉；[2] [案例15] 着手实施强奸，由于对方是熟人，担心罪行败露，遂放弃了强奸。按照上述标准就可以这样处理：这两个案件都是因为认识到有被发觉的具体可能性而被迫实施了中止（放弃了继续犯罪），因而应否定存在任意性。又如，[案例16] 因放火时已经很晚，起火时似乎马上就要天亮，因担心罪行败露而将火扑灭的，担心被发觉，这只是一种抽象的感觉，还不能被谓为不得不中止了犯罪。再如，[案例17] 为了杀害 A，X 用金属球棒击打 A 的头部，看到 A 头部流血、非常痛苦，因感到恐惧与惊愕而放弃了杀害行为的，不应该仅仅以感到恐惧与惊愕这一事实来否定任意性，而是应该具体地判断，对 X 而言是否还存在继续实施犯罪行为的选择余地。

另外，[案例18] 出于窃取现金的目的，在女性住宅的衣柜内物色目的物，虽然有女性的内衣等，但并无现金，最终什么也没有偷。在这种因行为人的目的无法达到而中止的情形下，危险（法益侵害的危险）根本没有及于未包含在当初的目的之内的对象（女性的内衣等），因而可以否定存在中止行

---

[1] 松宫孝明认为，若能认定存在广义的悔悟，原则上应免除其刑。参见松宫孝明『刑法総論講義』（成文堂 2018 年第 5 版補訂版）248 頁。

* 与二元的违法论者相比，结果无价值论者相对"轻视"甚至有意淡化"任意性"在中止犯认定中的作用，对"任意性"的认定也相对宽松。持结果无价值论的本书作者的本意可能在于，既然故意责任包括积极追求法益侵害结果的意思以及容认法益侵害结果发生的意思这两种类型（大致相当于我国刑法语境下的直接故意与间接故意），那么，分别与这两种故意类型相对应，要减少故意责任，实施中止行为之时，行为人主观上既可以是"出于尊重法益的动机"，也可以仅仅是"认识到法益的保全"，这二者均可以认定为存在"任意性"。其中，前者属于认定"任意性"的"充分条件"（但并非"必要条件"），只要是"出于尊重法益的动机"而实施了中止行为，就可以直接认定存在"任意性"。但认定存在"任意性"，并不必然要求"以规范意识的觉醒作为动机"，即便并无规范意思的觉醒，即便不是"出于尊重法益的动机"，但只要是认识到自己的行为有可能保全法益而实施了中止行为，也无碍于肯定"任意性"。——译者注

[2] 参见大判大正 11 年 12 月 13 日刑集 1 卷 749 頁。

为。[1]不过，〔案例18'〕出于窃取女性内衣的目的，在女性住宅的衣柜内物色目的物，虽然有现金，但并未找到（行为人本欲窃取的）女性内衣，最终什么也没有偷的，情况则有所不同。从现金的通用性来看，能够想到行为人很有可能会就此改变当初的计划（存在高度的盖然性），因而可以说危险也已经及于现金，可肯定存在中止行为；并且，对行为人而言，当时仍然存在是否盗取现金的选择余地，也可肯定存在任意性。

大审院与最高裁判所的判例态度更倾向于客观说，对于下述案件均否定具有任意性：例如，对于〔案例16〕，大审院昭和12年（1937年）9月21日判决认为，"担心罪行败露，这属于在经验上一般足以妨碍犯罪之实施的情况"；[2]又如，被告人着手实施强制性交，将手指插入被害人阴部，发现手指上沾有血迹，非常惊讶而放弃了犯罪的，最高裁判所昭和24年（1949年）7月9日判决认为，那种情况作为使得行为人放弃实施强制性交的障碍，"不能说没有客观性"；[3]＊再如，对于〔案例17〕，最高裁判所昭和32年（1957年）9月10日决定认为，"是基于具有足以阻碍犯罪完成之性质的障碍"。[2]当然，这些判决是为了认定行为人之内心状态，而就经验法则与间接事实所进行的说明，对此也可以认为，判例观点与主观说并不矛盾。[3]

相反，在下级裁判所肯定成立中止犯的判例中，不少判例提到了能认定行为人有反省或悔悟之意。[4]例如，〔案例19〕出于未必的故意，用刀刺向A的颈部，看到涌出大量的血，非常惊愕，同时也意识到闯了大祸，马上呼叫救护车的，福冈高等裁判所昭和61年（1986年）3月6日判决认为，"'意

---

[1] 参见佐伯仁志『刑法総論の考え方・楽しみ方』（有斐閣2013年）361頁；佐伯仁志「未遂犯論」『法学教室』304号（2006年）132頁。
[2] 参见大判昭和12年9月21日刑集16卷1303頁。
[3] 参见最判昭和24年7月9日刑集3卷8号1174頁。
　＊ 在该案中，如果对（此前无性经验的）行为人而言，不存在继续实施犯罪这种选项的，按照本书作者的观点，也可以被认定为不具有任意性。——译者注
[2] 参见最决昭和32年9月10日刑集11卷9号2202頁。
[3] 参见佐伯仁志『刑法総論の考え方・楽しみ方』（有斐閣2013年）367頁；佐伯仁志「未遂犯論」『法学教室』304号（2006年）135頁。
[4] 有观点认为，判例考虑的是：①不存在针对犯罪实施的一般性障碍；②中止动机的规范性价值这两种责任减少事由。参见西田典之、山口厚、佐伯仁志编『注釈刑法　第1卷　総論』（有斐閣2010年）698頁〔和田俊憲〕。

识到闯了大祸'这种想法中,夹杂着对于本案犯罪行为的反省、悔悟之情";[1] [案例20] 因 A 提出分手引起争执,X 试图杀死 A,用刀刺向 A 的胸部,A 灵机一动,对 X 说,"我其实真的非常爱你!"恳求 X 将自己送往医院,于是,X 自己驾车将 A 送往医院的,札幌高等裁判所平成13年(2001年)5月10日判决认为,是"加上怜悯 A 的心情"而决定中止犯罪。[2] 这两个判例均肯定存在任意性。由此可见,肯定具有任意性的判例之所以提到悔悟等心情,可能是裁判所采纳了辩护律师有关被告人心情的辩护意见的结果,但这与主张规范意识的觉醒虽然并非任意性的必要条件,却属于任意性的充分条件的观点也是吻合的。[3]

此外,被告人着手实施强制性交之后,因被害人说要报警而中止了强制性交行为的,东京高等裁判所平成19年(2007年)3月6日判决认为,"能够想到,被告人如果就此继续实施犯罪行为,是很容易排除体力上处于劣势的被害人的抵抗而达到所期望的目的的,被告人自己也应该充分地认识到了这一点,尽管可谓为该女的上述言行是契机,但仍然是被告人自己对强行奸淫该女改变了主意。在这种场合,被告人放弃奸淫的主要动机,即便不是出于对该女的怜悯或者真挚的反省,而是不想宁愿被逮捕然后在监狱服刑也要强行继续实施犯罪,对于奸淫,认定被告人是基于自己的意思中止了该行为是妥当的",从而依据主观说肯定了任意性。[4] 尽管作为结论最终否定具有任意性,但有关是否成立杀人、放火之中止犯的案件,大阪地方裁判所平成23年(2011年)3月22日判决向一同参与审判的裁判员解释,本案采取的是主观说的标准,即"如果想实施原本是能够实施的,但没有实施的"是任意,"即便想实施,但没能实施的"则不是任意。[5]

五、预备的中止

〔案例21〕出于抢劫目的,购买凶器之后,走到目标住宅门前,但改变

---

[1] 参见福冈高判昭和61年3月6日高刑集39卷1号1页。
[2] 参见札幌高判平成13年5月10日判夕1089号298页。
[3] 在实际的审判过程中,法庭会要求被告人、辩护人一方提交能够肯定任意性的具体材料(证据),因而在这一点上,限定主观说会朝着肯定成立中止犯的方向发挥作用。
[4] 参见东京高判平成19年3月6日高刑速平成19年139页。
[5] 参见大阪地判平成23年3月22日判夕1361号244页。

主意而折返回去。正如〔案例22〕的情形那样，所谓"预备的中止"，是指实施了一定犯罪的预备者，出于自己的意思放弃继续实行犯罪的情形。

判例一贯认为，"预备罪中并无纳入中止未遂观念的余地"，[1]从而对预备的中止适用或者准用第43条但书规定持否定态度。[2]*的确，第43条正文规定的是未遂犯，第43条但书是紧接在该规定之后的规定，因此不能"适用"于着手之前的预备阶段。而且，如果将预备罪视为独立的犯罪，实施一定的准备行为，预备罪就已经达到既遂，因而也难以设想预备罪存在"中止（犯）"的情形。并且，还有观点提出，从刑事政策说的角度来看，为了避免法益侵害而采取的特别奖励措施，只有在法益侵害的危险已经迫近之时才有采用的必要。

但是，着手实行之后中止的，可以成立中止犯，甚至还有可能免除刑罚；而在着手实行之前中止的，却反而成立中止犯，尤其是对那些并无根据犯罪

---

[1] 参见最大判昭和29年1月20日刑集8卷1号41页。

[2] 对将中止犯规定准用于预备持否定态度的学者，参见中野次雄『刑法総論概要』（成文堂1997年第3版補正版）135頁；西田典之（橋爪隆補訂）『刑法総論』（弘文堂2019年第3版）345頁；山口厚『刑法総論』（有斐閣2016年第3版）303—304頁；西田典之、山口厚、佐伯仁志編『注釈刑法　第1巻　総論』（有斐閣2010年）701頁〔和田俊憲〕，等等。对此持肯定态度的学者，参见浅田和茂『刑法総論』（成文堂2019年第2版）411—412頁；大谷實『刑法講義総論』（成文堂2019年新版第5版）391頁；曽根威彦『刑法原論』（成文堂2016年）513頁；団藤重光『刑法綱要総論』（創文社1990年第3版）367頁注3等。

* 在日本刑法中，由于中止犯是未遂犯的下位概念，中止犯势必仅限于着手实行之后的阶段，事实上，最高裁判所大法庭的判决也持此态度（参见最大判昭和29年1月20日刑集8卷1号41页）。但与判例态度相反，前田雅英与团藤重光、西原春夫、大塚仁、大谷实等人均采取"中止规定准用肯定说"。前田雅英提出了以下理论根据：首先，"司法实务界也将'抢劫预备罪作为抢劫未遂的前置阶段'来把握，尽管'中止规定准用肯定说'在法律适用上或多或少存在不协调的感觉，但为了谋求（结论的）具体的妥当性，我们可以认为，该说属于能被允许的解释"；并且，"从理论上来看，即便是预备罪，只要'自己停止了'，就可以认定责任的减少；从政策性角度来看，预备阶段也具有架设'回归之桥'的意义，因而肯定说是妥当的。只要没有发生结果，就存在给予褒奖的价值"[参见前田雅英『刑法総論講義』（東京大学出版会1998年第3版）170頁以下]。反之，采取"中止规定准用否定说"的西田典之则认为，"确实，如果不肯定预备罪的中止犯，也许会出现将犯罪进行到未遂之后再中止反而更有利这种不合理的情况。但是，预备阶段的法益侵害的危险，尚未达到未遂犯那种程度的紧迫性；而且，在认为第43条但书的中止犯终究只是未遂犯已经成立这一前提下的法定量刑事由的本书看来，没有必要就预备罪也准用中止犯规定。事实上，判例也认为'预备罪中并无容纳中止未遂这一观念的余地'，一贯对预备罪准用中止犯规定持否定态度"[参见［日］西田典之：《日本刑法总论》（第2版），王昭武、刘明祥译，法律出版社2013年版，第289页]。——译者注

情节可以免除刑罚这种规定的抢劫预备罪等犯罪而言，就完全不存在免除刑罚的余地，这显然有失均衡。[1]*如果将预备理解为，与未遂一样，属于达到既遂之前的发展过程中的一个环节，那么预备的中止，就是在达到法益侵害的"路途"上的"浮动状态"之下，撤销犯意、消灭危险的情形。因此，就应该通过对预备的实现与放弃着手实行进行综合评价，认定减少了预备的违法、责任，进而应承认"准用"第43条但书。至于预备的中止的刑罚减免基准，如果只是考虑到刑罚不均衡的问题，似乎应以既遂犯之刑作为减免的基准刑（只有在减轻了既遂犯之刑之后，预备罪的刑罚与之相比仍然还要轻的场合，才适用预备罪之刑）；但是，如果我们关注预备的中止消灭了预备犯罪的危险这一点，似乎更应该以预备罪之刑作为刑罚减免的基准刑。

---

[1] 通说认为，在着手实行之后再中止犯罪的，先行的预备罪作为一种"内含的既遂犯"，不属于独立的处罚对象。反之，植松正则认为，即便是在着手实行之后中止，仍保留有预备罪的罪责［参见植松正『再訂刑法概論Ⅰ総論』（勁草書房1974年）335頁以下］，按照这种观点，就不会出现刑罚的不均衡。

＊ 具体而言，根据"中止规定准用否定说"的观点，在实施抢劫的预备行为之后，行为人"基于自己的意思"中止犯罪，而未着手实行的，应处2年以下惩役（第237条）；相反，行为人完成预备行为之后继续实施犯罪，在着手实行之后再中止的，则至少应获得减轻刑罚，甚至免除刑罚的恩惠，因此，其间明显有失刑罚均衡。——译者注

第十七章　正犯与共犯

一、现行法上的参与类型

（一）四种参与类型

刑法分则的犯罪构成要件，预定的是行为人单独完成犯罪的"单独正犯"。这种单独正犯包括两种情形：其一，〔案例1〕诸如医师X给睡眠之中的患者A注射毒药的情形那样，由行为人亲手实施的"直接正犯"；其二，〔案例2〕诸如医师X就含有毒药这一点对护士Y秘而不宣，指示护士Y向患者A注射的情形那样，虽非行为人亲手实施，但行为人是把他人作为工具加以利用的"间接正犯"。〔案例1〕与〔案例2〕都直接该当于"杀人（杀死他人）"这种杀人罪（《刑法》第199条）的构成要件，两者的法律效果也并无不同。

与此不同，《刑法》第60条规定的是，"二人以上共同实行犯罪的，皆为正犯"。为此，〔案例3〕诸如医师X与护士Y谋议杀害患者A，分别由X压制A的反抗、由Y向A注射毒药的情形那样，X与Y就构成杀人罪的"共同正犯"。就共同正犯而言，只要在法律效果上被认定为正犯，且存在将这一法律效果予以正当化的犯罪实质，就具有作为"正犯"的一面；同时，正如可以通过《刑法》第60条将数人实施犯罪的情形包括在内那样，在修正或者扩张刑法分则的构成要件这一点上，又具有作为"共犯"的一面。如下所述，共同正犯的这种两面性，会影响到对共谋共同正犯的成立与否及其根据、可否适用规定共犯与身份的《刑法》第65条等问题的解释。有时候，也会看到"共同正犯究竟是正犯还是共犯"这种非此即彼式的探讨，毋宁说，在承认共同正犯的两面性的基础上，具体区分究竟是"正犯性"处于支配地位，还是"共犯性"处于支配地位，这样处理更为有效。

《刑法》第61条第1款规定："教唆他人实行犯罪的，处正犯之刑。"这里的"教唆",是指通过意思传达行为[1]使他人决意实施犯罪。该条将刑法分则的"杀人(杀死他人)"这一构成要件修正为"教唆他人使之实施杀人行为"这种"教唆犯的构成要件",扩大了处罚范围。例如,〔案例4〕医师X对与患者A有仇的护士Y耳语说:"我会按照病死来处理,你给他注射毒药怎么样?"在此情形下,根据本条规定,医师X就构成杀人罪的"教唆犯"。[2]尽管本条规定,对于教唆犯应按照与正犯相同的处断刑来予以处罚,但由于《刑法》第64条规定,"仅应判处拘留或者科料之罪的教唆犯和从犯,如果没有特别规定,不处罚",因而可以认为教唆犯属于轻于正犯的犯罪类型。

另外,《刑法》第62条第1款规定:"帮助正犯的,是从犯。"第63条规定:"从犯之刑,按照正犯之刑予以减轻。"这里所谓"帮助",是指使犯罪更容易实现。这些规定也是通过修正刑法分则的构成要件,创造出"帮助犯的构成要件",并确定其处断刑。例如,〔案例5〕在医师X自己向患者A注射毒药而杀害A之际,应X的要求为其准备毒药的护士Y,根据《刑法》第62条之规定,就构成杀人罪的"从犯(帮助犯)"。[3]

(二)教唆犯、从犯的从属性

问题在于,作为教唆犯与从犯(帮助犯)的成立前提,是否以正犯实际实施了实行行为为必要(实行从属性)?学界曾一度立足于将犯罪视为犯罪人之反社会性的表征的近代学派,主张"共犯独立性说",认为只要存在教唆行为或者帮助行为,就应作为教唆犯或者从犯(帮助犯)予以处罚。然而,在值得予以处罚的法益侵害之危险尚未显现于外界的阶段,就认定成立犯罪,

---

[1] 参见佐伯仁志「絶滅危惧種としての教唆犯」『西田典之先生献呈論文集』(有斐閣2017年) 191頁以下。

[2] 教唆"教唆犯"的(间接教唆),与"教唆犯"一样,处以正犯之刑(《刑法》第61条第2款)。并且,判例认为,根据第61条第2款的规定,对于"间接教唆犯",应与"教唆犯"同样对待。因此,教唆"间接教唆犯"的(再间接教唆),也应根据第61条第2款的规定,作为教唆了"教唆犯"的人,处以正犯之刑(参见大判大正11年3月1日刑集1卷99頁)。从后述因果共犯论〔第十八章之一(三)〕的角度来看,只要能谓为以教唆犯为介教唆了正犯,间接教唆犯也属于本来的教唆犯,因此,第61条第2款被认为是注意规定。进一步而言,只要能被谓为以间接教唆犯为介教唆了正犯,再间接教唆犯也相当于本来的教唆犯。

[3] 教唆从犯的,处以从犯之刑(《刑法》第62条第2款)。帮助从犯的(间接帮助),尽管刑法对此并无规定,但在因果共犯论看来,只要能认定以从犯(帮助犯)为介,已经使得正犯更容易地实施犯罪,就应该视为相当于"本来的从犯"(肯定间接帮助犯之可罚性的判例,参见最决昭和44年7月17日刑集23卷8号1061頁)。

不仅属于刑法的过早介入,也不符合行为主义的精神。为此,学界现在一致采取"共犯从属性说",认为只有等到正犯实施了实行行为之后才可以认定成立教唆犯或者从犯。[1]

另一问题是,成立教唆犯与从犯,正犯必须具备何种程度的犯罪成立要件(要素从属性)?由于《刑法》第61条第1款规定的是使之实行"犯罪","极端从属性说"曾一度属于有力学说,认为要成立教唆犯、从犯,正犯必须该当于构成要件、违法且有责。[2]的确,如果正犯实施的不是在法律上应作否定评价的行为,对于教唆、帮助这种行为的,就没有理由予以禁止,因而正犯原则上必须该当于构成要件且具有违法性。但是,责任非难属于个体的或者一身性的问题,正犯是否有责,对教唆犯或从犯的成立与否并不重要。为此,现在的通说采取的是"限制从属性说",认为要成立教唆犯或者帮助犯,正犯必须具有构成要件该当性与违法性。[3]并且,"最小从属性说"也属于有力学说。[4]该说认为,与各参与者所处的利益状况相适应,违法性阻却事由也有可能被相对化,从而仅以正犯的构成要件该当性作为成立教唆犯或者从犯的前提条件。

(三)狭义的正犯、共犯概念与广义的正犯、共犯概念

整理现行法上的上述参与类型,可以归纳如下:正犯有广义与狭义之分,狭义的正犯是指由直接正犯与间接正犯构成的单独正犯,广义的正犯还包括共同正犯;共犯也有广义与狭义之分,狭义的共犯是指教唆犯与从犯,广义的共犯还包括共同正犯。

单独正犯中的间接正犯,在指使(诱导)他人实施犯罪行为这一点上,

---

[1] 在存在处罚预备之规定的犯罪中,当正犯行为达到预备行为的程度之时,就显现了在刑法上具有可罚性的预备的危险,因而应认定教唆者、帮助者成立预备罪的教唆犯或从犯(帮助犯)(第二十章之四)。

[2] 还有学者采取"夸张从属性说",主张彻底贯彻从属性,除了极端从属性说的内容之外,正犯的一身性的加重或减轻事由也连带作用于共犯。

[3] 参见大塚仁『刑法概説 総論』(有斐閣2008年第4版)287頁;団藤重光『刑法綱要総論』(創文社1990年第3版)384頁;福田平『全訂刑法総論』(有斐閣2011年第5版)260頁;町野朔『犯罪総論』(信山社2019年)406頁;山口厚『刑法総論』(有斐閣2016年第3版)327頁等。

[4] 参见大谷實『刑法講義総論』(成文堂2019年新版第5版)407頁;小林憲太郎『刑法総論』(新世社2020年第2版)307頁;西田典之(橋爪隆補訂)『刑法総論』(弘文堂2019年第3版)428頁等。

与教唆犯存在交集；而且，在与他人的行为一起，对法益侵害做贡献这一点上，又与从犯（帮助犯）存在交集。为此，考虑到间接正犯与教唆犯之间的区别，以及共同正犯与从犯（帮助犯）之间的区别的问题，学界一直致力于研究"广义的正犯"与"狭义的共犯"之间的联系与区别。不过，近年来，强调共同正犯的共犯性，将"狭义的正犯"与"广义的共犯"置于对立位置的观点，也日趋有力。现在，正如下述"居酒屋抢劫案"那样，不仅是间接正犯与教唆犯之间的区别，间接正犯与共同正犯之间的区别也成为问题。原本来说，现行刑法规定的不是正犯与共犯这两种参与类型，而是规定了单独正犯、共同正犯、教唆犯以及从犯（帮助犯）这四种参与类型，在各参与类型之间，理应存在六组区别。为此，"正犯与共犯的联系与区别"只是一种大致的问题设定，并不直接关联法律适用。

二、正犯与共犯

（一）正犯与共犯的关系

有关广义的正犯与狭义的共犯之间的关系，存在扩张的正犯概念与限制的正犯概念之间的对立。扩张的正犯概念，以凡对结果具有条件关系的行为全部等价值这种条件说（等价说）为前提，认为直接或者间接地对结果具有条件关系的行为，都是正犯。为此，狭义的共犯就被理解为，不过是由制定法特别限制其可罚性的"处罚限缩事由"。[1]该说的意图在于，填补由采取极端从属性说所产生的处罚漏洞。因为，按照极端从属性说，唆使无刑事责任能力者实施犯罪的，不成立教唆犯。然而，若认为此类行为不可罚，又显然不妥当，于是，在不能成立狭义的共犯的场合，就应回归原则，作为"正犯"来处罚，扩张的正犯概念使这种处理方式成为可能。例如，在〔案例2〕中，由于护士Y不存在杀人罪的故意，医师X无法成立教唆犯，仅以此为理由，就可以通过"排除法"，认定医师X成立间接正犯。由此可见，"间接正犯"这一概念，在这里是作为用于弥补处罚漏洞的"救济概念"而发挥作用的。

然而，如果共犯原本就是正犯，限制其可罚性的理由何在呢？刑法之所

---

〔1〕 相反，不区分参与类型，将所有的参与者均作为正犯予以处罚的立法形式，被称为"统一的正犯体系"。

以将正犯定位于重于共犯的参与类型，正犯就理应存在与被处以不同于共犯的、相对更重的刑罚相适应的实质。而且，从《刑法》第 61 条第 1 款、第 62 条第 1 款分别规定"处以正犯之刑""帮助正犯的"就可看出，刑法是以"正犯"概念作为"共犯"概念的前提。为此，认为正犯概念中存在不依存于共犯概念的、具有积极且限定之实质的"限缩的正犯概念"，[1]就应成为正犯、共犯论的原点。[2]按照这种限缩的正犯概念，是以有无正犯性来划定正犯与共犯的界限的，间接正犯的正犯性，也不是根据前述"排除法"来确定的，而需要予以积极论证。

(二) 主观说

"主观说"认为，正犯性的标准在于"正犯意思"，应根据"正犯意思"的有无来区分广义的正犯与狭义的共犯。与扩张的正犯概念一样，"主观说"也是立足于因果关系论中的条件说，认为凡对结果赋予了条件的行为，在客观上都具有等价值，正犯与共犯的区别只能求之于行为人的主观，因此，为了自己而实施犯罪的是正犯、为了他人而实施犯罪的是共犯。在德国的早期判例中，就有持这种观点的判例。例如，〔案例 6〕姐姐受妹妹之托，杀死了妹妹的私生子，对此，法院以不具有正犯意思为由，判定姐姐仅仅成立从犯（帮助犯）；〔案例 7〕X 根据某国特务机关的指令杀死了流亡者，对此案件，法院以 X 并无将杀人作为自己的犯罪的意愿为理由，判定特务机关干部为（间接）正犯、X 为从犯（帮助犯）。

但是，如果以行为人的正犯意思，尤其是"获取利益的意欲"作为正犯性的积极要件，在所有行为人均是为了他人而参与犯罪的场合，就会出现全体都是从犯（帮助犯）的情况。例如，〔案例 6'〕明明没有受妹妹之托，姐姐却自以为是为妹妹着想，自作主张地杀死了妹妹的私生子；或者，〔案例 8〕纯粹出于利他动机而尝试实施自杀式炸弹袭击的，尽管是犯罪的唯一参与者，也只能是成立从犯（帮助犯）。事实上，犯罪的本质在于侵犯法益而不在于获取利益。因此，作为基本参与类型的正犯的要件，要求参与者具有"获

---

[1] 也有学者不是在正犯与共犯的逻辑关系的层面，而是在正犯的成立范围的宽窄的层面，来把握扩张的正犯概念与限缩的正犯概念之间的对立，（仅）将后述的形式的客观说称为"限缩的正犯概念"。参见大谷實『刑法講義総論』（成文堂 2019 年新版第 5 版）396 頁。

[2] 不过，对限缩的正犯概念不存争议，这仅限于故意的作为犯，而对于过失犯、不作为犯，仍有不少学者是以扩张的正犯概念作为研究前提。

取利益的意欲",无疑属于过度要求。而且,在利益抢劫罪(《刑法》第236条第2款)等"第2款犯罪"中,对于"为使他人获取非法利益者",明文承认其正犯性。主观说也与这种规定不符。为此,在包含间接正犯在内的狭义的正犯领域,主观说已完全失去支持。不过,有关(共谋)共同正犯与从犯之间的区别,不少判例仍然是以"实现自己的犯罪的意思"这一意义上的"正犯意思"作为区别标准,但这些判例是否真正采取的是上述意义上的"主观说",仍有进一步探究的余地〔本章之五(三)〕。

(三)形式的客观说

与主观说相反,形式的客观说从构成要件的概念出发,认为亲自实施构成要件该当行为即实行行为的,就是广义的正犯。如果彻底贯彻这种观点,共谋共同正犯自不必说,间接正犯也会被否定。例如,〔案例9〕母亲X让5岁的儿子Y盗窃商店的东西的,在该案中,实施"窃取"行为的是Y;在〔案例2〕中,实施客观上相当于杀人的行为的是Y,因而均难以认定X具有正犯性。

对此,形式的客观说论者采取的方法是扩大共犯的成立范围:在〔案例9〕中,X成立盗窃罪的教唆犯;在〔案例2〕中,X成立杀人罪的教唆犯、Y属于过失致死罪的正犯。[1]按照限制从属性说或者最小从属性说,成立共犯不以正犯的责任能力为必要,因而认定〔案例9〕中的X成立盗窃罪的教唆犯在逻辑上并无障碍。而且,对于〔案例2〕中正犯与教唆犯的罪名不一致这一点,基于将故意作为责任要素的立场,可以这样来解释:Y的行为该当于杀人罪与过失致死罪所共同的"致死构成要件",X属于针对Y的"致死行为"的教唆犯,然后各人的罪责与各自的责任相适应而被个别化。但是,一般的理解是,"教唆"是指让对方产生故意,针对过失犯的(故意)教唆并非刑法所预定的内容。[2]又如,〔案例2'〕医师X谎称是胰岛素,将含有毒药的注射器交给患者A自己注射的,在这种利用被害人的场合,由于被害人的行为不具有构成要件该当性,只要不彻底贯彻"纯粹惹起说"〔第十八章之

---

[1] 参见佐伯千仞『刑法講義 総論』(有斐閣1981年4訂版)355頁。
[2] 另外,有关从犯(帮助犯),有这样一个判例:在Y因自己服用兴奋剂陷入心神丧失状态而杀害A之际,X将刀递给Y。对此,判例判定Y属于重过失致死罪的正犯,X属于杀人罪的从犯(参见京都地舞鶴支判昭和54年1月24日判時958号137頁)。不过,Y之所以被判定成立重过失致死罪,那是适用原因自由行为法理的结果,因此,该判决认定的是,X成立针对Y的无责任能力状态之下的故意的杀人行为的从犯(帮助犯),其旨趣并不在于一般承认针对过失犯的故意的从犯(帮助犯)。

二（一）〕，认为完全不需要共犯的要素从属性，就难以将利用者认定为教唆犯，要处罚利用者，就只能将其认定为间接正犯。

（四）实质的客观说（规范的障碍说）

实质的客观说[1]将实行行为概念予以实质化，对于含有法益侵害之具体危险的行为，肯定存在正犯性。该说的多数论者认为，仅就间接正犯而言，应根据被引诱者是否属于"规范的障碍"来判断这种危险的有无（规范的障碍说[2]）。按照这种观点，在能够期待被引诱者因具有规范意识而放弃实施违法行为的场合，由于被引诱者的存在本身就会成为危险实现过程中的障碍，因而不能认定引诱行为具有为正犯性奠定基础的法益侵害的危险；反之，在被引诱者出于缺少责任能力等理由而不能成为规范的障碍的场合，由于能认定引诱行为存在引发结果的切实性、自动性，因而能将引诱行为视为实行行为。为此，在〔案例9〕中，由于介入者Y不具有是非辨别能力，因而能认定X属于间接正犯。

但是，在有些情况下，有无规范的障碍与侵犯法益的危险程度之间并无直接关系〔第十五章之二（六）〕。例如，盗窃集团的首脑命令"技术娴熟"的手下实施盗窃的，与〔案例9〕相比，危险程度显然更大。而且，从表面上看，规范的障碍说似乎提供了明确的判断公式，但"规范的障碍"的实质究竟是什么，却很难明确界定。在宽泛地理解"规范的障碍"的论者看来，由于也可以期待对方避免实施过失行为，因而过失行为也属于规范的障碍。[3]按照这种观点，在〔案例2〕中，只要Y不存在过失，X就成立杀人罪的间接正犯；如果Y存在过失，Y的行为就属于规范的障碍，X只能成立杀人罪的教唆犯。相反，规范障碍说的主流观点仅认为有责的故意行为才属于规范的障碍，在〔案例2〕中，即便Y存在过失，也不属于规范的障碍，X

---

[1] 参见大谷實『刑法講義總論』（成文堂2019年新版第5版）397頁；西原春夫『犯罪実行行為論』（成文堂1998年）265頁以下；浅田和茂『刑法總論』（成文堂2019年第2版）445頁；曽根威彦『刑法原論』（成文堂2016年）528頁；中義勝『講述刑法總論』（有斐閣1980年）193、229頁；山中敬一『刑法總論』（成文堂2015年第3版）869頁。

[2] 参见西原春夫『犯罪実行行為論』（成文堂1998年）265頁以下；浅田和茂『刑法總論』（成文堂2019年第2版）445頁；曽根威彦『刑法原論』（成文堂2016年）528頁；中義勝『講述刑法總論』（有斐閣1980年）193、229頁；山中敬一『刑法總論』（成文堂2015年第3版）869頁。

[3] 参见中義勝『刑法總論』（有斐閣1971年）224頁；浅田和茂『刑法總論』（成文堂2019年第2版）446頁。

仍成立杀人罪的间接正犯。

不管如何理解规范的障碍的内容，均难以解释这样一个问题：被引诱者的有责性，原本属于得以非难被引诱者的要件，何以能为引诱者的正犯性奠定基础呢？因而规范的障碍说就存在疑问：只是因为无法追究被引诱者的刑事责任，作为补救之策，才将引诱者认定为间接正犯。而且，从被引诱者的犯罪性的有无、程度，反向推导出引诱者的正犯性，这种思维模式难道不属于将间接正犯视为"救济概念"时代的"残渣余孽"吗？

(五) 溯及禁止论

"溯及禁止论"[1]，将包括共同正犯在内的广义的共犯与狭义的正犯（单独正犯）置于对立位置，认为二者的界限在于有无他人的自律性决定的介入。在其个人领域内发生了结果之时，成立包括间接正犯在内的单独正犯。在达到结果的过程中，介入了被害人或者第三者的自律性行为的，由于该结果发生在该被害人或者第三者的领域，对于此结果，幕后者就不可能成立（间接）正犯。为此，幕后者或者引诱者成立（间接）正犯的情形，主要是诸如〔案例9〕那样，介入者或者被引诱者不具有是非辨别能力，或者诸如〔案例2〕那样，介入者或者被引诱者对于法益侵害结果缺少认识，因而不能进行自律性决定的情形。

这种溯及禁止论，在关注介入者或者被引诱者的状态、属性这一点上，与规范的障碍说是相通的。但溯及禁止论存在以下几点不同于规范的障碍说的特征：对于间接正犯的问题以及因果关系论中的介入因素的问题，在同一框架之内予以把握；不仅是第三者的利用、介入，被害人的利用、介入也被纳入射程（考虑范围）之内；从幕后者或者引诱者的行为的危险性中，将介入者或者被引诱者的自律性分离出来；按照与被害人同意的有效性相同的判断标准，来判断介入者或者被引诱者的自律性。

但是，能否完全根据介入者或者被引诱者的自律性来判断单独正犯的正犯性，仍有进一步探讨的余地。按照溯及禁止论，例如，〔案例10〕Y得知恐怖分子X打算在某地安放炸弹，出于杀死A的意图，在X安放炸弹之前，打

---

[1] 参见島田聰一郎『正犯・共犯論の基礎理論』（東京大学出版会 2002 年版）391 頁。另见島田聰一郎「間接正犯と共同正犯」『神山敏雄先生古稀祝賀論文集（1）』（成文堂 2006 年）447 頁。

电话给 A，约定在爆炸的预定时间到该地点碰头，结果炸死了 A，在该案中，离结果相对更近的 X 成立杀人罪的（单独）正犯，由于介入了 X 的自律性行为，Y 不能构成杀人罪的（单独）正犯，而不过是构成片面的共同正犯或者片面的从犯（帮助犯）。反之，〔案例 10'〕如果在 X 安放了炸弹之后，Y 再打电话给 A 的，结论是 Y 构成杀人罪的（单独）正犯、X 构成片面的共同正犯或者片面的从犯吗？然而，在这两个案件中，应该不存在足以左右结论的不同事实。无论是哪个案件，X 安放炸弹的行为，都是独立于 Y 的单独行为，对利用该行为而引发结果的 Y 而言，如同利用自然力的情形那样，难道不是同样可以认定具有（单独）正犯性吗？[1]在这两个案件中，X 也应成立杀人罪的单独正犯。对于一个结果可能成立数个单独正犯，这一点已经作为"同时犯"而得到广泛承认。[2]不仅是这种情形，在幕后者或者引诱者操控介入者或者被引诱者的行动的通常的间接正犯的案件中，要判断前者的正犯性，不仅要关注后者的属性，还应同时关注两者之间的关系。

（六）行为支配说

"行为支配说"[3]认为，将犯罪实现过程作为一个整体予以支配、控制者，就属于广义的正犯。具体而言，直接正犯是通过支配自己的身体活动，间接正犯是通过支配被引诱者的意思，共同正犯是通过分工协作而形成的功能性行为支配，而控制整个犯罪事实。[4]

---

[1] 在〔案例 10〕〔案例 10'〕中，同样是 Y 利用了 X 安放炸弹的行为这一点，如果将利用他人行为的情形广泛称为"间接正犯"，那么，Y 的利用行为就相当于间接正犯；如果仅仅将操控他人行动的情形称为"间接正犯"，那么，Y 的利用行为就相当于直接正犯。另外，在〔案例 10〕〔案例 10'〕中，Y 利用了被害人 A 的行动这一点相当于利用了被害人的间接正犯。

[2] 相反，高山佳奈子则认为，针对一个结果只能成立一个单独正犯〔参见高山佳奈子「複数行為による事故の正犯性」『三井誠先生古稀祝賀論文集』（有斐閣 2012 年）181 頁以下〕（该论文尽管考虑的是过失犯的问题，但论文中提到，正犯的一个性属于共通于故意犯与过失犯的问题）。但是，既然只能成立一个单独正犯，那么，在〔案例 10〕〔案例 10'〕中，究竟是应该将 X 还是将 Y 认定为杀人罪的正犯呢？想必难以找到合理的判断标准。

[3] 参见橋本正博『「行為支配論」と正犯理論』（有斐閣 2000 年版）159 頁以下；井田良『講義刑法学・総論』（有斐閣 2018 年第 2 版）478 頁以下；伊東研祐『刑法講義総論』（日本評論社 2010 年）384 頁以下；福田平『全訂刑法総論』（有斐閣 2011 年第 5 版）251 頁；西田典之（橋爪隆補訂）『刑法総論』（弘文堂 2019 年第 3 版）351 頁；等等。

[4] "行为支配"这一概念，源于目的行为论。为此，最初的行为支配说，具有很强的以实现意思为核心的主观性质〔参见平場安治『刑法総論講義』（有信堂 1952 年）155 頁〕，但近年的行为支配说多重视对事态进展的客观性的支配。

针对该说的批判在于，"行为支配"这一概念，即便适于说明间接正犯的正犯性，但在共同正犯中，难以认定对其他共同参与者也存在"支配"。为此，有观点将"行为支配"视为仅仅是狭义的正犯的特有性质，而共同正犯作为共犯的一种类型，就在其射程之外。[1]而且，在"精神关系说"[2]看来，立足于精神上的支配性或者对等性立场而参与犯罪之实现者，属于广义的正犯；立足于精神上的从属性立场而参与者属于狭义的共犯。通过让被引诱者按照自己的意思来实施行为这一意义上的行为支配，"精神关系说"也可以为属于狭义的正犯的间接正犯提供理论根据。*

不过，行为支配说中所谓"支配"的对象，不是介入者或者被引诱者的"行为"，而是"犯罪实现过程"。例如，在〔案例10〕中，Y支配的不是X的"行为"，而是支配着实现A之死亡的行为过程。而且，所谓"支配"，是一种可以带有程度之分的概念，在以数人协作行动（协动）为内容的共同正犯之中，与单独正犯相比，各自的支配程度被稀释，想必这也是《刑法》第60条所预定的内容。如果以这种理解为前提，也可以说，共同正犯也是通过对犯罪的实现发挥重要的因果作用，或者通过心理上相互约束，而支配着整个犯罪过程〔本章之四（二）〕。

由上可见，可以从广义上的"行为支配"之中，寻求共通于广义的正犯的性质。由于正犯是亲自支配犯罪的实现过程，因而属于（刑法上）第一性的抑制对象。原本来说，"行为支配"是一种极具概括性的观念，因此，与其说"行为支配"是具体的正犯性"要件"，毋宁说其不过是背后的"指导理念"。而且，在兼有"共犯"性质的共同正犯中，不少场合下，从其共犯性考虑，其处理方式应不同于单独正犯。

---

[1] 参见西田典之（橋爪隆補訂）『刑法総論』（弘文堂2019年第3版）351頁。
[2] 参见林幹人『刑法総論』（東京大学出版会2008年第2版）397頁以下。
* "精神关系说"的基本观点在于，"不同于同时犯，广义的共犯的基本内容在于，通过相互的（或者片面的）意思沟通而实现犯罪。并且，由于在广义的共犯之中存在发挥重大作用者与非发挥重大作用者之别，因而就应以相互之间的意思性的关系或者精神上的关系为标准，来区分正犯与共犯。也就是说，在精神上，立足于支配性或者对等性立场而参与犯罪之实现者属于正犯，立足于从属性立场而参与者属于共犯。换言之，在精神上起主要作用者是正犯，非起主要作用者是共犯"〔林幹人『刑法総論』（東京大学出版会2008年第2版）397頁〕。——译者注

三、间接正犯

（一）含义

由于是直接适用"杀人（杀死他人）"这种刑法分则的构成要件，因而在与直接正犯相同意义上支配着犯罪实现过程的场合，成立间接正犯。这种场合可谓为，行为人完全按照自己的意思利用他人行为引起了结果。

（二）强制性支配*（通过压制意思的支配）

得以肯定上述狭义的正犯性的，首先是强制被害人或者第三者实施法益侵害行为的情形。例如，〔案例11〕X出于骗保的目的，对于一直极度畏惧自己的A，不断通过暴力、胁迫等手段，X反复逼迫其制造交通事故的假象，连人带车一起坠入海中自杀。A想到，自己除了服从X的命令，坠入海中之后再设法逃走之外别无他法，于是连人带车一起坠入海中。对于此案，最高裁判所平成16年（2004年）1月20日决定认为，"X……已经使A陷入除了遵照X的命令，实施连人带车坠入海中的行为之外，其他别无选择这种精神状态之下"，进而判定X成立杀人罪未遂的间接正犯。〔1〕

另外，有观点指出，像本案那样利用被害人的场合，与利用第三者的情形相比，认定间接正犯的标准要更加缓和。〔2〕其理由在于：在利用第三者的场合，被利用者的行为属于违法行为，会成为规范的障碍；而在利用被害人的场合，被利用者的行为属于自伤行为，不会成为规范的障碍。在利用第三者的场合，即便否定成立间接正犯，对利用者也可以作为共同正犯或者教唆犯来处罚；而在利用被害人的场合，除了能认定成立参与自杀罪的场合之外，就没有否定间接正犯的情形的"接受地"*。但是，从行为支配说的视角来看，即便利用被害人与利用第三者这两种类型之间，在心理影响的程度上可能存在事实上的差异，但还是应该认为，认定间接正犯的标准本身是共通的。〔3〕

---

* 亦即，通过强制手段来支配他人。——译者注
〔1〕 参见最决平成16年1月20日刑集58卷1号1页。
〔2〕 参见豊田兼彦「被害者を利用した間接正犯」『刑法雑誌』57卷2号（2018年）146页以下。
* 也就是说，在利用被害人的场合，除了能认定成立参与自杀罪的场合之外，否定成立间接正犯的情形，就不再有栖身之处。——译者注
〔3〕 参见照沼亮介「被害者を利用した間接正犯をめぐる議論」『上智法学論集』63卷3号（2019年）53页以下。

(三) 利用无责任能力者

像〔案例9〕那样，在指使年幼者或者精神障碍者实施法益侵害行为的场合，很多时候可以说，幕后者或者引诱者是完全按照自己的意思利用介入者或者被引诱者，从而引起了结果。按照"规范的障碍说"（该说是从介入者无刑事责任能力这一点推导出幕后者的正犯性），如果从形式上把握规范的障碍，凡利用刑事未成年人的，就一律属于间接正犯；[1]如果从实质上把握规范的障碍，则仅限于利用不具有是非辨别能力者或者不具有行动控制能力者的，才属于间接正犯。[2]然而，在"行为支配说"看来，对幕后者的正犯性而言，介入者有无刑事责任能力即便属于一种重要的判断材料，但也并非决定性标准。因此，在利用刑事未成年人等的场合，除了介入者刑事责任能力的有无及其程度之外，还应一并考虑幕后者与介入者之间的关系、引诱行为的方法等因素，判断是否实际达到了"完全按照自己的意思使之实施行为"的程度。

例如，〔案例12〕X在带12岁的养女Y到四国地区巡礼（朝拜）的过程中，命令Y窃取了现金（"四国巡礼案"），对此，最高裁判所昭和58年（1983年）9月21日决定指出，平时只要Y对X稍有忤逆，X就会用香烟头烫其脸部，或者用高尔夫球棒戳其面孔，在此基础上最高裁判所认为，"能够认定，X利用素来畏惧自己的言行、意思受到自己压制的Y，实施了本案盗窃行为，因此，即便如辩方所述Y具有是非善恶的判断能力，但对X而言，其仍然成立本案盗窃的间接正犯"。[3]可以说，最高裁判所的该决定是通过综合评价以下因素，最终认定X是完全按照自己的意思让Y实施了行为：Y尚未达到缺少是非辨别能力的程度的不成熟、X针对Y的尚未达到完全排除其自由意思的程度的胁迫、X与Y之间的养父女关系、当时处于外出旅行之中。相反，〔案例13〕对于X指示、命令12岁的长子Y在居酒屋抢劫财物的"居酒屋抢劫案"，最高裁判所平成13年（2001年）10月25日决定则认为，"Y具有辨别是非的能力；X的指示、命令并未达到足以压制Y之意思的程度；Y是在基于自己的意思，决意实施本案抢劫，然后再随机应变地处理，并完成了本案抢劫"，因此，X不成立抢劫罪的间接正犯；然而，"X为了获取生活

---

[1] 参见西原春夫『犯罪総論』（下卷・改訂準備版）（成文堂1993年）364頁以下。
[2] 参见曾根威彦『刑法原論』（成文堂2016年）532頁。
[3] 参见最决昭和58年9月21日刑集37卷7号1070页。

费而策划了本案抢劫,向 Y 传授犯罪方法的同时,还提供了犯罪工具,通过此类行为指示、命令 Y 实施本案抢劫,而且,将 Y 抢得的钱财全部收归己有",因此,X 并非抢劫的教唆犯,而是成立抢劫的共同正犯。[1]

(四)利用他人的错误

利用被害人或者第三者的错误的,也可构成间接正犯。首先,像〔案例 2〕〔案例 2'〕那样,利用那些因错误而对法益侵害事实不存在认识者的情形,通常应构成间接正犯。例如,对于让不知情的第三者代为拆解、搬运他人财物的案件,最高裁判所昭和 31 年(1956 年)7 月 3 日决定判定,利用者成立盗窃罪的间接正犯。[2]

反之,对于以下案件,就会出现结论上的不一致。①利用"不同性质的构成要件之间的错误"的情形:〔案例 14〕X 向高度近视的 Y 谎称 A 是人偶而让其开枪射击;②利用"存在重合的构成要件之间的错误"的情形:〔案例 15〕明明是"现住建筑物"*,X 却谎称是"非现住建筑物",而让 Y 向该建筑物放火;③利用"同一构成要件之内的价值或者量的错误"的情形:〔案例 16〕X 谎称 A 的价值昂贵的画作不过是廉价赝品,而让 Y(或者 A)损坏了该画作;④利用"同一构成要件之内的对象的错误"的情形:〔案例 17〕X 得知 Y 打算杀死仇敌 A,向高度近视的 Y 谎称 B 是 A,而让 Y 射杀了 B;[3] ⑤利用"动机的错误"的情形:〔案例 18〕X 向嫉妒心很重的 Y 谎称其妻子与 A 有不正当男女关系,而鼓动 Y 杀死了 A;[4] ⑥利用"违法性的错误"的情形:〔案例 19〕X 欺骗不了解情况的外国人 Y,谎称大麻交易在日本是合法的,让其将大麻走私进口到日本。[5]

按照"规范的障碍说",X 是否成立间接正犯,取决于 Y 是否存在故意责

---

[1] 参见最决平成 13 年 10 月 25 日刑集 55 卷 6 号 519 页。
[2] 参见最决昭和 31 年 7 月 3 日刑集 10 卷 7 号 955 页。
* 即日本《刑法》第 108 条规定的"现在作为居所使用或者现在有人在内的建筑物"。——译者注
[3] 对于利用"对象的错误"的情形,也有学者肯定成立间接正犯。参见高橋则夫『刑法総論』(成文堂 2018 年第 4 版)443 頁。
[4] 对于所谓"假意相约自杀"的案件,最高裁裁判所昭和 33 年(1958 年)11 月 21 日判决(最判昭和 33 年 11 月 21 日刑集 12 卷 15 号 3519 頁)肯定成立杀人罪,可以说,该案对利用被害人的"动机的错误"的情形是肯定成立间接正犯的。
[5] 对于利用"违法性的错误"的情形,也有学者肯定成立间接正犯。参见照沼亮介『体系的共犯論と刑事不法論』(弘文堂 2005 年)102 頁以下。

任。为此,在〔案例14〕、〔案例15〕中,如果认为只要存在某种故意,就存在规范的障碍,那么,就应否定成立间接正犯;但如果认为只有存在该犯罪的故意才能成为规范的障碍,则成立杀人罪、向现住建筑物放火罪的间接正犯。在〔案例16〕〔案例17〕〔案例18〕中,由于能认定 Y 存在故意,因而 X 只能成立教唆犯或者共同正犯(在〔案例16〕中,如果是利用 A 本人,若认为被害人本人不能成为规范的障碍,X 成立间接正犯;若认为被害人本人也能成为规范的障碍,则 X 是不可罚的。在〔案例19〕中,若以"有关违法性错误的限制故意说"或者"责任说"为前提,在 Y 有可能避免违法性错误的场合,X 成立教唆犯或者共同正犯;在 Y 无法避免违法性错误的场合,X 成立间接正犯。

反之,按照"溯及禁止论",Y 是否存在针对法益侵害的自律性的意思决定就成为问题,在 Y 的错误能谓为"有关法益的错误"的场合〔第七章之六(三)〕,X 就成立间接正犯。该说的具体结论很多时候与"规范的障碍说"是重合的,不过在〔案例16〕中,由于 Y 存在"有关法益的错误",X 应成立损坏器物罪的间接正犯。

的确,将幕后者的正犯性之有无与介入者是否存在故意以及同意的有效性挂钩(发生联动),具有有利于标准的明确化、能够活用故意论以及同意论中的相应研究成果等益处。但是,正犯论、故意论、同意论分别是为了解决不同的问题而提出,无法保证其标准一定是一致的。例如,即便是利用了不阻却故意的错误,在行为人亲自欺骗了介入者的场合,只要能高度预见介入者会因该错误而实施行为人所意图的行为,并且,该错误属于介入者实施行为的决定性动机的,限于这种情形,想必就应该存在这样的认定余地:是让介入者完全按照自己的意思实施行为进而引起了结果,属于间接正犯。在介入者的错误并不阻却其故意责任的场合,与幕后者成立间接正犯相并列,介入者也可以成立直接正犯,可以说,两者是可以作为同时犯而并存的。而且,在该场合,幕后者在成立间接正犯的同时,还有可能成立共同正犯或者教唆犯,应将这些犯罪视为法条竞合的关系(第二十一章之二)。

(五)利用有故意的工具

〔案例20〕X 隐瞒使用的目的让 Y 制作了假币,这种利用"无目的的工具"的情形,也属于利用错误的案件,也可认定 X 为间接正犯。伪造货币罪的故意,是指伴有使用之危险的、对伪造的认识,因而本案也可谓为利用

"无故意的工具"的情形，按照"规范的障碍说"，也可毫无障碍地肯定X的正犯性。

〔案例21〕公务员X让妻子Y代收贿赂，对于这种利用"无身份的工具"的情形，通说一直认为，X属于受贿罪的间接正犯，Y属于受贿罪的从犯（帮助犯）。但是，由于介入了对犯罪事实不缺少认识的Y，按照"规范的障碍说"，难以认定X为间接正犯；按照本书观点，只要没有其他特别情况，也难以认定X是让Y完全按照自己的意思实施了行为。为此，"规范的障碍说"的部分论者认为，X、Y分别成立受贿罪的教唆犯、从犯（帮助犯）。但是，"无正犯之共犯"超出了现行刑法的共犯规定，为此还是应该主张，X与Y一同成立受贿罪的（共谋）共同正犯。[1]而且，也许还可以将贿赂的"收受"理解为利益的归属主体所实施的一种观念上的行为，从而将X视为亲自收受了贿赂的直接正犯。[2]

再如，〔案例22〕公司董事X命令下属Y，违反（当时的）《粮食管理法》私自运输了粮食，对于这种利用"有故意的帮助工具"的情形，一直存在下面两种观点之间的对立：①既往的通说认为，X属于间接正犯、Y属于从犯；②另一种观点以存在规范的障碍为理由，主张X、Y分别成立教唆犯、正犯。然而，③原则上还是应该认定由X、Y形成的共同正犯。而且，在本案中，④也可以将X视为作为经济活动之"搬运运输"的主体，认定X、Y分别属于直接正犯、从犯（帮助犯）。对于〔案例22〕，最高裁判所昭和25年（1950年）7月6日判决判定，"不管Y等人是否知情，X的行为均属于搬运运输的实行正犯，这一点没有变化"，[3]可以被视为立足于观点④。

（六）利用他人的合法行为

〔案例23〕X出于伤害A的意图，唆使A殴打Y，作为针对殴打行为的正当防卫，Y对A实施暴力而致A受伤，这就是所谓"利用合法行为"的间接正犯的例子。对此，按照"规范的障碍说"，Y的行为属于合法行为，不能成为规范的障碍，因而X应成立针对A的伤害罪的间接正犯（不过，有将实

---

[1] 参见西田典之（橋爪隆補訂）『刑法総論』（弘文堂2019年第3版）354頁。
[2] 参见松宮孝明『刑法総論講義』（成文堂2018年第5版補訂版）258—259頁。还有学者从认为构成的身份犯（真正的身份犯）的正犯性的标准在于义务违法性的角度主张，具有公务员身份的X属于受贿罪的正犯［参见市川啓『間接正犯と謀議』（成文堂2021年）89頁以下］。
[3] 最判昭和25年7月6日刑集4巻7号1178頁。

施违法的暴力的 A 视为规范的障碍的余地)。但是，在该案中，难以认为 X 是完全按照自己的意思利用了 Y 的行为，因此应该认为，X 的罪责止于，A 对 Y 所实施的暴行罪的教唆犯。

〔案例24〕X 以空运的形式，将大麻从海外寄往自己家，但在海关检查时被发现藏匿了大麻，侦查机关按照"控制下交付"制度（controlled delivery），*让投递员 Y 在侦查机关的监视之下接受"货物"之后，（不动声色地）将"货物"顺利送达 X 家。对此，最高裁判所平成 9 年（1997 年）10 月 30 日决定认为，"Y 的接货与配送，均是按照 X 的要求实施，不能因为说，Y 从侦查机关了解了情况，是根据侦查机关的要求（继续配送），且处于侦查机关的监控之下，就认为其行为丧失了根据 X 的要求而履行承运合同的义务的性质，这无碍于认定，X 等人是按照自己的意愿，将第三者的行为作为实现自己犯罪的工具而加以利用"，进而判定成立走私违禁品罪的既遂。[2]然而，在本案中，被海关发现之前，属于利用无故意的行为，被海关发现之后，则属于利用合法行为。在海关发现之后，Y 是按照侦查机关的指示行事，因而不能谓为完全是按照 X 的意愿行事；也不能说，因为是处于侦查机关的严密监控之下，就不能认定存在法益侵害的具体的危险。因此，还是应该理解为，成立走私违禁品罪的未遂。

除此之外，像〔案例10〕〔案例10'〕那样，对于如同利用自然力那样，利用独立于自己行为的他人行为的因果进程引起了结果的场合，也能认定成立（间接）正犯。[3]

---

* "控制下的交付"制度（controlled delivery），又称为监视下的转移、"泳池搜查"，是一种主要针对毒品犯罪的侦查手段。侦查机关即便已经发现了违禁品（毒品或枪支等违禁物品），但并不当场抓捕，而是在严密监控之下，任由其继续运输，诱使相关嫌犯全部到场，进而确定、拘捕所有参与者。由于能接近真正的收货人或进口人，对于走私、贩卖违禁品案件的侦查，这种方法非常有效。具体手法有二种：一是并不扣押违禁品，而是让其原封不动地运送到目的地，这称为"live controlled delivery"；另一种是扣押违禁品，放入替代物之后再让其继续运送，这称为"clean controlled delivery"。日本现行法仅就毒品犯罪、枪械犯罪明文规定可以使用这一侦查手段。该手段特别类似于一直备受争议的"线人搜查"，但一般认为，该手段并不是由侦查机关积极鼓动没有任何"犯意"者去实施犯罪，因而只要切实布控，便不能简单地认定侦查机关的活动违法〔参见三井誠ほか編『刑事法辞典』（信山社 2003 年）293、294 頁〕。在我国一般翻译为"诱惑搜查""侦查陷阱""警察圈套"等。——译者注

〔2〕参见最决平成 9 年 10 月 30 日刑集 51 卷 9 号 816 頁。
〔3〕参见中野次雄『刑法総論概要』（成文堂 1997年第 3 版補正版）81 頁。

四、共同正犯

（一）刑法第 60 条的机能

例如，〔案例 25〕X 与 Y 谋议抢劫 A 的钱财，X 对 A 实施暴力，Y 从被压制反抗的 A 身上夺取了钱包（分担型共同正犯），若分别看待两人的行为，X、Y 分别属于暴行罪、盗窃罪，但由于两人是"共同实施了抢劫"，根据《刑法》第 60 条的规定，两人均构成抢劫罪的共同正犯。又如，〔案例 26〕X 与 Y 谋议杀死 A，两人分别向 A 开枪，结果只有 X 的子弹命中，并致 A 死亡（附加型共同正犯[1]），若分别看待两人的行为，X、Y 分别属于杀人罪既遂、杀人罪未遂，但根据《刑法》第 60 条的规定，两人均构成杀人罪既遂的共同正犯。由此可见，《刑法》第 60 条有以下几方面的机能：①是在将归责范围扩大至其他共同参与者的行为的基础上（归责扩张机能），②结合所有共同参与者的行为（结合机能），③就犯罪整体，认定所有共同参与者皆为正犯（正犯性赋予机能），从而扩大或者修正了分则的构成要件。

（二）部分行为全部责任

学界将共同正犯的这种效果标语化为"部分行为全部责任"，同时，也一直在探究其理论根据。

首先，"共同意思主体说"通过将共同正犯视为由基于参与者之间的合意而形成的集团所实施的犯罪，试图将全部责任的法律效果予以正当化。然而，将集团视为犯罪主体，虽可以成为让集团承担责任的根据，但这不能直接成为让作为集团之成员的个人承担责任的根据。犯罪主体与责任主体的一致，这是责任主义（要求刑罚与本人的责任相适应）的最低限度的要求（自我责任原则、个人责任原则），因而，让个人承担团体责任，显然有违于此。

其次，与此相反，通说观点并未设想所谓超越个体的犯罪主体，而是通过个体之间的"相互利用相互补充的关系"来说明部分行为全部责任。但是，这种所谓"相互利用相互补充的关系"的内容本身未必明确。如果是因为"利用"了与自己的行为没有因果性的他人的行为，就应该负责（对该他人行

---

[1] 对附加型共同正犯的理论性探讨，参见伊藤嘉亮「共同正犯における『重要な役割』に関する一考察（1）—（3・完）」『早稲田大学大学院法研論集』154 号（2015 年）1 頁以下・155 号（2015 年）27 頁以下・156 号（2015 年）29 頁以下。

为承担罪责），则仍然与个人责任原则相抵触。

最后，试图贯彻个人责任原则的观点，是通过"因果性"来为部分行为全部责任这种效果奠定基础。按照这种观点，在〔案例25〕中，X是通过相互商议而作用于Y的心理，进而让Y实施了盗取财物的行为，在这一点上，X对Y实施的盗取事实施加了因果性；同样，Y也对X实施的暴力这一事实施加了心理上的因果力，因此，两人应对整个抢劫事实承担责任。在〔案例26〕中，（尽管自己的子弹没有命中）Y通过相互谋议而对X的开枪施加了心理上的因果力，因而应承担杀人罪既遂的罪责。

行为主义要求，应以行为对外界的作用作为处罚行为人的根据（第二章之二），因而存在因果性是担责的最低限度的要求。因此，《刑法》第60条的归责扩张机能（连其他共同者的行为也纳入归责范围之内）能够由（心理上的）因果性得以正当化。在此限度内，可以说，第60条体现了这样一点：在共同正犯中，归责基础还可以包括，由相互之间形成合意而起到的心理上的强化、促进作用。然而，存在因果性，对教唆犯与从犯（帮助犯）的成立而言也是必要的，因而仅凭这一点尚无法说明第60条的结合机能与正犯性赋予机能。例如，在〔案例25〕中，X对Y的行为施加了心理的因果力，仅凭这一理由，理应是构成由自己的实行行为所成立的暴行罪的单独正犯，以及针对Y实施的盗窃罪的教唆犯或者从犯的想象竞合，尚不足以连构成抢劫罪的共同正犯这一点也能予以正当化。同样，就〔案例26〕中的Y而言，仅凭借针对X的心理因果力，理应是构成由自己的开枪行为所成立的杀人罪未遂的单独正犯，以及针对Y实施的杀人罪既遂的教唆犯或者从犯（帮助犯）的想象竞合或者包括的一罪，而要超越这一点，认定Y构成杀人罪既遂的共同正犯，还必须从理论上进一步将第60条的结合机能与正犯性赋予机能予以正当化。

对于通说所谓相互利用相互补充的关系，可以视为，是为第60条的这种结合机能奠定基础的情况。这种相互利用相互补充关系的内容是，各参与者的行为之间的因果性互动，以及基于行为意思的共有而对各个行为的统合。在共同正犯中，自己的行为与其他共犯的行为为实现一个犯罪事实而因果性地共动，再加上两者被一个行为意思所承担，为此，各个行为就被一个犯罪所统合。

并且，《刑法》第60条的正犯性赋予机能，是由（较单独正犯更为缓和的）行为支配来为之奠定基础的。这种行为支配的具体内容有二：一是所谓"功能性行为支配"，也就是通过分担为实现犯罪所必要的、不可或缺的贡献，将整个犯罪事实的成立与否掌控在自己手中;二是由(相互之间的)合意的约束力所形成的"(缓和的)意思支配"[本章之五(三)]。

由此可见,在共同正犯中,在个人责任原则的框架内,[1]因(心理的)因果性而得以扩张归责范围(归责扩张机能)、因相互利用相互补充的关系而使各人的贡献被一个犯罪事实所统合(结合机能)、因(缓和的)行为支配而对各人的贡献赋予正犯性(正犯性赋予机能),这三者重叠性地为"部分行为全部责任"的效果奠定基础。[2]具体而言,在〔案例25〕中,①X对Y的盗取行为施加了心理因果力;②基于一个行为意思,招致了共同作用于抢劫这一个犯罪事实的自己的行为以及Y的行为;③通过暴力这一不可或缺的行为贡献,对抢劫这一犯罪事实整体施加了功能性的行为支配,因此,X应成立抢劫罪的共同正犯。

反之,对于〔案例26〕中的Y,出于何种理由而能够认定其构成杀人罪既遂的共同正犯,对此就有进一步探讨的必要。一种观点是,将Y的开枪行为视为提升结果实现之可能性的重要贡献,通过从事前判断的视角、从该贡献中找出一种功能性的行为支配,从而为Y的正犯性奠定基础。[3]的确,通过针对X的心理性影响,Y的开枪行为与既遂结果之间具有因果关系,以此为前提,让对于犯罪事实的贡献的重要性服从于事前判断,这并非不可能。然而,对这种观点的疑问在于:对于危险的提升,Y确实做出了重要贡献,但仅凭这种重要贡献,还只能为Y具有未遂犯的正犯性奠定基础,而要为既遂犯的正犯性奠定基础,另外还需要针对既遂结果的重要贡献。[4]另一种观

---

[1] 近年来围绕共同正犯的学说有志于回归集体责任论,有学者对此鸣响了警钟。参见照沼亮介「近年の共同正犯論とその問題点」佐伯仁志・高橋則夫・只木誠・松宮孝明『刑事法の理論と実務②』(成文堂2020年)99頁以下。

[2] "相互的行为归属说"认为共同正犯的本质在于,基于共谋,他人的行为就可以被当作自己的行为而归属于自己〔参见高橋則夫『刑法総論』(成文堂2018年第4版)452頁〕。可以说,这是一并瞄准结合机能以及正犯性赋予机能而做出的说明。

[3] 参见伊藤嘉亮「共同正犯における『重要な役割』に関する一考察(3・完)」『早稲田大学大学院法研論集』156号(2015年)30頁。

[4] 由提升了结果实现的可能性这一点而肯定正犯性的观点,也许考虑的是,在〔案例26〕中,针对由共同的实行行为所创造的危险(危险的创造),Y做出了重要贡献,因此,针对作为被创造的危险之现实化的结果,也能认为Y做出了重要贡献。但是,如果实行行为的危险与既遂结果属于不同的无价值评价,那么,将针对"共同的实行行为"的贡献等视于针对既遂结果的贡献,这是否符合个人责任原则,就有进一步探讨的余地。

点是，Y 通过与 X 约定一起开枪，而且直至实行（开枪射击）的瞬间还用态度来显示会坚持这种约定，就对 X 施加了超出单纯的增加勇气这种程度的、具有一定约束力的心理上的影响，而对于这种共同实行的合意的形成与维持，就能产生（缓和的）意思支配，进而为 Y 的正犯性奠定基础。[1] 例如，〔案例 26'〕X 与 Y 对杀害 A 相互进行意思沟通，分别瞄准 A 扣动扳机，由 X 的子弹打死了 A，但 Y 的枪里面没有子弹；又如，〔案例 26"〕X 与 Y 基于相互之间的意思沟通，分别用枪瞄准了 A，由于 X 瞬间提前开枪而命中了 A，Y 实际上未来得及开枪。[2] 按照后一种观点，在这两种情形下，Y 都要承担杀人罪既遂的共同正犯的罪责。[3]

（三）共同的对象

对于共同正犯中的"共同的对象"，*存在两种观点之间的对立："行为共同说"认为，共同的是事实意义上的"行为"；"犯罪共同说"认为，共同的是法律意义上的"犯罪"。具体而言，行为共同说认为，共同正犯是指各人通过与他人共同实施行为而实现各自的犯罪；犯罪共同说认为，共同正犯是指数人一起实现某一个犯罪。亦即，行为共同说、犯罪共同说分别以共同的对象的形式而分别体现了"数人数罪""数人一罪"的理念，且一般认为，其基本思想也同样适于狭义的共犯。[4] 与立足于个人责任原则的刑法观相适应的是行为共同说的基本思想——行为共同说以各个参与者与法益侵害事实之

---

[1] 参见小林憲太郎『刑法総論』（新世社 2020 年第 2 版）330 頁。按照这种观点，"附加型共同正犯"在归责结构中就属于后述的共谋共同正犯。

[2] 参见丸山雅夫『刑法の論点と解釈』（成文堂 2014 年）79 頁；丸山雅夫「共謀共同正犯」『南山法学』33 巻 3＝4 号（2010 年）62 頁。

[3] 另外，如果 Y 本身不愿意，但 X 强行将 Y 拉进来一同实施，两人一起向 A 开枪，但最终只有 X 的子弹击中了 A。按照这种观点，在该情形下，由于 Y 并未对 X 施加具有约束力的心理上的影响，Y 也许只是成立杀人罪未遂的单独正犯（以及杀人罪既遂的从犯）。不过，尽管是被 X 强行拉进来，但在使 X 撤销决意变得更为困难这一意义上，共同实行者 Y 的存在也有被评价为对 X 的心理施加了一定的约束力的余地。

* 亦即，共同正犯中的"共同"，究竟是指什么的"共同"？——译者注

[4] 犯罪共同说与行为共同说之间的对立，尤其是在狭义的共犯的场合，体现于是否以"罪名的从属性"为必要，即共犯所成立的犯罪的罪名是否应与正犯相同。

间的联系为其出发点。*

例如,〔案例 27〕X 出于杀人的故意、Y 出于伤害的故意,基于意思联络

---

* 有关共同正犯的本质——例如,甲持杀人的故意、乙持伤害的故意,共同攻击 A,结果致 A 死亡的——主要有犯罪共同说与行为共同说这两种学说。前者认为,共同正犯的本质在于二人以上共同实现特定的犯罪,主张只有数人共同实施同一个犯罪才是共同正犯,因而又称为"数人一罪";反之,后者则认为,共同正犯的本质在于二人以上共同实施行为,主张共同正犯是指数人通过行为的共同以完成各自的犯罪,因而又称为"数人数罪"。二说的区别在于,是否承认不同构成要件之间的共同正犯。在犯罪共同说看来,共同正犯是特定犯罪的共同,各人是就相同犯罪成立共同正犯,在共同正犯的抽象的事实错误的场合,由于各参与者所持犯意并不相同,因而不能承认不同构成要件间的共同正犯;而在行为共同说看来,在该场合下,只要共同实施了行为,就有可能成立共同正犯,其后,再根据各参与者的具体犯意内容,分别成立不同犯罪的共同正犯。犯罪共同说还可进一步分为完全犯罪共同说与部分犯罪共同说。其中,完全犯罪共同说严格要求是同一犯罪的共同,各人试图实现不同犯罪的,一律否定成立共同正犯。该说作为传统观点,已经无法解决共同正犯的抽象的事实错误等问题,现在已鲜有支持者,对传统观点进行了缓和的部分犯罪共同说成为犯罪共同说的主流观点。部分犯罪共同说认为,在构成要件属于同种性质且相互重合的限度之内,可成立共同正犯。现在的犯罪论体系是以构成要件为基轴而构建,只要以这一点为前提,对共同正犯的成立而言,共同实现了特定的构成要件这一事实,就是不可或缺的。部分犯罪共同说还可进一步分为非缓和的部分犯罪共同说与缓和的部分犯罪共同说。非缓和的部分犯罪共同说主张,在认定全体共犯成立重罪的共同正犯的基础之上,再根据《刑法》第 38 条第 2 款("实施了本应属于重罪的行为,但行为时不知属于重罪的事实的,不得以重罪处断"),对于仅持轻罪故意者处以轻罪之刑。但是,①连只有轻罪故意者也要成立重罪,这并不妥当;②这种做法会割裂定罪与量刑之间的关系。为此,非缓和的部分犯罪共同说已日趋式微。现在,一般采取的是缓和的部分犯罪共同说。该说主张,仅在轻罪的限度之内成立共同正犯,对于持重罪故意者,另外成立重罪的单独犯。按照该说,在前述案例中,甲成立杀人罪,与乙在伤害致死罪的限度内成立共同正犯;乙成立伤害致死罪的共同正犯。行为共同说也分为非缓和的行为共同说与缓和的行为共同说。非缓和的行为共同说主张,只要存在行为的共同,即便是完全不同的犯罪之间,也可成立共同正犯,不受其他任何限制。按照该说,即便是杀人与放火这种完全不同的构成要件之间,也有成立共同正犯的可能。但是,所谓行为共同说,一般是指缓和的行为共同说。缓和的行为共同说虽肯定不同构成要件间的共同正犯,但同时主张对共同正犯的成立范围设置一定限制:只要是立足于以构成要件为基轴的犯罪论,行为共同说也并非说,即便是与构成要件毫无关系的行为的共同,也成立共同正犯,仍然必须可谓之为共同实现了构成要件。因此,不少持缓和的行为共同说的论者也以构成要件的重要部分的共同、实行行为的部分共同,或者构成要件的全部或者部分的共同等作为共同正犯的成立要件。按照该说,在前述案例中,由于甲、乙共同实施了致被害人死亡的实行行为,能认定存在构成要件的重合或者实行行为之部分共同,因而甲、乙分别成立杀人罪、故意伤害罪的共同正犯。现在,学界主要是缓和的部分犯罪共同说与缓和的行为共同说之间的对立。两说的根本区别在于是否承认不同构成要件之间的共同正犯,具体体现于持重罪故意者的罪责。按照前者,不过是在轻罪的限度之内成立共同正犯,持重罪故意者成立的是重罪的单独犯;而按照后者,对于持重罪故意者,可以直接认定其成立重罪的共同正犯。参见〔日〕十河太郎:《论共同正犯的抽象的事实错误》,王昭武译,载《江海学刊》2014 年第 5 期。——译者注

分别向 A 投掷石块，结果只有 X 的石块命中，致 A 死亡。正如该案所体现的那样，行为共同说与犯罪共同说之间的对立，与持不同犯罪故意者之间是否成立共同正犯这一问题直接相关。对此，行为共同说主张，[1]共同正犯是指通过共同实施事实上的行为而实现各自的犯罪，按照其观点，即便是不同的犯罪之间，也可成立共同正犯。为此，在〔案例27〕中，X、Y 分别成立杀人罪既遂的共同正犯、伤害致死罪的共同正犯。反之，如果贯彻犯罪共同说的理念（一同实现同一个犯罪），不同构成要件之间不能成立共同正犯。为此，在〔案例27〕中，X、Y 应分别成立杀人罪既遂的单独犯、暴行罪的单独犯（完全犯罪共同说[2]）。不过，犯罪共同说的论者多采取与错误论中的法定符合说一样的做法，在构成要件相互重合的限度之内肯定成立共同正犯（部分犯罪共同说[3]）。按照这种观点，在〔案例27〕中，X 与 Y 在伤害致死罪的限度之内（如果否定结果加重犯的共同正犯，则在伤害罪的限度之内）成立共同正犯，X 另外再成立杀人罪的单独正犯（X 的伤害致死罪被杀人罪既遂吸收）。然而，例如，〔案例27'〕在〔案例27〕中，如果不是 X 的石块而是 Y 的石块致 A 死亡，按照行为共同说，X、Y 仍然是分别成立杀人罪既遂的共同正犯、伤害致死罪的共同正犯。反之，按照部分犯罪共同说，X 与 Y 成立伤害致死罪的共同正犯，X 再另外成立杀人罪未遂的单独正犯（X 的伤害致死罪被杀人罪未遂吸收），只有这样其观点才是一以贯之的。这是因为，按照部分犯罪共同说，《刑法》第60条的归责扩张机能不能及于杀人罪，因

---

[1] 参见平野龍一『刑法總論Ⅱ』（有斐閣1975年）364頁；浅田和茂『刑法總論』（成文堂2019年第2版）421頁；佐伯千仭『刑法講義　總論』（有斐閣1981年4訂版）332頁；西田典之（橋爪隆補訂）『刑法總論』（弘文堂2019年第3版）430頁；林幹人『刑法總論』（東京大学出版会2008年第2版）402頁；山中敬一『刑法總論』（成文堂2015年第3版）887頁；山口厚『刑法總論』（有斐閣2016年第3版）317頁。

[2] 按照完全犯罪共同说，也可能存在这样的理解：认定 X、Y 成立杀人罪的共同正犯，但对于没有杀人故意的 Y，则根据《刑法》第38条第2款，仅科处伤害（致死）罪之刑，从而维系共同参与者之间在罪名上的一致。然而，超出各个共同参与者的认识范围肯定成立共同正犯，这应该是不符合犯罪共同说的基本思想的。

[3] 参见井田良『講義刑法学・總論』（有斐閣2018年第2版）511—512頁；大塚仁『刑法概説　總論』（有斐閣2008年第4版）282頁以下；大谷實『刑法講義總論』（成文堂2019年新版第5版）402頁；高橋則夫『刑法總論』（成文堂2018年第4版）446頁以下；団藤重光『刑法綱要總論』（創文社1990年第3版）391頁。一般认为，判例也基本上立足于部分犯罪共同说（参见最决昭和54年4月13日刑集33卷3号179頁；最决平成17年7月4日刑集59卷6号403頁）。

而难以认定 X 成立杀人罪既遂。但是疑问在于，对比〔案例27〕与〔案例27'〕，是否真的可以说，这两个案件之间存在足以区分 X 的罪责的实质性差别呢？即便是比照前述"部分行为全部责任"的法理根据，（在〔案例27'〕中）只要 Y 是基于与 X 之间的合意而投掷石块，对于能够预见 A 会被石块砸死这一结果的 X，追究其杀人罪既遂的罪责，也理应不存在障碍。

五、共谋共同正犯

（一）判例态度

除了如〔案例25〕〔案例26〕那样，各自分担部分实行行为的"实行共同正犯"之外，对于二人以上共谋实现犯罪，并由其中部分人实行了该犯罪的"共谋共同正犯"，判例也一直持肯定态度，并根据《刑法》第60条处罚那些实行担当者之外的参与谋议者。

判例当初只限于对诈骗罪、敲诈勒索罪、伪造文书罪、虚假告诉罪等所谓智能性犯罪，肯定共谋共同正犯。例如，〔案例28〕报社社长 X 通过职员 Y，威胁会刊登不利于 A 等人的报道，而从 A 处勒索了钱财。对此，大审院大正11年（1922年）4月18日判决在指出智能性犯罪中精神上的加功的重要性的基础上，判定"犯意的发起者"X 成立敲诈勒索罪的共同正犯。[1]其后，对于放火罪、杀人罪等实力性犯罪，大审院也开始肯定成立共谋共同正犯。[2]例如，〔案例29〕某政党的地下组织的干部 X 为了筹措资金，计划抢劫银行，并让手下的党员 Y 等人实施了抢劫。对此，大审院昭和11年（1936年）5月28日刑事连合部判决判定 X 成立抢劫罪的共同正犯，并明确指出，对于所有犯罪均可认定共谋共同正犯，同时，还以"共同意思主体说"作为共谋共同正犯的理论基础，即"共同正犯的本质在于，二人以上一心同体、相依相助，通过实现各自的犯意而共同实施特定的犯罪。共同参与者均须对既成事实承担全部责任之理由正在于此"。[3][4]第二次世界大战后，最高裁

---

[1] 参见大判大正11年4月18日刑集1卷233页。
[2] 参见大判昭和6年11月9日刑集10卷568页等。
[3] 参见大连判昭和11年5月28日刑集15卷715页。
[4] 不过，本判决还提到，"二人以上者谋议实施盗窃或抢劫之罪，由其中某人实施了该犯罪的，其余的参与者也因此实现了自己的犯意而承担共同正犯之责"。可以说，该判决也将正犯意思的实现这一点作为正犯性的根据。

判所的判例进一步明确了共谋共同正犯的概念。〔案例30〕某政党的军事组织的干部X，与Y共谋袭击警官A，并在Y的指挥之下由Z等人对A实施暴力，最终致其死亡（"练马案"）。对此，最高裁昭和33年（1958年）5月28日大法庭判决判定："要成立共谋共同正犯，必须能够认定存在这样的事实：二人以上为了实施特定犯罪，进行在共同意思之下结为一体相互利用他人的行为、并将各自意思付诸实行这种内容的谋议，进而实施了犯罪。因此，只要能认定在上述关系之下参加了共谋这一事实，即便是没有直接参与实行行为者，在将他人行为作为自己的手段而实施了犯罪这一意义上，就没有理由认为，其间（直接参与实行者与未直接参与实行者之间）在所成立的刑责上会产生差异。"[1]*本判决尽管还保留有"共同意思主体说"的色彩，但引人注目的是，提出了利用他人行为实现自己的犯罪这种与"间接正犯类似说"相通的个人主义性质的根据，并试图由此来限定共谋的内容。而且，本判决还认为，"共谋"或者"谋议"属于共谋共同正犯中的"应罪事实"，因而要认定这一点，就以严格证明为必要。在明示了有关共谋共同正犯的认定的刑事诉讼法上的要求这一点上，也具有重要意义。[2]**

判例之所以肯定这种共谋共同正犯，一般认为有以下几个方面的背景：对于发起、计划犯罪的"幕后者"应作为"正犯"予以严惩，社会上存在这样的呼声；这种案件的特点是共犯相互之间在彼此交流的过程中逐渐形成犯意，很难为传统的教唆犯（单方面地让没有犯意者产生犯意）、从犯（强化已经怀有犯意者之犯罪决意）所评价。不过，在数人参与的犯罪中，教唆犯、

---

[1] 参见最大判昭和33年5月28日刑集12卷8号1718页。

* 该判决进一步指出："这样的话，在上述关系之下，是否直接参与了实行行为以及其具体分担或者作用如何，都不会影响上述共犯刑责本身的成立，这样理解是妥当的。另一方面，这里所谓'共谋'或者'谋议'，正是共谋共同正犯中的'应罪事实'，要认定这一点，无疑必须基于严格的证明。但是，只要经过严格的证明，能认定存在'共谋'之事实，且判决列举了相关证据，那么，有关共谋的判词，只要在前述主旨部分明确成立了共谋即可，并不要求进一步对实施共谋的时间、地点及其细节内容，即实行的方法、各人行为的作用分担等一一具体判明。"——译者注

[2] 不过，本判决指出，"不要求进一步对实施共谋的时间、地点及其细节内容，即实行的方法、各人行为的作用分担等一一具体判明"。

** 以最高裁判所大法庭的这一判决为契机，共谋共同正犯理论不仅在判例上成为定论，学界也从以往的否定态度（倾向于作为教唆犯处理），转而倾向于正面接受共谋共同正犯理论。——译者注

从犯的数量仅占被判处有罪的总人数的大约0.2%、2%，并且，教唆犯多集中于藏匿犯人之罪、隐灭证据之罪，从犯多集中于开设赌场之罪、伪造货币之罪。[1]由此可见，司法实务中的实际情况是，绝大多数的参与者都是作为（共谋）共同正犯来处理，共谋共同正犯的适用对象已经远远超出了当初提出该理论的目的，即针对那些被称为"幕后者"的核心人员。之所以如此广泛地适用共谋共同正犯，据说是起因于，与教唆犯、从犯相比，起诉书以及判决书的制作相对更为简单，且更容易举证。

（二）问题点

针对判例肯定共谋共同正犯的做法，学界通说曾经立足于分担实行行为是共同正犯不可或缺的要件这种共谋共同正犯否定论，[2]提出了以下批判意见：①承认共谋共同正犯，超越了《刑法》第60条的"二人以上共同实行犯罪的"这一规定的用语的文意，违反罪刑法定原则；②认定未实施实行行为者构成共同正犯，这样会湮没正犯与共犯之间的区别，最终走向统一的正犯概念，即对所有参与者均按照同一参与类型予以处罚，其结果是，不仅会将相当于从犯者"升格"为共同正犯，甚至连不相当于从犯者也会作为共同正犯来处罚；③共谋共同正犯是让个人承担团体所实施的犯罪的罪责，这一点违反了个人责任原则；④共谋共同正犯这一概念，有可能将处于谋议现场者以及处于犯罪现场者"一网打尽"，因而存在将无辜者卷入其中的危险。

反之，也有观点认为，时至今日，要否定已作为"活生生的法律"完全根植于判例的共谋共同正犯，这并不现实，不如以共谋共同正犯的存在为前提，努力提出用于划定其适当范围的理论，这样要更为有效。[3]随着这种认识的不断渗透，共谋共同正犯肯定说也已经成为学界通说。一方面，自始至终致力于"解释"判例的学说，既无法提供批判判例、促使其改变的论据，也无法提供使判例正当化、主张维持其结论的论据。[4]另一方面，无视判例

---

[1] 参见龟井源太郎『正犯と共犯を区別するということ』（弘文堂2005年）6頁以下。
[2] 近年来持共谋共同正犯否定论的学者，参见浅田和茂『刑法総論』（成文堂2019年第2版）431頁；曽根威彦『刑法原論』（成文堂2016年）565頁以下；野村稔『刑法総論』（成文堂1998年補訂版）404頁，等等。
[3] 参见平野龍一『刑法の基礎』（東京大学出版会1966年）248頁。
[4] 对于判例的"解释"，往往会带来将判例结论予以正当化的事实上的效果。由此也可看到这样的尝试：虽采取对判例的"解释"或者"预测"这种形式，但试图将判例予以正当化。但是，"解释"或者"预测"本属于价值中立的东西，其本身理应既无法批判判例也无法使判例正当化。

现实的学说对于法律的适用，也不能发挥任何作用，因而这些做法均不能回应对于法解释学的期待。下面从这一视角，本书重新审视针对共谋共同正犯肯定说的批判。

首先，就批判意见①而言，对于第60条的用词，将其含义解释为，分担了实行行为的是共同正犯，的确更为自然，但将其理解为"在二人以上共同的基础上，其中部分参与者实施了犯罪的，全体参与者均为正犯"，作为日语的表述本身，也并非不可能。不过，第60条的用词是"实行犯罪的"而非"使之实行犯罪的"，因而共谋者必须能谓之为，是所实行的犯罪的主体。有关"练马案"的判决采取的是"将他人的行为作为自己的手段而实施了犯罪"这种结构，更多的判例是以属于"自己的犯罪"作为共同正犯的要件，想必正是为了有意识地与第60条的用词保持一致。

其次，批判意见②是有关正犯性的批判，但这种批判不仅对于完全将共同正犯理解为"共犯"的观点不妥当，即便是对于将共同正犯视为"正犯"的观点，只要不就正犯性采取形式的客观说，也不妥当。而且，即便是就实行共同正犯而言，也很难说是实行行为本身为行为人的正犯性奠定基础。例如，〔案例25〕中的Y也是对不包含在自己的实行行为之内的X的暴力这一事实，被作为正犯而归责。进一步而言，〔案例25'〕在〔案例25〕中，如果A因X的暴力而受伤，Y的归责范围还要包括非由自己的实行行为所引起的A的受伤，进而承担抢劫致伤罪的共同正犯的罪责。〔案例26〕也是如此，Y应该对并非起因于自己的实行行为的A的死亡，承担共同正犯的罪责。在附加型共同正犯中，如果是通过心理因果性而为既遂的正犯性奠定基础，〔案例26'〕〔案例26"〕也肯定成立共同正犯，那么，其归责结构与共谋共同正犯就并无不同。尽管如此，现实情况是，共犯的压倒性多数都是作为（共谋）共同正犯来处理的。这种现实比较接近于统一的正犯概念，难以消除这样一种疑问：是否有违现行刑法区分共同正犯、教唆犯、从犯的基本方针，而将本应作为从犯处理的情形大多升格为共同正犯了呢？为此，对共谋共同正犯肯定说而言，对于替代实行行为这种标准的、（共同）正犯性的标准予以明确，并由此合理划定共谋共同正犯的成立范围，就成为需要解决的重要课题。

再次，批判意见③，即有违个人责任原则这一批判，直接针对的是"共同意思主体说"，但对于"间接正犯类似说"等立足于个人主义的共谋共同正犯肯定说，则并不妥当。不过，如果不重视各参与者与犯罪事实之间的具体联系，就难保不出现这样的结果：事实上转嫁针对他人犯罪的责任。这一疑虑可以指向近年来的某些判例，这些判例通过广泛承认"默示的共谋"，而对于那些参与者个人的因果性贡献尚存疑问的事实，也肯定成立共谋共同正犯[本章之五（四）]。为此，即便可以肯定共谋共同正犯，但仍然要求明确个人的因果性贡献，其罪责仅限于其因果性贡献的范围之内。

最后，批判意见④，即有将无辜者卷入其中的危险，这种情况也存在于教唆犯、从犯，这并非共谋共同正犯固有的问题。不过，如果认为，与教唆犯、从犯相比，可以更为轻易地认定存在共谋，那么就可以说，将无辜者卷入其中的危险要更大一些。尤其是，采取"主观的谋议说"，不是将"共谋"理解为客观的行为而是理解为内心的心理状态，那么，就不以存在将各参与者与犯罪联系在一起的外部事实证明为必要，这样的话，会进一步增加将无辜者卷入其中的危险。为此，在立足于共谋共同正犯肯定说之时，一方面，既要在实体法上以个人的、客观的行为贡献作为共同正犯的成立要件，另一方面，还要求在诉讼法上将这一点作为严格证明的对象。[1]

在考虑上述问题的同时，下面对肯定共谋共同正犯的各种理论根据作些概述。

（三）理论根据

最早为共谋共同正犯提供理论根据的，是前面已经提到的"共同意思主体说"。[2]按照该说，①二人以上就犯罪的实行取得合意，形成共同意思主体这种临时性的集团；②在部分参与者基于该合意实施了实行行为的场合，就可将该实行行为视为共同意思主体的活动；③其责任可以类推民法上的"合伙"的法理而归属于各个构成人员。

前面已经谈到，第③点会导致犯罪主体与责任（受刑）主体的分离，因而违反责任主义。而且，对于第60条的"共同实行犯罪的"这一用词，该说理解为"基于合意形成共同意思主体，该共同意思主体实行了犯罪"，因而，与该说得出共同意思主体的所有组成人员均属于"共同正犯"这一结论是一致的。但是，在连谋议的单纯参加者以及作用轻微者也要认定为共同正犯这

---

[1] 参见後藤昭「訴因の記載方法からみた共謀共同正犯論」『村井敏邦先生古稀記念論文集・人権の刑事法学』（日本評論社 2011 年）453 頁以下。

[2] 参见草野豹一郎『刑法改正上の重要問題』（巖松堂書店 1950 年）315 頁以下；斎藤金作『共犯理論の研究』（有斐閣 1954 年）192、199 頁；西原春夫『犯罪総論』（下卷・改訂準備版）（成文堂 1993 年）396 頁；岡野光雄『刑法要説総論』（成文堂 2009 年第 2 版）309 頁以下。

一点上，却存在很大疑虑：这种做法不就是团体责任或者连带责任吗？如果一方面是以共同意思主体这一概念来解释整个共犯现象，另一方面却将共同意思主体的所有组成者都认定为共同正犯，那么，想必不会有教唆犯、从犯的成立余地。为此，共同意思主体说的多数论者，并未采取只要是共同意思主体的构成者就直接成立共同正犯这种模式，而是主张，只有在共同意思主体的内部发挥重要作用的才是共同正犯，其他的则属于教唆犯或者从犯。[1] 然而，按照这种理解，共同意思主体这一概念，不过是具有划定广义的共犯的外围边界的功能，而不属于能提供肯定共谋共同正犯之根据与标准的理论。[2]如果这种界定广义的共犯之外延的共同意思主体概念，显示的是心理因果性的所及范围，那么，这种意义上的共同意思主体，就与后述"重要作用说"实质上是重合的。

共同意思主体说强调的是共同正犯的共犯性，采取的是团体责任的结构，不同于此，"行为支配说"或"间接正犯类似说"则强调的是共同正犯的正犯性，采取的是个人责任的结构。"行为支配说"或"间接正犯类似说"认为，在能认定幕后者直接作用于实行行为者的意思，让其实施了犯罪的场合，就能够以对于整个构成要件该当事实施加了共同支配为理由，认定幕后者成立共同正犯；[3]或者，在就犯罪的实施成立了确定的合意（共谋）的场合，此后的行为就受到该合意的约束，实行者很难完全按照己意放弃实行的意思，因而在此限度之内，就可评价为，实行者是作为其他共谋者的工具而行动。[4]

针对这种观点的批判在于：实行者本身具有责任能力与故意，不能说共谋参与者支配着该实行者；这种观点中的所谓行为支配，即便在诸如暴力团的"老大"命令手下实施犯罪这种"支配型的共谋共同正犯"能够得到认定，但在由并无上下级关系的共同者所组成的"对等型共谋共同正犯"中，却不能得到认定。

的确，如果"行为支配说"要求的是，完全与间接正犯相同意义上的支

---

[1] 参见西原春夫『犯罪総論』（下卷・改訂準備版）（成文堂1993年）396頁；岡野光雄『刑法要説総論』（成文堂2009年第2版）309頁以下，等等。相反，也有学者尝试，从为广义的共犯整体奠定基础的广义的共同意思主体中，抽出为共谋共同正犯奠定基础的狭义的共同意思主体，由此来重构共同意思主体说［参见曲田统『共犯の本質と可罰性』（成文堂2019年）3頁以下］。
[2] 参见西田典之『共犯理論の展開』（成文堂2010年）48頁。
[3] 参见平場安治『刑法総論講義』（有信堂1952年）155頁以下。
[4] 参见藤木英雄『可罰的違法性の理論』（有信堂1967年）334頁以下。

配关系，当然是失当的。但是，将行为支配修正、缓和到能被评价为《刑法》第 60 条所谓"共同实行"的程度，应该也是可以想象得到的，进一步而言，在这种也能被称为"共同支配"的、经过修正的行为支配得以认定的限度之内，难道不可以肯定共谋共同正犯吗？在由相互对等的参与者之间的合意所形成的心理约束之中，应该也是能够找到这种缓和的行为支配的。

"行为支配说"强调的是共同正犯的正犯性，不同于此，"重要作用说"虽然也采取的是个人主义的结构，却重视的是共同正犯的共犯性。[1]按照该说，从因果共犯论的角度来看，共谋者对实行者施加了（心理上的）因果性，因而作为广义的共犯，是具有可罚性的；在此基础上，如果从与实行者之间的支配关系以及作用分担上看，可以认定对犯罪的实现做出了相当于实行（实行行为）的重要的事实性贡献的，就可以作为共同正犯从重处罚。

"重要作用说"通过明确共同正犯具有作为广义的共犯的一面，而将共犯的处罚根据理论运用于共同正犯，从而也明确了共同正犯与教唆犯、从犯的共同要件。另外，正如要求存在"相当于实行（实行行为）"的重要贡献所显示的那样，这种观点也考虑了共同正犯的正犯性。不过，仅凭所谓"作用的重要性"，显然难以使共同正犯区别于教唆犯。因为，教唆犯是所谓"造意者"，对于犯罪的实现发挥着重要的作用。[2]

要区别共谋共同正犯与教唆犯，只能是依据前述"修正的行为支配"的观点。具体而言，教唆犯虽然是让正犯产生犯意，但并未从心理上约束正犯，正犯仍处于完全可以根据己意放弃犯意的心理状态之下。相反，共谋共同正犯则是通过就犯罪的实施与其他参与共谋者形成合意，让实行担当者感到不仅是自己的犯罪，同时也是其他共谋者的犯罪，因而实行担当者处于很难完全按照己意放弃犯意的心理状态之下，根据这种针对实行担当者的心理性约束即（缓和的）意思支配，对于其他（并非实行担当者的）共谋者也能认定具有正犯性。

此外，实行担当者并非根据针对其他共谋者的心理性约束，而是根据自己的实行行为对于犯罪实现过程的支配，而取得正犯性。而且，在〔案例 25〕那样的"分担型实行共同正犯"中，正犯性的根据在于，通过对犯罪的实施

---

[1] 参见西田典之『共犯理論の展開』（成文堂 2010 年）51 頁。
[2] 有观点主张，"既然肯定共谋共同正犯，针对正犯与共犯的区别设置了实质性的标准，教唆犯就处于被解消于共谋共同正犯的命运"［松澤伸「教唆犯と共謀共同正犯の一考察」『Law & Practice』4 号（2010 年）102 頁］。然而，教唆犯被解消于共同正犯之中，会与现行刑法发生正面冲突。

做出不可或缺的贡献,而对整个犯罪事实施加功能性的行为支配。这样的话,诸如在现场指挥犯罪行为的、在盗窃之际通过特殊的开锁技术打开他人家门锁的那样,对于犯罪的实现发挥决定性作用者,就根据这种通过贡献而形成的"功能性行为支配",而能肯定具有正犯性。[1]有力观点认为,能够认定存在功能性行为支配的,应限于在实行行为的时点所做出的贡献。但诸如起草计划、提供不可替代的工具或者信息的情形等,如果撤回其贡献就会使得整个计划遭受挫折的、在准备阶段所分担的作用,难道不也应该谓之为,承担了功能性行为支配吗?而且,有些情况下,通过指向犯罪实现的数个行为贡献的累积,或者通过针对其他共同者的心理而实施的影响力与指向犯罪实现的事实性贡献的相互竞合,也可以肯定,达到了可谓之为"共同实行"之程度的行为支配。这样,在未分担实行行为的共同正犯这一意义上的广义的共谋共同正犯中,就包括因针对实行担当者的心理的约束而认定具有正犯性的狭义的共谋共同正犯、通过指向犯罪实现的事实上的贡献而认定具有正犯性的准实行共同正犯,以及二者的混合形态。[2]

---

[1] 岛田聪一郎认为,①幕后者与实行者等之间心理上强烈地联系在一起,达到了可谓之为共同实现了构成要件该当事实的程度的,或者②幕后者通过不可替代的行为而对该犯罪行为做出了贡献的,在这些情形下,就可以认定为共同正犯。参见岛田聪一郎「共謀共同正犯論の現状と課題」川端博等編『理論刑法学の探求③』(成文堂 2010 年)64 頁。

[2] 一直以来,审判实务的一般性倾向是,认定共同正犯时,不刻意区分实行共同正犯与共谋共同正犯,但近年来,主张应明确区分二者的观点日益有力 [参见樋口亮介「実行共同正犯」『井上正仁先生古稀祝賀論文集』(有斐閣 2019 年)170 頁等],为此,针对某些案例究竟肯定的是实行共同正犯还是共谋共同正犯,就会出现争议。例如,对于在网络上的视频投稿网站、传送网站的运营者,以及视频的投稿者、传送者,最高裁判所令 3 年(2021 年)2 月 1 日决定判定成立"陈列电磁性记录媒介罪"与公然猥亵罪(参见最决令和 3 年 2 月 1 日刑集 75 卷 2 号 123 頁 [FC2 事件]);又如,X 与 Y 分别驾驶汽车,像追逐竞驶那样无视红灯信号闯入十字路口,X 驾驶的汽车与载有 A 等 5 人的汽车相撞,结果造成 4 人死亡、1 人重伤,对此,最高裁判所平成 30 年(2018 年)10 月 23 日决定认定,X 与 Y 彼此认识到对方存在无视红灯的意思,且为对方的驾驶行为所触发,相互更加强化了无视红灯的意思,在高速下结为一体驾驶自己的汽车闯入该十字路口,进而以此为理由判定二人成立危险驾驶致死伤罪的共同正犯(参见最决平成 30 年 10 月 23 日刑集 72 卷 5 号 471 頁 [砂川汽车追逐(car chase)事件])。共同正犯之要件的具体化属于重要的课题,但正如正文所述,有时候共谋共同正犯与实行共同正犯是连续的,共谋共同正犯与实行共同正犯的内部还可能存在不同类型,因此,共谋共同正犯与实行共同正犯这种二分法是否妥当,就有进一步探讨的余地。就"砂川汽车追逐(car chase)案"而言,即便将其理解为实行共同正犯,但由于属于"附加型共同正犯",因而针对由 X 的危险驾驶行为所引起的死伤结果,能否将 Y 作为正犯而归属于 Y,就存在正文中 [本章四之(二)] 所提到的问题。

对于上述（缓和的）意思支配，以及由功能性的行为支配所构成的（缓和的）行为支配，只要将其理解为"重要的作用"的具体内容（实质），重要作用说与行为支配说就并非相互对立的两种观点。从这个角度来看，行为支配就作为将"重要的作用"予以具体化的指导理念而发挥作用。

不过，判例一直以来往往是以"实施自己的犯罪的意思"作为共谋共同正犯中的正犯性的指标。[1]但前面已经谈到，有关正犯与共犯之间的区别，采取主观说并不妥当［本章二之（二）本章之五］。对于判例所谓"自己的犯罪"，毋宁说应该被理解为，是力求与《刑法》第60条的用词保持协调，同时，也属于用于推测是否存在上述意义上的行为支配性的事实情况。在共谋者意识到犯罪行为是"自己的犯罪"的场合，通常情况下，实行担当者也会意识到犯罪行为（也）是"参与共谋者的犯罪"，进而由此受到心理上的约束，使其不可以完全按照己意放弃犯意。换言之，只要共谋者具有"自己的犯罪"这种意识，就可谓之为，已经意识到自己正对实行担当者施加心理上的约束。这样一来，参与共谋者的"自己的犯罪"这种意识，就属于表征针对实行担当者的（缓和的）意思支配，以及作为故意之内容的、对意思支配之认识的间接事实。并且，在与"对于犯罪之实现的事实上的贡献"的关系上，"自己的犯罪"也发挥着这样的作用：对于将数个行为贡献结为一体这一点，标语口号式地加以体现。一般认为，通常情况下，"实施自己的犯罪的意思"，是将针对犯罪实现的贡献等客观情况作为间接事实来加以认定的，但司法实践中，似乎已经超出作为间接事实的意义，是将这种间接事实作为一种其本身便具有一定规范含义的东西来对待的。这里，"实施自己的犯罪的意思"不过是"表面的主要事实"*，作为间接事实的"对于犯罪之实现的种种贡献"才是"真正的主要事实"。之所以出现这种主要事实与间接事实之间的逆转，主要是出于以下几个方面的原因：与"重要的贡献"这种带有程度之分的东西相比，像"自己的犯罪"那样，可以追问"是否符合"的东西，作为法律要件要更为合适；"重要的贡献"具有多样性，难以通过客观事实的形式将其予以要件化；要将行为人的数个贡献结合为一个，关注其"意思"要

---

[1] 参见千叶地松户支判昭和55年11月20日判时1015号143页；大阪地判昭和58年11月30日判时1123号141页，等等。

　　* 这里的"表面的主要事实"中的"表面"，与"表面的构成要件要素"中的"表面"，日语原文都是"見せかけ"，含义应该是相同的。——译者注

更为清晰易懂;"自己的犯罪"这种表述诉诸感觉,能给判决增加说服力等等。总之,对于"自己的犯罪"或者"正犯意思",应该作为上述意义上的功能性概念来理解,而不应该完全按照字面含义,将其作为意味着行为人的心理状态的实体概念来理解。[1]

(四)共谋的含义

在司法实务中,"共谋"一直被视为共谋共同正犯之核心要件。如果按照上述观点来将共谋共同正犯予以正当化,那么,应该如何理解这里的"共谋"呢?[2]

第一,有关"共谋"的概念,存在"主观谋议说"[3]与"客观谋议说"[4]之间的对立,前者将其视为"对共同犯罪行为的认识"这种内心的心理状态,后者将其视为对意思进行沟通的外部行为。按照行为主义以及个人责任原则,要处罚各参与者,将该参与者与法益侵害连接在一起的外部行为的存在就是不可或缺的。而且,共同正犯的成立基础虽在于各参与者的因果性,但只有内心的心理状态作为外部的行为显现于外部,才能对外界施加因果性作用。这种行为性的要求,是为个人责任原则奠定基础的东西,不仅仅是单独正犯,也适于所有的犯罪参与形态。为此,如果在教唆犯、从犯中,以教唆行为、帮助行为为必要,那么,在共谋共同正犯中,也理应以相当于教唆行为、帮助行为的行为贡献为必要。这样一来,所谓"共谋",就应该被理解为将意思显现于外部、形成共同意思的行为,在此限度之内,应支持"客观谋议说"。如果"主观谋议说"认为不需要存在针对这种意思形成的各人的因果性贡献,那显然是不妥当的;但如果是以存在某种意思形成行为为前提,将作为其结果而形成的"共同犯罪行为的认识"称之为"共谋",则与"客观谋议说"之间未必是相互对立的。

当然,即便是持"客观谋议说",也无需一定存在由"谋议"这一表述

---

[1] 详见松原芳博「共谋共同正犯论の现在」『法曹时报』63卷7号(2011年)1页以下;松原芳博『行为主义と刑法理论』(成文堂2020年)239页以下。
[2] 针对共谋概念的分析,参见龟井源太郎「共谋共同正犯における共谋概念」『法学研究』84卷9号(2011年)87页以下;桥爪隆『刑法総论の悩みどころ』(有斐阁2020年)300页以下。
[3] 参见藤木英雄『可罚的违法性の理论』(有信堂1967年)343页;小林充「共谋と诉因」大阪刑事实务研究会编『刑事公判の诸问题』(判例タイムズ社1989年)31页。
[4] 岩田诚「判解」财团法人法曹会编『最高裁判所判例解说刑事篇』(昭和33年度)(法曹会1973年)405页以下。

所能联想到的会合（碰面）、间接共谋、顺次共谋也包括在这里的"共谋"之中。而且，与诈骗罪中的"举动欺骗""默示欺骗"一样，意思的表示或传达，也是可以通过某种肢体动作或者暗号来完成的。这种意义上的"默示的共谋"，是指不需要通过言语来表示或传达意思，绝非说连意思的表明或传递本身也不需要。

〔案例31〕某暴力团的组长 X 在数台汽车的护卫之下赴京，坐在其他车辆上的同行的保镖携带了手枪，X 就此被追究刑责。* 对此，最高裁判所平成15 年（2003 年）5 月 1 日决定作出了如下判决："即便 X 并未明确指示保镖携带手枪担任警戒，但明明确切知道保镖等为了保卫自己而自发地携带了本案中的手枪，却理所当然地接受并认可，保镖对这一点也是知情的。""按照上述案件事实，可以说，X 与保镖之间就携带手枪等存在默示的意思联络。并且，几名保镖为了保卫 X，在携带手枪等的情况下，一直跟随在 X 的身边，与 X 一起行动，综合考虑 X 具有指挥、命令保镖的权限这种地位，以及处于受到保镖的

---

* 本判决是最高裁判所有关共谋共同正犯的最新判决，案情比较特殊，但判决本身对共谋共同正犯的理论走向影响巨大。与以往的其他案件不同，本案的共犯之间并无明确的共谋，由此便提出了这样的问题：默示能否构成共谋？只有默示的共谋的，能否成立共谋共同正犯？对于前者，判例明确予以了肯定；但对后者，判例并未正面回答，正如西田典之教授指出的那样，还考虑到了被告人的地位、实际作用等其他因素（参见［日］西田典之：《日本刑法总论》（第 2 版），王昭武、刘明祥译，法律出版社 2013 年版，第 315 页）。本案大致案情如下：被告人是某暴力团的组长，属下有三千一百余名组员，平常出门总是带有保镖。而且，为了在被告人遭到袭击之时能保护其安全，尽管被告人并未要求，但保镖身边总带有枪支，被告人对此也习以为常，认为理所当然，保镖也一直以为被告人知道他们携有枪支。但是，被告人与保镖之间就是否携带枪支从未有过具体明确的意思联络。被告人每次去东京，总是由五六台车组成车队，其中既有先导车也有装备车，规模很是壮观。1997 年 12 月下旬，被告人告知其助手准备到东京游玩。因当年 8 月 28 日，另一暴力团的组长曾被枪杀，且考虑到东京的警察对枪支管制非常严格，该助手一边命令一名保镖提前到东京准备枪支，一边决定加强保卫，将保镖由平时的 3 名增加到 4 名。同年 12 月 25 日，被告人到达东京，迎接车队一共 5 台，其中先导车内携带 2 支手枪，护卫车里的 3 名保镖各携带 1 支手枪。由于警方事先得到消息，该车队在由旅游地的餐厅前往宾馆的途中，被警察截住，查获了枪支。在该案中，保镖持有枪支，这一点不存争议，但没有能证明被告人与部下之间存在共谋的直接证据，对于是否存在共谋，且是否成立共谋共同正犯，直至到最高裁判所的阶段，都一直存在争议。一般认为，本案的争议焦点在于以下三点：①要认定存在共谋，是否必须存在且参加了谋议行为？②如果认为参加谋议行为并非共谋共同正犯的成立要件，那么，作为共谋共同正犯的成立要件，要求存在什么内容的意思联络呢？③要成立共谋共同正犯，是否只要有未必的故意即可呢？对此，最高裁判所认为，"实质上可以认定正是被告人让保镖携带了枪支"，进而判定被告人构成违反《枪炮刀剑类等持有取缔法》第 3 条第 1 款"禁止持有"的共谋共同正犯，驳回了被告人的上告。——译者注

护卫这种位置，可以实质性地评价为，正是 X 让保镖携带了本案手枪等。"[1]

本决定没有明确指出存在指向合意之形成的行为，而是通过认定存在"默示的意思联络"，再加上考虑到具有指挥、命令的权限以及处于接受保卫的地位，而肯定 X 成立共同正犯。但要满足行为主义的要求，仅存在认识或容认的共有还不够，必须能认定 X 对保镖进行了某种程度的推动（是否指示了具体的时间、地点另当别论）。[2]

第二，"共谋"究竟是指一般的意思联络，还是指达到能为正犯性奠定基础这种强度的（伴有心理约束力的）意思联络，这也是需要探讨的问题。前者意义上的"共谋"，属于对广义的共犯所共有的心理因果性奠定基础的事实，实行共同正犯、教唆犯以及（除片面的从犯之外的）从犯都存在这种意思联络。因此，要认定成立共同正犯，除了这种意义上的"共谋"之外，还需要认定，另外还存在行为支配等正犯性要件。而后者意义上的"共谋"，属于共谋共同正犯所固有的要件，作为承载心理因果性以及正犯性这两者的要件，可直接为共谋共同正犯奠定基础。后者意义上对"共谋"这一用语的使用方式，具有以下优点："共谋"这一概念能让人联想到一定程度的相互约束，该使用方式符合"共谋"的这种语感；在不伴有不可或缺的作用分担的、纯粹的共谋共同正犯中，也需要存在心理上的约束，该使用方式明示了这一点。尽管如此，前者意义上对"共谋"这一用语的使用方式，在以下方面，其优点要更为突出：即便是在实行共同正犯中，实务部门也使用"共谋"这一词语，该使用方式与此是合拍的；通过区分心理因果性与正犯性，可以对共同正犯的要件展开分析性的探讨。

在后者意义上对"共谋"这一用语的使用方式的延长线上，可以在"共谋"或者"谋议"这一概念之中，考虑能为（共同）正犯性奠定基础的所有情况。例如，〔案例32〕X 为走私大麻介绍了实际的实行行为人，争议焦点在于，X 究竟是共同正犯还是从犯？对于此案，最高裁判所昭和 57 年（1982年）7 月 16 日决定判定："Y 计划从泰国走私进口大麻，请 X 担任实际的走

---

[1] 参见最决平成 15 年 5 月 1 日刑集 57 卷 5 号 507 页（"保镖案"）。
[2] 在并未像本案那样确立常态的保镖组织的其他案件中，对于组员携带手枪的行为，最高裁判所平成 17 年（2005 年）11 月 29 日决定（最决平成 17 年 11 月 29 日裁判集刑事 288 号 543 页）以及最高裁判所平成 21 年（2009 年）10 月 19 日判决（最判平成 21 年 10 月 19 日判时 2063 号 154 页）也判定暴力团组长成立共谋共同正犯。

私人，尽管因考虑到自己还属于缓刑之身而予以了拒绝，但自己也想弄到大麻，受此欲望的驱使，向熟人Z讲明情况之后请Z帮忙，不仅将Z作为自己的替身介绍给Y，还基于自己可分得部分走私进来的大麻这种约定，向Y提供了部分资金，因此，判定X通过上述行为而与Y、Z等人就走私本案大麻达成了谋议的原审判决是正当的。"[1]由于仅凭X将Z介绍给Y这一事实尚不能认定，X对Y与Z施加了心理上的约束，该决定又通过考虑提供了资金等事实，而最终肯定X具有正犯性。但这里所谓"谋议"，与具体的事实相比，显示的是"值得认定为正犯"这种概括性评价。

第三，"共谋"与故意之间的关系也是问题。判例经常是通过"共谋"这一概念来认定故意的存在与否及其范围。的确，故意有时候属于作为意思联络的共谋的前提，有时候又是作为共谋之结果而形成，因此，很多时候共谋与故意是互为间接事实的。但是，故意是独立存在于各个参与者之心理的静态的认识，而共谋则是对其他共同者的心理施加因果性作用的动态的推动。而且，在故意与共谋中，各自所要求的具体性程度也有可能不同。

由上可见，在司法实务中，存在通过"共谋"这一概念而同时认定以下三者的倾向：①为广义的共谋所共有的心理因果性奠定基础的"意思联络"；②为共同正犯性奠定基础的"行为支配"或者"重要的作用"；③为针对行为人个人的责任非难奠定基础的"故意"。但是，行为人施加了促进或强化等心理性影响这一事实的范围、通过心理性约束以及作用分担而支配的事实的范围、所认识或者预见到的事实的范围，这些未必总是一致的，因此，最好是在概念上将三者区别开来。* 在探讨共谋的射程［第二十章之一（二）］之际，也应该留意这一点。

---

[1] 参见最决昭和57年7月16日刑集36卷6号695页。

* 对于这一点，桥爪隆教授提出了类似的问题："判例与多数说均认为，要成立共同正犯，参与者之间必须存在意思联络，因此，所有共同正犯（不管是否分担了实行行为）都是基于共谋而受到处罚。值得注意的是，这里的'基于共谋'这一表述，事实上，可在三种不同意义上使用。具体而言，认定成立'共谋'，具有以下三种效果：①结果的引起也包括在共谋的射程之内；②对于结果，能认定存在故意责任；③区别于狭义的共犯，能认定具有共同正犯性。但是，这三种判断原本属于不同层面的问题，不过是偶然结合在'共谋'这一关键词之下……总之，在理解共同正犯之际，着眼于'共谋'这一概念事实上具有多重结构这种性质，就具体问题领域分别进行研究，这一点至关重要"（［日］桥爪隆：《共谋的射程与共犯的错误》，王昭武译，载《苏州大学学报（法学版）》2014年第2期，第38页）。——译者注

第十八章 共犯的处罚根据

一、共犯的处罚根据理论概述[1]

(一) 可罚性借用说

学界曾一度认为，对教唆犯与从犯的处罚，是借用了正犯的犯罪性。也就是说，从意思自由论的视角来看，只有基于自己的意思实施了实行行为的正犯，才属于法益侵害的原因。这种观点的考虑是，教唆者、帮助者与法益侵害之间的因果关系，因具有自由意思的正犯的介入而被切断，因此，教唆者、帮助者不是因自己的行为而受处罚，相反完全是因为正犯的行为而受到处罚。

但是，这种"可罚性借用说"，是从正面肯定转嫁责任或者代位责任，[2]有违犯罪主体与责任主体的一致这种意义上的个人责任原则。根据个人责任原则，（狭义的）共犯也必须是因自己的行为及其对外界的作用而受到处罚。而且，可罚性借用说也试图为共犯的从属性提供根据［第十七章之一（二）］，但问题在于，该说完全是从正犯的行为中找寻共犯的处罚根据，就难免招致"从属性的绝对化"，即对于一身性的加重或减轻事由、犯罪地、罪数等，也要求从属于正犯。

---

[1] 参见大越義久『共犯の処罰根拠』（成文堂1981年）1頁以下；高橋則夫『共犯体系と共犯理論』（成文堂1988年）93頁以下；松宮孝明『刑事立法と犯罪体系』（成文堂2003年）275頁以下；十河太郎「共犯の処罰根拠論の現状と課題（1）（2・完）」『愛媛法学』29巻4号（2003年）67頁以下・30巻1＝2号（2003年）101頁以下；葛原力三「共犯の処罰根拠と処罰限界（上）（下）」『法学教室』281号（2004年）63頁以下・282号（2004年）68頁以下；照沼亮介『体系的共犯論と刑事不法論』（弘文堂2005年）157頁以下；豊田兼彦『共犯の処罰根拠と客観的帰属』（成文堂2009年）3頁以下，等等。

[2] 可罚性借用说类似于有关"双罚制"的"代位责任论"，但如前所述，"代位责任论"因违反了责任主义而遭到摒弃［第三章之三（七）］。

(二) 责任共犯论、不法共犯论与对他人不法的连带说

相反,"责任共犯论"(堕落说)则设想的是教唆犯的问题,认为诱惑正犯使之陷入罪责与刑责之中,这才是(狭义的)共犯所固有的处罚根据。[1]〔案例1〕X教唆Y,让Y伤害了A。按照该说,处罚X的理由就在于,X使得Y作为伤害罪的犯罪人而受到了刑罚处罚。[2]

但是,Y尽管受到了X的教唆,但最终仍然是基于自己的意思实施了犯罪行为,认为〔案例1〕中的被害人不是A而是Y,将Y作为刑法保护的对象,这难道不是过度的"父权主义"(paternalism)吗?而且,按照责任共犯论,教唆犯就属于以被教唆者的自由、名誉以及社会地位等概括性利益作为保护法益的"堕落罪",而与被教唆的犯罪的性质无关。如果是这种"堕落罪",自然就应该作为规定了自己固有的法定刑的独立犯罪类型,被规定于分则之中。然而,现行刑法是将教唆犯、从犯作为分则中的基本构成要件的修正形式而规定于总则之中,且教唆犯、从犯之刑从属于各个基本构成要件的法定刑。之所以如此规定,其理由无疑在于:正如伤害罪的教唆犯、从犯同伤害罪的正犯一样,以身体的生理机能作为保护法益;盗窃罪的教唆犯、从犯与盗窃罪的正犯一样,也是以财产作为保护法益。为此,教唆犯、从犯与正犯的保护法益是相同的。不仅如此,责任共犯论还存在难以与作为通说之前提的限制从属性说〔第十七章之一(二)〕保持协调的问题。由于不可能使无责任能力者陷入刑责之中,那么,采取责任共犯论,就理应是走向极端从属性说,认为成立共犯以正犯的有责性为必要。

为此,有学者一边维持堕落说的构想,同时为了与限制从属性说保持协调,主张共犯的处罚根据在于,让正犯实施了不法行为,使正犯卷入与社会对立的状态之中。这就是所谓"不法共犯论"。[3]但是,对堕落说的这种修正,反而会使得教唆犯、从犯的保护法益更加暧昧。

另外,"对他人不法的连带说"认为,共犯的处罚根据在于,通过表明对

---

[1] 参见江家義男『刑法総論』(青林書院1952年)183頁;瀧川幸辰『犯罪論序説』(有斐閣1947年改訂版)246頁。
[2] 也有学者不是将责任共犯论作为独立的处罚根据,而是在补充因果共犯论这一意义上援用责任共犯论。也就是说,在法益侵害这一点上,原本属于间接地侵害法益的教唆犯之所以被处以与正犯相同之刑,是因为还另外加上了使得正犯陷入刑责之中这一点。
[3] 参见大塚仁『刑法概説 総論』(有斐閣2008年第4版)290頁;藤木英雄『刑法講義総論』(弘文堂1975年)295頁,等等。

他人的不法的连带，而动摇了针对法秩序之妥当性的社会信赖。可以说，该说也是脱离各个构成要件的保护法益，将共犯整体理解为"针对法的和平之罪"。但是，对于法秩序的信赖，是作为保护各个具体法益之结果而得以维持，将信赖本身视为共犯整体的保护法益，存在极度扩大法益概念的范围，进而发展至心情刑法之虞。

（三）惹起说（因果共犯论）

其一，按照行为主义以及个人责任原则，与正犯一样，共犯也必须是因与自己的行为存在因果性的事实而受到处罚（因果性的要求或者行为贡献的要求）。其二，从法益保护主义的视角出发，对于共犯的保护法益，也要求具备与正犯等程度的实在性与具体性，为此，在以共犯规定作为分则基本构成要件之修正形式的法制度之下，就要求从基本构成要件中推导出共犯规定的保护法益（保护个别法益的要求）。

这样一来，就应该理解为，处罚共犯的根据在于，因自己的教唆行为或者帮助行为，间接地侵害了基本构成要件所保护的个别法益或者使之危殆化。按照这种"因果共犯论"或称"惹起说"，在〔案例1〕中，X是通过自己的教唆行为而让Y实施了伤害罪的实行行为，由此间接地侵害了A的身体机能，正是因为这一理由，X才被作为伤害罪的教唆犯而受到处罚。事实上，责任共犯论也要求教唆行为与正犯的实行犯罪之决意之间存在因果性，因而"因果性的要求"本身并非惹起说所固有的内容。但惹起说的特征在于，通过将因果性的要求与保护个别法益的要求联系在一起，而以与基本构成要件该当事实之间的因果性，尤其是在结果犯中，以与构成要件结果之间的因果性，作为共犯的要件。[1]这种因果性的要求与保护个别法益的要求，同样适合于共同正犯，在此限度内可以说，共犯的处罚根据论是以广义的共犯为射程。*

---

〔1〕 该理论既有称之为"因果共犯论"的，也有称之为"惹起说"的，理论上存在这样一种倾向：若关注的是因果性的要求，就一般称之为"因果共犯论"；若关注的是保护个别法益的要求，则一般称之为"惹起说"。

* 亦即，共犯的处罚根据论不仅以狭义的共犯为对象，也以共同正犯为对象，适用于广义的共犯。——译者注

二、惹起说内部的对立

（一）纯粹惹起说

按照保护个别法益的要求，狭义的共犯的构成要件，针对的是与分则的基本构成要件相同的法益侵害，若除去到达结果的因果进程具有间接性这一点，其与基本构成要件或称正犯的构成要件，就具有相同的结构。"纯粹惹起说"是彻底贯彻这种观点的学说。该说认为，正犯的行为仅仅具有单纯的因果进程的意义，直截了当地以共犯与法益侵害之间的关系作为问题。[1]按照该说，处罚共犯的根据在于，引起了从共犯本身来看可谓之为，该当于构成要件且违法的事态。例如，〔案例2〕X 教唆 Y 伤害 X 自己〔这里以有关同意伤害的重伤害说为前提［第七章之四（三）］，设定的是教唆了重伤害说所预定的重大伤害〕，并让其实施了该行为。在该案中，所引起的对 X 的伤害，对 Y 而言，属于"伤害'他人'的身体"，包含在伤害罪所预定的结果之中，* 因而 Y 成立伤害罪的正犯；但对 X 而言，则属于"伤害'自己'的身体"，不应包含在伤害罪所预定的结果之中，因而 X 不成立伤害罪的教唆犯。反之，〔案例3〕X 教唆 Y 伤害 Y 自己，并让其实施了该行为的，所引起的对 Y 的伤害，对 Y 而言，属于自伤结果，不能成为伤害罪的构成要件对象，Y 不成立伤害罪的正犯；但对 X 而言，则属于伤害他人，X 应成立伤害罪的教唆犯。

这样，按照纯粹惹起说，就不需要共犯的要素从属性，对于不具有构成要件该当性的行为，也能成立共犯。但是，这种肯定"无正犯之共犯"的结论，除了违反"教唆他人实行犯罪的"（第61条第1款）、"帮助正犯的"（第62条第1款）这种条文的规定本身之外，还会使得共犯的成立范围不明确，有损刑法的保障机能。

（二）修正惹起说

如上所述，纯粹惹起说的始发点是共犯的违法评价相对于正犯的违法评价的独立性（即共犯的违法评价独立于正犯的违法评价），不同于此，"修正

---

〔1〕 参见佐伯千仞『刑法講義　総論』（有斐閣1981年4訂版）337頁；中山研一『刑法総論』（成文堂1982年）444頁；山中敬一『刑法総論』（成文堂2015年第3版）862頁，等等。

* 亦即，属于伤害罪的构成要件结果（对象）。——译者注

惹起说"强调的是，共犯是通过正犯的实行行为惹起了结果，其始发点是共犯的违法评价对于正犯的违法评价的从属性（即共犯的违法评价从属于正犯的违法评价）。[1]按照修正惹起说，共犯的处罚根据在于，引起了从正犯来看可谓之为，该当于构成要件且违法的事态。因此，在〔案例3〕中，所引起的对Y的伤害，对Y而言，属于自伤行为，不能认定正犯Y具有伤害罪的构成要件该当性，因而教唆Y实施该行为的X并未招致违法事态，不具有可罚性。反之，在〔案例2〕中，所引起的对X的伤害，对Y而言，属于具有构成要件该当性且违法的结果，因而，间接地引起了该结果的X就应成立伤害罪的教唆犯。这样，按照修正惹起说，可以推导出积极意义上的限制从属性说：若正犯具有构成要件该当性、违法性，就能肯定共犯也具有构成要件该当性、违法性。

的确，立足于以法益侵害说为基础的客观违法论，原则上，法益的侵害及其危险这种事实属于客观的存在，为所有参与者所共有。然而，法益的要保护性、可否将法益侵害归属于某参与者、利益衡量中反对利益的存在等，则会根据各参与者与法益之间的关系、行为状况而不同。在〔案例2〕中，X的身体对X本人而言并不受保护，以侵害了X的身体为理由而处罚X本人，这有违不处罚自损行为这一刑法的基本态度。处罚X，实质上仍然是以X使得Y成为了伤害罪的罪犯作为理由，会最终走向责任共犯论或者不法共犯论。[2]

（三）混合惹起说

按照个人责任原则，共犯也是因自己的行为而受到处罚，只有被侵犯的法益对共犯本身而言也是受到法律保护的利益，对共犯的处罚才可能得以正当化。而且，正如第61条第1款与第62条第1款所示，基于处罚范围的明确化以及刑法的谦抑性的要求，刑法的态度是，限于能认定正犯具有构成要件该当性（以及违法性）的场合，才追究处于正犯背后的共犯的罪责。为此，"混合惹起说"吸收了纯粹惹起说与修正惹起说这两种学说的要求，主张（狭义的）共犯的处罚根据在于，引起了从共犯与正犯双方来看可谓之为，该当

---

[1] 参见曾根威彦『刑法原論』（成文堂2016年）543頁以下等。

[2] 正因为这一点，也有观点将修正惹起说与不法共犯论等而视之。参见山口厚『刑法総論』（有斐閣2016年第3版）314頁。

于构成要件且违法的事态。[1]按照混合惹起说，在〔案例2〕中，X的身体对X本人而言不具有要保护性，因而能否定存在"共犯的不法"；在〔案例3〕中，Y的身体对Y本人而言不具有要保护性，因而能否定存在"正犯的不法"，因此，这两个案件都不能认定X成立伤害罪的教唆犯。这样一来，采取混合惹起说，就会走向消极意义上的限制从属性说或者最小从属性说：若正犯不具有构成要件该当性（以及违法性），就不能处罚共犯。

三、未遂的教唆

"未遂的教唆"（agent provocateur），[2]是指起始便出于使得犯罪归于未遂的意思而教唆的情形。* 如何处理"未遂的教唆"，是有关共犯的处罚根据的试金石。例如，〔案例4〕X为了陷害Y，一边唆使Y盗窃A的自行车，一边报告警察，让警察守候在周边，以确保在Y着手实施盗窃之时能将其抓获。

按照责任共犯论，既然Y成立盗窃罪未遂，而X是有意让Y陷入盗窃罪未遂的刑责之中，因而X应成立盗窃罪未遂的教唆犯；按照不法共犯论，X

---

[1] 参见井田良『講義刑法学·総論』（有斐閣2018年第2版）534頁；高橋則夫『刑法総論』（成文堂2018年第4版）454頁；松宮孝明『刑法総論講義』（成文堂2018年第5版補訂版）323-324；山口厚『刑法総論』（有斐閣2016年第3版）314頁，等等。

[2] 相反，虽教唆了既遂罪，但正犯未及着手实行的，则称为"教唆的未遂"。按照共犯从属性说，教唆的未遂是不可罚的［第十七章之一（二）］。

* "未遂的教唆"，又称为"唆使的警官"，含义如下：在"实施教唆的巡警"或者"以使他人陷入犯罪为职业的警察的坐探（爪牙）"这一意义上，是指初便出于逮捕对方的目的，而教唆他人实施犯罪，等到被教唆者实施犯罪时，当场实施抓捕。在侦查、打击毒品犯罪时所采取的"线人侦查"中的线人（诱饵）即属于此。就犯罪的教唆者的刑事责任问题，多围绕"未遂的教唆"的可罚性而展开。学说之间的对立首先是围绕如何理解教唆的故意而展开。如果认为教唆的故意是且只要是，让被教唆者产生实行犯罪的决意，则只要存在对该罪的未遂犯的处罚规定，未遂的教唆作为未遂犯的教唆就具有可罚性。相反，如果认为教唆的故意还必须对正犯的构成要件结果的发生存在认识，则由于缺乏教唆的故意，未遂的教唆就不具有可罚性。一段时间内，这种对立被认为是"共犯从属性说"与"共犯独立性说"之间的论争，但现在一般认为，这种对立体现在有关"共犯的处罚根据"的争议中。可罚说一边以共犯从属性说的立场（也就是，由于教唆行为并不是基本构成要件的实行行为，因而教唆的故意也不同于针对基本构成要件的故意）为出发点，一边又立足于责任共犯论。不可罚说曾经是共犯独立性说的结论，现在一般立足于因果共犯论。不过，也有观点虽然立足于因果共犯论，要求故意的内容必须包括对结果的发生存在认识，但又将结果发生的危险也作为一种"结果"，认为只要对危险存在认识即可，主张未遂的教唆也具有可罚性。参见三井誠等編『刑事法辞典』（信山社2003年）1、2頁。——译者注

是故意地让 Y 卷入与社会对立的状态之中，因而也应成立盗窃罪未遂的教唆犯。但是，这种结论是将盗窃罪未遂的教唆犯的保护法益理解为，（Y 的）自由、名誉或者社会性地位等，而不是（A 的）财产，因而并不妥当。

反之，按照因果共犯论或者惹起说，与盗窃罪（的正犯）一样，盗窃罪的教唆犯也是针对财产的犯罪，财物占有的转移这种正犯结果也属于教唆犯的构成要件的内容，因此，教唆犯的故意也必须及于这种正犯结果，不具有这种认识的 X，就不成立盗窃罪未遂的教唆犯。

不过，也有观点虽立足于惹起说，但坚持认为，对于通过让 Y 实施实行行为而产生发生结果的危险这一点，X 是存在认识的，因而 X 应成立盗窃罪未遂的教唆犯。[1] 按照强调共犯不法对正犯不法的连带性的修正惹起说，由于是故意地惹起了让 Y 成立盗窃罪未遂的事实，因而 X 也应承担该罪的教唆犯的罪责。但是，作为未遂犯的故意，不仅要求对既遂结果发生的危险存在认识或预见，还要求对既遂结果本身也存在认识或预见，在这一点上，即便是教唆犯，也理应没有什么不同。仅限于共犯，不要求对既遂结果存在认识或预见，这种观点实际上是将正犯的处罚根据与共犯的处罚根据理解为不同性质的东西，因而这种观点与惹起说的基本思想是不相容的。

四、因果性的内容

（一）共犯的因果关系的特殊性

按照惹起说（因果共犯论），与单独正犯一样，共同正犯、教唆犯、从犯也要求，与针对基本构成要件所保护的法益的侵害及其危险之间，存在因果关系。但是，对于该因果关系的内容，有些地方还需要加以特别考虑。首先，问题在于，对（广义的）共犯而言，由于原本就预定存在其他的行为主体，就很难要求存在"若没有该共犯的参与，就不会发生结果"这种意义上的条件关系。其次，很多时候，（广义的）共犯是以作用于他人的意思这种心理因果性为基础。例如，教唆犯，是通过向正犯提供犯罪动机而让正犯决意实施实行行为；共谋共同正犯，是给予实行者以无法完全按照自己的意思放弃犯罪这种心理上的约束；实行共同正犯，也是在亲自分担实行行为的同时，通过对其他实行者的意思施加影响，而诱导其他实行者实施实行行为。对从犯

---

[1] 参见平野龍一『刑法総論Ⅱ』（有斐閣 1975 年）350 頁。

而言，除了提供凶器这种物理性帮助之外，还存在诸如提供信息、传授犯罪方法等技术性建言、激励以及约定给付报酬等（狭义的）心理性帮助，其中，心理性帮助就是通过作用于行为人的心理而贡献于结果的发生。问题在于，就这种心理因果性而言，不仅难以实际举证，在其应然的存在状态、我们的认识范式等方面，与规制外界的物理因果性，也应该是不同的。[1]

（二）片面的共犯

成立共犯，心理因果性是否不可或缺？之所以提出此疑问，是由于存在"片面的共犯"的问题，在"片面的共犯"中，共犯是在不存在意思联络的情况下共同实施行为或者加功于正犯的行为。例如，〔案例5〕在Y就要对A实施强奸之际，在Y没有察觉的情况下，X摁住A的双脚，从而使Y得以顺利地完成了奸淫。那么，该案中的X是否应成立共同正犯或者从犯呢？

判例、通说采取的是"二分说"：对片面的共同正犯持否定态度，但对片面的从犯（片面的帮助犯）持肯定态度。[2] 下面是有关共同正犯的案件。〔案例6〕在Y等人闯入A宅实施损坏建筑物、损坏器物、伤害之际，X得知该计划后，出于单方面助力Y等人的意图赶赴A宅，自己投掷石块、砖瓦，并持刀威胁A。对此，大审院大正11年（1922年）2月25日判决认为，"《刑法》第60条规定，二人以上共同实行犯罪的，皆为正犯。尽管各个行为人只是实行了部分犯罪要素……仍要承担犯罪的全部责任的理由在于，共同正犯不同于单独正犯，行为人相互之间存在意思联络即存在共同犯罪的认识，相互利用另外一方的行为，全体相互协作而使犯罪事实得以实现（显现于外界）"，进而撤销了原审判决（对于没有事实证明与Y等人之间存在意思联络的X，原审判定，成立损坏建筑物等罪的共同正犯）。[3] 不过，在该案中，对于Y等人实施的损坏建筑物、伤害的事实，X既不存在物理上的因果性也不存在心理上的因果性，因此，只要是以惹起说为前提，即便是持片面共同正犯

---

[1] 间接正犯以及诈骗罪、敲诈勒索罪等也存在心理因果性的问题，在这些情形下，损害的是对象人的"自由意思"，而在共犯中，在对象人存在"自由意思"这一点上，心理因果性所具有的难度会大幅增加。

[2] 参见井田良『講義刑法学・総論』（有斐閣2018年第2版）512、546頁；伊東研祐『刑法講義総論』（日本評論社2010年）370頁；大谷實『刑法講義総論』（成文堂2019年新版第5版）425、446頁；佐久間修『刑法総論』（成文堂2009年）374頁；高橋則夫『刑法総論』（成文堂2018年第4版）472頁，等等。

[3] 参见大判大正11年2月25日刑集1卷79頁。

肯定说，该案也属于不能肯定 X 成立损坏建筑物罪等的共同正犯（以及从犯）的案件。下面是有关从犯的案件。〔案例 7〕得知 Y 等人开设赌场之后，X 邀约客人至该赌场，对此，大审院大正 14 年（1925 年）1 月 22 日判决认为，"作为成立从犯的主观要件，只要从犯认识到正犯的行为，并具有帮助该行为的意思即可，不以从犯与正犯之间存在相互的意思联络为必要，因而也不以正犯认识到从犯的帮助行为为必要"，从而判定 X 成立开设赌场罪的从犯。[1][2]

反之，一方面，按照将（广义的）共犯视为共同意思主体之活动的共同意思主体说，以及认为（广义的）共犯是指数人一起实现一个犯罪的犯罪共同说，意思联络就属于成立共犯的不可或缺的前提，因而会主张一概不承认片面共犯的"全面否定说"。[3][4]另一方面，按照认为（广义的）共犯是指各人通过与他人共同实施事实上的行为而实现各自的犯罪的行为共同说，只要各自的参与和结果之间存在因果关系即可，即便没有意思联络也可成立共犯，就会主张"全面肯定说"，[5]即不仅承认片面的从犯也承认片面的共同

---

[1] 参见大判大正 14 年 1 月 22 日刑集 3 卷 921 页。

[2] 还有这样一个判例：被告人受某外国人之托，答应替其收货，此后他意识到所收的货物可能是兴奋剂，虽向对方提出不愿担任收货人，但未被对方接受。对于该案，东京高等裁判所令和 2 年（2020 年）3 月 30 日判决指出，对于尚未认识到所收货物是兴奋剂的时点所做出的承诺行为，原判决认定成立营利目的进口兴奋剂罪的帮助行为，这违反了责任主义，同时以"在被告人（答应）收受本案货物这种客观状况之下，正犯等人才实施了发货行为，在此意义上，被告人的行为与正犯等人的犯罪行为之间在物理上具有因果性"为理由，判定成立营利目的进口兴奋剂罪的片面的从犯（参见東京高判令和 2 年 3 月 30 日研修 868 号 103 页）。但是，收货人的实际存在未必会对进口的结果造成影响（即便是针对虚构的收货人的发货，直至从飞机上卸货为止，应该是可以毫无障碍地进行）。要认定被告人成立营利目的进口兴奋剂罪的从犯，就只能是能够认定，被告人在意识到货物是兴奋剂之后，要么与委托人之间存在有关该罪的（默示的）意思联络，要么因没有阻止兴奋剂的进口这种不作为的帮助而构成（不过，能否认定被告人存在作为义务，这也是一个疑问）。

[3] 参见植松正『再訂刑法概論 I 総論』（勁草書房 1974 年）381 页；西原春夫『犯罪総論』（下卷·改訂準備版）（成文堂 1993 年）384 页；曽根威彦『刑法原論』（成文堂 2016 年）593 页以下，等等。

[4] 不过，如果认为共同意思主体说与犯罪共同说是仅以共同正犯为射程的理论，那么，这两种学说也会与"二分说"联系在一起。

[5] 参见浅田和茂『刑法総論』（成文堂 2019 年第 2 版）427 页；小林憲太郎『刑法総論』（新世社 2020 年第 2 版）336 页；平野龍一『刑法総論 II』（有斐閣 1975 年）393 页；西田典之（橋爪隆補訂）『刑法総論』（弘文堂 2019 年第 3 版）384 页；松宮孝明『刑法総論講義』（成文堂 2018 年第 5 版補訂版）269-270 页；山口厚『刑法総論』（有斐閣 2016 年第 3 版）366 页以下；山中敬一『刑法総論』（成文堂 2015 年第 3 版）899 页，等等。

正犯。不过，按照以惹起说为前提的行为共同说，如果认为要成立共犯，心理上的因果性是不可或缺的要素，那么，也会否定欠缺心理上的因果性的片面的共犯。[1] 采取不同学说，对于同一案件会得出不同的结论。例如，对于〔案例5〕中的X，按照全面肯定说，（根据正犯性的标准的不同）应成立强奸罪的共同正犯或者从犯；按照二分说，则属于强奸罪的从犯；按照全面否定说，则成立暴行罪或者强奸罪的单独正犯。

在惹起说看来，共犯关系的基础在于，各参与者与犯罪事实之间的因果性。行为共同说正是以"共同的对象"这种形式体现了惹起说的这种构想。对于（广义的）共犯所共通的因果性，只要是就其内容而言，就不存在像全面否定说那样将这种因果性限于心理因果性的必然性。而且，并不是对结果具有物理因果性，就能直接肯定具有（单独）正犯性，因而采取全面否定说会出现处罚上的重大漏洞。例如，在〔案例7〕中，尽管与开设赌场这一事实之间存在物理上的因果性，但并不具有行为支配，因而X不属于开设赌场罪的（间接）正犯，只要不承认片面的共犯，就无法处罚X。为此，就应该认为，为（广义的）共犯奠定基础的因果性还包括物理的因果性，在此限度内，就不能排除成立片面共犯的可能。

另外，要成立共同正犯，除了因果性之外，还需要存在正犯性。第60条所预定的共同正犯的正犯性的基础在于：①通过合意的约束力而形成的（缓和的）意思支配，或者②由不可或缺的作用分担而形成的功能性行为支配〔第十七章之四（二）、五（四）〕。①的意思支配，是基于让对方意识到自己的存在而形成，在片面共犯中不存在这种意思支配。而且，②的功能性行为支配，也是以基于由意思联络所形成的共同计划的分工为其内容。第60条规定，"二人以上共同实行犯罪的，皆为正犯"。可以认为，该条是着眼于基于意思联络的心理性约束，以及作用分担的社会意义上的重要性，而扩张了正犯性。[2]

由此可见，应支持二分说：否定片面的共同正犯、肯定片面的从犯。虽没有意思联络，但做出了可以左右犯罪成立与否这种程度的重要贡献，的确

---

[1] 参见町野朔「惹起説の整備・点検」『内藤謙先生古稀祝賀・刑事法学の現代的状況』（有斐閣1994年）136頁。

[2] 若承认片面的共同正犯，就会出现这样的情况：在参与者之中，一方属于共同正犯，而另一方属于单独正犯，但60条预定的是，存在数名共同正犯。

也有可能存在这种情形，但这种情形处于第60条所类型化的修正构成要件的射程之外。对此，只要满足了包括间接正犯在内的单独正犯的要件，就应按照分则的基本构成要件来处罚；如果没有满足单独正犯的要件，就应作为（片面的）从犯予以处罚。为此，在〔案例5〕中，很难说达到了让Y完全按照自己的意思实施行为的程度，因而X不能成立强奸罪的间接正犯，而是应成立强奸罪的从犯。

（三）从犯的因果关系（帮助的因果关系）

对从犯而言，由于是以存在已经决意实施犯罪的正犯为前提，要求帮助行为与结果之间存在条件关系，就会出现困难。[1]例如，〔案例8〕X把配好的A宅钥匙交给盗窃犯Y，Y利用该钥匙顺利进入了A宅，但即便没有该钥匙，Y也许会通过使用开锁工具或者打碎门窗玻璃而进入A宅完成犯罪。又如，〔案例9〕Y打算杀死妻子A，Y的情人X对Y说，"如果A死了，我就和你结婚"，催促Y杀死A，但即便没有X的上述表白，Y也许仍然会杀害A（如果是因为X的表白，Y才确定了杀妻的意思，X无疑应构成教唆犯）。

对此，"危险犯说"主张，从犯属于抽象的危险犯，处罚的是那些有可能使得正犯的实行行为更为容易的行为，因而不要求帮助行为与正犯的实行行为以及结果之间存在因果关系。[2]但是，按照该说观点，在帮助行为的时点，就已经成立作为抽象的危险犯的从犯，实行从属性（只有正犯实施实行行为，才能认定成立从犯）便失去了理论基础。为此，按照危险犯说，就理应采取共犯独立性说，那么，在上述〔案例8〕以及〔案例9〕中，Y在着手实行之前改变主意放弃犯罪的，也应将X作为从犯来处理。因为，只有这样，才具有理论上的一贯性。如果虽立足于危险犯说，但同时又采取共犯从属性说，就只能是将正犯的实行行为及其结果，理解为是客观的处罚条件。然而，让从犯的可罚性取决于与帮助行为毫无关系的正犯行为与正犯结果，就会与"危险犯说"的本来意图南辕北辙，反而更接近于可罚性借用说。

反之，通说虽认为，帮助行为与正犯结果之间必须存在因果关系，但缓和了对因果关系内容的要求，认为只要处于促进结果之关系即可（即对结果

---

〔1〕 对共同正犯而言，由于是以存在其他共同者为前提，也会出现同样的问题。下文的相关研究，虽然是按照既往学说的惯例，主要是考察从犯，但基本思路同样适合于共同正犯。

〔2〕 参见野村稔『刑法総論』（成文堂1998年補訂版）424頁。

具有促进意义即可）。[1]对于"结果促进说"中所谓"促进关系"的含义，可能存在以下两种理解：

第一种理解是，所谓"促进关系"，是指因帮助行为而扩大了具体结果，或者提早了结果的发生时点。[2]按照这种理解，在〔案例8〕中，与采取破窗进入的方法相比，Y通过使用X提供的钥匙，得以更快地窃取了财物，这就属于"促进"的内容。存在这种"对结果的现实促进"的，就可以说，帮助行为与已在时间上或者程度上被具体化的结果之间存在条件关系。为此，这种"对结果的现实促进"，并不是在质上改变单独正犯的因果性的东西。然而，单独正犯的条件关系要求的是，通过自己的行为，对结果的改变达到，可谓之为"社会观念上另外的结果"的程度。与此相反，如果认为，帮助行为的促进效果只要是使得结果发生了相对细微的改变即可，就可以说，在从犯中，因果关系的内容在量上得到了修正。[3]

第二种理解是，所谓"促进关系"，是指处于这样的关系：因帮助行为而提升了结果发生的盖然性，在被提升的盖然性的背景之下，引起了结果的发生。[4]按照这种理解，在〔案例8〕中，Y握有X提供的钥匙，不仅在帮助行为的时点，在正犯行为的时点也提升了夺取财物的盖然性，这属于"促进"的内容，由此即可肯定，X的帮助行为与夺取财物之间存在因果关系。进一

---

[1] 参见平野龍一『刑法総論Ⅱ』（有斐閣1975年）381頁；西田典之（橋爪隆補訂）『刑法総論』（弘文堂2019年第3版）367頁。反之，也有观点主张，只要帮助行为促进了正犯的实行行为即可〔参见大谷實『刑法講義総論』（成文堂2019年新版第5版）448頁；日高義博『刑法総論』（成文堂2015年）504頁〕。但是，这种"行为促进说"属于责任共犯论或者不法共犯论的结论，与以惹起基本构成要件的结果作为处罚根据的惹起说之间无法相容。而且，按照这种行为促进说，对从犯而言，正犯结果就成为单纯的客观处罚条件，而无法说明针对既遂犯的从犯与针对未遂犯的从犯之间刑罚上的不同。

[2] 参见曽根威彦『刑法原論』（成文堂2016年）602頁以下；小野上真也「従犯における客観的成立要件の具体化」『早稲田法学会誌』60巻2号（2010年）180頁以下。

[3] 另有观点虽以帮助犯中也必须存在条件关系为前提，但主张可以通过一揽子地消除帮助行为与正犯行为而肯定条件关系〔参见小島秀夫『帮助犯の規範構造と処罰根拠』（成文堂2015年）174頁〕。但是，如果采取这种"一揽子消除说"，只要正犯行为与结果之间存在条件关系（这也是结果犯之基本构成要件的要求），势必总是对帮助行为也存在条件关系。"一揽子消除说"是以正犯的条件关系来为从犯提供归责根据，不能说对因果共犯论所关注的帮助行为与结果之间的关联进行了论证。

[4] 参见西田典之『共犯理論の展開』（成文堂2010年）196頁；島田聡一郎『正犯・共犯論の基礎理論』（東京大学出版会2002年）362頁；酒井智之「物理的帮助犯における因果関係の判断枠組み（1）」『一橋法学』20巻3号（2021年）145頁以下。

步而言,〔案例 10〕在 Y 实施盗窃期间,在未被 Y 察觉的情况下,X 替 Y 望风,但最终谁也没有经过此地。这种情形也是在因 X 的望风而提升了夺取财物之盖然性的情况下,Y 实施了盗窃行为,因而 X 成立盗窃罪的帮助犯。但是,X 的这种望风行为,与 Y 夺取财物之间不具有现实的联系,根据这种盖然性的增加而肯定成立从犯,就无法消除这样的疑问:是否会将从犯变异为,以正犯行为时为基准的危险犯呢?因此,只要是有关物理的因果性的问题,就应该要求存在,结果的不良改变这种意义上的"对结果的实际促进"。

此外,就心理上的帮助而言,很难总是要求达到"对结果的实际不良改变"的程度。在〔案例 9〕中,因 X 约定结婚而使得 Y 提早杀害了 A,要证明这种对结果的不良改变,几乎没有可能。但是,X 向 Y 提供了杀害 A 的附加动机,由此强化了 Y 的决意,降低了 Y 反悔的可能性。并且,如果 Y 基于包括 X 所提供的附加动机在内的数个动机,实施了杀害 A 的行为,X 所提供的动机,就实际构成了 Y 的行为原因,可以说,X 提供动机与 A 的死亡结果就由原因——结果的关系而被联系在一起。人实施某种行为,往往不是出于某一个动机,而多以作为数个积极的、消极的动机之合体(集合)的心理状态为原因,因此,提供附加的行为动机、消除反对动机,也会成为行为的原因。[1]为此,心理因果性中的"促进关系",是指通过提供动机或者消除反对动机而维持、强化正犯的犯意,使之在反悔的可能性降低的心理状态之下惹起了结果,可以认为,第 62 条也承认,仅就心理上的帮助而言,具有该意义上的"促进"作用即可。

按照上述理解,对下面的案例可做以下认定:〔案例 10'〕受 Y 之托,在 Y 实施盗窃期间,X 负责望风。对于该案还可设定以下情形:①在望风过程中,X 向 Y 传达了被害人已经回家的信息,Y 因而得以携带所盗财物逃走的,在此情形下,就能认定 X 实际实施的望风行为与夺取财物之间存在条件关系;②正因为 X 答应望风,Y 才将盗窃计划付诸实施的,对此,能认定 X 的望风约定与夺取财物之间,存在通过 Y 之心理而形成的条件关系;③正因为 X 为其望风,Y 才得以专心物色财物,进而更快或者更多地夺取了财物的,就能认定通过作用于 Y 的心理,X 存在"对结果的实际促进";④正因为 X 答应望风,才消除或者抑制了担心被发觉、担心不顺利等 Y 的反对动机的,

---

[1] 参见林幹人『刑法の基礎理論』(東京大学出版会 1995 年)167 頁以下。

就能认定存在维持、强化犯意这一意义上的心理上的促进作用。

在下述"板桥珠宝商杀害案"中,有无帮助的因果关系,就成为案件的核心问题。具体案情如下:〔案例11〕Y为了达到不归还珠宝的目的,计划在某大楼的地下室枪杀珠宝商人A,X得知此消息后,为了防止枪声传到外面,而自行封堵了地下室入口的缝隙。但Y后来改变计划,在行驶的汽车中枪杀了A,当时,X驾车尾随在Y的汽车后面。* 对于此案,作为一审的东京地方裁判所平成元年(1989年)3月27日判决认为,封堵行为"对于基于一系列计划而针对A的生命等的侵害,提升了将其予以现实化的危险性",进而就封堵行为以及尾随行为这两个行为,判定X成立抢劫杀人罪的从犯。[1] 反之,作为二审的东京高等裁判所平成2年(1990年)2月21日判决则认为,"正如一审判决所认定的那样,X在地下室的封堵等行为,对于Y实际实施的抢劫杀人的实行行为,完全没有起到作用。尽管如此,在此情形下,对于X在地下室的封堵等行为,要得以谓之为,帮助了Y实际实施的抢劫杀人的实行行为,就要求X的封堵等行为本身在精神上对Y给予了助力,有助于维持或者强化其抢劫杀人的意图",但在本案中,没有证据证明,Y对X实施的封堵等行为存在认识,因而不能说,X的封堵等行为对维持、强化Y的犯意起到了作用,进而对于X的这种行为,判定X不构成抢劫杀人罪的从犯。不过,对于X的尾随行为,东京高等裁判所认为在精神上对Y给予了助力,最终判定X就该行为成立抢劫杀人罪的从犯。[2]

一审判决没有考虑帮助行为与现实的杀人行为之间的关系这一问题,而

---

* 本案详细案情为,Y为了达到不归还珠宝商A寄存在他那里的宝石的目的而杀害了A,被告人X作为Y所实施的抢劫杀人罪的帮助犯被提起公诉。被判例认定为帮助行为的事实有二:其一,Y最初计划在大楼地下室内用手枪杀A,为了防止枪声被外面听到,X实施了封堵入口的行为;其二,但Y其后改变主意,将A拽上汽车,在行驶途中杀害了A,X另外驾驶汽车一直跟在Y的汽车后面。对此,一审认为,X实施的上述两个行为均属于帮助行为,判定X成立帮助犯。但东京高等裁判所认为,第一个行为不属于帮助行为,而仅认定第二个行为属于帮助行为。东京高等裁判所之所以否定第一个行为属于帮助行为,其主要理由在于:首先,由于Y改变了行动计划,X的封堵行为对于实际的杀害行为并未起到任何作用;其次,没有任何证据证明Y对X的望风行为是知情的。由此可见,尽管东京高等裁判所在判决理由中没有使用物理的因果性、心理的因果性这种表述,但仍然可以认为,东京高等裁判所是基于既无物理的因果性又无心理的因果性这一理由而否定第一个行为属于帮助行为。——译者注

[1] 参见東京地判平成元年3月27日判夕708号270頁。
[2] 参见東京高判平成2年2月21日判夕733号232頁。

是着眼于帮助行为当时是否增加了危险，因而该判决被理解为，是以"危险犯说"作为理论依据。与之相反，东京高等裁判所的二审判决就物理的因果性，要求"有助于实际实施的实行行为"；就心理的因果性，要求"有助于维持、强化犯意"，这种判断模式值得支持。不过，有关尾随行为的心理因果性，仅凭一起行动而形成的精神上的助力，尚不足以认定维持、强化了实施杀人的意思，还应该要求提供了更为具体的行为动机或者消除了反对动机。[1]仅仅因为表明了认可犯罪行为的态度，就直接肯定存在心理上的帮助，这难免不让人想起前述"对他人不法的连带说"。

五、共犯成立的时间界限

对于已经结束的犯罪，不可能因果性地施加影响，因而无法成立共犯。例如，对杀人犯的逃亡行为提供帮助，或者从盗窃犯手中购买赃物，就不能成立杀人罪或者盗窃罪的共犯，只是构成隐避犯人罪（第103条）或者有偿受让盗赃罪（第256条第2款）。当然，事前的约定有可能构成精神上的帮助，那另当别论。值得注意的是，作为共犯成立的时间界限的"犯罪的终了"时点，与犯罪的既遂时点未必一致。具体而言，其一，在继续犯中，犯罪既遂之后，犯罪仍在持续。例如，在非法关押被害人的时点，监禁罪即达到既遂，但直至释放被害人之前，监禁状态尚未结束，在此期间的参与者，至少应就参与时点之后的监禁行为成立监禁罪的共犯。其二，放火罪一般被归类于即成犯或者状态犯，在犯罪对象开始独立燃烧的时点就达到既遂，但在对象物的燃烧继续扩大期间，犯罪尚未结束，对于这种燃烧的扩大做出贡献者，也可以成为放火罪的共犯。其三，在犯罪分类中，盗窃罪一般被分类为状态犯，行为人取得占有即达到既遂。虽然如此，在行为人确保占有之前，被害人仍保有部分占有，因此，在此期间参与的，只要对侵害被害人剩余的占有做出了贡献，也可以成为盗窃罪的共犯。

六、承继的共犯

（一）问题之所在

下面的问题是，在先行者着手实行之后犯罪结束之前，中途参与的后行

---

[1] 参见高橋則夫「共犯の因果性」西田典之・山口厚・佐伯仁志編『刑法の争点』（有斐閣2007年）96頁。

者，是否承继对于参与之前已经发生的事实的先行者的责任，而就整个犯罪事实成立（广义的）共犯？抑或是仅就自己参与之后的事实成立共犯？例如，〔案例12〕Y出于抢劫的目的杀害A之后，从Y处得知情况的X参与了夺取A的财物的行为；〔案例13〕Y出于诈骗目的欺骗了A之后，从Y处得知情况的X参与了收受钱款的行为；〔案例14〕在Y对A实施暴力的途中，知情的X参与了暴力行为，但A因X参与之前的Y的暴力而受伤；〔案例14'〕在〔案例14〕中，A究竟是因X参与之前的暴力还是因X参与之后的暴力而受伤，这一点并不明确。那么，上述各案中的X，究竟应在什么范围之内承担罪责呢？

（二）全面承继说

"全面承继说"一度属于有力学说。[1]该说认为，后行为人对先行事实存在认识或容认的情况下参与了犯罪行为的，应对包括先行事实在内的所有犯罪事实担责。按照这种观点，上述各案中的X分别承担以下罪责：在〔案例12〕中，X成立抢劫杀人罪的共同正犯；在〔案例13〕中，X成立诈骗罪的共同正犯；在〔案例14〕〔案例14'〕中，只要一系列的暴力属于包括的一罪，X就成立伤害罪的共同正犯。全面承继说的理由主要有以下两点：

第一点理由是，一罪的整体不可分性。但是，持续犯、结合犯、包括的一罪都存在是否成立承继的共犯的问题，而这些犯罪类型都是由数个行为构成，而且事实上也可以将这些行为区分开来，这些已经成为研究是否成立承继的共犯的前提。由此可见，全面承继说引以为论据的"整体不可分性"，不是指作为事实的整体不可分性，而是指作为规范要求的整体不可分性。但是，即便如此理解，其根据也并不明确，而且也难以让这种"整体不可分"的要求优越于属于刑法之基本原则的个人责任原则（让行为人对自己并未参与的事实负责）。并且，即便将这种"整体不可分"理解为，不是犯罪本身的不可分性，而属于共同意思主体说或者犯罪共同说所重视的共犯成立上的整体性要求，但在有关"共犯与错误""共犯与身份"的问题中，现在已经广泛承认，共犯之间可以成立不同的罪名〔第十九章之一、第二十章之一（四）〕。另外，所谓"一罪"，包括单纯的一罪、包括的一罪、科刑的一罪等类型，因

---

[1] 参见植松正『再訂刑法概論Ⅰ総論』（勁草書房1974年）354頁；西原春夫『犯罪総論』（下卷·改訂準備版）（成文堂1993年）386頁，等等。

而也无法明确"整体不可分"的要求所及"一罪"的范围。全面承继说也承认牵连犯中的手段犯罪的承继，因而，按照其观点，仅参与使用伪造的文书的，该参与者势必也要成立伪造文书罪的共犯；或者，在他人非法侵入住宅并伤害其他人时，已经合法进入住宅的某人对此予以加担的，也势必要成立侵入住宅罪的共犯。当然，想必全面承继说不会（激进到如此程度）采取这种做法。然而，只要没有明确"整体不可分"要求的规范性根据，就无法提出不采取这种结论的理由。

第二点理由是，如果在介入当时对先行事实存在认识或者容认，并与先行行为人之间存在意思联络，那么在法律价值上就可以与"事前的意思联络"同等看待。但是，以对于不为该人所左右的过去的事实的认识或者容认，作为对过去的事实承担责任的根据，这属于心情刑法的做法，有违行为主义；而且，从因果共犯论的视角来看，意思联络只有在为心理的因果性奠定基础这一点上，才可能具有刑法上的意义，而针对过去事实的意思联络，不会产生这种心理的因果性。全面承继说无外乎是从"对他人不法的连带说"的视角，从赞同他人不法的恶的心情之中寻找处罚根据。[1]

（三）中间说（限定承继说）

近年来，在一定范围之内承认承继的各种观点（中间说、限定承继说）正日益成为学界的有力学说。

1. 效果利用说（积极的利用说）

效果利用说（积极的利用说）是其中的代表性观点。[2]该说在（积极地）利用了先行为人的行为之效果的限度之内，肯定成立承继的共犯。按照该说，上述各案中的 X 分别承担以下罪责：在〔案例12〕中，虽利用了 A 的反抗压制状态但没有利用死亡结果，因而 X 成立抢劫罪的共同正犯；在〔案例13〕中，利用了 A 陷入错误的状态，因而 X 成立诈骗罪的共同正犯；* 在〔案例14〕〔案例14'〕中，由于利用的并不是 Y 的暴力的效果（即伤害结

---

[1] 为此，在全面承继说中，对于后行为人的客观的参与行为，只能认定具有作为参与者的不法心情之凭证的意义。

[2] 参见大谷實『刑法講義総論』（成文堂2019年新版第5版）419-420頁；大塚仁『刑法概説総論』（有斐閣2008年第4版）294頁；川端博『刑法総論講義』（成文堂2013年第3版）570頁；藤木英雄『刑法講義総論』（弘文堂1975年）290頁，等等。

* 当然，如果"收受钱款"这一行为不能被认定为发挥了重要作用，X 就止于成立诈骗罪的从犯。——译者注

果），因而 X 仅成立暴行罪的共同正犯。

但是，从对行为"效果"的利用，直接推导出对引起该效果的"行为"的归责，这无异于是一个巨大的飞越。强制性交等罪（第 177 条前段）处罚的是，"使用暴力或胁迫"而实施性交（奸淫）者，准强制性交等罪（第 178 条第 2 款前段）处罚的则是，"趁女子心神丧失或者不能抗拒"而奸淫该女子者。虽然抢劫罪（第 236 条）处罚的也是，"使用暴力或胁迫"而强取财物者，但刑法并没有规定，趁他人不能抗拒之际夺取财物的，依照抢劫罪的规定处罚。对比准强制性交等罪的规定就会发现，抢劫罪的不法内容不在于单纯利用不能抗拒的状态而夺取财物，而在于通过对他人实施暴力或者胁迫而夺取财物。为此，在抢劫罪中，暴力、胁迫的事实不是单纯的行为状况，而属于由行为人所引起的法益侵害的内容，即便是承继的共犯，也必须讨论暴力、胁迫行为本身的归属问题。现行刑法分别规定了诸如准强制性交等罪那样的"利用型"犯罪类型，以及诸如强制性交等罪、抢劫罪那样的"惹起型"犯罪类型，以对先行事实的利用为理由而认定归属，无异于对现行法上的这种区别的无视。

而且，对效果的"利用"，不能替代"因果性"。例如，〔案例 12'〕X 在杀害 A 之后，产生非法取得财物的意思，于是自己从 A 的尸体上拿走了财物；〔案例 12"〕躲在角落的 X 看见 Y 杀害了 A，在 Y 离开之后，从 A 的尸体上拿走了财物；〔案例 12'"〕Y 出于强取财物的目的杀害 A 并拿走（强取）了 A 的财物之后离开，躲在角落的 X 看到这一切，拿走了剩下的财物。上述三个案例中的 X，尽管是利用了由自己或者他人的行为所造成的 A 的反抗压制状态，但按照通说，X 均不构成抢劫罪，而是成立侵占脱离占有物罪或者（如果承认死者的占有，或者对死者生前的占有承认其在死后的要保护性）盗窃罪。在〔案例 12'〕中，连自己的先行行为都不能承继，那么，在前述是否成立承继的共犯的〔案例 12〕中，要认定对他人的先行行为的承继，这难道不是更加困难吗？[1]

---

[1] 作为"效果利用说"的主要倡导者之一，藤木英雄博士以〔案例 12'〕中的 X 利用了自己的先行行为为理由，认为 X 应构成抢劫罪〔参见藤木英雄『刑法講義総論』（弘文堂 1975 年）290-291 頁〕。在此限度之内，应该说藤木英雄博士的做法具有理论上的一贯性。然而，此后的"效果利用说"的论者则仅仅是就承继的共犯的处理，部分地继承了藤木说，因而缺少理论上的一贯性。

不过，也许可以说，在〔案例12'〕与〔案例12"〕中，原本连作为承继对象的"抢劫行为"都不存在，因而在这一点上是不同于〔案例12〕的。但是，在〔案例12'"〕中，先行行为人Y实施的是抢劫杀人的实行行为，〔案例12'〕与〔案例12〕的不同，完全在于意思联络的有无。这样的话，效果利用说就是以"伴有意思联络的利用"作为承继的根据。这让人想起了作为共同正犯之"部分行为全部责任"之根据的"相互利用相互补充的关系"，[1]但这种"相互利用相互补充的关系"，是以（心理的）因果性及于对方的行为为前提，而为行为的相互结合奠定基础〔第十七章之四（二）〕。与此相反，效果利用说中所谓"伴有意思联络的利用"，利用的是与自己行为没有因果性的他人的行为，以此作为对先行情况负责的根据，就难免会和全部承继说一样，陷入心情刑法之中。

并且，如果像效果利用说那样，认为担责的根据在于对先行事实的利用，那么，〔案例15〕事后知情的X从Y处受让并使用了Y伪造的文书的，由于X利用了Y伪造文书这一行为效果，理应对由伪造文书罪与使用伪造的文书罪所构成的牵连犯整体成立共犯。要避免出现这种不当结论，就只能是将"因利用而承继"的范围限定于狭义的一罪。然而，该说的内容之中，却又不存在能够做出这种限定的根据。

效果利用说是以对效果的利用为根据，将已经过去的先行为人的行为归责于后行为人的观点，这无外乎是承认因果的溯及既往。但是，像这样承认因果的溯及既往，与因果共犯论以及行为主义是不相容的。

2. 最终结果说

鉴于此，有观点通过将因果性地惹起的对象限于"第一性的保护法益的侵害或者危殆化"[2]*或者"最终的法益侵害结果"，[3]而试图维持因果共犯

---

[1] 如果效果利用说中所谓"积极的利用"由来于共同正犯中的正犯性的要件，那么该标准对于承继的从犯就是不妥当的。

[2] 参见十河太郎「承继的共犯论の现状と课题」川端博・浅田和茂・山口厚・井田良编『理论刑法学の探求⑨』（成文堂2016年）142页以下。

* 十河太郎教授曾撰文论述自己的观点，他强调抢劫罪等犯罪的保护法益存在第一性的保护法益与第二性（次要的）的保护法益，主张只要与第一性的保护法益之间存在因果关系即可肯定承继的共犯。其主要观点如下：在处理共犯问题之际，仍然必须坚持仅仅在与自己的行为具有因果关系的范围之内承担罪责这一基本原则。在这一点上，否定说的主张是正当的。但是，是否真如否定说所言，必须与构成要件的所有要素之间均存在因果关系呢？对此尚有进一步探讨的

（接上页）余地。在诈骗罪的案例中［在诈骗罪、敲诈勒索罪等构成要件上预定了复数行为的单纯的一罪的场合（多行为犯），在先行为人实施了部分行为（暴力、胁迫或者欺骗）之后，后行为人与先行为人一同实施了剩余的行为］，后行为人没有参与属于诈骗罪构成要件之一部分的欺骗行为，后行为人的行为与被害人的错误之间显然不存在因果关系。但是，犯罪的核心要素是对保护法益的侵害或危险，因而后行为人的行为与保护法益的侵害或危险之间存在因果关系，这才是最重要的。在诈骗罪中，后行为人参与了收受财物的，就能认定后行为人的行为与诈骗罪的保护法益即占有侵害之间存在因果关系，而作为成立共犯所需要的因果关系的内容，只要存在这种因果关系即可。不过，在该场合下，并不只是因为利用了被害人的错误就对后行为人追究诈骗罪的罪责。这是因为，仅仅只是从陷入错误的被害人处收受财物，这不属于该当于诈骗罪构成要件的行为。在此类诈骗罪的案例中，已经实际存在该当于诈骗罪构成要件的先行为人的行为，可以谓为后行为人通过途中参与进来，与先行为人一起完成了诈骗罪［参见松宫孝明『刑法総論講義』（成文堂 2009 年第 4 版）272—273 页］。这样一来，既然后行为人是通过参与该当于诈骗罪之构成要件的先行为人的行为，侵害了诈骗罪的保护法益，完成了诈骗罪，认定后行为人与先行为人一同实现了诈骗罪的构成要件，这种评价就是符合实际案情的［参见西田典之ほか編『注釈刑法（第 1 卷）』（有斐閣 2010 年）860 頁〔島田聪一郎〕］。这种解释同样适于抢劫罪等结合犯。例如，先行为人出于劫取财物的意思对被害人实施暴力，压制其反抗之后，后行为人通过与先行为人之间的意思联络而强取了财物的，抢劫罪之保护法益即占有侵害就与后行为人的行为之间存在因果关系，能谓为后行为人通过参与该当于抢劫罪构成要件的先行为人的行为而完成了抢劫罪，因而可以认定后行为人成立抢劫罪的共犯。不过，抢劫罪是以暴力、胁迫作为构成要件要素，因而也以针对身体的安全以及意思决定、身体活动的自由或者私生活的平稳这种对法益的侵害为内容，后行为人的行为与这种法益侵害之间显然不存在因果关系。在该意义上，后行为人不过是侵犯了抢劫罪的部分保护法益，尽管如此，后行为人是否仍成立抢劫罪呢？本文认为，在包含复数法益的犯罪中，作为为其不法程度奠定基础的要素，最重要的还是第一性的保护法益，而且，在决定该罪的法定刑之时，可以说第一性的保护法益的种类与重要性也属于最重要的因素；逆言之，在以复数法益作为保护法益的犯罪中，就不能说第二性的（次要的）保护法益是为该罪的不法、责任的程度以及法定刑奠定基础的决定性要素。这样的话，在承继的共犯中，即便后行为人的行为与针对该罪的第二性的（次要的）保护法益的侵害或危险之间没有因果关系，如果与针对第一性的保护法益的侵害或危险之间存在因果关系，就能评价为后行为人与先行为人一同实现了该构成要件，因此，可以认定成立共犯。在抢劫罪中，占有是第一性的保护法益，身体的安全以及意思决定、身体活动的自由或者私生活的平稳这种法益不过是第二性的（次要的）保护法益。为此，先行为人通过暴力、胁迫压制了被害人的反抗之后，后行为人参与强取财物的，既然后行为人侵害了属于抢劫罪之第一性的保护法益的财物占有，就可以认定其成立抢劫罪的共犯。反之，在抢劫致死伤罪、强奸致死伤罪等结果加重犯中，就不能认定后行为人成立结果加重犯的共犯。例如，先行为人出于劫取财物的意思杀害被害人之后，后行为人经过与先行为人之间的意思联络而强取了被害人财物的，后行为人就不成立抢劫杀人罪的共犯。这是因为，抢劫杀人罪的第一性的保护法益是生命，侵害生命这一结果发生在后行为人参与之前，后行为人的行为与侵害生命之间不存在因果关系。不过，正如在针对抢劫罪等结合犯所分析的那样，认定后行为人成立抢劫罪的共犯是完全有可能的。总而言之，作为结论来说，应支持中间说，但是认定承继的共犯的根据在于，后行为人通过参与先行为人的行为而使该罪之第一性的保护法益受到侵害或者处于危殆化，因而能论的理论框架，导出与效果利用说基本相同的结论。这里将该观点称之为"最终结果说"，其影响力也在日益扩大。按照该说，在〔案例13〕中，诈骗罪的第一性的法益的侵害或者最终的法益侵害结果是财物的占有转移，因此，针对这种法益侵害具有因果性的 X 应成立诈骗罪的共犯；在〔案例12〕中，抢劫杀人罪的主要法益侵害或者最终的法益侵害结果是人的死亡，X 针对这种法益侵害不存在因果性，而仅对属于抢劫罪之主要法益侵害或者最终的法益侵害结果的财物的占有转移存在因果性，因而 X 应成立抢劫罪的共犯。[1]

但是，正如共犯的刑罚与正犯的刑罚发生联动所显示的那样，从我们能够认为正犯与共犯的保护法益是共通的[本章之一（三）]这一点来看，不要求共犯的因果性及于单独正犯中当然属于因果性惹起之对象的第二性的法益侵害，这是很困难的。而且，刑法之所以对抢劫罪规定很重的法定刑，不仅是因为对于财产的侵犯，还因为对于身体的安全与意思自由的侵犯，因而，对于针对暴力、胁迫不存在因果性的后行为人以抢劫罪的共犯的刑罚来处罚，就不能被正当化。相反，我们的确可以认为，诈骗罪中的欺骗行为没有包含独

（接上页）谓为后行为人与先行为人一同实现了犯罪。基于这种立场，对于"杀人罪、伤害罪等针对生命、身体的犯罪的情形"也不能认定成立承继的共犯。例如，先行为人对被害人实施暴力致其负伤之后，后行为人通过与先行为人之间的意思联络而实施了暴力的；或者，先行为人对被害人实施暴力之后，后行为人通过与先行为人之间的意思联络而实施了暴力，结果致被害人受伤，但无法查明究竟是哪一暴力造成了伤害结果的，后行为人的暴力与伤害罪的保护法益即身体的安全之间就不存在因果关系，或者只要是无法查明，就不能认定后行为人成立伤害罪，而仅成立暴行罪。在该场合下，后行为人是否积极利用了由先行为人的暴力所造成的结果而施加了暴力，这并不重要。就是在"持续犯、常习犯、包括的一罪等同种行为反复实施的犯罪中"，对于参与之前的行为与结果，也应否定后行为人成立共犯。例如，在先行为人开始实施拘禁行为之后，后行为人途中参与拘禁的场合，仅能就参与后的拘禁行为，认定后行为人的行为与监禁罪的保护法益即身体活动的自由之间存在因果关系，因而不能就参与之前的拘禁行为追究后行为人的罪责，后行为人仅就参与之后的拘禁行为成立监禁罪。在这种情形下，后行为人是否利用了先行为人的拘禁行为所造成的结果而实施了拘禁行为，这一点也不重要。另外，在由后行为人参与之前的拘禁行为造成了死伤结果的场合，对"抢劫致死伤罪、强杀致死伤罪等结果加重犯"的情形的说明也适于这种情况，后行为人不成立监禁致死伤罪。参见［日］十河太郎：《承继的共犯研究》，王昭武译，载《东南法学》2023年春季卷。——译者注

〔3〕 参见西田典之・山口厚・佐伯仁志编『注釈刑法 第1卷 総論』（有斐閣2010年）860頁〔島田聡一郎〕。

〔1〕 另有观点通过将共犯中的因果性应涉及的"结果"理解为"法益之侵害或者危殆化的促进"，从而为肯定手段—目的型犯罪中的承继的共犯奠定基础。参见谷岡拓樹「因果的共犯論と承継的共犯」『早稲田法学会誌』71卷1号（2020年）251頁以下。

立的法益侵害，因而，是否可以将欺骗行为排除在共犯的因果性惹起的对象之外，这是一个值得探讨的问题。[1]然而，准诈骗罪（第248条）处罚的是趁未成年人的思虑浅薄或者他人的心神耗弱而接受对方财物之交付的行为，与该罪相比较，我们也可以认为，诈骗罪的不法内容中包含着通过欺骗行为而排除针对取得财物的人的障碍。因此，难道不应该将欺骗行为也包含在共犯之因果性的对象之内吗？

3. 整体评价说

另有观点通过不是作为对参与之前的事实的"承继"，而是对参与之后的事实的"评价"，而推导出与效果利用说基本相同的结论，从而回避"因果的溯及既往"这种结构，进而试图维持因果共犯论的前提（整体评价说）。[2]例如，在〔案例12〕中，Y取得财物的行为属于"强取"，因而与Y一起实施"强取"行为的X，也应评价为抢劫罪的共犯。的确，从Y的角度来看，Y取得财物的行为可以被评价为"强取"。但是，从与暴力、胁迫没有关系的X的角度来看，这种取得财物的行为理应也能被评价为侵占脱离占有物的行为或者窃取行为。整体评价说要将这种取得财物的行为对X而言也评价为"强取"行为，将X认定为抢劫罪的共犯，其根据就应该是X与Y之间的意思联络、[3]X具有协助Y的意思等。

但是，这种意思联络、协助意思这种情况本身并不能为与暴力、胁迫这种先行事实之间的因果性奠定基础，因而，对于将X的财物取得行为与已经发生的Y的暴力、胁迫结合在一起，进而将X的财物取得行为评价为"强

---

[1] 有学者将共犯的因果性所涉及的对象限定于构成要件的结果，在此基础上主张，由于抢劫罪中的暴力、胁迫加重了抢劫罪的法定刑，因而属于共犯的因果性所应涉及的结果，而诈骗罪中的欺骗行为不包含独立的法益侵害，不过是为了明确处罚范围而要求的情况，因而不属于共犯的因果性所应涉及的结果。参见桥爪隆『刑法総論の悩みどころ』（有斐閣2020年）393頁以下。

[2] 参见西田典之『共犯理論の展開』（成文堂2010年）223頁以下；佐伯仁志『刑法総論の考え方・楽しみ方』（有斐閣2013年）386頁以下；松宮孝明『刑法総論講義』（成文堂2018年第5版補訂版）274-275頁；高橋直哉「承継的共犯論の帰趨」川端博・浅田和茂・山口厚・井田良編『理論刑法学の探求⑨』（成文堂2016年）179頁以下，等等。"整体评价说"这一学说名称源于桥爪隆教授的著作［参见桥爪隆『刑法総論の悩みどころ』（有斐閣2020年）393頁］。

[3] 整体评价说的主要倡导者尽管采取的是肯定片面的共同正犯的立场［参见西田典之（橋爪隆補訂）『刑法総論』（弘文堂2019年第3版）384頁］，但其在承继的共犯中，却似乎是以先行为人与后行为人之间存在意思联络为前提［参见西田典之『共犯理論の展開』（成文堂2010年）215-216頁］。

取"这一点,这种情况也无法将其予以正当化。而且,如果整体评价说认为,参与了他人的抢劫行为的,当然应成立抢劫罪的共犯,那就属于以不法共犯论或者修正惹起说为背景的过度的连带思维、从属思维,与追求个人主义共犯论的因果共犯论的基本思想是不相容的。

(四) 二元说

另外,"二元说"认为,共同正犯以基于相互合意的行为支配作为处罚根据,因而只能就参与之后的事实成立共同正犯;从犯以从属于正犯的法益侵害作为处罚根据,因而只要部分性地促进了正犯的法益侵害,就可以对整个法益侵害成立共犯,从而对共同正犯持否定说,对从犯持肯定说。[1]*按照

---

[1] 参见井田良『講義刑法学・総論』(有斐閣2018年第2版)521-522頁;高橋則夫『刑法総論』(成文堂2018年第4版)474頁;中野次雄『刑法総論概要』(成文堂1997年第3版補正版)165頁;山中敬一『刑法総論』(成文堂2015年第3版)916、962-963頁;照沼亮介『体系的共犯論と刑事不法論』(弘文堂2005年)244頁以下。

* 高桥则夫教授是"二元说"的主要倡导者,不过他将自己的观点命名为"行为相互归属论"。高桥教授曾撰文论述了"二元说",其主要观点如下:共同正犯的法律效果是"部分行为全部责任",这种法律效果的根据必须从共同正犯的归属原理进行解释。有关共同正犯的归属原理,曾存在"因果的结果归属论"与"行为相互归属论"之间的对立,但笔者的结论是后者更为妥当〔参见高橋則夫『共犯体系と共犯理論』(成文堂1988年)325頁以下;高橋則夫「共同正犯の帰属原理」『西原春夫先生古稀祝賀論文集(2)』(成文堂1998年)341頁以下;高橋則夫「共同正犯の帰属原理」『規範論と理論刑法学』(成文堂2021年)389頁以下〕。亦即,针对他人的行为及其结果,自己的行为被作为"共同正犯"归属的根据,不(仅仅)在于自己的行为与犯罪结果整体之间存在因果关系,而在于他人的行为被作为自己的行为而相互归属。例如,甲、乙共谋抢劫,甲、乙分别实施了暴力、夺取财物的行为的,对此要解释为"甲也实施了夺取财物的行为、乙也实施了暴力行为",是无法通过"乙引起了甲的暴力行为的结果、甲引起了乙的夺取财物的结果"这种因果关系来提供根据的,而只能是通过"甲的暴力行为本身被作为乙的行为归属于乙、乙的夺取财物行为本身被作为甲的行为归属于甲"这种相互的归属来提供根据。这样,作为用于肯定这种相互的行为归属的文理上的根据,《刑法》第60条就具有构成性质的意义。相反,如果采取因果的结果归属论,就会将共同正犯解释为与单独正犯并存的间接正犯或者相互的间接正犯,《刑法》第60条就不过是一种注意性规定而已。那么,形成这种相互的归属的实质性根据何在呢?对此有必要从规范论进行探讨〔参见高橋則夫『規範論と理論刑法学』(成文堂2021年)1頁以下〕。亦即,法规范被认为是行为规范与制裁规范的结合,例如,杀人罪(第199条)的行为规范(不得杀人)共通于正犯与共犯,但制裁规范则仅仅预定的是单独正犯,对于共犯,由《刑法》第60条以下的规定形成制裁规范。但是,仅仅凭借第60条以下的规定还不能成为制裁规范,只有与第199条的制裁规范相结合才能形成完整的制裁规范。在此意义上,第60条以下的规定可以被称为所谓制裁媒介规范。也就是说,第60条以下的制裁媒介规范将第199条的行为规范违反与制裁规范结合在一起,共犯的行为规范是为了发动这种制裁媒介规范(第60条以下的规定)的规范,而非直接发动第199条之制裁规范的规范。

该说，上述各案中的 X 分别承担以下罪责：在〔案例 12〕中，X 成立侵占脱离占有物罪或者（如果承认死者的占有）盗窃罪的共同正犯，然后与抢劫罪的从犯构成想象竞合或者法条竞合；在〔案例 13〕中，X 成立诈骗罪的从犯；在〔案例 14〕〔案例 14'〕中，X 成立暴行罪的共同正犯。

但是，上述有关承继的问题，属于（在考虑正犯性的问题之前的）存在于整个广义的共犯的因果性的问题，即便是从犯，认定其对与自己的行为不具有因果性的、参与之前的行为担责，仍然是有违个人责任原则的。无论是共同正犯还是从犯，都只能就参与之后的事实成立，至于究竟是成立共同正犯还是成立从犯，应该根据有关共同正犯与从犯之区别的一般标准来决定，也就是说，取决于中途参与者对参与后的事实是否施加了（修正的）行为支配。

（五）承继否定说

这样，从因果共犯论的角度来看，就应该支持承继否定说：对于中途参

（接上页）从这种制裁媒介规范可派生出结果归属，但共同正犯中的相互的行为归属则由行为规范所派生。由于行为规范是涉及一般人的行为预期的规范，必须进行事前判断。具有这种机能的是"共谋"。正因为通过共谋能够理解此后所要实施的行为的意义、存在对该行为所可能产生的结果的预期，因而能确认自己在该行为整体中的地位与作用，因此能认定"部分行为全部责任"这种法律效果。如上所述，如果通过共谋能够认定相互的行为归属，就会得出这样的结论：对中途参与的后行为人而言，只可能将共谋之后的行为与结果归属于他，而根本不能将先行为人的行为与结果也归属于他。因此，就承继的共同正犯而言，可以说全面否定说是妥当的。相反，帮助犯的处罚根据在于针对法益的从属性侵害，如果对由先行为人的行为所引起的法益侵害施加了因果性，在此限度之内能肯定承继（因果效果说）。例如，在抢劫致死伤罪中仅仅参与了夺取财物的，在成立盗窃罪的共同正犯的同时，由于能认定对于抢劫部分存在因果性贡献（反抗压制状态的持续），也成立抢劫罪的帮助犯，二罪属于想象竞合。那么，如何处理伤害罪的情形呢？对于由参与之后的暴力行为引起的伤害，当然应成立共同正犯，如果对由先行为人的暴力所引起的伤害结果的部分能认定存在因果性贡献（作为构成要件结果的伤害不能被分开的情形），也成立伤害罪的帮助犯（二者属于想象竞合），如果不能认定因果性贡献（作为构成要件结果的伤害能够被分开的情形），则不成立伤害罪的帮助犯。总之，可否对构成要件结果分别进行评价这种实务上的问题，与是否成立承继的共同正犯这种理论上的问题之间的交错，不仅是伤害罪、伤害致死罪，在其他犯罪类型中也会出现，因而有必要考虑到这一点一并探讨……按照本文观点即"行为相互归属论"，不管是否可以将共谋之后的结果与构成要件的结果分开，都应否定承继。相反，在帮助的场合，由于能够在因果性地作出贡献的限度之内肯定承继，因此在构成要件结果不可能分开的场合，就能肯定对先行为人的行为及其结果的承继（例如，在抢劫致死伤罪的场合，尽管死亡或者伤害结果有可能分开，但由于反抗压制状态这种中间结果不可能分开，因而能成立抢劫罪的帮助；在诈骗罪的场合，由于错误状态这种中间结果不可能分开，因而能肯定成立诈骗罪的帮助）。参见［日］高桥则夫：《论承继的共同正犯》，王昭武译，载《东南法学》2022 年秋季卷，第 269-270 页。——译者注

与犯罪者，只能就参与之后惹起的犯罪事实成立共犯。[1][2]* 原本来说，诸

[1] 参见浅田和茂『刑法総論』（成文堂 2019 年第 2 版）435 頁；大越義久『刑法総論』（有斐閣 2012 年第 5 版）221 頁；小林憲太郎『刑法総論』（新世社 2020 年第 2 版）320 頁；林幹人『刑法総論』（東京大学出版会 2008 年第 2 版）380 頁以下；内藤謙『刑法講義総論（下）Ⅱ』（有斐閣 2002 年）1425 頁；中山研一『刑法総論』（成文堂 1982 年）460 頁，等等。

[2] 有关笔者（松原芳博）的观点，详见松原芳博『行為主義と刑法理論』（成文堂 2020 年）263 頁以下、284 頁以下。

* 松原芳博教授曾撰文详细阐述自己的观点，其结论如下：——译者注承继的共犯成为问题的犯罪类型、案件类型是：①抢劫罪那样的手段—目的型结合犯；②诈骗罪、敲诈勒索罪（恐吓罪）那样的手段—目的型多行为犯（不过，在诈骗罪中，即便以对方的交付为必要，但正如让对方向银行账户汇款那样，有时候也不需要行为人一方的接受行为，因而将其称为"多行为犯"是存在质疑的余地的）；③抢劫致伤罪那样的结果加重犯；④由一系列的行为引起的伤害罪那样的包括的一罪；⑤监禁罪那样的继续犯。全面肯定说、限定肯定说等所依据的各种论据，并不能在因果共犯论的框架之内，将"包括先行事实在内的该犯罪整体的不法内容归责于后行为人"或者"对后行为人的行为与先行为人的行为进行同样评价"予以正当化。仅就帮助犯（从犯）而言，上述批判也原样适于"二元说"。并且，因果共犯论是共犯中的行为主义或者个人责任原则的表现形式，只要是有关因果性的必要性这一点，因果共犯论适于包括帮助犯（从犯）在内的整个广义的共犯。仅限于帮助犯（从犯），将因果性贡献的对象限定为针对第一性的保护法益的侵害或危险，在此限度之内是有违个人责任原则的。原本来说，承继的共犯研究的是，是否存在因果性这一共通于共同正犯与帮助犯（从犯）的问题，因此，一方面否定承继的共同正犯，另一方面却仅仅肯定承继的帮助犯（从犯），"二元说"的这种逻辑也是不能成立的。这样，只要以因果共犯论为前提，就应该采取否定承继说，例如，Y 出于抢劫目的杀害 A 之后，被告知情况的 X 参与从尸体身上拿走财物，X 应成立侵占脱离占有物罪的共犯。当然，如果承认死者的占有［参见野村稔「刑法における占有の意義」阿部純二ほか編『刑法基本講座』（第 5 卷）（法学書院 1993 年）80 頁］，X 就应成立盗窃罪的共犯。按照否定承继说，对于在敲诈勒索罪（恐吓罪）、诈骗罪中仅仅参与收受财物的后行为人，只要不能认定其参与之后通过态度或者不作为实施了胁迫、欺骗，就与抢劫（抢劫杀人）罪的中途参与者一样，仅成立脱离占有物罪的共犯［参见浅田和茂『刑法総論』（成文堂 2007 年補訂版）424 頁］。也有观点立足于否定承继说主张，这种场合的后行为人是不可罚的［参见山口厚「共犯の処罰根拠」山口厚編『クローズアップ刑法総論』（成文堂 2003 年）245 頁；相内信「承継的共犯について」『金沢法学』25 卷 2 号（1982 年）43 頁］。但是，收受被害人基于由先行为人的欺骗行为所引起的错误而交付的财物，原则上与收受错送的邮件、错找的零钱并无不同，如果后者即收受错送的邮件、错找的零钱的行为要成立侵占脱离占有物罪，前者成立该罪就理应不存在障碍。确实，针对被害人基于其意思而交付的客体（财物），通常不存在是否成立侵占脱离占有物罪的问题，但那是因为在存在被害人之交付行为的场合，会成立诈骗罪、敲诈勒索罪（恐吓罪）或者侵占委托物罪，但在不成立诈骗罪等其他犯罪之时，侵占脱离占有物罪的问题就会显现出来。另外，《刑法》第 254 条中"脱离了占有"之物这一表述被理解为，为了将成立夺取罪的情形排除在外的"表面的构成要件要素"［参见松宫孝明『刑法総論講義』（成文堂 2009 年第 4 版）192 頁以下］，即便要从该表述中找到积极的含义，在与后行为人之间的关系上，可以通过将接受财物之后的、某种实现所有权能的行为视为侵占脱离占有物罪的实行行为，肯定成立侵占脱离占有物罪。在这种场合，先行为人也应成立的侵占脱离占有物罪的共犯，属于敲诈勒索罪（恐吓罪）或者诈骗罪的共罚的事后行为。［日］松原芳博：《论承继的共犯——以因果共犯论为视角》，王昭武译，载《东南法学》2023 年春季卷。——译者注

如行为状况、身份那样，作为发生法益侵害所必须给予的前提，针对那些即便是单独正犯也无需因果性地惹起的构成要件要素，共犯的因果性当然可以不及于此。[1]相反，包括第二性的（次要的）保护法益在内，为该罪之法定刑奠定基础的法益的侵害或者危殆化，以及构成要件所要求的侵害样态，不问是正犯还是共犯，对所有参与者而言，都属于处罚的根据，因此，针对这些要素的因果性，都是处罚所不可或缺的前提。让共犯对缺少因果性的、已经过去的法益侵害或者危殆化负责，不得不说这违背了属于惹起说之基础的个人责任原则与行为主义。人，都不能就自己无法左右的过去的事实被追究责任。这难道不是超越刑法的、现代人的理性的确信吗？

按照承继否定说，上述各案中的 X 分别承担以下罪责：在〔案例 12〕中，只要不承认死者的占有，X 就应成立侵占脱离占有物罪（按照部分犯罪共同说，在侵占脱离占有物罪的限度内，与 Y 成立共同正犯）。最高裁判所曾有判例认为，针对参与了杀害被害人的参与者而言，被害人生前的占有仍然持续地受到保护，[2]如果以这种判例立场为前提，即便是针对与 Y 存在意思沟通的 X 而言，A 生前的占有也仍然受到保护，因而也能认定 X 成立盗窃罪。然而，因有关已经过去的事实的意思联络，后行为人就可以承继先行为人的法律地位，这完全是全面承继说或者中间说的构想，不为承继否定说所接受。在〔案例 13〕中，如果 X 当面从 A 手中收受了财物，大多会以 X 装作是正当要求的样子，这一点属于新的欺骗行为（默示的欺骗）为理由，认定成立诈骗罪的共同正犯（或者单独正犯）。相反，让对方通过邮寄或者快递（宅急便）交付财物的场合，虽然也能将伪装收件人的同一性、货物的内容等伪装行为视为欺骗行为，而认定存在针对邮递员或者快递员的欺骗，但至少对邮递员或者快递员而言，很难说货物的内容本身属于"重要事项"，因而，很多时候并不能认定存在新的欺骗行为。只要不能认定 X 实施了新的欺骗行为，与接受了对方因错误而找付的零钱的情形一样，X 就止于成立侵占脱离占有物罪[3]（按照部分犯罪共同说，在侵占脱离占有物罪的限度内，与 Y 成立

---

[1] 也有观点立足于承继否定说，主张因果性必须及于所有构成要件要素［山口厚『刑法総論』（有斐閣 2016 年第 3 版）317 頁］。然而，针对那些即便是单独正犯也无需因果性地惹起的行为状况、身份，就没有理由要求共犯的因果性及于这些要素。

[2] 参见最判昭和 41 年 4 月 8 日刑集 20 卷 4 号 207 頁。

[3] 参见浅田和茂『刑法総論』（成文堂 2019 年第 2 版）437 頁。

450

共同正犯)。[1]在〔案例14〕〔案例14'〕中，X成立暴行罪的共同正犯。

(六) 不作为的结构

近年，有观点虽立足于承继否定说，但以"后行为人通过共谋参与先行为人的行为，就与先行为人共有先行为人被认定的保障人地位即作为义务"*为理由，承认后行为人实施了不作为的胁迫或者欺骗，对于〔案例12〕〔案例13〕中X广泛地认定成立抢劫罪、诈骗罪的共犯。[3]**

---

[1] 并且，针对收受之后的货物，是否成立以Y的诈骗罪为本犯的参与盗赃罪(赃物罪)(保管盗赃罪或者搬运盗赃罪)呢？这也是一个值得探讨的问题。在采取邮递或者快递(宅急便)的诈骗中，对于不是当面从邮递员或者快递员手中接收货物，而是从自家的信箱中拿出货物，然后再将货物送往指定地点的X而言，在货物被投入X家的信箱的时点，就达到既遂，因而自然能认定成立搬运盗赃罪。这样的话，在X当面从邮递员或者快递员手中收受货物的场合，货物在该时点就成为盗赃等赃物，对于此后的保管、搬运行为，就有认定成立参与盗赃罪(赃物罪)的余地。不过，如果以对于本犯的共同正犯不能认定成立参与盗赃罪(赃物罪)的通说为前提，对于X，在侵占脱离占有物罪的限度内成立共同正犯，与成立参与盗赃罪(赃物罪)就不能两立，因而，两罪属于择一的关系，应该认可由法律适用者来进行选择。

* 也就是说，与先行为人一样，后行为人也作为反抗压制状态、畏惧状态、错误状态的引起者，处于保障人地位、承担作为义务。——译者注

[3] 参见山口厚「承継的共犯論の新展開」『法曹時報』68巻2号(2016年) 19頁；山口厚『刑法総論』(有斐閣2016年第3版) 373頁以下。

** 日本最高裁判所大法官、东京大学名誉教授山口厚教授是日本当代最知名的刑法学家之一。有关承继共犯的问题，山口厚教授此前一直基于因果共犯论的立场，积极倡导"否定说"。然而，鉴于日本的司法实务部门始终坚持"中间说"，已几无采取"否定说"的可能，山口教授的态度发生转变，不再坚守采取因果共犯论就必然走向否定说这一理论定式，而是在批判"中间说"的理论根据尚不充分的基础上，力图从不作为犯的角度对"中间说"进行修正，进而找出与因果共犯论之间具有整合性的理论结构：坚持因果共犯论的基本立场——后行为人仅仅对共谋参与之后的事实承担共犯罪责，同时又能就抢劫罪、敲诈勒索罪与诈骗罪得出与中间说相近的结论。其主要观点如下：对于承继共犯问题，我们能够想到的新的理论结构是，对于后行为人，肯定其与先行为人共谋参与之后成立(基于不作为的胁迫、欺骗所实施的强取、敲诈取得、骗取) 不作为犯，并与先行为人之间成立共同正犯。也就是说，①先行为人的暴力、胁迫压制了被害人的反抗，后行为人仅仅参与其后的夺取财物行为的，后行为人属于不作为的强取财物(抢劫罪的不作为犯)，与先行为人成立共同正犯；②被害人因先行为人的敲诈或者欺骗而陷入畏惧或者错误之中，其后经过共谋而参与的后行为人从陷入畏惧或者错误状态的被害人处接受财物之交付的，后行为人属于不作为的敲诈取得(敲诈勒索罪的不作为犯) 或者不作为的骗取(诈骗罪的不作为犯)，与先行为人成立共同正犯。对于"先行为人的行为是强取、敲诈取得、骗取，参与先行为人之行为的后行为人参与的正是强取、敲诈取得、骗取"这种中间说的观点，如果将其旨趣理解为，共谋参与之后的后行为人的参与本身就可以等同视为强取、敲诈取得、骗取，并且，不是将这种理解仅仅停留于一种"感觉"而是将其理论化，那么，利用先行为人的行为效果(反抗压制状态、畏惧状态、错误状态) 的后行为人的参与行为，就可以被评价为，等同于自己亲自实施暴力、胁迫或者敲诈、欺骗，然后夺取财物或者接受财物之

(接上页)交付,因而就正是以不作为的方式实施了强取、敲诈取得、骗取。下面的问题是,如何使得这理论结构成为可能。首先,作为法条的适用问题,对于不消除被害人的反抗压制状态、畏惧状态或者错误状态这一点,必须能谓之为"不作为的胁迫、欺骗",这只有在肯定后行为人具有基于保障人地位的作为义务之时才有可能。不消除被害人的反抗压制状态、畏惧状态,虽然不能谓之为"不作为的暴力",但完全有可能称之为"不作为的胁迫"。这里的问题在于,能否认定后行为人存在这种义务。在个别案件中,完全存在认定这种保障人地位即作为义务的余地,但这里需要确定的是,能够以共谋参与了先行为人的行为这一点为理由,普遍性地认定后行为人存在作为义务,而不是仅限于在具体个案中根据案件情节认定具有作为义务。作为其前提,首先有必要强调,已经开始实施犯罪的先行为人存在作为义务。也就是说,能够认定其存在对于实行行为以及由此所造成的事态(反抗压制状态、畏惧状态、错误状态)这种结果原因的支配,因而被科以了避免结果发生的作为义务[不作为犯的作为义务从"与由作为引起结果之间具有等价值性"这一视角而被奠定理论基础。参见山口厚「不真正不作为犯に関する覚書」『小林充・佐藤文哉先生古稀祝賀・刑事裁判論集(上)(下)』(判例タイムズ社 2006 年) 22 頁以下]。这样,已经开始实行犯罪者就存在基于对实行行为及其效果这种危险源的支配的结果避免义务,只要这种状态尚在持续,一旦产生的作为义务就没有消灭的理由,因此,直至结果发生,这种结果避免义务一直持续存在。因此,只要有履行作为义务之可能,就能够作为不作为犯予以处罚。当然,只要能认定先行为人成立作为犯,处罚先行为人之时,就没有必要援引不作为即违反作为义务这一根据。即便如此,但应该说,先行为人仍然被持续地科处着作为义务。这一点也体现在共犯脱离的情形,亦即,基于共谋着手实行犯罪者,只要没有解消其他共犯继续实施犯罪之虞,就不能认定其因脱离而解消了共犯关系(参见最决平成元年 6 月 26 日刑集 43 卷 6 号 567 頁;最决平成 21 年 6 月 30 日刑集 63 卷 5 号 475 頁)。也就是说,对企图实施犯罪,且已经开始实施犯罪的人来说,在各个不同的时点、阶段,都要求其解消此前所引起的、指向犯罪之实现的效果或者作用,以避免结果之发生。因此,不过是实施了像正当防卫这样的合法行为的人,就不会被科以这种作为义务,因而要对其他共犯在构成正当防卫的共同暴力之后所造成的伤害承担罪责,就不是在以存在作为义务为前提的"共犯关系的解消"这一框架之内来解决,而是以"成立新的共谋"(这种新的共谋不以存在作为义务为前提)为必要(参见最判平成 6 年 12 月 6 日刑集 48 卷 8 号 509 頁)。进一步而言,后行为人通过共谋参与先行为人的行为,就与先行为人共有这种保障人地位即作为义务。亦即,与先行为人一样,后行为人也作为反抗压制状态、畏惧状态、错误状态的引起者,处于承担保障人地位承担作为义务。为此,后行为人就成立抢劫罪、敲诈勒索罪或者诈骗罪的不作为犯。并且,与属于作为犯的先行为人之间,成立这些犯罪的共同正犯。这一结论是以后行为人仅就共谋参与之后的事实承担罪责为前提,因而与因果共犯论之间完全具有整合性。另外,如果将这种观点更进一步,下面这种理论结构也不是没有可能:后行为人共谋参与之后,先行为人实施的是抢劫罪、敲诈勒索罪或者诈骗罪的不作为犯,与参与此行为的后行为人之间成立共同正犯。从上面的论述来看,这种理解也是完全有可能的。但是,超出肯定先行为人具有作为义务这一点,途中完全改变对先行为人行为性质的评价,将先行为人认定为不作为犯,这种做法并不自然;而且,无论怎样,在先行为人因其行为而造成了致人死伤的结果的场合,还是有必要作为作为犯来追究其罪责。因此,本文以为,作为一种理论结构,这种理解还是有些过于激进。不过,在后行为人的参与属于帮助的场合,会出现"共犯从属性"的问题,必须能认定,在开始参与之后,先行为人的行为具有构成要件该当性,因此,就有必要采取这种理解。但是,如果这一点另当别论,

· 439 ·

但是，所谓"胁迫"，从其语义来看，是指施加（给予）心理上的作用，应该不包括反抗压制状态、畏惧状态的不解消（消除）。[1]即便"胁迫"一般有可能包括反抗压制状态、畏惧状态的不解消，抢劫罪与敲诈勒索罪中的"胁迫"，作为针对取得财物的、他人的障碍的暴力性的克服，也应该限于作为的形态。

而且，为何"后行为人通过共谋参与先行为人的行为"，就应该"共有先行为人被认定的保障人地位即作为义务"，其根据也并不明确。"通过共谋参与先行为人的行为"，就"与先行为人一样，承担作为引起了反抗压制状态、畏惧状态、错误状态的引起者的保障人地位即作为义务"，[2]这实际上是将"非自己惹起的事实"作为"由自己引起的事实"来对待，这难道不是与全面承继说与中间说一样，是以加担（参与）他人的不法的心情作为处罚根据吗？

另外，如果承认由不作为的胁迫所构成的抢劫，那么，与包括该说论者本人在内的通说的理解相反，会招致下述结论：在单独犯中，在暴力、胁迫之后产生取得财物的意思的场合，就可以通过将自己招致的被害人的反抗压制状态的不解消理解为不作为的胁迫，广泛地肯定抢劫罪的成立。[3]

（七）判例态度

判例曾一度采取全面承继说。例如，Y 出于抢劫目的杀害了 A 之后，X 从 Y 处知晓了相关情况，并为 Y 取得财物的行为提供了帮助，对此，大审院昭和 13 年（1938 年）11 月 18 日判决以抢劫杀人罪属于单纯的一罪为理由，判定 X 成立抢劫杀人罪的从犯。[1]* 又如，Y 出于杀人犯意持刀砍向 A，X 目

（接上页）那么，采取前文所述理论结构就要更为稳妥。概言之，根据后行为人与先行为人之间的共谋，能认定后行为人具有保障人地位，进而能肯定两者成立抢劫罪、敲诈勒索罪或者诈骗罪的共同正犯。参见［日］山口厚：《承继的共犯理论之新发展》，王昭武译，载《法学》2017 年第 3 期，第 152-153 页。——译者注

[1] 参见桥爪隆『刑法総論の悩みどころ』（有斐閣 2020 年）392 頁。
[2] 参见山口厚『刑法総論』（有斐閣 2016 年第 3 版）375 頁。
[3] 参见高橋直哉「承継的共犯論の帰趨」川端博·浅田和茂·山口厚·井田良編『理論刑法学の探求⑨』（成文堂 2016 年）190 頁。
[4] 参见大判昭和 13 年 11 月 18 日刑集 17 巻 839 頁。

* 大致案情为：丈夫 Y 告知妻子 X，自己出于抢劫目的杀害了被害人，请 X 对夺取财物的行为提供帮助，于是，妻子 X 点亮蜡烛，使丈夫 Y 更容易地完成了夺取财物的行为。对此，大审院昭和 13 年（1938 年）11 月 18 日判决认为，抢劫杀人罪"是单纯的一罪，（被告人）知悉他人出于抢劫目的杀害了被害人，在使该人所意欲实施的犯罪更容易实现的意思之下，加担、帮助了属于该抢劫杀人罪之部分行为的抢夺行为，对被告人之行为追究抢劫杀人罪的从犯罪责是相当的"。——译者注

睹了这一切，经过与 Y 的意思沟通，继续殴打 A，A 最终因 X 参与之前的行为而死亡，对此，大阪高等裁判所昭和 45 年（1970 年）10 月 27 日判决认为，就单纯的一罪而言，原则上，包括共谋成立之前由其他行为人实施的行为在内，对于指向结果之实现的所有实行行为，全体参与者均应担责，从而判定 X 成立杀人罪既遂的共同正犯。[1]*

此后，也有下级裁判所的判例采取了效果利用说（积极的利用说），这一点颇引人关注。例如，在 Y 等人基于敲诈的意图对被害人 A 实施暴力并致其伤害之后，X 与 Y 等人形成意思联络并遵照 Y 的指示，从 A 的父亲处收取了钱款。对此，控方认为，在为了敲诈而暴力造成伤害结果的场合，与抢劫致伤罪一样，属于不可分离的单一的社会性事实，从而作为敲诈勒索罪以及伤害罪的（承继的）共同正犯起诉了 X。对此，横滨地方裁判所昭和 56 年（1981 年）7 月 17 日判决认为，"在承继的共同正犯中，对于事后加担于犯罪行为者，能够让其连此前的先行为人的行为也要承担责任的理由，不仅仅在于其对先行为人的行为及其所造成的结果、状态存在认识或容认，更在于将此作为自己的犯罪行为的手段而加以积极利用，纳入自己犯罪行为的内容之中，并与其他共犯一同分担了剩余的实行行为"，进而判定 X 成立敲诈勒索罪的承继的共犯（由于不具有正犯意思，成立敲诈勒索罪的从犯[3]），而不成立伤害罪的承继的共犯。[4]

大阪高等裁判所昭和 62 年（1987 年）7 月 10 日判决是有关承继的共同正犯的典型判例。该案大致案情为：①先行为人 Y 等在被害人的居室与出租车内，以及在暴力团的办公室内，对被害人实施了暴力。之后，出现在现场的被告人 X 察觉到事态动向，除了殴打被害人下颚之外，②明知 Y 等人是出

---

[1] 参见大阪高判昭和 45 年 10 月 27 日刑月 2 卷 10 号 1025 页。
* 该案的大致情况为：先行为人用菜刀砍伤被害人之后，后行为人也决定参与进来，进一步实施了暴力，但被害人的死因是由先行为人的暴力所造成的流血过多而死，对此，大阪地方裁判所昭和 45 年（1970 年）1 月 17 日判决否定成立承继的共同正犯，判定仅成立后行为人的杀人罪未遂（参见大阪地判昭和 45 年 1 月 17 日判时 597 号 117 页）。但是，作为本案控诉审（二审）的大阪高等裁判所昭和 45 年（1970 年）10 月 27 日判决则以针对杀人罪那样的单纯一罪原则上应认定承继为理由，判定成立承继的共同正犯。——译者注
[3] 对于本案判决既肯定积极的利用又否定正犯意思这一点，有学者质疑这两者是否具有两立的可能性。参见桥爪隆『刑法総論の悩みどころ』（有斐閣 2020 年）378 頁注（10）。
[4] 参见横浜地判昭和 56 年 7 月 17 日判时 1011 号 142 页。

于敲诈勒索目的胁迫被害人，且已经使之处于畏惧状态，被告人 X 仍然提出由自己去收受钱款，并从被害人处实际收受了钱款。对于此案，大阪高等裁判所认为，"所有实体法上的一罪均是绝对不可能分割的，必须说这种说法过于武断"，因此，全面肯定承继的立场是不妥当的，"成立所谓承继的共同正犯的情形是，限于后行为人不止于对先行为人的行为以及由此造成的结果存在认识、放任，而是在将其作为实现自己的犯罪的手段积极地加以利用的意思之下，中途共谋、参与了构成实体法上之一罪（不限于狭义的单纯一罪）的先行为人的犯罪，并且实际将以上行为等作为这种手段加以利用了的情形，这样理解是适当的"。基于这种前提，对于上述第①点事实，大阪高等裁判所认为，尚不能谓之为，被告人将先行为人的行为等作为实现自己犯罪的手段而实际加以了利用，进而否定就伤害罪成立承继的共同正犯；对于上述第②点事实，裁判所以"（被告人）自己也产生了参与分配敲诈所得钱款的想法，主动提出由自己从该人（被害人）处收受钱款，虽知道该人（被害人）已经因 A 等人的胁迫而处于畏惧状态，却积极地利用这一点，共谋且实际参与了勒索钱款的犯罪行为"为理由，判定成立敲诈勒索罪的共同正犯。[1]效果利用说原本考虑的是，诸如抢劫罪、强制性交罪、诈骗罪以及敲诈勒索罪这种由"手段—目的"之关系所形成的结合犯、多行为犯，而本判决却将伤害罪也纳入效果利用说射程之中，但其所谓"积极利用"的具体内容未必明确。

相反，有关伤害罪的案件，最高裁判所平成 24 年（2012 年）11 月 6 日决定则从因果共犯论的角度做出了更接近于承继否定说的判断。大致案情为：在 A 等人对 C 等人实施暴力之后，被告人参与实施暴力，因这一系列的暴力而致 C 等人受伤。对此，原判决（二审判决）认为，被告人对 A 等人的行为以及由此所造成的结果存在认识、容认，并以此作为实现自己犯罪的手段而加以积极利用，并以此为理由，判定被告人应对包括加担之前 A 等人所造成的伤害在内的整体行为与结果承担罪责。但最高裁判所平成 24 年（2012 年）11 月 6 日决定则认为，二审判决存在法律解释的错误，并做出了以下判决："在该场合下，对于共谋、参与之前 A 等人已经造成的伤害结果，由于被告人的共谋以及基于该共谋的行为与该伤害结果之间没有因果关系，因此，被告人不承担作为伤害罪之共同正犯的责任，仅仅对由共谋、参与之后足以引起

---

[1] 参见大阪高判昭和 62 年 7 月 10 日高刑集 40 卷 3 号 720 页。

伤害的暴力对C等人的伤害结果的发生所做出的贡献，承担作为伤害罪之共同正犯的责任，这样理解是相当的。原判决的……认定被理解为，其旨趣在于就被告人而言，利用C等人因A等人的暴力行为而受伤、处于难以逃走或者抵抗的状态，进一步实施了暴力。但即便存在这种事实，那也不过是被告人共谋、参与之后进一步实施暴力行为的动机或者契机，不能说，那是得以就共谋参与之前的伤害结果追究刑事责任的理由、是能够左右有关伤害罪之共同正犯成立范围的上述判断的情况。这样的话，就不得不说，包括被告人共谋、参与之前A等人已经造成的伤害结果在内，认定被告人成立伤害罪之共同正犯的原判决，存在错误解释、适用有关伤害罪之共同正犯的成立范围的《刑法》第60条、第204条之法令违反。"[1]不过，对于本决定，有关抢劫罪、诈骗罪等，千叶胜美裁判官的补充意见以"也有可能存在通过利用先行为人的行为之效果，而对犯罪的结果具有因果关系，进而成立犯罪的情形"为理由，肯定存在承继的共同正犯的余地。*

---

[1] 参见最决平成24年11月6日刑集66卷11号1281页。

* "最高裁判所平成24年决定"的案件的大致案情如下："①A与B（下称"A等人"）于平成22年（2010年）5月26日凌晨3时许，在爱媛县伊予市内的与移动电话销售店相邻的停车场或者其附近，对被邀请至该销售店的C与D（下称"C等人"）实施了暴力行为。暴力行为的情况如下：针对D，几次用拳头殴打其面部，用膝盖顶其面部与腹部，用旗杆击打其脚，用螺丝起子戳其背部；针对C，除了用石头砸其右手大拇指之外，还几次拳打、脚踢，并用螺丝起子戳其背部。②A等人将D关进汽车后备箱，也让C坐上车，向松山市内的其他停车场驶去（下称"本案现场"）。当时，B因很早就知道被告人一直在寻找C，遂于当日凌晨3时50分许，向被告人转达了此后将带C去本案现场的意思。③A等人到达本案现场之后，针对C等人，进一步实施了暴力行为。暴力行为的情况如下：针对D，用螺丝起子的柄殴打其头部，将金属梯子与方木材砸向其上半身，另外，还几次拳打、脚踢；针对C，除了用金属梯子砸之外，还几次拳打、脚踢。因这一系列的暴力行为，在被告人达到本案现场之前，已经造成C等人流血、受伤。④当日凌晨4时许，被告人到达本案现场，认识到C等人因遭受A等人的暴力，已经难以逃走、抵抗，经过与A等人的共谋，继续对C等人实施暴力行为。暴力行为的情况如下：针对D，被告人用方木材殴打其背部、腹部、脚部，用脚踢其头部、腹部，几次用金属梯子砸，此外，A等人还用脚踢，B用金属梯子敲打；针对C，被告人几次用金属梯子、方木材、拳头殴打其头部、肩部、背部等，还用金属梯子殴打被A摁住的C的脚，此外，A还用方木材敲打其肩部。被告人等的暴力一直持续至当日凌晨5时许，共谋、参与之后加入的被告人等的暴力程度，与此前的暴力相比更为激烈。⑤被告人共谋、参与前后的一系列暴力造成的结果是：D遭受了大约需要静养与治疗3周的伤害，具体是头部遭受跌打伤、擦伤等外伤，面部、双耳与鼻子遭受跌打伤、擦伤，双上肢、背部右侧肋骨与右肩甲遭受跌打伤、擦伤，双膝、双下腿与右脚遭受跌打伤、擦伤，颈椎挫伤、腰椎挫伤；C遭受了大约需要静养与治疗6周的伤害，

(接上页）具体是右手拇指基节骨骨折、全身跌打伤、头部挫伤、双膝挫伤。"对于承继的共同正犯，一审判决（松山地判平成 23 年 3 月 24 日）与原判决（二审判决）（高松高判平成 23 年 11 月 15 日）均以以下判断为前提：限于后行为人不止于对先行为人的行为及其造成的结果存在认识、放任，而是在将这种行为及其结果作为实现自己犯罪的手段的意思之下，中途共谋、参与构成实体法上之一罪（不限于狭义的单纯一罪）的先行为人的犯罪，将以上行为及其结果等实际作为实现自己犯罪的手段而利用的情形，才对共谋成立之前的先行为人的行为也承担责任。在此基础上针对本案认为，能够认定以下事实：①由于被告人参与前后的暴力行为属于基于单一犯意的、具有强烈的整体性的行为，因而针对每个被害人分别构成一罪；②A 等人之所以与被告人联系，在实现自己的制裁意图的同时，更是为了实现被告人的制裁目才将 C 等人交给被告人；③在接到 A 等人的联系的时点，对于 A 等人对 C 等人实施了暴力行为，此后还有进一步实施的可能性，被告人是存在认识的；④被告人共谋、参与之后，对 C 等人实施了激烈的暴力行为，C 等人遭受的伤害由此被加重。基于这种事实认定进一步判定，被告人对于 A 等人的行为以及由此造成的结果存在认识、放任，并在将这种行为及其结果作为实现自己犯罪的手段（即出于制裁被害人的目的而实施暴力行为）而积极地利用的意思之下共谋、参与，并且作为实现自己犯罪的手段实际利用了这种行为等，因此，被告人应该作为伤害罪的承继的共同正犯对整个行为承担罪责。在最高裁判所就该案做出判决之后，作为该案裁判官之一的千叶胜美裁判官又在判决书中做出了下述补充意见："1. 如法庭意见所述，对于共谋参与前其他共犯已经给被告人造成的伤害结果，由于被告人的共谋以及基于这种共谋的行为与该伤害结果之间没有因果关系，因此，被告人不承担作为伤害罪之共同正犯的责任，仅仅应该对由共谋参与之后的暴力行为对伤害结果的发生的贡献（共谋参与之后的伤害）承担责任。不过，在该场合下，应该如何认定、特定共谋参与之后的伤害就成为问题。（改行）一般而言，是从共谋参与前后的一系列暴力行为所造成的伤害之中，提取由后行者的共谋参与之后的暴力对伤害的发生所做出的贡献，让检察官就此进行主张、举证，特定其内容，但很容易想到，也存在实际上很难具体地进行特定的情形。作为这种场合的处理，不应该简单地在暴力罪的限度之内认定成立犯罪；与之相反，也不应该作为针对这种举证上的困难的权宜之策，超出因果关系，针对连共谋参与之前的伤害结果也包括在内的伤害罪，认定成立承继的共同正犯。（改行）在这种场合下，在实务中应该探讨以下处理方式：就伤害罪的伤害结果而言，很多时候是通过暴力行为的样态、伤害的发生部位、伤病名、需要治疗的时间等来予以特定。如上所述，其中的部分情况，有时候未必能够在证据上得到明确。例如，针对共谋参与之后的伤害的治疗时间，很多时候难以仅仅将这一点予以分开认定、特定。关于这一点，尽管也取决于具体案情，但在证据上能够认定的限度之内，如果采取适当的方式进行主张、举证，判定应该入罪的事实，那么应该说，在很多场合下，（对应罪事实的）特定是够的，不缺少针对诉因、应罪事实的特定。当然，治疗所需要的时间是量刑上的重要考量因素，但如果能够在某种程度上对其他项目予以特定，理应也允许在作为'需要的治疗时间不确定的伤害'加以认定、判定的基础上，设定一个从整体上来看有利于被告人的、需要的治疗时间，再决定量刑。以本案为例，针对共谋参与之后的被告人的暴力行为，在对有无使用凶器及其样态、暴力行为的施加部位、暴力行为的次数与程度、伤病名等予以认定的基础上，就由被告人的共谋参与之后的暴力加重了伤害这一点，进行'在大约需要静养与治疗 3 周的背部右侧肋骨、右肩甲部跌打伤擦伤等之中，使之遭受了伤害即相当程度上加重了针对背部与右肩甲部的伤害'这种认定，在具体量刑之际具体确定与通过由有无使用凶器及其样态等事实所推定的共谋参与之后的暴力行为所引起的、加重被害人之伤害程度相适应的此后，针对特殊诈骗（采取假装受骗的策略）的案件，最高裁判所平成29年（2017年）12月11日决定做出了肯定承继的共同正犯的判断。该案大致案情如下：Y于平成27年（2015年）3月16日前后，虽然真实情况是A没有被特别抽奖抽中，也不存在违反合同的事实更没有必要支付违约金，却装作存在这种事实的样子，打电话给身处福冈县大野城市内的A，谎称"因为你（A）的100万元没来得及，我替你垫付了100万"，"D银行已经发现不是你（A）本人汇款，这次的特别抽奖也被取消了。不过，由于存在非法行为，我和你（A）必须向D银行缴纳297万的违约金。如果不付违约金，下次就没法再参加抽奖，你能准备其中的一半150万吗？"Y通过上述谎言要求A支付150万元现金。随后该谎言被A识破，A经过与警察商议之后，决定采取"假装受骗策略"，将实际并没有装入现金的箱子邮寄到了指定地点。另外，自同月24日以后，被告人X并没有意识到对方已经开始采取"假装受骗策略"，在Y答应支付报酬的情况下，受Y之托去领取包裹。当时，被告人X虽然已经意识到自己可能起到的是代收诈骗赃款的作用，却仍然答应了Y的要求，并于同月25日在指定地点的空房间内，签收了A寄来的实际并未装入现金的包裹。对于该案，一审就承继的共犯立足于"效果利用说"，认定由于采取了"假装受骗策略"，属于一种不能犯，进而判定X不可罚。相反，控诉审（二审）在就承继的共犯立足于"最终结果说"的同时，从"具体的危险说"的视角对不能犯肯定存在发生结果的危险性，判定X成立诈骗罪未遂。对此，

（接上页）刑罚。而且，不同于本案，在不能说共谋参与之后的伤害程度被加重了的场合（例如，伤害的程度很轻，能认定止于大约需要3周静养与治疗时间的场合），就应该是先通过证据认定共谋参与之后的被告人的暴力行为对伤害结果的发生做出了贡献，再认定'让被害人遭受了需要静养治疗3周的共谋参与前后的整个伤害之中的部分伤害（尽可能地判定伤害程度）'。实际上只能如此认定且如此认定即可。（改行）如果共谋参与之后的暴力行为是否对伤害的发生做出了贡献并不明确（无法认定发生了与共谋参与之前的暴力行为所造成的伤害不同的其他伤害的场合），在此场合下，当然不是成立伤害罪，而是止于在暴行罪的限度之内成立共同正犯。（改行）2.另外，如果这样考虑的话，在所谓承继的共同正犯中，就后行为人是否承担作为共同正犯的责任而言，在让其承担抢劫、敲诈、诈骗等的罪责的场合，也有可能存在通过利用先行为人的行为之效果，而对犯罪的结果具有因果关系，进而成立犯罪的情形，因此，也有可能认定成立承继的共同正犯，但至少就伤害罪而言，由于难以认定这种因果关系（正如法庭意见所指出的那样，先行为人实施的暴力、伤害不过是后行为人的暴力的动机或者契机而已），因而很难想到哪些情形能够成立承继的共同正犯。"——译者注

最高裁判所判定，"就本案诈骗，在由共犯实施了本案欺骗行为之后，被告人没有认识到（被害人）已经开始采取'假装受骗的策略'，经过与共犯等人的共谋，参与了为了完成本案诈骗而预定作为与本案诈骗行为属于整体性的行为的本案收款行为。这样的话，不管（被害人）是如何开始采取'假装受骗策略'的，针对包括其参与之前的本案欺骗行为在内的本案（全部）欺骗，认为被告人应承担诈骗罪未遂的共同正犯的罪责是合适的。"* 可以说，最高裁判所的该决定的理由在于：以欺骗行为与收受行为的整体性为根据，对于参与了收受行为的后行为人，认定应就包括欺骗行为在内的整个欺骗行为进行归责（整体归责说[1]）。这种观点采取的逻辑是，针对欺骗行为部分承认因果的溯及，在这一点上，有别于整体评价说。该决定未经深入地进行有关收受行为的危险判断（是否属于不能犯的判断），而得以直接认定 X 成立诈骗罪未遂，无外乎是因为将能够毫无问题地肯定结果发生之危险的本案欺骗行

---

* 对于该案，作为一审判决的福冈地方裁判所平成 28 年（2016 年）9 月 12 日判决否定了检察官的"（被告人与 Y 之间）存在事前共谋"的主张，认定在"本案欺骗行为"之后，被告人与 Y 之间就本案诈骗进行了共谋，在此基础上基于下述理由判定被告人无罪：对于共谋参与之前由先行为人的欺骗行为所引起的、发生诈骗结果的危险性，不能归责于被告人；而且，也不能认定存在被告人共谋参与之后又实施了新的欺骗行为的事实。的确，就诈骗罪而言，在诈骗的犯罪行为尚未结束的阶段，在后行为人通过利用共谋参与之前的先行为人的行为的效果而对结果具有因果关系的场合，是有可能认定成立承继的共犯的。但是，由于本案包裹不是基于由 Y 的欺骗行为所引起的错误而寄送的，因而"本案收受行为"与 Y 的欺骗行为之间没有因果关系。诈骗罪未遂的处罚根据在于发生了诈骗结果的危险，对于该危险，应该以一般人能够认识到的情况以及行为人认识到的情况为基础进行判断。这里所称一般人，必须是除了犯罪人一方的情况之外，还能观察被害人一方的情况的一般人。基于这一前提，从一般人的角度来看，"本案收受行为"也非与 Y 的欺骗行为之间存在因果关系的行为。为此，就不能说，被告人在共谋参与之后对发生诈骗结果的危险施加了因果性（参见福冈地判平成 28 年 9 月 12 日刑集 71 卷 10 号 551 页）。对于一审判决，检察官主张存在事实认定错误，并提出了控诉。作为控诉审的福冈高等裁判所平成 29 年（2017 年）5 月 31 日判决以一审认定的事实为前提，基于以下理由判定被告人成立诈骗罪未遂的共同正犯，判处被告人 3 年惩役，缓期 5 年执行。控诉审认为，本案的问题在于，在被告人共谋、参与的阶段能否说已经存在法益侵害的现实的危险。在判断之际，应该以在该时点被置于该情形下的一般人所能够认识到的情况以及行为人所特别认识到的情况为基础进行判断。对于被害人正在采取"假装受骗策略"这一点，一般人无法认识到，被告人乃至 Y 等人也都没有认识到，因此如果从外形上观察"本案收受行为"，可以说已经存在发展至诈骗既遂的现实的危险（参见福冈高判平成 29 年 5 月 31 日刑集 71 卷 10 号 562 页）。——译者注

[1] 有学者以社会上整体不可分的事实为单位，研究因果性惹起以及行为支配的问题，参见橋本正博「『承継的共同正犯』について」『川端博先生古稀祝賀論文集（上）』（成文堂 2014 年）591 页以下。

为纳入 X 的归责范围之中。但是，整体归责说在承认因果的溯及这一点上有违因果共犯论以及行为主义，不仅如此，能够被肯定具有整体性的行为范围也不明确，甚至难免会因对整体性的理解而对抢劫致死伤罪也肯定承继的共犯。

（八）承继的共犯与同时伤害的特例

对于上述〔案例14'〕，最高裁判所令和 2 年（2020 年）9 月 30 日决定虽然否定成立承继的共同正犯，但同时认定，"其他人先行对被害人实施暴力，在与之相同的机会之下，后行为人中途共谋、加担，即便不能认定被害人所遭受的伤害是因共谋成立之后的暴力所引起的情形，在无法知晓是谁引起了该伤害之时，通过适用该条（第 207 条*），后行为人也不能免除针对该伤害的责任，这样理解是相当的"，进而判定只要 X 施加的暴力具有造成该伤害结果的危险，针对也有可能是由共谋成立之前的暴力所引起的伤害，X 也要承担责任〔原判决根据第 207 条，将不能确定究竟是由共谋成立之前的暴力还是由共谋成立之后的暴力所引起的第六根肋骨骨折以及上嘴唇划伤，归责于 X，** 不过，最高裁判所的本决定以 X 所施加的暴力虽然存在造成前一伤害（第六根肋骨骨折）的危险，但没有造成后一伤害（上嘴唇划伤）的危险为理由，判定仅将前一伤害归责于 X〕。但是，如果我们认为，刑法之所以规定这种特例（同时伤害的特例），是为了避免出现没有任何人对已经造成的伤害结果承担罪责这种不当现象，而对不存在共犯关系的情形所采取的一种例外措施，那么，在承继的共犯的场合，由于存在共犯关系，至少能肯定先行行为人成立伤害罪，因此，还是不应该适用该条规定。[1]

---

* 日本《刑法》第 207 条〔同时伤害的特例〕规定，"二人以上实施暴力伤害他人的，在不能辨别各人暴力所造成的伤害的轻重或者不能辨认何人造成了伤害之时，即便不是共同实行的，也依照共犯的规定处断"。——译者注

** 大阪地方裁判所平成 9 年（1997 年）8 月 20 日判决以没有积极地利用先行行为为理由，否定成立承继的共同正犯，但同时认为，对于无法判明究竟是由共谋之前的暴力还是由共谋之后的暴力造成了伤害的情形，也可以适用《刑法》第 207 条有关"同时伤害的特例"的规定，并最终根据该条规定，判定本案中的 X 构成伤害罪的共同正犯（参见大阪地判平成 9 年 8 月 20 日判夕 995 号 286 页）。——译者注

[1] 如果对〔案例14'〕肯定适用第 207 条，与以共谋成立之后的 X、Y 之共同的暴力是否包含引起该伤害结果的危险作为问题的原审立场相比，以 X 本身的暴力是否包含引起该伤害结果的危险作为问题的最高裁判所的立场，要更加符合第 207 条的旨趣，即对于难以举证暴行的同时犯中的各个暴力行为与伤害结果之间的因果关系进行救济。

七、共犯关系的解消（共犯关系的脱离[1]）

（一）因果关系切断说

与承继的共犯相反，共犯关系的脱离需要解决的问题是，在犯罪结束之前的某个时点，某参与者放弃犯意停止了对犯罪的加功，*对于由其他共犯所实施的其后的犯罪，该人应承担何种程度的罪责呢？

一度学界普遍认为，实行的着手之前与着手之后，脱离的要件与效果完全不同。具体而言，在实行着手之前，该参与者表明脱离的意思，且该意思为其他共犯所认同的，**就肯定共犯关系的脱离，除了对脱离之前已成立的预备犯承担相应罪责之外，脱离者不承担其他任何罪责；在实行着手之后，问题就完全集中于是否成立中止犯，放弃犯意者只有实际阻止其他共犯完成犯罪才成立中止犯，若阻止失败，就承担既遂罪责。这种"二元论"源于共同意思主体说所代表的团体主义的共犯观。得出这种结论理由在于，如果将整个集团视为一个犯罪主体，在着手实行之前得到其他成员的认同而退出的，在可谓之为该集团之意思发动的着手实行的时点，该人已不再是集团成员，因而对于由该集团实施（完成）的犯罪，不必承担罪责；反之，在作为集团

---

[1] 原田国男认为，所谓"脱离"，是指被告人放弃共同实行（共同完成犯罪）的意思而离开的场合；所谓"解消"，是指以共同实行（共同完成犯罪）已经结束为理由而离开的场合［参见原田国男「判解」财团法人法曹会编『最高裁判所判例解说刑事篇』（平成元年度）（法曹会1973年）178页］。此外，任介辰哉则认为，"脱离"是指从现场离开这一事实，"解消"则是指否定有关此后的事实的罪责这种法律评价［参见任介辰哉「判解」财团法人法曹会编『最高裁判所判例解说刑事篇』（平成21年度）（法曹会2013年）172页］。本书原则上采取后一种理解。

* "加功"一词，指有助于实现犯罪的一切行为，故不仅包括教唆行为与帮助行为，而且也可能包括实行行为（参见张明楷译：《日本刑法典》，法律出版社2006年版，第28页）。——译者注

** 是否得到了其他共犯的"认同"，对于判断是否成立脱离极其重要。"认同"这一词的日文原文为"了解""了承""谅承"，我国学者的著作或译著对此多有涉及，但译法各异。例如，马克昌教授译为"谅解"（马克昌：《比较刑法原理——外国刑法学总论》，武汉大学出版社2002年版，第742页），张明楷教授与陈家林教授均译为"接受"（张明楷：《未遂犯论》，法律出版社·成文堂联合出版1997年版，第409页；陈家林：《共同正犯研究》，武汉大学出版社2004年版，第290页），冯军教授译为"了解"［[日]大塚仁：《刑法概说（总论）》（第3版），冯军译，中国人民大学出版社2003年版，第296页］，黎宏教授则同时采用了"了解"与"知悉"这两种译法［[日]大谷实：《刑法总论》（新版第2版），黎宏译，中国人民大学出版社2009年版，第428页］。尽管译词的中文表面意思差别不大，但作为脱离的关键要件之一，其间深层含义却相去甚远，甚至直接影响到是否成立脱离。日本《广辞苑》对此词的注释为"在理解的基础上表示赞同"，且经参阅相关判例与学术著作，译者认为，译为"认同""认可"为宜，这样既易于中文理解，也更合乎原意。——译者注

意思之发动的着手实行的时点，仍属于集团成员的，只要没有阻止犯罪既遂结果的发生，就必须作为集团成员承担责任。

相反，按照现在处于支配地位的个人主义的共犯观，广义的共犯也是因自己的行为被追究责任，与自己的参与行为之间有无因果性，就成为共犯的归责界限。按照这种观点，不管是在着手之前还是在着手之后，如果该参与者的贡献与其他共犯的行为及结果之间的因果性被切断（遮断），就成立共犯关系的脱离，不能将脱离之后的其他共犯的行为归责于脱离者。因此，①在着手之前脱离的，除了就脱离之前的贡献可能成立预备罪之外，不承担任何罪责；②着手之后既遂之前脱离的，即便因其他参与者的行为发生了既遂结果，也仅在未遂犯的限度之内成立共犯；③在实施继续犯或者包括的一罪的途中脱离的，仅就脱离之前的部分成立共犯，即便由脱离之后的其他参与者的行为引起了加重结果，也不成立结果加重犯的共犯。因此，按照这种"因果关系切断说"，[1] 一方面，在着手之前，脱离共犯关系的表示以及其他共犯的认同，不过是用于证明心理因果性之切断的凭证，其本身并非绝对的标准；另一方面，即便是在着手之后，若消除了因自己的贡献所产生的因果性，对于其他共犯此后的行为所产生的结果，也不承担罪责。在因果性消除的判断中，需要关注以下几点：①对于脱离之前的犯罪实现的贡献程度；②脱离的时点；③脱离行为对于阻止犯罪实现的作用的大小。

下面从"因果关系切断说"的视角，参照判例观点，尝试将共犯关系的解消的要件予以具体化。[2]

---

[1] 参见西田典之『共犯理論の展開』（成文堂 2010 年）240 頁以下；西田典之（橋爪隆補訂）『刑法総論』（弘文堂 2019 年第 3 版）399-400 頁；橋爪隆『刑法総論の悩みどころ』（有斐閣 2020 年）354 頁以下；平野龍一『刑法総論Ⅱ』（有斐閣 1975 年）384 頁；浅田和茂『刑法総論』（成文堂 2019 年第 2 版）480 頁；井田良『講義刑法学・総論』（有斐閣 2018 年第 2 版）561 頁；佐伯仁志『刑法総論の考え方・楽しみ方』（有斐閣 2013 年）388 頁；曽根威彦『刑法原論』（成文堂 2016 年）628 頁；林幹人『刑法総論』（東京大学出版会 2008 年第 2 版）385 頁；山口厚『刑法総論』（有斐閣 2016 年第 3 版）377 頁，等等。

[2] 作为试图将脱离要件予以具体化的尝试，参见齊藤彰子「共犯からの離脱と解消」『刑事法ジャーナル』44 号（2015 年）19 頁以下；十河太郎「共謀の射程と共同正犯関係の解消」『同志社法学』67 巻 4 号（2015 年）396 頁以下；成瀬幸典「共犯関係からの離脱について」『立教法務研究』7 号（2014 年）117 頁以下；小林憲太郎「共犯関係の解消について」川端博・浅田和茂・山口厚・井田良編『理論刑法学の探求⑨』（成文堂 2016 年）191 頁以下；橋爪隆『刑法総論の悩みどころ』（有斐閣 2020 年）353 頁以下，等等。

(二) 实行着手之前的脱离

在实行着手之前，该参与者的贡献止于通过意思联络而对其他共犯施加心理性影响的，如果该人表明脱离的意思，且其他参与者对此存在认识的，通常就认为，这种事前的心理性影响已经丧失。〔案例16〕被告人受其他3名参与者的邀约，虽然同意参与盗窃，但在前往犯罪现场的途中，想到自己尚处于缓刑期，于是改变主意，告诉其他参与者之后折返回家。对此，东京高等裁判所昭和25年（1950年）9月14日判决认为，"即便是一旦与其他人共谋实施犯罪者，在着手犯罪之前，向其他共谋者明示中止实行的旨趣，其他共谋者认可这一点，仅仅基于这些共谋者的共谋而实行了犯罪的场合，就应该与此前的共谋完全没有发生进行同样的评价，因而不应对其他共犯实施的犯罪分担罪责"，进而否定成立盗窃罪的共同正犯。[1]在该案中，X处于从属性地位，在共谋中对其他参与者施加的心理性影响较小，只要其他参与者认识到了X的脱离意思，就可以评价为，消除了这种心理性的因果性。

反之，在脱离者为首谋者的场合，由于通过共谋而对其他参与者施加的影响力很强，共犯关系解消的要件要更为严格。〔案例17〕被告人X作为"暴力团"的"少当家"，与手下Y1等共谋杀害被害人A，商定由Y3负责实施。但Y3到达现场后，犹豫不决未能实施。Y1听说后主动对X说，由自己亲自实施。但X考虑到，既然Y3尚未实施，其他人在现场走来走去反而会坏事，于是命令Y1先将Y3等人带回来再说。尽管如此，但Y1在现场附近与Y2、Y3重新商议，确定杀害A，并与Y2一同刺杀了被害人A。对此，松江地方裁判所昭和51年（1976年）11月2日判决认为，"要能谓之为共谋关系的脱离，需以完全解消自己与其他共谋者之间的共谋关系为必要，尤其是如果试图脱离者属于共谋团体的首脑，处于可以统制、支配其他共谋者的地位，那么，如果脱离者没有恢复到未曾有过共谋关系的状态，就不能说解消了共谋关系"，进而判定X成立杀人罪的共同正犯。[2]

不过，在脱离者为首谋者的场合，若总是要求实际阻止其他参与者的犯罪行为，只要其他共犯完成了犯罪，就没有成立脱离的余地，这种要求过于

---

[1] 参见東京高判昭和25年9月14日高刑集3卷3号407頁。
[2] 参见松江地判昭和51年11月2日刑月8卷11=12号495頁。

严格。首先，因首谋者表明脱离的意思或者发出中止犯罪的指示，其他参与者一旦放弃犯意之后，又改变想法继续实施了犯罪的，尽管还残留有"没有共谋就没有犯罪行为"这一意义上的条件关系，但由于丧失了"犯意的持续性"，就可以视为，已经切断了广义的共犯的构成要件所预定的心理的因果性。其次，尽管首谋者采取了通常情况下足以使之改变主意的方法，要求其他参与者中止犯罪，但其他参与者不为所动而完全依据自己的判断（"独断专行地"）完成了犯罪的，由于从共谋到犯罪实行的因果进程属于异常现象，因而应否定其间存在相当因果关系或者危险的现实化。[1] 再者，要成立共同正犯，除了广义的共犯所共通的（心理的）因果性之外，还需存在正犯性。前面已经谈到，共谋共同正犯的正犯性在于，对实行者施加了"不能完全按照自己的意思放弃犯罪"的心理约束这一意义上的（缓和的）意思支配。按照这种观点，在首谋者通过表明脱离的意思或者发出中止犯罪的指示，而可以认为已经解除了这种心理约束的场合，对于由其他共犯完成的犯罪，首谋者就不承担作为共同正犯的罪责，限于仍残留有当初的共谋所赋予的动机效果或者心理上的促进效果的情形，才承担教唆犯或者从犯的罪责。[2] 在〔案例17〕中，X指示将所有人带回，依据这一点虽然不能说连当初的共谋所赋予的动机效果也予以消除了，但可以视为已经解除了心理性约束，因而也可以认为，X成立杀人罪的教唆犯。

对于通过提供工具或信息而形成的（物理的）因果性，很多时候很难完

---

〔1〕 参见西田典之·山口厚·佐伯仁志编『注釈刑法　第1卷　総論』（有斐閣2010年）865頁〔島田聡一郎〕。

〔2〕 也有观点承认，存在因消除正犯性而由共同正犯降格至从犯的余地，参见山中敬一「共謀関係からの離脱」『立石二六先生古稀祝賀論文集』（成文堂2010年）565頁以下；佐伯仁志『刑法総論の考え方·楽しみ方』（有斐閣2013年）389頁；橋爪隆『刑法総論の悩みどころ』（有斐閣2020年）367頁，等等。另外，被告人虽参与了抢劫杀人以及遗弃尸体的共谋，并寻找遗弃尸体的场所与挖坑，但在着手实行之前，向其他共谋者说，"我感冒了，身体有点不舒服，我就不参加了。麻烦你们另找其他人"，且得到了其他共犯的认可，从而从共同的犯罪行为中脱离出来。对此，静冈地方裁判所沼津支部昭和46年（1971年）7月16日判决否定成立抢劫杀人与遗弃尸体的共同正犯，最终判定成立从犯（静冈地沼津支判昭和46年7月16日刑月3卷7号1017頁）。不过，按照丰田兼彦的考证，在认定共同正犯关系的解消的案件中，肯定成立从犯的案件，除了该案之外别无他例〔参见豊田兼彦「共犯からの離脱と幇助犯の成否」『立命館法学』375=376号（2017年）250頁〕。

全消除。[1]例如，[案例18] X 与 Y 等人共谋抢劫 A 家，并将 A 的住所地址告诉了 Y 等人，且为实施犯罪准备了匕首，到了 A 家附近之后，X 因悔悟而离开了现场，但 Y 等人两小时后用 X 准备的匕首实施了抢劫。对此，福冈高等裁判所昭和 28 年（1953 年）1 月 12 日判决认为，"虽然是一旦共谋实施抢劫者，但只要在着手该抢劫犯罪之前，向其他共谋者表示了从此脱离的意思，而脱离了该共谋之关系，即便其他共谋者日后完成了该犯罪行为，也不能说，那是完成了基于与该脱离者之间的共谋而形成的犯意，并且，上述脱离的意思表示未必以明示的意思表示为必要，通过默示方式进行意思表示亦无任何妨碍"，进而判定 X 仅成立抢劫罪预备。[2]

只要是仅考虑心理的因果性的问题，与通过默示的意思联络可以认定成立（共谋）共同正犯一样，即便是默示的意思表示，也有可能认定共犯关系的解消。但是，在该案中，X 提供了 A 的住所地址，并且准备了匕首，Y 等人利用该信息与匕首实施了抢劫，在这一点上，应该说，未能消除 X 的贡献与 Y 等人的抢劫行为之间的（物理的）因果性。为此，对于该案，持因果关系切断说的论者一般会认为，不能认定 X 解消了共犯关系。倘若立足于虽采取因果共犯论但认为心理的因果性是成立共犯不可或缺的要素的立场，如果能认定，通过 X 的脱离的（默示的）意思表示，消除了针对 Y 等人的心理上的强化作用，X 就不成立抢劫罪的共犯。[3]但是，没有将广义的共犯的因果性仅限于心理因果性的必然性［本章之四（二）］，就是在该案中，也不能否定广义的共犯所共通的因果性。不过，对于 X 的正犯性，仍有进一步探讨的余地，如果能否定 X 具有正犯性，X 就属于抢劫罪的从犯。由于 Y 等人已

---

[1] 由于很难完全消除共犯的事实上的因果性，因而不少学者强调有关因果性切断之判断的规范性特征。参见塩見淳『刑法の道しるべ』（有斐閣 2015 年）135 頁以下；井田良『講義刑法学・総論』（有斐閣 2018 年第 2 版）561 頁以下；伊東研祐『刑法講義総論』（日本評論社 2010 年）386 頁以下；松宮孝明『刑法総論講義』（成文堂 2018 年第 5 版補訂版）319 頁；前田雅英『刑法総論講義』（東京大学出版会 2019 年第 7 版）366 頁；島田まな「判批」『刑法判例百選Ⅰ総論』（有斐閣 2020 年第 8 版）194-195 頁；曲田統「判批」『刑法判例百選Ⅰ総論』（有斐閣 2020 年第 8 版）197 頁；照沼亮介「共犯からの離脱」松原芳博編『刑法の判例 総論』（成文堂 2011 年）284 頁；成瀬幸典「共犯関係からの離脱について」『立教法務研究』7 号（2014 年）148 頁，等等。

[2] 参见福岡高判昭和 28 年 1 月 12 日高刑集 6 巻 1 号 1 頁。

[3] 参见町野朔「惹起説の整備・点検」『内藤謙先生古稀祝賀・刑事法学の現代的状況』（有斐閣 1994 年）139 頁。

对 X 的脱离意思存在认识，可以认为，已经消除了基于共谋而形成的 X 对 Y 等人的心理上的约束，因而并不能由心理上的约束这一点为 X 的正犯性奠定基础。此外，X 提供的有关抢劫目标的信息以及准备的匕首这种事实上的贡献的效果依然存在，如果这种贡献达到了，能谓之为与实行（行为）相匹敌的重要的作用分担且能为"功能的行为支配"奠定基础的程度，也有可能肯定 X 具有正犯性。

最高裁判所平成 21 年（2009 年）6 月 30 日决定对于下述案件，就着手之前的脱离，否定共犯关系的解消。〔案例 19〕X 与 Y 等人一起共谋实施抢劫，并在实施犯罪的前一天，实施了到犯罪现场踩点等行为。实施犯罪的当天，由 Y 等二人进入室内，由 Z 负责望风，X 等人则在车内待命。Z 发现有人聚集在现场之后，单方面地电话通知室内的 Y 等人，"（有人来了）还是放弃吧，我先走了"，并与待命的 X 等人一同乘车离开。Y 等二人一旦走出了被害人的屋子，且知道 X 等人已经提前离开，但之后又与留在现场的其他共犯一道实施了抢劫，并致被害人受伤。对此，最高裁判所认为，"能够认定，X 并未特别采取措施以防止此后的犯罪行为，而只是与负责望风的 Z 等人一同离开了待命的地方，剩下的共犯照样（按照预定计划）实施了抢劫。这样的话，X 的脱离发生在着手实施抢劫之前，即便 X 也是知道了负责望风的 Z 的电话内容之后才脱离，同时也能认定剩下的共犯此后知道了 X 的脱离这种情况，仍不能谓之为解消了当初的共谋关系，因此，认定剩下的共犯的抢劫是基于当初的共谋而实施，这是妥当的"。[1]在该案中，X 存在事前踩点以及在现场待命等贡献、已经创造出了 Y 等人闯入被害人家中而得以实施抢劫的状态，在此意义上可以说，与着手之后的脱离一样，X 对 Y 等人的心理的因果性已经转化为物理的因果性，因而最高裁判所对脱离要件做了严格解释。不过，X 是否还残留有作为正犯的贡献，似乎有探讨的余地。

（三）实行着手之后的脱离

着手实行之后，行为人针对其他共犯而施加的心理的因果性会转化为物理的因果性，有必要消除这种物理的因果性；其他共犯在心理上也处于难以"回头"的状况之下；由行为人的实行行为形成的对结果发生的贡献、对其他共犯的心理性影响也累积在一起，因此，与实行着手之前相比，共犯关系解

---

[1] 最决平成 21 年 6 月 30 日刑集 63 卷 5 号 475 页。

消的标准更为严格。

例如,〔案例20〕X 与 Y 在饭馆喝酒,因对被害人 A 的态度感到愤怒,遂将其带至 Y 的住所实施殴打,约一个半小时后,X 对 Y 说,"我走了",既未要求 Y 不再殴打,也未要求 Y 将 A 送往医院。X 走后没多久,Y 再次为 A 的言行所激怒,继续实施暴力最终致 A 死亡。但无法查明,A 的死亡究竟是因 X 回去之前的二人的暴力所引起还是由此后 Y 个人的暴力所引起。对此,最高裁判所平成元年(1989年)6月26日决定认为,"在被告人 X 回去的时点,尽管存在 Y 继续实施殴打之虞,X 却没有采取特别防止措施以消灭此危险,不过是任由事态发展,自己离开了现场,因此,不能说 X 与 Y 之间的当初的共犯关系在上述时点已经解消,认定 Y 此后的暴力也是基于上述共谋而实施是适当的",进而判定 X 与 Y 成立伤害致死罪的共同正犯。[1]在该案中,除了 X 的暴力所引起的物理性贡献之外,还能够认定,通过一同实际实施暴力而形成的针对 Y 之心理的强烈影响、将 A 带至 Y 的住所这种物理性贡献,因此,最高裁判所才会认为,要解消共犯关系,必须"采取特别防止措施以消灭此危险"。

又如,〔案例21〕X、Y、Z 等基于意思联络在停车场对被害人 A 实施暴力,致其受伤(第一暴力),暴力停止(中断)之后,X 中途放弃犯意,并将 A 扶到凳子上询问情况,Y 看见后非常生气,与 X 发生口角,并突然将 X 打昏,然后置其于不顾,将 A 带至其他地方予以拘禁,并继续对 A 实施暴力(第二暴力)。对此,名古屋高等裁判所平成14年(2002年)8月29日判决判定:"在上述事实关系之下,以 Y 为中心、包括被告人 X 在内的共犯关系,已经因针对 X 的暴力并置其于不顾这种 Y 自身的行为而单方面地解消,此后的第二暴力可以认为是,排除 X 的意思与参与,仅由 Y、Z 等人实施的暴力"。[2]*不过,该判决根据第207条有关同时伤害的特例的规定,对于无法查明究竟是由第一暴力还是由第二暴力所引起的伤害结果,也判定 X 承担责

---

[1] 参见最决平成元年6月26日刑集43卷6号567页。
[2] 参见名古屋高判平成14年8月29日判时1831号158页。
* 该判决进一步指出,"因此,原判决(一审)认为在发生了 X 昏迷这一事态之后,(由于 Y 等人是出于与当初的共谋内容相同的动机、目的而实施了第2暴力)X 与 Y 等人之间的心理性、物理性的相互利用相互补充关系继续存在,进而判定没有解消当初的共犯关系,不成立共犯脱离,X 应对第2暴力等承担罪责,这完全是对事实的错误认定"。——译者注

任。[1]在该案中，X 因与 Y 等人发生激烈冲突而被打昏，对 Y 等人而言，X 的存在已经不能被谓为，在心理上促进了第二暴力，因此，对 X 而言，应该判定共犯关系已经被解消。不过，该案还留有这样的疑问：X 对于将 A 带至现场所做出的贡献、因共同的暴力而对维持、强化 Y 等人的犯意所做出的贡献的影响仍然存在，对于自己被打昏之后的事实，X 至少还存在从犯的责任。[2][3]

再如，〔案例22〕X 与朋友 Y、Z 等人闲聊时，醉酒的路人 A 突然冲过来拉拽 Z 女的头发，为了让 A 放手，X 与 Y 等四人对 A 实施暴力（反击行为），在 A 的侵害行为结束之后，Y 等人继续追打，致 A 摔倒（追击行为），A 因头部撞在水泥地上，造成头盖骨骨折的重伤。当时在场的 X 并未制止 Y 等人的追打行为。对此，最高裁判所平成 6 年（1994 年）12 月 6 日判决认为，本案"分为侵害当时与侵害结束之后进行考察是相当的，在侵害当时的暴力被认定为正当防卫的场合，对于侵害结束之后的暴力，不是看是否脱离了针对作为侵害当时的防卫行为的暴力的共同意思，而应看是否另外成立了共谋"，由于不能认定存在新的共谋，最终判定 X 无罪。[4]

对于实行着手之后的脱离，判例一般要求采取危险防止措施，但该判决通过将整个行为分为反击行为与追击行为，而将没有采取结果防止措施的 X 从罪责中解放出来。也可以认为，该判决考虑的是，无法就作为合法行为的正当防卫形成"共谋"，但就是从有关共犯关系之解消的一般原则来看，即便存在"没有当初的反击行为，就没有后面的追击行为"这种条件关系，但仍可以说，X 对于追击行为的因果贡献很小，尚未达到共犯构成要件所预定的

---

[1] 与承继的共犯的场合一样，在共犯关系的解消的场合，通过第 207 条肯定成立伤害罪是不妥当的〔参见本章之六（八）〕。

[2] 参见橋爪隆『刑法総論の悩みどころ』（有斐閣 2020 年）371 頁；山口厚『刑法総論』（有斐閣 2016 年第 3 版）380-381 頁。也有观点不承认从共同正犯降格至教唆犯或者从犯，参见小林憲太郎「判批」『判例評論』546 号（2004 年）40 頁。

[3] 特殊诈骗（电信诈骗）的"车手"等出于将"话务员"等排除在诈骗赃款的分配对象之外的意思，从被害人那里拿走了诈骗款，对此，东京高等裁判所平成 30 年（2018 年）5 月 16 日判决否定共犯关系的解消，判定"话务员"等成立诈骗罪既遂的共同正犯〔参见東京高判平成 30 年 5 月 16 日高刑速（平 30）174 頁〕。在该案中，正是因为在"话务员"等所实施的欺骗行为这种决定性贡献之下，"车手"才得以实施了骗取财物的行为，因此，可以说，"话务员"等的因果性以及正犯性的影响及至最终结果。

[4] 参见最判平成 6 年 12 月 6 日刑集 48 卷 8 号 509 頁。

程度。[1]而且，即便能肯定存在作为共犯的因果性，如果在有关当初的（作为正当防卫的）暴力的共谋的时点，对事态会发展至过当的追击（即违法的事实）这一点缺少认识或预见，也能否定 X 具有作为一种假想防卫的（责任阶段的）故意。

八、共犯与中止

实行着手之后，共同正犯中的某人任意地放弃犯意，阻止了其他共犯继续实施实行行为或者防止了结果的发生的，对于该人，能认定成立中止犯（第 43 条但书）。教唆者或者帮助者任意地阻止了正犯的实行行为或者防止了结果的发生的，也可以准用中止犯的规定。

并且，实行着手之后，共同正犯中的某人消除自己的因果性贡献，从共犯关系中脱离，作为其结果，止于承担未遂的罪责之时，即便由其他共犯引起了既遂结果，由于该既遂结果的发生能被评价为，是由有别于脱离者所参与的犯罪的另外的犯罪所引起，因此，只要能谓之为任意地中止了犯罪，脱离者就成立中止犯。

例如，〔案例 23〕X、Y 共谋抢劫，闯入 A 家，Y 用刀顶住 A，命令 A 把所有的钱都交出来，X 当时也持刀威胁。A 的妻子说，"我们家是教师，没钱"，"只有学校的公款 7000 日元左右"。对此，X 说，"那种钱不要"，并且，对于 A 的妻子从衣柜拿出的 900 日元，继续说，"这种钱也不要！我们就是因为没钱才来的，如果你们家也没钱的话，就不要了，你就只当被我们拿走了，去给孩子买点衣服啥的"，然后又对 Y 说，"走吧"！说完便自己先出去了。3 分钟后，Y 从 A 家出来，对 X 说，"你这种菩萨心肠要不得！900 日元我拿来了，你这样可搞不到钱"。最后，两人一起将抢来的 900 日元用于游玩。对此，最高裁判所昭和 24 年（1949 年）12 月 17 日判决认为，只要 X 没有阻止而是放任了 Y 强取钱款的行为，对 X 就不能以中止犯论。[2]

该判决是遵循实行着手之后不再存在共犯关系解消的问题这种当时的一般理解，而仅考虑是否成立中止犯的问题。但是，从因果共犯论的角度来看，即便是在实行着手之后，在切断（遮断）了与既遂结果之间的因果性的场合，

---

[1] 参见佐伯仁志「判批」『ジュリスト』1125 号（1997 年）148 頁。
[2] 参见最判昭和 24 年 12 月 17 日刑集 3 卷 12 号 2028 頁。

就应该认为，因解消了共犯关系，仅承担未遂的罪责。因此，在该案中，在探讨是否成立中止犯之前，首先应该研究的是，是否可以说，X 消除了自己对既遂结果的影响力。如果能够否定存在这种意义上的"共犯关系的解消"，X 就应构成抢劫罪既遂的共犯正犯，没有成立中止犯的余地；反之，如果能够肯定存在这种意义上的"解消"，X 就成立抢劫罪未遂的共同正犯，因此，如果 X 的行为能被谓为任意的中止行为，就属于可以根据第 43 条但书而接受刑罚的必要性减免的对象。即便可以肯定该判决的结论，但在没有按照"脱离""中止"这样两个阶层的结构来解释案情这一点上，比照现在的理论状况，仍然应该说，该判决对共犯关系的解消的理解尚不充分。

另外，按照主张对预备犯也可以准用中止犯规定的观点（第十六章之五），像〔案例 18〕那样，在着手实行之前脱离，但有可能成立预备犯罪的场合，能否成立"预备的中止"也会成为问题。

第十九章　共犯与身份

一、第 65 条第 1 款与第 2 款之间的关系

（一）连带作用与个别作用

因有关行为人自身的地位、状态这种"身份"，而对（犯罪）主体存在限制的犯罪类型，称之为"身份犯"。这里的"身份"包括两种类型：一是诸如受贿罪（第 197 条以下）中的"公务员"、泄露秘密罪（第 134 条）中的"律师"等，关系到犯罪成立与否的"构成的身份"或称"真正的身份"；二是诸如常习赌博罪（第 186 条第 1 款）中的"常习者"、业务侵占罪（第 253 条）中的"业务者"等，关系到刑之轻重的"加减的身份"或称"不真正的身份"。与此相对应，身份犯也分为两种类型：一是具备某种身份方可成立犯罪的"构成的身份犯"或称"真正身份犯"；二是刑之轻重因身份而改变的"加减的身份犯"或称"不真正身份犯"。在非身份者参与了这些身份犯的犯罪之时，刑法规定，"加功于因犯罪人的身份才构成的犯罪行为时，即便是没有身份者，也是共犯"（第 65 条第 1 款）、"因身份而特别存在刑的轻重时，对没有身份者科以通常之刑"（第 65 条第 2 款）。* 该条第 1 款、第 2 款分别规定了身份的连带作用、个别作用，如何整合协调地解释二者，就成

---

* 就日本《刑法》第 65 条第 2 款的翻译，我国学者多直接译为"……判处（科处）通常的刑罚"（张明楷译：《日本刑法典》（第 2 版），法律出版社 2006 年版，第 28 页；[日] 大谷实：《刑法总论》，黎宏译，法律出版社 2003 年版，第 341 页）。但译者认为，译为"……科以通常之刑"为宜。因为就如何理解本款，也就是，仅仅是刑罚个别作用，还是罪名与刑罚均个别作用，日本学界至今观点尖锐对立。具体而言，在不真正身份犯的场合，在无身份者加功了身份者的行为之时，根据该款的规定，对无身份者"科以通常之刑"，这并无异议，但就如何理解"科以通常之刑"的含义，则存在两种截然对立的观点：一是认为成立通常的犯罪，科以通常犯罪之刑罚；二是认为成立身份犯之犯罪，但科以通常犯罪之刑罚。因此，如果直接翻译为"……判处（科处）通常的刑罚"，这无疑容易引起误解，回避了此种情形还涉及所成立的罪名的问题。——译者注

为问题。

(二) 形式的区分说

通说认为，第 65 条第 1 款是有关构成的身份犯的规定，第 2 款是有关加减的身份犯的规定。即便不考虑身份，在是否成立犯罪这一点上，构成的身份犯与加减的身份犯也是区别开来的。按照这种"形式的区分说"，[1]〔案例1〕秘书 X 加担了律师 Y 的泄露秘密的行为的，按照第 65 条第 1 款的规定，应构成泄露秘密罪的共犯；然而，〔案例2〕非业务者 X 加担了业务侵占者 Y 的侵占行为的，按照第 65 条第 2 款的规定，则应成立普通侵占罪（第 252 条）的共犯；〔案例3〕非常习者 X 加担了常习者 Y 的赌博行为的，按照第 65 条第 2 款的规定，非常习者构成普通赌博罪（第 185 条）的共犯。判例也基本上采取的是这种观点。例如，〔案例4〕对于参与了公务员 Y 的受贿行为的非公务员 X，是根据第 65 条第 1 款的规定，判定成立受贿罪的共犯；[2]然而，〔案例5〕对于经过与 Y 的共谋杀害了 Y 的母亲的 X，则适用第 65 条第 2 款的规定，判定不是成立杀害尊亲属罪（第 200 条，该条现在已被删除）的共犯，而是成立普通杀人罪的共犯。[3]

"形式的区分说"，是忠实于第 65 条之法条用语的文意解释，而且，更容易区分构成的身份与加减的身份。然而，该说在具有这些优点的同时，却无法说明，同样一种身份，为什么可以根据构成的身份犯与加减的身份犯这种规定形式的不同，而受到不同的处理（如果属于构成的身份就是连带作用，如果是加重的身份则是个别作用）？若只是着眼于规定形式本身，原本来说，与非身份者作为单独犯也具有可罚性的加减的身份犯相比，非身份者作为单独犯不具有可罚性的构成的身份犯，在作为共犯处理之时，似乎更应该受到宽大处理。而且，按照该说，例如，〔案例6〕在作为普通遗弃罪（第 217 条）之加重身份犯的保护责任者遗弃罪（第 218 条前段）中，非身份者 X 参与了保护责任者 Y 的行为的，应根据第 65 条第 2 款成立普通遗弃罪的共犯

---

[1] 参见内田文昭『改訂刑法 I 総論』（青林書院 1997 年補正版）319 頁以下；川端博『刑法総論講義』（成文堂 2013 年第 3 版）610 頁；前田雅英『刑法総論講義』（東京大学出版会 2019 年第 7 版）340 頁；高橋則夫『刑法総論』（成文堂 2018 年第 4 版）504-505 頁；大谷實『刑法講義総論』（成文堂 2019 年新版第 5 版）455-456 頁；野村稔『刑法総論』（成文堂 1998 年補訂版）432 頁，等等。

[2] 参见大判大正 3 年 6 月 24 日刑録 20 輯 1329 頁。

[3] 参见最判昭和 31 年 5 月 24 日刑集 10 巻 5 号 734 頁。

（1年以下惩役）；反之，〔案例6'〕在属于构成的身份犯的保护责任者不保护罪（第218条后段）中，非身份者X参与了保护责任者Y的行为的，却应根据第65条第1款成立保护责任者不保护罪的共犯（3个月以上5年以下惩役）。[1]由此可见，出于同一旨趣所规定的同一身份（保护责任者），如果属于构成的身份则是连带作用，如果是加重的身份则是个别作用，亦即，同一种身份（因场合不同而）存在不同的刑法效果，这并不合理。[2]不可否认，与有关科刑上的一罪的第54条一样，第65条具有很强的技术性，满足的是类型化的清晰明了，[3]但刑法解释学的任务更在于，在不违反罪刑法定原则的范围内，努力寻求理论上的整合性。

（三）罪名与科刑分离说

有观点从重视共犯的从属性的立场主张，规定"也是共犯"的第1款规定的是，适用于构成的身份犯以及加减的身份犯的、共犯的成立与否的问题，而规定"科以通常之刑"的第2款规定的是，仅仅针对加减的身份犯的、科刑的问题。[4]按照这种"罪名与科刑分离说"，〔案例1〕中的X应根据第1款成立泄露秘密罪的共犯，而〔案例2〕中的X虽然应根据第1款成立业务侵占罪的共犯，但还应另外根据第2款科处普通侵占罪的共犯之刑罚（按照该说主要倡导者的观点，对于〔案例3〕中的X，由于第65条不适用于作为行为人定型要素的常习性，X仅成立普通赌博罪的共犯）。也有判例限于"二

---

[1] 特别公务员这种地位属于构成的身份的特别公务员凌虐罪（第195条第1款后段）与特别公务员这种地位属于加重的身份的特别公务员暴行罪（第195条第1款后段）之间，以及营利等目的属于构成的身份的针对成人的营利目的等拐取罪（第225条）与（考虑到与未成年人拐取罪之间的关系）营利等目的属于加重的身份的针对未成年人的营利目的等拐取罪之间，也会出现同样的情况。

[2] 参见西田典之『新版・共犯と身分』（成文堂2003年）257頁注3、252頁以下。

[3] 为此，像第244条第3款（"有关亲属之间相盗的特例"）、第257条第2款（"有关亲属之间针对盗赃罪的特例"）那样，分则明文规定了有关共犯问题的处理，分则规定就应优先于第65条。而且，那些包括必要的共犯在内的犯罪类型（第二十章之二），也具有作为有关共犯与身份之处理的、分则上的规则的一面。

[4] 参见大塚仁『刑法概説　総論』（有斐閣2008年第4版）331頁；佐久間修『刑法総論』（成文堂2009年）414頁；団藤重光『刑法綱要総論』（創文社1990年第3版）418頁；日高義博『刑法総論』（成文堂2015年）515頁；藤木英雄『刑法講義総論』（弘文堂1975年）303頁以下；福田平『全訂刑法総論』（有斐閣2011年第5版）293頁以下，等等。

重的身份犯"，采纳该说的处理方式。[1][2]例如，以"委托物占有者"以及"业务者"这二种身份为要件的业务侵占罪、以"事务处理者"以及"董事"这二种身份为要件的特别背信罪（《公司法》第960条）。

在该说看来，仅就共犯所成立的罪名而言，第1款的连带作用及于所有身份犯，可以说，该说也是在由此试图缓和第1款与第2款之间的矛盾。但是，罪名显示的是，针对行为人行为的可罚性的评价，承认罪名与科刑的分离，无异于是承认超出本人之可罚性的犯罪的成立，这种做法并不妥当。[3]事实上，在有关共犯与错误［第二十章之一（四）］的问题上，判例也是明确否定罪名与科刑之间的分离（最决昭和54年4月13日刑集33卷3号179页）。[4]而且，尽管是仅限于犯罪的成立的情形，但有些身份是作为为责任非难奠定基础的事实，而成为构成要件要素，连这种身份也要连带，让共犯的罪名从属于正犯的罪名，就属于过度的从属意向，与个人责任原则难以调和。该说是从犯罪共同说的立场，优先贯彻罪名从属性，但不可否认的是，存在于该说背后的，仍然是团体主义的共犯观。另外，在最终的科刑上，该说之结论与形式的区分说完全相同，因而仍然残留有形式的区分说的不合理之处。[5]

---

[1] 参见最判昭和32年11月19日刑集11卷12号3073页；东京高判平成5年11月29日高刑集47卷2号55页，等等。
[2] 对于判例态度可以这样理解：判例设定了"业务上的占有者"（因属于业务者而受托占有的占有者）这种一体化身份，在与非占有者之间的关系上，将该身份视为构成的身份，适用第65条第1款，在此基础之上，出于与占有者的加功（由占有者进行的加功）之间的均衡的考虑，再根据第65条第2款，仅科以普通侵占罪之刑。
[3] 对于参与了业务侵占罪的非业务者，既有判例从"罪名与科刑分离说"的视角，判定适用业务侵占罪的公诉时效期［东京地判平成14年7月12日LEX/DB28075761；东京地判平成18年6月27日（判例集未登载）；东京高判令和3年5月21日LEX/DB25590912］；也有判例虽立足于"罪名与科刑分离说"，但判定适用侵占罪的公诉时效期［名古屋高判昭和45年7月29日（判例集未登载）；东京地判令和2年3月26日LEX/DB25590911（东京高判令和3年5月21日LEX/DB25590912的一审）］。
[4] 参见最决昭和54年4月13日刑集33卷3号179页。
[5] 另有学者主张，属于构成要件要素的身份，根据第65条第1款，罪名与科刑均连带地作用于非身份者，而诸如心神耗弱（第39条第2款）、中止犯（第43条但书）、自首或坦白（第42条）等那样，只有关实质的违法性、实质的责任、政策性阻却处罚的身份，才根据第2款而个别地发挥作用［参见十河太郎『身分犯の共犯』（成文堂2009年）252页以下］。按照该说，［案例2］中的X的罪名与科刑均属于业务侵占罪的共犯，［案例3］中的X也是罪名与科刑均属于常习赌博罪的共犯。在连不真正身份犯的科刑也要从属于正犯这一点上，该说将"罪名与科刑分离说"的从属意向更往前推进了一步，更有与个人责任原则相抵触之嫌。另外，心神耗弱、中止犯当然预定的是个别效果，难以想象第65条第2款会（仅仅）以此为对象。

（四）实质的区分说

为此，"实质的区分说"成为有力学说。[1] 该说根据"违法连带、责任个别"这种限制从属性的基本思想，主张第 1 款规定的是有关违法身份的连带作用，第 2 款规定的是有关责任身份的个别作用。按照该说主要倡导者的观点，泄露秘密罪中的律师或者护士、受贿罪中的公务员、保护责任者遗弃罪与保护责任者不保护罪中的保护责任者，是有关行为之法益侵害性的违法身份，因而根据第 65 条第 1 款，〔案例 1〕〔案例 4〕〔案例 6〕以及〔案例 6'〕中的 X 分别构成泄露秘密罪、受贿罪、保护责任者遗弃罪、保护责任者不保护罪的共犯；另外，业务侵占罪中的业务者、常习赌博罪中的常习性均属于提升行为人非难可能性的责任身份，因而根据第 65 条第 2 款，〔案例 2〕〔案例 3〕中的 X 分别构成单纯侵占罪、单纯赌博罪的共犯；而且，〔案例 7〕对于常习性成为构成的身份的常习会面强要罪（《暴力行为等处罚法》第 2 条第 2 款），加担了常习者 Y 的强行要求会面行为的非常习者 X，就通过准用第 65 条第 2 款，而不具有可罚性。[2] 不过，违法身份与责任身份的具体界分，属于刑法各论所要讨论的问题，在实质的区分说内部，也有不少学者将保护责任者归类于责任身份，而将业务者归类于违法身份。

（五）探讨

以违法与责任的区别作为理论基础的犯罪论体系的重要意义在于，指导刑法解释论对构成犯罪的各个要素根据其性质进行分类、整理，并赋予其相应的效果。作为这种犯罪论的解释指导机能的具体化，可以说，实质的区分说在方法论上是能够得到支持的。

责任，以针对行为人的"非难"为内容，应对每个参与者进行个别判断，因此，对于责任身份，应适用第 65 条第 2 款，保证其个别性作用。必须说，承认对他人的"责任"的连带，有违要求刑罚必须与各人之责任相适应的责任主义。责任能力人、累犯（第 56 条）这种地位，不会连带地作用于其他参

---

〔1〕 参见小林宪太郎『刑法総論』（新世社 2020 年第 2 版）343-344 頁；佐伯仁志『刑法総論の考え方・楽しみ方』（有斐閣 2013 年）414 頁以下；西田典之（橋爪隆補訂）『刑法総論』（弘文堂 2019 年第 3 版）435-436 頁；橋本正博『刑法総論』（新世社 2015 年）286 頁；林幹人『刑法総論』（東京大学出版会 2008 年第 2 版）430 頁以下；町野朔『犯罪総論』（信山社 2019 年）407-408 頁；山口厚『刑法総論』（有斐閣 2016 年第 3 版）345 頁，等等。

〔2〕 参见西田典之『新版・共犯と身分』（成文堂 2003 年）167 頁以下。

与者，学界对此并无异议（总则中的这种责任身份应个别地发挥作用，这一点不言自明，没有适用第 65 条第 2 款之必要）。这种个别化要求，也理应同样及于常习者的地位这种刑法分则中的责任身份。至于常习会面强要罪中的常习性这种构成的责任身份，尽管不符合第 65 条第 2 款的"因身份而特别存在刑的轻重时"这一表述，但作为有利于被告人的类推解释，也应该允许准用该款。

反之，违法身份是法益的侵害及其危险的前提条件，因而，其事实上的效果也及于共犯，第 65 条第 1 款只是对此做了确认性规定。例如，在受贿罪中，对公务的信赖，正是因为"公务员"收受贿赂而处于危险状态，教唆或者帮助公务员，让其收受贿赂的非公务员，也会间接地使得对公务的信赖处于危险状态。[1] 又如，在泄露秘密罪中，在从事第 134 条所规定的律师等职业者泄露秘密，会侵害对该职业的信赖这种附加法益这一意义上，或者，在由于委托人等不得不向从事该职业者讲述秘密，该业务过程中的秘密的要保护性相对更高这一意义上，可以说，律师等身份就为该罪所预定的程度的法益侵害性奠定基础。再如，在无证驾驶罪（《道路交通法》第 64 条、第 117 条之四第 2 号）中，"没有驾照"这种"消极身份"，只要属于法益侵害及其危险的前提条件，也属于违法身份，属于第 65 条第 1 款的适用对象。因此，〔案例 8〕持有驾照的 X 教唆无驾照的 Y 驾驶汽车，X 就根据第 65 条第 1 款的规定，构成无证驾驶罪的教唆犯。[2]

不过，所谓"违法的连带性"，其意义仅限于上述"造成法益侵害的前提条件的共通性"，按照个人主义的共犯观，很难承认正犯违法则共犯也违法这

---

[1] 另有有力观点认为，除了受贿罪之外，刑法还另外规定了行贿罪，且与受贿罪相比，处以相对较轻的刑罚，因此，受贿罪中的公务员这种地位，是以公务员的忠诚义务为根据的"一身性的违法身份"［参见松宫孝明『刑事立法と犯罪体系』（成文堂 2003 年）293 頁以下等］。但是，行贿罪与受贿罪在刑罚上的差异，与其说是因为公务员这种地位的有无，毋宁说，其理由在于，基于贿赂的提供者与接受者这种地位的不同而形成的非难可能性上的差异［参见山口厚『刑法総論』（有斐閣 2016 年第 3 版）348 頁］。因此，行贿人本人不会作为必要的共犯而成为受贿罪的共犯，除此之外，对行贿行为与受贿行为这两个行为均做出了贡献的第三者，为了受贿者的利益（站在受贿者一方）而加担的，成立受贿罪的共犯，但如果是为了行贿者的利益（站在行贿者一方）而加担的，则构成行贿罪的共犯。

[2] 对于消极的身份犯，也有判例不通过适用第 65 条第 1 款而得出相同结论（参见大判大正 3 年 9 月 21 日刑録 20 輯 1719 頁）。

种意义上的"违法的连带性"。[1]限制从属性说也只是认为，正犯违法是成立共犯的必要条件［第十八章之二（三）］。按照这种观点，行为的违法性在参与者之间是相对的，这种情况也并非没有。由于个人法益仅仅对"他人"而言受到保护，因而可以将那些针对个人法益的犯罪视为只能由"他人"来侵犯的身份犯（或者说，属于无法由法益主体本身侵犯的身份犯），这种"他人"的地位（不属于法益主体的地位）虽属于违法身份（消极的违法身份犯），但具有一身专属性的效果。作为必要的共犯（第二十章之二）而研究的、从事非讼活动（《律师法》第72条）的"委托人"这一地位，也具有相同性质。为此，按照混合惹起说（该说认为，要成立共犯，除了正犯不法之外还需存在共犯不法）［第十八章之二（三）］，就必须承认，也有可能存在不适用第65条第1款的"一身专属性的违法身份"。[2]不过，对于这种"一身专属性的违法身份"，通常情况下，通过对分则规定的解释，就可推导出"一身性的作用"，很少适用或准用第65条第2款之必要。

而且，实质的区分说对加减的违法身份适用第65条第1款，对此的疑问是，这种做法是在向着不利于被告人的方向超越该款的法条用语进行解释，存在违反罪刑法定原则之嫌。对此，实质的区分说的部分论者提出了反驳：在违法身份的场合，即便看上去不过是存在刑之轻重，由于是因身份而成立包含其他法益的其他犯罪，因此，就相当于第65条第1款的"因犯罪人的身份才构成的犯罪行为"，而不属于第2款的"因身份而特别存在刑的轻重时"。[3]诚然，在单纯侵占罪中，即便没有"委托物占有者"这种身份，也会成立侵占脱离占有物罪，因而从形式逻辑上看，"委托物占有者"尽管属于加减的身份，但一般仍然是作为构成的身份来对待的，由此可见，对第1款的用语并非没有进行实质性解释的余地。但是，相对于普通遗弃罪、普通侵占罪而言，保护责任者遗弃罪、业务侵占罪显然相当于"因身份而特别存在刑的轻重时"，即便将保护责任者、业务者理解为违法身份，但对这些情形适用第65条第1款，会损害国民的预测可能性。因此，对于法律明确以加重减

---

［1］有关"违法的连带性"的意义，参见松本圭史『刑法における正当化と結果帰属』（成文堂2020年）74頁以下；伊藤嘉亮「共犯論における違法の従属性・相対性」『刑法雑誌』60巻1＝2＝3号（2021年）62頁以下。

［2］参见平野龍一『刑法総論Ⅱ』（有斐閣1975年）366頁以下。

［3］参见山口厚『刑法総論』（有斐閣2016年第3版）347頁。

轻类型的形式规定的身份，即便实质上可以理解为违法身份，仍然应受罪刑法定原则的制约，适用第65条第2款（区分标准并用说）。[1]

（六）身份者对非身份者的加担

通说、判例认为，第65条第2款规定的是"没有身份者"而不是"没有身份的共犯"，因而承认对于身份者加担于非身份者的情形也可适用第2款，对于〔案例3'〕中帮助了非常习者Y的赌博行为的常习者X，认定构成常习赌博罪的从犯。[2][3]基于责任评价是个别的、也可针对无责任能力者成立教唆犯等理由，该结论也得到"实质的区分说"的广泛支持。

反之，也有学者虽立足于"实质的区分说"，但认为由于共犯追究的是第二性的责任，因而共犯所成立的犯罪，不能超出正犯所成立的犯罪，从而主张〔案例3'〕中的X仅成立普通赌博罪的从犯。[4]在该观点看来，认定X成立常习赌博罪的共犯，仅就常习赌博罪而言，是在正犯不具有构成要件该当性的地方认定成立共犯，因而违反以正犯具有构成要件该当性为前提的限制从属性说与混合惹起说。并且，如果以"实质的区分说"为前提，承认对于身份者加功于非身份者的情形适用第65条第2款，还会出现这样的疑问：〔案例7'〕像常习者X教唆非常习者实施强行要求会面的行为那样，在责任身份成为构成的身份的犯罪中，对于加功于非身份犯的身份者，是否也会适用或者准用第65条第2款，进而认定其成立该身份犯（常习会面强要罪）的共犯呢？[5]

对于这一点，有学者提出了另外一种解释：第65条第2款是针对加减的

---

[1] 参见堀内捷三『刑法総論』（有斐閣2004年第2版）279頁；曽根威彦『刑法原論』（成文堂2016年）616頁。
[2] 参见大連判大正3年5月18日刑録20輯932頁。
[3] 反之，由于业务侵占罪中的业务者这种身份，与委托物占有者的身份以及侵占行为不可分地联系在一起，因此，按照通说，〔案例2'〕中，即便是业务者教唆或帮助属于非业务者的占有者实施了侵占行为，也只是成立普通侵占罪的共犯。
[4] 参见山口厚『刑法総論』（有斐閣2016年第3版）351頁以下。
[5] 而且，隐灭证据罪（第104条）处罚的是，隐灭"有关他人的刑事案件的证据"的行为，从责任身份的个别作用的视角来看，还会出现这样的疑问：如果认为隐灭证据罪中的"他人"性属于构成的责任身份，第三者X教唆Y隐灭有关Y的刑事案件的证据的，X是否也应成立隐灭证据罪的教唆犯呢？

责任身份，（再）修正教唆或帮助的构成要件，从而缓和罪名从属性。[1]并且，按照这种理解，一方面认定〔案例3'〕中的X成立常习赌博罪的从犯，但同时又提出了下面这种解释：在构成的身份犯中，由于正犯不存在任何犯罪行为，因而加担者并不符合"教唆他人实施犯罪的"（第61条第1款）或者"帮助正犯的"（第62条第1款）这种共犯的构成要件，〔案例7'〕中的X就不具有可罚性。[2]按照实质的区分说，并没有实质性理由可以对构成的身份与加减的身份进行不同对待，尽管如此，从第65条第2款的"存在刑的轻重时"这一用语来看，可以认为，通过第65条第2款所进行的向着不利于被告人的方向的构成要件（再）修正，就不能及于构成的责任身份。为此，仅限于加减的身份犯，通过第65条第2款缓和罪名从属性，对于加担了非身份者的身份者，作为相对更重的身份犯的共犯予以处罚，这种解释作为在法律条文的可能的范围之内，赋予适合于各种情况之实质的效果的一种方法，应该受到支持。[3]

二、第65条第1款中的"共犯"的范围

判例[4]、通说认为，第65条第1款中的共犯，除了教唆犯、从犯之外，还包括共同正犯。

对此，也有观点从"形式的客观说"（要成立共同正犯，就必须分担了实行行为）[第十七章之二（三）]的角度提出，由于非身份者根本不可能实施（构成的身份犯的）实行行为，因而第65条第1款不适用于共同正犯。[5]*但

---

[1] 如果区分违法构成要件与责任构成要件，就可以认为，混合惹起说与限制从属性说只是要求正犯满足违法构成要件，而并未绝对要求正犯也满足责任构成要件。
[2] 参见西田典之『新版·共犯と身分』（成文堂2003年）297、176頁。
[3] 不过，也可以认为，常习赌博罪中的常习性，是指自己赌博的癖性。按照这种理解，如果〔案例3'〕中的X，仅具有帮助他人赌博的癖性，就不满足第186条第1款（常习赌博罪）的常习性；而且，即便具有自己赌博的癖性，但并不能说，帮助他人赌博这种行为体现了帮助者存在自己实施赌博的癖性，因此，应该理解为，X仅成立普通赌博罪的从犯。
[4] 参见大判大正4年3月2日刑録21輯194頁。
[5] 参见大塚仁『刑法概説　総論』（有斐閣2008年第4版）332-333頁;;福田平『全訂刑法総論』（有斐閣2011年第5版）293-294頁，等等。
* 例如，团藤重光指出，"就真正身份犯而言，无身份者的行为欠缺作为真正身份犯的实行行为的类型性，因而无法称之为共同实行"[团藤重光『刑法綱要総論』（創文社1990年第3版）420頁]。——译者注

是，对于这种观点，除了针对"形式的客观说"本身的疑问之外，还存在这样的疑问：即便是非身份者，如果与身份者共同实施，难道没有分担部分实行行为的可能吗？

还有持"义务犯论"者持反对态度。[1]在"义务犯论"看来，（构成的）身份犯，是对于向具有一定地位者科处的特别义务的违反，因而只有这种特别义务的承担者才可能成为（构成的）身份犯的正犯，从而反对第65条第1款适用于共同正犯。但是，按照"义务犯论"，不负有特别义务的非身份者，不仅不能成立共同正犯，理应也无法成立教唆犯或者从犯。"义务犯论"的论者认为，第65条第1款是一种政策性规定，处罚的是那些引诱正犯实施义务违反行为的引诱行为。这种对义务违反行为的引诱，如果是指不法共犯论意义上的义务违反的惹起，就是以与法益侵害相分离的情况作为处罚根据，并不妥当；如果是指通过正犯的义务违反而惹起了法益侵害，那么，在共同正犯的形态下，也完全有可能通过正犯的义务违反而惹起法益侵害。

按照认为共同正犯的正犯性在于（修正的）行为支配的观点［第十七章之四（二）］，只要施加了基于合意之约束力的意思支配或者基于作用分担的功能性的行为支配，即便是非身份者，也可成为共同正犯，因而没有理由将共同正犯排除在第65条第1款的射程之外。[2]

三、第65条中的"身份"的范围

判例认为，所谓第65条的"身份"，"不限于男女性别、本国人外国人之别、亲属关系、作为公务员的资格等关系，是指所有与一定犯罪行为相关的、罪犯在人际关系上的特殊地位或状态"。[3]除了上述公务员、常习者、业务者等之外，伪证罪（第169条）中的"依法宣誓的证人"、重婚罪（第184条）中的"有配偶者"、背信罪（第247条）中的"他人事务的处理者"等，也适用第65条。通说也基本支持这种广义的身份概念。相反，也有观点认为，从"身份"的文意来看，身份仅仅是指一定的持续性地位；还有观点从"义

---

［1］ 参见松宫孝明『刑事立法と犯罪体系』（成文堂2003年）247頁以下；佐川友佳子「身分犯における正犯と共犯（4・完）」『立命館法学』320号（2009年）65頁。
［2］ 另有观点认为，第65条仅仅适用于共同正犯，有关身份犯的狭义的共犯对非身份者也当然成立。参见伊藤亮介『目的犯の研究序説』（2017年）346-347頁。
［3］ 最判昭和27年9月19日刑集6巻8号1083頁。

务犯论"的视角主张，身份仅指基于一定社会的、法律的关系，承担一定法律上的义务的地位。要明示身份的一般性定义，不仅困难也不具有生产性（建设性），因而，下文仅就几个特别引起了争议的案例进行探讨。

首先，作为一种纯粹的事实属性，处罚"采取暴力或者强迫手段强奸 13 周岁以上的女子的"旧强奸罪（旧《刑法》第 177 条）中的"男性"的身份性就成为问题。按照"义务犯论"，"男性"不属于承担特别的法律义务的地位，因而不属于第 65 条第 1 款的身份。反之，例如，X 女与 Y 男、Z 男共谋，让二人强奸了 A 女，对于此案，最高裁判所昭和 40 年（1965 年）3 月 30 日决定判定，"强奸罪因其行为主体限于男性，因而该当于《刑法》第 65 条第 1 款所谓因犯人的身份才能构成的犯罪，但无身份者可以通过利用身份者的行为而侵犯强奸罪的保护法益，因此，当无身份者通过与有身份者共谋而加功于该犯罪行为时，应该根据第 65 条第 1 款，认定成立强奸罪的共同正犯"。[1]就第 65 条第 1 款的"身份"，该决定显然没有采取"义务犯论"的观点，而无疑采取的是，以身份作为法益侵害的前提条件这种观点。

其次，针对目的犯中的目的等主观要素是否包含在第 65 条的"身份"之中，[2]存在下面几种观点：①主张从"身份"的语义来看，目的等暂时性的心理状态不包含在身份之中（消极说）；[3]②主张目的等心理状态也相当于上述"身份"的定义中所谓犯罪人的特殊的"状态"，因而包含在身份之中（积极说）；[4]③从义务犯论的视角，主张目的等主观要素不包含在对行为人科处特别义务的第 65 条第 1 款的身份之中，但包含在不过是刑罚之加重或者

---

[1] 最决昭和 40 年 3 月 30 日刑集 19 卷 2 号 125 页。

[2] 有关目的犯中的"共犯"，下面几个问题牵扯在一起：①让他人得到利益的意图或者动机这种"他人目的"是否包含在"目的"之中？②对其他共犯具有目的的认识是否包含在"目的"之中？③目的是否包含在第 65 条的"身份"之中？④具有目的是否是（共同）正犯性的必要条件？参见伊藤亮介『目的犯の研究序説』（2017 年）317 页以下。

[3] 参见曾根威彦『刑法原論』（成文堂 2016 年）609-610 页；高橋則夫『刑法総論』（成文堂 2018 年第 4 版）508 页；福田平『全訂刑法総論』（有斐閣 2011 年第 5 版）292 页注（一）；山中敬一『刑法総論』（成文堂 2015 年第 3 版）1006 页，等等。

[4] 参见西田典之（橋爪隆補訂）『刑法総論』（弘文堂 2019 年第 3 版）295 页以下；十河太郎『身分犯の共犯』（成文堂 2009 年）302 页；伊藤亮介『目的犯の研究序説』（2017 年）337 页以下；井田良『講義刑法学・総論』（有斐閣 2018 年第 2 版）571-572 页；大谷實『刑法講義総論』（成文堂 2019 年新版第 5 版）452 页；堀内捷三『刑法総論』（有斐閣 2004 年第 2 版）258 页；町野朔『犯罪総論』（信山社 2019 年）页，等等。

减轻的第 65 条第 2 款的身份之中（形式的二分说）。[1]不过，还是应该采取下面这种观点：④正如上述定义所示，身份是行为的前提而非构成问责对象行为本身的东西，因此，诸如各种伪造犯罪中的"使用的目的"那样有志于侵害该犯罪之保护法益的行为意思，就属于行为的构成要素，不包含在身份之中，但诸如药物犯罪中的营利目的那样，意味着行为人的心情、动机的东西，就作为行为人的属性包含在身份之中（实质的二分说）[2]（营利目的等拐取罪*中的营利目的与营利、猥亵、结婚或者加害生命、身体的目的等并列规定在法条之中。因此，应该将这种目的视为，以指向压榨被害人的行为意思为内容的东西，不包含在身份之中）。一方面，不仅是对于各种伪造犯罪中的使用的目的、[3]各种预备犯中实施基本犯的目的、[4]对于以未成年人为被害人的营利目的等拐取罪中的营利目的、[5]**《剧毒物取缔法》上的销售目的储藏罪（《剧毒物取缔法》第 3 条第 3 款）中的销售目的[6]等，判例也否定身份性，但另一方面，对于药物犯罪中的营利目的则又肯定身份性，[7]因而可以说，判例观点更接近于实质的二分说。

按照实质的二分说，例如，〔案例 9〕Y 出于营利目的走私进口麻药，X 虽然没有营利的目的，但在知情的情况下对 Y 的行为提供了协助。对此，最高裁判所昭和 42 年（1967 年）3 月 7 日判决认为，《麻药取缔法》第 64 条

---

[1] 参见川端博『刑法総論講義』（成文堂 2013 年第 3 版）122 頁；木村龜二（阿部純二增補）『刑法総論』（有斐閣 1978 年）156 頁以下，等等。

[2] 参见冈部天俊「身分犯概念の再構成とその具体的内容をめぐる考察（2・完）」『北大法学論集』68 巻 5 号（2018 年）31 頁以下。有关笔者（松原芳博）的观点，详见松原芳博『行為主義と刑法理論』（成文堂 2020 年）313 頁以下。

* 日本《刑法》第 225 条〔营利目的等拐取罪〕：出于营利、猥亵、结婚或者加害生命、身体的目的，掠取或者诱拐他人的，处 1 年以上 10 年以下惩役。——译者注

[3] 参见大判大正 15 年 12 月 23 日刑集 5 卷 584 頁；最判昭和 34 年 6 月 30 日刑集 13 卷 6 号 985 頁，等等。

[4] 参见最决昭和 37 年 11 月 8 日刑集 16 卷 11 号 1522 頁等。

[5] 参见大判大正 14 年 1 月 28 日刑集 4 卷 14 頁。

** 该案大致情况为：X、Y、Z 三人基于共谋诱拐了 A 女（当时 17 岁），其中，Z 具有领取（拐骗）报酬的目的，对此，大审院认为，营利目的不属于第 65 条第 1 款、第 2 款的身份，X、Y 构成营利目的的诱拐罪（第 225 条）的共同正犯（参见大判大正 14 年 1 月 28 日刑集 4 卷 14 頁）。——译者注

[6] 参见东京地判昭和 62 年 9 月 3 日判时 1276 号 143 頁。

[7] 参见最判昭和 42 年 3 月 7 日刑集 21 卷 2 号 417 頁等。

（"走私进口麻药罪"）"根据有无营利目的这一罪犯的特殊状态的不同，规定对各个罪犯科处轻重有别的刑罚，因此，认为该条相当于《刑法》第65条第2款所谓'因身份而特别存在刑的轻重时'是合适的"，进而对于其本人不具有营利目的的X，判定成立普通的走私进口麻药罪。*〔1〕〔2〕另外，〔案例10〕X明知Y是出于使用的目的而伪造了货币，却仍然提供了协助。在该案中，由于各种伪造犯罪中的使用目的不包含在身份之中，因而对X不适用第65条第1款，尽管如此，但从法益侵害的危险的角度来看，让他人使用的目

---

* 本案大致案情如下：Y出于在日本国内销售麻药这一营利目的，委托被告人X代为走私进口麻药，X伙同Z一起参与了走私麻药的行为。对此，一审（神户地判昭和41年2月17日刑集21卷2号420页）认为，X、Z明知Y具有营利的目的仍参与走私，应该说，X、Z至少具有让第三者获取财产性利益的目的，因而，并不缺少《麻药取缔罪》第64条第2款所规定的营利目的；并就被告人X、Z所实施的走私进口麻药的行为，认定适用《麻药取缔法》第64条第2款、第12条第1款、《刑法》第60条，判处X10年惩役。X以量刑不当提起控诉，二审（大阪高判昭和41年6月11日刑集21卷2号422页）判定，被告人X、Z与Y构成共谋共同正犯，驳回了X的控诉。对此判决，X进一步向最高裁判所提起了上告。对于本案，最高裁判所判定部分撤销二审判决，并改由最高裁判所直接审理。最高裁判所的主要判旨为，"本裁判所依职权查明，《麻药取缔法》第64条第1款规定，对违反该法第12条的规定而进口麻药者，处1年以上有期惩役；该法第64条第2款规定，对出于营利目的而实施前款违反行为者，处无期或3年以上惩役，或者，根据情节处无期或3年以上惩役以及500万日元以下罚金。由此可见，同样是违反该法第12条第1款的规定而实施了进口麻药这一行为者，该条根据有无营利目的这一犯人的特殊状态的不同，规定对各个犯人科处轻重有别的刑罚，因此，认为该条相当于《刑法》第65条第2款所谓'因身份而特别存在刑的轻重时'是合适的。这样，在具有营利目的的者与不具有营利目的的者共同违反《麻药取缔法》第12条第1款的规定而进口了麻药的场合，应该根据《刑法》第65条第2款的规定，对具有营利目的的者科以《麻药取缔法》第64条第2款之刑，而对不具有营利目的的者科以该条第1款之刑"，然而，"本案原审判决以及原审所肯定的一审判决均对于仅仅知道共犯人Y具有营利的目的，而自己本身并无营利目的的被告人，认定成立该条（《麻药取缔法》第64条）第2款之罪，并判定科处该款之刑，因此，原审判决存在错误地解释适用了该条以及《刑法》第65条第2款这一违法（事实），而且，这一违法（事实）直接影响到了判决，可以说，除非撤销该判决，否则会明显有违正义。"最高裁判所最终撤销原审判决中有关被告人X、Z的部分，认定适用《麻药取缔法》第64条第1款、第12条第1款、《刑法》第60条，判处被告人X8年惩役（参见最判昭和42年3月7日刑集21卷2号417页）。——译者注。

〔1〕 参见最判昭和42年3月7日刑集21卷2号417页。
〔2〕 不过，此后有判例认为，药物犯罪中的营利目的之中，除了让自己获取财产性利益这种动机、目的之外，还包括让第三者获取财产性利益这种动机、目的（参见最决昭和57年6月28日刑集36卷5号681页）。但是，如果将营利目的理解为责任身份，根据让与行为人无关的他人取得利益的动机、目的，能否提升针对行为人本人的责任非难，这是存在疑问的。而且，要区分让他人取得利益的目的、对他人具有营利目的的认识，也非易事。

的也包含在使用的目的之中，因而就应该以此为理由，认定 X 成立伪造货币罪的共犯。

最后，我想就事后抢劫罪（第 238 条）* 中的"盗窃犯"的身份性做些探讨，这个问题相对有些特殊。例如，〔案例 11〕盗窃既遂犯人 Y 在逃跑途中，受到被害人 A 的追赶，为了防止财物被追回而对 A 实施暴力并致 A 受伤，其时，对此知情的 X 参与了暴力行为，X 承担何种罪责就成为问题。对于 X 的罪责，东京地方裁判所昭和 60 年（1985 年）3 月 19 日判决认为，"虽然也可能存在作为承继的共同正犯，让其承担抢劫致伤的罪责这种观点，但事后抢劫罪是一种以具有盗窃犯人这一身份者为主体的身份犯，由于 X 不具有这种身份，因此，本案不属于承继的共同正犯的问题，而应该作为共犯与身份的问题来把握"，在此基础上，进一步将该身份视为不真正的身份（加减的身份），立足于"犯罪与科刑分离说"的视角，根据第 65 条第 1 款，认定 X 成立事后抢劫致伤罪的共同正犯，但同时根据第 65 条第 2 款，在伤害罪的限度之内量刑。〔1〕然而，对于类似案件，大阪高等裁判所昭和 62 年（1987 年）7 月 17 日判决则认为，"事后抢劫罪，不是在暴行罪或者胁迫罪之上，加上盗窃犯这种身份而加重其刑的犯罪，而是具有盗窃犯这种身份者，出于《刑法》第 238 条所规定的目的，通过实施足以压制他人反抗的暴力、胁迫，方可成立的犯罪，因此，属于真正身份犯，而不应将其理解为不真正身份犯"，进而根据第 65 条第 1 款判定 X 构成事后抢劫致伤罪的共同正犯。〔2〕

但是，身份犯中的"身份"，与妨害灭火罪（第 114 条）中的"火灾之际"这种行为状况一样，属于法益侵害的前提条件（违法身份），或者，属于为针对行为人的责任非难奠定基础的外部的、内部的条件（责任身份），均属于不需要由行为人的行为有责地惹起的情况。反之，事后抢劫罪中的"盗窃"这一事实，其本身就属于应由该罪来评价的法益侵害的部分内容，属于需要由行为人有责地惹起的情况，因此，不是单纯的"身份"，而应将其视为"实行行为"之一部分。因此，事后抢劫罪就应被理解为，是由窃取行为与暴力、

---

* 日本《刑法》第 238 条〔事后抢劫罪〕："盗窃犯在窃取财物之后，为了防止财物被追回，或者为了逃避逮捕，或者为了隐灭罪迹，而实施暴力或者胁迫的，以抢劫论"。——译者注
〔1〕 参见東京地判昭和 60 年 3 月 19 日判時 1172 号 155 頁。
〔2〕 参见大阪高判昭和 62 年 7 月 17 日判時 1253 号 141 頁。

胁迫行为所构成的结合犯。[1]身份犯说的理由在于，法条使用了"盗窃犯"这一用语。但是，与此结构大致相同的抢劫杀人罪、抢劫伤人罪（第240条）中，也使用了"抢劫犯"这一用语，但一般认为，该罪不是身份犯而是结合犯，因此，上述表述无法成为身份犯说的根据。按照结合犯说的观点，〔案例11〕的问题在于，在Y实施犯罪行为的途中，X参与其中，X是否构成承继的共犯。按照"承继否定说"［第十八章之六（五）］，X应成立伤害罪的共同正犯。不过，如果通过暴力、胁迫而防止了财物被夺回这一点相当于"财产性不法利益"，X、Y就成立第2款抢劫致伤罪（第236条第2款、第240条前段）的共同正犯，而X、Y另外分别成立的伤害罪、事后抢劫致伤罪，就与该罪构成法条竞合。

---

[1] 详见松原芳博『行為主義と刑法理論』（成文堂2020年）280頁以下。

第二十章　共犯的其他问题

一、共犯的错误

（一）问题之所在

在广义的共犯中，在各种情况下会出现错误的问题：参与者之间就合意内容的理解出现偏差、实行行为人有意识地僭越合意的范围、实行行为人陷入对象错误或者打击错误，等等。只要是事关各个参与者是否成立故意，就应该通过适用与单独犯相同的错误论，来解决这种共犯的错误的问题。这是因为，为各个参与者个人的责任奠定基础的故意的内容，单独正犯与共犯之间并无不同。

不过，特别是在实行行为人有意识地僭越了合意的内容时，在考虑故意的成立与否这种意义上的错误论之前，首先必须考察各参与类型所预定的因果性是否实际及于实行行为人的行为，尤其是对于（共谋）共同正犯，就要看合意所形成的心理约束力是否实际及于实行行为人的行为。共犯的因果性或者正犯性的所及范围这种意义上的"教唆的射程"或者"共谋的射程"，[1]就作为划定作为共犯的归责范围的东西，也适用于共犯关系的解消的问题（第十八

---

[1] 由于"共谋"这一表述是多义的［第十七章之五（四）］，因而"共谋的射程"这一表述也成为可能包含下面三层意义的多义的概念：①共犯的因果性的所及范围、②（共同）正犯性的所及范围、③故意的所及范围。例如，就"共谋的射程"的概念，桥爪隆在"①共犯的因果性的所及范围"的意义上使用［参见桥爪隆「共謀の射程と共犯の錯誤」『法学教室』359号（2010年）20頁以下（该文之中文译文参见桥爪隆：《共谋的射程与共犯的错误》，王昭武译，《苏州大学学报（法学版）》2014年第2期，第33-38页）］；十河太郎在"②（共同）正犯性的所及范围"（相互利用相互补充的关系的意义上）［参见十河太郎「共謀の射程について」川端博・浅田和茂・山口厚・井田良編『理論刑法学の探求③』（成文堂2010年）73頁以下］；龟井源太郎则作为①共犯的因果性的所及范围、②（共同）正犯性的所及范围与③故意的所及范围的总称而使用［参见龟井源太郎「『共謀の射程』について」『東京都立大学法学会雑誌』56巻1号（2015年）432頁］。从理论上讲，还是希望能用其他表述来表达这三层意义，但在使用"共谋的射程"这一表述时，还是应该明示究竟是在哪一层意义上使用。

章之七）。〔1〕

（二）教唆的射程、共谋的射程

最高裁判所昭和 25 年（1950 年）7 月 11 日判决针对的是下述案件：〔案例1〕X 告诉 Y，A 家有钱，并出示了 A 家的（布局的）草图，然后教唆其盗窃 A 家，但 Y 决意对 A 家实施抢劫，并与 Z 等人携刀赶到 A 家，但未能进入主屋，于是放弃在 A 家实施抢劫。由于 Z 等人说，既然来了，就不能这么两手空空地回去，遂闯入隔壁的 B 家劫取了财物。〔2〕* 就 X 而言，可能存在方法的错误以及不同构成要件之间的错误的问题，按照判例所采取的抽象的法定符合说，能认定在构成要件重合的限度之内，其存在作为盗窃罪之教唆犯的故意责任。然而，Y 等人对 B 家实施的抢劫，是否在 X 的"教唆的射程"之内，就仍有探讨之必要。

诚然，如果 X 不教唆 Y 对 A 家实施盗窃，也不会发生抢劫 B 家的结果，因而能认定二者之间存在条件关系。而且，如果这种计划的改变不属于罕见现象，也许就不能否定二者之间还存在相当因果关系。但是，教唆犯的构成要件所预定的是，给予正犯以动机，使其决意实施特定的犯罪，作为该决意之现实化，实施了实行行为。〔3〕该案中，一方面，X 告知 A 持有 30 万日元左右的现金，并提供了 A 家的结构图，因而在对 A 家夺取财物的范围之内，X

---

〔1〕 在研究因果性（或者正犯性）所及范围这一点上，可以说，"共犯关系（共同正犯关系）的解消"也是"共谋的射程"理论的一环。不过，"共犯关系（共同正犯关系）的解消"的问题是，因被告人从犯罪计划中脱离（背离）而引起的因果性（或者正犯性）的丧失，而"共谋的射程"的问题是，因其他共犯超出犯罪计划而引起的因果性（或者正犯性）的丧失。我们可以将包含消解论（脱离论）的情形称为"广义的共谋的射程"理论，而将排除消解论（脱离论）的情形称为"狭义的共谋的射程"理论。另外，有关射程理论与解消理论的并用，参见桥爪隆『刑法総論の悩みどころ』（有斐閣 2020 年）369 頁。

〔2〕 参见最判昭和 25 年 7 月 11 日刑集 4 卷 7 号 1261 頁。

* 二审判定 X 构成入户盗窃的教唆犯，判处 2 年惩役。但辩护人提出，由于 Y 并未实施 X 所教唆的 A 家盗窃，因而不应成立教唆犯，二审判决存在适用法律错误的违法，并以此为理由向最高裁判所提出上告。最高裁判所认为，"Y 对 B 家的犯罪行为，与其说是基于被告人 X 的教唆，毋宁说，是 Y 一度因存在障碍而放弃了基于上述教唆而产生的犯意，偶尔因其他 3 名共犯态度坚决地提出闯入 B 家，为该提议所动，形成新的决意，并决意实施，这种事实并非不能认定，综合各种情况，从原判决（二审判决）的旨趣来看，对于被告人 X 的教唆行为与 Y 的行为之间的因果关系，究竟是否做出了明确认定，颇有疑问"，从而撤销二审判决中有关 X 的部分，发回重审（参见最判昭和 25 年 7 月 11 日刑集 4 卷 7 号 1261 頁）。——译者注

〔3〕 教唆犯所固有的这种因果关系，类似于诈骗罪的因果关系。作为诈骗罪的因果关系，除了条件关系以及通常的相当因果关系之外，还必须加上这样一种特定的因果进程：被欺骗者因受骗而形成错误，并因该错误而产生动机，进而实施了处分行为。

的教唆行为提供了动机；另一方面，对 B 家实施的抢劫，是基于 Z 等人的强烈要求而形成的新的决意而实施，因此难以认定，该抢劫是基于 X 之教唆而形成的决意的现实化。最高裁判所也认为，对于该案可以认定为，Y 一旦放弃了由 X 的教唆而形成的犯意，只是偶尔因 Z 等人强烈要求闯入 B 家，Y 为此所动而重新形成决意，并断然实施了该决意。因此，X 的教唆与 Y 等人的抢劫之间的因果关系是存疑的，并以此为理由发回原审。这里所谓"因果关系"，就是指上面所说的教唆犯的构成要件所预定的因果关系。

浦和地方裁判所平成 3 年（1991 年）3 月 22 日判决针对的是下述案件：
〔案例 2〕 X 是某暴力团的组长，听说一直表现不好而让自己为难的、属于小弟辈的 A 在本组势力范围内的某店内撒野，X 感到完全没给自己面子而非常生气，出于先给 A 一点颜色看看然后押回组办公室加以制裁的意思，指示属下组员 Y 等人："去抓住 A，给我绑回来！"于是，Y 等 9 人一起赶往 A 家，在 A 家大门前的马路上（第一现场），多次用金属材料的特制警棍以及木刀殴打 A，并脚踢 A 的头部、背部、腹部等部位，其间，A 撞上邻居家车库的卷帘门，发出很大声响，Y 等人因担心被人发现，匆忙更换地点，强行让 A 上车，带至约七百米远的停车场（第二现场），继续对 A 实施上述内容的暴力。暴力之后，本以为 A 已死，但未曾想到，A 说，"老子死不了！"Y 等人既惊讶于 A 顽强的生命力，更担心 A 日后报复，于是产生杀害的故意，将 A 关在汽车后备箱，带至约四公里之外的河岸堤坝（第三现场），用脚踢其头部，使其滚落到堤坝之下，掉入河中，然后又将其身体摁在水中几分钟，最终将其淹死。[1]*

---

[1] 参见浦和地判平成 3 年 3 月 22 日判时 1398 号 133 页。

* 对于该案，检察官主张，对于由 Y 等人在第 3 现场的暴力所造成的死亡结果，被告人 X 也应成立伤害致死罪的共同正犯。但浦和地方裁判所认为，"第一现场的行为与第二现场的行为，不过是因为发出声响，担心被发现才改变地方，属于犯意持续的基础上，连续实施的一系列的同类暴力行为，将这些行为概括性地理解为一个暴力，这毫无障碍。但是，第二现场的暴力结束之后的行为，既然是出于指向其后所发生的杀害该人的新目的而实施，其动机、目的就是'害怕报复'，与此前'为了制裁或复仇'性质明显不同。并且，实际的杀害行为，是在离第二现场大约四公里的地方，并且，是以与此前的暴力完全不同性质的手段、方法来实施。由此可见，即便该杀害行为是由第一现场、第二现场的犯罪行为（伤害罪）发展而来，以针对同一被害人行使有形力为内容，但从主观、客观两方面来看，对此应理解为，作为与此前行为性质不同的其他独立犯罪（杀人罪），应构成并合罪，而不能认为两者属于包括的一罪。"在此基础上，又基于"指示第三者（Y）并使之实行某罪的人（X）的刑事责任，原则上①应限于与 Y 基于 X 的指示所实施的犯罪处于一罪之关系的犯罪，②对于与该罪不处于一罪之关系的其他犯罪，要

在该案中，也能认定 X 做出的暴力、伤害的指示，与 Y 等人所实施的杀害行为之间存在条件关系，并且，X 所指示的暴力、伤害与 Y 等人所实施的杀人之间，在构成要件上存在重合，因此，似乎 X 也可成立伤害致死罪的共谋共同正犯。但是，浦和地方裁判所认为，第一现场的行为与第二现场的行为，作为一系列的同种暴力，构成包括的一罪，但第三现场的行为，是与此前的"为了制裁或复仇"性质明显不同的、出于防止报复这种动机与目的而实施的行为，而且，该行为是在距离第二现场 4 公里的地方，采取与此前的暴力性质不同的手段、方法而实施的，因此，在判定第一现场的行为与第二现场的行为处于并合罪的关系的基础之上，进一步指出，指示他人实施犯罪者的罪责，原则上限于与基于指示而实施的犯罪处于一罪之关系的事实范围之内，最终判定 X 仅成立第一现场、第二现场的伤害罪的共同正犯。

该判决是通过罪数关系来为共同正犯的成立范围划定界限，但其实质理由在于，Y 等人实施的杀害 A 的行为，是基于与 X 的指示不同的动机所形成的新的决意而实施，因此，（共谋）共同正犯所预定的心理性约束，以及教唆犯所预定的由提供动机而形成的决意的效果，都不及于该杀害行为。

另外，〔案例 3〕因巡警 A 强行搜查了作为暴力团资金来源的风俗店，暴力团的组长 X 与作为组员的 Y 等共计 7 人数次共谋，打算对 A 施以暴力、伤害，并在派出所门前对 A 警官进行挑衅性的叫骂、吼叫，其间，Y 被出来应对的 A 的言行所激怒，出于未必的故意，猛刺 A 的下腹部一刀，致 A 因失血过多身亡。对此，最高裁判所昭和 54 年（1979 年）4 月 13 日决定判定："杀人罪与伤害致死罪，仅仅在有无杀人的犯意这一点上存在不同，其他的犯罪构成要件要素全部相同……因此，就并无杀人犯意的 X 等 6 名被告人而言，在杀人罪的共同正犯与伤害致死罪的共同正犯的构成要件相互重合的限度之内，成立轻罪即伤害致死罪的共同正犯。"[1]

（接上页）追究 X 的刑事责任，除了已（按照指示所）实施的犯罪之外，还必须是在最初的指示、命令中，对于实施该罪这一点，也存在指示、容认之旨趣"这一前提，进一步判定，①Y 等人在第三现场杀害 A 的行为，另外成立独立于此前所实施的伤害罪的杀人罪（并合罪），不能将两罪评价为一罪；②被告人 X 对 Y 等人的指示，除了第一现场以及第二现场的暴力之外，并不具有容认 Y 等人在第 3 现场的行为的内容，最终判定被告人 X 仅成立伤害罪的共同正犯，不成立伤害致死罪。——译者注

[1] 参见最决昭和 54 年 4 月 13 日刑集 33 卷 3 号 179 页。

该决定是从部分犯罪共同说的视角，通过"构成要件的重合"来为伤害致死罪的共同正犯的成立提供依据。然而，要将 A 的死亡结果归责于 X 等人，在考虑构成要件的重合之前，首先有必要研究，Y 的刺杀行为是否包含在其与 X 等人的"共谋的射程"之内。在该案中，虽然存在被 A 的言行所激怒这种新的契机，但仍能认定存在动机的连续性，因此不能否定，X 等人的共谋所形成的心理上的促进效果是及于 Y 的刺杀行为的。不过，要认定 Y 与 X 等人之间的合意所形成的心理约束力基于该刺杀行为，仍存在疑问。尽管 Y 的刺杀行为，并未受到与 X 等人之间的共谋的约束，但如果在心理上被该共谋所促进，那么，只要能认定 X 等人对 A 的死亡存在预见可能性，就有认定 X 等人成立伤害致死罪的帮助犯的余地。

（三）具体的事实认识错误（同一构成要件之内的错误）

如上所述，是否存在作为各参与者之责任基础的故意，应根据与单独犯相同的错误理论来决定。因此，按照抽象的法定符合说，只要是在同一构成要件的范围之内，无论是对象错误还是打击错误（方法的错误），均肯定成立故意犯；倘若按照具体的法定符合说，即便是在同一构成要件之内，打击错误（方法的错误）的，就不成立故意犯［第十二章之二（二）］。为此，共犯中的对象错误与打击错误（方法的错误）的区别就成为问题。由于这种区别事关各参与者个人的故意责任，就应以各参与者个人的认识为基础进行判断，而与实行行为人的认识无关。例如，〔案例4〕X 教唆 Y 杀害 A，但 Y 误将 B 当作 A，实际杀害了 B 的，对 Y 而言属于对象错误，而对 X 而言，则属于打击错误（方法的错误）。因为，X 的认识上的行为对象是"A"这一特定人物，不过是因为教唆行为之后的、预想之外的因果进程导致了结果发生在B 身上［第十二章之二（四）］。因此，按照具体的法定符合说，不能认定 X 存在针对 B 的教唆杀人的故意，不过是成立（以肯定预备罪的共犯为前提）杀人罪预备的教唆犯以及（以诱发他人的故意行为可能成立过失正犯为前提）过失致死罪。[1]

不过，在早期的德国判例中，也有判例（有关"罗最—罗扎鲁案"的 1859 年 5 月 5 日的普鲁士最高法院判决[2]）基于共犯的从属性的观点，认

---

[1] 参见西田典之『共犯理論の展開』（成文堂 2010 年）310 頁以下。
[2] 参见中義勝『刑法上の諸問題』（関西大学出版部 1991 年）287 頁以下。

为对正犯而言的对象错误，对教唆犯来说也是对象错误，虽以具体的法定符合说为前提，仍判定 X 成立针对 B 的杀人罪的教唆犯。但是，认为正犯的对象错误也自动成为教唆犯的对象错误，这种观点是基于可罚性借用说或者责任共犯论的、过度的从属志向，与个人责任原则不相容。而且，还有观点认为，在 X 向 Y 讲述 A 的容貌，Y 杀害了似乎是 A 的 B 之时，由于 Y 杀害的是 X 所指示之人，因而对 X 而言也是对象错误。[1] 但是，X 的意思内容显然不是，只要是与 A 相同容貌的人，不管是谁都可以杀掉，而完全是作为"A"而被特定的人，因此，只要对 Y 认错人，X 不存在未必的故意，就不能认定 X 成立针对 B 的杀人罪的教唆犯。

（四）抽象的事实认识错误（不同构成要件之间的错误）

抽象的法定符合说与抽象的具体符合说均认为，要认定故意，必须存在对构成要件该当事实的认识，因此，在抽象的事实认识错误（不同构成要件之间的错误）的情形下，在构成要件相互重合的限度之内，能认定存在故意〔第十二章之三（一）〕。这一点在共犯的错误的情形下，也没有什么不同。另外，有关共犯（特别是共同正犯）的成立范围，部分犯罪共同说以构成要件该当行为作为共同的对象，在构成要件相互重合的限度之内认定成立共犯（共同正犯），而行为共同说则以事实上的行为作为共同的对象，肯定不同构成要件之间的共犯〔第十七章之四（三）〕。在有关共犯的错误的案件中，故意的成立范围的问题与共犯的成立范围的问题交织在一起。

〔案例 5〕X 以为 Y 是在实施盗窃，于是答应其要求在屋外望风，但 Y 实际实施了抢劫的，[2] 由于抢劫罪与盗窃罪在盗窃罪的限度之内存在重合，X 成立盗窃罪的共同正犯或者从犯（在认定 X 与 Y 成立共同正犯的场合，按照部分犯罪共同说，二者在盗窃的限度内成立共同正犯，Y 另外再成立抢劫罪的单独正犯，而按照行为共同说，则直接分别成立盗窃罪、抢劫罪的共同正犯）。

在〔案例 3〕中，如果以故意的符合作为问题，就应该研究 X 所认识或

---

[1] 参见平野龍一『刑法総論Ⅰ·Ⅱ』（有斐閣 1975 年）387 頁。不过，如果彻底贯彻该观点的逻辑，就会得出这样的结论：在〔案例 4〕中，如果 X 只是向 Y 告知了 A 的姓名，X 的教唆内容就是"杀掉 Y 认定为 A 的人"，既然 Y 已经实际杀掉了自己认定为 A 的人，对 X 而言，也只能是对象错误。

[2] 参见最判昭和 23 年 5 月 1 日刑集 2 卷 5 号 435 頁。

预见到的暴行罪或者伤害罪与实际发生的杀人罪之间的重合，但上述最高裁判所昭和 54 年（1979 年）4 月 13 日决定讨论的是伤害致死罪与杀人罪之间的重合，那是因为该决定完全是从部分犯罪共同说的角度来判断共同正犯的成立范围。而且，原审（二审）作出的判决似乎是，虽认定 X 成立杀人罪的共同正犯，但仅科以伤害致死罪之刑，而最高裁判所的该决定则明确指出，X 成立的罪名也是伤害致死罪，这一点颇受关注。罪名，反映的是针对行为人的可罚性评价，因此，认定成立超出该人之责任的犯罪，并不妥当。与保持参与者相互之间的罪名一致相比，最高裁判所昭和 54 年（1979 年）4 月 13 日决定优先考虑的是，各个参与者的罪名与科刑的一致。这种态度得到了广泛的支持。

对于不给予生存所必需的治疗而最终致被害人死亡的"'瞎鼓捣'案"（第五章之〔案例 8〕），最高裁平成 17 年（2005 年）7 月 4 日决定判定，具有杀人的未必的故意的 X"成立不作为的杀人罪，与并无杀人故意的 Y 之间，在保护责任者遗弃罪的限度之内成立共同正犯"。[1]* 本决定不仅是像上述最高裁判所昭和 54 年（1979 年）4 月 13 日决定那样对于仅具有轻罪故意者，而且，对于持有重罪故意者，也是在构成要件相互重合的限度内肯定成立共同正犯。可以说，这鲜明地体现了该决定的态度是立足于部分犯罪共同说。

（五）不同参与类型之间的错误

由于广义的共犯类型属于"修正的构成要件"，因而单独正犯（包括间接正犯）、共同正犯、教唆犯、从犯等各参与类型之间的事实错误，是作为不同

---

[1] 最决 17 年 7 月 4 日刑集 59 卷 6 号 403 页。

* 大致案情如下：被告人 X 自称具有实施"瞎鼓捣"（音译，并无特别含义——译者注）这种特别疗法的特异功能，只要用手掌轻轻拍打患处，即可通过将能量传递给患者，提高患者的自我痊愈能力，由此吸引了一批信徒。信徒 Y 的父亲 A 同样是被告人 X 的信徒，A 因颅内出血而入院治疗，Y 于是请被告人 X 替 A 治疗。X 指使 Y 等亲属让 A 出院，将其带到宾馆房间内，为其实施"瞎鼓捣"疗法，从而出于未必的杀人犯意，在不让 A 接受为维持其生命所必需的医疗治疗的情况下，放在房间内一天，最终致 A 死亡。Y 虽然认识到 A 有死亡的危险，但并未放任死亡的发生，并不具有杀人故意。对于此案，最高裁判所判定，"被告人 X 具有未必的杀人犯意，在不让 A 接受上述医疗治疗的情况下，放在房间一天，最终导致患者死亡，因而被告人 X 成立不作为的杀人罪。被告人 X 与不具有杀人犯意的患者家属之间，在保护责任者遗弃致死罪的限度之内构成共同正犯"（参见最决 17 年 7 月 4 日刑集 59 卷 6 号 403 页）。亦即，对于持重罪即杀人罪之故意的被告人 X，该决定判定在轻罪即保护责任者遗弃致死罪的限度之内成立共同正犯。——译者注

构成要件之间的错误来处理的。按照责任共犯论、不法共犯论及"对他人不法的连带说",狭义的共犯侵犯的是正犯的自由、名誉或者法之和平等不同于正犯的法益〔第十八章之一(二)(三)〕,因此,难以认定单独正犯、共同正犯与教唆犯、从犯之间,存在构成要件的实质性重合。反之,按照惹起说,共犯与正犯侵犯的法益是相同的,共犯构成要件与正犯构成要件在保护法益上是相通的(第十八章之二),因此,能认定各参与类型之间存在构成要件的实质性重合,在相对较轻的参与类型的限度之内,〔1〕*能认定成立故意犯。〔3〕

例如,〔案例6〕明明药品中混入了毒药,但医师X没有将实情告知护士Y,而是指示Y给患者A注射,Y虽觉察到混入了毒药,但由于对A怀有仇恨,遂直接对A实施了注射。在该案中,X是出于杀人罪的间接正犯的意思实现了相当于教唆犯的事实,从惹起说的视角来看,由于二者之间存在实质性重合,X成立杀人罪的教唆犯。〔4〕除此之外,在该案中,X是否另外成立杀人罪的间接正犯的未遂,也可能成为问题。按照有关间接正犯的未遂成立时点的"被利用人标准说"〔第十五章之二(六)〕,如果Y在着手向A注射之前就已经察觉到混入了毒药,就不成立间接正犯的未遂。相反,〔案例6'〕医师X指示护士Y给患者A注射,但同时暗示药品中混入了毒药,而Y对此并未察觉,仍然按照常规给A进行了注射。在该情形下,X是出于教唆的意思实现了相当于间接正犯的事实,就应在二罪的重合范围之内,成立相对较轻

---

〔1〕 参与类型之间由重到轻的顺序是:正犯(单独正犯与共同正犯是等格的)→教唆犯→从犯。

* 日本《刑法》第64条规定:"仅应判处拘留或者科料之刑的教唆犯和从犯,如果没有特别规定的,不处罚。"也可能有观点以此作为教唆犯轻于正犯(单独正犯与共同正犯)的理由。——译者注

〔3〕 对于参与类型之间的预备性认定、择一认定,可以说,也基本上是一样的〔最高裁判所平成21年(2009年)7月21日决定判定,即便以单独犯的诉因而被起诉的被告人另外还存在共谋共同正犯,也允许完全如诉因那样来认定犯罪事实(参见最决平成21年7月21日刑集63卷6号762页)〕。

〔4〕 对于出于盗窃的间接正犯的意思引起了教唆的结果的情形,松山地方裁判所平成24年(2012年)2月9日判决判定,"应该评价为,间接正犯的故意实质上包含教唆犯的故意,因此,根据《刑法》第38条第2款之旨趣,在犯罪情节相对较轻的盗窃罪的教唆的限度内成立犯罪"(松山地判平成24年2月9日判夕1378号251页)。

的杀人罪的教唆犯。[1]

反之，对于〔案例6〕，也有观点以利用行为就是间接正犯的实行行为这一立场为前提提出，即便Y已经察觉混入了毒药，也不会改变X的利用行为属于杀人的实行行为这一点，Y虽察觉到混入了毒药而仍然实施注射，这不过是因果关系的错误，因而仍然应认定X成立杀人罪既遂的间接正犯。[2]但是，有无正犯性，不是在参与时点就已经确定下来，而是取决于是否现实地支配了犯罪实现过程，因此，既然Y已经察觉混入了毒药，却仍然按照自己的意思杀害了A，对于A的死亡结果，就不能认定背后的X存在单独正犯性。

二、必要的共犯

（一）含义

分则的构成要件原则上预定的是，行为人单独满足该构成要件。对这些单独犯的构成要件进行修正，使之也可以适用于共犯的，正是刑法总则有关共犯的规定。根据总则的这些规定而予以处罚的共同正犯、教唆犯、帮助犯，被称之为"任意的共犯"。

不同于此，作为一种例外，分则的有些构成要件本身就预先设想存在数人的行为，称之为"必要的共犯"。必要的共犯主要包括两种类型：一是预先设想存在处于相向关系的数人行为的"对向犯"，例如，重婚罪（第184条）、行贿罪（第198条）与受贿罪（第197条以下）、贩卖淫秽物品罪（第175条）；二是预先设想存在指向同一方向的数人行为的"集团犯"，例如，内乱罪（第77条）、骚乱罪（第106条）、准备凶器集合罪（第208条之3）。对必要的共犯而言，由于分则的构成要件已经规定了对数人行为的处理，因而何种程度上可适用总则的共犯规定，就成为问题。

（二）对向犯

对向犯的问题在于，如同贩卖淫秽物品罪中的购买行为那样，在没有针

---

[1] 不过，通说认为，教唆，是指让正犯产生故意。如果以这种理解为前提，就会产生以下疑问：间接正犯与教唆犯的构成要件之间，难道不是不存在重合吗？或者，在〔案例6'〕中，X未能让Y产生杀人犯意，难道不是不能成立杀人罪的教唆犯吗〔参见松宫孝明『刑法総論講義』（成文堂2018年第5版補訂版）315-316頁〕。对此，可以做如下理解：杀人罪与同意杀人罪之间的错误，同麻药与兴奋剂之间的错误一样，可以通过设想能包摄间接正犯与教唆犯的共通的构成要件，而肯定二者之间的符合〔第十二章之三（二）〕。

[2] 参见团藤重光『刑法綱要総論』（創文社1990年第3版）429頁。

对其中一方的处罚规定的场合，能否根据总则的共犯规定予以处罚呢？

通说曾一度认为，在刑法仅将处于对向关系的双方行为中的一方行为作为犯罪加以规定的场合，这就表明立法旨意在于，对于当然可以想到的另一方的行为，不予处罚。例如，淫秽物品的贩卖行为当然会伴有对方的购买行为，但刑法仅将贩卖行为作为犯罪来处理，这就表明立法者的意思是，对于购买行为不予追究，因此，就不得将购买行为作为贩卖淫秽物品罪的共犯予以处罚。不过，按照这种"立法者意思说"，[1]不予追究这种立法者意思的所及范围，仅限于以定型性地伴随于贩卖行为的形态所实施的购买行为，因而对于执拗地要求对方出售的购买者，就应作为贩卖淫秽物品罪的教唆犯予以处罚。例如，〔案例7〕对于有偿委托不具有律师资格者替自己解决法律案件的被告人，最高裁判所昭和43年（1968年）12月24日判决立足于立法者意思说认为，"原则上应该理解为，对于成立某罪所当然能够预想到的、毋宁说成立该罪所必不可少的参与行为，只要没有处罚该行为之规定，将该行为作为针对那些接受了参与这一方所实施的可罚行为之教唆或者帮助予以处罚，这并非法的意图之所在"，进而判定不成立违反《律师法》第72条（非辩活动）之罪的教唆犯。[2]

针对"立法者意思说"的主要批判在于：作为正犯不受到处罚，并不能由此必然地推导出作为共犯也不应受到处罚；不可罚的"定型性地预想到的参与"的范围并不明确；某些行为虽然超出了"定型性地预想到的参与"的范围，但仍然不具有可罚性，*等等。

为此，"实质说"成为有力观点。该说不是从立法者的意思，而是试图从违法性或者责任的阙如的角度这种犯罪论上的理由来说明必要的共犯的不可罚性。[4]按照该观点，贩卖淫秽物品罪是以接受者的性情感为保护法益，《律师法》第72条之罪是以委托人的法律上的利益为保护利益。因此，作为被害人的受领者或者委托人的行为，作为一种"自损行为"，就应否定具有违法性，即便超出了定型性的预想程度，也不应受到处罚。同样，《禁止未成年人吸烟法》第5条处罚的是向未成年人贩卖香烟者，是为了保护未成年人，因

---

〔1〕 参见团藤重光『刑法綱要総論』（創文社1990年第3版）432页等。
〔2〕 参见最判昭和43年12月24日刑集22卷13号1625页。
　* 亦即，也并非所有超出了"定型性地预想到的参与"的行为都具有可罚性。——译者注
〔4〕 参见平野龍一『刑法総論Ⅱ』（有斐閣1975年）379页以下等。

而未成年人购买香烟的，就不属于贩卖罪的共犯；同意杀人罪（第202条）保护的是被杀害者的生命，因而委托、承诺杀害自己的被杀害者本人，就不得作为同意杀人罪的共犯而受到处罚。另外，在藏匿犯人罪（第103条）中，针对与藏匿行为相对应的"让对方藏匿自己"的行为，之所以不存在处罚规定，是因为难以期待犯罪人不逃避、躲藏，因此，犯罪人请他人藏匿自己的，也不能追究其作为该罪之教唆犯的罪责。[1]隐灭证据罪（第104条）的规定没有采取必要的共犯的形式，但该罪的行为对象之所以限于"有关他人的刑事案件的证据"，也正是因为期待可能性很低，*因此，犯罪人要求他人代为隐灭有关自己的刑事案件的证据的，也应否定成立该罪的教唆犯。[3]

针对"实质说"的主要批判在于：如果认为贩卖淫秽物品罪的保护法益是社会的善良性风俗，就不能将购买者视为被害人；[4]正如判例判定犯罪人本身实施的、教唆他人隐匿有关自己的刑事案件的证据的行为具有可罚性所显示的那样，期待可能性的视角并非认定不可罚的决定性因素[5]。

对法律的解释而言，法律本身的规定形式，与这种形式背后的实质性根据都是很重要的，因此，立法者意思说与实质说并非排他性关系，而是处于相

---

[1] 不过，对于此类情形，判例是以滥用防御权为理由，判定成立藏匿犯人罪的教唆犯（参见最决昭和40年2月26日刑集19卷1号59页等）。然而，最高裁判所令和3年（2021年）6月9日决定则附上了山口厚裁判官的反对意见。山口厚裁判官从因果共犯论的角度指出，对于被否定具有作为正犯的可罚性的犯罪人（本犯）本人，认定其成立与正犯相比因果性更弱的教唆犯，这不符合逻辑［参见最决令和3年6月9日（裁判所HP）］。

* 亦即，相对于隐灭有关自己的刑事案件的证据的行为而言，期待行为人实施合法行为的期待可能性很低。——译者注

[3] 不过，判例对于此类情形肯定成立隐灭证据罪的教唆犯（最决昭和40年9月16日刑集19卷6号679页等）。

[4] 对此，有学者提出，由于针对不特定多数人反复实施的贩卖行为会形成"潜在的扩散作用"，因而贩卖行为具有当罚性，而购买行为不具有这种扩散作用，因而不可罚［参见豊田兼彦『共犯の処罰根拠と客観的帰属』（成文堂2009年）106頁以下。另见曲田統「わいせつ物を購入する行為の可罰性について」『現代刑事法』6卷2号（2004年）93頁以下］。从这种扩散作用的视角可以解释，贩卖淫秽物品罪限于向不特定或者多数人实施了贩卖行为的情形，以及该罪作为"营业犯"，数个贩卖行为仅构成一罪，因而引人注目。

[5] 对此，也有学者从（纯粹或者混合）惹起说（该说以引起了从共犯自身来看，属于构成要件该当结果这一意义上的共犯固有的不法为必要）的角度，进行了如下说明：藏匿犯罪人是以"藏匿他人"作为构成要件的结果，要求他人藏匿自己的犯罪人本人并未惹起"藏匿他人"这种结果，因而不具有可罚性［参见豊田兼彦『共犯の処罰根拠と客観的帰属』（成文堂2009年）78頁以下］。

互补充相互完善的关系。[1]

因此，首先，对于某些要成立犯罪当然必不可少、但缺乏处罚规定的行为，刑法将这些行为置于处罚对象之外的旨趣是非常明确的，对此就应从法律规定的角度，保证其不可罚性。例如，偏颇行为*之罪（《破产法》第266条）虽处罚针对特定的债权人提供担保的债务人，但并不处罚接受担保的债权人。这种债权人不可罚的实质性理由虽未必明确，甚至即便对其合理性也存在怀疑，但是也仍然应该认为，从立法者意思的角度来看，当然伴随于债务人之偏颇行为的债权人的行为是不可罚的。

其次，对于那些超出成立犯罪之必要限度的参与行为、不处于对向关系的第三者的参与行为，就应该探究针对对象行为，刑法不设立作为正犯的处罚规定的实质性理由，只要该理由同样适用于这些参与行为，就应该认为是不可罚的。在该情形下，就有必要关注该犯罪类型所预定的违法性、责任，而不是一般意义上的违法性、责任。例如，在藏匿犯人罪中，将藏匿自己的行为排除在处罚对象之外的理由就在于，期待可能性很低，因此，对于要求他人藏匿自己的行为，也应该以不具备该罪所预定的可罚的责任为理由，而认为不具有可罚性。

（三）集团犯

对于集团犯，由于刑法分则规定了与各人在集团中的作用相适应的处罚规定，因而，对集团内部的参与行为就没有适用第60条以下（总则的共犯规定）的余地。反之，对于来自集团外部的参与行为，由于并非成立集团犯所必需的行为，不能说在对集团犯进行立法之际就已将此类行为排除在处罚对象之外，因此，只要不存在应认定该行为不可罚的实质性理由，就应该成为第60条以下（总则的共犯规定）的处罚对象。同样，在对向犯中，对于不处于对向关系的、第三者的参与行为，只要不存在被认定为不可罚的实质性理由，也应根据刑法总则的共犯规定予以处罚。

---

[1] 参见西田典之『共犯理論の展開』（成文堂2010年）235页以下；内藤谦『刑法講義総論（下）Ⅱ』（有斐閣2002年）1419页以下。

* 所谓"偏颇"，是指不公平、不公允。例如，在自我破产程序中，原则上是得以免除针对所有债权人的债务，本应平等对待各个债权人，但往往会出现"偏颇偿还"的问题，即偿还某人债务而不偿还某人债务这种不公平的偿还。——译者注

三、中立行为与从犯

（一）问题之所在

与法益侵害之间属于间接关系的共犯行为中，其犯罪特征稀薄的情形并不少见。尤其是从犯，既不需要存在对犯罪事实的支配，也不以与正犯之间的意思联络为必要，因而有可能包括日常活动或者正常的交易行为。但是，将这种中立行为广泛地作为从犯来处罚，显然是对国民自由的过度限制。为此，何种程度的中立行为能被认定为从犯，就成为问题。例如，〔案例8〕Y出于供侵入住宅之用的目的来购买螺丝起子，五金店店员X虽察知了其目的，却仍将螺丝起子卖给了Y；〔案例9〕出租车司机X虽察知了其目的，仍将抢劫犯送至现场；〔案例10〕银行职员X虽察知是用于行贿，仍按照客户的要求支付了存款。在上述各案中，X是否具有作为从犯的可罚性呢？〔1〕

（二）学说概述

对此问题，主要有以下五种观点：①原则上限于存在确定的故意的场合才成立从犯；〔2〕②限于超出正常业务行为范围的场合才成立从犯；〔3〕③超出了基于与社会的有用性之间的衡量的"允许的危险"的范围的场合，认定成立从犯；〔4〕④限于有意地提高了结果发生之危险的行为，才成立从犯；〔5〕⑤只有正犯行为与参与行为双方具有相同意义上的犯罪意义时，才成立从犯〔6〕。〔7〕这些观点分别关注的是有关从犯之界限的不同侧面，未必处于相互排斥的关系。

---

〔1〕 不良借贷中的借款人，在什么范围内成立背信罪的共犯，以及不动产二重转让中的第二受让人，在什么范围内成立侵占罪的共犯，这些都属于中立行为与从犯这一问题之延长线上的问题。

〔2〕 参见曲田统『共犯の本質と可罰性』（成文堂2019年）194页以下；曲田统「日常の行為と従犯（2）」『法学新報』112卷1=2号（2005年）458页以下。

〔3〕 参见松生光正「中立的行為による幇助（2・完）」『姫路法学』31=32号（2001年）294页。

〔4〕 参见林幹人『判例刑法』（東京大学出版会2011年）174页以下；林幹人「Winnyと幇助犯」『NBL』930号（2010年）29页以下。

〔5〕 参见島田聡一郎「広義の共犯の一般の成立要件」『立教法学』57号（2001年）120页以下。

〔6〕 参见豊田兼彦「共犯の一般の成立要件について」川端博・浅田和茂・山口厚・井田良编『理論刑法学の探求③』（成文堂2010年）26页以下（该文的译文参见丰田兼彦：《论共犯的一般成立要件》，王昭武译，载《法治现代化研究》2018年第6期，第174-192页。——译者注）。

〔7〕 除此之外，作为试图在客观归属论（客观归责）的框架之内，将可罚的帮助行为予以类型化的尝试，参见山中敬一「中立的行為による幇助の可罰性」『関西大学法学論集』56卷1号（2006年）132页以下。

(三) 探讨

首先，就故意而言，虽不应认为正犯与从犯所要求的认识程度不同，但在片面的共犯中，由于交易等的对方是否存在犯罪意图并不确定，因而在故意的认定之际，就应当特别谨慎。对于为特定的对方提供了物质或者其他服务者，要认定存在帮助的故意，仅有自己所提供的物质也许会被对方用于犯罪这种单纯的推测还不够，必须对能佐证对方存在犯罪意思的具体征表存在认识。

其次，要谓之为帮助行为，行为人的贡献，必须属于能增加犯罪实现之危险的贡献。[1]在〔案例8〕中，如果也能很容易地从其他五金店买到螺丝起子；在〔案例9〕中，如果还可乘坐其他出租车，那么，对于这两个案例中的X，均不能认定做出了有意提高危险的贡献。不过，一般来说，即便是从其他地方也很容易筹措的工具或者提供的劳务，在正犯急切需要该工具或者劳务的场合，也可成为提高危险的帮助行为。例如，〔案例11〕应在五金店门前争吵打架者的要求，店主将菜刀卖给该人的，由于能认定存在危险的增加及其认识，店主就有可能成立杀人罪的从犯。

并且，为从犯奠定基础的危险，还必须是超出了"允许的危险"之程度的危险。例如，铁路运营无疑会给"痴汉"、扒手提供机会，但从其有用性的角度来看，应属于"允许的危险"的范围之内。

最后，即便行为人的参与（贡献）相当于帮助行为，仍有可能根据《刑法》第35条（"正当行为"）的规定，阻却违法性。例如，〔案例10〕中的X，就有作为履行债务的行为而被正当化的余地。又如，〔案例12〕虽认识到有诱发犯罪之虞，但律师仍然按照委托人的要求，做出了法律上正确的建言的，就有可能作为正当业务行为而得以正当化。[2]

(四) 判例态度

〔案例13〕对于为卖淫团伙印制了宣传册的印刷业者X，东京高等裁判所平成2年（1990年）12月10日判决认为，"既然已经满足了作为帮助犯的所有要件，就难以想象，因为印制一般属于正当业务行为且对于斡旋卖淫没有

---

[1] 不过，对从犯的成立而言，除了能带来危险的增加的帮助行为之外，还必须存在对结果的（实际的）促进这种帮助的因果关系〔第十八章之四（三）〕。
[2] 参见小野上真也「判批」『刑事法ジャーナル』33号（2012年）114-115页。

得到任何特别利益这种辩方所称理由，就不能追究其责任"，进而判定成立斡旋卖淫罪的从犯。[1]在该案中，X 印刷制作的宣传册是特别用于卖淫宣传的册子，即便是委托其他印刷厂家印刷，遭到拒绝的可能性也很大，为此，可以说，X 的行为有意地提高了实施正犯行为的危险，即便认为那属于印刷业务之一，仍可评价为，具备了该罪的当罚性。

〔案例14〕汽油销售业者 Y 等人出于逃避交纳汽油交易税的意图销售汽油，X 低价从 Y 处购买了汽油，对此，熊本地方裁判所平成 6 年（1994 年）3 月 15 日判决认为，"在以汽油的销售行为作为不可或缺的前提的本案不交付（税款）罪中，仅仅属于这种交易之当事人的买主，不过是成为了实现犯罪所必需的销售行为的相对方而已，不能谓之为实现了自己的犯罪"，进而判定不成立违反地方税法的共同正犯。在此基础上，进一步指出，X"并非特别出于帮助 Y 等人的犯罪行为的意思开始了交易，不过是为了谋取自己在交易上的利益，而一如既往地继续从 Y 等人处购买了汽油。通过成为汽油销售的相对方，X（确实）发挥了使得 Y 等人实现了犯罪行为这种作用，但应该视为，那终究不过是被告人在追求自己利益这一目的之下，所实施的交易活动之结果"，最终也否定成立从犯。[2]本判决是从经济活动自由的角度，将购买汽油的行为视为"允许的危险"的范围之内的行为。同时，该判决还强调，"该不交付（税款）罪当然是预想到存在汽油买主的犯罪，但现行法上，并不存在处罚知情的购买者的规定"，因而也可以说，该判决是通过"必要的共犯理论的类推"而补强了自己的结论的正当性。

〔案例15〕是一度引起极大争议的"Winny 事件"。大致案情为，X 开发出某款软件（Winny 文件共享程序），通过使用该软件可以轻易侵入他人网址链接他人信息，实施违反著作权的行为，X 将该软件挂在网上，任何人均可上网下载。对于实际利用该软件实施了侵权行为的利用者，判例已判定成立侵犯著作权罪。[3]该案的关键问题在于，向不特定多数人散布这种共享程序的软件开发者 X 是否构成《著作权法》上的侵犯公众发信权罪的从犯？对此，一审判决以 X 对于文件共享程序已以侵犯著作权的形式被广泛利用这一现实

---

[1] 参见东京高判平成 2 年 12 月 10 日判タ752 号 246 页。
[2] 参见熊本地判平成 6 年 3 月 15 日判时 1514 号 169 页。
[3] 参见京都地判平成 16 年 11 月 30 日判时 1879 号 153 页。

存在认识、容认为理由，做出了有罪判决。[1]相反，作为该案之控诉审（二审）的大阪高等裁判所平成21年（2009年）10月8日判决则认为，Winny文件共享程序并不是特定用于侵犯著作权的软件，"具有在保护通信秘密的同时，使得有效地进行多用途的信息交换成为可能这种有用性，但同时也可能用于侵犯著作权"，从而判定该软件属于价值中立的软件，在此基础上进一步指出，"在互联网上提供价值中立的软件，要谓之为已使得正犯的实行行为更为容易，软件的提供者仅仅是对在不特定多数人之中会出现将该软件用于违法行为的利用者的可能性、盖然性存在认识或容认还不够，应该认为，（只有）提供者超出该程度，在互联网上劝诱下载者仅将该软件用于违法行为或者主要用于违法行为，并为此提供了该软件的场合，方成立帮助犯"，进而判定X无罪。[2]对此，作为上告[3]审的最高裁判所平成23年（2011年）12月19日决定认为，原判决（二审判决）在要求劝诱违法使用并提供这一点上是错误的，但同时也认为，要认定提供软件的行为成立帮助犯，同时也为了避免给软件开发行为造成过度的萎缩效果，那么，就要求：①要么是正在试图利用软件实施具体的著作权侵害行为，或者，②在得到了软件的人之中，不能称之为例外的多数人利用该软件侵犯著作权的盖然性很高，就像这种情况那样，"以存在超出一般可能性的具体侵害利用状况为必要，而且，要求提供者对此情况也存在认识或容认"，本案虽客观上属于第②种情形，但考虑到X曾在互联网上警告不得用于违法行为，可以认为X对第②种情形不存在认识或容认，最终得出了X不具有侵犯著作权罪的帮助犯的故意这一结论（不过，本决定还同时附上了大谷刚彦裁判官的反对意见。大谷裁判官认为，X对被利用于实施侵害行为的高度盖然性存在认识或容认）。[4]本案的特点在于，一是被告人所提供的软件是同时具有有用性的价值中立的东西；二是被

---

[1] 参见京都地判平成18年12月13日判夕1229号105页。
[2] 参见大阪高判平成21年10月8日LEX/DB25451807。
[3] 上告：上告是与上诉、控诉、抗告等一样属于《日本刑事诉讼法》规定的诉讼形式。上告，是指针对高等裁判所作出的第一审或第二审判决，被告人以违宪、宪法解释错误、有违最高裁判所的既存判例等理由而向最高裁判所提出上诉，请求更改原判的行为。而所谓"上诉"，是指针对尚未最终确定的裁判，由于不服全部或部分判决，而请求上一级裁判所提起再审。上诉分为控诉（针对第一审判决，向直接管辖的上一级裁判所请求撤销或变更）、上告、抗告（针对下一级裁判所的决定、命令，向上一级裁判所提出不服申诉）这三种形式。——译者注
[4] 参见最决平成23年12月19日刑集65卷9号1380页。

告人是面向不特定多数人提供该软件。一审、二审以及上告审均意识到，对于处罚这种行为，有必要予以限定。尤其引人关注的是，上告审的判断是通过要求存在具体的侵害利用状况，而试图从"允许的危险"的角度，对帮助行为予以限定。

另外，某人与不法滞留者属于同居关系，两人持续同居，并且为了获得两人的生活费一同经营餐饮店，对于该行为，东京高等裁判所令和元年（2019年）7月12日判决以不能评价为具备了促进正犯行为之危险性的行为为理由，否定成立不法滞留罪的帮助犯。[1]

四、预备犯的共犯（正犯止于预备之时的共犯的罪责）

数人共谋犯罪或者教唆、帮助他人犯罪，但实行担当者或者正犯止于预备阶段的，能否将共谋者、教唆者、帮助者作为预备罪的（广义的）共犯予以处罚呢？下面以最高裁判所昭和37年（1962年）11月8日决定[2]的案件为基础进行探讨。

〔案例16〕Y 对 X 表露了想杀害 A 的想法，请 X 代为购置氰化钾，X 购得氰化钾之后交给了 Y，但 Y 并没有使用氰化钾，而是以其他方法杀害了 A。在该案中，只要不能认定 X 交付氰化钾的行为具有心理上的促进作用，该交付行为与 Y 所实施的杀人行为之间就不存在因果关系，因此，X 就不成立杀人罪既遂或者未遂的共犯〔第十八章之一（三）（因果共犯论）、（第十七章之一）（共犯从属性说）〕。

为此，首先能想到的是，将购置、交付氰化钾的行为本身视为预备行为，认定 X 成立杀人预备罪（第201条）的单独正犯。但一般认为，包括规定"以犯第199条之罪为目的进行预备的"的杀人预备罪在内，作为基本构成要件之修正形式而规定的"从属预备罪"，均要求以自己实施犯罪为目的，不包括诸如本案中的交付氰化钾那样的"他人预备行为"〔第十五章之一（五）〕。在该案中，检察官从肯定他人预备行为的可罚性的角度，以杀人预备罪起诉了 X，但一审判决认为，要成立杀人预备罪，"以出于自己杀人的意图实施准备行为为必要"，判定 X 不成立杀人预备罪的正犯。

---

[1] 参见東京高判元年7月12日 LEX/DB25563568。
[2] 参见最决昭和37年11月8日刑集16卷11号1522页。

那么，X是否可能成立预备罪的（广义的）共犯呢？对于预备罪的共犯一般持否定态度的观点认为，预备行为是到达"着手实行"（第43条）之前的准备行为，而非实行行为。而共同正犯、教唆犯、帮助犯预定的是对于实行行为的参与，因而不能成立共同共犯、教唆犯与帮助犯（否定说）。[1]但是，对于作为未遂犯之成立要件的"着手实行"，与共犯中作为参与对象的"正犯行为"，并无将二者予以等同视之必然性。毋宁说，将预备→未遂→既遂这种犯罪的发展阶段予以类型化的"阶段类型"，与将单独正犯—共同正犯—教唆犯—从犯这种犯罪的参与形态予以类型化的"参与类型"或称"方法类型"，属于不同系列的构成要件的演变形式，这两种构成要件的修正形式是可以相互竞合的。而且，从共犯的从属性的角度来看，通过共犯性贡献而对犯罪实现过程施加了因果性影响者，与正犯、实行担当者达到未遂阶段即可成立未遂犯的共犯一样，若正犯、实行担当者达到预备阶段，也可以成立预备犯的共犯（肯定说），[2]这样考虑更具有理论上的一贯性。

这样，若肯定预备罪的共犯的可罚性，下面需要解决的问题是，预备罪的共同正犯、教唆犯、从犯之间的区别标准。该案一审认为，他人预备行为无法成立预备罪的共同正犯，最终判定X成立杀人预备罪的从犯。可以说，该判决是基于这样的理解：自己预备行为属于预备罪的（共同）正犯，他人预备行为属于预备罪的教唆犯或者从犯。[3]反之，控诉审（二审）虽认为，

---

[1] 参见浅田和茂「予備罪と共犯について」『齊藤誠二先生古稀記念·刑事法学の現実と展開』（信山社2003年）379頁以下；大塚仁『刑法概説　総論』（有斐閣2008年第4版）308頁；佐久間修『刑法総論』（成文堂2009年）391頁；曽根威彦『刑法原論』（成文堂2016年）643頁，等等。另有观点采取"二分说"：肯定独立预备罪的共犯，否定从属预备罪的共犯［参见西原春夫『犯罪総論』（上卷·改訂版、下卷·改訂準備版）（成文堂1993年）317頁以下；福田平『全訂刑法総論』（有斐閣2011年第5版）258頁以下］。

[2] 参见井田良『講義刑法学·総論』（有斐閣2018年第2版）526頁；大谷實『刑法講義総論』（成文堂2019年新版第5版）424頁；高橋則夫『刑法総論』（成文堂2018年第4版）449、489頁；平野龍一『刑法総論Ⅱ』（有斐閣1975年）351頁；西田典之（橋爪隆補訂）『刑法総論』（弘文堂2019年第3版）424頁以下；山口厚『刑法総論』（有斐閣2016年第3版）329頁，等等。

[3] 对于实质上可谓之为预备罪的企图偷渡出国罪（《出入国管理令》第71条），肯定从犯之成立的大阪高等裁判所昭和38年（1963年）1月22日判决认为，"出于自己分担、实行基本构成要件行为之意思而实施了其预备行为的"是预备罪的共同正犯，"不是出于自己实行基本构成要件行为的意思，而只是出于帮助他人之行为的意思，而实施了其预备行为的"是预备犯的从犯（参见大阪高判昭和38年1月22日高刑集16卷2号177頁）。

预备行为、帮助行为均属于无限定、无定型的行为，因而应认为预备罪的从犯是不可罚的，但同时认为，由于X共同实施了预备行为（共同了预备行为的实行），因而作为杀人预备罪的共同正犯是可罚的。可以说，二审是以虽否定预备罪的从犯但肯定预备罪的共同正犯的"限定肯定说"[1]为前提，以是否分担了预备行为本身作为共同正犯与从犯的区别标准。最高裁判所虽肯定了二审结论，但是否肯定了预备罪的从犯的可罚性并不明确，也未明确提出预备罪的共同正犯与从犯的区别标准。

学界有力观点认为，不具有自己实现犯罪之目的的他人预备行为，不能成为预备罪的单独正犯，但如果与具有该目的者共同实施的话，就有可能成立预备罪的（广义的）共犯，[2]并在此基础上提出，应以是否对预备本身的实现发挥了重要作用来区别共同正犯与从犯。[3]的确，只要立足于肯定共谋共同正犯的立场，对基本构成要件而言，亲自实施就并非共同正犯的要件，因此，对于预备罪的共同正犯来说，就没有限定于具有亲自实施之目的的情形的必然性。[4]由于应该将从属预备罪视为基本构成要件的修正形式，就应该立足于基本构成要件，来区别预备罪的共同正犯、教唆犯、从犯。因此，我们应该这样理解：在犯罪行为在预备阶段遭受了挫折的场合，做出了如果事态发展至实行阶段就成立共同正犯这种贡献的，成立预备罪的共同正犯；做出了如果事态发展至实行阶段会评价为从犯这种贡献的，成立预备罪的从犯。具体就本案中的X而言，由于其行为并未在心理上约束Y，也不能谓之对犯罪计划的实现发挥了不可替代的作用，因而即便Y使用了X所购置的氰化钾，X也只能成立杀人罪的从犯，因此，在Y并未实际使用氰化钾的该案中，X就应成立杀人预备罪的从犯。*

---

[1] 参见野村稔「予備罪の従犯について」『研修』533号（1992年）3页以下；川端博『刑法総論講義』（成文堂2013年第3版）583页，等等。
[2] 藤木英雄将该目的视为身份，主张适用第65条第1款。参见藤木英雄『刑法講義総論』（弘文堂1975年）293页。
[3] 参见西田典之『共犯理論の展開』（成文堂2010年）131页以下等。
[4] 有关"奥姆真理教沙林工厂建设案"的东京地方裁判所平成8年（1996年）3月22日判决（東京地判平成8年3月22日判時1568号30頁）以及东京高等裁判所平成10年（1998年）6月4日判决（参见東京高判平成10年6月4日判時1650号155頁）对于并无自己亲手杀人的目的，而是从事工厂的设计、建设的人员，也判定成立杀人预备罪的共同正犯。
* 对于本案，作为一审的名古屋地方裁判所认为，"犯罪预备（预备罪）尽管是基本构成要件的修正形式，但也是一个（独立的）构成要件，因而，满足这一构成要件的行为就属

五、不作为与共犯

(一) 针对不作为犯的共犯

属于不作为犯之成立要件的保障人地位，是作为法益侵害之前提条件的"违法身份"[第十九章之一（五）]，因而，非保障人以作为形式参与了保障人（作为义务人）的不作为的，根据第 65 条第 1 款，成立针对不作为犯的共犯。因此，〔案例 17〕非保障人 X 教唆婴儿 A 的母亲 Y 不给 A 喂奶，从而致 A 死亡的，根据第 65 条第 1 款，X 成立杀人罪的教唆犯；〔案例 17'〕非保障人 X 与婴儿 A 的母亲 Y 共谋不给 A 喂奶的，由于对 Y 施加了 Y 不得完全按照自己的意思再给 A 喂奶这种心理上的约束，根据第 65 条第 1 款，X 成立杀人罪的共谋共同正犯。

进一步而言，〔案例 17"〕X 对婴儿 A 的母亲 Y 实施胁迫，使之放弃给 A 喂奶的，只要能谓之为，Y 的作为可能性是因遭受胁迫而丧失，那么，与物理上妨害了喂奶的情形一样，以切断了救助的因果进程为理由，X 应成立作为形式的杀人罪的单独正犯。[1]另外，在非保障人出于善意而正

（接上页）于实行行为"，从而认定（Y 预备使用氰化钾杀害 A 的这一预备行为）可相当于第 62 条的"正犯"，判定（X 代购氰化钾并转交给 Y 的行为）构成杀人预备罪的帮助犯（参见名古屋地判昭和 36 年 4 月 28 日下刑集 3 卷 3＝4 号 378 页）。作为二审的名古屋高等裁判所基于以下理由，撤销一审判决，改判成立杀人预备罪的共同正犯（参见名古屋高判昭和 36 年 11 月 27 日高刑集 14 卷 9 号 635 页）。其一，犯罪预备（预备罪）也是基本构成要件的修正形式，能认定存在实行行为这一观念，因此，共同实施预备的实行行为者，可以构成犯罪预备（预备罪）的共同正犯；其二，然而，由于犯罪预备（预备罪）的实行行为属于无限定、无定型的行为，且帮助犯的行为也同样属于无限定、无定型的行为，若处罚犯罪预备（预备罪）的帮助犯，存在显著扩大其处罚范围之虞，因此，只要没有诸如第 79 条（内乱预备帮助）那样的明文规定，便应理解为不可罚；其三，因此，就 X 而言，应认为其并不是杀人预备罪的帮助犯，而是杀人预备罪的共同正犯。对此判决，被告人提起了上告。最高裁判所只是简单地判定"就判决认定的被告人的行为，追究预备罪的共同正犯罪责的二审判决是正当的"，而驳回了被告人的上告（参见最决昭和 37 年 11 月 8 日刑集 16 卷 11 号 1522 页）。参见 [日] 西田典之：《日本刑法总论》（第 2 版），王昭武、刘明祥译，法律出版社 2013 年版，第 352～353 页。——译者注

[1] 近期还有这样一个案例：年幼的被害人因患有 1 型糖尿病，需要通过注射胰岛素来维持生命，因被告人标榜自己能通过非科学的力来治疗疑难杂症，被害人的父母遂请被告人帮助治疗。对于信任被告人并服从其指示的被害人的母亲，被告人执拗地且强硬地劝说被害人的母亲：胰岛素有毒，若不听从他的指导，被害人就将没救；对于被害人的父亲，被告人通过被害人的母亲指示其不要给被害人注射胰岛素。这样，通过被害人的父母，不向被害人注射胰岛素，结果导

要喂奶之时，对此进行物理上的妨害的，或者胁迫该非保障人使之放弃喂奶的，也是如此。

（二）不作为犯与不作为犯的共同正犯

〔案例18〕幼儿A的父亲X与母亲Y经过共谋，放弃抚养A，将其饿死的，[1]X与Y成立不作为的杀人罪的共同正犯。反之，有力观点则认为，只有通过相互共同（实施结果避免行为）方能避免结果的场合，才能成立不作为的共同正犯，在〔案例18〕中，由于X、Y单独均可以避免A的死亡，因而应该将X、Y视为不作为犯的同时正犯。[2]但是，X、Y相互施加了基于合意的心理性约束，因此，能以（缓和的）意思支配为根据，肯定成立共同正犯。的确，就〔案例18〕中的X、Y而言，只要任何一方实施了作为，A就不会死亡，在这一点上，即便各自构成单独正犯，也不缺少针对结果的因果性，

（接上页）致被害人死亡。对于该案，最高裁判所令和2年（2020年）8月24日决定判定，"能够认定，被告人出于未必的故意，将（被害人的）母亲作为工具加以利用，同时还基于与具有不保护之故意的（被害人的）父亲之间的共谋，不向被害人注射维持其生命所必需的胰岛素，从而导致被害人死亡，被告人应成立杀人罪"（参见最决令和2年8月24日刑集74卷5号517页）。本决定认定，在与被害人的母亲的关系上，被告人成立利用了被害人的母亲的不作为的间接正犯，这一点引人注目［夏目鎮樹「判批」ジュリスト臨時増刊『重要判例解説』（令和2年度、有斐閣）114-115页］。的确，从与有关强要的程度、方法等的其他间接正犯的案件之间的比较视角来看，关注于完全按照自己的意思来操纵他人的意思与行动这一点，将本案那样的不作为的强要案件也纳入"间接正犯"的范畴，是能够认定该判决存在一定意义的。不过，本案被告人的问责对象行为是，强要被害人的母亲实施一定的"不作为"这种作为，被告人终究成立的是作为犯，因此，既不需要被告人存在作为义务也不需要被害人的母亲存在作为的可能性［有观点出于作为与不作为的因果结构的不同，将本案被告人视为直接正犯。参见平山幹子「判批」『新判例Watch刑法』第28卷（2021年）205页；松宫孝明「『救助的因果経過の阻止』についての一考察」『立命館法学』393＝394号（2020年）649页以下］。另外，本决定之所以认定被告人成立利用了被害人的母亲的间接正犯，以及与被害人的父亲之间的共谋共同正犯这两种正犯，是因为在本案中，由于只要被害人的母亲或者父亲中任何一人向被害人注射胰岛素，原本就可以避免被害人的死亡，因而为了将被害人的死亡作为正犯归属于被告人，就需要能够肯定被告人针对母亲的不作为与父亲的不作为这两者的正犯性的参与。

[1] 该案例经常被归类于"针对不作为的参与（以不作为的方式参与不作为）"。但是，X（Y）不仅是对Y（X）的不作为放任不管，还通过明示或者默示的意思联络，促进Y（X）不实施作为。因此，应该认为，该案例中的X（Y）既存在自己的不作为，还存在针对Y（X）之不作为的作为方式的参与［也就是，除了自己本身的不作为之外，X（Y）还以作为的方式参与了Y（X）的不作为。——译者注］。

[2] 参见松宫孝明『刑法総論講義』（成文堂2018年第5版補訂版）275页等。

似乎将 X、Y 认定为共同正犯并无多大实际意义。然而，是否认定为共同正犯，在诉讼法上的处理会出现差异：若认为 X 构成共同正犯，X 的量刑情节中会考虑 Y 的行为以及与 Y 之间的意思联络等事实；除此之外，针对 Y 的起诉会中断 X 的公诉时效（《刑事诉讼法》第 254 条第 2 款），或者，针对 Y 的告诉的效力也会及于 X（《刑事诉讼法》第 238 条）。

（三）不作为的共犯（不阻止他人的犯罪行为）

〔案例 19〕如同母亲 X 不阻止第三者 Y 对自己的小孩实施暴力那样，没有阻止他人的犯罪行为的，是否成立不作为的共犯呢？

要对行为人的不作为的贡献追究罪责，首先必须能认定该人处于保障人地位（存在作为义务）。在自由主义国家，国民一般不负有阻止他人犯罪的义务，因此，与通常的不真正不作为犯一样，仅限于设定了针对法益或者危险源的排他性支配的场合，或者基于其社会地位，能认定其处于恒常性的保护、监视之关系的场合，才能肯定具有犯罪阻止义务（第五章之四）。特别是，针对那些被期待自律地、自主地遵守规范的责任能力者的危险源监督义务，是否应该限于该责任能力者显而易见会实施违法行为的情形等例外状况呢？[1]

那么，保障人不阻止他人的犯罪的，究竟是成立正犯还是从犯呢？

首先，"义务犯论"认为，在不作为犯中，正犯性是由义务违反性赋予的。按照这种观点，作为的义务或者保障人的地位，既是不作为犯的成立要件，同时也是正犯性的要件，因此，具有作为义务者所实施的不作为，除了必须存在诸如非法取得的意思等其他正犯要素的情形之外，总是成立（单独）正犯（原则上正犯说）。[2]但是，认为不作为犯中没有正犯与（狭义的）共犯之分，即便处于作为的正犯的背后，也总是成立正犯，这种做法难道没有违反对作为犯与不作为犯可进行等价值评价这种处罚不真正不作为犯的前提吗？而且，向正犯提供用于犯罪的工具的，仅止于从犯，相反，不从正犯那

---

[1] 参见橋爪隆『刑法総論の悩みどころ』（有斐閣 2020 年）428 頁。
[2] 参见井田良『講義刑法学・総論』（有斐閣 2018 年第 2 版）548 頁。平山干子以义务犯论为前提认为，违反了源于制度的一身专属性的义务的，总是成立正犯；反之，违反了作为自己的行动自由的代价而应承担的关心、顾及的义务的，有时候会成立从犯〔参见平山幹子『不作為犯と正犯原理』（成文堂 2005 年）171 頁〕。

里拿回工具的则要成为正犯，这之间也应该是不均衡的。*

其次，有观点将作为义务分为两种类型：一是"保护义务"，即从行为人与被害法益之间的关系上看，要求行为人保护该法益；二是"监视义务"，即从行为人与危险源之间的关系上看，要求行为人管理、监视该危险源。按照这种观点，作为违反保护义务的不阻止犯罪，由于与结果存在直接关系，应该属于正犯，而作为违反监视义务的不阻止犯罪，由于与结果之间是间接关系，因而应属于从犯（义务违反说）。[1]按照这种观点，像〔案例19〕那样，母亲没有阻止第三者袭击自己的子女的，就成立（单独）正犯；反之，〔案例19'〕母亲没有阻止自己的小孩袭击第三者的，则属于从犯。但是，正如游泳池的监视人的义务既来源于对于游泳池这一危险源的监视义务，也来源于对于入场游泳者的保护义务那样，很难严格区别上述两种义务，如果认为处罚不作为犯的目的在于保护法益，危险源监视义务也应该还原至具体状况之下的法益保护义务，没有理由对究竟是保护义务还是监视义务，进行存在本质性差别的区别对待。而且，对于违反了针对猛兽或者无意思能力者的监视义务的人，该说论者似乎也不得不认定成立不作为的正犯。另外，对于像〔案例19〕中的X那样，违反了保护义务者，是否总能谓之为，与作为的正犯具有等价值，也是一个疑问。

由此可见，即便是不作为犯，也应该根据是否存在掌控事态进程这种意义上的行为支配，来区别正犯与（狭义的）共犯。因此，像〔案例19〕中的X那样，处于作为的正犯的背后，止于没有阻止正犯的犯罪行为的，原则上就应该是从犯（原则上从犯说）。[2]理由在于，在这种场合，犯罪实现与否的决定权掌握在Y那样的作为的正犯人手中，X只是通过促进（作用于）Y

---

* 也就是说，在本书作者松原芳博教授看来，如同向正犯提供犯罪工具的情形那样，如果以作为的形式实施援助，仅成立从犯，而以不作为的形式实施援助，却反而要成立正犯，这之间并无均衡可言。——译者注

[1] 参见中義勝『講述刑法総論』（有斐閣1980年）266頁；中義勝『刑法上の諸問題』（関西大学出版部1991年）356頁以下；高橋則夫『刑法総論』（成文堂2018年第4版）519頁等。另外，山中敬一从义务性质与对事态（现象）的支配这两点来区分正犯与共犯（参见山中敬一『刑法総論』（成文堂2015年第3版）966頁以下）。

[2] 参见神山敏雄『不作為をめぐる共犯論』（成文堂1994年）182頁；佐伯仁志『刑法総論の考え方・楽しみ方』（有斐閣2013年）431-432頁；曽根威彦『刑法原論』（成文堂2016年）581頁以下；山口厚『刑法総論』（有斐閣2016年第3版）389頁，等等。

的意思或者行为，对犯罪的成立与否间接地施加影响。反之，〔案例20〕Y将X的小孩A推入游泳池之后离去，尽管X可以很容易地对A实施救助，却放任不管致A死亡的，由于可以说，事态进程已经处于X的掌控之中，X就应该成立不作为的杀人罪的正犯。

（四）判例

1. 认定成立不作为的从犯的情形

对于不阻止他人的犯罪行为的情形，判例基本上采取的是"原则上从犯说"。例如，Y陪同中风的Z到投票所，代其在选票上填写后代为投票。作为选举长的被告人X目睹了这一干涉投票的行为却并未加以制止。对此，大审院昭和3年（1928年）3月9日判决认为，X在职务上负有阻止他人犯罪的义务，判定X构成干涉投票罪的帮助犯。[1] 又如，剧场负责人虽目睹有人在剧场进行脱衣舞这种淫秽表演，却未加制止。对此，最高裁判所昭和29年（1954年）3月2日判决判定剧场负责人成立公然猥亵罪的从犯。[2]

〔案例21〕母亲X带着自己的子女A等一道与情夫Y同居在一起，X也知道Y平素常责打A等小孩。案发当日，X明知Y正在责打A（当时3岁），却装着若无其事的样子在厨房准备晚饭，A最终被Y打死。对此，札幌高等裁判所平成12年（2000年）3月16日认为，"得以阻止A遭受Y之暴力的，除了X之外别无他人，鉴于此，应该说，A的生命、身体之安全的确保，处于唯有依存于X的状态之下，并且，A的生命、身体的安全处于遭受侵害的危险状态之下，X对此也存在认识，因此，X负有必须阻止Y对A实施暴力的作为义务"，并且，"鉴于X具有很强的作为义务，通过实施包括相对容易的行为在内的上述一定的作为而阻止针对A的Y的暴力，这完全是有可能的，因而能够将X的行为等视于作为形式的帮助犯的情形"，进而判定"X的不作为无疑使Y对A的暴力更易实现"，X应成立伤害致死罪的从犯。[3]

可以说，该判决是以排他性支配为主要根据而认定X负有作为义务，在此基础上，再从"原则上从犯说"的角度认定成立从犯。不过，原判决（一审判决）则认为，要成立不作为的从犯，以"本可以几乎确实阻止了该犯罪

---

[1] 参见大判昭和3年3月9日刑集7卷172页。
[2] 参见最判昭和29年3月2日裁判集刑事93号59页。
[3] 参见札幌高判平成12年3月16日判时1711号170页。

的实行"为必要，从而将要求 X 实施的具体的作为限于基于实力的阻止，在此基础上，再以正处于孕期的 X 明显难以以实力阻止 Y 之暴力为由，判定 X 无罪。*不同于原判决（一审判决），该判决认为，没有必要达到切实阻止犯罪之可能性的程度。对于具体所要求的作为内容，该判决还认为，①除了以实力阻止 Y 之暴力这种行为之外，还包括②使 Y 不对 A 实施暴力的监视行为，或者③以言语阻止 Y 的暴力，进而肯定了作为的容易性。可以说，本判决的想法是，在作为的从犯的场合，无需存在"没有帮助行为就理应不会发生结果"这种条件关系，只要存在促进关系即可，因此，在不作为的从犯的场合，也无需存在"如果实施了作为，理应能够阻止了犯罪行为"这种条件关系，而只要提升了终止犯罪*的盖然性即可。但是，按照认为物理性帮助中的促进关系不单是盖然性的增加，而是对结果的实际影响的观点［第十八章之四（三）］，对于以没有降低正犯实现犯罪的盖然性为理由而肯定存在不作为形式的从犯的因果关系的做法，是抱有疑问的（不过，本判决还认定，通过结合实施①至③，原本是有可能阻止 Y 的暴力的）。[1]

2. 认定成立不作为的共同正犯的情形

［案例22］母亲 X 自己对 3 岁幼儿 A 实施暴力，大冬天让 A 赤裸着下身在室外待了一个小时左右才让其进屋，此后，来访的交往对象 Y 对 A 实施暴力并致 A 死亡，但 X 没有加以阻止。对于该案，东京高等裁判所平成 20 年（2008 年）6 月 11 日判决认为，"对于作为先行行为而实施了这种程度的暴力者，存在应自己解消由该暴力而给被害人造成的具体危险状况的义务，因此，

---

* 作为原审（一审）的訓路地方裁判所指出，"要构成不作为的帮助犯，必须是对他人的犯罪行为负有阻止其实施这一作为义务者，尽管本可以几乎确实阻止了该犯罪的实行，却放任不管"，并基于这一前提，进一步指出，"除被告人 X 之外，别无他人可以使 A 免受 Y 之暴力"，因而被告人 X 负有阻止犯罪实行的义务，但因"被告人（当时）处于非常难以阻止 Y 之暴力的状况之下"，从而宣判 X 无罪（参见訓路地判平成 11 年 2 月 12 日判时 1675 号 148 页）。对此判决，检察官提出了控诉。——译者注

* 原意是"使得犯罪（暂时）归于中止"的盖然性。——译者注

[1] 西田典之认为，如果不作为者实施了作为，原本能"切实地"避免了结果发生的，就属于不作为的正犯；如果只是"有可能使得结果的发生更为困难"的，则属于不作为的从犯［参见西田典之『共犯理論の展開』（成文堂2010 年）154 页以下；西田典之（橋爪隆補訂）『刑法総論』（弘文堂2019 年第 3 版）390 页］。但是，即便认为从犯的因果关系只要是促进关系即可，但也不是反过来就可以说，凡与结果之间存在条件关系的都成立正犯，因此，不能以能否切实地阻止犯罪行为，来作为不作为的正犯与从犯的区别标准。

负有积极地阻止其他人实施进一步的暴力的义务",并以"能够认定,在本案案发当时,X没有阻止Y对A实施的暴力而是予以了容认,因此,被告人的责任不止于帮助犯,应该说相当于不作为的正犯。并且,在针对Y所说的不要打小孩的脸这句话,X表示了认可的时点,能够认定,Y的作为犯与X的不作为犯之间的共同意思的联络,亦即存在共谋"为理由,判定X成立伤害致死罪的不作为的共同正犯。[1]本判决一般被视为,是因为重视自己的暴力这种先行行为才认定成立不作为的正犯,但也有观点指出,也可能存在这种可能性:由于与Y之间存在共谋,因而是通过将"由作为所引起的心理的影响"与"由'不作为的参与'所形成的影响力"结合在一起而肯定了正犯性。[2]

〔案例23〕17岁的X女给朋友Y打电话,称A要求与其发生性关系,Y于是将此事告知了玩伴Z等6人,Z等人误以为A强奸了X,于是对A大为恼火。为了报复A,Z等人让X把A叫出来,并狠狠地殴打了A。之后,由于害怕A事后报警,遂杀害了A。在该案中,X、Y虽一同去了现场,但并未参与杀人的实行行为。东京高等裁判所平成20年(2008年)10月6日判决判定,X、Y因违反了基于把A叫出来这一先行行为所形成的阻止犯罪义务或者(报警等)报告义务,因而成立不作为的杀人罪,属于基于与Z等人的意思联络而成立的共同正犯。[3][4]但是,如果以提供了犯罪机会或者创造出了犯意为理由,认定存在阻止犯罪的义务,并认为违反了该义务就构成(共同)正犯,那么,在教唆者或者帮助者没有阻止正犯的犯罪行为的场合,就会造成将教唆者、帮助者也升格为不作为的正犯这种结果。

3. 否定成立不作为的共犯的情形

〔案例24〕A公司负责经营某大楼,该大楼内有各种游艺店进驻,四名外国人打伤了进驻该大楼的C弹子店的收款员并抢走了营业款。Y是进驻该大楼的B游戏中心的职员,其向该四名外国人通报了收款车到达该大楼的具体

---

[1] 参见東京高判平成20年6月11日判夕1291号306頁。
[2] 参见橋爪隆『刑法総論の悩みどころ』(有斐閣2020年)437頁。另外,中森喜彦认为,本案有可能构成作为的共谋共同正犯(由作为方式形成的共谋共同正犯)〔参见中森喜彦「不作為による共同正犯」『近畿大学法科大学院論集』7号(2011年)126頁以下〕。
[3] 参见東京高判平成20年10月6日判夕1309号292頁。
[4] 对于此案,一审判定X、Y构成与Z等人因默示的共谋而形成的杀人罪的共谋共同正犯。

时间。X 是 B 游戏中心的主任。Y 事先向 X 告知犯罪计划并邀约其参与，遭到了 X 的拒绝，但 X 并未采取报警等措施。原审判定 Y、X 分别构成抢劫致伤罪的共同正犯与帮助犯。对此，东京高等裁判所平成 11 年（1999 年）1 月 29 日判决认为，首先，X 的职务范围仅限于管理 B 游戏中心的营业款，"其职务与 C 弹子店的营业款没有任何关联"，因而就本案犯罪行为而言，并不能认定 X 负有法益保护义务；其次，X（虽然是 Y 的上司，但）"其职务并不要求其监督 Y 的品行"，因而 X 也无阻止 Y 的犯罪行为的义务，最终宣判 X 无罪。[1]

4. 认定成立作为的共同正犯或者从犯的情形

不作为的共犯（由不作为方式形成的共犯）与由默示的共谋或者由态度所形成的心理的帮助"接壤"。究竟采取何种理论结构，关系是否对于需要作为义务以及正犯性的判断。

〔案例 25〕A 的母亲 Y 将 1 岁 8 个月的 A 举到肩膀的高度，并威胁 A 的父亲 X 说，"我再不停下来的话，就不知道要发生什么事啦"，但 X 却转过身去，结果 Y 将 A 扔到熏笼的顶上将其摔死。对此，大阪高等裁判所平成 13 年（2001 年）6 月 21 日判决认为，X 的这种态度就等于是积极地认可了 Y 的行为，判定 X 成立基于默示的共谋的杀人罪的共同正犯。[2] 在能认定 X 与 Y 之间存在意思联络这一点上，该案不同于〔案例 21〕，但要肯定成立共同正犯，存在意思联络，这即便是必要条件但也不是充分条件，必须是因该意思联络，而使得实行行为人受到了心理上的约束，因而仅仅是做出了不打算阻止这种意思表示，应该说，还很难肯定存在这种心理上的约束。

〔案例 26〕职场的后辈 Z 已经因酒精的作用而处于难以正常驾驶的状态之下，同乘的 X 与 Y 明知这一点却仍然认可其发动了车辆，对于 X 与 Y，最高裁判所平成 25 年（2013 年）4 月 15 日决定判定，"对于后辈 Z 驾驶汽车这一点，Z 已经确认了属于前辈的、同乘的两名被告人的意向且得到了认可，这成为重要的契机，另外还能认定，两名被告人虽然认识到 Z 因酒精作用已经处于难以正常驾驶的状态，却对于本案车辆发动予以认可，没有制止 Z 的驾驶而是顺势同乘该车，持续地默认了该事实，因此，上述两名被告人的认

---

[1] 参见東京高判平成 11 年 1 月 29 日判時 1683 号 153 頁。
[2] 参见大阪高判平成 13 年 6 月 21 日判夕 1085 号 292 頁。

可与随后的默认这种行为,通过让Z驾驶车辆的意思更加牢固,而显然已使得Z的危险驾驶致死伤罪变得更为容易(实现)",由此判定X与Y成立危险驾驶致死伤罪的从犯。[1]可以说,本案是通过把握伴有"没有制止"这种不作为的契机的"对发动车辆予以认可",以及"通过同乘所做的默认"这种由作为所形成的心理上的促进效果,认定X与Y成立从犯。

六、过失的共同正犯

(一)问题之所在

《刑法》第60条以下的共犯规定,是否也适用于过失犯呢?

在目的行为论看来,在不能谓之为追求目的的活动,而是以单纯引起结果为内容的过失犯中,原本就不能想定正犯与共犯的区别,因而统一的正犯体系是妥当的。而且,按照新过失论,违反了注意义务的行为,也都属于过失正犯。但是,即便是过失犯,也可能存在因疏忽而直接引起结果的情形、因疏忽而诱发他人的犯罪的情形,因而过失犯也存在正犯、教唆犯、从犯之分。不过,通说认为,第61条第1款所谓"教唆他人"以及第62条第1款所谓"帮助他人",预先设想的都是故意实施的情形,因此,在现行法上,过失的教唆、过失的帮助是不可罚的。[2]就是从实质上看,广泛地处罚那些因疏忽而诱发、助长他人之犯罪的情形,也会给日常生活造成过度萎缩的结果,这应该是不妥当的。[3]

反之,通说则认为,第60条的"二人以上共同实行犯罪的"这一表述,未必排除了由过失所引起的情形,而且,由于存在由正犯性所做的限制,即便处罚过失的共同正犯,处罚范围的扩大也不会达到像处罚过失的教唆、过

---

[1] 参见最决平成25年4月15日刑集67卷4号437页。

[2] 参见大谷實『刑法講義總論』(成文堂2019年新版第5版)437、444頁;团藤重光『刑法綱要總論』(創文社1990年第3版)403頁以下;平野龍一『刑法總論Ⅱ』(有斐閣1975年)393頁,等等。相反,佐伯千仭则承认过失的教唆、过失的帮助的可罚性〔参见佐伯千仭『刑法講義 總論』(有斐閣1981年4訂版)354頁〕。

[3] 就针对过失犯的(故意的)教唆、帮助而言,虽然在观念上能够想象其存在,但所谓"教唆"是指诱发故意,帮助也应该与此整合性地进行解释,因此,通说也认为,这种教唆、帮助不具有可罚性〔参见团藤重光『刑法綱要總論』(創文社1990年第3版)403頁;平野龍一『刑法總論Ⅱ』(有斐閣1975年)3603頁以下〕。相反,也有观点承认针对过失犯的教唆犯、帮助犯的可罚性〔参见佐伯千仭『刑法講義 總論』(有斐閣1981年4訂版)355頁;松宮孝明『刑法總論講義』(成文堂2018年第5版補訂版)288-289頁〕。

失的帮助那样所引起的扩大程度，因此，在现行法上，过失的共同正犯是具有可罚性的。例如，〔案例27〕正在从事建筑物的拆除作业的 X 与 Y 交互地从屋顶往下扔瓦块，但 X 扔下的瓦块砸死了路人 A。〔案例27'〕在〔案例27〕中，无法判明究竟是谁扔下的瓦块砸死了 A。按照肯定过失共同正犯的观点，这两个案例中的 X 与 Y 均成立业务过失致死罪的共同正犯。反之，按照否定过失共同正犯的观点，〔案例27〕中的 Y 以及〔案例27'〕中的 X 与 Y，由于都不能认定存在针对 A 的死亡这一结果的因果关系，因而都不具有可罚性。

（二）学说概述

对于过失犯的共同正犯，过去曾从共同正犯的本质的视角来进行整理：按照犯罪共同说，由于过失犯中不能认定存在共同实施特定犯罪的意思，因而无法想见（观念到）过失的共同正犯；[1] 按照行为共同说，即便是过失犯，也可以共同实施事实上的行为，因而可以想见（观念到）过失的共同正犯[2]。不过，即便采取犯罪共同说，共同实施"犯罪"的意思，也不存在必须是共同引起"结果"的意思的必然性，而且，即便是单独犯，过失犯原本也无需对结果存在认识，因而仍然有将过失"行为"的共同视为"犯罪"之共同的余地。

此外，还可以从过失的本质的视角来进行整理：在旧过失论看来，所谓过失，就是指缺少紧张意思的心理状态，由于这种无意识的心理状态是无法共同的，因而否定过失的共同正犯；在新过失论看来，所谓过失，是指违反注意义务的行为，由于完全有可能有意识地共同实施该行为，因而能肯定过失的共同正犯。不过，即便采取旧过失论，如果将具有引起结果之实质性危险的行为视为过失犯的实行行为，有意识地共同实施这种实行行为，这是完全有可能的。按照个人责任原则以及共犯的限制从属性，过失责任的有无，

---

[1] 参见瀧川幸辰『犯罪論序説』（有斐閣1947年改訂版）229頁；団藤重光『刑法綱要総論』（創文社1990年第3版）393頁，等等。而且，按照"共同意思主体说"，由于在过失犯中不能认定共同意思主体的形成，因而也会否定过失的共同正犯〔参见曽根威彦『刑法原論』（成文堂2016年）587頁以下；西原春夫『犯罪総論』（下卷·改訂準備版）（成文堂1993年）385頁以下，等等〕。

[2] 参见佐伯千仭『刑法講義 総論』（有斐閣1981年4訂版）348頁以下；平野龍一『刑法総論Ⅱ』（有斐閣1975年）394頁以下；中山研一『刑法総論』（成文堂1982年）461頁以下，等等。

原本应就各个行为人分别探讨。在围绕是否承认过失的共同正犯的研究之中，研究的不是过失责任是否可以共同，而是由过失犯的实行行为的共同所引起的归属范围的扩张以及赋予正犯性是否妥当。

"共同注意义务违反说"，是从新过失论的角度，试图提出过失共同正犯的成立要件。[1] 按照该说，对二人以上科以了避免结果发生这种共同的注意义务的场合，共同违反了该注意义务的，就属于过失的共同正犯。但是，由于并未明示何种情形下能认定存在共同的注意义务，因而该说有陷入循环论证之嫌；而且，"共同的注意义务"的内容也未必明确。如果这种义务是指不作为犯中的作为义务，"共同注意义务违反说"就不适合于过失的作为犯。[2] 另外，如果这种义务是指，不仅是对自己的行为，对他人的行为也必须加以注意的义务，那么，所谓违反"共同的注意义务"，就最终归结于违反了相互监督义务（监督过失中的一种形式）。

正是考虑到这一点，"同时犯解消说"以否定说为前提积极地主张：那些被认定为过失的共同正犯的案件，都可以作为过失的单独犯之竞合来处理。[3] 按照该说，在〔案例27〕中，Y因违反了对X的监督义务，应成立业务过失致死罪，而X成立基于直接过失的业务过失致死罪，两者属于同时犯。

但是，只有存在业务上的上下级关系之时，方能认定存在监督义务，像〔案例27〕那样，在对等关系之下分担业务的，就难以认定存在这种监督义务。而且，如果该监督义务是指应该阻止他人的犯罪的作为义务，那么，违反这种监督义务的，原则上就应该止于从犯〔本章之五（三）〕，而在现行法上，一般认为（针对过失犯的）过失的从犯不具有可罚性〔本章之六

---

[1] 作为先驱性的研究成果，参见藤木英雄「過失犯の共同正犯」『研修』263号（1970年）13頁；内田文昭『刑法における過失共働の理論』（有斐閣1973年）60頁以下；大塚仁「過失犯の共同正犯の成立要件」『法曹時報』43巻6号（1991年）3頁以下，等等。还有学者从客观归属论（客观归责）的视角主战，在能够认定各个参与者处于应防止构成要件之实现的、共同的答责领域的场合，就能肯定过失的共同正犯〔参见金子博「過失犯の共同正犯について」『立命館法学』326号（2009年）130頁以下〕。

[2] 参见山口厚「過失犯の共同正犯についての覚書」『西原春夫先生古稀祝賀論文集（2）』（成文堂1998年）398頁以下。

[3] 参见西田典之（橋爪隆補訂）『刑法総論』（弘文堂2019年第3版）415頁；井田良『講義刑法学・総論』（有斐閣2018年第2版）529頁（不过，井田良承认，以满足单独犯的要件为前提，可以适用第60条）。对于过失犯，高桥则夫从采取统一的正犯体系的角度主张，应将过失的共同正犯还原至过失的单独正犯〔参见高橋則夫『刑法総論』（成文堂2018年第4版）484頁〕。

(一)〕。进一步而言，对于〔案例27〕中的Y，如果感觉到，认定其存在针对X的监督义务，将违反该监督义务的行为评价为正犯是妥当的，那也是X与Y之间存在"共同实行"一个行为作为这一事实的归结，而这无疑属于先行认定了二者成立共同正犯（这难道不是先做出了认定二者成立共同正犯的判断吗？）。〔1〕而且，按照"同时犯解消说"，要认定〔案例27′〕中的X与Y成立业务过失致死罪，就需要对直接过失与监督过失进行择一的认定，然而，在这种针对内容不同的注意义务的违反之间，是否能够择一认定，仍有进一步探讨的余地。〔2〕*

(三) 探讨

有关共同正犯的第60条规定了这样的效果：将归责范围扩大至其他参与者的行为，在将其整体予以结合的基础上赋予正犯性［第十七章之四(一)］。这种效果的正当化根据在于，通过其他的参与者而形成的对结果的因果性；通过不可缺少的作用分担而形成的、对犯罪事实的功能性的行为支配，或者由合意的约束力所形成的（缓和的）意思支配［第十七章之四(二)］。

在过失犯中，也存在将第60条的这种效果予以正当化的情况。〔4〕首先，即便没有针对"结果"的认识或容认，但只要存在针对"行为"的意思联

---

〔1〕 参见大塚裕史「過失犯の共同正犯」『刑事法ジャーナル』28号（2011年）14頁。

〔2〕 与不作为犯的情形一样，即便是可以还原于同时犯的情形，也会因构成共同正犯而在刑事诉讼法上的处理出现差别。例如，在后述"明石市步行桥案"中，针对明石警署的副署长，如果能够认定其与已经受到起诉且被宣判有罪的该警署的社区警官（片警）成立共同正犯，其公诉时效就会因社区警官（片警）的起诉而停止，最高裁判所平成28年（2016年）7月12日决定认为，由于注意义务的内容不同，应否定与社区警官（片警）之间成立共同正犯，最终判定其公诉时效成立，宣判免于诉讼（参见最决平成28年7月12日刑集70卷6号411頁）。另外，肯定过失的共同正犯还有这样的效果：在以"车辆等的驾驶者"作为主体的《道路交通法》第116条之罪那样的过失身份犯中，有可能因适用第65条第1款而处罚非身份者［参见嶋矢貴之「過失犯の共同正犯論（2·完）」『法学協会雑誌』121卷10号（2004年）180頁以下］。

* 在"明石市步行桥案"中，根据检察审议会第二次做出的适于起诉决议，明石警署的副署长受到强制起诉。如果是作为单独犯来处理的话，原本已经过了追诉时效，但如果是作为受到起诉且被判定有罪的该署的社区警官（片警）的共同正犯来处理，则尚未完成时效［参见大塚裕史「過失犯の共同正犯」『刑事法ジャーナル』28号（2011年）15頁以下］。——译者注

〔4〕 有学者通过相互之间的因果性以及重要作用而肯定过失的共同正犯［参见嶋矢貴之「過失犯の共同正犯論（2·完）」『法学協会雑誌』121卷10号（2004年）189頁以下］；还有学者以共同行为增大了危险、助长了疏忽为根据，肯定过失的共同正犯［参见内海朋子「過失共同正犯論について」『刑法雑誌』50卷2号（2011年）24頁］。

络，就能认定通过该行为而形成的因果性贡献。而且，像〔案例27〕〔案例27'〕那样，在基于意思联络共同实施危险的作业之时，也能认为是将直至结果的进程掌握在自己手中，因而能肯定功能性的行为支配。例如，〔案例28〕制药公司的董事X、Y、Z在董事会上，因疏忽而作出了继续销售危险的医药品（不回收该医药品）的决议，结果造成服用者死亡。对此，也能够以共同决定了公司意思为根据，认定存在行为支配，进而肯定成立共同正犯。若将该案还原于单独犯，根据有关择一的竞合的"逻辑的结合说"〔第四章之二（二）4〕，就可以否定各董事的态度与结果之间存在条件关系；但如果作为共同正犯处理，则只要各董事通过与其他董事之间的合意而对公司的意思决定施加了心理的因果性，并且，该整体意思决定与结果之间存在条件关系，就能认定各董事成立业务过失致死罪。〔1〕

也可以通过下述考虑而将上述理解予以正当化：通过与他人共同实施而扩充（增强）了自己的活动能力、扩大了自己活动之影响范围者，对于扩充、扩大的行为，就应该予以关心、顾及。由于被追究过失责任的终究是个人，毋庸置疑，得以处罚的前提在于，能认定各参与者做出了足以被评价为（共同）正犯的具体的因果性贡献，并对结果存在预见可能性。

（四）判例态度

大审院曾认为，刑法总则的共犯规定不适用于过失犯，对过失的共同正犯持否定态度。〔2〕反之，最高裁判所则转而采取了肯定态度。例如，〔案例29〕X与Y是餐饮店的共同经营者，在意思联络之下，因疏忽大意，向客人出售了含有甲醇的威士忌（结果造成客人在由X、Y共同经营的饮食店内饮后死亡）。对此，最高裁判所昭和28年（1953年）1月23日判决认为，X、Y二人均违反了应检查酒内是否含有有毒物这一义务，而且，"上述饮食店是由二名被告人共同经营，有关上述液体（威士忌）的销售，也是被告人等基于意思联络而销售，因此，在这一点上，认定二名被告人成立共犯关系，这是妥当的"，从而判定X、Y构成销售有毒食品罪的过失共同正犯。〔3〕不过，在该案中，由于对"销售"部分存在故意，因而相对容易认定存在"共同"。

---

〔1〕 参见岩间康夫『製造物責任と不作為犯論』（成文堂2010年）133页以下。
〔2〕 参见大判明治44年3月16日刑录17辑380页等。
〔3〕 参见最判昭和28年1月23日刑集7卷1号30页。

此后的下级裁判所的判例基本上采取的是肯定说。〔案例30〕X、Y二人共同将砂锅炉带进办公室一起烹煮食物之后，下班回家时既未采取措施防止温度过高（而引发事故），也没有采取防火措施，最终因炭火过热而起火，引发火灾烧毁了建筑物。对此，名古屋高等裁判所昭和31年（1956年）10月22日判决判定，X、Y构成业务失火罪的共同正犯。[1]〔案例31〕X、Y并无驾驶船舶之技能与经验，却酒后出于好奇驾驶游览船，由X负责掌舵、Y负责机器操作，结果导致该船触礁。对此，佐世保简易裁判所昭和36年（1961年）8月3日判决认为，是"因二人共同驾驶该船的过失行为而出现操作（掌舵）失误"，判定二人构成过失交通危险罪的共同正犯。[2]在该案中，二人通过作用分担而共同实施了船舶航行这种危险行为，由此能认定存在功能性的行为支配。〔案例32〕X、Y二人轮流从事焊接作业（站在基本对等的立场上，反复交叉焊接与监督），由于并未采取措施将焊接作业点与可燃物隔离，最终由其中某人的焊接作业引发火灾烧毁了建筑物。对此，名古屋高等裁判所昭和61年（1986年）9月30日判决认为，二人在焊接作业完成之后只要浇一桶水就没事（违反预见义务的心理状态）这种意思联络之下，共同实施了焊接作业这样一个实质上存在危险的行为，因而该案结果是"共同的注意义务违反行为之产物"，最终判定二人构成业务失火罪的共同正犯。[3]作为共同注意义务的前提，该判决提出，共同实施了"一个实质上存在危险的行为"这一前提，颇引人关注。〔案例33〕X、Y在地下通道内共同从事电话电缆的短路查找、维修作业，由于其中一人因在作业结束之后未熄灭焊枪的微火，引发了火灾。对此，东京地方裁判所平成4年（1992年）1月23日判决认为，"在社会生活上能预想到会发生危险且重大的结果的场合，实际存在共同作业者——这些共同作业者负有因处于相互利用、相互补充之关系而形成的共同的注意义务，并且，这些共同作业者之间存在怠于注意义务的共同行为的"，这些共同作业者就全部成立过失犯的共同正犯，进而判定X、Y二人构成业务失火罪的共同正犯。[4]

在由明石市举办的"夏日祭"烟火大会的当日，在连接最近的车站与作

---

[1] 参见名古屋高判昭和31年10月22日高刑特3卷21号1007页。
[2] 参见佐世保简判昭和36年8月3日下刑集3卷7=8号816页。
[3] 参见名古屋高判昭和61年9月30日高刑集39卷4号371页。
[4] 参见東京地判平成4年1月23日判时1419号133页。

为烟火大会会场的公园的人行桥上，大量游客聚集在一起，结果导致大量游客跌倒并挤压垒叠在一起（"人群雪崩"），造成游客死伤的事故。有关该事故，针对（在检方起诉的对象之外）由检察审查会强制起诉的警署副署长，最高裁判所平成28年（2016年）7月12日决定认为，"一般认为，要成立业务过失致死伤罪的共同正犯，以共同违反了共同的业务上的注意义务为必要，比照上述明石警署的职务分工以及职务的执行情况，B社区警官（片警）处于策划本案安保方案的第一责任人或者现场安保本部的指挥官的地位，被告人作为副署长或者警署安保本部的安保副本部长，处于对C署长指挥、监督该警署之整个组织予以协助的地位，因而，B社区警官（片警）与被告人各自分担的作用原则上是不同的。就为防止本案事故发生所能够要求实施的行为来说，对B社区警官（片警）而言，在本案事故当日的晚上8点左右，在指挥下属警官的同时，还要求其通过C署长或者自己直接要求出动机动队，对本案人行桥进行流量管制，自己或者指挥下属警官合适地制定本案安保计划；就被告人而言，原则上要求其在各个时间点，通过向C署长提出建议，协助其对B社区警官（片警）等适当地进行指挥监督。因此不能说，为了避免本案事故，两者所承担的具体的注意义务是共同的"，进而以此为理由否定其与B社区警官（片警）成立业务过失致死罪的共同正犯。[1]*最高裁判所

---

[1] 参见最决平成28年7月12日刑集70卷6号411页（"明石市步行桥案"）（针对本案的分析，参见［日］桥爪隆：《过失犯中结果避免义务的判断》，王昭武译，载《东方法学》2016年第5期，第144-151页。——译者注）。

* 该案大致案情为：在实质上由明石市举办的"夏日祭"烟火大会的当日，连接最近的车站与作为烟火大会会场的公园的人行桥上，大量游客聚集在一起，形成了过密的滞留状态，在烟火大会结束之后，走向公园的游客与走向车站的游客拥挤在一起（形成人流对冲），形成了很强的人群拥挤压力，结果在当晚8时48分至49分左右，导致大量游客跌倒并挤压垒叠在一起（"人群雪崩"），造成11人死亡、183人受伤的惨剧。根据本案公园的地理位置以及本案人行桥的规模与结构，原本能够预想到，在烟火大会举办当时，会有大量游客滞留在人行桥上，有可能造成大规模的混乱。而且，本案会场是第一次举办"夏日祭"，而从该会场曾举办的其他大型活动（前年的新年倒计时烟火大会）的拥挤状况来看，也能够预计到这次的"夏日祭"会有超过10万人参加。针对本案"夏日祭"，明石市（实质上的举办者）、受明石市委托负责会场安保的保安公司N以及明石警署等三方为制定防止踩踏的安保措施反复进行了磋商，但当时未能针对因本案人行桥的游客滞留所可能引发的拥挤状况制定出有效应对方案，对于人行桥的拥挤状态的监控机制、发生拥挤时的管制方法以及该情况下举办方与明石警署之间的协同机制等，

(接上页)也未就此制定具体的预案。另外,本案的安保方案是依据兵库县警察本部当时的内部标准,采取的是所谓自主安保的原则。按照该方案,原则上由举办方自主负责安保,警方积极进行指导与建议,但在发生了举办方无法应对的事态之时,警方可以自行采取必要措施。按照一审、二审(原审)的认定,就本案事故而言,作为举办方的自主安保措施,如果举办方在晚上 7 时 30 分左右的时间段,能够对进入人行桥的人流量进行限制,原本是能够避免本案事故的。并且,在晚上 8 时左右的时间段,如果要求警方出动机动队,原本也是可以通过由机动队阻止人流进入人行桥而避免本案事故的。对于本案事故,检方以业务过失致死伤罪起诉了明石市职员 A1(活动举办本部副总负责人)、A2(活动实施运营本部现场负责人)、A3(活动实施运营本部副现场负责人)、明石警署社区警官 B(片警)以及 N 公司大阪分公司社长 C 等 5 人。事发当日,采取的应对机制是,A1、A2、A3 在大会会场的运营本部帐篷内待命,C 在自主安保本部帐篷内待命,B 在现场安保本部坐镇指挥。正如事先预想的那样,自晚上 6 时许开始,就有大量游客进入本案人行桥;在晚上 7 时许,人行桥开始出现游客滞留;到晚上 7 时 45 分烟火大会开始之前,更有大量游客涌入并滞留在人行桥上,出现了拥挤状况。对于此状况,上述各人已分别得到了部下的汇报,已经存在充分认识。然而,A1、A2、A3 并未采取措施以消除人行桥上的拥挤状况,也未向警方要求出动机动队。直至晚上 8 时许,C 也认识到人行桥上的滞留状态已经达到需要由警察管制人流进入的密集程度,虽然就是否需要警察管制游客进入人行桥询问了 B,"前面已经堵得没办法了,需要控制人流吗?",但见 B 反应消极,遂不再提及此事,结果并未采取要求机动队出动等措施。经 C 的上述询问之后,B 在晚上 8 时许也已经认识到同样的拥挤状况,但也未采取要求机动队出动等措施。本案的公诉事实不是以制定安保方案阶段的过失,而完全是以本案事发当日的过失作为问题。一审判定 5 名被告均成立业务过失致死伤罪(参见神户地判平成 16 年 12 月 17 日刑集 64 卷 4 号 501 页),其中,对 A1、A2、A3 等三人做了缓刑判决,而对 B、C 二人做出了禁锢 2 年 6 个月的实刑判决。一审宣判之后,5 名被告均提起控诉(但 A2 随后撤销了控诉),但二审驳回了被告的控诉(参见大阪高判平成 19 年 4 月 6 日刑集 64 卷 4 号 623 页)。对此判决,B、C 二人向最高裁判所提起了上告。对于该案,最高裁判所驳回了被告 B、C 二人的上告,依职权做出了下述判断:"被告 B 作为明石警署社区警官(片警)以及本案'夏日祭'的现场安保本部的指挥官,处于为防止发生踩踏事故而指挥现场的警察采取安保措施的地位;基于与明石市之间的安保合同,C 作为现场安保的总负责人,处于为防止发生踩踏事故而统领现场的保安采取安保措施的地位。事发当日,两名被告均基于上述地位,正从事确保游客安全、防止本案人行桥上的踩踏事件于未然的业务。可是,正如原审判决所判示的那样,至迟于晚上 8 时左右,人行桥上的混乱拥挤状态,已经达到了明石市职员以及现场保安的自主安保所无法处置的阶段(程度)。能够认定,就是按照上述各种情况,也能够很容易地预见到:如果两名被告不立即要求出动机动队增援人行桥,并由此实现对进入人行桥的流量管制,从烟花大会预定结束的晚上 8 时 30 分左右开始,人行桥上会出现游客的双向人流的对冲状况,进而引发踩踏事故。这样的话,就应该说,被告 B 负有下述业务上的注意义务:在晚上 8 时许,在指挥下属警察的同时,还应立即通过明石警署署长等或者自己直接要求出动机动队,由此实现对进入人行桥的流量管制,以防止踩踏事故于未然;被告 C 负有下述业务上的注意义务:在晚上 8 时许,立即向明石市的现场负责人提出建议要求出动(更多)警力,或者代表负责自主安保的一方直接要求出动(更多)警力,由此实现对进入人行桥的流量管制,以防止踩踏事故于未然。并且,如上所述,从人行桥周边的机动队员的配置情况来看,能够认定,如果在晚上 8 时 10 分之前发出了出动机动队的指令,原本是能够避免本案踩踏事故的。对被告的本决定也是以基于"共同注意义务违反说"的过失共同正犯肯定说为前提的。

另外,也有判例否定过失的共同正犯。例如,〔案例34〕工地现场负责人X在工地现场与工人Y、Z一同从事屋顶芦苇替换作业的过程中,因香烟灰引发火灾而烧毁了房屋,当时三人均抽了烟,但无法判明究竟是由谁的烟灰引发了火灾。对此,秋田地方裁判所昭和40年(1965年)3月31日判决虽认为,尽管三人之间就屋顶作业存在共同目的以及共同行为之关系,但对于抽烟行为,不过处于单纯的时间相同、地点相同这种偶然的关系,因此不能认定抽烟行为属于过失共同行为,因而不能成立过失的共同正犯。然而,就X而言,既负有自己应抑制抽烟这一注意义务,同时还负有采取措施避免现场工人抽烟的注意义务,最终判定X成立重过失失火罪的单独犯。[1]可以说,该判决明确了这样一点:要认定过失的共同正犯,必须存在属于一个共同行为的事实。这一点颇引人关注。

七、结果加重犯的共犯

通说认为,根据责任主义的要求,对加重结果必须存在过失,因而伤害致死罪等结果加重犯属于故意犯与过失犯的复合形态[第三章之三(八)4]。这样的话,仅就加重结果而言,结果加重犯的共犯问题,似乎就属于针对过失犯的过失的共犯(针对过失犯的、由过失引起的共犯)的问题。但是,通说、判例均认为,就结果加重犯而言,由于基本犯是故意犯,共同正犯自不

(接上页)B而言,如上所述,依据自己的判断,通过明石警署署长等或者自己直接提出要求,原本是能够实现机动队之出动的。对被告C而言,正如原判决以及一审判决所判示的那样,原本是能够向明石市的现场负责人提出建议要求出动(更多)警力,并且,原本也是可以代表负责自主安保的一方直接要求出动(更多)警力的,如果明石市的现场负责人或者被告C等负责自主安保的一方,对于警方不是止于询问,而是以已经处于仅凭自主安保已难以应对的状态为由,要求出动警力,警方不会不答应该要求。因此,在晚上8时许的时点,两名被告如果分别履行了各自的上述义务,原本是能够实现由机动队对人行桥进行流量管制,从而避免本案事故的。这样的话,轻信不会发生踩踏事故,急于履行上述各项注意义务,不采取结果避免措施,而是漫不经心地放任不管,结果发生本案事故造成大量游客死伤之结果的两名被告,均应成立业务过失致死伤罪"。——译者注

[1] 参见秋田地判昭和40年3月31日下刑集7卷3号536页。

用说,还能肯定教唆犯、帮助犯。[1] 为此,共谋或者共同实施了暴力者、教唆或帮助了他人实施暴力者,在由该暴力引起了死亡结果的场合,只要能认定对该结果存在预见可能性,就成立伤害致死罪的共同正犯或者教唆犯、从犯。不过,如果认为对于伤害致死罪规定重刑的根据在于,实现了内在于该暴力之中的特别危险(这种危险的现实化)[第三章之三(八)3],那么,要成立结果加重犯的共犯,既要对该危险的暴力做出因果性贡献,还以对为该危险性奠定基础的事实存在认识为必要。

八、共犯与正当防卫、防卫过当

最高裁判所平成4年(1992年)6月5日决定针对的下述案件("菲律宾酒吧案"):〔案例35〕1989年1月1日凌晨4时左右,被告X从朋友Y的房间向某餐馆打电话,在与在该餐馆工作的女友通话之时,因电话被该餐馆的店长A挂断,而与A发生口头争执。X被A的侮辱性言语所激怒,怒吼着要去杀了A,决意冲往该饮食店,并说服有些不太情愿一同前往的Y,让其拿着菜刀一同搭乘出租车前往A店。X明明未见过A,却在出租车内对Y说,"因为他们认得我,你先进去。如果你和他们吵起来,我不会袖手旁观!"并且,出于如果到时候要杀A那也是没办法的意思,X说服并指示Y,"如果被打了,就用刀!"当日凌晨5时左右,到达该饮食店之后,X让Y先去店门口,自己则在稍远的地方伺机而动。Y尽管没有自己冲进去对A施加暴力的意思,但同时也考虑到,自己与A从未见过面,想必A不会突然对自己暴力相向,于是,在该饮食店门口等待X的进一步指令。但出乎意料的是,Y被从店内出来的A错认作是X,遭到了A的暴力:被突然抓住衣领来回拖拽,并被摔倒在水泥地上,遭到拳打脚踢。Y出于防卫自己生命、身体的意思,迅速掏出菜刀,按照X的前述指示,基于即便是用刀杀了A那也是没办法的决意,用菜刀数次捅刺A的左胸,将其杀害。对于该案,最高裁判所平成4年(1992年)6月5日决定判定,"在成立共同正犯的场合,防卫过当之成立与否,应该就各个共同正犯人分别探讨其是否符合要件而决定,即便共同正犯中之一人成立防卫过当,该结果也并不当然导致其他共同正犯亦成立防卫过

---

[1] 有关共同正犯,参见最判昭和22年11月5日刑集1卷1页;有关教唆犯,参见大判大正13年4月29日刑集3卷387页;有关从犯,参见最判昭和25年10月10日刑集4卷10号1965页。

当。按照二审判决的认定，被告已经预见到 A 的攻击，并意图利用该机会让 Y 用菜刀对 A 实施反击，是出于积极的加害意思而面对侵害，因此，A 对 Y 实施的暴力，即便对不具有积极的加害意思的 Y 而言属于紧迫的非法侵害，但对被告而言则不具有紧迫性……因此，认定 Y 成立防卫过当而否定 X 成立防卫过当的二审判断是正当的，能够予以肯定"。[1]*

针对最高裁判所的本决定，首先，下面这种理解也是有可能的：该决定以防卫过当的刑罚减免根据［第八章之七（一）］或者择一的并合说为前提，从责任评价的个别性、一身性中推导出了防卫过当效果对人的相对化（防卫过当的效果因人而异）。不过，由于本决定是就各个参与者分别判断"紧迫性"这种与正当防卫相同的要件，因此不可否认，认为该决定承认了"违法评价对人的相对化"这种理解要更为直接、自然。** 按照后一种理解，例如，〔案例35'〕在〔案例35〕中，如果 Y 是用木棍进行反击，在相当性的范围之内，那么，Y 就成立正当防卫，只有 X 成立犯罪。按照限制从属性说［第十七章之一（二）］，违法评价在参与者之间是共通的，这是一个原则，但从混合惹起说的视角［第十八章之二（三）］来看，与法益的要保护性、利益的冲突状况相适应，也不是不存在"违法评价对人的相对化"的余地［参见第十九章之一（五）］。

---

〔1〕 参见最决平成 4 年 6 月 5 日刑集 46 卷 4 号 245 页（"菲律宾酒吧案"）。

* 针对该案，一审（参见東京地判平成元年 7 月 13 日刑集 46 卷 4 号 256 页）认定：X 与 Y 在到达饮食店之前，在出租车内就已经"相互都具有用刀杀了被害人那也是没办法的事这一意思，并达成了杀害被害人的共谋"；并且，Y 虽预见到会与 A 发生争执，且已经想到，乘此机会杀了 A 那也是没办法的事，仍赶赴现场，因而也能认定 Y 存在积极的加害意思，进而否定成立防卫过当。反之，二审（参见東京高判平成 2 年 6 月 5 日判时 1371 号 148 页）则认定：就 X 而言，在乘坐出租车前往饮食店的途中，就已经产生了针对 A 的未必的杀人故意；而就 Y 而言，其到达饮食店之前未曾想到，会突然与 A 发生争执，而是在突然遭到 A 的暴力攻击之时，始产生杀害 A 的决意，因而 X 与 Y 也是在该阶段方成立有关杀害 A 的共谋。这样，对 Y 来说，能够否定存在事前的共谋，且由于 Y 并未充分预见到 A 的侵害，因而不能认定其存在针对 A 的积极的加害意思，能够成立防卫过当（由于 Y 并未提出上告，控诉审即二审针对 Y 的判决已经确定）。相反，对 X 来说，"是出于积极的加害意思而面对侵害，因而对 X 而言，A 针对 Y 的暴力不具有紧迫性"，并以此为理由否定其成立防卫过当。对于该二审判决，X 提出上告，最高裁判所驳回上告，并依据职权做出了正文中的判断。另外，有关该案之评析，参见桥爪隆：《共同正犯与正当防卫、防卫过当》，王昭武译，《苏州大学学报（法学版）》2017 年第 1 期，第 125-136 页。——译者注

** 即承认在参与者之间存在违法评价的相对性。——译者注

第二十章 共犯的其他问题

另外,是否成立正当防卫,还可能受到行为人处于被期待避免侵害的状况之下、行为人自招侵害等先行情况的限制(第八章之五),这种先行情况的有无事关被侵害法益的要保护性,因此,对于被侵害者 Y,应该考察其有无这种情况。因为,Y 的要保护性因 X 的态度而被降低,这是不妥当的。这样考虑的话,即便从有关防卫过当的责任减少说或者择一的并合说的角度,能够肯定有关〔案例 35〕的判例结论,但对于〔案例 35'〕中的 X 就应该探讨:虽作为有关 Y 之反击行为的共同正犯能肯定其正当性,但能否将招致侵害的行为作为"原因违法行为"而问责呢?[1][2]

---

[1] 详细论述参见松原芳博「判批」『刑法判例百選 Ⅱ 各論』(2020 年第 8 版)183 頁。
[2] 相反,有观点认为,在〔案例 35〕中,不必要地创造了法益冲突状况的 X,不能援用 Y 之违法性阻却事由的效果 [参见島田聰一郎「適法行為を利用する違法行為」『立教法学』55 号(2000 年)52 頁;橋爪隆『正当防衛論の基礎』(有斐閣 2007 年)291 頁以下・334 頁以下]。这的确是一种值得关注的观点,但存在这样的疑问:如果对于 X 在现场援助 Y 之防卫行为的援助行为也不能被正当化,针对不是侵害的招致者的 Y 的法益的保护,难道没有被不当地削弱吗?

第二十一章 罪数论与犯罪竞合论

一、罪数论与犯罪竞合论概述

罪数论研究的是，某事实成立几个犯罪的问题；犯罪竞合论研究的是，在某人成立数个犯罪的情形下，应如何科处刑罚的问题。不过，这里所谓"一罪"，并非绝对意义上的一个犯罪。正如后述，"一罪"之中，除了单纯的一罪之外，还存在包括的一罪、科刑上的一罪等类型。为此，罪数论与犯罪竞合论之间的区别只是相对的。

二、单纯的一罪（包括法条竞合）

各个刑罚规定（罚条），以"犯罪"（该当于构成要件、违法且有责的行为）为单位规定了法定刑。这种由罚条预先设定的事实范围，划定了"本来的一罪"的界限。[1]

仅存在一个该当于构成要件的事实的，理所当然只成立一罪。例如，〔案例1〕X发射一发子弹，射穿A的头部，将其杀害的，就仅该当于杀人罪的构成要件，并且，作为该罪之构成要件要素的实行行为、结果分别只有一个，因此，X仅成立一个杀人罪（单纯的一罪）。

反之，〔案例2〕公司会计X侵吞公司财物一次的，X的行为既该当于业务侵占罪（第253条）的构成要件，也该当于侵占罪（第252条）的构成要件。但除了"业务"之外，业务侵占罪与侵占罪的其他要素全都是重合的。为此，对X适用业务侵占罪与侵占罪这二个犯罪，就属于双重处罚，只应适用业务侵占罪一罪。因为，业务侵占罪与侵占罪属于特别法与普通法（一般

---

[1] 各个刑罚规定的构成要件通常是将法益侵害的引起予以类型化，犯罪的个数取决于法益侵害的个数，但也存在诸如常习盗窃罪（《有关盗犯等的防止及处分的法律》第2条、第3条）那样，本身就内含数个法益侵害的罚条。

法）的关系，应优先适用前者。这样，一个事实尽管该当于数个构成要件，但根据构成要件之间的关系，仅应适用其中一个构成要件的情形，被称之为"法条竞合"。在法条竞合的情形下，只是通过优先适用某一构成要件而排除适用其他构成要件，而并非连该当于其他构成要件这一点也予以了否定。因此，在〔案例2〕中，允许检察官出于举证上的便利而以侵占罪起诉（部分起诉）；尽管检察官是以业务侵占罪起诉，倘若对业务性的举证并不充分，裁判所也能够以侵占罪判定有罪（缩小认定）。

法条竞合可以分为以下三类：一是如侵占罪与业务侵占罪那样，处于普通法与特别法之关系的"特别关系"；二是如向现住建筑物放火罪（第108条）与向非现住建筑物放火罪（第109条）那样，处于基本法与补充法之关系的"补充关系"；三是如拐取未成年人罪（第224条）与营利等目的拐取罪（第225条）那样，处于部分重合之关系的"交叉关系"。不过，向现住建筑物放火罪（第108条）与向非现住建筑物放火罪（第109条），表面看上去属于排他性关系，但只要认为，第109条处罚的是针对一般建筑物的放火行为，而第108条是加重处罚其中有人居住或者有人在建筑物之内的情形，就可以说，第108条被第109条所包摄。这样，"补充关系"也能还原至"特别关系"。另外，营利等目的拐取罪的对象也包括成人，在这一点上，拐取未成年人罪并不能完全包摄营利等目的拐取罪，二罪处于相互交叉的两个圆之间的关系。但仅以未成年人为对象的情形来看，就可以想到"普通拐取未成年人罪"与"营利等目的拐取未成年人罪"之间是普通法与特别法之间的关系。

三、包括的一罪

（一）含义

若加以细分，虽存在数个该当于构成要件的行为或结果，但由于整体上属于某一罚条所预先设定的一个事态，因而仅成立一罪，这种情形被统称为"包括的一罪"。[1]可以想见，立法者在制定刑罚法规之际，会事先设想到一定的社会性事实，并规定了与此相适应的法定刑，因此，处于立法者所设想到的事实范围之内的，就应该作为已经纳入该刑罚规定（罚条）的事实，仅

---

[1] 参见虫明满『包括一罪の研究』（成文堂1992年）114頁以下；青木陽介『包括一罪の研究』（成文堂2021年）7頁以下。

适用一次罚条；反之，倘若将这些事实作为数个犯罪来处理，就属于超出了立法者本来的设想而科刑，这是不被允许的。

（二）集合犯

罚条本身预定了反复实施同类行为的犯罪，统称为"集合犯"，[1]具体包括常习赌博罪（第186条第1款）、常习盗窃罪［《有关盗犯等的防止及处分的法律》（通称"盗犯等防止法"）第2、3条］那样的"常习犯"，散发淫秽物品罪（第175条第1款）那样的"职业犯"，以及无证行医罪（《医师法》第17条、第31条第1款第1项）那样的"营业犯"等。例如，即便利用不同机会分别向数个对象散发了淫秽物品，也是将这些行为"包括"起来，成立一个散发淫秽物品罪。[2][3]

（三）发展犯（狭义的包括的一罪）

《刑法》第197条第1款（受贿罪）规定，"公务员有关其职务收受、要求或者约定贿赂的，处5年以下惩役"。按照该规定，只要实施了要求、约定、收受贿赂中的任何一种行为，即可成立受贿罪，但公务员"要求"贿赂之后再"收受"贿赂的，并不是分别成立要求罪与收受罪，而是成立包括了要求与收受的第197条第1款的受贿罪一罪。对于这种规定了密切相关的系列行为的罚条，一般理解其旨趣在于，完成了系列行为的，也应将其整体认定为一罪（发展犯）。因此，逮捕他人之后再非法监禁的，成立第220条的逮捕、监禁罪一罪；搬运盗赃之后又代为保管的，成立第256条第2款的参与盗赃罪一罪。

（四）共罚的事前行为、事后行为

各种预备犯罪，是指向与未遂犯罪、既遂犯罪相同法益的行为，由于可以认为，"已经纳入"到未遂犯罪、既遂犯罪的罚条之中，因而被未遂犯罪、既遂犯罪所吸收。学界曾一度认为，这种场合不成立预备犯罪，而称之为"不可罚的事前行为"；现在则一般认为，虽成立预备犯罪，但被包括性地评

---

[1] 不过，是否是集合犯，罚条的规定本身也并不总是非常明确。尽管也有判例认为，高利借贷之罪（《出资法》第5条第1款）应根据各个具体的借贷合同而分别成立，但有力观点仍然认为，应作为包括的一罪来处理。

[2] 参见大判昭和10年11月11日刑集14卷1165页。

[3] 在可以包含数个最小限的犯罪事实这一点上，也可以将持续犯［第三章之三（八）3］归于包括的一罪之中。

价在未遂犯罪、既遂犯罪的罚条之中，因而称之为"共罚的事前行为"。

同样，盗窃犯损坏或者消费所盗得的赃物的，由于这种损坏或者消费行为与盗窃罪指向的是同一法益，属于在设置盗窃罪之际就已经预想到的情况，因而为盗窃罪所吸收，不再另外作为损坏器物罪或者侵占脱离占有物罪予以处罚。[1]这种情形下的损坏器物罪、侵占脱离占有物罪，也曾被称为"不可罚的事后行为"，认为其本身不再成立犯罪。但现在的有力观点则将其称之为"共罚的事后行为"，认为虽成立犯罪，但已被有关先行行为的罚条所包括性地评价。因此，仅参与了损坏器物或者侵占脱离占有物的，就成立损坏器物罪或者侵占脱离占有物罪的共犯，即便是先行的盗窃犯本人因某种原因而不以盗窃罪处罚，对该盗窃犯本人仍然能够以损坏器物罪或者侵占脱离占有物罪予以处罚。

不过，盗窃的公诉时效届满之后，对于利用或者处分盗赃的行为，也能够以损坏器物罪或者侵占脱离占有物罪予以处罚，对于这种结论并非不存在疑问。尤其是，如果认为，财物的单纯利用，也属于非法取得意思的实现，而相当于侵占脱离占有物罪；隐匿财物，会妨害所有者对财物效用的利用，而相当于损坏器物罪，那么，即便盗窃罪的公诉时效已经届满，只要盗窃犯还持有盗赃，任何时候就都可以对其处以侵占脱离占有物罪或者损坏器物罪。并且，判例、通说认为，包括的一罪的公诉时效的起算点也应该予以一体化，从发生最终结果的时点开始起算包括的一罪的整体的公诉时效，那么，按照这种理解（一体说），只要存在可能构成侵占脱离占有物罪或者损坏器物罪的某种利用或者处分盗赃的行为，就会出现起初的盗窃罪的公诉时效尚未届满这样的结果。[2]

为此，首先，应该就构成包括的一罪的各个犯罪行为分别计算公诉时效，例如，对于盗窃罪，应以转移占有的时点作为公诉时效的起算点；其次，从设立公诉时效制度的旨趣来看，也许可以这样理解：一旦盗窃罪的公诉时效届满之后，对于以相当于共罚的事后行为的侵占脱离占有物罪或者损坏器物

---

[1] 反之，盗取存折之后，再利用该存折提取现金的，判例认为，除侵犯了储户针对存折的占有之外，还侵犯了银行针对存款的占有，因此，应成立盗窃罪与诈骗罪的并合罪（数罪并罚）（参见最判昭和25年2月24日刑集4卷2号255页）。

[2] 参见松宫孝明「不可罰的・共罰的事後行為」西田典之・山口厚・佐伯仁志编『刑法の争点』（有斐閣2007年）126頁。

罪予以起诉，就应受到限制；最后，窃取同居在一起的亲属的财物之后予以毁弃的，虽根据"有关亲属之间盗窃的特例"（第244条第1款）免除了盗窃罪之刑，却要以损坏器物罪起诉并处罚相当于共罚的事后行为的毁弃行为，想必也会湮没该特例的旨趣。

（五）侵占之后的侵占

〔案例3〕在由自己管理的、为他人所有的不动产上设定了抵押权之后，又将该不动产出售给第三者的，能否以侵占罪来处罚该出售行为呢？抵押权设定行为，属于实现非法占有意思（非法占有目的）的行为，可构成侵占罪。曾有最高裁判所的判例认为，设定抵押权之后的出售等处分行为，属于侵占罪的不可罚的事后行为，不另外成立犯罪。[1]* **但最高裁判所平成15年（2003年）4月23日大法庭判决则变更了该先例，对于〔案例3〕那样的、未起诉抵押权设定行为（部分抵押行为已经超过公诉时效）的案件，***认为"在此之前所实施的抵押权设定行为这种先前行为，应该理解为，这无碍于后

---

[1] 参见最判昭和31年6月26日刑集10卷6号874页。

* 大致案情：X将自己所有的不动产卖给A，并转移了所有权之后，乘尚未办理所有权登记转移之机，又在该不动产上对B设定了抵押权，并办理了抵押权登记，其后，更是将该不动产的所有权转移至B，并完成了所有权登记转移。对此，判例判定，X（明知不动产的所有权已经属于A，却仍对B设定了抵押权，仅此即已经）成立侵占委托物罪，即便其后对B进行了所有权登记转移，也不另外成立侵占委托物罪。——译者注

** 也就是，此前的判例一直认为，对自己所占有的他人之物，已经成立侵占委托物的场合，即便对所侵占的同一目的物，又实施了非法处分行为，也不再另外成立侵占委托物罪。——译者注

*** 主要案情：一审判决认定，被告人是宗教法人A的责任董事（执行董事），基于与A的代表董事（董事长）等人的共谋，①于2002年4月30日，将基于业务而占有的为A所有的本案土地X，以1亿324万日元的价格卖给了株式会社B，同日，办理了所有权登记转移，并侵占了该款项；②于同年9月24日，将基于业务而占有的为A所有的本案土地Y，以1500万日元的价格卖给了株式会社C，并于同年10月6日，办理了所有权登记转移，且侵占了该款项，因而判定成立业务侵占罪。对此，辩护人提起控诉，提出下述主张：被告人在实施上述出售行为之前，首先，对于本案土地X，已于1980年4月11日，设定了以被告人所经营的株式会社D作为债务人的最高额为2500万日元的最大额抵押权，且办理了相关登记，其后，又于2002年3月31日，设定了以D为债务人的债权额为4300万日元的抵押权，且办理了相应登记；其次，对于本案土地Y，于1989年1月13日，设定了以D为债务人的债权额为3亿日元的抵押权，且办理了相应登记。因此，应该是这些抵押权设定行为构成侵占罪，至于其后的土地出售行为，属于不可罚的事后行为，不另外构成犯罪。对此，二审维持一审判决，但辩护人又以二审判决违反了最高裁判所的先例（最判昭和31年6月26日刑集10卷6号874页）为由，向最高裁判所提起了上告。——译者注

续行为即所有权转移行为本身成立犯罪",进而以侵占罪处罚了出售行为。〔1〕〔2〕*本判决未对抵押权设定行为与出售行为之间的罪数关系做出判断,但我们可以认为,立法者正是考虑到对某一财物之所有权的完全侵犯而设定了侵占罪的法定刑的上限,因此,这两个行为不是并合罪,而应该作为相互构成共罚的事前行为·共罚的事后行为的情形,不考虑时间上的接近性、犯意的单一性,而直接构成包括的一罪。〔3〕

(六)接续犯、连续的包括的一罪

《刑法》第55条曾规定,"连续实施的数个行为触犯同一罪名的,以一罪论处",从而规定了作为科刑上的一罪的"连续犯"。但是,由于该规定会带

---

〔1〕 参见最大判平成15年4月23日刑集57卷4号467页。

〔2〕 对于该案,一审认为,出售行为侵犯了土地的全部价值,这种违法性并不能被仅侵犯了土地的经济性价值的抵押权设定行为的违法性所全部评价,因而出售行为不属于抵押权设定行为的不可罚的事后行为。二审认为,①仅限于能够明确举证先行行为成立犯罪的情形,后行为才成为先行行为的不可罚的事后行为;②在存在先行行为超过公诉时效等不能作为犯罪来处罚的情况之时,后行为就不属于先行行为的不可罚的事后行为;③与先行行为相比,后行为具有更重要的意义的,后行为也不属于先行行为的不可罚的事后行为,因此,均能认定出售行为成立侵占罪。一审与二审的做法是,遵循既往的判例,以所谓不可罚的事后行为不构成犯罪这种理解为前提,但同时通过限定不可罚的事后行为的范围,而判定出售行为构成侵占罪。

* 判决理由:对此,最高裁判所认为,"受托占有他人的不动产的人,擅自在该不动产上设定抵押权并办理相应登记之后,该不动产仍为他人之物,受托人仍占有该不动产,这一点并无变化。其后,针对该不动产,受托人擅自实施出售等转移所有权的行为,并办理了相应登记的,这无非就是,违背委托任务,明明对该物没有相应权限,却实施了非所有人不能实施的处分行为。因此,对于通过出售而转移所有权的行为,成立侵占罪,这一点是能够肯定的。在此之前所实施的抵押权设定行为这种先前行为,应该理解为,这无碍于后续行为即转移所有权的行为本身成立犯罪"(否定属于不可罚的事后行为),从而做出了改变前述判决(最判昭和31年6月26日刑集10卷6号874页)的判决。在此判决理由之后,最高裁判所又进一步指出:"这样,既然转移所有权的行为能成立侵占罪,无论先前行为即抵押权设定行为所成立的侵占罪,与后续行为即转移所有权的行为所构成的侵占罪之间的罪数关系如何,检察官均可以考虑案件的轻重、举证的难易等相关情况,不以前面的抵押权设定行为,而是以后面的转移所有权的行为提起公诉。而且,受理了这种公诉的裁判所,应该仅以所有权转移这一点作为审理对象,在决定是否成立犯罪之际,对于出售之前是否还存在可以构成侵占罪的抵押权设定行为,不得就这种诉因之外的情况进行审理判断。在这种情况下,对于被告人,如果允许其通过主张、举证诉因之外的犯罪事实,而就属于诉因之内的事实是否成立犯罪展开争辩,那么,围绕诉因之外的犯罪事实,被告人就会尽力证明成立犯罪,而检察官则努力证明不成立犯罪,因而,就难免会出现让当事人双方进行不自然的诉讼活动的事态,应该说,这不符合采取诉因制度的诉讼程序的宗旨。"——译者注

〔3〕 另外,如果将两个行为之间的关系视为包括的一罪,按照以一罪整体的结束之时作为公诉时效的起算点的"一体说",有关抵押权设定行为的时效也尚未届满。

来生效判决的效力所及范围过宽等问题，1947年废止了该规定。但是，基于一个犯意侵犯了一个整体法益的，对此，无需借助连续犯的规定，就可以作为立法者在设置各个罚条之际的预想范围之内的事态，而认定构成包括的一罪。

例如，〔案例4〕对于2个小时之内分3次，每次分别从同一仓库盗取3袋大米，共计9袋大米的案件，最高裁判所昭和24年（1949年）7月23日判决认为，由于属于"单一犯意之体现的一系列的动作"，因而整体成立一个盗窃罪。[1]该案中，若将犯罪事实加以细分，就存在3个行为及其结果，但由于这与一次盗窃9袋大米的情形并无实质性区别，因而只要适用盗窃罪的罚条一次，就完全可以评价该犯罪事实。这样，以时间上的连续性（接续性）为理由而成立包括的一罪的情形，称之为"接续犯"。

又如，〔案例5〕医师对特定的麻药中毒患者，在3个半月的时间内，共计54次注射了麻药，对此，最高裁判所昭和31年（1956年）8月3日判决判定，该医师的行为该当于同一个构成要件，侵害法益也是相同的，并且是基于单一的犯意而实施，因而属于包括的一罪。[2]再如，〔案例6〕因针对同一名被害人在大约4个月或者大约1个月的时间内反复实施的一系列暴力而造成了数个伤害的场合，最高裁判所平成26年（2014年）3月17日决定以与被害人的人际关系为背景，依据某种程度上受到限定的场所、出于共通的动机反复产生犯意、主要是反复实施了相同样态的暴力等情况，判定整体行为构成包括的一罪。[3]对于像〔案例5〕〔案例6〕那样，时间上的连续性（接续性）相对缓和的场合，也有学者将其与接续犯区别开来，称之为"连续的包括的一罪"。[4]

（七）诉讼法与包括的一罪

〔案例7〕被告人自2004年10月至12月，在大约2个月的时间内，雇用大量不知情的钟点工，谎称要筹款医治患有疑难病的小孩，在大阪、京都、

---

[1] 参见最判昭和24年7月23日刑集3卷8号1373页。
[2] 参见最判昭和31年8月3日刑集10卷8号1202页。
[3] 参见最决平成26年3月17日刑集68卷3号368页。
[4] 参见佐伯仁志「連続的包括一罪について」『植村立郎判事退官記念論文集・現代刑事法学の諸問題（1）』（立花書房2001年）24頁。

神户街头向多数路人募捐，共募得资金2480万日元。*对此，最高裁判所平成22年（2010年）3月17日决定认为，该案街头募捐的特定性质在于，针对不特定多数的路人实施了同一内容的、定型性的劝诱行为，并以此为理由，判定一系列的募捐行为构成诈骗罪的包括的一罪。[1]但是，从诈骗罪属于针对个人财产的犯罪这一点来看，将针对不同被害人的数个欺骗行为认定为包括的一罪，是存在疑问的：对被告人来说，在刑罚的轻重这一点上，包括的一罪要更有利于被告人；但在诉因的特定以及犯罪事实的认定这一点上，如果是并合罪，就必须尽可能地就各个犯罪行为，对被害人、行为时间、受害金额等予以特定，但如果是包括的一罪，在认定时就无需对具体的被害人予以特定，在此意义上，包括的一罪又是不利于被告人的。正因为如此，在该案中，被告人一方主张属于并合罪，而控方则主张属于包括的一罪。最高裁判所通过将一系列的欺骗行为作为包括的一罪来处理，推导出这样的结论：只要将响应募捐的多数路人视为被害人，并根据募捐的方法、期间、场所、骗取的总金额，对应罪事实加以特定即可。这种做法是为了方便举证，将包括的一罪的适用范围扩大至诈骗罪的罚条本身原本没有预定的情况，不得不说，这超出了解释论的范畴。[2]

〔案例8〕X在高速公路上驾车行驶时，以超出限速65公里的速度通过A地，被自动测速照相装置拍摄，但X本人并未察觉；大约十分钟之后，又以超出限速90公里的速度通过了距离A地19.4公里的B地，同样被自动测速照相装置拍摄。该案的问题在于，如何处理这两个超速驾驶行为的罪数。在该案中，在就A地的超速驾驶行为以简易裁判的形式确定之后，在B地的超速驾驶行为又被起诉至地方裁判所。对此，一审虽认为，途中遇到急转弯，而一旦解消了极其严重的超速状态（即一旦减速行驶），因而两个违反限速的行为属于不同的行为，但同时又认为，由于这两个违反行为动机完全相同，

---

* 对于该案，一审、二审均判定成立诈骗罪，处5年惩役，并处200万日元罚金。被告人以"被害人的数量与各自的金额均无法特定，不属于诈骗"为理由，向最高裁判所提出上告，主张无罪。但最高裁判所以"即便无法特定各个具体被害人与受害金额，但如果能就募集钱款的方法、地点、钱款总额等予以特定，就可以作为一个整体来考虑"为理由，驳回了被告人的上告。——译者注

[1] 参见最决平成22年3月17日刑集64卷2号111页。
[2] 参见松宫孝明「詐欺罪の罪数について」『立命館法学』329号（2010年）1页以下。

时间、地点也比较接近，犯意并无中断，因而应属于包括的一罪。二审则认为，A、B 两地之间的道路状况发生了变化，所造成的危险内容也不相同，并且，X 虽然看到了道路状况与道路标示，仍通过操作油门、刹车、方向盘等而高速驾车，因而在犯意这一点上，已不能谓之为单一犯意，最终以此为理由，判定两个违反行为属于并合罪。对此，最高裁判所平成 5 年（1993 年）10 月 29 日决定也是通过指出道路状况的变化等而判定两个违反行为构成并合罪。[1]

在刑事诉讼法上，包括科刑的一罪在内，"一罪"服从于一个审判程序，在一罪的范围之内允许变更诉因，但生效判决的效力（一事不再理）也及于该"一罪"。因此，在就 A 地的违反行为已经做出确定判决的本案中，如果将两个违反行为理解为包括的一罪，生效判决的效力理应也及于在 B 地的违反行为，有关 B 地的违反行为的裁判，就必须以宣判免予起诉而终结。从有关违反《道路交通法》的案件的实际处理情况来看，也并非不能想到，生效判决的效力所及范围过广，会给司法实务造成一定程度的困惑，尽管如此，为了程序上的方便而限定（包括的）一罪的范围的做法，仍然无法得到正当化。[2]

（八）附随犯

〔案例 9〕杀害被害人的同时又损坏了被害人的衣服的，判例、通说认为，损坏器物罪被杀人罪所吸收。可以认为，立法者在设置杀人罪的罚条、确定法定刑之际，就已经想到了会出现（无意识地）损坏衣服的情况。如果损坏器物的事实"已经纳入"到杀人罪的罚条之中，以其他犯罪另外追究损坏器物的行为，就属于双重处罚。为此，应该理解为，附随于杀人行为的损坏器物行为，已经被包括性地评价在杀人罪的法定刑之中。[3]不过，有力观点认为，杀人罪与损坏器物罪侵犯的是不同性质的法益，对于损坏器物的事

---

[1] 参见最决平成 5 年 10 月 29 日刑集 47 卷 8 号 98 頁。
[2] 只木诚认为，即便在实体法上的一罪的范围之内，对于在起诉阶段并未显现的事实，只要就未能显现这一点不能归责于检察官，就应允许再次提起诉讼［参见只木誠『罪数論の研究〔補訂版〕』（成文堂 2009 年）251 頁以下］。
[3] 例如，殴打被害人的面部造成需住院 2 周的伤害，同时还损坏了被害人的眼镜镜片，对此，东京地方裁判所平成 7 年（1995 年）1 月 31 日判决判定仅适用伤害罪的罚条，因为这样就已经能包括性地评价损坏器物的行为［参见東京地判平成 7 年 1 月 31 日判時 1559 号 152 頁］。又如，熊本地方裁判所昭和 44 年（1969 年）10 月 28 日判决认为，重过失致死伤属于向现住建筑物放火罪的预想范围之内的结果，因而该结果被向现住建筑放火罪所吸收，不再构成重过失致死伤等其他犯罪［参见熊本地判昭和 44 年 10 月 28 日刑月 1 卷 10 号 1031 頁］。不过，能否说眼镜镜片的损坏、过失致死伤的结果已经被纳入伤害罪、放火罪的罚条之中，应该是有疑问的余地的。

实，也有必要通过适用刑罚法规而明示其不法内容，因此，两者应构成不同犯罪，属于想象的竞合。[1]

另外，被认为是包括的一罪的类型之一的"混合的包括的一罪"，由于属于科刑上的一罪，因而在后面（本章之七）进行讲解。

四、想象竞合

（一）含义与根据

上述单纯的一罪以及包括的一罪，是作为一个刑罚规定（罚条）所能包摄的事态而构成"本来的一罪"或者"成立上的一罪"。反之，第 54 条第 1 款规定的想象竞合（前段）与牵连犯（后段），则存在数个由一个罚条所预定的事态，只是在处断上作为一罪来处理，属于"科刑的一罪"，以其中的重罪之刑予以处罚（吸收主义）。[2]*

其中，想象竞合是指由一个行为实现了两个以上"本来的一罪"的情形（第 54 条第 1 款前段）。例如，〔案例 10〕投掷一块石头有意识地伤害了 A 与 B 的情形，虽成立针对 A 的伤害罪与针对 B 的伤害罪这两个犯罪，但仅以一个伤害罪之刑予以处罚。有关仅以一罪论处的理由，主要存在以下四种学说：一是"诉讼法说"，认为根据在于"处罚的一次性"；[3]二是"违法减少说"，认为根据在于，因实行行为等违法要素的重合而形成了违法性上的重复评

---

[1] 参见只木誠「罪数論」『法学教室』371 号（2011 年）24 頁；青木陽介『包括一罪の研究』（成文堂 2021 年）344 頁以下，等等。

[2] 判例是将通过第 72 条进行加重或者减轻之前的法定刑作为刑罚的轻重的标准来决定哪一个是重罪（参见大判大正 3 年 11 月 10 日刑録 20 輯 2079 頁），但如果从构成科刑上的一罪的各罪是各自独立地成立的犯罪来看，还是应该以就各罪选择刑种，并进行了再犯加重以及法律上的减轻之后的刑罚作为标准。另外，刑罚的下限也被认为是，不能低于轻罪的下限（参见最判昭和 28 年 4 月 14 日刑集 7 卷 4 号 850 頁）。而且，在以重的刑种进行比较之时的重罪与轻罪之间，在作为后者的选择刑所规定的罚金的多额比前者的罚金的多额还要多的场合，罚金的多额应该后者来决定（参见最判令和 2 年 10 月 1 日刑集 74 卷 7 号 721 頁）。

* 日本《刑法》第 54 条〔一个行为触犯二个以上罪名的情形等处理〕第 1 款："一个行为同时触犯二个以上的罪名，或者作为犯罪的手段或结果的行为触犯其他罪名的，按照其最重的刑罚处断。"——译者注

[3] 参见中山善房「罪数論の現状」『中野次雄判事還暦祝賀・刑事裁判の課題』（有斐閣 1972 年）192 頁等。

价;[1]三是"责任减少说",认为根据在于,由于是由一个意思发动而造成了对规范意识的一次突破,因而与由数个行为所引起的场合相比,责任非难的程度要低;[2]四是"违法·责任减少说",认为根据在于,违法与责任双方的减少。[3]的确,在由一个行为实施(完成)了数个犯罪的场合,各个犯罪之间存在很多相通的证据,以一个程序来处理,对国家以及被告人双方而言,都是合理的。然而,按照这种"处罚的一次性"的要求,对于处刑上的吸收主义,却无法予以说明;而且,在想象竞合的场合,由于存在数个法益侵害事实,可以说,其违法性程度与并合罪并无不同。为此,想象竞合的一罪性的根据就应该是责任减少,"一个行为"属于将意思发动的一次性予以类型化的要件。

（二）一个行为

判例认为,第54条第1款前段的所谓"一个行为",是指"撇开法律性评价并舍弃构成要件的视角,在自然观察之下,可以将行为人的动态评价为社会观念上的'一个动态'的情形",[4]为此,该判例认为,①由社会观念上的一个驾车行为所侵犯的无证驾驶罪与醉酒驾驶罪,就属于想象竞合;②无证驾驶罪与驾驶年检过期车辆罪也属于想象竞合;③伴有时间上的持续与场所上的移动的驾驶行为,与在一个时间点或者一个地点造成事故的行为,由于二者在社会观念上属于不同的行为,因而醉酒驾驶罪与业务过失致死罪（法律修正后的驾车过失致死罪）就属于并合罪。

该判例的判断公式采取的是这样的思考顺序：首先从自然的、社会的角度,提取具有一定广度的行为人的一个动态,然后再看该动态之中是否含有数个构成要件该当行为。反之,学界有力观点则认为,首先应确定数个构成要件该当行为,然后再看这些构成要件该当行为之间是否存在重合。[5]不过,

---

[1] 参见井田良『講義刑法学・総論』（有斐閣2018年第2版）592-593頁；中野次雄『刑法総論概要』（成文堂1997年第3版補正版）178頁以下,等等。

[2] 参见西田典之（橋爪隆補訂）『刑法総論』（弘文堂2019年第3版）452頁；平野龍一『刑法総論Ⅱ』（有斐閣1975年）420頁；山口厚『刑法総論』（有斐閣2016年第3版）407頁,等等。

[3] 参见只木誠『罪数論の研究〔補訂版〕』（成文堂2009年）46頁以下；浅田和茂『刑法総論』（成文堂2019年第2版）505頁,等等。

[4] 参见最大判昭和49年5月29日刑集28巻4号114頁。

[5] 参见団藤重光『刑法綱要総論』（創文社1990年第3版）458頁；平野龍一『刑法総論Ⅱ』（有斐閣1975年）425頁,等等。

该说的多数论者认为,在上述第①、②种情形下,二罪的构成要件该当行为的主要部分是相互重合的,而在第③种情形下,只有部分构成要件存在重合,其结论与判例结论并无不同。在此限度内,可以说,判例观点与有力学说之间,不过是思考顺序的不同。但有力学说以构成要件该当行为(实行着手之后的行为)的重合为必须,在这一点上,与判例相比,有力学说限定了想象竞合的认定范围。例如,〔案例11〕被告人乘坐飞机从国外将兴奋剂带入日本国内,试图携带兴奋剂通过海关,对此,最高裁判所昭和58年(1983年)9月29日判决认为,"一般认为,(《海关法》上的)无许可进口罪(走私罪)的既遂时点是,携带兴奋剂通过海关之时,与此不同,(《兴奋剂取缔法》上的)走私兴奋剂罪则是从船舶上将兴奋剂卸货至保税区域,或者从着陆于海关机场的航空器上将兴奋剂卸下之时,就达到既遂",然而,"尽管二罪的既遂时点不同,但通过船舶或者航空器从国外将兴奋剂带入上述区域,并试图携带兴奋剂通过海关等行为人的一系列动态,撇开法律性评价并舍弃构成要件的视角,在自然观察之下,就可以将行为人的该动态评价为,社会观念上的一个走私兴奋剂的行为……由于该行为同时该当于二罪,因而认为二罪属于《刑法》第54条第1款前段的想象竞合之关系,这是妥当的"。[1] 反之,有力学说则认为,在走私兴奋剂罪达到既遂之后,方能认定存在无许可进口罪的实行的着手的该案中,二罪的构成要件该当行为之间完全不存在重合,因而应属于并合罪(参见谷口裁判官的反对意见)。但是,让想象竞合的成立范围从属于划定未遂犯成立之时间阶段的"实行的着手"这一概念,应该不具有必然性。从"意思发动的一次性"的角度来看,按照判例的标准,只要社会观念上的行为人的一个动态中,包摄了两个犯罪,就可以认定为想象竞合。该立场也符合第54条第1款前段的"一个行为触犯二个以上的罪名"这种表述。

(三) 不作为犯中的一个行为

〔案例12〕被告人驾车造成交通事故,致被害人受伤,却既不救助被害人也不报警,而是自行离开。对此,最高裁判所昭和51年(1976年)9月22日判决认为,这种事态可以认定为"逃逸"这样一个社会事件,在社会观念上能评价为一个动态,并以此为理由,判定违反救助义务罪与违反报告义务

---

[1] 参见最判昭和58年9月29日刑集37卷7号1110页。

罪属于想象竞合。[1]反之，按照上述有力学说，就会要求违反救助义务与违反报告义务这两个不作为之间存在重合，但由于一个作为无法同时履行救助义务与报告义务，因而这两个义务违反行为属于不同的行为，就会被认为处于并合罪的关系。但是，这两个义务违反行为不仅几乎同时存在，而且还包含在"逃逸"这一个"意思发动"之中，因而应该被理解为想象竞合。

(四) 共犯中的一个行为

按照认为想象竞合的一罪性根据在于"意思发动的一次性"的观点，对于共犯，也应该根据共犯本身的参与行为的"一个性"而认定为想象竞合。例如，[案例13] X提供一次资金，帮助了Y等人的两次走私兴奋剂的行为，对此，最高裁昭和57年（1982年）2月17日决定虽承认成立两个帮助犯，但出于"帮助犯中的行为，只能是帮助犯所实施的帮助行为本身"这一理由，判定两个帮助犯属于想象竞合。[2]反之，通过两个帮助行为帮助了一个正犯行为的，由于正犯是一罪，就成立一个帮助犯。

五、牵连犯

牵连犯，是指二个本来的一罪处于手段与目的或者原因与结果之关系的情形（第54条第1款后段）。对此可以这样理解：由于是密切联系在一起的一系列行为，因而可以准照于一个"意思发动"，从责任减少的角度以一罪处断。

按照判例观点，只有数罪之间在罪质上通常处于手段与目的或者原因与结果之关系的情形，才认定为牵连犯。[3]事实上，判例认定属于牵连犯的，仅限于下述情形：①侵入住宅与杀人、伤害、强奸（法律修正后的强制性交等）、抢劫、盗窃等；[4]②各种伪造行为与使用行为；[5]③使用伪造的文书与诈骗等。[6]至于出于骗保目的的放火与诈骗、[7]杀人与遗弃尸体、[8]教唆

---

[1] 参见最判昭和51年9月22日刑集30卷8号1640页。
[2] 参见最决昭和57年2月17日刑集36卷2号206页。
[3] 参见最判昭和32年7月18日刑集11卷7号1861页。
[4] 参见最判昭和28年2月20日裁判集刑事11卷7号1861页等。
[5] 参见大判明治42年7月27日刑录15辑1048页等。
[6] 参见最决昭和42年8月28日刑集21卷7号863页等。
[7] 参见大判昭和5年12月12日刑集9卷893页。
[8] 参见大判明治44年7月6日刑录17辑1388页。

盗窃与有偿受让盗赃，[1]则属于并合罪（本章之八）。

六、"搭扣"现象

〔案例14〕X闯入他人住宅，顺次杀害了两人的，按照判例观点，由于侵入住宅与第一个杀人罪属于牵连犯、侵入住宅与第二个杀人罪B也属于牵连犯，侵入住宅就成为两个杀人行为的"搭扣"，整体上属于科刑上的一罪。[2]然而，在室外杀害了二人的，却应构成并合罪。显然，二者在处理结论上存在不均衡。而且，〔案例15〕无证从事旧货业，数十次有偿受让了盗赃的场合，"无证从事旧货营业罪"（无许可古物商营业罪）属于集合犯，包摄各种营业行为而成为一罪，因而包括与各个营业行为处于想象竞合关系的数十次有偿受让盗赃在内，成为科刑上的一罪。[3][4]但是，如果旧货商取得营业执照，数十次的有偿受让盗赃罪就属于并合罪，但是，如果没有取得营业执照，数十次的有偿受让盗赃罪却属于科刑上的一罪，这显然是不妥的〔不过，比照本章之四（二）中的第③点标准，无证营业罪与有偿受让盗赃罪也有可能属于并合罪〕。[5]

为此，针对〔案例14〕，学界提出了各种解决方案：①侵入住宅仅与第一个杀人行为属于牵连犯，该牵连犯与第二个杀人罪属于并合罪；[6]②侵入住宅与第一个杀人行为属于牵连犯，侵入住宅与第二个杀人行为也属于牵连犯，这二个牵连犯构成并合罪；[7]③第一个杀人行为与第二个杀人行为属于并合罪，该并合罪与侵入住宅属于牵连犯；[8]④对罪数关系进行相对性理解，

---

[1] 参见最判昭和54年12月14日刑集33卷7号859頁。
[2] 参见最决昭和29年5月27日刑集8卷5号741頁。
[3] 参见大判大正14年5月26日刑集4卷342頁。
[4] 另外，还有最高裁判所的判例将包括集合犯在内的包括的一罪作为"搭扣"而认定为科刑上的一罪，参见最判昭和33年5月6日刑集12卷7号1297頁、最判昭和36年5月26日刑集15卷5号871頁、最决平成21年7月7日刑集63卷6号507頁，等等。
[5] 反之，也有学者对"搭扣"现象持肯定态度。参见青木陽介『包括一罪の研究』（成文堂2021年）275頁以下。
[6] 参见山火正则「科刑上一罪について」『刑法雑誌』23卷1＝2号（1979年）29頁以下；山口厚『刑法総論』（有斐閣2016年第3版）411頁；伊東研祐『刑法講義総論』（日本評論社2010年）頁；高橋則夫『刑法総論』（成文堂2018年第4版）537頁，等等。
[7] 这是德国的通说。
[8] 参见丸山雅夫「いわゆる『かすがい現象』について（二・完）」『警察研究』64卷3号（1993年）41頁；林幹人『刑法総論』（東京大学出版会2008年第2版）462頁；伊藤涉・小林憲太郎・鎮目征樹・成瀬幸典・安田拓人『アクチュアル刑法総論』（弘文堂2007年）〔伊藤涉〕326頁，等等。

同时存在侵入住宅与第一个杀人行为之间的牵连犯、侵入住宅与第二个杀人行为之间的牵连犯、第一个杀人行为与第二个杀人行为之间的并合罪等三种罪数类型；[1]④'虽认定整体属于科刑上的一罪，但对侵入住宅与杀人行为之间的牵连犯、第一个杀人行为与第二个杀人行为之间的并合罪进行比较，以相对更重的后者作为处断刑。[2]但是，这几种解决方案均存在问题：第①种解决方案是否无视了侵入住宅与第二个杀人行为之间也存在牵连关系这一事实呢？第②种方案是否对侵入住宅进行了二重评价呢？对第③种方案而言，难道不应该将处于更为密切的关系的科刑上的一罪先行于并合罪的处理吗？后二种方案则并非现行法所预定的处理方式。要解决此问题，就应从立法上明示第④种或者第④'种的处理方式。

此外，在刑事诉讼法上，有时会因检察官特意不起诉侵入住宅的事实而避免出现"搭扣"现象。[3]尽管也允许就部分事实进行起诉（部分起诉），但由于在现行法上，被告人因"搭扣"现象而处于可以享受由此形成的恩惠的地位，因而也应该允许被告人一方主张，犯罪之间存在"搭扣"现象，进而要求作为科刑上的一罪来处理。

七、混合的包括的一罪

在判例中，除了附随犯之外，还一直承认被称为"混合的包括的一罪"的、不同罪名之间的包括的一罪。这种"混合的包括的一罪"不是具有统一性质的犯罪的集合，而是几个不同罪质的犯罪的集合。[4]具体包括下面三种情形：

一是以侵害法益的实质上的同一性为理由的共罚的事前行为·共罚的事后行为。例如，〔案例16〕X、Y等人共谋杀害A并抢夺兴奋剂，由Y装作要

---

[1] 参见铃木茂嗣『刑法総論』（成文堂2011年第2版）290頁以下。
[2] 参见中野次雄『刑法総論概要』（成文堂1997年第3版補正版）233頁以下；井田良『講義刑法学·総論』（有斐閣2018年第2版）598頁，等等。
[3] 例如，东京高等裁判所平成17年（2005年）12月26日判决就认可通过部分起诉而"拆除搭扣"，判定"应该避免超过必要地在量刑上给被告人造成不利益"（東京高判平成17年12月26日判時918号122頁）。
[4] 有观点主张，应将"混合的包括的一罪"消解于吸收的一罪、并合罪以及牵连犯之中。参见城下裕二「混合的包括一罪の再検討」『町野朔先生古稀記念·刑事法·医事法の新たな展開（上）』（信山社2014年）331頁以下。

进行兴奋剂交易的样子，将 A 骗至某宾馆客房内，谎称要把兴奋剂拿给在其他房间等候的买家鉴别，拿到兴奋剂后离开房间，并就此逃离了宾馆，另外再由 X 闯入 A 所在房间，向 A 开枪射击，但由于 A 随身穿戴了防弹衣，最终免于一死。对此，最高裁判所昭和 61 年（1986 年）11 月 18 日决定认为，X 的开枪行为是为了获取免于返还兴奋剂或者免于支付货款这种财产性利益，相当于第 2 款抢劫杀人罪未遂，有关先行行为即取得兴奋剂的行为的盗窃罪或者诈骗罪，[1] 与第 2 款抢劫杀人罪未遂属于包括的一罪，应以相对较重的第 2 款抢劫杀人罪未遂之刑予以处断。[2] 在该案中，盗窃罪或者诈骗罪侵犯的是兴奋剂这种财物，而第 2 款抢劫杀人罪未遂针对的则是逃脱返还兴奋剂或者逃脱支付货款这种财产性利益，这里的财物与财产性利益处于表里一体的关系，若作为盗窃罪或者诈骗罪与第 2 款抢劫杀人罪未遂的并合罪来处理，就会对同一种法益侵害进行二重评价，因而可以说，判例是将盗窃罪或者诈骗罪作为第 2 款抢劫杀人罪未遂的共罚的事前行为，而将二者认定为包括的一罪。因此，在本案中，与盗窃之后的消费、损坏或者侵占之后的侵占一样，应该是不要求存在时间上的连续性（接续性）、犯意的单一性，而认定为包括的一罪。[3]

二是部分犯罪事实处于包括的一罪的关系的"部分的包括的一罪"。[4] 例如，〔案例 17〕被告人对他人实施暴力的途中，产生强取财物的意思，又继续实施暴力而强取了财物的，一般认为，产生强取财物的意思之前的暴力被抢劫罪所吸收。对此，可以在理论上做如下解释：强取意思产生之前与之后的暴力，作为接续犯构成暴行罪的包括的一罪；另外，强取意思产生之后的暴力构成抢劫罪的一部分。这样，强取意思产生之后的暴力就成为"搭扣"，抢劫罪与强取意思产生之前与之后的一系列暴力成为包括的一罪，后者在前者的法定刑中得到了评价。

在〔案例 17〕的延长线上，判例还对下述情形认定为包括的一罪：〔案例 17'〕在〔案例 17〕中，由强取意思产生之前的暴力造成了伤害结果的情

---

[1] 构成盗窃罪还是诈骗罪，取决于能否认定 A 交付了兴奋剂（存在兴奋剂的交付行为）。
[2] 参见最决昭和 61 年 11 月 18 日刑集 40 卷 7 号 523 頁。
[3] 参见橋爪隆『刑法総論の悩みどころ』（有斐閣 2020 年）444 頁。
[4] 参见青木陽介『包括一罪の研究』（成文堂 2021 年）243 頁以下。

形;〔1〕〔案例17″〕在〔案例17'〕中,无法判明伤害结果究竟是由强取意思产生之前的暴力还是之后的暴力所引起的情形,〔2〕判例判定成立伤害罪与抢劫罪的(混合的)包括的一罪。〔3〕还有,〔案例17″'〕在〔案例17'〕中,强取意思产生之前或者之后的暴力都会引起伤害结果的情形,判例判定成立伤害罪与抢劫伤人罪的(混合的)包括的一罪。〔4〕在〔案例17'〕〔案例17″〕与〔案例17″'〕中,横跨强取意思产生前后的一系列的暴力成立接续犯,其中,强取意思产生之后的暴力成为"搭扣",由一系列的暴力所成立的伤害罪,与以强取意思产生之后的暴力为手段的抢劫(伤人)罪属于包括的一罪。在〔案例17″〕中,由于无法证明是由强取意思产生之后的暴力造成了伤害结果,因而不能追究抢劫致伤罪的罪责;另外,如果将一系列的暴力以强取意思产生之前与之后进行分割而成立不同犯罪,由于无法将伤害结果归属于其中的任何一个暴力,因而会造成这样的结果:暴行罪与抢劫罪属于并合罪,对于由一系列的暴力所引起的伤害结果无法进行追责。

不过,〔案例17'〕〔案例17″〕中的伤害结果无法用抢劫罪的罚条来评价,〔案例17〕〔案例17″'〕的产生强取意思之前的暴力、伤害也非抢劫(伤人)罪的罚条所预定的内容,因此,本类型的包括的一罪,不是本来的一罪,而应该说是科刑上的一罪。针对本类型,毋宁说,通过缓和地理解第54条第1款前段的"一个行为",将作为接续犯的一系列的暴力视为"一个行为",肯定成立伤害罪与抢劫罪的想象竞合,是更加符合实际的解决方式。

三是手段与目的倒置的牵连犯。例如,〔案例18〕行为人欺骗银行非法获得融资之后,向银行提交了伪造的质权设定承诺书。对此,东京地方裁判所平成4年(1992年)4月21日判决判定,成立诈骗罪与使用伪造的文书罪的(混合的)包括的一罪。〔5〕如果是在被害人的交付行为之前实施了使用伪

---

〔1〕参见新潟地判昭和45年12月11日刑月2卷12号1321页;福冈地小仓支判昭和62年8月26日判时1251号143页。
〔2〕参见新潟地判昭和42年1月13日下刑集9卷1号31页。
〔3〕另有判例判定成立伤害罪与强奸罪(法律修正后的强制性交等罪)的包括的一罪,参见东京高判平成30年10月4日东时52卷1—12号66页。
〔4〕参见仙台高判昭和34年2月26日高刑集12卷2号77页。
〔5〕参见东京地判平成4年4月21日判时1424号141页。

造的文书这一行为，使用伪造的文书与诈骗就属于手段与目的的关系，应属于牵连犯（第54条第1款后段），但在〔案例18〕中，行为人是在被害人的交付行为之后才使用伪造的文书，由于不符合判例历来所认定的牵连犯的类型（本章之五），因而判例是以（混合的）包括的一罪来替代牵连犯。但是，在本案中，对确保最终的利益而言，使用伪造的文书成为了"手段"，同时也可以将使用伪造的文书视为诈骗行为的"结果"，因此，还是应该肯定意思决定的"'准'一个性"，将两罪认定为牵连犯。

八、并合罪

不能作为科刑上的一罪来处理的数个犯罪，就属于独立的数罪，只要有同时审判的可能性，就应作为并合罪，在科刑上进行特别处理。对于并合罪，现行法的做法是，以加重主义（第47条）为原则，根据刑种而补充性地采取吸收主义（第46条）、并科主义（第48、53条）。

在有期惩役之间或者有期禁锢之间，以重罪之刑加上其1/2作为最高刑期，但不得超过各罪的最高刑期之和（第47条）。

对于死刑、无期惩役、无期禁锢，原则上不再科处其他刑罚。不过，死刑与没收，无期惩役或无期禁锢与罚金、科料、没收可以并科（第46条）。

罚金、拘留、科料以及没收，除了根据第46条被死刑、无期惩役或无期禁锢所吸收之外，应当与其他刑种并科；两个以上的罚金，在罚金金额总和之下处断；两个以上的拘留或者两个以上的科料，应当并科（第48条、第53条）。

例如，〔案例19〕X掠取*了9岁的A之后，在长达9年多的时间内一直予以监禁，由此造成了A的两个下肢肌肉萎缩的伤害，而且，为了供A穿用，还盗窃了4件内裤（金额相当于2500日元）。这就是所谓"新潟女子监禁案"，并合罪加重的旨趣在该案中就成为问题。对于该案，一审判定监禁致伤

---

* 这里的"掠取"，是指通过暴力或胁迫手段，让被害人脱离其生活环境，将其置于自己或第三者的实力支配之下的行为。此类行为类似于我国刑法中的"绑架"，但考虑到"掠取"所要求的对行动自由的侵害程度相对较低（尚不构成逮捕、监禁罪的行为也可构成"掠取"），而且，日本刑法另外还规定了以人质强要罪、勒索赎金目的的拐取罪、勒索赎金罪，另外，在日常用语中，日语中的"拉致"也多译为绑架，为避免从"绑架"的字面望文生义而导致误解，这里采取了直译的方式，而未将其翻译为"绑架"。——译者注

罪（当时的法定刑为 3 个月以上 10 年以下惩役）与掠取未成年人罪（当时的法定刑为 3 个月以上 5 年以下惩役）属于想象竞合，该想象竞合犯与盗窃罪（当时的法定刑为 10 年以下惩役）属于并合罪，最终判处接近处断刑之上限（15 年惩役）的 14 年惩役。然而，金额仅相当于 2500 日元的盗窃行为根本不值得判处 4 年惩役，因而一审判决的疑问就在于，对于监禁伤害这一事实，判处了超出其法定刑上限（10 年惩役）的刑罚。为此，二审认为，对于构成并合罪的各个犯罪，不允许出现处以其法定刑上限的刑罚的结果，进而判处了 11 年惩役。但最高裁判所平成 15 年（2003 年）7 月 10 日支持一审判决。[1]其理由在于，现行法规定的是，在由第 47 条所形成的统一刑的范围之内，对整个并合罪决定具体的刑罚，而没有预定对于就各具体犯罪所裁定的刑罚进行累加。

但是，第 47 条的加重主义，是为了缓和并科主义的残酷而制定（限制并科主义），与通过简单累加就各具体犯罪所宣判的刑罚而得出的总和刑期相比，如果对并合罪判处更重的刑罚，应该说，这是有违第 47 条之立法宗旨的；而且，认为并合罪的量刑不受各具体犯罪的法定刑的制约，在超出了与法律上的构成要件相对应的法定刑的上限这一点上，也有违罪刑法定原则；再者，在所科处的刑罚并非基于针对具体行为的非难这一点上，还存在违反行为责任原则之嫌。

---

[1] 参见最判平成 15 年 7 月 10 日刑集 57 卷 7 号 903 页。

第二十二章 刑罚的适用

一、刑罚的种类

刑法规定了能够独立适用（独立宣判）的、作为主刑的死刑、惩役、禁锢、罚金、拘留与科料，[1]以及不能独立适用（能够随主刑一起宣判）的、作为附加刑的没收。

（一）死刑

死刑，在刑事设施之内以绞首的方式执行（第11条）。[2]

针对死刑存在诸多批判：在以自我保全为目的的契约社会，个人并没有连针对自己生命的权利也托付给国家；并不具有不同于惩役的特别的威慑力；与"禁止残虐的刑罚"（《宪法》第36条）相抵触；[3]一旦出现错判，就无法挽回，[4]等等。[5]反之，近年来，从遗属感情[6]的角度考虑，主张保留

---

[1] 因处断刑的形成等而成为问题的刑罚的轻重如下：刑罚由重至轻的顺序是死刑、惩役、禁锢、罚金、拘留与科料；不过，无期禁锢重于有期惩役；而且，有期禁锢的最高刑期超过有期惩役的最高刑期的2倍的，以禁锢为重（第10条第1款）；在同种的刑罚之间，以最高刑期或者最大金额作为标准，最高刑期或者最大金额相同时，以最低刑期或者最小金额作为标准（第10条第2款）；以上还不能决定的，依照犯罪情节决定（第10条第3款）。

[2] 有关死刑的选择标准，参见最判昭和58年7月8日刑集37卷6号609页（"永山案"）。

[3] 反之，最高裁判所昭和23年（1948年）3月12日大法庭判决关注刑罚的执行方法，判定火刑、磔刑、枭首等属于"残虐的刑罚"，而绞首刑不属于"残虐的刑罚"（参见最大判昭和23年3月12日刑集2卷3号191页）。但是，在残虐性的判断中，与执行方法给其他人的印象相比，难道不应该将重点放在对象人被剥夺的利益本身之上吗？

[4] 参见团藤重光『死刑廃止論〔第6版〕』（有斐閣2000年）159页以下。

[5] 在2020年（针对美国是2021年）的时点，相当于世界上2/3以上的国家的144个国家和地区，在法律上或者事实上废止了死刑。保留死刑的国家主要集中在伊斯兰诸国与东亚。发达国家中保留死刑的，只有日本与美国的27个州。联合国于1989年通过了旨在废除死刑的《公民及政治权利国际公约》，但日本与美国没有批准该公约。

[6] 最高裁判所平成18年（2006年）6月20日判决指出，在选择死刑之际难道没有重视遗属的感情吗［参见最判平成18年6月20日判夕1213号89页（"光市母子殺害案"）］？在裁判员裁判制度以及被害人参与制度之下，遗属感情会给死刑选择带来何种影响更加受到关注。

死刑的"保留论"占据优势地位。但是,"遗属的感情"并没有被作为刑罚主要的正当化根据而得到承认,因而以满足了遗属的感情作为保留死刑的决定性理由,这是存在根本性疑问的。〔1〕

(二)惩役、禁锢、拘留

惩役与禁锢都是以关押在刑事设施之内作为刑罚内容的自由刑。在负有从事指定的劳动(刑务作业)的义务这一点上,惩役不同于禁锢(第12、13条)。*不过,被判处禁锢的犯人也大多通过申请(《刑事收容法》第93条)而从事劳动。惩役与禁锢的区别,和破廉耻罪与非破廉耻罪(政治犯、过失犯等)之间的区别相对应,从事指定的劳动(刑务作业)就成为惩役中的"恶害"的内容。但是,破廉耻罪与非破廉耻罪(政治犯、过失犯等)之间的区别并不合理、将劳动视为"恶害"这种观念并不合适、惩役与禁锢之间的区别有碍于适当的处遇等,出于这些理由,日本国内正在探讨如何打破惩役与禁锢之间的区别,将二者合并为一种刑罚。惩役、禁锢的刑期是,无期惩役或者禁锢,或者1个月以上20年以下〔3〕的有期惩役或者禁锢(第11条、第13条)。

拘留是1日以上30日以内的短期自由刑(第16条)。

惩役或者禁锢的服刑者存在悔改的情节时,判处有期惩役或者有期禁锢,经过1/3的刑期之后,判处无期惩役或者无期禁锢的,经过10年之后,〔4〕通

---

〔1〕 也有观点从刑罚论的角度来探讨死刑存废论,参见松原芳博「刑罰の正当化根拠と死刑」『判例時報』2430号(2020年)155頁以下。

* 惩役与禁锢原本是根据有无强制劳动(刑务作业)而区分的,2022年的刑法修正将二者统一为"拘禁刑"(预定于2025年开始施行)。拘禁刑是以关押在刑事设施之内为内容的自由刑。为了谋求服刑人的改善与更生,对被判处拘禁刑者,能够让其从事必要的劳动或者对其进行必要的指导(《刑法》第12条第3款)。另外,第16条第2款规定,对于被判处拘留者亦同)。对刑罚的这种统一,在明确刑事设施内的劳动(刑务作业)不是刑罚的恶害内容的同时,通过将刑事设施内的劳动(刑务作业)视为对服刑人而言是可以替代的手段之一,从而使得采取改善程序等其他相对灵活的处遇成为可能。——译者注

〔3〕 在死刑、无期惩役或者无期禁锢减轻为有期惩役或者有期禁锢之时,以及有期惩役或者有期禁锢因数罪并罚(并合罪)而加重之时,其最高刑期为30年;有期惩役或者有期禁锢被减轻之时,能够降低至不满1个月(第14条)。

〔4〕 不过,在平成22年(2010年)至令和2年(2020年)期间,被假释的无期惩役者以及无期禁锢者,在整个被判处无期惩役以及无期禁锢的服刑者1600至1800人之中,平均每年只有10人,远远低于在此期间死于刑事设施之内的无期惩役者以及无期禁锢者的人数(资料源自法务省官网),因而无期惩役以及无期禁锢的实施基本接近于终身监禁。

过行政机关（地方更生保护委员会）的处分（处置），能够予以假释（第28条）。被判处拘留的服刑人，根据其情节，随时可以通过行政机关的处分而准予暂时出所（出狱）（第30条）。

（三）罚金、科料

罚金与科料是以将金钱收归国库为内容的财产刑。

罚金金额是 1 万日元以上，[1]科料金额是 1 千日元以上不满 1 万日元（第 15 条、第 17 条）。不能完全缴纳罚金或者科料者，留置于劳役场（第 18 条）。根据对象人的财力的大小，财产刑实质上造成的负担、痛苦会存在很大不同。正是基于这一点，就有必要探讨可否采用"日数罚金制度"：用日数显示被告人的责任之后，再根据被告人的财力算出每一天相当的金额，然后根据这两者的累计计算，来决定缴付金额。

（四）没收

没收是剥夺对象物的所有权，并收归国库的处分。总则规定的没收（第 19 条）属于"任意的没收"，是否判处没收交由裁判官的裁量，而分则以及特别法（《海关法》第 118 条第 1 款、《兴奋剂取缔法》第 41 条之八第 1 款、《麻药特例法》第 11 条以下等）等还规定了"必要的没收"。

第 19 条规定的没收对象是：诸如赌博罪中的赌资、提供贿赂罪中的贿赂那样，组成犯罪行为之不可或缺的构成要件要素之物（组成物）（第 1 项）；诸如用于杀人的刀具那样，已供犯罪使用之物或者欲供犯罪使用之物（第 2 项）；诸如伪造货币罪中伪造的货币那样，由犯罪行为所产生之物（生成物），或者诸如有偿受让盗赃罪中的盗赃那样，行为人因犯罪行为所取得之物（取得物），或者诸如针对实施堕胎手术的谢礼那样，作为犯罪行为的报酬而取得之物（报酬物）（第 3 项）；诸如销赃所得价款那样，作为第 3 项之物的对价而获得之物（对价物）（第 4 项）。

没收是作为刑罚的一种而规定的，第 1 项与第 2 项之物具有防止目的物被再次使用的危险这种保安处分的机能，第 3 项与第 4 项之物具有剥夺犯罪人所不法获得的利益这种罚款（课征金）的机能。对于第 3 项与第 4 项之物，因消费或者混同而无法没收之时，能够追缴其价款（第 19 条之 2），也是为了不让犯罪人保留不当的利益。没收以该物不属于犯罪人之外的其他人所有为

---

[1] 减轻刑罚时，罚金可以减至不满 1 万日元。

要件，但犯罪之后，犯罪人之外的其他人知情而取得之物，也属于没收的对象（第19条第2款）。这种针对第三者的没收（第三者没收）的存在，也显示了没收的非刑罚的性质。

（五）刑罚的缓期执行

刑罚的缓期执行是这样一种制度：在宣判刑罚之际，在一定期间内对刑罚的执行给予缓期，当顺利地经过了该期间之后，就不再存在刑罚的宣判。该制度的目的是避免实刑的弊端，[1]在有可能被撤销缓期执行的背景之下，促进对象人的自力更生。[2]

刑罚的全部缓期执行之中，包括初次缓期执行与再次缓期执行。初次缓期执行是指：①对于此前没有被判处禁锢以上刑罚者，或者禁锢以上刑罚执行完毕之日起或者获得免除之日起，5年内未再被判处禁锢以上刑罚者；②在被宣判3年以下惩役、禁锢或者50万日元以下罚金之时；③根据其情节，可以宣告缓刑（第25条第1款）。再次缓期执行是指：①对于被判处禁锢以上刑罚且在缓期执行期间者（处于保护观察之中者除外）；②在被宣判2年以下惩役或者禁锢之时；③存在应当予以特别斟酌的情节的，可以宣告缓刑（第25条第2款）。这两种情形的缓刑期都是，自判决确定之日起1年以上5年以内。在缓刑期间，对于初次缓期执行，可以根据裁判所的裁量而交付"保护观察"，对于再次缓期执行，则必要性地交付"保护观察"（第25条之二）。在缓刑期内又犯罪，被判处禁锢以上的刑罚，并对其全部刑罚没有宣告缓期执行的，必要性地撤销缓刑（第26条）；在缓刑期内又犯罪，被判处罚金的，或者被交付"保护观察"者没有遵守应当遵守的事项的等，可以通过裁判所的裁量撤销缓刑（第26条之二）。缓刑被撤销之后，继续执行被缓期执行的刑罚。缓刑没有被撤销并经过缓刑期的，刑罚的宣告丧失效力（第27条）。

而且，在2013年的刑法改正中，还引入了刑罚的部分缓期执行制度。这是在接受了刑罚的部分执行之后，做出一定期间内缓期执行剩余的刑罚这种

---

[1] 惩役、禁锢的缓期执行，在避免感染坏习气、脱离家庭与工作场所等短期自由刑的弊端方面，具有很大意义。相反，罚金的缓期执行，是为了避免剥夺国家资格这种接受罚金以上的刑罚之时所伴有的附随的不利益。

[2] 2020年度，在正常的一审中，在被宣判有期惩役与有期禁锢的总数之中，全部缓期执行的占63.3%，部分缓期执行的人数是1272人［参见法務総合研究所『犯罪白書令和3年度版』（2021年）37頁］。

旨趣的判决的制度，其目的在于，继刑事设施之内的处遇之后，使之有可能在充足期间内接受社会内处遇。下述情形下承认刑罚的部分缓刑：①对于此前没有被判处禁锢以上的刑罚者，或者此前被判处的禁锢以上刑罚全部被缓刑者，或者禁锢以上刑罚执行完毕之日起或者获得免除之日起，5 年内未再被判处禁锢以上刑罚者；②在被宣判 3 年以下惩役或者禁锢之时；③考虑到犯罪情节的轻重以及犯罪人的境遇等情况，认定为了防止再次犯罪是必要且相当的场合。[1] 缓刑期为 1 年以上 5 年以下（第 27 条之二）。

二、刑罚的适用

（一）刑罚的加重、减轻

规定在刑法分则之中的刑罚称为"法定刑"，对法定刑予以加重或者减轻之后的刑罚称为"处断刑"，在处断刑的框架之内对被告人宣判的刑罚称为"宣告刑"。

形成处断刑之际，按照再犯加重、法律上的减轻、并合罪加重以及酌情减轻的顺序，加重或者减轻刑罚（第 72 条）。

所谓再犯，是指被判处惩役的人自刑罚执行完毕之日（或者刑罚的执行免除之日）起，5 年内又犯罪，被判处有期惩役的情形（第 56 条第 1 款）。再犯的刑罚以法定刑的最高刑期的 2 倍作为最高刑期（第 57 条）。三犯以上者也是如此（第 59 条）。有关再犯加重存在的问题，参见前述（第十一章之二）。

法律上的减轻包括必要的减轻与任意的减轻。其中，必要的减轻包括心神耗弱（第 39 条第 2 款）、中止犯（第 43 条但书）等；任意的减轻包括防卫过当（第 36 条第 2 款）、避险过当（第 37 条第 1 款但书）、自首与首服（第 42 条）、[2] 法律的错误（第 38 条第 3 款）、未遂犯（第 43 条本文）等。减轻刑罚之时，死刑减为无期惩役（或者禁锢）或者 10 年以上有期惩役（或者禁

---

[1] 针对使用药物等的犯罪，对于刑罚未执行完毕的人或者刑罚执行完毕之后 5 年以内的人，也能认定刑罚的部分缓刑（《有关针对实施了使用药物等的犯罪者的刑罚部分缓刑的法律》第 3 条）。

[2] 所谓自首，是指在被侦查机关发现犯罪事实之前，犯罪人自己报告犯罪事实的情形（大判昭和 9 年 5 月 21 日刑集 13 卷 651 页）。明明没有受到被害人的嘱托，却谎称自己因受到了被害人的嘱托而杀害了被害人的，有判例判定这种虚假的报告不成立自首（参见最决令和 2 年 12 月 7 日刑集 74 卷 9 号 757 页）。所谓首服，是指犯罪人向告诉权人坦白自己的犯罪事实，将自己交由其告诉的情形。

锢），无期惩役（或者禁锢）减为 7 年以上有期惩役（或者禁锢），其他情形减去原先的刑罚的 1/2。即便存在数个法律上的减轻事由，也只能减轻一次（第 68 条）。

有关并合罪，参见前述（第二十一章之八）。

在犯罪人的犯罪情节中存在值得酌情考虑的情节时，通过裁判所的裁量，可以酌情减轻（第 66 条）。酌情减轻往往被用于诸如抢劫罪那样法定刑的最低刑期过重的情形，是为了避免出现过于残酷的刑罚。

（二）量刑（刑罚的确定）

下述过程被称为量刑：经过从法定刑中选择刑种、形成处断刑，导出包括是否存在刑罚的缓刑等具体的宣告刑的过程。日本刑法尽管没有规定明显宽泛的法定刑，但也没有做出有关量刑标准的规定，具体量刑完全是交由裁判所之广泛的裁量。为此，就要求刑法学通过提出量刑标准（量刑标准论）、量刑事由的范围及其相互关系的明确化与体系化、量刑中的判断过程的公式化（量刑过程论），为量刑实务的适当运用作出贡献。

量刑的标准，是由刑罚的目的或者正当化根据推导而来。对于量刑标准，以相对的报应刑论为前提的通说分为两种具体立场：①在与责任相当的刑罚（责任刑）的范围之内考虑预防的必要性；[1]②以责任刑为上限，根据预防的必要性来确定刑罚。[2][3]实务部门的判断框架是，由"犯罪情节"决定刑罚的大致边款（范围），再由"一般情节"对此予以修正，[4]可以说这种做法更接近于第①种立场。[5]二元的正当化构想［第一章之三（五）］认

---

[1] 参见小池信太郎「量刑における犯行均衡原理と予防の考慮」『慶応法学』10 号（2008 年）25 頁以下等。

[2] 参见城下裕二『量刑基準の研究』（成文堂 1995 年）111 頁以下。另有观点以通过在非难可能性这一指导原理之下，调整一般预防的必要性与行为人的利益而推导出来的责任刑为上限，承认特别预防的考虑［参见野村健太郎『量刑の思考枠組み』（成文堂 2020 年）63 頁以下］。

[3] 第①种立场以"幅度的理论"（认为责任刑存在一定幅度）为前提。第②种立场尽管在逻辑上也能与"幅度的理论"联系在一起，但通常是基于"点的理论"（责任刑在原理上是确定于一点）而主张。

[4] 参见原田國男『量刑判断の実際〔第 3 版〕』（立花書房 2008 年）53 頁。

[5] 《改正刑法草案》第 48 条第 1 款规定，"刑罚的确定必须与犯罪人的责任相适应"；第 2 款规定，"刑罚的适用必须考虑犯罪人的年龄、性格、经历与环境，以及犯罪的动机、方法、结果与对社会的影响，还有犯罪之后犯罪人的态度等其他情况，以有助于犯罪人的改善更生为目的"。如果第 1 款显示的是责任的框架，就可以说该条是立足于上述第①种立场。

为，作为国家职权的刑罚的正当化根据在于，通过预防犯罪而保护法益，要求对象人承担忍受刑罚之义务的正当化根据在于该人之责任。按照这种观点，就应该是支持第②种立场。不过，如果认为，由刑罚实现的一般预防、特殊预防的核心在于，通过责任非难的表明或者传达而唤起的规范意识的觉醒，那么就能认为，为了预防而必要的刑罚基本上与责任刑是一致的。因此，与第①种立场之间出现结论上的差异的，就应该限于下述情形：科处责任刑对于行为人回归社会会给予不好的影响，这种弊害已经超过了要通过责任的表明或者传达而实现预防的要求。

量刑事项（影响量刑的事项）通过与量刑标准（行为责任以及一般预防、特殊预防）之间的关联性而选定。从行为责任的角度来看，构成该构成要件所预定的不法内容、责任内容的事实（法益侵害的大小程度、确定的故意或者未必的故意、合法行为的期待可能性的程度等）就成为基本的量刑事项。这些事项也成为有关通过非难的表明或者传达而实现预防的必要性程度的指标。从特别预防的角度来看，出狱之后有无接收单位、是否进行了谢罪与赔偿〔1〕等这种不属于犯罪情况的事项也会被考虑进去。不过，根据犯罪情况以外的事项为超过责任刑的刑罚奠定基础，就有违责任主义。而且，在量刑事项的选定阶段，必须留意不要出现无视不告不理原则与罪刑法定原则等的情况。例如，就不得出于实质性地予以处罚的旨趣，将没有受到起诉的余罪、与该罚条的保护法益不同的另外的法益的侵害或者危殆化、故意或者过失所不及的并发结果等事项，也纳入量刑事项之中。

在具体案件的量刑判断中，一般会经过下述过程：①选定量刑事项→②确定各个事项的重要性并进行衡量→③转换为刑罚的量（量化）。其中，第③步是以转换为不同性质的东西为内容，是量刑过程中最为困难的工作。在第③步中，法定刑是其中的一个视角。法定刑不仅是显示量刑时不得超出的界限（量刑边框论）的东西，也作为测量犯罪轻重的标尺而发挥作用（量刑标尺论）。为此，裁判所就能够在有可能该当于该构成要件的所有事项中确定该事项的重要性等级，然后再通过选择法定刑中与该等级相当的刑罚，而估算最终的刑罚量（刑度）。不过，在日本，法定刑不仅仅是一种极其抽象的标准，而且法定刑的最高刑期相当重，宣告刑却集中于法定刑的下限，因而法定刑

---

〔1〕 也能认为，谢罪、赔偿在清算了部分"行为责任"这一点上，带来了减轻刑罚的效果。

能否成为与责任刑相对应的标尺，也不是没有疑问。在第③步中，既往的"量刑倾向"是其中的另一个视角。既然量刑也是法律的判断，就要求公平量刑。对于同样的案件，如果最终的刑罚之间明显存在轻重之别，这应该是违反法律的平等原则的。例如，就父母双亲将幼儿伤害致死的案件，一审判决作出了检察机关的量刑建议之 1.5 倍的判罚，判处 15 年惩役，二审也肯定了该判决结果。但最高裁判所平成 26 年（2014 年）7 月 24 日判决以"虽说是裁判员裁判，其结果仍然必须是与其他的裁判结果保持公平性的适正的结果，这一点是毋庸置疑的，在评议之际，就要求将既往的大致的量刑倾向作为裁判体的共通认识，在此基础上，以此为出发点，深入进行与该案相适应的评议"为理由，撤销了一审与二审判决。[1]

---

[1] 参见最判平成 26 年 7 月 24 日刑集 68 卷 6 号 925 页（"寝屋川幼儿虐待致死案"）。

第二十三章 刑法的适用范围

一、空间适用范围

（一）国内犯

国家的主权及于本国领域之内，因而刑法适用于所有在日本国内实施的犯罪（国内犯）（第1条第1款、属地原则）。在日本国国籍的船舶或者航空器内犯罪的，也作为国内犯处理（第1条第1款、旗国主义）。对于确定犯罪地的标准主要有下述三种观点：①从行为规范的效力的角度以实施了（实行）行为的地点作为犯罪地（行为说）；②从刑法的保护法益机能的角度以法益侵害结果的发生地点作为犯罪地（结果说）；③判例、[1]通说以按照第①、②种观点会出现处罚上的漏洞、构成要件要素都是等价值的等为理由，采取的是只要构成要件该当事实之一部分发生在国内就将其视为国内犯的立场（遍在地说）。按照遍在地说，只要行为地、结果地[2]或者（导弹的经过地点等）中间影响地中有一个属于日本国内，就适用日本刑法。在国外对国内的实行行为进行共谋、教唆或者帮助的，[3]在国内对国外的实行行为进行共谋、教唆或者帮助的，[4]也作为国内犯适用日本刑法。

不过，如果直接适用遍在地说，有时候会出现不合适的情况。

例如，〔案例1〕在"色情画面"（pornography）解禁的美国，美国人X将存储在位于美国的主服务器的淫秽动画在网络上公开，位于日本的不特定的网络利用者浏览了该动画。如果将浏览的事实（通过浏览而引起社会环境恶化的事实）视为该罪之结果，就能够以日本的公然陈列猥亵物罪（第175

---

[1] 大判明治44年6月16日刑录17辑1202页。
[2] 有力观点认为，在未遂犯中，结果的预定发生地就属于结果地。
[3] 参见最决平成6年12月9日刑集48卷8号576页。
[4] 東京地判昭和56年3月30日刑月13卷3号299页。

条第 1 款前段）处罚 X。[1]但是，网络现在已经遍布世界，如果只允许发布世界所有国家都允许的信息，[2]这无疑是对自由的过度限制，属于对他国内政的干涉。不过，公然陈列猥亵物罪属于作为举动犯而构成的抽象的危险犯，是有可能通过将社会环境的恶化视为构成要件之外的结果，*[3]而认为日本刑法不适用于〔案例 1〕。又如，〔案例 2〕居住在日本的 X 将在日本制作的淫秽动画通过居住在美国的共犯，存储在美国的主服务器中，并让位于日本国内的客户有偿下载。对此，最高裁判所平成 26 年（2014 年）11 月 25 日决定在判定该行为构成电信传送、散发猥亵物罪（第 175 条第 1 款后段）的基础上，认定其属于国内犯。[4][5]不同于公然陈列猥亵物罪，电信传送、散发猥亵物罪被理解为，以传送的相对方的受领、保存为构成要件要素的结果犯。为此，按照遍在地说，就有可能以顾客的受领、保存这种构成要件的结果发生在日本国内为理由，认为该行为属于国内犯。这样的话，只要有可能构成电信传送、散发猥亵物罪，〔案例 1〕也要适用日本刑法，这种结论的妥当性是存在疑问的。

再如，〔案例 3〕有人策划美国的阿斯维加斯的赌场之旅，在日本国内招募参加者，对该人以赌博罪（第 185 条）的共同正犯或者从犯予以处罚，本书对此也是存在抵触的。我们应该认为，包括赌博罪在内的风俗犯保护的是国内的社会法益，国外的赌博行为不属于赌博罪的保护法益。[6]最高裁判所昭和 52 年（1977 年）12 月 22 日判决认为，"《刑法》第 175 条（当时的散发

---

[1] 犯罪地是否属于故意的认识对象，对此尚存在争议，即便属于认识对象，对日本国内的网络利用者而言，也很容易认定其具有浏览的未必的故意。

[2] 在日本国内合法的面向成人的图像、动画，在伊斯兰各国可能是违法的。

* 亦即，认为社会环境的恶化不属于构成要件的结果，因而日本不属于结果发生地。——译者注

[3] 对于"在被作为举动犯而构成的抽象的危险犯中的实质的危险的发生地"而言，如果将其包含在犯罪地之中，基于保护原则的处罚国外犯的规定（《刑法》第二条、第四条）将会变得无用，从这一点来看，也不应该将其包括在犯罪地之中。

[4] 参见最决平成 26 年 11 月 25 日刑集 68 卷 9 号 1053 页。

[5] 从日本国内向美国的主服务器传送猥亵画面，并存储在美国的主服务器内，得以让日本国内的不特定多数的顾客浏览的，对此，大阪地方裁判所平成 11 年（1999 年）3 月 19 日判决通过认定从日本向美国的传送行为构成公然陈列猥亵物罪的实行行为，判定成立国内犯（参见大阪地判平成 11 年 3 月 19 日判夕 1034 号 283 页）。

[6] 如果将赌博罪的构成要件的射程限于在日本国内实施的赌博行为，那么，不管是否将犯罪地包括在故意的认识对象之内，作为该罪的故意的内容，就要求对在日本国内实施了赌博行为存在认识。

猥亵物等罪）的规定，是为了维持我国健全的性风俗，出于试图禁止在日本国内散布、贩卖或者公然陈列猥亵的文书、图画等之旨趣而制定，……因此，同条后段（贩卖目的持有猥亵物罪）中所谓'贩卖的目的'，是指在日本国内贩卖的目的，那么，即便在日本国内持有了猥亵的图画，但只是出于在日本国外贩卖的目的的场合，认为不成立同条后段之罪就是妥当的",[1]可以说这也是立足于保护法益的角度限定了构成要件的射程。

（二）国外犯

除了上述国内犯之外，对于部分犯罪，刑法还处罚在国外实施的犯罪（国外犯）。

1. 对于内乱罪、伪造货币罪、伪造公文书罪等，处罚所有的国外犯。这是为了保护日本的重要的国家法益与社会法益，将处罚对象扩大至国外犯（保护原则）。

2. 对于向现住建筑物等放火罪、强制性交等罪、杀人罪、伤害罪、抢劫罪等相对比较严重的犯罪，处罚日本国民的国外犯（第3条）。仅限于日本国民处罚国外犯（属人原则），就意味着，作为不将本国国民移送至外国的替代措施，在日本国内进行处罚（代理处罚）。

3. 对于强制性交等罪、杀人罪、伤害罪、抢劫罪等针对人身的重大犯罪，在日本人成为被害人的场合，处罚日本国民之外的国外犯（第3条之二）。本规定是以在公海航行之中的巴拿马国籍的轮船内日本人被菲律宾人杀害为契机，为了保护日本人的重要的个人法益（消极的属人原则）而于2003年增设的。

4. 对于制作虚假文书罪、公务员滥用职权罪、受贿罪等，处罚日本的公务员的国外犯（第4条）。在仅处罚日本的公务员这一点上，形式上可以说，属于属人原则的规定，但实质上应该说，这属于以保护日本的重要的国家利益、社会利益为目的的保护原则的规定。

5. 对于依据条约应处罚国外犯的犯罪，处罚所有的国外犯（第4条之二）。本规定是出于保护国际社会共通的利益的旨趣（世界主义），于1987年增设的。尽管属于有关空间适用范围的规定，但属于刑法中例外的空白委任规定。成为本规定之对象者，主要有《人质强要行为等处罚法》第5条、《暴

---

[1] 参见最判昭和52年12月22日刑集31卷7号1176页。

力行为等处罚法》第 1 条之 2 第 3 款等。

（三）外国判决的效力

即便是在国外已经受到判决者，也无碍于对同一行为再次进行处罚。不过，在犯罪人已经在国外全部或者部分执行了所宣告的刑罚的，减轻或者免除刑罚的执行（第 5 条）。

二、时间适用范围

（一）罚则的施行

罚则（处罚规定）自包含此罚则的法令的施行[1]至废止具有效力，适用于在此期间的违法行为。

要处罚某种行为，在罚则的施行期间内，必须满足包括实行行为在内的所有犯罪成立要件。[2]对于实行行为横跨罚则施行前后的牵连犯、[3]包括的一罪、[4]继续犯，[5]判例也肯定适用罚则施行之后的罚则，但仅应该以罚则施行之后的行为作为处罚对象。[6]对于罚则施行之前共谋、教唆或者帮助罚则施行之后的实行的人，不应认可罚则之适用。

（二）刑罚的废止

罚则不仅是行为规范还是裁判规范，因此，不仅行为时（满足犯罪成立要件的时点）必须存在，裁判时也必须存在。罚则被废止时（刑罚的废止），宣告免于起诉（《刑事诉讼法》第 337 条第 2 款）。

在罚则的废止之际，设置了"有关针对废止之前的行为的处罚仍遵前例"这种针对经过时间的"经过规定"的，该罚则尽管作为行为规范被废止了，但作为裁判规范依然存续，因此，对于废止之前的行为，在废止之后仍然能

---

[1] 法令通常是自公布之日起经过一定时间之后再施行，但规定"自公布之日起施行"的法令，在一般国民能够阅览、购买官方公报的时点视为已经公布（参见最大判昭和 33 年 10 月 15 日刑集 12 卷 14 号 3313 頁）。
[2] 参见山口厚『刑法総論』（有斐閣 2016 年第 3 版）413 頁。
[3] 参见大判明治 42 年 11 月 1 日刑録 15 輯 1498 頁。
[4] 参见大判明治 43 年 11 月 24 日刑録 16 輯 2118 頁。
[5] 参见最决昭和 27 年 9 月 25 日刑集 6 卷 8 号 1093 頁。
[6] 对于继续犯，从结果继续说［第三章至三（八）3］的角度来看，应该限于罚则施行之后仍然存在为了维持法益侵害状态的作为或者不作为的情形，才认定成立犯罪。参见松原芳博『行为主義と刑法理論』（成文堂 2020 年）10-11 頁・88-89 頁。

够进行处罚。对于当初便限定了存续期间的"限时法",因事实上无法处罚将要失效之时的行为,会使得罚则丧失实效性,为此,有观点提出,为了避免出现这种现象,即便没有有关经过时间的规定(经过规定),仍应承认废止之后的罚则的适用(限时法的理论)。但是,通过设置经过规定便能够很容易地确保罚则的实效性,因此,不应该承认"不成文的裁判规范的存续"这种有违罪刑法定原则的事态。

空白刑罚法规的补充规定、刑罚法规所参照的法令的改正是否属于"刑罚的废止",应该根据究竟是针对该行为的规范性评价的改变还是规范所适用的法律事实的变化〔1〕来进行判断。①有关《海关法》的罚则,在政令规定奄美大岛不再属于外国时,判例认为属于"刑罚的废止"。〔2〕但对于下述情形,判例则认为不属于"刑罚的废止":②有关违反物价统制令之罪,在制定统制价格的主管大臣的告示被修正的场合;〔3〕③有关当时的尊亲属杀人罪(旧第200条),因民法的改正,继父母被排除在直系尊亲属之外的场合;〔4〕④当时的《道路交通取缔法》将具体的禁止行为的选定委托给规则,受这种委托,原本禁止2人以上乘坐电动车的新潟县的规则,因修正而解除了这种禁止的场合。〔5〕但是,对于第③、④点,难道不应该视为,因针对行为的规范性评价的改变而引起了禁止规范的缩减吗?

(三) 刑罚的变更

在刑罚因犯罪之后的法律而变更之时,适用其中的轻的刑罚(第6条)。刑罚因法律的修正而变重的,基于禁止事后法(《宪法》第39条)的旨趣,适用法律修正之前的轻的刑罚;刑罚因法律的修正而变轻的,对于被减轻的部分而言,可以说是刑罚的废止,因此应适用法律修正之后的轻的刑罚。犯罪之后,刑罚出现几次变更的,适用其中最轻的刑罚。这是因为,如果行为人在刑罚最轻的时点接受了审判,原本就可以被判处最轻的刑罚,却因为诉讼的迟延而要接受更重的刑罚,这是不公平的。

---

〔1〕 可以说,这种区别相当于违法性的错误与事实的错误之间的区别(第十三章之三)。
〔2〕 参见最大判昭和32年10月9日刑集11卷10号2497页。
〔3〕 参见最大判昭和25年10月11日刑集4卷10号1972页。
〔4〕 参见最判昭和27年12月25日刑集6卷12号1442页。
〔5〕 参见最判昭和37年4月4日刑集16卷4号345页。

除了法定刑的变更[1]之外，劳役场留置期的变更也属于"刑罚的变更"，[2]但刑罚的缓刑条件的变更则不属于"刑罚的变更"。[3]

---

[1] 1995年删除了有关尊亲属犯罪的加重处罚规定，这究竟是"刑罚的废止"还是"刑罚的变更"，对此尚存争议。东京高等裁判所平成7年（1995年）7月18日判决在将尊亲属伤害致死罪（旧第205条第2款）的删除视为"刑罚的废止"的基础上，以尊亲属伤害致死的诉因包含伤害致死的诉因为理由，不是就旧第205条第2款之罪宣判免予起诉，而是判定适用旧第205条第1款（伤害致死罪）（参见東京高判平成7年7月18日高刑集48卷2号158页）。相反，最高裁判所平成8年（1996年）11月28日判决将有关尊亲属致死罪的规定的删除视为"刑罚的变更"，通过比较新、旧刑罚，适用了相对较轻的新第205条（伤害致死罪）（参见最判平成8年11月28日刑集50卷10号827页）。如果将处罚规定的删除全部视为刑罚的废止，就会出现减轻类型（例如，同意杀人罪）被删除时却反而要适用更重的基本类型（杀人罪）这种不当情形，因此，至少诸如有关尊亲属犯罪的加重处罚规定的删除那样，在继续存续的规定完全包摄了被删除的犯罪的场合，还是应该将其视为"刑罚的变更"［高山佳奈子「刑の廃止と変更」成城大学法学会編『21世紀を展望する法学と政治学』（信山社1999年）379頁以下］。

[2] 参见大判昭和16年7月17日刑集20卷425页。

[3] 参见最判昭和23年6月22日刑集2卷7号694页。

附录　案例索引

第四章　因果关系

〔案例1〕X让A喝下了致死量的毒药,在毒药发作之前,A遭到Y枪击,因失血而死。　59,62页

〔案例2〕X与Y在并无意思联络的情况下,分别向A的杯中投入致死量的毒药,A喝后死亡,但即便X或者Y之中的任何一人的毒药,也都会使A在同一时间以同样症状死亡。　61,62,63,64,65页

〔案例3〕X、Y在互不知情的情况下,分别向A的杯中投入二分之一致死量的毒药,A饮后死亡。　65页

〔案例4〕X向A的杯中投下了致死量的毒药,正好Y也打算将致死量的毒药偷偷投入A的杯中,而正在暗中观察,看到X已经下毒,于是Y放弃下毒。　66,68页

〔案例5〕行为人X驾驶平板拖车在保持75厘米间距的情况下,超越A的自行车,结果将A卷入车底致其死亡,但由于A当时已经酩酊大醉,即便X遵守道路交通法的规定,保持150厘米的规定间距超车,也会发生同样的结果。　67,85页

〔案例6〕意图让雷劈死A,X力劝A去森林,A也实际因雷击而死。　69,70,76,77页

〔案例7〕X出于杀人犯意用刀刺向A,因没刺中要害而仅致A受伤,在救护车将A送往医院的途中,遭遇交通事故,A因内脏破裂而死。　69,71,90页

〔案例7'〕X出于杀人犯意用刀刺向A,因没刺中要害而仅致A受伤,在A被送到医院之后,因Y向医院放火引起的火灾而被烧死。　69,76,77页

〔案例8〕X脚踢A的左眼，致其受伤，预计需要10天左右就会痊愈，但A患有脑梅毒，最终因脑组织被破坏而死亡（最判昭和25年3月31日刑集4卷3号469页〔脑梅毒案〕）。 72，74，75页

〔案例9〕X将烂醉者A横卧在铁路的道口，让列车轧死了A。 76，77页

〔案例10〕在夜间潜水训练中，由于教练X不经意地离开学员A等人，而没有注意到他们的去向，再加上助教Y的不恰当的指示，致使A想要从大海中游回岸边时，因氧气用完而溺水身亡（最决平成4年12月17日刑集46卷9号683页〔夜间潜水训练案〕）。 77，81，83页

〔案例11〕X驾车过失撞飞路人A，A碰巧落在X的汽车车顶，在对此毫不知情的情况下继续行驶，但坐在副驾驶位置的Y察觉后将A倒拽下来，使其摔倒在路上，最终造成A死亡，不过，无法查明作为引起A死亡的原因的跌打，究竟是因起初的撞车而起，还是由后面的倒拽所引起（最决昭和42年10月24日决定刑集21卷8号116页〔美军肇事逃逸案〕）。 77，80页

〔案例12〕X对A实施暴力，致其处于意识不清的状态后，将其扔在建筑材料堆场，其后，Y再对A实施暴力，扩大了由起初的暴力所引起的脑出血的范围，稍微提早了死亡时间（最决平成2年11月20日刑集44卷8号837页〔大阪南港案〕）。 78，80，81页

〔案例13〕对出现感冒症状的A，柔道康复师X向其介绍了增加热度这种不恰当的治疗方法，A接受了X的指示，结果使得病情恶化，因出现脱水症状而死亡（最决昭和63年5月11日刑集42卷5号807页〔柔道康复师案〕）。 82页

〔案例14〕被告人X在高速公路上驾车之际，因对A的驾车态度感到恼火，遂插到行进中的A的汽车之前，并减速、停车，迫使A的汽车停在自己车辆的后面。在A停车大约二十几分钟之后（X驾车离开七、八分钟之后），D驾驶的车辆与A的汽车相撞，造成D本人以及D车上的其他人死伤的结果（最决平成16年10月19日刑集58卷7号645页〔高速公路停车案〕）。 82页

〔案例15〕恐怖分子Y要在某地放置炸弹，偶然听到此消息的X出于杀害A的意图，将A叫到该地，由于Y按照预定计划放置了炸弹，结果A被炸死。 84，85页

〔案例16〕夜晚，X 与 Y 在不开自行车车灯的情况下骑车并行，Y 撞上行人 A 致其受伤。 85 页

〔案例17〕在公寓的某个房间内，X 等人反复不停地对 A 实施暴力，趁邻居过来投诉之机，A 来不及穿鞋仓皇逃出，约 10 分钟之后，慌不择路的 A 逃入距离公寓 800 米的高速公路，被过往汽车轧死（最决平成 15 年 7 月 16 日决定刑集 57 卷 7 号 950 页〔逃入高速公路案〕）。 87 页

〔案例18〕X 等人将 A 拘禁于轿车的后备箱内，在将轿车停在路上之时，Y 因没有注视前方而驾车以 60 千米每小时的速度撞上该轿车，致 A 死亡（最决平成 18 年 3 月 27 日刑集 60 卷 3 号 382 页〔后备箱监禁案〕）。 90 页

第五章　不作为犯

〔案例1〕母亲 X 看到自己的小孩 A 落入水池却不予救助，只是在一旁抽烟观望。 91，95，96，99，100，103 页

〔案例2〕X 驾车撞倒路人 A，致 A 重伤昏迷，为了救助 A 而将其抬到自己的车上，离开事故现场，但中途改变主意，在严寒的深夜，出于间接的杀人故意，将 A 扔在难以被人发现的地方，自行离去。此后，找寻 A 的人正好经过此地，A 遂得到救助（浦和地判昭和 45 年 10 月 22 日高刑集 24 卷 1 号 175 页）。 92，98，101 页

〔案例3〕X 驾车过程中，已注意到了前面的路人 A，出于杀人的犯意，未踩刹车而直接撞倒了 A。 93 页

〔案例4〕溺水的 A 就要抓住救生圈之时，X 拿走了救生圈。 93 页

〔案例4'〕X 为了救助溺水的 A 而扔下救生圈，之后又改变主意，收回了救生圈。 94 页

〔案例4"〕X 为了救助溺水的 A 而扔下救生圈，在救生圈掉入水中之前，X 用拴在手上的绳索收回自己扔出的救生圈。 94 页

〔案例5〕X 切断了装在 A 身上的生命维持装置的电源。 94 页

〔案例6〕在公司加班的职员 X 因自己的疏忽而使木制办公桌燃烧起来，虽然已发现了这一点，但唯恐自己的过失被他人发现，不予灭火顾自离开（最判昭和 33 年 9 月 9 日刑集 12 卷 13 号 2882 页）。 100 页

〔案例7〕X 驾车撞倒路人 A，致其身负重伤不能行走，X 将 A 放上汽车后离开现场，后又将 A 扔在正在下雪天色昏暗的马路上（最判昭和 34 年 7 月

24 日刑集 13 卷 8 号 1163 页）。　101 页

〔案例 8〕X 通过实施"瞎鼓捣治疗"这种非科学的治疗而聚集了信徒，他将因颅内出血而陷入意识障碍状态的信徒 A 从原本入住的医院转移到自己所住的宾馆，其后，虽未必地认识到死亡结果，却仍然未让 A 接受医疗治疗，A 终因气管被痰堵塞而死亡（最决平成 17 年 7 月 4 日刑集 59 卷 6 号 403 页〔"瞎鼓捣治疗"案〕）。　101 页

〔案例 9〕患者 A 等因使用了 X 公司销售的混入了 HIV 的非加热制剂，罹患艾滋病而死亡（大阪高裁平成 14 年 8 月 21 日判时 1804 号 146 页〔药害艾滋案〕）。　102 页

第六章　违法论概述

〔案例 1〕某烟草生产者自己吸食了按照（当时的）《烟草专卖法》本负有上交国家之义务的、金额大致相当于一厘钱的烟草（大判明治 43 年 10 月 11 日刑录 16 辑 1620 页〔一厘案〕）。　120 页

〔案例 2〕为了方便住客，旅馆违反（当时的）《烟草专卖法》，购置香烟之后，再根据住客的需求，以零售价转卖给住客（最判昭和 32 年 3 月 28 日刑集 11 卷 3 号 1275 页）。　120 页

〔案例 3〕扒手从顾客所持的手提袋中盗得仅装有 2 张广告纸的信封（東京高判昭和 54 年 3 月 29 日判时 977 号 136 页）。　120 页

〔案例 4〕被告人受公司成立初期帮了不少忙的 A 的推荐，购买了 2 台所谓"魔术电话"，据 A 介绍，只要该"魔术电话"装在一般电话机上，凡打往此电话机的电话均不会被收费。被告人将其中 1 台装到公司办公室的电话机上之后，为了试验是否真有此功效，让职员从公用投币电话机上往此电话机打电话。结果，职员投入公用电话机内的 10 日元果真被退了出来（最决昭和 61 年 6 月 24 日刑集 40 卷 4 号 292 页）。　120 页

第七章　法益主体的同意

〔案例 1〕X 在与 A 性交之时，征得 A 的同意，用双手卡住 A 的脖子，最终致其死亡（大阪高判昭和 29 年 7 月 14 日裁特 1 卷 4 号 133 页）。　129 页

〔案例 2〕X 在与 A 性交之时，按照 A 的要求，用睡衣腰带勒住 A 的脖子，最终致其死亡（大阪高判昭和 40 年 6 月 7 日下刑集 7 卷 6 号 1166 页）。

129，138 页

〔案例 3〕出于策划交通事故骗保的目的，X 与 A 等人通过共谋，由 X 开车撞上 A 等人乘坐的汽车，造成 A 等人无需长时间入院治疗的轻微伤害（最决昭和 55 年 11 月 13 日刑集 34 卷 6 号 396 页）。 130，131 页

〔案例 4〕A 因 B 违反"规矩"，命其断指谢罪，B 遂决定自断小指，请 X 帮忙。X 用钓鱼线绑住 B 的小指根部，用于止血，然后把菜刀放在 B 的小手指上，用榔头对准菜刀敲击，切断了小手指的末节（仙台地判石卷支部昭和 62 年 2 月 18 日判时 1249 号 145 页）。 130 页

〔案例 5〕A 出于骗保的目的，让 X 损坏或者拿走自己的所有物。 132 页

〔案例 6〕A 出于骗保的目的，让 X 杀死了自己。 132 页

〔案例 7〕X 到同伙 A 家商量诈骗计划。 132 页

〔案例 8〕不知情的 X 损坏了所有人 A 原本同意损坏的财物。 135 页

〔案例 9〕由于警官出示了搜查证，而允许警官进入己宅。 136 页

〔案例 10〕A 向 X 提出一起自杀，X 本无此意，却装出会追随对方而去的样子，让 A 喝下氰化苏打而死亡（最判昭和 33 年 11 月 21 日刑集 12 卷 15 号 3519 页）。 137，139，144 页

〔案例 11〕X 为了将从自己经营的饮食店逃离的女性服务员 A 带回，事先叫好出租车，告知出租车驾驶员直接去 X 家，然后对 A 说，自己母亲生病住院，希望她去照顾。A 由此误以为是去医院，而上了出租车，直至 A 意识到受骗而逃走，出租车一直处于行驶状态（最决昭和 33 年 3 月 19 日刑集 12 卷 4 号 636 页）。 137，143 页

〔案例 12〕X 等人出于杀害服装中古店老板 A 进而抢夺财物的目的，谎称是顾客，让 A 打开店门，进入其中（最判昭和 23 年 5 月 20 日刑集 2 卷 5 号 489 页）。 137，142 页

〔案例 13〕某男性编造虚假的职业与收入，取得某女性的信任，而与之交往，并在该女家中与之发生了性行为。 139，142 页

〔案例 14〕X 骗 A 说，让我打一下，就付你 1 万日元，遂征得 A 的同意之后殴打了 A。 139，141 页

〔案例 15〕给主人打电话，谎称他养的狗从笼子里逃出来，到处咬人，从而取得主人的同意，将狗射杀。 140，144，145 页

〔案例16〕对母亲谎称,你儿子可能要失明,需要做眼角膜移植,从而征得该母亲的同意,摘取了该母亲的眼角膜,之后,却将所摘取的眼角膜直接扔掉。 140,144,145,146页

〔案例17〕A在半梦半醒的状态之下,将X误认为是自己的丈夫,X利用这一点,奸淫了A(広島高判昭和33年12月24日高刑集11卷10号701页)。 142页

〔案例18〕X为了逃避归还对A的欠款,向独居的66岁的女性A谎称,你借钱给我,这违反了《出资法》,是要坐牢的。A信以为真惶恐不安,X便又谎称可以带她离开,能不被警察抓到。于是,X带着A到处"躲避",并逐渐让A相信,已无处可逃,为了不给亲人带来麻烦,除了自杀别无选择。最终,A自己喝下农药,自杀身亡(福岡高判宮崎支部平成元年3月24日高刑集42卷2号103页)。 143,146页

〔案例19〕A家没人在家,但因自来水管龙头没有关好,造成水溢出楼道,邻居X察觉后,为了关掉水龙头,而擅自闯入A家。 146页

〔案例20〕初学者X在进行越野驾驶练习时,由具有丰富的越野赛车(Dirt Trial)经验的A陪驾,A在指挥X操作油门、离合器等之时,因X操作失误,汽车前部猛烈撞上路边防护栅栏,A被撞身亡(千葉地判平成7年12月13日判時1565号144页〔越野赛车案〕)。 146,147页

第八章 正当防卫

〔案例1〕杀伤了袭击过来的他人饲养的狗。 155页

〔案例2〕X与A同住在某住宅楼的2楼,素来不和。案发当日,X在公用卫生间小便之后,突然被A用长达81厘米、重达2公斤的铁管打了一下头部。见A还要继续打,X便抓住铁管,与A纠缠在一起,其间,X两次大声呼救,但无人回应。X夺过铁管之后,打了一下扑过来的A的头部。之后,铁管又被A夺回,因A举起铁管要打,X遂逃往楼梯口。在X逃到通往1楼的楼梯拐角时,看到A因用力势头过猛,上半身已经伸到扶栏之外。见A仍紧握铁管,X便走过去提起A的左脚,将其掀翻至扶栏外,导致A摔在混凝土马路上负伤(最判平成9年6月16日刑集51卷5号435页)。 158页

〔案例3〕夜晚,X看到仇敌A走过来,出于杀人故意向其开枪,事实上,A当时也正好将枪口瞄准了X。 160,162,163页

〔案例3'〕夜晚，X在马路上看到了仇敌A，向A开枪，事实上，A当时正将枪口瞄准行人B。　160，162页

〔案例4〕X看到仇敌A向自己走过来，想到A会找借口殴打自己，于是先发制人殴打了A，事实上，A当时也正好有马上殴打X的意思。　160页

〔案例5〕A冒充警察，向X出示伪造的逮捕令，试图逮捕X，但X误认为是合法逮捕，推倒A之后逃走。　160页

〔案例6〕遭到A的袭击，为了吓唬，X一边将枪口对准A一边后退，但不小心被石头绊倒，无意间扣动了扳机，子弹打中了A的肩膀，但射击A的肩膀的行为，并未超出相当性的范围。　160页

〔案例7〕眼看就要遭受A的殴打，X以为是斧头而随手拿起棒状物予以反击，但实际上不是斧头而是木刀，该行为仍属于相当性的范围之内的行为。　160页

〔案例8〕作为一种防盗措施，在墙头插上了碎玻璃片等，之后，小偷被破璃片扎伤。　161页

〔案例9〕X看到A正在袭击B，打算帮助A，向B开枪，但子弹射偏，打中了A，具有讽刺意味的是，却事实上挽救了B的生命。　163页

〔案例10〕A突然抓住X的手指用力反拧，X为了甩开而用力撞击A的胸部，致使A仰面倒地，后脑勺撞到汽车车身上，造成头部受伤（最判昭和44年12月4日刑集23卷12号1573页）。　165页

〔案例11〕看到A正要用刀刺B，为了保护B，X向A开枪，但未能命中，B最终仍被A杀害。　166页

〔案例12〕X为了防止A的暴力，而殴打了A，但反而被A按倒在地并被打伤。　166，167页

〔案例13〕A徒手攻击过来，作为空手道高手的X，本可以轻易将A制服，却用回旋腿踢打A的头部，致其重伤。　167页

〔案例14〕A持刀扑过来，空手道高手X本可以轻易将刀打落，却用回旋腿踢打A的头部，致其重伤。　167页

〔案例15〕面对A马上就要殴打自己这种情况，作为田径运动员的X，本可以轻易逃走，却实施反击而致A受伤。　167页

〔案例16〕身强力壮的A袭击过来，速度很快但力气很小的X，本可以轻易逃走，却用刀刺中A的胸部，致A死亡。　168页

〔案例17〕腿脚不方便的商店店主X，看到A盗窃商品之后正打算逃走，为了阻止而开枪警示，但由于A并未停下脚步，遂瞄准A开枪，致A死亡。168页

〔案例18〕X（女性）在车站月台被醉汉A缠住，因A抓住其大衣领口不放，于是X将A的身体推开，但A跌落到月台下面，夹在正好进站的列车与月台之间而死亡（千葉地判昭和62年9月17日判时1256号3页〔西船桥案〕）。 170，171，172页

〔案例19〕政治活动组织C派的X等人，预想到在集会之际，会遭到对立派别K派的袭击，于是事先设置路障等进行准备，其后，对不出所料袭击过来的A等人，用铁锹等实施了反击（最决昭和52年7月21日刑集31卷4号747页）。 173，176，177页

〔案例20〕X与A在垃圾桶旁发生争执，X殴打了A之后跑开，A骑自行车追过来，在离垃圾桶60米远的地方追上了X，并开始殴打X，X遂用特殊警棍迎战，致A负伤（最决平成20年5月20日刑集62卷6号1786页）。 173，178，179页

〔案例21〕X因被A无端找茬而生气，正在位于公寓六楼的家中时，接到A的电话，让他去公寓楼下，于是，X拿着菜刀前往公寓前面的马路，用刀刺中了手持榔头殴打过来的A，致其死亡（最决平成29年4月26日刑集71卷4号275页）。 173，176，177页

〔案例22〕在拘留所关押之中的X，因受到同居一室的A将折叠桌推倒在自己面的暴力，将折叠桌反过来推向A（第一暴力），并且又数次殴打因被桌子撞到而处于难以反击、抵抗之状态下的A（第二暴力）。A因第一暴力而受伤，但第一暴力作为防卫行为具有相当性。在第二暴力的时点，虽然能够说，A的不法侵害已经减弱，不过仍然在持续之中，但第二暴力超出了作为防卫行为的相当性（最决平成21年2月24日刑集63卷2号1页）。 182，183页

〔案例23〕A用铝制烟灰缸砸到X，X遂殴打A的脸部，致A倒地不起（第1暴力），然后对A的腹部又踢又踩，致A受伤（第2暴力），最终A因为第1暴力而死亡，但第一暴力是满足正当防卫要件的行为（最决平成20年6月25日刑集62卷6号1859页〔扔烟灰缸案〕）。 184，185页

第九章　紧急避险

〔案例1〕自己的数十反水田因暴雨遭淹，水稻有被淹死的危险，X为了排水而损坏了为A所有的木板闸（参见大判昭和8年11月30日刑集12卷2160页）。　187，188页

〔案例2〕因遭到Y的抢劫，X毁坏A宅的大门，穿过其院子逃走。187，190，195，198页

〔案例3〕因遭受海浪，木船破裂，X与A均落入海中，同时游到只能承受一人的木板前，两人相争的结果是，力气更大的X推开A抓住了木板，而A则被淹死（"卡涅阿德斯之板"，Plank of Carneades）。　188，193页

〔案例3'〕因遭受海浪，木船破裂，X与A均落入海中，同时游到只能承受一人的木板前，在A已经抓住木板之后，随后游到的X推开A，夺走了木板，而A则被淹死。　188，192页

〔案例4〕游艇沉没后，4人坐救生艇漂流在海上，由于食物吃完，在漂流的第20天，其他3人杀害了其中身体最为孱弱的1人，通过吃该人的肉以维持生命，其他3人于第24日被救起（"米丽雷特〔Mignonette〕号事件"）。188，193页

〔案例5〕载有300名乘客的飞机被劫持，在劫机者正要用该机去撞击有1000人在内的楼房之时，击毁了该机。　188，193页

〔案例6〕医师X强行（或者通过欺骗手段）从偶尔来医院就诊的A身上，摘取了心脏等器官，分别移植到濒临死亡的B、C、D身上，以A的生命换来了B等三人的生命。　193，199页

〔案例7〕医师X强行（或者通过欺骗手段）从偶尔来医院就诊的A身上，摘取了一个肾脏，移植到濒临死亡的B身上，挽救了B的生命。　193，199页

〔案例8〕Y绑架了X的小孩，威胁说，如果不按照指示去抢劫银行，并用从银行抢来的钱支付赎金，就要杀害其小孩，X遂抢劫了银行。　194页

〔案例8'〕Y绑架了X的小孩，要求支付赎金，X因没有其他筹措资金的办法而抢劫了银行。　194页

〔案例9〕X受某宗教团体教祖Y之命，杀害了A（X当时并不处于若拒绝杀害A，就马上会被Y等杀害的状态之下，但X要从人身被拘禁的状态中

解放出来，除了杀害 A 之外，别无他法）（東京地判平成 8 年 6 月 26 日判时 1578 号 39 页）。 195，197，202 页

〔案例 10〕（用于登山者休憩、住宿或避险的）山上小旅馆的主人 X，深夜，偶然听到几名住店客人正在商议要杀死自己夺走财物，次日早晨，为了争取下山求助的时间，在他们的饮料中放入了安眠药。 196 页

〔案例 11〕列车乘务员在列车经过隧道之际，因隧道内热气的升腾、有毒气体的发生而出现窒息、呼吸空难、烫伤等情况，为了避免使生命、身体遭受侵害的"现在的危险"，放弃了自己的岗位职责（最判昭和 28 年 12 月 25 日刑集 7 卷 13 号 2671 页）。 197 页

〔案例 12〕在实行计划生育，一对夫妇只能生一个小孩的中国，X 计划外怀孕，面临当月的孕娠定期检查，担心因检查而被发现怀孕，随之就会被劝说堕胎，如果拒绝堕胎，更有被强制实施堕胎手术之虞，遂偷渡到日本（松江地判平成 10 年 7 月 22 日判时 1653 号 156 页）。 197，202 页

〔案例 13〕某村民为了让村当局重新架设已经腐败不堪的吊桥，而用炸药炸毁了吊桥，但伪装成是遭受雪灾而坍塌（最判昭和 35 年 2 月 4 日刑集 14 卷 1 号 61 页〔关根桥案〕）。 197 页

〔案例 14〕驾车过程中，为了避免与正面来车相撞，将方向盘向左打，同时减速，因而与后面的轻便摩托车相撞，致摩托车驾驶人受伤（大阪高判昭和 45 年 5 月 1 日高刑集 23 卷 2 号 367 页）。 198，199，200 页

〔案例 15〕公交车驾驶员为了避免撞车而急刹车，致乘客跌倒受伤（冈谷简判昭和 35 年 5 月 13 日下刑集 2 卷 5＝6 号 823 页）。 198 页

〔案例 16〕在突然下雨之际，富裕的 X 为了防止昂贵的衣服淋湿，于是夺走了穿着廉价衣服的 A 的雨伞。 198，199 页

〔案例 17〕因不小心驾车就要撞上电杆之际，X 为了避免自己受伤而改变方向，碰上路人 A 致其轻伤。 200，201 页

〔案例 18〕因不小心驾车就要撞上路人 B 之际，X 为了避免 B 受伤而改变方向，碰上路人 A 致其轻伤。 200，201 页

〔案例 19〕路人 B 因不小心闯入车道，正在驾车的 X 为了避免 B 受伤而改变方向，结果碰上其他路人 A 致其轻伤。 200 页

〔案例 20〕在驾车过程中，女儿突发高烧，虽也曾想到过叫救护车，但由于离定点联系医院并不远，遂自己开车前往，最终因车速过快，违反了限

速（堺簡判昭和 61 年 8 月 27 日判夕 618 号 181 页）。　202 页

〔案例 21〕X 连续数天被暴力团的组长等人关押，其间还断断续续地遭受暴力，因而打算放火，以趁乱逃走，遂向暴力团的办公室放火（大阪高判平成 10 年 6 月 24 日高刑集 51 卷 2 号 116 页）。　202 页

第十章　其他违法性阻却事由

〔案例 1〕个人在逮捕现行犯之际，为了防止嫌犯逃走，用竹竿敲打嫌犯的手脚，造成需要治疗 1 周的伤害（最判昭和 50 年 4 月 3 日刑集 29 卷 4 号 132 页）。　204 页

〔案例 2〕教师 X 为了促进学生 A 的自觉，用手掌与拳头数次敲打 A 的头部（東京高判昭和 56 年 4 月 1 日刑月 13 卷 4＝5 号 341 页）。　206 页

〔案例 3〕X 作为共同监护人，与妻子处于分居状态，将交由妻子看护的 2 岁小孩强行带走（最决平成 17 年 12 月 6 日刑集 59 卷 10 号 1901 页）。　206 页

〔案例 4〕抢劫杀人案件的辩护人，自认为被害人的兄长等才是真正的犯罪人，遂就该旨趣（向最高裁判所）提交了"上告旨趣补充书"，并在记者招待会上发表了该意思，同时，还出版了写有该内容的书籍（最决昭和 51 年 3 月 23 日刑集 30 卷 2 号 229 页）。　209 页

〔案例 5〕某报刊记者 X 通过与女性公务员 Y 发生肉体关系，让 Y 向其提供了外务省的机密文件，被以触犯了《国家公务员法》上的唆使泄露秘密罪受到起诉（最决昭和 53 年 5 月 31 日刑集 32 卷 3 号 457 页〔外务省秘密泄露案〕）。　209 页

〔案例 6〕作为教会活动，牧师将作为盗窃罪等的嫌犯而处于被侦查之中的 2 名少年藏匿于教会，时间长达 8 天（神户简判昭和 50 年 2 月 20 日刑月 7 卷 2 号 104 页）。　210 页

〔案例 7〕因受到患者家属的恳求，医师向患者注射氯化钾，致其死亡（横浜地判平成 7 年 3 月 28 日判时 1530 号 28 页〔东海大学附属医院案〕）。　212 页

〔案例 8〕两个儿子同时落水，但父亲只有救助其中一个的可能。　213 页

〔案例 9〕某人的皮包被盗，次日，在闹市的人群中发现有人手持自己的

皮包，遂拽住皮包就走，从该人手中夺回皮包。 213 页

〔案例 10〕为了收集情报，几名警官混入观众之中，潜入在大学校园内主办的舞台剧发布会，结果被学生发现，学生强行拿走了警官的警官证（《暴力行为等处罚法》第 1 条）起诉（最大判昭和 38 年 5 月 22 日刑集 17 卷 4 号 370 页〔东大波波洛（popolo）案〕）。 214, 215 页

〔案例 11〕战后归国者援助局的职员 A 擅自旁听了从中国回国的归国者的集会，结果被会议相关人员 X 发现，X 等人围住 A，持续质问长达 3 个多小时（第一行为），随后又将 A 带至援助局集体宿舍加以监视控制（第二行为）（最决昭和 39 年 12 月 3 日刑集 18 卷 10 号 698 页〔舞鹤案〕）。 214, 215 页

〔案例 12〕为了阻止脱离罢工队伍的工会成员驾驶运炭车，主张继续实施罢工者坐在运行线路上高声叫骂（最判昭和 31 年 12 月 11 日刑集 10 卷 12 号 1605 页〔三友炭矿案〕）。 215 页

〔案例 13〕国铁工会的干部无视船长的制止，为了职场集会而进入青函联络船内（最判昭和 38 年 3 月 15 日刑集 17 卷 2 号 23 页〔桧山丸案〕）。 216 页

〔案例 14〕全国投递工会的某董事号召邮政局职员参加在工作时间召开的职场集会，（最大判昭和 41 年 10 月 26 日刑集 20 卷 8 号 901 页〔东京中邮案〕）。 217 页

〔案例 15〕全国投递工会的某干部号召邮政局职员参加在工作时间召开的职场集会，同时为了说服其他职员参加，还无端进入了邮政科的工作间（最大判昭和 52 年 5 月 4 日刑集 31 卷 3 号 182 页〔名古屋中邮案〕）。 217 页

〔案例 16〕都教组（东京都教育工会）的几名干部指示其他工会成员反对引入工作评定机制，进行争取休假的斗争，被以"煽动"争议行为而起诉（最大判昭和 44 年 4 月 2 日刑集 23 卷 5 号 305 页〔都教组案〕）。 218 页

〔案例 17〕作为对《警官职务执行法》之改正的反对运动的一环，全国农林业工会的干部发出了怠工的指令（最大判昭和 48 年 4 月 25 日刑集 27 卷 4 号 547 页〔全农林案〕）。 219 页

第十二章 故意与事实错误

〔案例1〕X为钱所困,有人与其打赌,若能用箭在20米远的地方射落放在其恋人头上的苹果,便可获得高额奖金,于是应承下来,X虽然想到有可能射杀恋人A,却仍然开弓射箭。 235,236页

〔案例2〕以为仅会命中并排站立的A与B中的某一人而开枪。 238页

〔案例3〕尽管不清楚谁会死、死几人,但想到可能会死人而向人群投掷炸弹。 238页

〔案例4〕瞄准A开枪射击,但子弹打偏,击中了预想之外的B,致B死亡。 240,241,242,243,244,247页

〔案例5〕出于杀害A的意思开枪,子弹穿过A,又命中了预料之外的B,致A、B两人死亡。 243,244页

〔案例6〕瞄准A开枪射击,致A重伤之后,又致预想之外的B死亡。 243,244页

〔案例7〕瞄准A开枪射击,但子弹打偏,致预想之外的B与C两人死亡。 244页

〔案例8〕由于卫生间的某间显示的是"使用中",想到应该是只有一个人在里面,遂出于杀害该人的意思,投掷了炸弹,但出乎意料,A、B两人同时在里面,最终致A、B两人死亡。 244,245页

〔案例9〕将B错看作是A,而将B射杀。 246页

〔案例10〕A每天早上开车去上班,行为人在车中安装炸弹,只要发动引擎,炸弹就会爆炸,但第二天早上,A因身体不适没去上班,而是其妻子B开车出门,结果B被炸死。 246,247页

〔案例11〕出于伤害的故意,瞄准A的右手开枪射击,但出乎意料,击中了A的右脚。 248页

〔案例12〕瞄准A饲养的狗开枪射击,但击中了A的盆栽。 248页

〔案例13〕为了陷害A而实施了虚假告诉(诬告),但同名同姓的B被相关部门认定为犯罪嫌疑人。 248页

〔案例14〕打算把被害人从桥上推下去淹死,但出乎意料,被害人是因撞在桥墩上死亡。 248页

〔案例15〕误将人当作人偶而开枪射击。 249,250页

〔案例 15'〕误将人偶当作人而开枪射击。 249，250 页

〔案例 16〕误以为已提交了与妻子的离婚申请（因而与妻子不再属于夫妻关系），杀害了妻子的生母（大阪高判昭和 30 年 12 月 1 日高刑特 2 卷 22 号 1196 页）。 250，254 页

〔案例 17〕对被害人出于戏言的杀害嘱托信以为真，杀害了被害人（名古屋地判平成 7 年 6 月 6 日判时 1541 号 144 页）。 250，254，255 页

〔案例 18〕误以为实际上处于他人占有之下的财物是遗忘物而拿走了该财物（东京高判昭和 35 年 7 月 15 日下刑集 2 卷 7＝8 号 989 页）。 251，254 页

〔案例 18'〕误以为是他人的占有之物而拿走，但实际上属于遗失物。 254，255，256 页

〔案例 19〕与他人共谋实施制作虚假公文书罪（第 156 条）的教唆行为，但该他人实际实施了伪造公文书罪（第 155 条）的教唆行为（最判昭和 23 年 10 月 23 日刑集 2 卷 11 号 1386 页）。 252，254 页

〔案例 20〕行为人出于实施《兴奋剂取缔法》中的走私进口兴奋剂罪的意思，而实际实施了《兴奋剂取缔法》中的走私进口麻药（海洛因）罪（两罪的法定刑相同）（最决昭和 54 年 3 月 27 日刑集 33 卷 2 号 140 页）。 253，254，256 页

〔案例 21〕出于实施有关兴奋剂的无许可进口罪的意思，而实际实施了有关麻药的进口违禁品罪的情形（后者的法定刑重于前者）。 253，254 页

〔案例 22〕出于持有麻药（可卡因）罪的意思，实际实施了持有兴奋剂罪的行为（持有兴奋剂罪的法定刑重于持有麻药罪）（最决昭和 61 年 6 月 9 日刑集 40 卷 4 号 269 页）。 253，254，255 页

〔案例 23〕X 看到与自己素来不和的 A 从胸前口袋掏出打火机，误以为 A 掏出的是匕首，出于伤害的未必的故意，脚踢 A 的手腕，致其受伤。 257，258，259，261 页

〔案例 24〕深夜，因邻居家着火，A 没有办法不得不逃入 X 家，X 误以为 A 是非法侵入者，为了击退该人，出于伤害的未必的故意，殴打 A 并致其受伤。 257，261 页

〔案例 25〕因 A 持方形建筑木材突然袭击过来，以为是木棒，X 随手拿起身边的棒状物予以还击，但事实上拿起的是劈柴刀，最终致 A 死亡。

257，262 页

〔案例 26〕A 没有攻击的意思，但 X 误以为 A 持木棒袭击过来，而且，以为是木棒，X 随手拿起劈柴刀予以了还击。 262 页

〔案例 27〕A 没有攻击的意思，但 X 误以为 A 持木棒袭击过来，虽认识到是劈柴刀，仍然用劈柴刀进行反击。 262 页

〔案例 28〕听到长子 A 的惊叫，X 持猎枪从家里奔到马路上，看到 A 正与持刀的 B 进行对峙，以为是 A 正受到 B 单方面的攻击，遂用猎枪向 B 射击，致 B 受伤。但实际情况是，B 并没有实施任何侵害行为，相反是 A 要用链条殴打 B，在 X 出来当时，A 对 B 也具有攻击的意思（最决昭和 41 年 7 月 7 日刑集 20 卷 6 号 554 页）。 263 页

〔案例 29〕A 男正在照顾醉酒的 B 女，空手道段位获得者 X 看到后，误以为 A 正在对 B 施暴，于是，为了救助 B 而插入 A、B 二人之间，A 为了防御而采取了迎战姿势（fighting pose），为此，X 误以为 A 会攻击自己，意图防卫自己以及 B 的身体，遂施展了自己擅长的"反身飞腿踢"技法，结果踢到 A 的面部附近，致其摔倒后死亡（最决昭和 62 年 3 月 26 刑集 41 卷 2 号 182 页〔假想骑士道案〕）。 264 页

〔案例 30〕A 持 B 所有的日本刀砍过来，为了防卫，X 拿起金属球棒进行对抗，结果损毁了日本刀。 264 页

〔案例 31〕A 持日本刀砍过来，为了防卫，X 拿起 B 所有的金属球棒进行对抗，结果损毁了金属球棒。 265 页

〔案例 32〕A 持日本刀砍过来，为了防卫，X 向 A 开枪，但子弹打偏，击中了预想之外的 B，致 B 死亡。 264，265 页

〔案例 33〕X 与其兄 B 和 A 等人发生争执，在其兄 B 就要遭受 A 等人的重创之时，为了营救 B 而开车倒向 A 等人，除了撞倒 A 之外，还轧死了 B（大阪高判平成 14 年 9 月 4 日判夕 1114 号 293 頁）。 266 页

第十三章 违法性的意识的可能性

〔案例 1〕关东大地震之际，违反《暴利取缔令》，高于市价出售石油罐，不过，被告人主张，当时由于交通中断，自己无法知道三天前刚颁布的该敕令（大判大正 13 年 8 月 5 日刑集 3 卷 611 页）。 268，275 页

〔案例 2〕行为人不知道超出了指定价格而销售了精米（最判昭和 26 年

11月15日刑集5卷12号2354页）。　268页

〔案例3〕为了防止田里的魔芋被盗，某农夫在自己的农田守夜，深夜，看到出于盗窃目的而接近自己农田的A，于是作为现行犯逮捕（抓获）了A，但在逮捕的时点，A的行为尚未达到着手盗窃的程度（東京高判昭和27年12月26日高刑集5卷13号2645页〔魔芋案〕）。　273页

〔案例4〕对于上映已通过伦理审查的电影，而被以公然陈列猥亵图画罪受到起诉（東京高判昭和44年9月17日高刑集22卷4号595页〔黑雪案〕）。　273，282页

〔案例5〕违反《反垄断法》的石油生产调整是在通产省的指导之下进行，公平交易委员会对此也未采取任何措施（東京高判昭和55年9月26日高刑集33卷5号359页〔石油卡特尔生产调整案〕）。　273，282页

〔案例6〕行为人进口了虽具有手枪之外观但不具有发射金属弹丸的功能的东西，被认为相当于进口枪械而受到起诉（大阪高判平成21年1月20日判夕1300号302页）。　273页

〔案例7〕饮食店经营者X，在制作与百元纸币相似的消费券之际，①拜访警署，找熟知的警官P商量，P建议不要使得二者发生混淆，但X仍制作了未能充分体现该建议的消费券A；②将消费券A拿到警署之时，P既未提醒注意也未提出警告，并将该消费券分发至其他警官，为此，X更加放心，又制作了几乎相同的消费券B；③其他饮食店经营者Y从X那里听说，警察认为消费券A并无问题，遂制作了与之几乎相同的消费券C（最决昭和62年7月16日刑集41卷5号237页〔消费券案〕）。　274，282页

〔案例8〕因总是难以实现对已经腐朽的村有桥梁的改建，X等人打算制造出桥梁因雪灾而坍塌的假象，由此获取灾害补偿款，并用该补偿款对桥梁进行改建，于是用炸药损坏了桥梁。行为当时，X等人并不知道《爆炸物取缔罚则》第1条之存在及其法定刑（死刑或者无期或7年以上惩役或禁锢），以为至多被处以罚金（最判昭和32年10月18日刑集11卷10号2663页〔关根桥案〕）。　276页

〔案例9〕玩具类秋千本属于物品税之征收对象，但行为人不知道这属于应税物品，在未向政府提出申报的情形下生产了秋千（最判昭和34年2月27日刑集13卷2号250页〔秋千案〕）。　278，282页

〔案例10〕被告人猎捕了当地称为"姆马（もま）"的动物，但那实际

上是《狩猎法》禁止在特定时间予以捕杀的动物"姆萨萨比（むささび）"的俗称（大判大正 13 年 4 月 25 日刑集 3 卷 364 页〔姆马（もま）・姆萨萨比（むささび）案〕）。 278 页

〔案例 11〕《狩猎法》禁止在一定时间内猎捕"狸"，而俗称十字"貉"的动物不过是"狸"的一种类型，但行为人误以为十字"貉"是不同于"狸"的其他动物，而猎捕了十字"貉"（大判大正 14 年 6 月 9 日刑集 4 卷 378 页〔狸・貉案〕）。 279 页

〔案例 12〕行为人打算将属于自己生父名义的、《公众浴场法》上的营业执照改为自己所经营的公司的名义，由于得知按照该法不允许变更营业名义，于是，听从县机关的业务担当人员的建议，再次提交名义变更申请书，申请将最初的申请人由自己的生父改为公司，并得到县知事的受理，行为人由此认为已经存在有效许可，遂继续经营该澡堂（最判平成元年 7 月 18 日刑集 43 卷 7 号 752 页〔公共浴室案〕）。 280 页

〔案例 13〕大分县相关法令规定，"凡没有挂养犬证，且饲养人不明的狗，视为无主狗"，为此，行为人捕杀了没有挂证照的狗。但该法令仅仅是允许相关公务员对无主狗（没有挂证照的狗）进行处理，而不是说，对不属于公务员的其他个人而言，这种狗也属于无主狗（最判昭和 26 年 8 月 17 日刑集 5 卷 9 号 1789 页〔无证犬案〕）。 280，281 页

〔案例 14〕误以为扣押已经因偿还而失去效力，遂自行除掉了被查扣的物件上的封条（大决大正 15 年 2 月 22 日刑集 5 卷 97 页）。 280，281 页

〔案例 15〕裁判所的执行官员 X 在对 A 实行强制执行之际，发现市政府的税收官员所做出的扣押，不仅缺少对重要事项的记载，所扣押的财产的价值也明显超出滞纳税款，于是，误以为该扣押是出于避免针对 A 的一般债权人的强制执行的目的的错误处分，应归于无效，于是除掉了扣押封条（最判昭和 32 年 10 月 3 日刑集 11 卷 10 号 2413 页）。 281 页

〔案例 16〕将数名女性介绍至性风俗店工作，并得到了相应报酬，对此，行为人虽认为，介绍有害的工作是一种犯罪，但并不认为，未经相关部门许可而有偿介绍工作的行为也属于犯罪。 282 页

〔案例 17〕已婚者 X 因与 17 岁的女性发生性交易而被追究违反《青少年保护条例》之责，X 虽然认为婚姻之外的性交易属于犯罪，但并不认为与未满 18 周岁的女性之间的性交易也属于犯罪。 282 页

第十四章　过失犯

〔案例1〕X驾车以60公里的时速在限速40公里的地方行驶，撞死了突然穿出来的行人A。　291页

〔案例1'〕X以60公里的时速行驶，轧死了突然穿出来的A，但即便以限速40公里行驶，也无法避免A被轧死这一结果。　296，297页

〔案例2〕货车驾驶员X粗暴装货，然后野蛮驾驶，结果所装的货物掉落下来砸伤了行人。　292页

〔案例3〕尽管高度近视，却不戴眼镜驾驶汽车，结果造成了事故，但在马上就要发生事故之时，由于近视而没有结果的预见可能性。　292页

〔案例4〕横滨市立大学附属医院当时没有建立"确认属于患者本人"（患者的同一性）的相应工作流程，结果弄错对象对其他患者实施了手术，在此过程中，将患者送至手术室的护士，还有麻醉医师、主刀医师都没有确认是否是患者本人（最决平成19年3月26日刑集61卷2号131页〔横滨市大医院案〕）。　292页

〔案例5〕患者服用A公司销售的非加热制剂，因其中混入了HIV病毒而死亡，厚生省生物制剂课课长X未采取措施以回收并停止使用该制剂（最决平成20年3月3日刑集62卷4号567页〔艾滋药害厚生省途径案〕）。293页

〔案例6〕在10层建筑的饭店，因住店客人没有熄灭烟头而引发火灾，但由于没有安装自动喷淋灭火设施，也没有设置避险区域，而且未能及时通知、疏导住店客人，结果造成32人死亡、24人受伤的惨剧（最决平成5年11月25日刑集47卷9号242页〔新日本饭店火灾案〕）。　294，310页

〔案例7〕由于快速列车的司机让列车以大幅超出翻车速度的车速进入拐弯处，造成列车脱轨，致多名乘客死伤。JR（日本铁道）西日本公司的历任社长都没有指示铁道本部长在该拐弯处设置列车自动停止装置（ATS）（最决平成29年6月12日刑集71卷5号315页〔JR福知山线脱轨事故〕）。295，311页

〔案例8〕列车司机X在距离30米远的地方，看到幼童A在道口铁轨上，虽采取急刹车，但列车未能停下来，因而轧死了A。　295页

〔案例8'〕列车司机X在距离30米远的地方才发现幼童A在道口铁轨

上，但未刹车而轧死了 A。　296 页

〔案例 8"〕列车司机 X 只有在距离 30 米远的地方才有可能发现 A，但由于没有注视前方而未能发现 A，结果没有刹车而轧死了 A（大判昭和 4 年 4 月 11 日新闻 3006 号 15 頁）。　296 页

〔案例 9〕驾驶汽车的过程中，因"睡眠时无呼吸症候群"发作，而毫无征兆地马上陷入睡眠状态，因此与对向来车相撞，致数人受伤（大阪地判平成 17 年 2 月 9 日判时 1896 号 157 頁）。　296，297 页

〔案例 10〕麻醉医师 X 本应给患者注射奴佛卡因，但因疏忽而注射了危险性更大的可卡因，结果造成患者休克死亡，但 A 属于特殊体质，即便是注射奴佛卡因，也会休克死亡。　296，297 页

〔案例 11〕出租车司机 X 在黄灯跳动时，没有减速慢行，而是以时速 30 至 40 公里驾车驶入左右方向的视线并不好的十字路口，结果撞上了 A 驾驶的汽车，造成出租车上的乘客 B、C 一死一伤，当时，A 无视红色信号灯正在跳动，且以远超限速 70 公里每小时的车速驶入（最判平成 15 年 1 月 24 日判时 1806 号 157 頁）。　298 页

〔案例 12〕X 在驾车过程中，为了避让突然穿出来的行人 A，情急之下猛打方向盘，但撞上了对向来车，致驾驶该车的 B 受伤。　298，299 页

〔案例 13〕血友病患者 A 因手腕关节出血，来 T 医院接受治疗，由于被使用了混有 HIV 病毒的非加热试剂，最终因感染艾滋病而死亡，X 作为该医院的内科主任，决定了针对该血友病患者的基本治疗方针，被以业务过失致死罪起诉（東京地判平成 13 年 3 月 28 日判时 1763 号 17 頁〔药害艾滋帝京大路径案〕）。　300 页

〔案例 14〕在奶粉的制造过程中，为了用作稳定剂，从相关批发商处购买"第二磷酸苏打"，但实际购得的物质是含有大量砷酸的其他药剂，为此，所制造的奶粉中混入了砷酸，致使饮用该奶粉的婴幼儿数人死伤（德岛地判昭和 48 年 11 月 28 日判时 721 号 7 頁〔森永奶粉案〕）。　302 页

〔案例 15〕护士 X 在手术时误接了电子手术刀的电源，医师 Y 就此开始进行手术，由于心电图描记器同时也出现了问题，由高频率电流产生了特殊回路，致使患者脚部严重烫伤（札幌高判昭和 51 年 3 月 18 日高刑集 29 卷 1 号 78 頁〔北大电子手术刀案〕）。　303，308 页

〔案例 16〕厨师受顾客之托取出了河豚的肝，顾客食用之后中毒死亡

（大阪高判昭和 54 年 3 月 23 日刑月 11 卷 3 号 109 页〔坂东三津五郎案〕）。 304 页

〔案例 17〕X 驾驶轻便四轮货车，在限速 30 公里的地方以 65 公里的车速行驶，看到对向来车，措手不及猛打方向盘，结果失去平衡，汽车的后部车厢猛烈撞上路边的信号灯柱，致使坐在驾驶室副驾驶位置的 A 身受重伤，同时，还致使在 X 不知情的情况下坐进后车厢的 B、C 两人死亡（最决平成元年 3 月 14 日刑集 43 卷 3 号 262 页〔车厢搭乘案〕）。 305，306 页

〔案例 18〕X 在实施隧道内的电缆接线工程时，由于怠于安装接地铜板，造成诱发电流不能流向地下，而是长时间流向接线板，最终因形成碳化导电路而发生火灾，因散发有毒气体而致使电车内的乘客死伤，但在此之前，全国未曾出现过形成碳化导电路的情况（最决平成 12 年 12 月 20 日刑集 54 卷 9 号 1095 页〔生驹隧道案〕）。 306 页

〔案例 19〕X 驾驶助动车发出右拐信号，在以 20 公里的车速开始右拐之际，A 驾驶助动车以 60 至 70 公里的车速试图从右后方超车，结果两车相撞，A 被撞身亡（最判昭和 42 年 10 月 13 日刑集 21 卷 8 号 1097 页）。 307，308 页

〔案例 20〕盛夏季节的大晴天，在加油站内汽油强烈挥发的汽油罐附近，用打火机点烟而导致了火灾（最判昭和 23 年 6 月 8 日裁判集刑事 2 号 329 页）。 300，314 页

第十五章 未遂犯

〔案例 1〕X 出于向 A 开枪的意思，手指放在手枪扳机上之时被抓获。 316，321，322 页

〔案例 1'〕X 出于杀人的意思，将手枪指向 A，在"将手指放在手枪扳机上"之时，手枪突然射出子弹而致 A 死亡。 329，330，331 页

〔案例 2〕X 向 A 开枪射击，但子弹打偏。 316 页

〔案例 3〕出于盗窃的目的潜入他人住宅，为了物色钱款而走向衣柜之时，被家人发现，为了免遭逮捕（抗拒抓捕），暴力伤害了家人（大判昭和 9 年 10 月 19 日刑集 13 卷 1473 页）。 319，324 页

〔案例 4〕夜间，潜入电器工具店，打开手电筒观察店内情况，发现堆满了电动工具，由于想尽可能地盗取现金，遂走向出售香烟的柜台，正在此时，

被店主发现，为了免遭逮捕（抗拒抓捕），杀害了店主（最判昭和40年3月9日刑集19卷2号69页）。 319，324页

〔案例5〕某日上午11时20分许，X等人装作警察给前几天曾遭受特殊诈骗的被害人打电话："昨天，我们在车站抓获了一名行迹诡异的男子，那个人提到了你的名字""你昨天钱被骗走了吧？""你的账户里还有多少钱？""现在最好马上去银行，把钱全部取出来""前几天被骗的100万，我们会替你追回来，但需要你的配合"（第一次电话）。当日下午1时许，X等人再次给被害人打电话："我会马上去你那里""我已经准备好了，2点之前到你那里"（第二次电话）。此后，为了去被害人处收取现金而赶到被害人家附近时，因受到警察的询问而被逮捕（最判平成30年3月22日刑集72卷1号82页）。319，325页

〔案例6〕X与Y夜间出于强奸的意图，强行将A女拽进翻斗车的驾驶室，带至离现场约5公里的河岸堤坝工程现场，在驾驶室内抑制被害人A女的反抗，强行奸淫了被害人，但在将A女拽进驾驶室之时，给A女造成了伤害（最决昭和45年7月28日刑集24卷7号585页）。 327，328页

〔案例7〕妻子为了毒杀丈夫，打算等丈夫出差回来后，拿出来让丈夫喝，而将混入了毒药的威士忌酒瓶放在酒柜里面，但没想到丈夫提前回家，自己拿出威士忌酒瓶，饮后死亡。 319，329页

〔案例8〕X出于骗保的目的，让Y杀害自己的丈夫A。Y让P、Q、R（下称"3名实行犯"）加入进来，指示他们实施。3名实行犯按照事先计划，用他们乘坐的汽车追尾A的汽车，假装要协商解决问题，将A骗上他们乘坐的汽车，强行让A闻氯仿，*并使之处于昏厥状态（第一行为）；然后开车将A带至离现场大约两公里的港口，使A连人带车一起坠入海中（第二行为）。究竟是因第一行为引起还是因第二行为引起，无法确定A的死因，也有因第一行为而致A死亡的可能性，但对于第一行为引起A死亡的可能性，Y与3名实行犯并无认识（最决平成16年3月22日刑集58卷3号187页〔氯仿案〕）。 319，332页

〔案例9〕被告人因妻子离家出走而悲观厌世，打算自焚，在向家里泼洒

---

* 氯仿（chloroform）是一种麻醉药，属于无色挥发性气体。带有窒息性的臭味，具有麻醉作用，可以致癌。——译者注

了大量汽油之后，还打算在死前再吸最后一支烟，遂用打火机点烟，结果引燃了已经气化的汽油而引发火灾（横滨地判昭和 58 年 7 月 20 日判时 1108 号 138 页〔最后一支烟案〕）。 333 页

〔案例 10〕X 出于杀人的犯意，用麻绳勒住熟睡之中的 A 的脖子（第一行为），误以为已不能动弹的 A 已经死亡，遂将 A 运到海边，扔在沙滩上（第二行为），但 A 最终因吸入了沙土而窒息死亡（大判大正 12 年 4 月 30 日刑集 2 卷 378 页〔吸入沙土案〕）。 334，335 页

〔案例 11〕出于杀人的意图，将混入毒药的砂糖以包裹形式邮寄至朋友家中。 335，339 页

〔案例 11'〕在行为人自己把混入毒药的砂糖拿到被害人家中。 335 页

〔案例 12〕母亲在商店命令 5 岁的儿子实施盗窃。 335，336 页

〔案例 13〕行为人打算与家人一起自杀，将 6 瓶混入毒药的果汁分散放在离家不远的田埂上，原本期待自己的家人喝下，但没想到被附近的小孩拾到，饮后死亡（宇都宫地判昭和 40 年 12 月 9 日下刑集 7 卷 12 号 2189 页〔毒果汁案〕）。 337，340 页

〔案例 14〕行为人打算将装有麻药的行李箱作为托运行李带回日本，在日本国内机场，不知情的机场工作人员将该行李箱搬至行李检查地点（東京高判平成 9 年 1 月 29 日判时 1608 号 156 页）。 340 页

〔案例 15〕在国际航线安检区域内被贴上"已经安检"标签的行李，会就此装上飞机，行为人将鳗鱼幼苗藏在作为飞机托运行李的行李箱内，试图偷运出境，并且在国际航线安检区域内将非法获取的标签贴在行李箱上（最判平成 26 年 11 月 7 日刑集 68 卷 9 号 963 页）。 340 页

〔案例 16〕邮政局工作人员将他人的邮件的投递地址改成自己家的地址，然后让不知情的投递员去投递，试图窃取该邮件（東京高判昭和 42 年 3 月 24 日高刑集 20 卷 3 号 229 页〔改换地址案〕）。 340 页

〔案例 17〕X 意图趁酒劲杀害 A，于是，大量饮酒，陷入无责任能力状态之后，用刀刺死了 A。 341，344 页

〔案例 17'〕虽对陷入心神丧失的状态存在预见（或者明明这种预见是可能的），但并无杀人故意而饮酒的 X，在无责任能力的状态之下出于杀人犯意杀死了 A。 342 页

〔案例 17"〕X 决意杀害 A，在走向 A 家的途中，被 B 死拉硬拽地拉去

喝酒，结果陷入无责任能力状态，但仍按原计划杀害了 A。 343 页

〔案例 18〕X 已经意识到，自己存在一旦饮酒就会陷入病态酩酊进而对他人施加危害这种习性（体质），却在饮酒之后陷入无责任能力的状态下杀死了他人（最大判昭和 26 年 1 月 17 日刑集 5 卷 1 号 20 页）。 345，347 页

〔案例 19〕属于兴奋剂中毒者的被告人，服用兴奋剂之后处于幻觉妄想的状态下，杀死了其姐（名古屋高判昭和 31 年 4 月 19 日高刑集 9 卷 5 号 411 页）。 345 页

〔案例 20〕被告人驾车去酒吧，喝完 20 瓶啤酒之后陷入心神耗弱状态，坐上他人所有的汽车醉酒驾驶，中途向同乘的 A 勒索了财物（最决昭和 43 年 2 月 27 日刑集 22 卷 2 号 67 页）。 345 页

〔案例 21〕X 在具有完全责任能力的状态下开始对 A 实施暴力，同时持续饮酒，在长约九个小时的时间内，断断续续地对 A 实施暴力，但在实施造成致命伤的暴力的时点，已处于心神耗弱的状态之下（长崎地平成 4 年 1 月 14 日判时 1415 号 142 页）。 346 页

〔案例 22〕X 从警官 A 手中夺得手枪，扣动扳机向 A 开枪，但枪中并无子弹（福冈高判昭和 28 年 11 月 10 日判特 26 号 58 页〔空枪案〕）。 348，354 页

〔案例 23〕X 出于杀害就寝中的 A 的意图，向床铺开枪，但 A 正在外地旅行（"空床案"）。 348，353 页

〔案例 24〕准备了用于杀人的毒药，但实际上并非毒药而是无害的药物。 348 页

〔案例 25〕将手榴弹扔向他人，但手榴弹因长年埋在地下已经变质，丧失了爆炸力（东京高判昭和 29 年 6 月 16 日高刑集 7 卷 7 号 1053 页〔手榴弹案〕）。 348，354 页

〔案例 26〕误以为砂糖能杀人而让他人饮用糖水。 349 页

〔案例 26'〕行为人误以为砂糖是氰化钾而让人饮用。 349 页

〔案例 27〕妻子将硫磺溶解后，让丈夫喝下硫磺汁，试图以此来杀害丈夫（大判大正 6 年 9 月 10 日刑录 23 辑 999 页〔硫磺杀人案〕）。 354 页

〔案例 28〕知道 A 患有严重糖尿病的 X，出于杀人犯意让 A 大量地饮用糖水，结果使得 A 陷入生命垂危状态，最终经过抢救，终于挽回了生命。 351 页

〔案例28'〕在〔案例28〕中，如果X是在不知道A患有严重的糖尿病的情况下，让A大量饮用了糖水。　351页

〔案例29〕X出于杀人的犯意向A的静脉注射了空气，但注射的空气并未达到致死量（最判昭和37年3月23日刑集16卷3号305页〔注射空气案〕）。　352，353，354页

〔案例30〕Y已开枪射杀了A，为了保险起见，X又用日本刀刺向A的腹部，但在该时点，A可能已经死亡（広島高判昭和36年7月10日高刑集14卷5号310页〔尸体杀人案〕）。　353，355页

〔案例31〕行为人已被解除董事之职，但其对此并不知情，实施了违背任务的行为。　353，354页

〔案例32〕父亲想带着子女一同自杀，将家用煤气放满了整个房间（岐阜地判昭和62年10月15日判夕654号261页〔家用煤气自杀案〕）。354页

第十六章　中止犯

〔案例1〕X用枪瞄准A，且手指已经放在手枪的扳机上，但看到A哀求救命，心生不忍，放弃扣动扳机。　358，365页

〔案例2〕X向A开枪，致A重伤濒临死亡，看到A流血不止顿时醒悟，自己驾车送A去医院，结果A得以挽回性命。　358，365页

〔案例3〕原打算开两枪杀死A，开了一枪之后，放弃了开第二枪。　365，366页

〔案例4〕接受X之旨意的Y出于杀人的犯意，用日本刀砍向A的右肩，正打算继续砍第二刀而让A彻底断气之际，X对Y说，"可以了！Y，我们走"，让Y停止了攻击，并指示Y将A送往医院（東京高判昭和51年7月14日判时834号106页）。　366页

〔案例5〕X出于杀人的犯意，用牛刀砍向A，致A负伤（痊愈需要2周时间），此时，因A哀求救命，X遂放弃了杀害行为，并将A送往医院（東京高判昭和62年7月16日判时1247号140页）。　366页

〔案例6〕X给A注射毒药之后，改变主意将A送往医院抢救，但所注射的毒药并未达到致死量。　367页

〔案例7〕X出于杀人犯意用刀刺向A之后，改变主意，在用公用电话呼

叫救护车期间，第三者将 A 送往了医院。 367，368 页

〔案例 8〕X 向 A 注射了达到致死量的毒药之后，改变主意，将 A 送往医院，但 A 不治身亡。 368 页

〔案例 8'〕X 向 A 注射了达到致死量的毒药之后，改变主意，将 A 送往医院，经过抢救，A 一旦脱离了生命危险，其后却由于意料之外的并发症或者院内感染而死亡。 368 页

〔案例 9〕向建筑物放火之后，因火势凶猛感到恐惧，一边向邻居家大叫"放火了，请帮忙"，一边逃离了现场（大判昭和 12 年 6 月 25 日刑集 16 卷 998 页）。 368，369 页

〔案例 10〕X 出于杀人犯意给 2 岁的男孩 A 服用了安眠药，因 A 开始口吐泡沫，意识到自己闯了大祸，马上拨打 110，在赶到现场的警察的帮助之下，将 A 送往医院接受治疗（東京地判昭和 37 年 3 月 17 日下刑集 4 卷 3＝4 号 224 页）。 368，369 页

〔案例 11〕X 出于杀人犯意致 A 重伤，然后自己开车将 A 送往医院，并交给医生处理，但谎称自己不是凶手，还实施了将凶器扔入河中等隐匿罪证的行为（大阪高判昭和 44 年 10 月 17 日判夕 244 号 290 页）。 368，369 页

〔案例 12〕X 在放火之后，为了增强火势，误以为装在聚乙烯罐内的水是汽油而泼向火苗，但出乎其意料将火浇灭。 371 页

〔案例 13〕X 向 A 开枪，第一发子弹打偏，但 X 误以为击中了 A，于是不再发射第二发子弹，离开了现场。 371 页

〔案例 14〕出于诈骗目的，X 针对 A 提起诉讼，但 A 对此感到怀疑，反而对 X 提起了反诉，X 随之撤诉（大判大正 11 年 12 月 13 日刑集 1 卷 749 页）。 372 页

〔案例 15〕着手实施强奸，由于对方是熟人，担心罪行败露，放弃了强奸。 372 页

〔案例 16〕因放火时间太晚，起火时似乎要天亮，担心罪行败露而将火扑灭（大判昭和 12 年 9 月 21 日刑集 16 卷 1303 页）。 372，373 页

〔案例 17〕为了杀害 A，X 用金属球棒击打 A 的头部，看到 A 头部流血非常痛苦，因感到恐惧与惊愕而放弃了杀害行为（最决昭和 32 年 9 月 10 日刑集 11 卷 9 号 2202 页）。 372，373 页

〔案例 18〕出于窃取现金的目的，在女性住宅的衣柜内物色目的物，虽

然有女性的内衣等,但并无现金,为此什么也没有偷。 372 页

〔案例 18'〕出于窃取女性内衣的目的,在女性住宅的衣柜内物色目的物,虽然有现金,但并未找到(行为人本欲窃取的)女性内衣,为此什么也没有偷。 372 页

〔案例 19〕出于未必的故意,用刀刺向 A 的颈部,看到涌出大量的血,非常惊愕,同时也意识到闯了大祸,马上呼叫救护车(福冈高判昭和 61 年 3 月 6 日高刑集 39 卷 1 号 1 页)。 373 页

〔案例 20〕因 A 提出分手引起争执,X 试图杀死 A,用刀刺向 A 的胸部,A 灵机一动,对 X 说,"我真的很爱你!"恳求 X 将自己送往医院,于是,X 自己驾车将 A 送往医院(札幌高判平成 13 年 5 月 10 日判夕 1089 号 298 页)。 374 页

〔案例 21〕出于抢劫目的,购买凶器之后,走到目标住宅之前,改变主意而折返回去。 374 页

第十七章 正犯与共犯

〔案例 1〕医师 X 给睡眠之中的患者 A 注射了毒药。 377 页

〔案例 2〕医师 X 就含有毒药这一点对护士 Y 秘而不宣,指示护士 Y 向患者 A 注射。 377,380,382,383,384,389 页

〔案例 2'〕医师 X 谎称是胰岛素,将含有毒药的注射器交给患者 A 自己注射。 382,389 页

〔案例 3〕医师 X 与护士 Y 谋议杀害患者 A,分别由 X 压制 A 的反抗、由 Y 向 A 注射毒药。 377 页

〔案例 4〕医师 X 对与患者 A 有仇的护士 Y 耳语说:"我会按照病死来处理,你给他注射毒药怎么样?" 378 页

〔案例 5〕在医师 X 杀害患者 A 之际,护士 Y 明知 X 会用于杀害 A,仍然应 X 的要求为其准备了毒药。 378 页

〔案例 6〕姐姐受妹妹之托,杀死了妹妹的私生子。 381 页

〔案例 6'〕明明没有受妹妹之托,姐姐却自以为是为了妹妹着想,自行杀死了妹妹的私生子。 381 页

〔案例 7〕X 根据苏联国家安全委员会(KGB)的指令杀死了流亡者。 381 页

〔案例8〕纯粹出于利他动机而尝试了实施自杀式炸弹袭击。 381页

〔案例9〕母亲X让5岁的儿子Y盗窃商店的东西。 382, 383, 384, 388页

〔案例10〕Y得知恐怖分子X打算在某地安放炸弹,出于杀死A的意图,在X安放炸弹之前,打电话给A,约定在爆炸的预定时间到该地碰头,结果炸死了A。 384, 386, 392页

〔案例10'〕在〔案例10〕中,在X安放了炸弹之后,Y再打电话给A。 384, 392页

〔案例11〕出于骗保的目的,对于一直极度畏惧自己的A,不断通过暴力、胁迫等手段,X反复逼迫其做出交通事故的假象,连人带车一起坠入海中自杀。A想到,自己除了服从X的命令,坠入海中之后再设法逃走之外别无他法,于是连人带车一起坠入海中(最决平成16年1月20日刑集58卷1号1页)。 387页

〔案例12〕X在带12岁的养女Y到四国地区巡礼(朝拜)的过程中,命令Y窃取了现金(最决昭和58年9月21日刑集37卷7号1070页〔四国巡礼案〕)。 388页

〔案例13〕X指示、命令12岁的长子Y在居酒屋抢劫财物(最决平成13年10月25日刑集55卷6号519页〔居酒屋抢劫案〕)。 388页

〔案例14〕X向高度近视的Y谎称A是人偶而让其开枪射击。 389, 390页

〔案例15〕明明是"现住建筑物"(现在有人在内的建筑物),X却谎称是"非现住建筑物",而让Y向该建筑物放火。 389, 390页

〔案例16〕X谎称A的价值昂贵的画作不过是廉价赝品,而让Y(或者A)损坏了该画作。 389, 390页

〔案例17〕X得知Y打算杀死仇敌A,向高度近视的Y谎称B是A,而让Y射杀了B。 389, 390页

〔案例18〕X向嫉妒心很重的Y谎称其妻子与A有不正当男女关系,而鼓动Y杀死了A。 389, 390页

〔案例19〕X欺骗不了解情况的外国人Y,谎称大麻交易在日本是合法的,让其将大麻走私进口到日本。 389, 390页

〔案例20〕X隐瞒使用的目的让Y制作了假币。 390页

〔案例21〕公务员X让妻子Y代收了贿赂。 391页

〔案例22〕公司董事X命令下属Y，违反（当时的）《粮食管理法》私自运输了粮食。 391页

〔案例23〕X出于伤害A的意图，唆使A殴打Y，作为针对殴打行为的正当防卫，Y对A实施暴力而致A受伤。 391页

〔案例24〕X以空运的形式，将大麻从海外寄往自己家，但在海关检查时发现藏匿了大麻，侦查机关按照"控制下的交付"制度（controlled delivery），让投递员Y在侦查机关的监视之下接受"货物"之后，（不动声色地）将"货物"顺利送达X家（最决平成9年10月30日刑集51卷9号816页）。 392页

〔案例25〕X与Y谋议抢劫A的钱财，X对A实施暴力，Y从被压制反抗的A身上夺取了钱包。 393，394，395，399，402，405页

〔案例25'〕在〔案例25〕中，A因X的暴力而受伤。 402页

〔案例26〕X与Y谋议杀死A，两人分别向A开枪，结果只有X的子弹命中，并致A死亡。 393，394，395，399，402页

〔案例26'〕X与Y对杀害A相互进行意思沟通，分别瞄准A扣动扳机，由X的子弹打死了A，但Y的枪里面没有子弹。 396，402页

〔案例26"〕X与Y基于相互之间的意思沟通，分别用枪瞄准了A，由于X瞬间提前开枪而命中了A，Y实际上并未来得及开枪。 402页

〔案例27〕X出于杀人的故意、Y出于伤害的故意，基于意思联络分别向A投掷石块，结果只有X的石块命中，致A死亡。 397，398，399页

〔案例27'〕在〔案例27〕中，如果不是X的石块而是Y的石块致A死亡。 398，399页

〔案例28〕报社社长X通过职员Y，威胁会刊登不利于A等人的报道，而从A处勒索了钱财（大判大正11年4月18日刑集1卷233页）。 399页

〔案例29〕某政党的地下组织的干部X为了筹措资金，计划抢劫银行，并让手下的党员Y等人实施了抢劫（大连判昭和11年5月28日刑集15卷715页） 399页

〔案例30〕某政党的军事组织的干部X，与Y共谋袭击警官A，并在Y的指挥之下由Z等人对A实施暴力，最终致其死亡（最大判昭和33年5月28日刑集12卷8号1718页〔练马案〕）。 400页

〔案例31〕某暴力团的组长 X 在数台汽车的护卫之下赴京，坐在其他车辆上的同行的保镖携带了手枪，X 就此被追究刑责（最决平成15年5月1日刑集57卷5号507页〔保镖案〕）。　409页

〔案例32〕Y 计划从泰国走私进口大麻，请 X 担任实际的走私人，尽管因考虑到自己还属于缓刑之身而予以了拒绝，但自己也想弄到大麻，受此欲望的驱使，向熟人 Z 讲明情况之后请 Z 帮忙，不仅将 Z 作为自己的替身介绍给 Y，还基于自己可分得部分走私进来的大麻这种约定，向 Y 提供了部分资金（最决昭和57年7月16日刑集36卷6号695页）。　410页

第十八章　共犯的处罚根据

〔案例1〕X 教唆 Y，让 Y 伤害了 A。　413，414页

〔案例2〕X 教唆 Y 伤害 X 自己，并让其实施了该行为。　415，416，417页

〔案例3〕X 教唆 Y 伤害 Y 自己，并让其实施了该行为。　415，416，417页

〔案例4〕X 为了陷害 Y，一边唆使 Y 盗窃 A 的自行车，一边报告警察，让警察守候在周边，以确保在 Y 着手实施盗窃之时能将其抓获。　417页

〔案例5〕在 Y 就要对 A 实施强奸之际，在 Y 没有察觉的情况下，X 摁住 A 的双脚，从而使 Y 得以顺利完成奸淫。　419，421，422页

〔案例6〕在 Y 等人正闯入 A 宅实施损坏建筑物、损坏器物、伤害之际，X 得知该计划后，出于单方面助力 Y 等人的意图赶赴 A 宅，自己投掷石块、砖瓦，并持刀威胁 A（大判大正11年2月25日刑集1卷79页）。　419页

〔案例7〕得知 Y 等人开设赌场之后，X 邀约客人至该赌场（大判大正14年1月22日刑集3卷921页）。　420，421页

〔案例8〕X 把配好的 A 宅钥匙交给盗窃犯 Y，Y 利用该钥匙顺利进入了 A 宅。　422，423页

〔案例9〕Y 打算杀死妻子 A，Y 的情人 X 对 Y 说，"如果 A 死了，我就和你结婚"，催促 Y 杀死 A。　422，424页

〔案例10〕在 Y 实施盗窃期间，在未被 Y 察觉的情况下，X 替 Y 望风，但最终谁也没有经过此地。　424页

〔案例10'〕受 Y 之托，在 Y 实施盗窃期间，X 负责望风。　424页

〔案例11〕Y为了不返还珠宝,计划在某大楼的地下室枪杀珠宝商人A,X得知此消息后,为了防止枪声传到外面,而自行封堵了地下室入口的缝隙。但之后Y改变计划,在行驶的汽车中枪杀了A,当时,X驾车尾随在Y的汽车后面(東京高判平成2年2月21日判タ733号232頁〔板桥珠宝商杀害案〕)。 425页

〔案例12〕Y出于抢劫的目的杀害A之后,从Y处得知情况的X参与了夺取A的财物的行为。 427,428,433,435,437,438页

〔案例12'〕X在杀害A之后,产生非法取得财物的意思,于是自己从A的尸体上拿走了财物。 429,430页

〔案例12'"〕Y出于强取财物的目的杀害A并拿走(强取)了A的财物之后离开,躲在角落的X看到这一切,拿走了剩下的财物。 429,430页

〔案例12"〕躲在角落的X看见Y杀害了A,在Y离开之后,从A的尸体上拿走了财物。 429,430页

〔案例13〕Y出于诈骗目的欺骗了A之后,从Y处得知情况的X参与了收受钱款的行为。 427,428,432,435,437,438页

〔案例14〕在Y对A实施暴力的途中,知情的X参与了暴力行为,但A因X参与之前的Y的暴力而受伤。 427,428,435,438页

〔案例14'〕在〔案例14〕中,A究竟是因X参与之前的暴力还是因X参与之后的暴力而受伤,这一点并不明确。 427,428,435,438,447页

〔案例15〕事后知情的X从Y处受让并使用了Y伪造的文书。 430页

〔案例16〕被告人受其他3名参与者的邀约,虽然同意参与盗窃,但在前往犯罪现场的途中,想到自己尚处于缓刑期,于是改变主意,告诉其他参与者之后折返回家(東京高判昭和25年9月14日高刑集3卷3号407頁)。450页

〔案例17〕被告人X作为"暴力团"的"少当家",与手下Y1等共谋杀害被害人A,商定由Y3负责实施。但Y3到达现场后,犹豫不决未能实施。Y1听说后主动对X说,由自己亲自实施。但X考虑到,既然Y3尚未实施,其他人在现场走来走去反而会坏事,于是命令Y1先将Y3等人带回来再说。尽管如此,但Y1在现场附近与Y2、Y3重新商议,确定杀害A,并与Y2一同刺杀了被害人A(松江地判昭和51年11月2日刑月8卷11=12号495頁)。 450,451页

〔案例18〕X 与 Y 等人共谋抢劫 A 家,并将 A 的住所地址告诉了 Y 等人,且为实施犯罪准备了匕首,到了 A 家附近之后,X 因悔悟而离开了现场,但 Y 等人两小时后用 X 准备的匕首实施了抢劫(福冈高判昭和 28 年 1 月 12 日高刑集 6 卷 1 号 1 頁)。 452,457 页

〔案例19〕X 与 Y 等人一起共谋实施抢劫,并在实施犯罪的前一天,实施了到犯罪现场踩点等行为。实施犯罪的当天,由 Y 等二人进入室内,由 Z 负责望风,X 等人则在车内待命。Z 发现有人聚集在现场之后,单方面地电话通知室内的 Y 等人,"(有人来了)放弃的好,我先走了",并与待命的 X 等人一同乘车离开。Y 等二人一旦走出了被害人的屋子,且知道 X 等人已经提前离开,但之后又与留在现场的其他共犯一道实施了抢劫,并致被害人受伤(最决平成 21 年 6 月 30 日刑集 63 卷 5 号 475 页)。 453 页

〔案例20〕X 与 Y 在饭馆喝酒,因对被害人 A 的态度感到愤怒,遂将其带至 Y 的住所实施殴打,约一个半小时后,X 对 Y 说,"我走了",既未要求 Y 不再殴打,也未要求 Y 将 A 送往医院。X 走后没多久,Y 再次为 A 的言行所激怒,继续实施暴力最终致 A 死亡。但无法查明,A 的死亡究竟是因 X 回去之前的二人的暴力所引起还是由此后 Y 个人的暴力所引起(最决平成元年 6 月 26 日刑集 43 卷 6 号 567 页)。 454 页

〔案例21〕X、Y、Z 等基于意思联络在停车场对被害人 A 实施暴力,致其受伤(第 1 暴力),暴力中断之后,X 中途放弃犯意,并将 A 扶到凳子上询问情况,Y 看见后非常生气,与 X 发生口角,并突然将 X 打昏,然后置其于不顾,将 A 带至其他地方予以拘禁,并继续对 A 实施暴力(第 2 暴力)(名古屋高判平成 14 年 8 月 29 日判时 1831 号 158 页)。 454 页

〔案例22〕X 与朋友 Y、Z 等人闲聊时,醉酒的路人 A 突然冲过来拉拽 Z 女的头发,为了让 A 放手,X 与 Y 等四人对 A 实施暴力(反击行为),在 A 的侵害行为结束之后,Y 等人继续追打,致 A 摔倒(追击行为),A 因头部撞在水泥地上,造成头盖骨骨折的重伤。当时在场的 X 并未制止 Y 等人的追打行为(最判平成 6 年 12 月 6 日刑集 48 卷 8 号 509 页)。 455 页

〔案例23〕X、Y 共谋抢劫,闯入 A 家,Y 用刀顶住 A,命令 A 把所有的钱都交出来,X 当时也持刀威胁。A 的妻子说,"我们家是教师,没钱","只有学校的公款 7000 日元左右"。对此,X 说,"那种钱不要",并且,对于 A 的妻子从衣柜拿出的 900 日元,继续说,"这种钱也不要!我们就是因为没钱

才来的，如果你们家也没钱的话，就不要了，你就只当我们拿走了，去给孩子买点衣服什么的"，然后又对 Y 说，"走吧"！说完便自己先出去了。3 分钟后，Y 从 A 家出来，对 X 说，"你这种菩萨心肠要不得！900 日元我拿来了，你这样可搞不到钱"。最后，两人一起将抢来的 900 日元用于游玩（最判昭和 24 年 12 月 17 日刑集 3 卷 12 号 2028 页）。　456 页

第十九章　共犯与身份

〔案例 1〕秘书 X 加担了律师 Y 的泄露秘密的行为。　459，460，462 页

〔案例 2〕非业务者 X 加担了业务侵占者 Y 的侵占行为。　459，460，461，462 页

〔案例 3〕非常习者 X 加担了常习者 Y 的赌博行为。　459，460，461，462 页

〔案例 4〕非公务员 X 参与了公务员 Y 的受贿行为（大判大正 3 年 6 月 24 日刑録 20 辑 1329 页）。　459，462 页

〔案例 5〕X 经过与 Y 的共谋杀害了 Y 的母亲（最判昭和 31 年 5 月 24 日刑集 10 卷 5 号 734 页）。　459 页

〔案例 6〕非身份者 X 参与了保护责任者 Y 的遗弃行为（第 218 条前段）。　459，462 页

〔案例 6'〕非身份者 X 参与了保护责任者 Y 的不保护行为（第 218 条后段）。　460 页

〔案例 7〕非常习者 X 加担了常习者 Y 的强行要求会面的行为［常习会面强要罪（《暴力行为等处罚法》第 2 条第 2 款）］。　462 页

〔案例 7'〕常习者 X 教唆非常习者 Y 实施强行要求会面的行为。　465，466 页

〔案例 8〕持有驾照的 X 教唆无驾照的 Y 驾驶汽车。　463 页

〔案例 9〕Y 出于营利目的走私进口麻药，X 虽然没有营利的目的，但在知情的情况下对 Y 的行为予以了协助（最判昭和 42 年 3 月 7 日刑集 21 卷 2 号 417 页）。　469 页

〔案例 10〕X 明知 Y 是出于使用的目的而伪造了货币，却仍然予以了协助。　470 页

〔案例 11〕盗窃既遂犯人 Y 在逃跑途中，受到被害人 A 的追赶，为了防

止财物被追回而对 A 实施暴力并致 A 受伤,其时,对此知情的 X 参与了暴力行为。　471,472 页

第二十章　共犯的其他问题

〔案例1〕X 告诉 Y 说,A 家有钱,并出示了 A 的(布局的)草图,然后教唆其盗窃 A 家,但 Y 决意对 A 家实施抢劫,并与 Z 等人携刀赶到 A 家,但未能进入主屋,于是放弃在 A 家实施抢劫。由于 Z 等人说,不能就这么两手空空地回去,遂闯入隔壁的 B 家劫取了财物(最判昭和 25 年 7 月 11 日刑集 4 卷 7 号 1261 页)。　474 页

〔案例2〕X 是某暴力团的组长,听说一直表现不好而让自己为难的、属于小弟辈的 A 在本组势力范围内的某店内撒野,感到完全没给自己面子而非常生气,出于先给 A 一点颜色看看然后押回组办公室加以制裁的意思,指示属下组员 Y 等人:"去抓住 A,给我绑回来!"于是,Y 等 9 人一起赶往 A 家,在 A 家大门前的马路上(第 1 现场),多次用金属材料的特制警棍以及木刀殴打 A,并脚踢 A 的头部、背部、腹部等部位,其间,A 撞上邻居家车库的卷帘门,发出很大声响,Y 等人因担心被人发现,匆忙更换地点,强行让 A 上车,带至约七百米远的停车场(第 2 现场),继续对 A 实施上述内容的暴力。暴力之后,本以为 A 已死,但未曾想到,A 说,"老子死不了!"Y 等人既惊讶于 A 顽强的生命力,更担心 A 日后报复,于是产生杀害的故意,将 A 关在汽车后备箱,带至约四公里之外的河岸堤坝(第 3 现场),用脚踢其头部,使其滚落到堤坝之下,掉入河中,然后又将其身体摁在水中几分钟,最终将其淹死(浦和地判平成 3 年 3 月 22 日判时 1398 号 133 页)。　475 页

〔案例3〕因巡警 A 强行搜查了作为暴力团资金来源的风俗店,暴力团的组长 X 与作为组员的 Y 等共计 7 人顺次共谋,打算对 A 施以暴力、伤害,并在派出所门前对 A 警官进行挑衅性的叫骂、吼叫,其间,Y 被出来应对的 A 的言行所激怒,出于未必的故意,猛刺 A 的下腹部一刀,致 A 因失血过多身亡(最决昭和 54 年 4 月 13 日刑集 33 卷 3 号 179 页)。　476,478 页

〔案例4〕X 教唆 Y 杀害 A,但 Y 误将 B 当作 A,实际杀害了 B。　477,478 页

〔案例5〕X 以为 Y 是在实施盗窃,于是答应其要求在屋外望风,但 Y 实际实施了抢劫(最判昭和 23 年 5 月 1 日刑集 2 卷 5 号 435 页)。　478 页

〔案例6〕明明药品中混入了毒药，但医师X没有将实情告知护士Y，而是指示Y给患者A注射，Y虽觉察到混入了毒药，但由于对A怀有仇恨，而直接对A实施了注射。 480，481页

〔案例6'〕医师X指示护士Y给患者A注射，但同时暗示药品中混入了毒药，而Y对此并未察觉，仍然按照常规给A进行了注射。 480页

〔案例7〕X偿委托不具有律师资格者替自己解决法律案件（最判昭和43年12月24日刑集22卷13号1625页）。 482页

〔案例8〕Y出于供侵入住宅之用的目的来购买螺丝起子，五金店店员X虽察知了其目的，却仍将螺丝起子卖给了Y。 479，485，486页

〔案例9〕出租车司机X虽察知了其目的，仍将抢劫犯送至现场。 485，486页

〔案例10〕银行职员X虽察知是用于行贿，仍按照客户的要求支付了存款。 485，486页

〔案例11〕应在五金店门前争吵打架者的要求，店主将菜刀卖给了该人。 486页

〔案例12〕虽认识到有诱发犯罪之虞，但律师仍然按照委托人的要求，做出了法律上正确的建言。 486页

〔案例13〕印刷业者X为卖淫团伙印刷了宣传册（東京高判平成2年12月10日判夕752号246页）。 486页

〔案例14〕汽油销售业者Y等人出于逃避交纳汽油交易税的意图销售汽油，X低价从Y处购买了汽油（熊本地判平成6年3月15日判时1514号169页）。 487页

〔案例15〕X开发出某种软件（Winny文件共享程序），通过使用该软件可以轻易侵入他人网址链接他人信息，实施违反著作权的行为，X将该软件挂在网上，任何人均可上网下载。对于实际利用该软件实施了侵权行为的利用者，判例已判定成立侵犯著作权罪（最决平成23年12月19日刑集65卷9号1380页〔Winny案〕）。 487页

〔案例16〕Y对X表露了想杀害A的想法，请X代为购置氰化钾，X购得氰化钾之后交给了Y，但Y并没有使用氰化钾，而是以其他方法杀害了A（最决昭和37年11月8日刑集16卷11号1522页）。 489页

〔案例17〕非保障人X教唆婴儿A的母亲Y不给A喂奶，从而致A死

亡。 492 页

〔案例 17'〕非保障人 X 与婴儿 A 的母亲 Y 共谋不给 A 喂奶,从而致 A 死亡。 492 页

〔案例 17"〕X 对婴儿 A 的母亲 Y 实施胁迫,使之放弃给 A 喂奶,从而致 A 死亡。 492 页

〔案例 18〕幼儿 A 的父亲 X 与母亲 Y 经过共谋,放弃抚养 A,将其饿死。 493 页

〔案例 19〕母亲 X 没有阻止第三者 Y 对自己的小孩 A 实施暴力。 494,495 页

〔案例 19'〕母亲没有阻止自己的小孩袭击第三者。 495 页

〔案例 20〕Y 将 X 的小孩 A 推入游泳池之后离去,尽管 X 可以很容易地对 A 实施救助,却放任不管致 A 死亡。 496 页

〔案例 21〕母亲 X 带着自己的子女 A 等一道与情夫 Y 同居在一起,X 也知道 Y 平素常责打 A 等小孩。案发当日,X 明知 Y 正在责打 A(当时 3 岁),却装着若无其事的样子在厨房准备晚饭,A 最终被 Y 打死(札幌高判平成 12 年 3 月 16 日判时 1711 号 170 页)。 496,499 页

〔案例 22〕母亲 X 自己对 3 岁幼儿 A 实施暴力,大冬天让 A 赤裸着下身在室外呆了一个小时左右才让其进屋,此后,来访的交往对象 Y 对 A 实施暴力并致 A 死亡,但 X 没有加以阻止(東京高判平成 20 年 6 月 11 日判夕 1291 号 306 页)。 497 页

〔案例 23〕17 岁的 X 女给朋友 Y 打电话,称 A 要求与其发生性关系,Y 于是将此事告知了玩伴 Z 等 6 人,Z 等人误以为 A 强奸了 X,于是对 A 大为恼火。为了报复,Z 等人让 X 把 A 叫出来,并狠狠地殴打了 A。之后,由于害怕 A 事后报警,遂杀害了 A(東京高判平成 20 年 10 月 6 日判夕 1309 号 292 页)。 498 页

〔案例 24〕A 公司负责经营某大楼,该大楼内有各种游艺店进驻,四名外国人打伤了进驻该大楼的 C 弹子店的收款员并抢走了营业款。Y 是进驻该大楼的 B 游戏中心的职员,其向该四名外国人通报了收款车到达该大楼的具体时间。X 是 B 游戏中心的主任。Y 事先向 X 告知犯罪计划并邀约其参与,遭到了 X 的拒绝,但 X 并未采取报警等措施(東京高判平成 11 年 1 月 29 日判时 1683 号 153 页)。 498 页

〔案例25〕A的母亲Y将1岁8个月的A举到肩膀的高度,并对A的父亲X说,"再不停下来的话,就不知道要发生什么事啦",但X却转过身去,结果Y将A扔到熏笼的顶上将其摔死(大阪高判平成13年6月21日判夕1085号292页)。 499页

〔案例26〕职场的后辈Z已经因酒精的作用而处于难以正常驾驶的状态之下,同乘的X与Y明知这一点却仍然认可其发动了车辆(最决平成25年4月15日刑集67卷4号437页)。 499页

〔案例27〕正在从事建筑物的拆除作业的X与Y交互地从屋顶往下扔瓦块,但X扔下的瓦块砸死了路人A。 501,502,503页

〔案例27'〕在〔案例25〕中,无法判明究竟是谁扔下的瓦块砸死了A。 501,503页

〔案例28〕制药公司的董事X、Y、Z在董事会上,因疏忽而做出了继续销售危险的医药品(不回收医药品)的决议,结果造成服用者死亡。 504页

〔案例29〕X与Y是餐饮店的共同经营者,在意思联络之下,因疏忽大意,向客人出售了含有甲醇的威士忌(结果造成客人在由X、Y共同经营的饮食店内饮后死亡)(最判昭和28年1月23日刑集7卷1号30页)。 504页

〔案例30〕X、Y二人共同将砂锅炉带进办公室一起烹煮食物之后,下班回家时既未采取措施防止温度过高(而引发事故)也没有采取防火措施,最终因炭火过热而起火,引发火灾烧毁了建筑物(名古屋高判昭和31年10月22日高刑特3卷21号1007页)。 505页

〔案例31〕X、Y并无驾驶船舶之技能与经验,却酒后出于好奇驾驶游览船,由X负责掌舵、Y负责机器操作,结果导致该船触礁(佐世保简判昭和36年8月3日下刑集3卷7=8号816页)。 505页

〔案例32〕X、Y二人轮流从事焊接作业(站在基本对等的立场上,反复交叉焊接与监督),由于并未采取措施将焊接作业点与可燃物隔离,最终由其中某人的焊接作业引发火灾烧毁了建筑物(名古屋高判昭和61年9月30日高刑集39卷4号371页)。 505页

〔案例33〕X、Y在地下通道内共同从事电话电缆的短路查找、维修作业,由于其中一人因在作业结束之后未熄灭焊枪的微火,引发了火灾(東京

地判平成 4 年 1 月 23 日判時 1419 号 133 页)。 505 页

〔案例 34〕工地现场负责人 X 在与现场工人 Y、Z 一同从事屋顶芦苇替换作业的过程中，因香烟灰引发火灾而烧毁了房屋，当时三人均抽了烟，但无法判明究竟是由谁的烟灰引发了火灾（秋田地判昭和 40 年 3 月 31 日下刑集 7 卷 3 号 536 页)。 508 页

〔案例 35〕某日凌晨 4 时左右，被告 X 从朋友 Y 的房间向某餐馆打电话，在与在该餐馆工作的女友通话之时，因电话被该餐馆的店长 A 挂断，而与 A 发生口头争执。X 为 A 的侮辱性言语所激怒，怒吼着要去杀了 A，决意冲往该饮食店，并说服有些不太情愿一同前往的 Y，让其拿着菜刀一同搭乘出租车前往 A 店。X 明明未见过 A，却在出租车内对 Y 说，"因为他们认得我，你先进去。如果你和他们吵起来，我不会袖手旁观！"。并且，出于如果到时候要杀 A 那也是没办法的意思，X 说服并指示 Y，"如果被打了，就用刀！"当日凌晨 5 时左右，到达该饮食店之后，X 让 Y 先去店门口，自己则在稍远的地方伺机而动。Y 尽管没有自己冲进去对 A 施加暴力的意思，但同时也考虑到，自己与 A 从未见过面，想必 A 不会突然对自己暴力相向，于是，在该饮食店门口等待 X 的进一步指令。但出乎意料的是，Y 被从店内出来的 A 错认作是 X，遭到了 A 的暴力：被突然抓住衣领来回拖拽，并被摔倒在水泥地上，遭到拳打脚踢。Y 出于防卫自己生命、身体的意思，迅速掏出菜刀，按照 X 的前述指示，基于即便是用刀杀了 A 那也是没办法的决意，用菜刀数次捅刺 A 的左胸，将其杀害（最决平成 4 年 6 月 5 日刑集 46 卷 4 号 245 页〔菲律宾酒吧案〕)。 509, 511 页

〔案例 35'〕在〔案例 35〕中，Y 是用木棍进行反击，在相当性的范围之内。 510 页

第二十一章 罪数论与犯罪竞合论

〔案例 1〕X 发射一发子弹，射穿 A 的头部，将其杀害。 512 页

〔案例 2〕公司会计 X 侵吞公司财物一次。 512, 513 页

〔案例 3〕在由自己管理的、为他人所有的不动产上设定了抵押权之后，又将该不动产出售给第三者（最判昭和 31 年 6 月 26 日刑集 10 卷 6 号 874 页；最大判平成 15 年 4 月 23 日刑集 57 卷 4 号 467 页)。 516 页

〔案例 4〕2 个小时之内分 3 次，每次分别从同一仓库盗取 3 袋大米，共

计盗取了9袋大米（最判昭和24年7月23日刑集3卷8号1373页）。 518页

〔案例5〕医师对特定的麻药中毒患者，在3个半月的时间内，共计54次注射了麻药（最判昭和31年8月3日刑集10卷8号1202页）。 518页

〔案例6〕因针对同一名被害人在大约4个月或者大约1个月的时间内反复实施的一系列暴力而造成了数个伤害（最决平成26年3月17日刑集68卷3号368页）。 518页

〔案例7〕被告人自2004年10月至12月，在大约2个月的时间内，雇用大量不知情的钟点工，谎称要筹款医治患有疑难病的小孩，在大阪、京都、神户街头向多数路人募捐，共募得资金2480万日元（最决平成22年3月17日刑集64卷2号111页）。 518页

〔案例8〕X在高速公路上驾车行驶时，以超出限速65公里的速度通过A地，被自动测速照相装置拍照，但X本人并未察觉；大约十分钟之后，又以超出限速90公里的速度通过了距离A地19.4公里的B地，同样被自动测速照相装置拍照（最决平成5年10月29日刑集47卷8号98页）。 519页

〔案例9〕杀害他人的同时又损坏了被害人的衣服。 520页

〔案例10〕投掷一块石头有意识地伤害了A与B。 521页

〔案例11〕被告人乘坐飞机从国外将兴奋剂带入日本国内，试图携带兴奋剂通过海关（最判昭和58年9月29日刑集37卷7号1110页）。 523页

〔案例12〕被告人驾车造成交通事故，致被害人受伤，却既不救助被害人也不报警，而是自行离开（最判昭和51年9月22日刑集30卷8号1640页）。 523页

〔案例13〕X提供一次资金，帮助了Y等人的两次走私兴奋剂的行为（最决昭和57年2月17日刑集36卷2号206页）。 524页

〔案例14〕X闯入他人住宅，顺次杀害了两人（最决昭和29年5月27日刑集8卷5号741页）。 525页

〔案例15〕无证从事旧货业，数十次有偿受让了盗赃（大判大正14年5月26日刑集4卷342页）。 525页

〔案例16〕X、Y等人共谋杀害A并抢夺兴奋剂，由Y装作要进行兴奋剂交易的样子，将A叫到某宾馆客房内，谎称要把兴奋剂拿给在其他房间等候的买家鉴别，拿到兴奋剂后离开房间，并就此逃离了宾馆，另外再由X闯入

A 所在房间，向 A 开枪射击，但由于 A 随身穿戴了防弹衣，最终免于一死（最决昭和 61 年 11 月 18 日刑集 40 卷 7 号 523 页）。　526 页

〔案例 17〕被告人对他人实施暴力的途中，产生强取财物的意思，又继续实施暴力而强取了财物。　527 页

〔案例 17'〕在〔案例 17〕中，由强取意思产生之前的暴力造成了伤害结果（新潟地判昭和 45 年 12 月 11 日刑月 2 卷 12 号 1321 页；福冈地小仓支判昭和 62 年 8 月 26 日判时 1251 号 143 页）。　527，528 页

〔案例 17"〕在〔案例 17'〕中，无法判明伤害结果究竟是由强取意思产生之前的暴力还是之后的暴力所引起（新潟地判昭和 42 年 1 月 13 日下刑集 9 卷 1 号 31 页）。　528 页

〔案例 17"'〕在〔案例 17'〕中，强取意思产生之前或者之后的暴力都会引起伤害结果（仙台高判昭和 34 年 2 月 26 日高刑集 12 卷 2 号 77 页）。　528 页

〔案例 18〕行为人欺骗银行非法获得融资之后，向银行提交了伪造的质权设定承诺书（東京地判平成 4 年 4 月 21 日判时 1424 号 141 页）。　528，529 页

〔案例 19〕X 掠取了 9 岁的 A 之后，在长达 9 年多的时间内一直予以监禁，由此造成了 A 的两个下肢肌肉萎缩的伤害，而且，为了供 A 穿用，还盗窃了 4 件内裤（金额相当于 2500 日元）（最判平成 15 年 7 月 10 日刑集 57 卷 7 号 903 页〔新潟女子监禁案〕）。　529 页

第二十三章　刑法的适用范围

〔案例 1〕在"色情画面"（pornography）解禁的美国，美国人 X 将存储在位于美国的主服务器的淫秽动画在网络上公开，位于日本的不特定的网络利用者浏览了该动画。　539，540 页

〔案例 2〕居住在日本的 X 将在日本制作的淫秽动画通过居住在美国的共犯，存储在美国的主服务器中，并让位于日本国内的客户有偿下载（最决平成 26 年 11 月 25 日刑集 68 卷 9 号 1053 页）。　540 页

〔案例 3〕有人策划美国的阿斯维加斯的赌场之旅，在日本国内招募参加者。　540 页